2022年受検用　全国公立中高一貫校

適性検査 問題集

もくじ

※「宮城県立中学校」の2,「岡山県立中学校・中等教育学校」の課題2は，学校ごとに問題が異なります。

※「東京都立中学校・中等教育学校」は共同作成問題と自校独自問題を組み合わせた問題になっています。
各校の問題の組み合わせについては次のページをご覧ください。

公立中高一貫校とは？

公立中高一貫校とは，「中学校から高校までの６年間を接続し，生徒の個性や創造性を伸ばす」ために設置された学校です。

中高一貫校では，高校に進学するときに入学試験を受けなくてよいので，中学校からの６年間，ゆとりを持って生活し，各校によって特色のある計画的・継続的な教育を受けることができるなど，色々な良い点があります。

しかし，多くの学校で，公立中高一貫校に入るために適性検査・作文・面接などの試験があり，「適性検査」は，小学校の学力だけではなく，身近な暮らしの中で起こる色々な問題を解決する力もためされます。

そのような中で，自分が行きたい学校で過去に出された問題をみて，解いてみることは，自分の力をのばすだけでなく，その学校がどんな学校なのか，どんな生徒に来て欲しいのかを知る１つの手がかりとなります。

公立中高一貫校を進路の１つと考えてこの問題集を手にした君たちも，実際に問題を解き，しっかりと準備してから入試にのぞめるようがんばりましょう。

本書のしくみと特長

● 全国の公立中高一貫校の令和３年度入学者選抜で実施された適性検査問題（名称は各校によって異なります）を，64 校分のせてあります（県によって複数の学校が同じ問題を使っています）。
※著作権の関係で，一部掲載されていない問題もあります。

● そのままの形でのせてあるので，本番と同じように問題に取り組むことができます。

● 問題を解くときの「検査時間」は問題の最初に示してあり，解答例のページも示してあります。また，※印のついたものは当社編集部で付け加えたものです。

効果的な学習のしかた

◆ 問題は本番のつもりで，決められた時間にしたがって，集中して解きましょう。

◆ 解き終わったら必ず解答例をみて答え合わせをしましょう。また，問題によっては解答例以外にも色々な解答がある場合もあります。そのようなときは，自分の解答を先生や周りの人にみてもらったり，自分で調べたりして必ず解決しましょう。自分の解答が正しいかどうかだけでなく，別の答え，考え方に気づくかもしれません。

◆ 自分の志望する学校の問題だけでなく，他の学校の問題にもチャレンジしてみましょう。他の学校の問題を解くことで色々なパターンの問題に慣れていきましょう。

東京都立中学校・中等教育学校の入学者選抜について

● 東京都立中学校・中等教育学校では，平成 27 年度入学者選抜より適性検査問題を，各校独自問題と共同作成問題を組み合わせて実施しています。各校の適性検査問題の構成は下の表の通りです。

本書では、共同作成問題とそれ以外の各校の独自問題をわけて掲載していますので，下の表に対応するページを確認しながら問題を解いてください。

また，共同作成問題と独自問題を組み合わせている学校の問題を掲載してある場合，解答用紙は各校ごとに掲載してあります。（共同作成問題と独自問題の解答を，それぞれの解答用紙に書く必要はありません）

東京都立中学校 中等教育学校	白鷗	小石川	両国	桜修館	武蔵	大泉	南多摩	三鷹	富士	立川
適性検査Ⅰ	非掲載	○	○	非掲載	○	○	非掲載	非掲載	○	非掲載
適性検査Ⅱ	1	1	1	独自	1	1	1	独自	1	1
	2	独自	2	2	独自	2	2	2	2	2
	3	3	3	3	3	3	3	3	3	3
適性検査Ⅲ	あり 非掲載	あり	あり	なし	あり	あり	なし	なし	あり 非掲載	なし

※表中の「非掲載」は，著作権や紙面の都合により掲載していないことを表しています。
　また，適性検査Ⅲについては学校によって実施している学校としていない学校があります。
※表中「適性検査Ⅰ」の○は，共同作成問題であることを，「適性検査Ⅱ」の１～３の数字は，共同作成問題の１～３の対応する大問番号の問題を実施していることを示しています。

● 宮城県・岡山県の適性検査問題は，共通問題と学校独自の問題を組み合わせて実施しています。

本書では，宮城県の共通問題は「仙台二華中学校」のページに，岡山県の共通問題は「岡山操山中学校」のページに掲載してあります。また，解答用紙は共通問題のものを前に，学校独自の問題のものを後に掲載してあります。

令和3年度入学者選抜状況一覧（掲載校分）

学校名	募集人員	選抜方法 （入学願書，調査書等の提出書類をのぞく）	検査日	発表日	受検者 ※は志願者	倍率
札幌市立 札幌開成中等教育学校	160名	・適性検査Ⅰ，Ⅱ（一次検査） ・グループ活動　（二次検査）	一次1/13 二次1/23	1/29	※ 552	3.50
岩手県立 一関第一高等学校附属中学校	70名	・適性検査Ⅰ，Ⅱ ・作文 ・面接	1/16	2/1	112	1.60
宮城県立仙台二華中学校	105名	・総合問題 ・作文 ・面接	1/9	1/15	404	3.85
宮城県立古川黎明中学校	105名				200	1.90
茨城県立 日立第一高等学校附属中学校	80名	・適性検査Ⅰ，Ⅱ ・面接（集団）	1/9	1/20	176	2.20
茨城県立 太田第一高等学校附属中学校	40名				70	1.75
茨城県立 水戸第一高等学校附属中学校	80名				361	4.51
茨城県立 鉾田第一高等学校附属中学校	40名				98	2.45
茨城県立 鹿島高等学校附属中学校	40名				134	3.35
茨城県立 土浦第一高等学校附属中学校	80名				261	3.26
茨城県立 竜ケ崎第一高等学校附属中学校	40名				184	4.60
茨城県立 下館第一高等学校附属中学校	40名				98	2.45
茨城県立勝田中等教育学校	120名				181	1.51
茨城県立並木中等教育学校	160名				609	3.81
茨城県立古河中等教育学校	120名				250	2.08
栃木県立宇都宮東高等学校附属中学校	105名	・適性検査 ・作文 ・面接（集団）	1/9	1/14	410	3.9
栃木県立佐野高等学校附属中学校	105名				238	2.27
栃木県立矢板東高等学校附属中学校	70名				105	1.5
東京都立 白鷗高等学校附属中学校	男女各80名 ㈱1 （うち特別枠６名以内）	・適性検査Ⅰ，Ⅱ，Ⅲ	2/3 (特別枠2/1)	2/9 (特別枠2/2)	741	5.49
東京都立 小石川中等教育学校	男女各80名 ㈱2 （うち特別枠５名以内）	・適性検査Ⅰ，Ⅱ，Ⅲ （特別枠は報告書，面接及び作文）	2/3 (特別枠2/1)	2/9 (特別枠2/2)	738	4.64
東京都立 両国高等学校附属中学校	男女各60名	・適性検査Ⅰ，Ⅱ，Ⅲ	2/3	2/9	804	6.70
東京都立 桜修館中等教育学校	男女各80名	・適性検査Ⅰ，Ⅱ	2/3	2/9	930	5.81
東京都立 武蔵高等学校附属中学校	男女各80名	・適性検査Ⅰ，Ⅱ，Ⅲ	2/3	2/9	486	3.04
東京都立 大泉高等学校附属中学校	男女各60名	・適性検査Ⅰ，Ⅱ，Ⅲ	2/3	2/9	684	5.70
東京都立 南多摩中等教育学校	男女各80名	・適性検査Ⅰ，Ⅱ	2/3	2/9	790	4.94
東京都立三鷹中等教育学校	男女各80名	・適性検査Ⅰ，Ⅱ	2/3	2/9	871	5.44
東京都立 富士高等学校附属中学校	男女各80名	・適性検査Ⅰ，Ⅱ，Ⅲ	2/3	2/9	498	3.11
東京都立 立川国際中等教育学校	男女各80名㈱3	・適性検査Ⅰ，Ⅱ	2/3	2/9	582	4.48
神奈川県立 平塚中等教育学校	男女各80名	・適性検査Ⅰ，Ⅱ ・グループ活動 （令和３年度は実施なし）	2/3	2/10	884	5.53
神奈川県立 相模原中等教育学校	男女各80名				1,074	6.71

㈱1　海外帰国･在京外国人生徒枠24人を含む。令和３年度　一般枠　男子68名，女子67名
㈱2　令和３年度　一般枠　男子79名，女子80名
㈱3　海外帰国･在京外国人生徒枠30人を含む。

学校名	募集人員	選抜方法 （入学願書，調査書等の提出書類をのぞく）	検査日	発表日	受検者 ※は志願者	倍率
岡山県立岡山操山中学校	120名	・適性検査Ⅰ，Ⅱ ・面接	1/9	1/22	412	3.40
岡山県立倉敷天城中学校	120名				282	2.40
岡山県立津山中学校	80名				※164	2.05
岡山県立 岡山大安寺中等教育学校	160名				481	3.00
広島県立広島中学校	160名	・適性検査１，２	1/30	2/4	650	4.06
広島県広島市立 広島中等教育学校	120名	・適性検査１，２－１，２－２ ・面接	1/16	1/21	※421	3.51
広島県福山市立福山中学校	120名	・適性検査１，２	1/23	2/1	436	3.63
徳島県立城ノ内中等教育学校	140名	・適性検査Ⅰ，Ⅱ ・面接	1/9	1/16	353	2.52
徳島県立川島中学校	60名				41	0.68
徳島県立富岡東中学校	80名				136	1.70
愛媛県立 今治東中等教育学校	140名	・適性検査 ・作文 ・面接（グループ）	1/9	1/15	※109	0.78
愛媛県立 松山西中等教育学校	160名				※298	1.86
愛媛県立 宇和島南中等教育学校	140名				※125	0.89
福岡県立育徳館中学校	120名	・適性検査 ・作文 ・面接	1/10	1/19	※198	1.65
福岡県立門司学園中学校	120名				※132	1.10
福岡県立 輝翔館中等教育学校	120名				※141	1.18
福岡県立宗像中学校	80名				※260	3.25
福岡県立 嘉穂高等学校附属中学校	80名				※193	2.41
佐賀県立香楠中学校	120名	・適性検査Ⅰ，Ⅱ ・面接（集団）	1/16	1/27	※304	2.53
佐賀県立致遠館中学校	120名				※361	3.01
佐賀県立唐津東中学校	120名				※341	2.84
佐賀県立武雄青陵中学校	120名				※239	1.99
長崎県立長崎東中学校	男女各60名	・適性検査 ・作文 ・面接（集団）	1/16 ※1/10 より 変更	1/20 ※1/18 より 変更	323	2.69
長崎県立佐世保北中学校	男女各60名				272	2.27
長崎県立 諫早高等学校附属中学校	男女各60名				283	2.36
熊本県立 玉名高等学校附属中学校	80名	・適性検査Ⅰ，Ⅱ ・面接（集団または個人）	1/10	1/21	109	1.36
熊本県立宇土中学校	80名				100	1.25
熊本県立八代中学校	80名				145	1.81
大分県立 大分豊府中学校	120名	・適性検査Ⅰ，Ⅱ ・面接（集団）	1/9	1/15	※265	2.21
宮崎県立 五ヶ瀬中等教育学校	男女各20名	・作文 ・適性検査 ・面接（集団）	1/16	1/20	60	1.50
宮崎県立 宮崎西高等学校附属中学校	80名				287	3.59
宮崎県立 都城泉ヶ丘高等学校 附属中学校	40名				152	3.80
鹿児島県立楠隼中学校	男子60名	適性検査Ⅰ，Ⅱ，面接	1/24	1/29	※93	1.55
鹿児島県鹿児島市立 鹿児島玉龍中学校	120名	・適性検査Ⅰ，Ⅱ ・面接（集団）	1/16	1/21	※462	3.85

札幌市立札幌開成中等教育学校　適性検査Ⅰ（検査時間45分）

（解答用紙は別冊２Ｐ）（解答例は別冊２Ｐ）

1

まことさんは冬休みに友だち２人を誘い、10時にオープンするかいせいスキー場に来ています。今、３人はオープン前に、スキー場の入口付近で案内図を見ながら会話をしています。

次の文章と会話文をよく読んで、(1)から(5)の問いに答えましょう。

なお、問いに答えるにあたっては、ゴンドラの待ち時間、ゴンドラに乗っている時間、コースでスキーを滑る時間、レストランまでの移動時間以外は考えないこととし、ゴンドラの乗り継ぎに要する時間も考えないこととします。

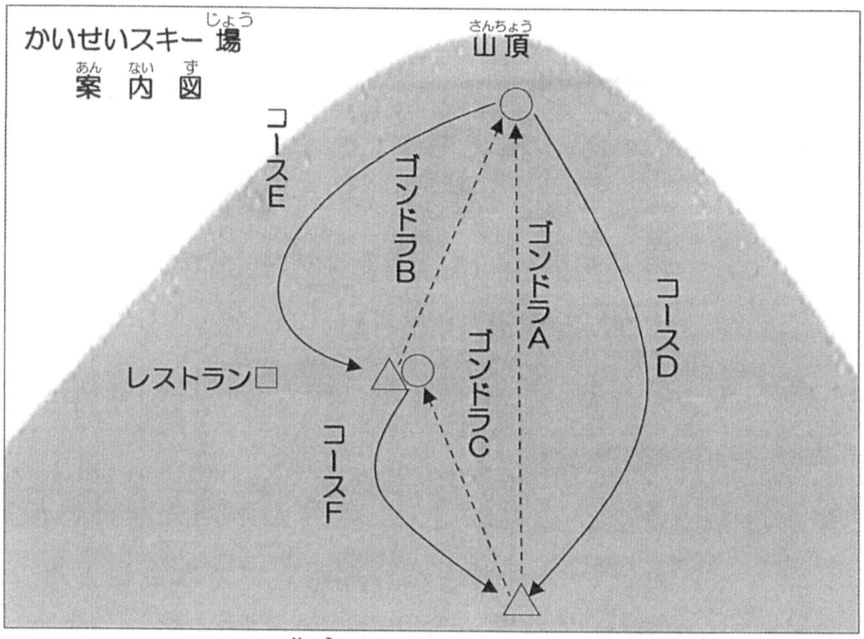

まことさん：このスキー場にはゴンドラとコースがそれぞれ３つずつあるよ。図の中ではゴンドラの乗り場は△で、降り場は○で表されているよ。ゴンドラ１台あたりの定員は**A**が10人、**B**が５人、**C**が５人で、所要時間は**A**が10分間、**B**が５分間、**C**が５分間だよ。どのゴンドラも１分間に１台のゴンドラが出発しているよ。コースを滑りきるのに必要な時間は**D**が10分間、**E**が10分間、**F**が５分間だよ。ゴンドラ**A**でもゴンドラ**B**でも山頂付近に行けるの

で、ゴンドラ**A**からコース**E**に行ったり、ゴンドラ**C**からゴンドラ**B**を乗り継いでコース**D**に行ったりすることもできるよ。

かつみさん：オープン前の時間にスキー場についたのに、すでにゴンドラの乗り場にはたくさんの人たちが並んでいるね。

まことさん：道外からの修学旅行生らしいよ。ゴンドラ**A**の乗り場には本州高校の修学旅行生が100人、ゴンドラ**C**の乗り場には九州高校の修学旅行生が 100人並んでいるけど、それぞれコース**D**とコース**F**しか滑らないらしいよ。今、このスキー場には修学旅行生200人と私たち３人しかいないから、ゴンドラ**B**のオープン後の待ち時間はゼロになるね。

じゅんさん：じゃあ、私たちが、もし今からすぐに修学旅行生の後ろに並ぶとしたら、オープン後から数えてゴンドラ**A**の待ち時間を 10分間とすると、ゴンドラ**C**の待ち時間は［ア］の計算になるね。

かつみさん：じゃあ、一番早く滑り始めるには、最初に［イ］に乗ればいいね。

じゅんさん：よし、これ以上お客さんが増えないと仮定して、どんなコースを滑るか計画を立ててみましょう。

まことさん：修学旅行生はオープンと同時にゴンドラに乗り始めるとして考えよう。定員10人のゴンドラ**A**は 10台のゴンドラに合計100人まで乗せて動くことができるから、最初に本州高校の生徒全員が乗るまでに 10分間待つことになるね。そのままコース**D**を全員が滑り下りてきたときには並ばずにゴンドラ**A**に乗れるね。でも、定員５人のゴンドラ**C**は５台のゴンドラに合計25人までしか乗せて動くことができず、コース**F**では 25人までコース上にいることができる計算になるから、最初に九州高校の生徒が全員乗るまでにゴンドラ**C**の乗り場で

[ア]待つことになるね。そのままコースFを滑り降りてきた後は、どの生徒も[ウ]の待ち時間になるはずだよ。

じゅんさん：まことさんの計算をもとに、①私は滑っていられる時間が一番長いルートを考えてみたいな。

かつみさん：②私は全コースを滑るルートを考えたいな。

まことさん：でもね、せっかく来たので、まずは３人とも冬休み明けのスキーのテストで自分が使うコースだけをそれぞれで練習しよう。ルートを考えて３人分のメモを作ってみるよ。

【まことさんのメモ】

かつみ	じゅん	まこと
テストのコース　D	テストのコース　E	テストのコース　F
使うゴンドラ　A	使うゴンドラ　B （最初だけA）	使うゴンドラ　C

かつみさん：もし、オープンからゴンドラAかゴンドラCの乗り場で修学旅行生の後ろに並んだとしたらどうなるかなあ。

まことさん：私のメモのとおり滑ると、オープンから２時間後の12時には、かつみさんは合計[エ]滑ってゴンドラAの降り場にいるね。じゅんさんは合計70分間滑って２時間後には[オ]にいるね。私は合計25分間滑って[カ]にいることになるよ。

じゅんさん：まことさんは自分がゴンドラに乗ることで、混み具合が変わることまで計算してるんだね。すごいね。

かつみさん：じゃあ、まことさんの計画どおりに滑ってみて、実際にどのようになるか確かめようよ。12時になったらできるだけ早く、レストランに集合しましょう。計算では、たどり着く順番は、１番目は[キ]、２番目は[ク]、３番目は[ケ]になるね。

(1)　[ア]～[エ]に当てはまる時間かゴンドラ名を書きましょう。

(2)　[オ]、[カ]に当てはまる場所を書きましょう。

(3)　[キ]～[ケ]に当てはまる名前を書きましょう。

なお、コース**E**の終着点からレストランまで、ゴンドラ**C**の降り場からレストランまでの移動時間はいずれも5分間とします。

(4)　下線部①について、オープンの時間からちょうど60分間で、滑っていられる時間が一番長くなるルートを考え、例にならってルートの順番をアルファベットで書きましょう。

なお、最初はゴンドラ**A**かゴンドラ**C**の乗り場で修学旅行生の後ろに並ぶこととします。

> **例：　ゴンドラ○、コース○、ゴンドラ○・・・のルートの順番は、○→○→○→・・・・（○はアルファベット）の形で書きましょう。**
>
> **なお、解答には同じ記号を何度用いてもかまいません。**

(5)　下線部②について、各コースを一度ずつ滑って、オープンからちょうど70分間で滑り終えるルートを考え、(4)の例にならってルートの順番をアルファベットで書きましょう。

なお、最初はゴンドラ**C**の乗り場で修学旅行生の後ろに並ぶこととします。

2

次の図や説明文をもとに、(1)から(5)の問いに答えましょう。

図1

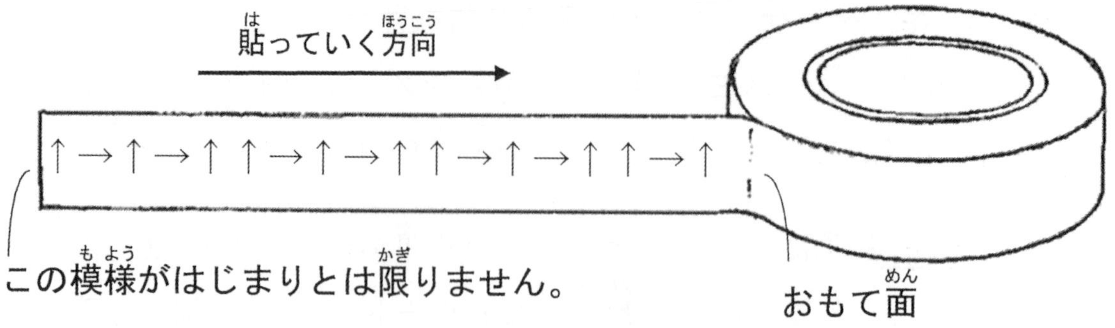

上の図1のような連続する模様が規則正しく印刷されたテープがあります。

ただし、模様はうら面からも見ることができます。

図2

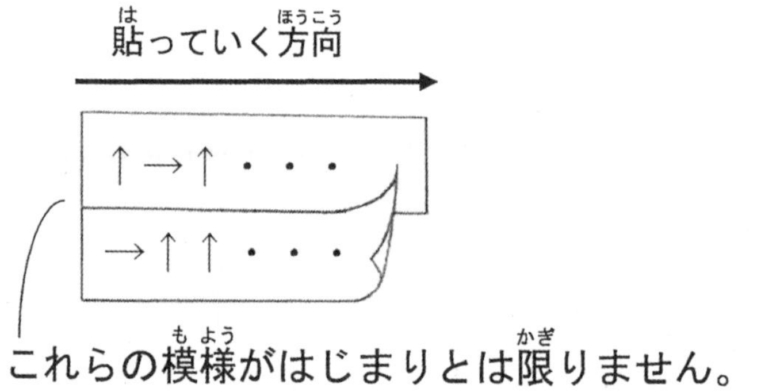

このテープを図2のとおり、左から右へ板に貼っていきます。テープはある長さで切り、上の段から順にすき間なく重ならないように貼ります。このとき、テープは切ったところからすぐに使い続け、上の段と同じ長さで貼っていきます。

(1) 図1のテープを図2にならって貼ると、次の①～③の図のようになりました。

□に入る模様を解答らんにそれぞれ書きましょう。

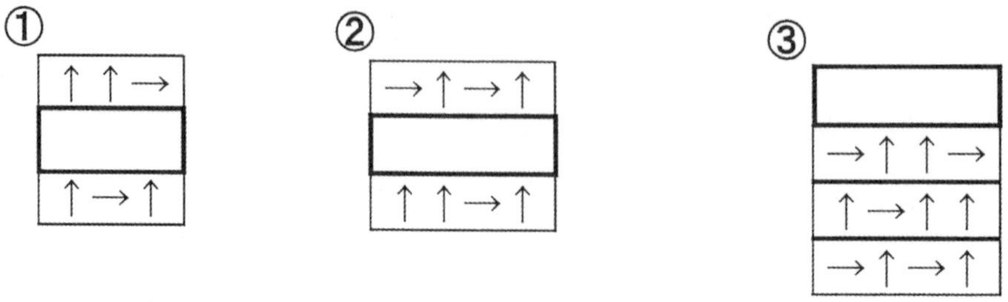

(2)　図１のテープを図２にならって、次の④と⑤の図のように貼ったとき、□で囲んだ部分の模様を解答らんにそれぞれ書きましょう。

④

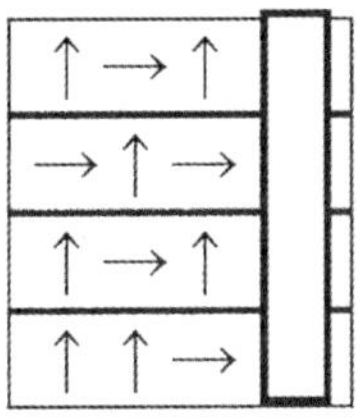

⑤

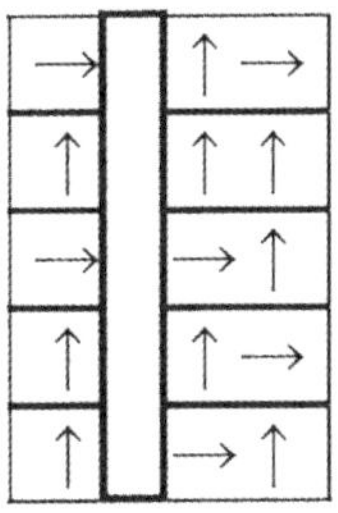

(3)　図１のテープを、透明なガラス板に外側から図２にならって貼りました。それを下の図のようにガラス板の内側から見たとき、□に入る模様を解答らんに書きましょう。

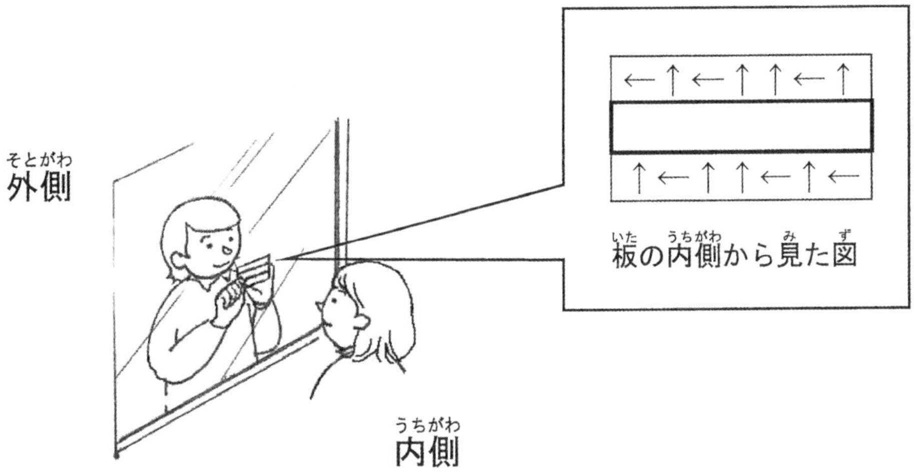

(4)　図１のテープを、次に説明するとおり５段目まで薄い板に貼りました。板のおもて面から見た図の［　　］で囲んだ部分の模様を解答らんに書きましょう。テープの切れ目は示していませんので、それぞれの段において、どこから貼りはじめるかは、板のおもて面から見た図をよく見て考えてください。

なお、板の厚さは考えず、板は透きとおらないこととします。

説明

・左から右へ、薄い板を一周するように貼っていきます。

・上の段から順にすき間なく、重ならないように貼っていきます。

・テープは切ったところからすぐに使い続けます。

・次の段の貼りはじめは、上の段の貼りはじめより右にずらします。

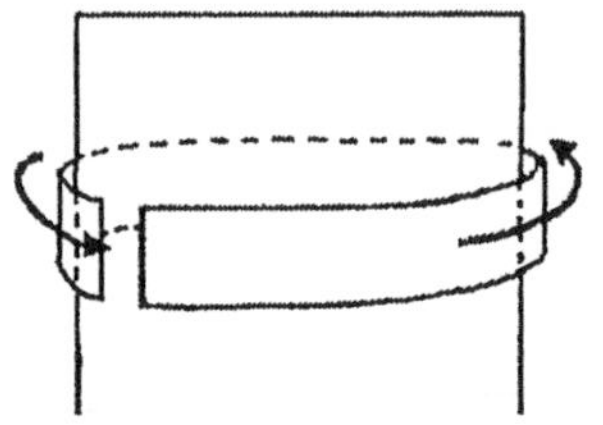

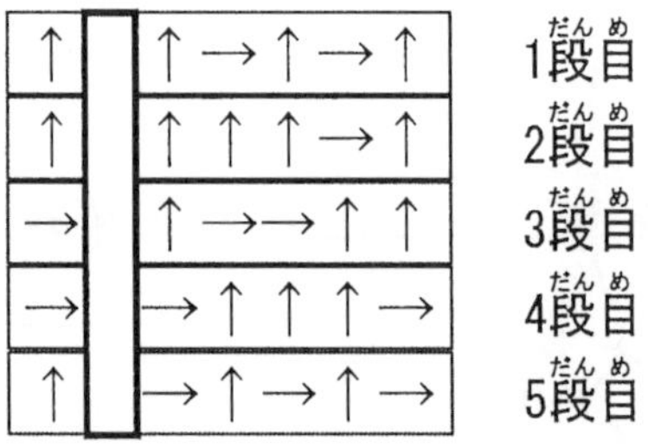

板のおもて面から見た図

(5)　図３のような模様が規則正しく印刷された別のテープがあります。

図３

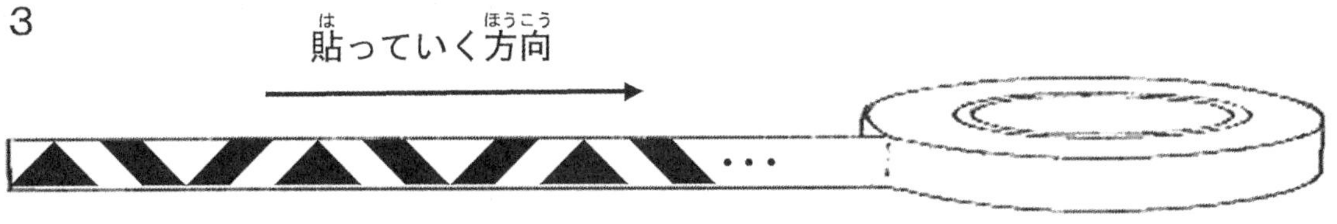

このテープを下の図のように、外側から渦巻き状にすき間なく重ならないように板に貼っていきます。テープは切ったところからすぐに使い続けます。すべて貼ったとき、[　　　　]に入る模様を解答らんに書きましょう。

なお、下の図の矢印の向きは、テープを貼っていく方向を表しています。

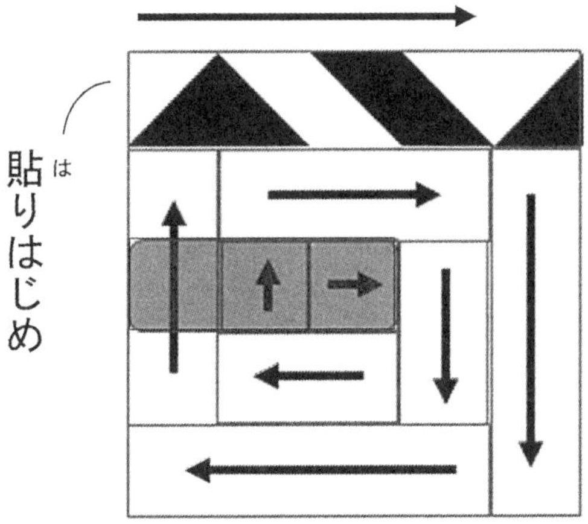

札幌市立札幌開成中等教育学校　適性検査Ⅱ　（検査時間45分）

（解答用紙は別冊４Ｐ）（解答例は別冊３Ｐ）

1

次の文章と会話文をよく読んで、(1)と(2)の問いに答えましょう。

はるかさん、けいたさん、まさみさんの３人は、夏休みに、はるかさんのおじいさんが経営しているお店の手伝いをすることになりました。あとに続く会話文は、お店の倉庫にある商品や古い道具やものの整理・整とんを手伝っているときのやりとりです。

まさみさん：はるかさんのおじいさんのお店には食品や日用品、電気製品など、色々なものが売っているんだね。あれ、これは何だろう。見たことのないものがあるよ。

けいたさん：それは昔の洗濯機じゃないかな。ふたが２つついているね。これは、えーと、洗濯するところと脱水するところが分けられているのかなあ。面倒な感じだね。今の洗濯機は全自動だから便利だなあ。

はるかさん：あ、これはスーパーのレジだ。これも今とは違うよ。電卓みたいに１つ１つの品物の金額を打ち込んで使うみたいだね。

けいたさん：今は、バーコードを読み取る道具を使って金額を表示しているね。読み取りが完了したという合図にピッという音が鳴っているよね。

はるかさん：１つ１つの金額を打ち込むより早いよね。
この前、かごを置いただけで合計金額が表示されたお店があってびっくりしたよ。

まさみさん：それはすごい進化だね。会計を待つ時間がすごく短くなるよね。

はるかさん：けいたさん、まさみさん、私からクイズを出します。右の電子レンジと左の電子レンジはどちらが新しいでしょう。

まさみさん：右のほう。

はるかさん：残念でした。実は、左のほうが新しいんです。

まさみさん：本当なの。ボタンがたくさんあって便利そうに見えるけど。

はるかさん：確かに右のほうはボタンがたくさんあって、機能は左のほうより多いね。

まさみさん：新しいのに機能は少ないってことあるのかな。

けいたさん：そういえば、私の家で電子レンジを買いに行ったとき、お母さんが、操作ボタンがたくさんあるのは分かりにくいって言っていたことがあったよ。

まさみさん：そうか。機能が多いと使いやすいとは限らないってことだね。

けいたさん：それと、左の電子レンジは、色や形が昔なつかしい感じに作られているよね。まさみさんが間違えたのは私も分かるよ。

はるかさん：私ならおしゃれな感じがするから、買うなら左の電子レンジかな。

けいたさん：買うかどうかの決め手は、機能だけではないということなんだね。道具やものは、目的に応じた工夫をして進化しているということだね。

まさみさん：じゃあ、私からもクイズを出します。あっちの古いほうの電気ポットは、上のボタンを押しただけでお湯が出るけど、こっちの新しいほうの電気ポットは、この解除ボタンを押してからお湯のボタンを押す仕組みになっているよ。何故だと思う。

はるかさん：それはやけどをしないためだよね。もしも幼い子どもが間違えて押したら危ないよね。

まさみさん：正解です。わざわざ面倒にしているんだよ。

けいたさん：あ、同じようなことが、学校の非常ボタンにも言えるよ。担任の先生が、以前の非常ボタンは強い力でそのまま押すとすぐに鳴る仕組みだったと言っていたよ。今のボタンは上にカバーが付いているよね。

はるかさん：私たちが間違えて触ってしまったときのことを考えているんだね。

けいたさん：では、私からのクイズです。この白い時計に比べて黒い時計にはどんな工夫がされているでしょう。

はるかさん：どれどれ。２つとも同じ時計に見えるけど。あっ、黒い時計にはソーラーパネルが付いている。

まさみさん：ソーラーパネルって、光で充電できる機能だね。腕時計にも同じ工夫をしているものがあるね。そうか、光で充電できたら、電池を替えたり、電気を使って充電したりしなくていいから、エネルギーを大切にするための工夫といえるね。

けいたさん：それに光があれば使えるから、災害時など停電している時にでも使用するための工夫ともいえるね。

はるかさん：そういえば低学年の時、台風で地域の施設に避難したことがあったけど、光で充電できる道具はありがたかったなあ。

けいたさん：道具やものの工夫を、夏休みの自由研究にしてみようかな。

(1)　３人の会話を参考にして、道具やものに加える具体的な工夫とそのときの目的について、次に示す例にならって、他の人に伝わるような文で５つ書きましょう。なお、会話文の内容と同じ道具やもののことを書いても、あなたが思いついたことを書いてもかまいません。

例

道具やもの	工夫	目的
コーヒーカップ	素材をクッキー生地にする。	コーヒーを飲んだ後に食べられるので、紙などのゴミを減らす。

(2)　けいたさんは、夏休みの自由研究として、「道具やものの工夫と進化」について探究することにし、お店の倉庫にあったものを参考に候補となる**＜道具やものの一覧＞**を作成しました。けいたさんは、この中から道具やものを２つ選び、**＜探究テーマとその取組＞**を書きました。

あなたが「道具やものの工夫と進化」について探究するとしたらどのように書きますか。けいたさんの文を参考にして、取り組んでみたいテーマとその取組を考えて書きましょう。

なお、次の**＜条件＞**に従って書きましょう。また、(2)の問いの解答は、**＜採点の基準＞**に従って採点されますので、**＜採点の基準＞**もよく読んでから答えましょう。

＜条件＞

ア　150字以上、200字以内で書いてください。「。」や「、」も１字として数えます。
イ　＜道具やものの一覧＞から必ず２つ取り上げてください。
ウ　条件イで選んだ２つの道具やものから考えた探究テーマを書いてください。
エ　その探究テーマについての取組を書いてください。
オ　条件エに従って書いた取組について、さらに発展的な探究活動につながるような新たな視点を書いてください。

＜道具やものの一覧＞

ばねばかり 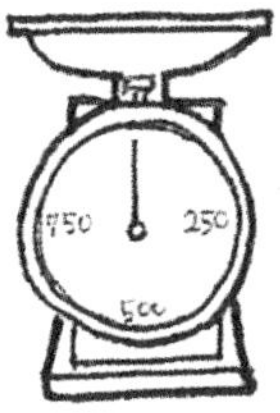	電子ばかり 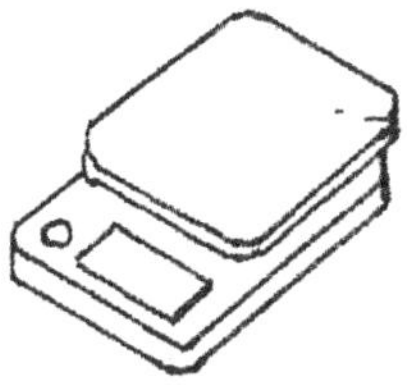	買い物用カート 
流し台 	ペン 	電球 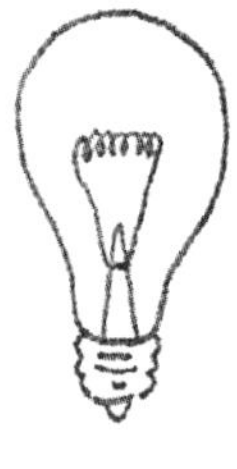
トイレットペーパー 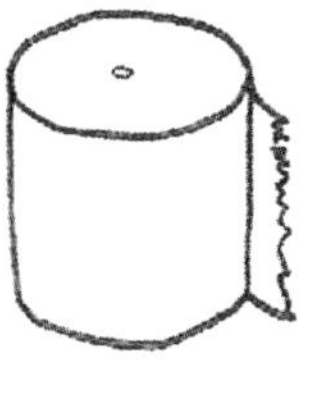	はさみ 	牛乳パック 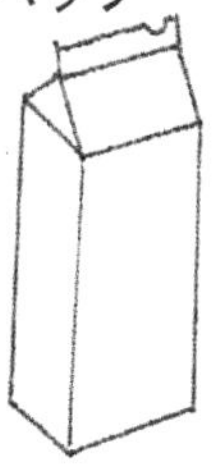
パソコン 	缶詰の缶 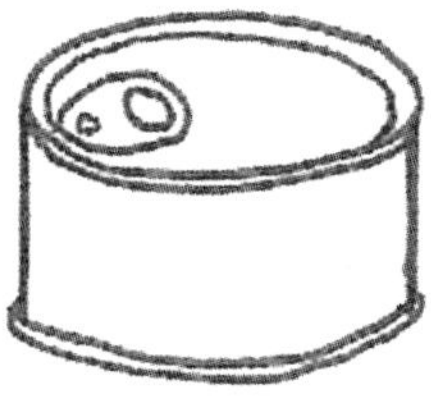	缶切り 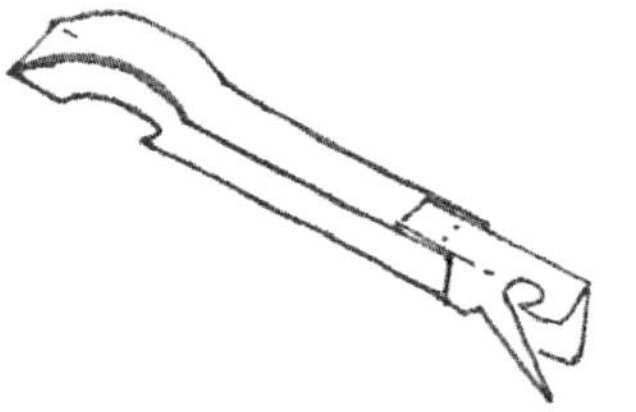

＜けいたさんの探究テーマとその取組＞

私は、ばねばかりと電子ばかりを選びました。探究テーマは「より正確に重さを測るための道具の進化について」です。ばねばかりで測ると同じ重さのものであっても、電子ばかりではそれらの重さにわずかな違いがあるかどうかを調べ、「測る道具」の進化について探究したいです。さらに、「測る道具」の進化を長さや高さを測る道具についても調査し、重さを測る道具と同様の進化があったかどうかについて探究したいです。(194字)

＜採点の基準＞※項目ごとに次の表に示された得点が与えられます。

字数	**5点**		**0点**	
	条件どおりである。		条件どおりでない。	
あなたが考えた探究テーマとその取組	**25点**	**20点**	**10点**	**0点**
	選んだ2つの道具やものとそれらの道具やものに関連性のある探究テーマが書かれており、その探究テーマについての取組が書かれている。さらに発展的な探究活動につながるような新たな視点が書かれている。	選んだ2つの道具やものとそれらの道具やものに関連性のある探究テーマが書かれており、その探究テーマについての取組が書かれている。	選んだ2つの道具やものとそれらの道具やものに関連性のある探究テーマが書かれている。	選んだ2つの道具やものとそれらの道具やものに関連性のある探究テーマが書かれていない。

※下の原稿用紙は下書き用なので、使っても使わなくてもかまいません。解答は、解答用紙に書きましょう。
※◆の印から、横書きで書きましょう。途中で行を変えないで、続けて書きましょう。
※「。」や「、」も１字として数えるので、行の最後で右にますがないときは、ますの外に書いたり、ますの中に文字と一緒に書いたりせず、次の行の初めのますに書きましょう。

（下書き用）

◆

2

次の文章をよく読んで、(1)と(2)の問いに答えましょう。なお、この問題の解答は、**＜採点の基準＞**に従って採点されますので、**＜採点の基準＞**もよく読んでから答えましょう。

あきらさんの学校で、手洗い場の床が毎日水でぬれていることが問題になり、委員会で話し合うことになりました。委員会の中では、ハンカチを学校に持ってこない人が多いことが原因ではないかという意見が多く出されました。その対策として、児童会の予算を使って手をふくための使い捨ての紙タオルを買い、手洗い場に置いてはどうかという提案が出されました。その提案に対して、賛成意見と反対意見の両方が出されました。

(1)　手洗い場に紙タオルを置いてはどうかという提案について、賛成意見の人と反対意見の人は、それぞれどのような理由で意見を述べていると考えられますか。あなたがそれぞれの立場に立って考えた理由を<u>2つずつ</u>書きましょう。

＜採点の基準＞

	10点	5点	0点
賛成意見	賛成意見として筋がとおっている2つの異なる理由が書かれている。	賛成意見として筋がとおっている理由が1つ書かれている。	賛成意見として筋がとおっている理由が1つも書かれていない。
	10点	**5点**	**0点**
反対意見	反対意見として筋がとおっている2つの異なる理由が書かれている。	反対意見として筋がとおっている理由が1つ書かれている。	反対意見として筋がとおっている理由が1つも書かれていない。

(2)　手洗い場に紙タオルを置いてはどうかという提案について、多数決をとってみたところ、賛成と反対は全くの同数でした。

あきらさんは、自分の意見に反対する人を納得させる具体的な方法を加えて、自分の意見を提案しようとしています。あなたがあきらさんだったら、どのような意見を提案しますか。

次の＜条件＞に従って書きましょう。

＜条件＞

ア　100字以上、150字以内で書いてください。「。」や「、」も１字として数えます。

イ　紙タオルを置くか置かないかについて、あなた自身の立場を筋のとおった理由とともに明らかにしてください。

ウ　あなたの意見に反対する人を納得させようとする具体的な方法を筋のとおった理由とともに提案してください。

＜採点の基準＞※項目ごとに次の表に示された得点が与えられます。

	10点	0点
字数	条件どおりである。	条件どおりでない。

	10点	5点	0点
あなたの立場	あなたの立場が筋のとおった理由とともに書かれている。	あなたの立場は書かれているが、筋のとおった理由が書かれていない。	あなたの立場が書かれていない。

	10点	5点	0点
あなたの意見に反対する人を納得させようとする方法	あなたの意見に反対する人を納得させようとする具体的な方法を提案しており、筋のとおった理由も示されている。	あなたの意見に反対する人を納得させようとする具体的な方法を提案しているが、筋のとおった理由が示されていない。	あなたの意見に反対する人を納得させようとする具体的な方法を提案していない。

※下の原稿用紙は下書き用なので、使っても使わなくてもかまいません。解答は、解答用紙に書きましょう。

※◆の印から、横書きで書きましょう。途中で行を変えないで、続けて書きましょう。

※「。」や「、」も１字として数えるので、行の最後で右にますがないときは、ますの外に書いたり、ますの中に文字と一緒に書いたりせず、次の行の初めのますに書きましょう。

(下書き用)

◆

岩手県立一関第一高等学校附属中学校　適性検査Ⅰ　（検査時間40分）

（解答用紙は別冊６Ｐ）（解答例は別冊４Ｐ）

1　文化祭の生徒会展示

銀河中学校では，生徒会スローガンを「彩(いろど)る～心の色で描(えが)くキャンバス～」とし，「全校の取組」と「学級の取組」の２つの柱で様々な活動を行っています。

生徒会リーダーのりょうさん，ひろきさん，はなさんは，文化祭でこれまでの取組を紹介(しょうかい)する展示(てんじ)をしようと考え，次のような会話をしました。

りょう：今までやってきた「全校の取組」と「学級の取組」を紹介する展示物を作ろう。
ひろき：目立つように工夫したいね。
は　な：昇降口(しょうこうぐち)に大きなモビール※1を作って展示するのはどう？
りょう：それはいい考えだね。
ひろき：でも，うまくつり合いがとれるように作るのはむずかしそうだね。
は　な：つるすものを整理して，設計図を作ってみよう。

※1　モビールとは，つり合いを利用した，天井などからつるすかざり。

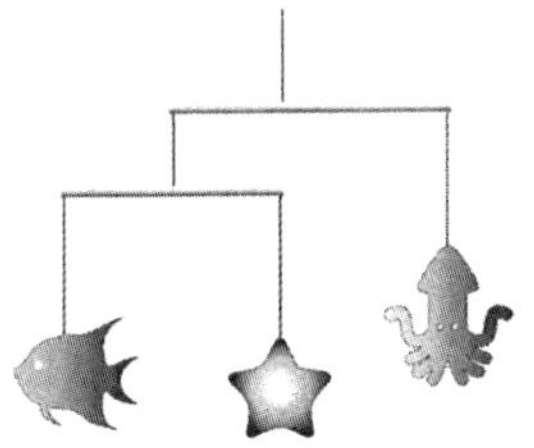

生徒会リーダーの３人は，モビールを作るために必要な情報を書き出し，設計図を作りました。

【モビールを作るために必要な情報メモ】

- ３本の棒(ぼう)Ｐ，Ｑ，Ｒを使い，台紙Ａ，Ｂ，Ｃ，Ｄ，Ｅの５つをつるす。
- 台紙Ａには各学級の取組を紹介する。台紙Ａの大きさは，縦(たて)100 cm，横 80 cmで，重さは 600 g
- 台紙Ｂには「学級の取組」，台紙Ｄには「全校の取組」とタイトルを書く。台紙Ｂと台紙Ｄはどちらも同じ大きさ，同じ重さのものとする。
- 台紙Ｃには全校の取組を紹介する。
- 台紙Ｅには生徒会スローガンを書く。
- 一番長い棒Ｐは，回転しても，つるしているものどうしがぶつからないように，160 cmとする。

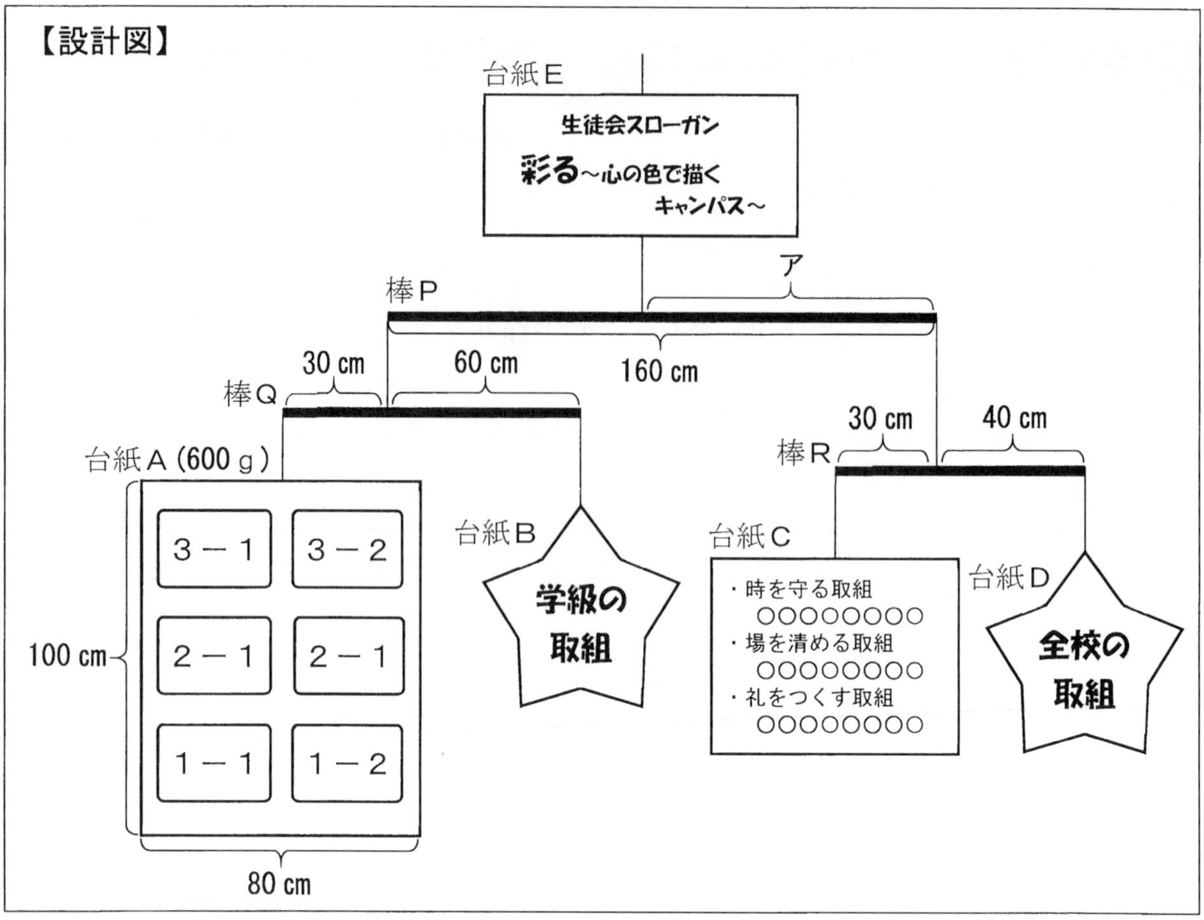

問題1　棒P，Q，Rが水平につり合っているとき，次の（1），（2）の問いに答えなさい。ただし，台紙にはり付ける用紙や棒，接着剤(せっちゃくざい)やひもの重さは考えないものとします。

（1）　台紙Bの重さを答えなさい。　（4点）

（2）　棒Pの，アの部分の長さを答えなさい。　（8点）

問題2　台紙Eを，台紙Aと同じ材料を使って，縦40 cm，横90 cmの大きさで作ると，台紙Eの重さは何gになるか答えなさい。ただし，台紙にはり付ける用紙や棒，接着剤やひもの重さは考えないものとします。　（8点）

生徒会リーダーの3人は，設計図をもとに，モビールを作り始めました。

はな：この台紙，厚くてうまくはさみで切れないよ。
りょう：Aはさみの刃の先の方で切ろうとしているからだよ。刃の付け根の方を使うと小さな力でも簡単に切れるよ。
はな：本当だ。どうして，こんなに切りやすくなるのかな。
りょう：はさみは，てこのはたらきを利用しているからだよ。
ひろき：今作っているモビールがつり合うのも，てこのはたらきを利用しているからだね。

問題3　下線部Aのように，次の①，②では，②の方が小さな力で厚紙を切ることができます。その理由を正しく述べているのはどれですか。下の**ア**～**エ**の中から1つ選び，その記号を書きなさい。（10点）

①

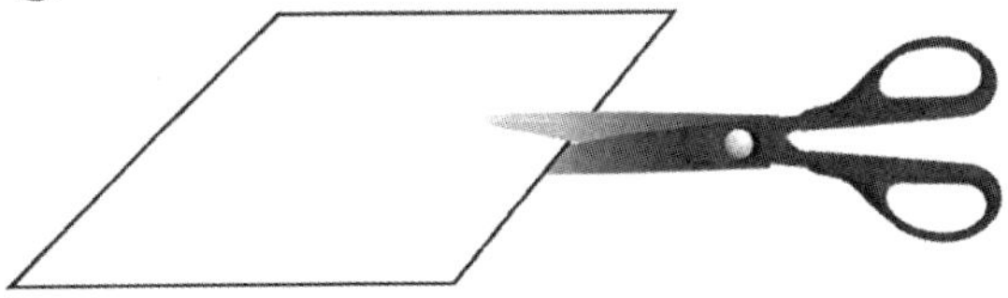

はさみの刃の先の方で切る

②

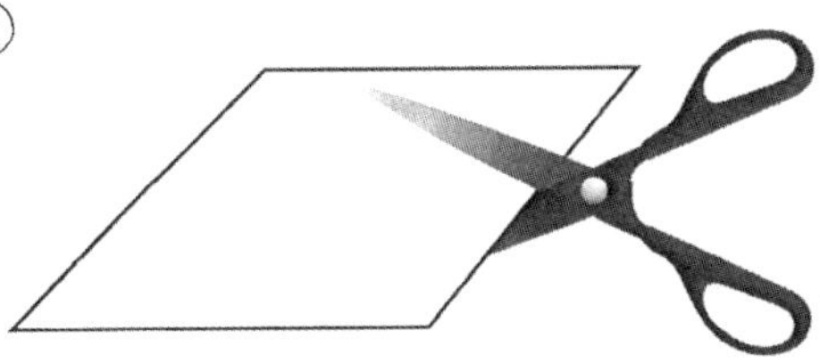

はさみの刃の付け根の方で切る

ア　②の方が①より作用点から支点までのきょりが短く，作用点に加わる力が小さくなるから。

イ　②の方が①より作用点から支点までのきょりが短く，作用点に加わる力が大きくなるから。

ウ　②の方が①より力点から支点までのきょりが短く，作用点に加わる力が小さくなるから。

エ　②の方が①より力点から支点までのきょりが短く，作用点に加わる力が大きくなるから。

環境委員会は，今年度から学校に設置されたエアコンにたよりすぎない生活を心がけるため，グリーンカーテンプロジェクトを行ってきました。環境委員のゆうじさんとまきさんは，グリーンカーテンプロジェクトについて紹介するポスターを作り，文化祭で展示することにしました。

資料１【環境委員会が作成したポスター】

グリーンカーテンプロジェクト

環境委員会

●取り組み

アサガオやヘチマを使い，教室のベランダに日よけとなるグリーンカーテンをつくる。

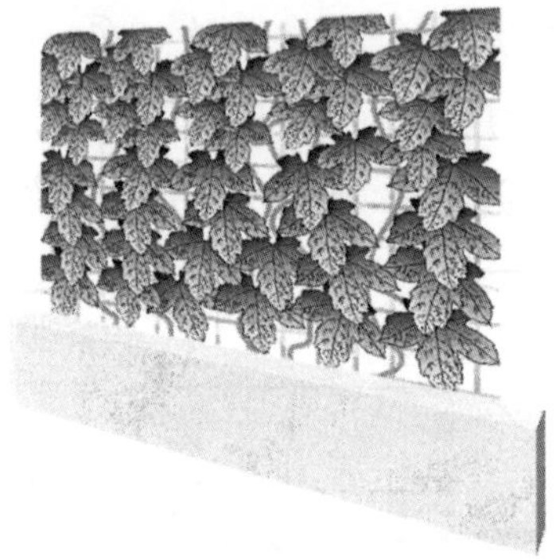

●よさ

①直射日光をさえぎることで教室の温度が上がるのをおさえることができ，それによってエアコンの使用時間を減らし，電気の使用量を減らすことができる。

②地球温暖化の原因の１つといわれている，空気中の二酸化炭素の割合を減らすことができる。

グリーンカーテンがある教室とない教室の
1日の温度変化の違い（エアコン未使用）

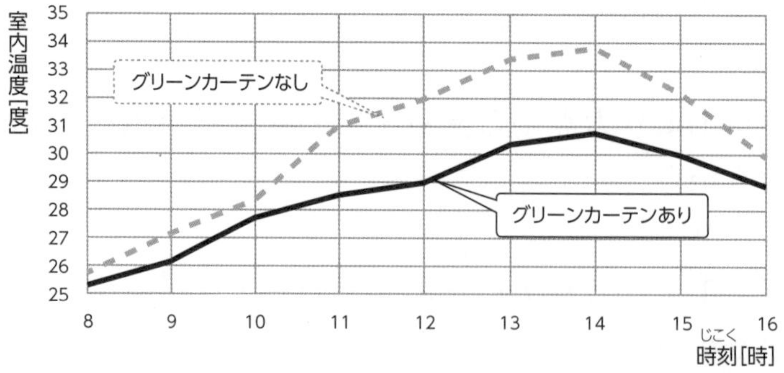

環境委員会による調査結果

完成したポスターを見ながら，ゆうじさんとまきさんは次のような会話をしました。

まき：ポスターの内容はこれでいいかな。
ゆうじ：見た人から質問されたときに答えられるように，「**よさ**」に書いた①，②についてもう少し調べてみようか。
まき：「**よさ**」の①について，わたしの家でも今年からグリーンカーテンをやっているから，B今年の８月の電気の使用量を，過去２年間の８月の使用量と比べて，どれくらい節電の効果があったのか調べてみるね。
ゆうじ：家庭で効果があれば，教室でも効果があると期待できるね。
まき：「**よさ**」の②については，本当に植物に二酸化炭素をとり入れるはたらきがあるのかどうか，C実験をして確かめてみるのはどうかな。
ゆうじ：その実験結果をもとに説明すれば説得力があるね。よし，科学クラブのさとしさんに実験方法を相談してみよう。

問題４　下線部Bについて，まきさんは，自宅(じたく)の８月の電気の使用量を比較(ひかく)してみました。その結果，昨年８月の電気の使用量は，一昨年８月に比べて，10％増えていました。また，今年８月の電気の使用量は，昨年８月に比べて，20％減っていました。

今年８月の電気の使用量は，一昨年８月に比べて何％減りましたか。下の**ア**～**オ**の中から１つ選び，その記号を書きなさい。　(10点)

ア　８％
イ　10％
ウ　12％
エ　15％
オ　30％

一関第一高等学校附属中学校

６ページの下線部Ｃについて，ゆうじさんとまきさんは，科学クラブのさとしさんにアドバイスをもらおうと，次のような会話をしました。

まき：植物が二酸化炭素をとり入れるためには，日光が必要だって授業で習ったね。
ゆうじ：それを実験で確かめるために，こんな実験計画を考えてみたよ。

ゆうじさんが考えた実験計画

[1] 植物が植えてある鉢を準備する。

[2] 透明なポリエチレンぶくろをかぶせる。初めにふくろをしぼませてから，Dストローを使って息をふきこむ。

[3] 気体検知管でふくろの中の二酸化炭素の体積の割合を調べ，あなをふさぐ。

[4] ２時間ほど日光のあたる明るい場所におく。

[5] 再び気体検知管でふくろの中の二酸化炭素の体積の割合を調べ，[3]で調べた値と比較する。

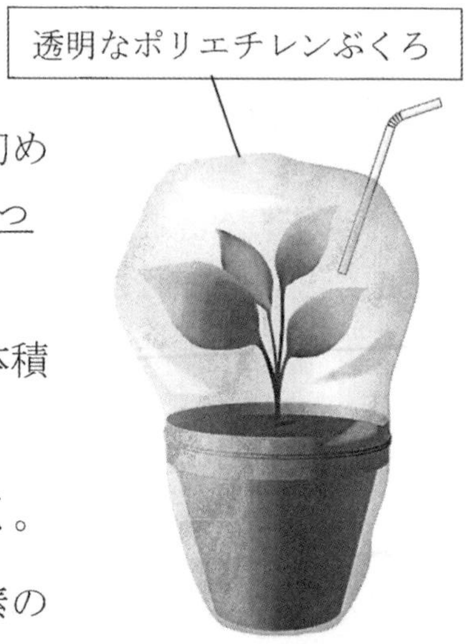

まき：[5]の二酸化炭素の割合が[3]より減っていれば，「植物には，日光があたると二酸化炭素をとり入れるはたらきがある」と言っていいよね。
さとし：そうだね。でもせっかくだから，もう少し調べてみない？
ゆうじ：どういうこと？
さとし：E日光があたらなくても，植物さえあれば二酸化炭素は減るのかもしれないよね。逆に，F植物がなくても，日光があたれば二酸化炭素は減るのかもしれない。このことも実験して調べてみてはどうかな。
まき：なるほど，それではあと２つ鉢を準備しよう。
さとし：どちらも，[1]～[5]の手順のうち，１つを変えるだけで調べられるよ。

問題５　下線部Ｄ「ストローを使って息をふきこむ」の操作は，何のためにに行うものか説明しなさい。　(10点)

問題６　次の（１），（２）の問いに答えなさい。　（５点×２）

（１）　下線部Ｅについて調べるためには，実験計画の[1]～[5]の手順のうち，どれを変えればよいですか。変える番号と，どのように変えるか説明しなさい。

（２）　下線部Ｆについて調べるためには，実験計画の[1]～[5]の手順のうち，どれを変えればよいですか。変える番号と，どのように変えるか説明しなさい。

2 幼稚園訪問の活動

銀河中学校では，グループごとに幼稚園を訪問し，幼児とふれあう活動をしています。

こうしさんとわかさんのグループでは，マスクを作り，幼児にプレゼントしようと考えています。こうしさんとわかさんは，次のような会話をしました。

わ　か：先生から，マスクを作るための材料の生地をもらってきたよ。生地の大きさは，縦 90cm，横 140cm の長方形だね。
こうし：僕はマスクの型紙を準備しておいたよ。型紙は縦 12cm，横 15cm の長方形だよ。
わ　か：まずはこの生地を，型紙の長方形の大きさに切り分けよう。
こうし：なるべく多くとりたいね。最大で何枚とれるかな？

問題１　縦 90cm，横 140cm の長方形の生地を，型紙に沿って縦 12cm，横 15cm の長方形に切り分けるとき，長方形の型紙を最大で何枚とることができるか答えなさい。

ただし，余った生地を貼り合わせることはしないこととします。(12 点)

【先生にもらった生地と，用意した型紙】

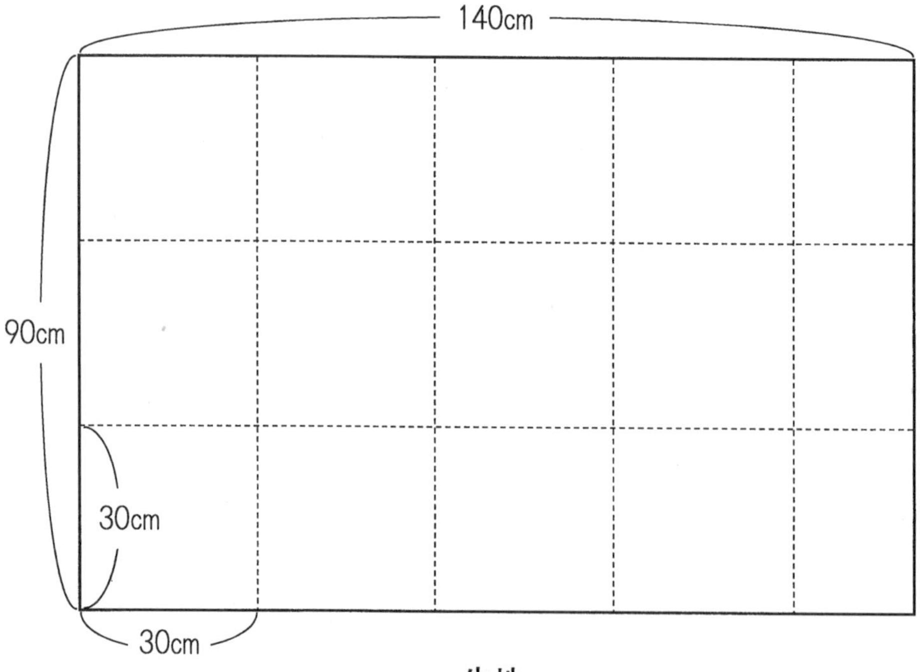

生地

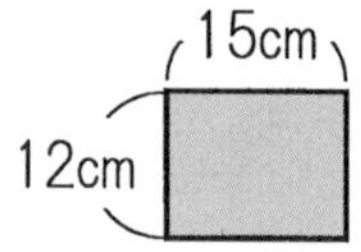

型紙

※図の中の点線の目盛りは，実際の生地には入っていません。

こうしさんは，幼稚園を訪問したときに，幼児に手品を見せて喜ばせたいと考え，家で手品の練習をしています。下の図は，手品の手順を示したものです。

【手品の手順】

手順１　マッチ棒を２，３本まとめて火をつけ，牛乳びんの中に入れる。
手順２　びんの口に，からをむいたゆで卵をのせる。

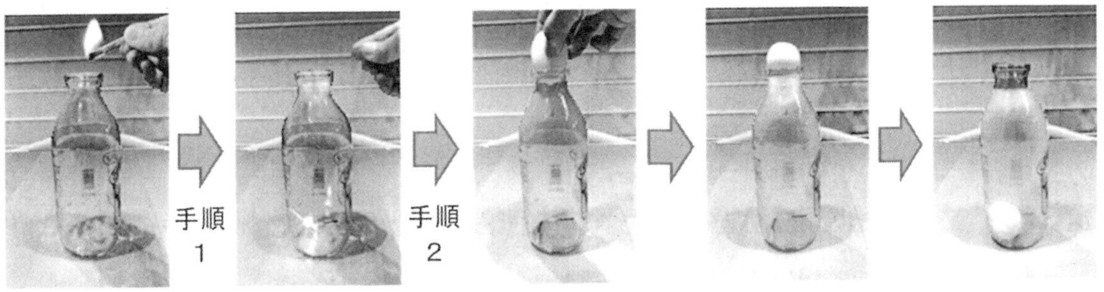

こうしさんは，練習の様子を見ていた母親と次のような会話をしました。

母　親：すごい，びんの口の直径より大きいゆで卵が，吸い込まれるようにびんの中に入っちゃった！
こうし：子どもたちがおどろいてくれるといいな。
母　親：ところで，びんの中のゆで卵はこのあとどうするの？
こうし：実はこの手品には続きがあるんだ。これから，びんを割らずに，びんの中のゆで卵をきれいに取り出してみせるよ！

こうしさんは，びんの中からゆで卵を取り出すための道具として，60℃のお湯が入ったボウルと，氷水が入ったボウルの２つを用意しました。

問題２　こうしさんが用意した道具を使って，びんの中に入っているゆで卵を取り出す方法を説明しなさい。
ただし，60℃のお湯と氷水の両方を必ず使うこととします。　(12 点)

こうしさんとわかさんのグループは，銀河幼稚園を訪問しました。

わかさんは，自由遊びの時間に，外の園庭で幼児たちとボール遊びをしました。わかさんが一緒にボール遊びをした幼児の数は，12 人でした。

わかさんは，幼児たちが他にどんな遊びをして過ごしたのかを調べてみました。

その結果，園庭で遊んだ幼児が全体の$\frac{3}{4}$，室内のホールで遊んだ幼児が全体の$\frac{1}{4}$でした。また，園庭で遊んだ幼児の$\frac{1}{6}$がブランコ遊び，$\frac{1}{2}$が砂場遊びをして，それ以外の幼児はボール遊びをして過ごしたことがわかりました。

問題3　この幼稚園の幼児の数は全部で何人か答えなさい。　(12 点)

この日，銀河幼稚園では，月に一度のお誕生会が開かれます。こうしさんとわかさんは，ケーキを切り分ける手伝いをすることになり，幼稚園の先生と次のような会話をしました。

先　生：このケーキを５等分に切ってもらえるかな。
わ　か：底面が正方形のケーキなんですね。側面にもクリームがぬってあって，すごくおいしそう。切り方は，**図１**のようにしていいかな？
こうし：この切り方だと，ケーキの体積は均等だけど，両はじのケーキの側面のクリームの量が多くて不公平な気がするなあ。
先　生：**図２**のように切れば，ケーキの体積も，側面のクリームの量も均等なので，公平ですよ。
わ　か：なぜこの切り方だと，公平といえるのかな。

図１

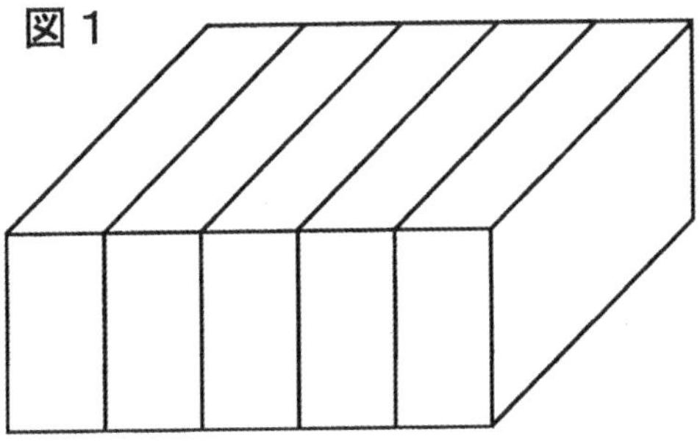

図２

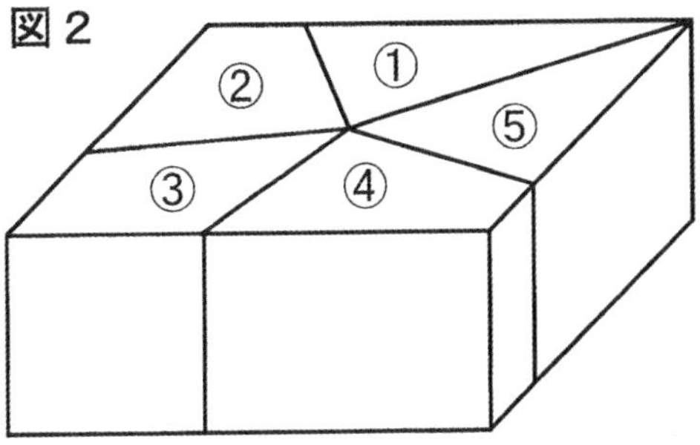

図３【図２の底面を上から見た図】

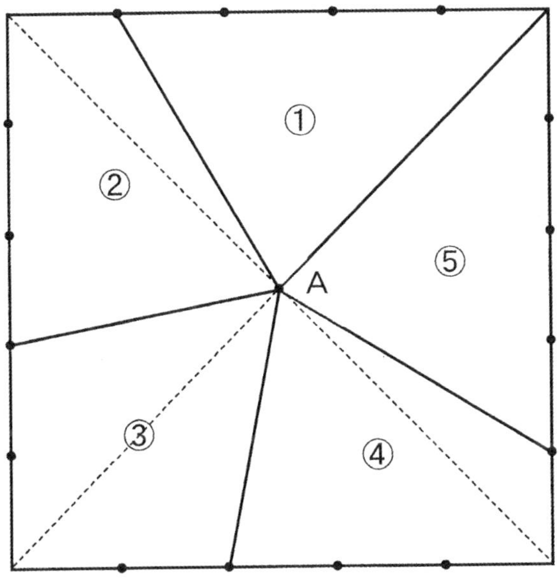

※**図３**の点Ａは，底面の正方形の対角線の交わる点で，辺の上の点は，各辺の長さを５等分する点とする。

こうしさんとわかさんは，**図２**の切り方で，ケーキの体積も，側面のクリームの量も均等に分けることができる理由について考え，次のような会話をしました。

わ　か：各辺の長さを５等分する点を利用して，切り分けているね。
こうし：側面のクリームの量が均等であることは，長方形の面積の関係からすぐにわかるね。
わ　か：**図２**の①～⑤のケーキの高さはすべて等しいから，**図３**の①～⑤の多角形の面積がすべて等しければ，５つのケーキの体積もすべて等しいと言えるね。
こうし：まず，①の三角形と②の四角形の面積が等しいか考えてみよう。

こうしさんは，**図３**の①の三角形と②の四角形の面積が等しいわけを，次のように説明しました。

【こうしさんの説明】

右の図のように，①の三角形を**ア**と**イ**の２つの三角形に分け，②の四角形を，**ウ**と**エ**の２つの三角形に分ける。
アと**エ**の三角形は，合同なので，面積は等しい。
イと**ウ**の三角形は，底辺と高さが等しいので，面積は等しい。
だから，①の三角形と②の四角形の面積は等しい。

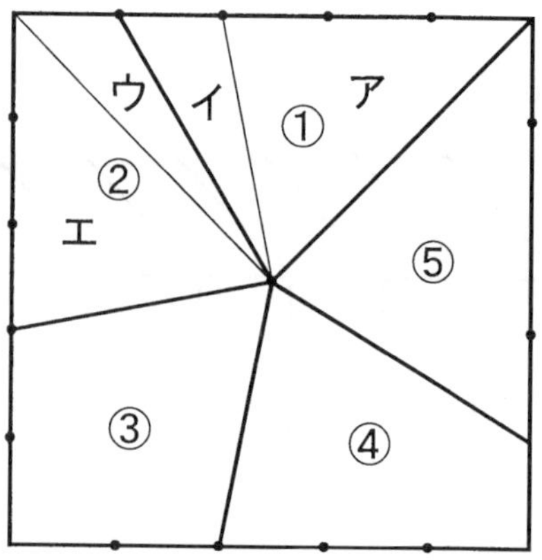

問題４　**図３**の①の三角形と③の四角形の面積が等しいわけを，こうしさんの説明を参考にして，解答用紙にある図を用いてことばで説明しなさい。（12 点）

問題５　**図２**において，長さが次のようになっているとき，④のケーキの体積を求めなさい。

なお，ケーキの上の飾(かざ)りなどの体積は考えないものとします。（12 点）

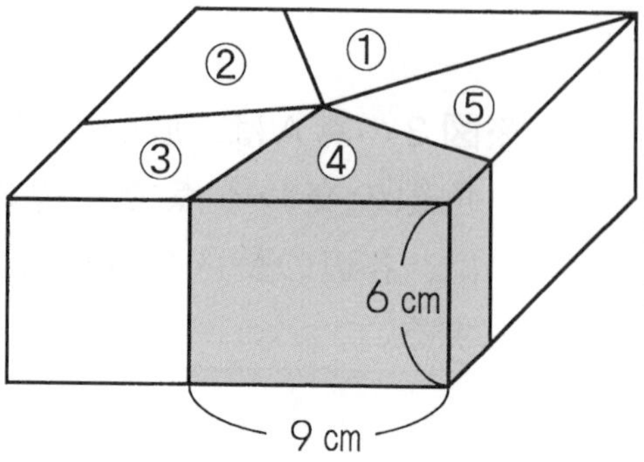

（解答用紙は別冊７Ｐ）（解答例は別冊５Ｐ）

1　三陸への旅

ゆきえさんは，父親と一緒（いっしょ）に，三陸鉄道リアス線を利用して，盛（さかり）駅から久慈（くじ）駅まで旅行をすることにしました。列車が盛駅を発車して間もなく，ゆきえさん親子は車内で次のような会話をしました。

ゆきえ：列車が走ると，一定のリズムで「ガタン…ガタン…ガタン…」という音がするね。これは何の音なのかな。

父　親：Aレールのつなぎ目に，すき間があって，列車の車輪がそこを通るたびに「ガタン」と音がするんだよ。

ゆきえ：レールとレールの間にすき間が空けられているのは知っているよ。季節の変化と関係があるんだよね。

父　親：よく知っているね。そうだ，この音から，列車のおよその速度がわかるんだよ。この車両には前後に車輪がついているけど，前輪から聞こえる「ガタン」の音と，後輪から聞こえる「ガタン」の音の区別はつくかい？

ゆきえ：うん，私たちは先頭車両の前の方に座っているから，前輪から聞こえる「ガタン」の音の方が，はっきり大きく聞こえるね。

父　親：では，ストップウォッチで，この車両の前輪から聞こえる「ガタン」という音が，10回聞こえるのにかかる時間を測ってごらん。

ゆきえ：じゃあ測ってみるね。１回目の「ガタン」の音が聞こえたところから測って，B10回目が聞こえたのはちょうど12秒後だったよ。

父　親：１本のレールの標準的な長さは，25mだそうだよ。このことから，今測った12秒間に列車が進んだ道のりを考えれば，およその速度がわかるよね。

資料１【レールとレールの間のすき間】

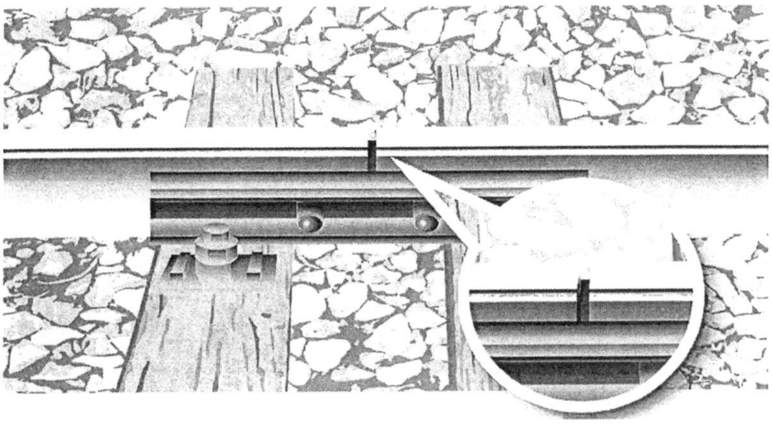

問題１　下線部Aについて，**資料１**のように，レールとレールの間に，すき間があるのはなぜだと考えられますか。季節の変化にふれながら説明しなさい。

（10点）

問題２　下線部Ｂについて，ゆきえさんが時間を測っていた 12 秒間に，列車はおよそ何ｍ進んだと考えられるか答えなさい。（10 点）

【三陸鉄道リアス線の駅】

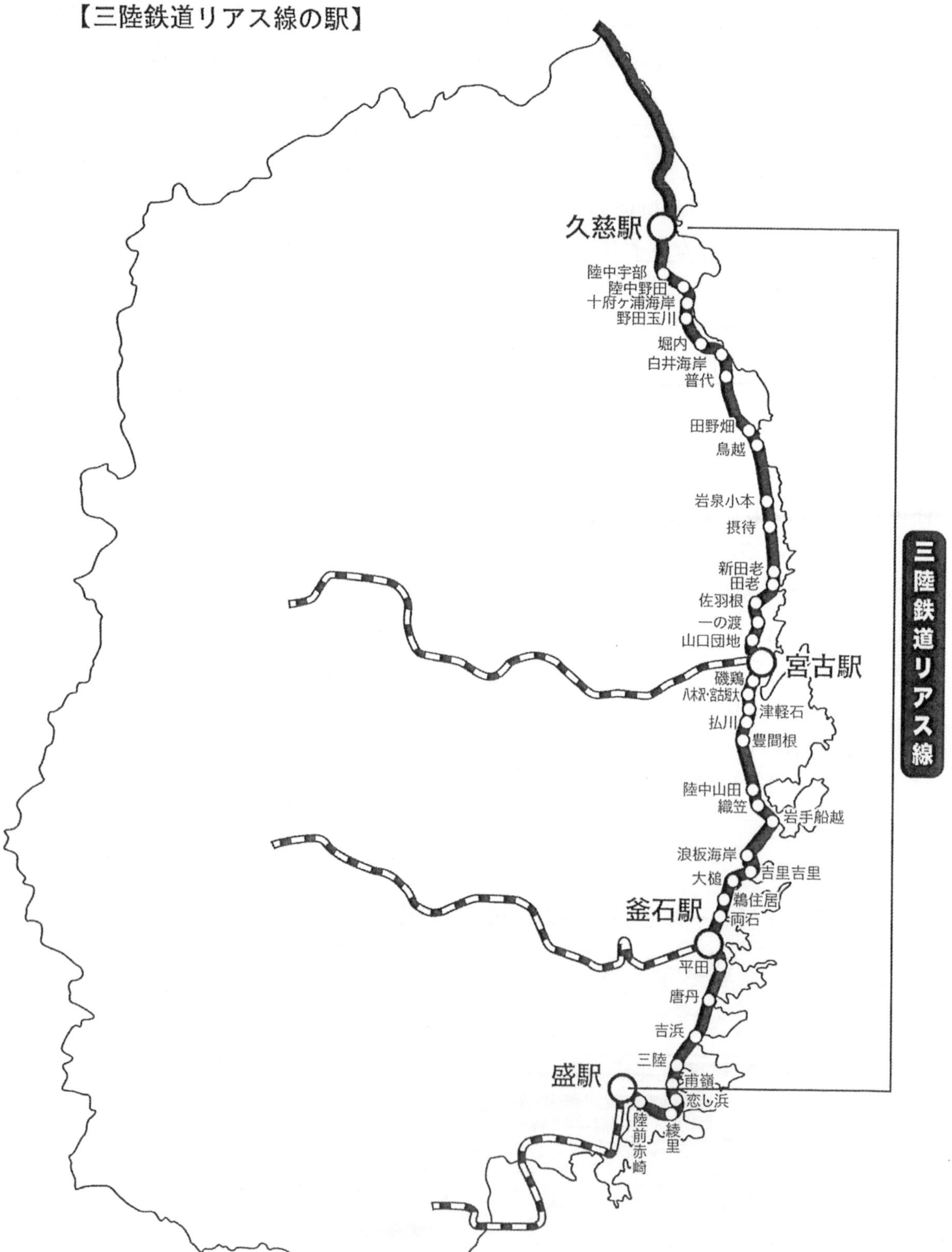

ゆきえさん親子は，釜石駅にさしかかったところで，次のような会話をしました。

ゆきえ：釜石といえば，製鉄やラグビーで有名だよね。
父　親：2019年に，釜石港が「ポートオブザイヤー2019」に選ばれたのは知っているかい？これは，日本港湾協会が，地域の活性化や経済の発展に役立った港を表彰するもので，近年取り扱うコンテナの輸送量が急増している釜石港が選ばれたんだよ。
ゆきえ：どうして，釜石港を利用した輸送が増えているの？
父　親：無料で利用できる自動車専用道路であるc東北横断自動車道釜石秋田線や三陸沿岸道路が開通※1したことも影響しているだろうね。

ゆきえさんは下線部Cについてきょう味をもち，インターネットで調べたところ，次の**資料２**，**資料３**を見つけました。

資料２【岩手県の自動車専用道路の様子】

※1　三陸沿岸道路は，令和２年12月12日現在，約83％の区間が開通している。

（ネクスコ東日本ＨＰ，国土交通省東北地方整備局ＨＰより作成）

資料３【主なＩＣ（インターチェンジ）間の距離（きょり）と料金】　　料金は特大車

距　離（km）							
225.3	216.1	201.8	（ あ ）	100.9	68.9	**釜石中央**（かまいしちゅうおう）	
156.4	147.2	132.9	69.7	32.0	**東和**（とうわ）	0	料金（円）
124.4	115.2	100.9	37.7	**北上金ケ崎**（きたかみかねがさき）	2550	2550	
① 86.7	77.5	63.2	**一関**	2970	5350	5350	
23.5	14.3	**大和**（たいわ）	4870	7660	9440	9440	
9.2	**利府しらかし台**（りふ）	1420	6120	8770	10550	10550	
仙台港北（せんだいこうきた）	950	2310	② 7010	9660	11440	11440	

■ 主なＩＣ（インターチェンジ）の名前

※仙台港北 IC への距離と料金は，東北自動車を使用し，富谷 JCT と利府 JCT を経由した場合を示している。また，東和 IC，釜石中央 IC は，花巻 JCT を経由するものとする。

ゆきえさん親子は，**資料２**，**資料３**を見ながら，次のような会話をしました。

父　親：**資料３**の表の見方はわかるかい？例えば，一関 IC から仙台港北 IC までの距離は，一関 IC から左，仙台港北 IC から上に見てぶつかる①の数字を見れば，86.7km とわかるよ。同じように，トラックなどの特大車の料金は，一関 IC から下，仙台港北 IC から右に見てぶつかる②の数字を見れば，7010 円ということがわかるんだよ。

ゆきえ：有料の高速道路は，利用する区間によって，料金が変わるのね。

父　親：金ヶ崎（かねがさき）町にある自動車工場では，完成した自動車をトラックで仙台港まで運んで，仙台港から船で輸送しているんだけど，震災（しんさい）前は釜石港も利用していたそうだよ。

ゆきえ：D今後はまた，釜石港も利用するようになるかもしれないね。

問題３　次の（１），（２）の問いに答えなさい。

（１）　**資料３**の空らん（ **あ** ）にあてはまる数字を小数第１位まで答えなさい。（８点）

（２）　下線部**D**について，金ヶ崎町の自動車工場から完成した自動車を運ぶ場合，仙台港を利用する場合と比べて，釜石港を利用するよさを，**資料３**からわかる数値を用いて説明しなさい。

なお，仙台港までは北上金ヶ崎 IC から仙台港北 IC の区間を，釜石港までは北上金ヶ崎 IC から釜石中央 IC の区間の高速道路・自動車専用道路を利用するものとします。（10点）

ゆきえさん親子は，宮古駅で下車して昼食をとることにし，次のような会話をしました。

ゆきえ：「宮古トラウトサーモン」だって。おいしそう！宮古は鮭がたくさん獲れることで有名よね。

父　親：この「宮古トラウトサーモン」は，自然の漁で獲れたものではなくて，2019年11月から宮古湾に設置されたいけすで養殖されたものなんだよ。2020年の４月に初めて出荷されたんだ。

ゆきえ：トラウトサーモンは，鮭とは違うの？

父　親：トラウトサーモンは，ニジマスを海で養殖したものなんだ。日本で獲れる鮭のほとんどは「シロザケ」なんだけれど，シロザケとトラウトサーモンはどちらもタイヘイヨウサケ属なので，遠い親せきのような関係と言えるかな。

ゆきえ：宮古は鮭がたくさん獲れるところなのに，E <u>どうして養殖を始めたのかな。</u>

下線部Eについて，ゆきえさんは，養殖を始めた理由について調べてみようと思い，次の**資料４**，**資料５**，**資料６**を見つけました。

資料４【鮭の特徴】

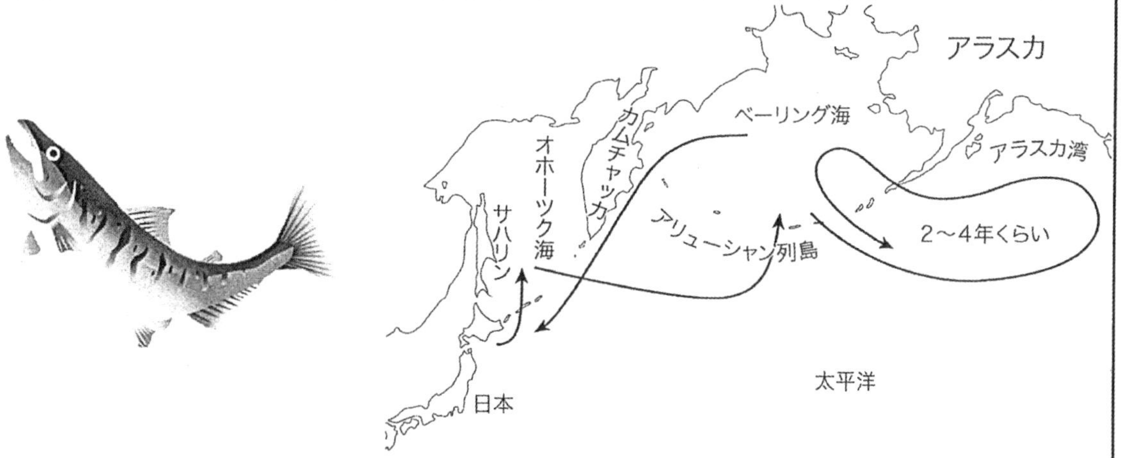

鮭には生まれた川に戻ってくる母川回帰という習性があります。宮古で生まれた子どもの鮭（稚魚）は，約４年かけて，世界の海をめぐって宮古に戻ってきます。また，冷水魚である鮭は低水温を好み，高水温に敏感であると考えられています。

（宮古市水産課「サケのひみつ」等より作成）

資料５【宮古市の鮭水あげ量の推移】

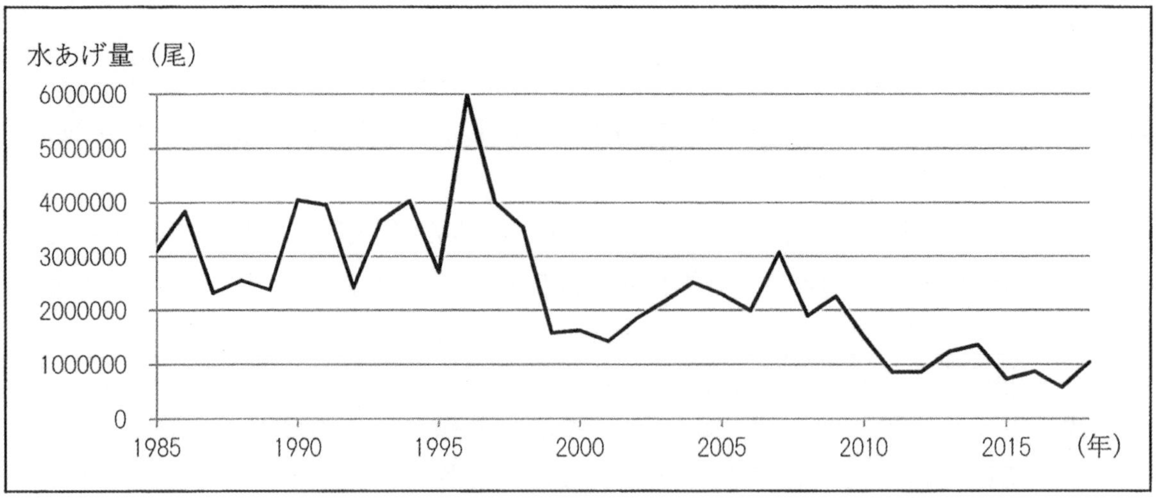

（宮古市ホームページの資料「水産統計　宮古の水産　令和元年度」より作成）

資料６【三陸沖の平均海面水温（年平均）】

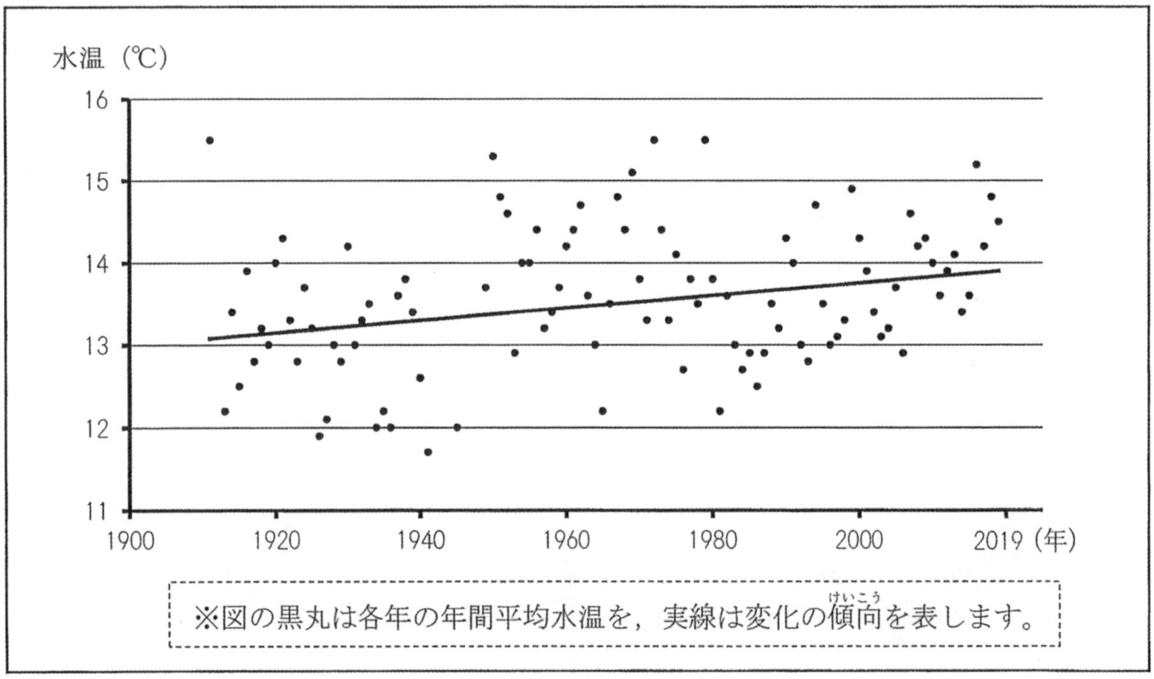

（気象庁ホームページの資料「三陸沖の海域平均海面水温（年平均）」より作成）

問題４　前ページの下線部Ｅについて，なぜ宮古でトラウトサーモンの養殖が始められたのか，考えられることを**資料４**，**資料５**，**資料６**にふれて説明しなさい。（10点）

ゆきえさん親子は，終点である久慈駅近くの，陸中野田駅で途中下車しました。2人は歩きながら次のような会話をしています。

父　親：この近くには「大唐の倉」という地層があるんだよ。ほら，見えてきた。
ゆきえ：わあ，きれいにいくつかの層が重なって見えるね。
父　親：ちょうどガイドさんがいるようだから，この「大唐の倉」の地層の特徴について聞いてみよう。

ゆきえさん親子は，ガイドさんに「大唐の倉」の地層A，地層B，地層Cについて説明してもらいました。

資料7【陸中野田駅付近で見えた崖（『大唐の倉』）】

（野田村観光協会ＨＰより）

資料8【ガイドさんの説明】

地層A	暖かい地域の植物の化石が見つかった	
地層B	火山灰が押し固まったものがたい積した様子が見つかった	
地層C	大きな丸い石のたい積が見つかった	

（野田村通信ブログより）

問題５　次のア～エについて，**資料７**，**資料８**をもとに「大唐の倉」の**地層Ａ**，**地層Ｂ**，**地層Ｃ**からわかることとして適切だと言えるものには○，適切とは言えないものには×を書きなさい。（３点×４）

ア　**地層Ａ**，**地層Ｂ**，**地層Ｃ**の順で，たい積した。

イ　**地層Ｂ**がたい積した当時は，この地域にも火山活動があった。

ウ　**地層Ｃ**の大きな丸い石は、流れる水のはたらきで角がとれて、丸くなったものである。

エ　**地層Ａ**がたい積した当時も現在も，この地域は寒い地域なので，暖かい地域の植物の化石は，暖かい地域から海を渡(わた)って流れ着いたものである。

2 持続可能な社会

たかしさんとあきこさんのクラスでは，地球温暖化の原因と言われる二酸化炭素の排出量を削減するための様々な取り組みについて，グループごとに調べ学習を行い，発表会を行うことにしました。たかしさんのグループとあきこさんのグループでは，それぞれテーマに沿って資料を集め，次のように発表メモをつくりました。

【たかしさんのグループが集めた資料】

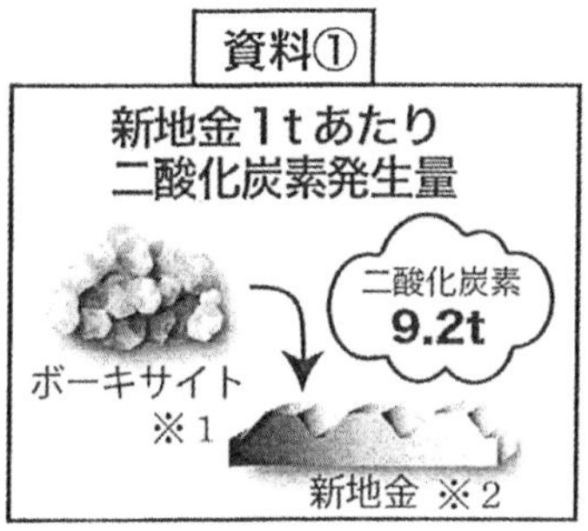

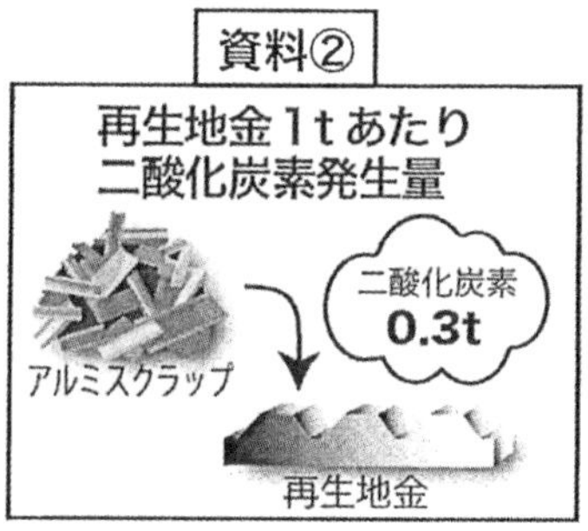

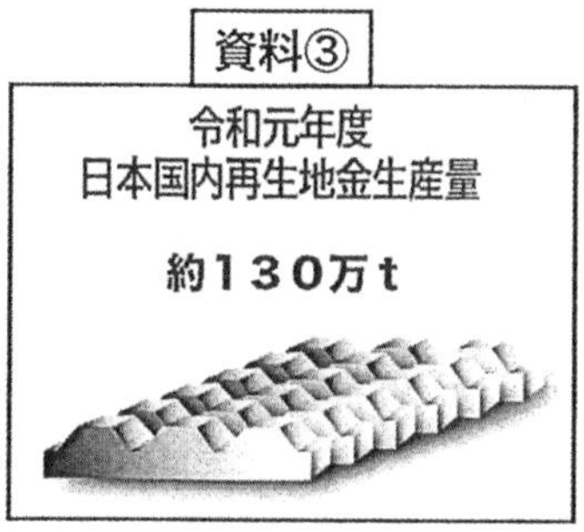

※1　ボーキサイトは，アルミニウムの原料となる鉱石

※2　「地金」とは，金属を貯蔵しやすい形で固めたもの。金属の原料となる鉱石から新たに生産した地金を「新地金」，金属をリサイクルして生産した地金を「再生地金」と呼ぶ。

【たかしさんのグループの発表メモ】

テーマ：アルミ缶のリサイクルについて

【発表の流れ】

1　アルミ缶の分別収集の方法について紹介する。

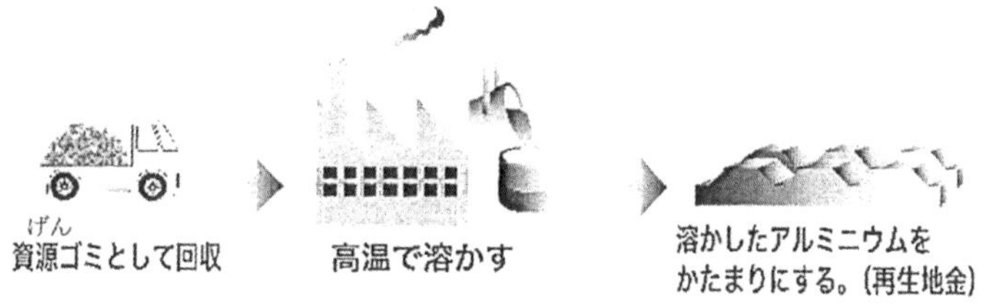

↓

2　アルミ缶をリサイクルした「再生地金」から新しいアルミ製品がつくられていることを紹介する。

↓

3　集めた資料をもとに，二酸化炭素の削減量について説明する。

> アルミ缶をリサイクルしたアルミスクラップからアルミの再生地金を1t生産する際に発生する二酸化炭素の量は0.3tで，ボーキサイトからアルミの新地金を1t生産する際に発生する二酸化炭素の量9.2tに比べ大幅に少ない。令和元年度に，日本国内ではアルミの再生地金が約130万t生産されているが，これはアルミの新地金を130万t生産した場合と比べて，発生する二酸化炭素の量を約（ ア ）万t削減できたことになる。

（アルミ缶リサイクル協会のHP，日本アルミニウム協会のＨＰの資料より作成）

問題1　たかしさんのグループの発表メモの，空らん（ ア ）に入る数値を答えなさい。　(10点)

【あきこさんのグループが集めた資料】

資料①

資料②

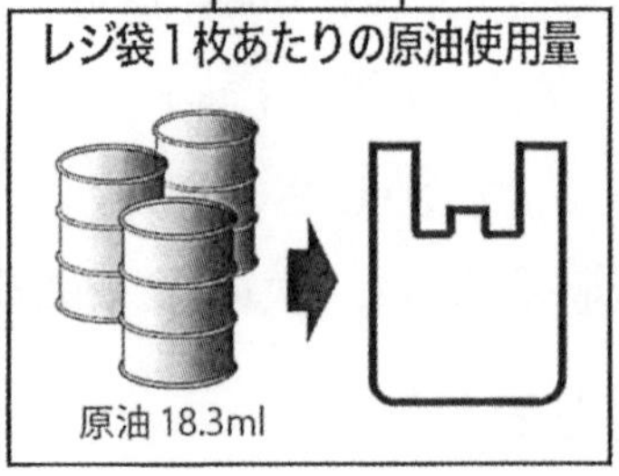

資料③

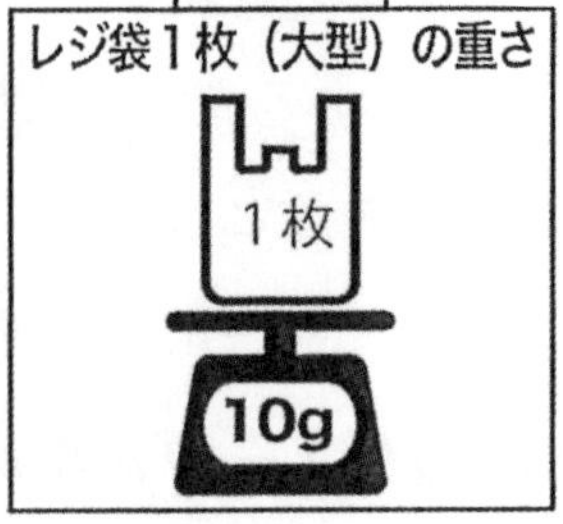

資料④

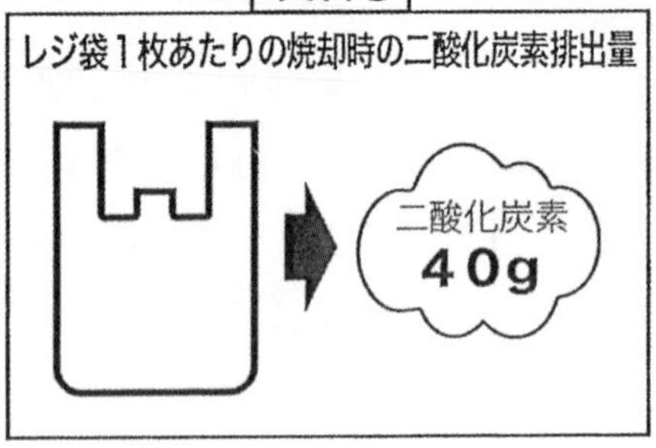

資料⑤

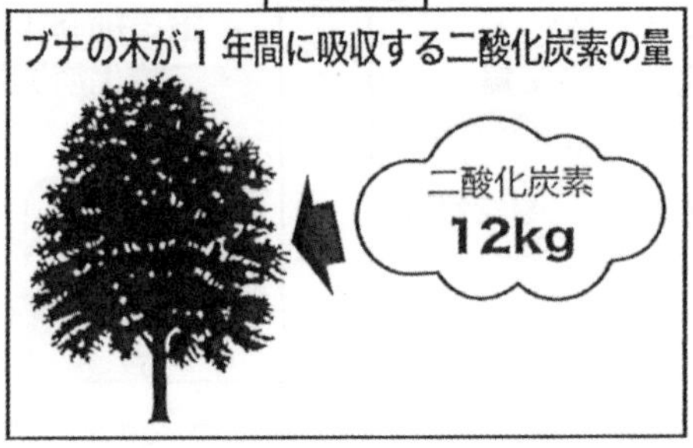

（３Ｒ活動推進フォーラムＨＰ「３Ｒパネル資料」より作成）

【あきこさんのグループの発表メモ】

テーマ：レジ袋（ぶくろ）の有料化について

【発表の流れ】

1　レジ袋が有料化になったことを紹介する。

↓

2　マイバッグを持参する人が増え，レジ袋の使用量が減っていることを紹介する。

↓

3　集めた資料をもとに，二酸化炭素の削減量について説明する。

（　イ　）

問題２　あきこさんのグループが集めた**資料①～⑤**の中から３つを選び，その３つの資料を関連させながら，あきこさんのグループの発表メモの（　イ　）にあてはまるように，二酸化炭素の削減量について説明しなさい。

なお，選んだ３つの資料の番号も書きなさい。　(12 点)

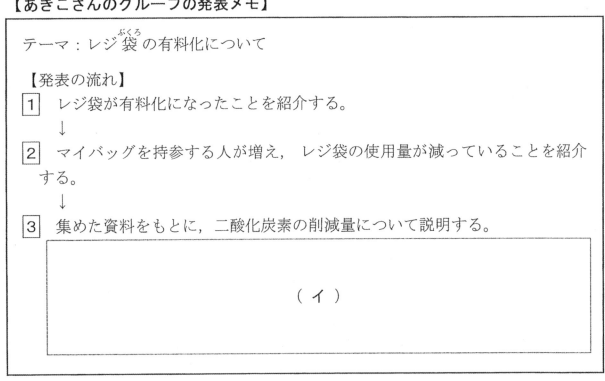

ごみ問題に関心をもったあきこさんは，父親と次のような会話をしました。

あきこ：今，学校の授業で，ごみ問題について調べているのよ。
父　親：どんなことを調べているのかな。
あきこ：わたしのグループでは，レジ袋の有料化について調べているの。小さなことでも，ごみの削減につながることがわかったわ。
父　親：この**資料１**を見てごらん。私たちが住んでいる一関市でも，平成28年度に，市が収集するごみを今後５年間で減量していく計画を立てたんだよ。平成30年度までの実際のごみ収集状況は，**資料２**のようになっているよ。

資料１【一関市のごみの減量計画の目標値】

年　度	平成29年度	平成30年度	令和元年度	令和2年度	令和3年度
ごみ排出量目標	35566 t	34336 t	33223 t	31825 t	30790 t
資源（しげん）化量目標※1	5762 t	5665 t	5582 t	5442 t	5358 t
リサイクル率目標※2	16.2％	16.5％	16.8％	17.1％	17.4％

（H29.3 一関市一般廃棄物減量基本計画より作成）

※1　資源化量は，排出されたごみをそのまま，または何らかの処理（しょり）を行い，原料や燃料等として使用した量。
※2　リサイクル率は，ごみ排出量をもとにした資源化量の割合。

資料２【一関市のごみの収集状況】

年　度	平成29年度	平成30年度
ごみ排出量	36317 t	35607 t
資源化量	5436 t	5991 t
リサイクル率	15.0％	16.8％

（令和元年度版一関市統計要覧より作成）

一関第一高等学校附属中学校

問題3　次の**ア～エ**について，**資料1，2**から言えることとして適切なものには○，適切ではないものには×を書きなさい。　（2点×4）

ア　リサイクル率を年に 0.3％ずつ上げていくために，ごみ資源化量を年々増やしていく計画になっている。

イ　平成 29 年度は，資源化量があと 326 t 多ければリサイクル率を達成できていた。

ウ　平成 30 年度は資源化量，リサイクル率の目標を達成することができたが，ごみ排出量の目標は達成できなかった。

エ　平成30年度のリサイクル率は令和元年度の目標値を達成しているので，令和元年度のリサイクル率は16.8％よりも高くなることが確実である。

一関市のごみ減量計画について知ったあきこさんは，学校で次のような会話をしました。

あきこ：私たちが住んでいる一関市でも，ごみを減らしていく計画を立てて取り組んでいるということを初めて知りました。
先　生：このようなごみ問題は今，世界全体の課題でもありますね。ところで，みなさんは，ＳＤＧｓ（エス・ディー・ジーズ）について聞いたことがありますか？
たかし：最近いろいろなところでポスターを見ることがあります。
先　生：ＳＤＧｓとは，「持続可能な開発目標」という意味です。すべての人が豊かで，健康で，差別を受けない世界，そして，地球の環境を守りながら，みんなが満足して働ける社会を目指すために，2015年９月に，国際連合（国連）の総会で，世界のすべての人が取り組むべき目標として設定されました。この**資料３**を見てごらん。
あきこ：目標が17もあるんですね。
先　生：今みなさんが調べているＡごみ問題も，17の目標に関わっていますよ。
たかし：ＳＤＧｓは，僕たちにとって身近なことなんだね。

問題４　下線部Ａについて，「ごみの減量」はＳＤＧｓのどの目標の達成に関わっていると考えられますか。**資料３**の目標１～17の中から１つ選び，その番号と，選んだ理由を書きなさい。（10点）

資料３【ＳＤＧｓの 17 の目標】

目標１：貧困をなくそう 地球上のあらゆる形の貧困をなくそう	**目標２：飢餓をゼロに** 飢えをなくし，だれもが栄養のある食糧を十分に手に入れられるよう，地球の環境を守り続けながら農業を進めよう
目標３：すべての人に健康と福祉を だれもが健康で幸せな生活を送れるようにしよう	**目標４：質の高い教育をみんなに** だれもが公平に，良い教育を受けられるように，また一生に渡って学習できる機会を広めよう
目標５：ジェンダー平等を実現しよう 男女平等を実現し，すべての女性と女の子の能力を伸ばし可能性を広げよう	**目標６：安全な水とトイレを世界中に** だれもが安全な水とトイレを利用できるようにし，自分たちでずっと管理していけるようにしよう
目標７：エネルギーをみんなにそしてクリーンに すべての人が，安くて安全で現代的なエネルギーをずっと利用できるようにしよう	**目標８：働きがいも経済成長も** みんなの生活を良くする安定した経済成長を進め，だれもが人間らしく生産的な仕事ができる社会を作ろう（2025年までに，子どもの兵士をふくめた，働かなければならない子どもをなくそう）
目標９：産業と技術革新の基盤をつくろう 災害に強いインフラを整え，新しい技術を開発し，みんなに役立つ安定した産業化を進めよう	**目標 10：人や国の不平等をなくそう** 世界中から不平等を減らそう
目標 11：住み続けられるまちづくりを だれもがずっと安全に暮らせて，災害にも強いまちをつくろう	**目標 12：つくる責任つかう責任** 生産者も消費者も，地球の環境と人々の健康を守れるよう，責任ある行動をとろう
目標 13：気候変動に具体的な対策を 気候変動から地球を守るために，今すぐ行動を起こそう	**目標 14：海の豊かさを守ろう** 海の資源を守り，大切に使おう
目標 15：陸の豊かさも守ろう 陸の豊かさを守り，砂漠化を防いで，多様な生物が生きられるように大切に使おう	**目標 16：平和と公正をすべての人に** 平和でだれもが受け入れられ，すべての人が法や制度で守られる社会をつくろう
目標 17：パートナーシップで目標を達成しよう 世界のすべての人がみんなで協力しあい，これらの目標を達成しよう	

（国際連合広報センターの HP，公益財団法人日本ユニセフ協会の HP　資料より作成）

たかしさんは，ＳＤＧｓについて，先生と次のような会話をしました。

たかし：岩手県内では，どのようなＳＤＧｓの取り組みが行われているのですか。
先　生：「ＳＤＧｓ未来都市」について聞いたことはあるかな。ＳＤＧｓの達成に向けた優れた取り組みを提案している県や市町村を国が選定するもので，岩手県では 2019 年に陸前高田市，2020 年に岩手町が「ＳＤＧｓ未来都市」に選ばれていますよ。
たかし：母が岩手町出身なので，僕も何度も岩手町に行ったことがあります。岩手町のＳＤＧｓの取り組みについて，くわしく調べてみたいと思います。

たかしさんは，岩手町のＳＤＧｓの取り組みについて調べる中で，「木質バイオマス」の取り組みにきょう味をもち，調べた内容を次のようにノートにまとめました。

資料４【岩手町の木質バイオマスの取組についてまとめたたかしさんのノート】

１　木質バイオマスとは？
　「バイオマス」とは，“生物資源”のこと。木材からなるバイオマスのことを「木質バイオマス」と呼ぶ。木質バイオマスエネルギーを利用するには，主に，森林を育てる過程で発生する間伐材（かんばつざい）や樹木の伐採（ばっさい），また，製材の過程で発生する端材（はざい）・おがくずなどをペレットやチップに加工して，暖房・給湯といった熱利用や発電など様々なかたちに変えて使うことができる。

【代表的な３つの木質燃料】

薪（まき）

チップ

ペレット

２　木質バイオマス使用による地球温暖化防止
　木は地中の水と大気中の二酸化炭素を吸収し光合成を行って成長するため，燃料として使用しても，二酸化炭素の排出はプラスマイナスゼロとみなされる。化石燃料の代わりに木質バイオマスを利用すれば，これまで排出されていた二酸化炭素を削減することができ，地球温暖化防止へ貢献（こうけん）することができる。

（次ページに続く）

3　木質バイオマス使用による地域の活性化

特定の国や地域に偏(かたよ)って産出される化石燃料（石油，石炭等）と違い，木質バイオマスは身近な地域の資源である。木質バイオマスを活用することは，エネルギーを地域で安定的に供給できることによる安全安心なエネルギー確保，林業・木材産業等の活性化，地域内における資源やお金の循環(じゅんかん)へつながることが期待される。

4　まとめ

岩手町の総面積 360.46km^2 のうち，約 75%が山林・原野です。冬季の平均気温はマイナス４℃前後となり，冬場には多くの暖房用エネルギーとして化石燃料を消費しているようです。今後，岩手町の特徴(とくちょう)を活かし，地球環境に優しい木質バイオマスが積極的に使われるようになれば，岩手町の「経済」「社会」「環境」がより発展していくと思いました。

（岩手町 SDGs 未来都市計画　トリプルボトムラインによる町の持続可能性向上モデルの構築・実証　～SDGs 姉妹都市×リビングラボ ～　より作成）

問題５　たかしさんのノートから読み取れる内容として正しいものはどれですか。次の**ア**～**オ**の中から適当なものを**すべて**選び，その記号を書きなさい。

（10 点）

ア　大気中の二酸化炭素の削減には，化石燃料より木質バイオマスのほうが有効である。

イ　木は燃やしても二酸化炭素を排出しないので，環境に優しいエネルギーである。

ウ　木質バイオマスは，発電できるほどのエネルギーはないが，暖房や給湯には十分利用することができる。

エ　木質バイオマスの活用により，地域の林業・木材産業等の活性化が期待される。

オ　木質バイオマスの活用により，岩手町では化石燃料を使う必要がなくなっている。

たかしさんとあきこさんは，次のような会話をしました。

あきこ：ＳＤＧｓの17の目標について，私たちにも，Ｂ学校生活の中で貢献できることがあるんじゃないかな。
たかし：僕たちにできることなんてあるの？
あきこ：例えば，環境委員会が「グリーンカーテンプロジェクト」として行っている，教室のベランダに日よけを設置する取り組みは，節電に効果があるから，目標７の「エネルギーをみんなに　そしてクリーンに」の達成に貢献することだと思うよ。

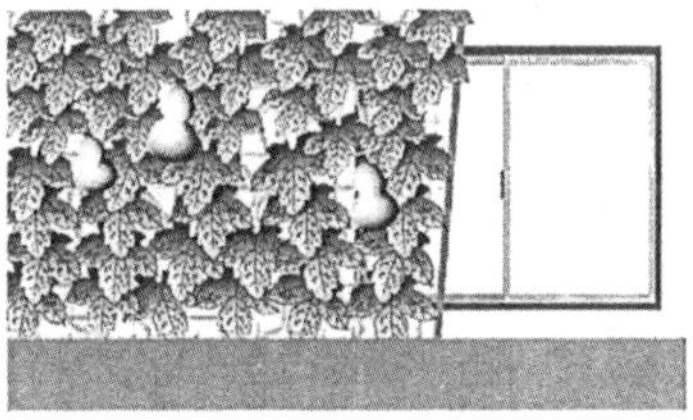

たかし：なるほど，そんな風に考えると，いろいろできることがありそうだね。

問題６　下線部Ｂについて，14ページの**資料３**の17の目標の中から２つを選び，選んだ目標の番号と，その目標を達成するためにあなたが学校生活の中でできる行動を具体的に書きなさい。ただし，会話文に出てきた「グリーンカーテンの設置」は除（のぞ）くものとします。　（５点×２）

宮城県立中学校（仙台二華） 適性検査（検査時間60分）

（解答用紙は別冊８Ｐ）（解答例は別冊６Ｐ）

1 正志さん，健太さん，春花さんが通っている小学校では，「かかわる」「もとめる」「はたす」の３つのスローガンのもと，さまざまな活動が行われています。
次の１～３の問題に答えなさい。

1 正志さんは，「地域の伝統工芸」をテーマとした「総合的な学習の時間」の調べ学習で，地域の和紙工房を訪問しました。あとの（１）～（３）の問題に答えなさい。

正志さん	和紙はㇵ聖徳太子が活躍した飛鳥時代から使われているんですよね。
職人さん	よく知っているね。しかし当時は誰もが和紙を使えたわけではなく，広く使われるようになったのはㇶ江戸時代の中ごろからなんだよ。
正志さん	そのころは，この地域にもたくさんの和紙工房があったようですね。
職人さん	そうだよ。でもね，和紙工房は少しずつ減ってきて，今ではここだけになってしまったんだよ。
正志さん	そうなんですね。ところで，ここの和紙は何に使われているんですか。
職人さん	絵を描いたり文字を書いたりするためだけではなく，ㇷ和紙の良さを生かして着物の生地などにも使われているんだよ。
正志さん	和紙はいろいろな物に使われているんですね。他にどんな物に使われているか調べてみたいと思います。

（１） 「㋐聖徳太子」とありますが，聖徳太子が目ざした国づくりとして，**もっとも適切なもの**を，次の**資料１，２**をもとにして，あとの**ア～ウ**から**１つ選び，記号**で答えなさい。

資料１ 十七条の憲法の一部をわかりやすくしたもの

第１条　人の和を大切にしなさい。
第２条　仏教を深く信じなさい。
第３条　天皇の命令には必ず従いなさい。

資料２ 遣隋使の目的や内容

皇帝が大きな力をもっていた中国（隋）と対等な国の交わりを結び，中国（隋）の進んだ政治や文化を取り入れようとした。

ア　中国（隋）の支配のもと，人の和を大切にする国づくりを目ざした。
イ　日本の古い政治を固く守り続け，仏教の教えにもとづく国づくりを目ざした。
ウ　人々の争いをなくし，中国（隋）を参考に天皇中心の国づくりを目ざした。

（２） 「㋑江戸時代の中ごろ」とありますが，社会の授業で寺子屋について学んだ正志さんは，江戸時代の和紙出荷量の推移について調べて**グラフ**にまとめたところ，和紙出荷量の増加と寺子屋の増加には関係があったのではないかと考えました。
グラフや資料３を参考にして，正志さんがそのように考えた理由を書きなさい。

グラフ 江戸時代における和紙出荷量の推移

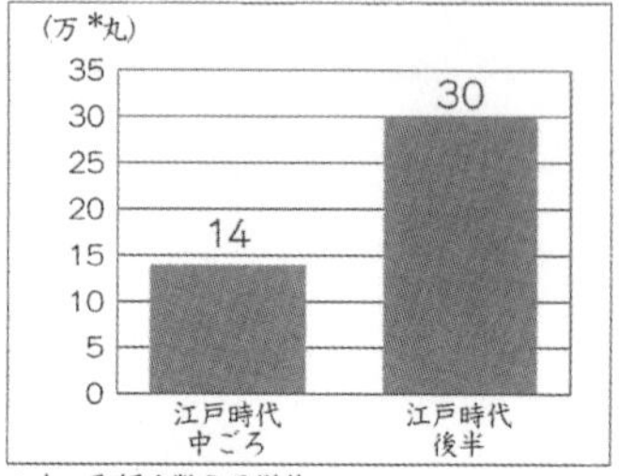

＊丸：和紙を数える単位
（『日本経済史の研究』）より作成

資料３ 社会の授業で用いたプリントの一部

・寺子屋では，往来物と呼ばれる教科書を用いて，子どもが読み書きの初歩を学んだ。
・寺子屋は，江戸時代の中ごろに江戸や大阪に広まり，江戸時代後半には全国で見られるようになった。
・寺子屋が増えたことで，読み書きのできる人が増えて，たくさんの人が本を読めるようになった。

（3）　「㋒和紙の良さ」とありますが，正志さんは工房でもらったパンフレットと和紙でできた商品の写真を準備し，調べ学習の発表会で，和紙の良さを生かした商品を，クラスのみんなにすいせんすることにしました。

あなたならどの商品をすいせんしますか。**写真1～3から1つ選び，資料4**にふれながら，**選んだ商品をすいせんする文章**を作りなさい。

資料4　**工房でもらったパンフレットの一部**

和紙のここがすごい！

みなさんは「和紙」と言われたら習字の半紙や折り紙などを思い浮(う)かべるのではないでしょうか。

実は和紙はみなさんが思っている以上に優(すぐ)れたもので，さまざまなものの素材として活用されています。

和紙は丈夫(じょうぶ)で手触(てざわ)りも良く，光を適度に通すにもかかわらず，紫外線(しがいせん)を90%前後カットする効果もあります。また，和紙のせんいがフィルターの役割(やくわり)をして，ほこりや花粉などを吸着(きゅうちゃく)するほか，消臭(しょうしゅう)効果もあるのです。

写真1　**和紙でできた着物**

写真2　**和紙でできた日傘(ひがさ)**

写真3　**和紙でできたマスク**

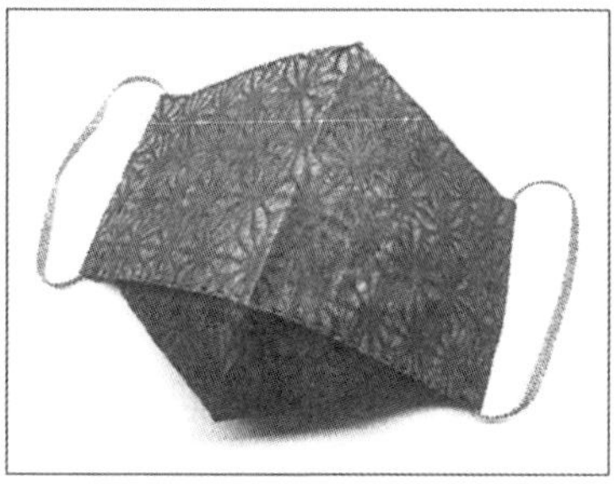

2　健太さんたちのクラスでは，学校の花壇(かだん)でニチニチソウを育てることになりました。あとの（1）～（3）の問題に答えなさい。

先　　生	みんなで種をまきますよ。種をまいたら，うすく土をかけてください。
健太さん	土をかけたら種に光が当たりませんが，㋓発芽に光は必要ないのですか。
先　　生	それでは，あとで発芽と光の関係について調べてみましょう。
健太さん	先生，種をこぼしてしまいました。種の粒(つぶ)が小さすぎて，土に混じって拾えません。一か所にたくさん芽が出てしまっても大きく育ちますか。
先　　生	そのときは，㋔成長の良いものを残して，その他のものを引き抜(ぬ)くと大きく育ちますよ。
健太さん	そういえば，アサガオを育てたときにもやりました。ところで，ニチニチソウはどんな色の花がさきますか。
先　　生	白・赤・ピンク・むらさきの花がさきますよ。さいたら㋕花びらで，色水を作って折りぞめをしましょう。

（1）　「㋓発芽に光は必要ないのですか」とありますが，このことを確かめるために，健太さんは**ア～エ**の条件で観察し比較(ひかく)することにしました。**発芽と光の関係**について調べるには，**どれとどれを比較**すればよいですか。次の**ア～エ**から**2つ選び，記号**で答えなさい。

ただし，種は土の上にのせているだけとし，発芽に適した温度を保つこととします。また，**ア**，**イ**には光が当たっていますが，**ウ**，**エ**は段(だん)ボールの囲いで光がさえぎられています。なお，水やりのときに段ボールの囲いを外しても実験結果には影響(えいきょう)しないこととします。

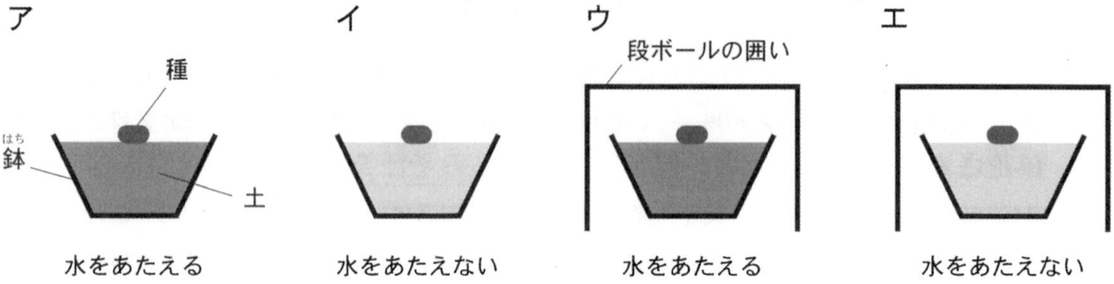

（2）　「㋔成長の良いものを残して，その他のものを引き抜く」とありますが，**この作業をすることで，植物が大きく育つ理由**を書きなさい。

（3）　「㋕花びらで，色水を作って折りぞめをしましょう」とありますが，健太さんたちは先生に教えてもらった**折りぞめの手順**に従い，正方形の和紙をそめました。

和紙を**もとの正方形に広げた**とき，**和紙はどのようにそめ分けられているでしょうか**。解答用紙の**色の表し方**に従って，**そめ分けられた様子**を書き込みなさい。

折りぞめの手順

① 正方形の向かい合う頂点(ちょうてん)が重なるように対角線で和紙を折り，直角二等辺三角形をつくります。
② ①でできた直角二等辺三角形の同じ長さの辺どうしが重なるように折ります。
③ ②でできた直角二等辺三角形の同じ長さの辺どうしが重なるように折ります。
④ ③の和紙を折りたたんだ状態のままで，**写真4**のように3色それぞれの色水でそめます。
⑤ **写真5**や**写真6**のようにそめ上がった和紙を，もとの正方形に広げて，かんそうさせます。

写真4

写真5

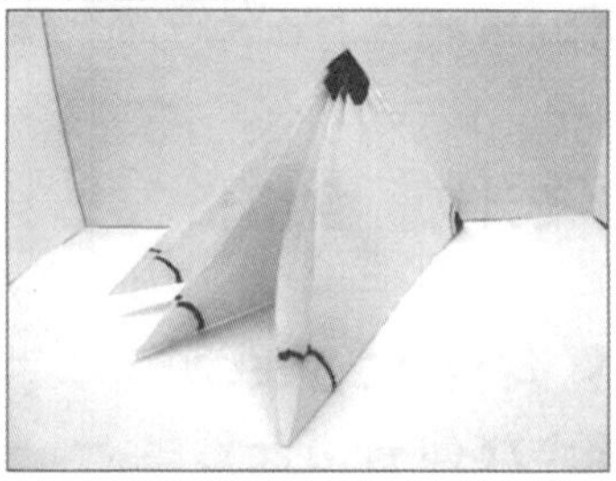

写真6

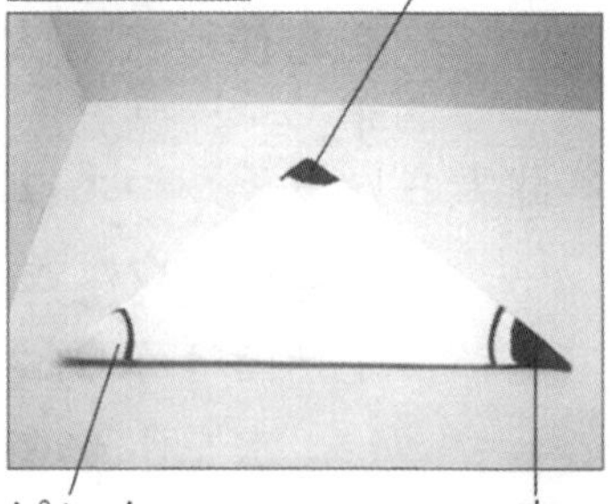

3　春花さんは，朝食について，お母さんと話をしています。あとの（１）～（３）の問題に答えなさい。

春花さん	家庭科の授業で，朝食は大切だって先生が言ってたよ。
お母さん	そうね。わが家の朝食はパンよりご飯が多いけど，春花のクラスではご飯とパンのどちらを食べてくる人が多いのかな。
春花さん	保健委員会がとった㋖朝食のアンケートだと，私のクラスでは，ご飯を食べてきたと答えた人が多かったよ。でもね，朝食を食べてこなかったと答えた人もいるんだよ。朝食をぬいたら，私はお腹（なか）がすいてお昼までがまんできないな。
お母さん	お母さんも㋗朝食はしっかり食べた方がいいと思うよ。これからも，おいしい朝食を作るね。
春花さん	私も手伝うよ。授業で習った㋘みそ汁（しる）を作るね。

（１）　「㋖朝食のアンケート」とありますが，右の**表１**は，春花さんの学年のある日のアンケート結果です。

学年全体の人数をもとにした，１組で「ご飯」と答えた人数の割合を求めなさい。

表１　**ある日のアンケート結果**

	食べたもの	１組	２組	計
朝食を食べてきた（人）	ご飯	16	13	29
	パン	11	17	28
	その他	7	5	12
朝食を食べてこなかった（人）		3	2	5

（２）　「㋗朝食はしっかり食べた方がいい」とありますが，朝食には大切な役割があります。下の**Ａ群から１つ，Ｂ群から１つ言葉を選び，朝食をとることの良さを，朝食の役割にふれながら**説明しなさい。

Ａ群：**腸（ちょう）　脳（のう）や体**

Ｂ群：**排泄（はいせつ）　体温**

（３）　「㋘みそ汁を作る」とありますが，**表２**は，授業で習ったみそ汁の材料と分量，赤みその成分表示です。

春花さんは，**表２**の赤みそと比較して塩分が25％カットされた減塩みそを使って５人分のみそ汁を作ります。

春花さんが作るみそ汁の，食塩相当量を求めなさい。

ただし，みそ以外の材料に含（ふく）まれる塩分については考えないものとし，塩分と食塩相当量とは同じものであるとします。

表２　**授業で習ったみそ汁の材料と分量，赤みその成分表示**

豆腐（とうふ）のみそ汁（２人分）	
水	300mL
煮干し（にぼし）	10g
みそ	大さじ１
豆腐	1／2丁
ネギ	適量

＊みそ大さじ１は18g

赤みそ	100gあたり
エネルギー	190kcal
たんぱく質	11.6g
脂質（ししつ）	5.2g
炭水化物	23.5g
ナトリウム	4.7g
食塩相当量	12g

宮城県立中学校

2 太郎さんと華子(はなこ)さんは，仙台二華中学校の文化祭に出かけました。
次の１～４の問題に答えなさい。

1 太郎さんと華子さんは，最初に自然科学部のコーナーに行きました。あとの（１）～（３）の問題に答えなさい。

太郎さん	いろいろな実験があるね。これはダンゴムシの迷路脱出(めいろだっしゅつ)実験だ。
華子さん	ダンゴムシって落ち葉の下にいて，触(さわ)ると丸くなる生きものよね。
部　　員	ダンゴムシは，迷路に入れると分かれ道を曲がりながら脱出するんですよ。この迷路（**図１**）は，入口からそれぞれの出口まで，どの道を通っても㋐道のりは18cmとなっています。実験では，ダンゴムシが㋑どのように分かれ道を曲がって迷路を脱出するかを調べました。

ダンゴムシの迷路脱出実験

【方法】○厚紙で，**図１**のような迷路を作る。
○ダンゴムシを50匹(ぴき)用意する。
○１回に１匹ずつ迷路の入口に放し，脱出までの時間と，脱出した出口を記録する。

【結果】○すべてのダンゴムシは出口から脱出し，進んだ道をもどったダンゴムシはいなかった。
○脱出までにかかった時間は，もっとも早いものが６秒，もっとも遅(おそ)いものが45秒だった。

図１

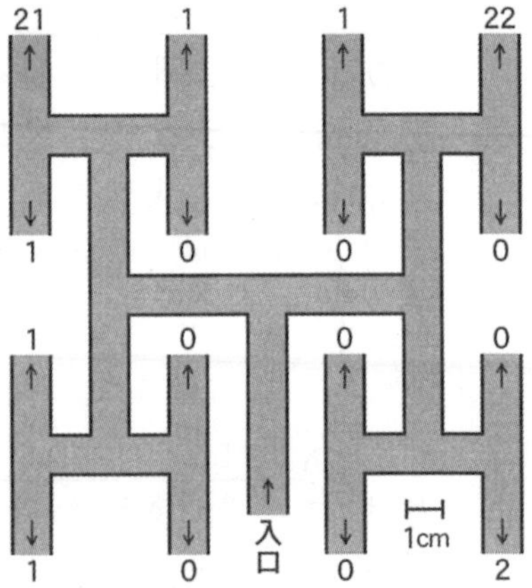

数字はそれぞれの出口から脱出したダンゴムシの数を示す。

（１）「㋐道のりは18cm」とありますが，迷路をもっとも早く脱出したダンゴムシと，もっとも遅く脱出したダンゴムシが，**それぞれ迷路を脱出したときと同じ速さで直線上を１分間移動したとすると，移動した距離(きょり)の差は何cmになるか**答えなさい。

（２）「㋑どのように分かれ道を曲がって迷路を脱出するか」とありますが，この**実験からわかったこと**を，次の**ア～エ**から**すべて選び，記号**で答えなさい。

ア　最初の分かれ道では，右に曲がるダンゴムシの方が多かった。

イ　最初の分かれ道では，右に曲がるダンゴムシと左に曲がるダンゴムシは同じ数であった。

ウ　分かれ道で左右どちらかに曲がると，次の分かれ道では最初の曲がり道で曲がった方向とは逆の方向，その次の分かれ道ではまた逆の方向というように，交互(こうご)に曲がる方向を変えて脱出したダンゴムシが85％以上いた。

エ　分かれ道で左右どちらかに曲がると，次の分かれ道でも同じ方向，その次の分かれ道でも同じ方向というように，常に最初の分かれ道と同じ方向に曲がって脱出したダンゴムシが85％以上いた。

（３）この実験で，85％以上のダンゴムシに見られた移動のしかたには，ダンゴムシが障害物(しょうがい)をよけながら外敵(がいてき)などから逃げるときに，**どのような利点があると考えられますか。迷路の入口から出口までの距離に着目して書き**なさい。

2　次に太郎さんと華子さんは社会科研究部のコーナーに行きました。あとの（1），（2）の問題に答えなさい。

部　　員	私たちは，*京都御所にある*正殿の前に植えられた木について調べてポスターにしました。平安時代，正殿から見て左側にある木が，梅から桜に替わりましたが，そうした変化は，和歌にもみられました。
太郎さん	奈良時代の『万葉集』と平安時代の『古今和歌集』を比較しているのですね。日本人は，花といえばやはり㋒桜の花と感じる人が多いですね。

*京都御所：現在の京都市にある旧皇居　　*正殿：中心となる建物

ポスター

《調べたこと》

① 正殿の「木」の変化

京都御所の正殿から見て左側に桜の木が植えられている。奈良時代の御所には，中国から伝えられた梅の木が植えられていた。しかし平安時代に，日本にもともと生えていた桜の木に植え替えられるなど，日本独自の文化がだんだんと見られるようになった。

② 和歌によまれた「花」の変化

・奈良時代，『万葉集』に多く登場する花は「梅」である。

・平安時代，『古今和歌集』に多く登場する花は「桜」である。遣唐使が停止された後，中国の文化の影響を受けつつも，日本独自の文化が見られるようになり，花といえば桜をさす和歌が多くなった。

《考えられること》

平安時代は，［　あ　］時代だった。

（1）　ポスターの［あ］に入る言葉を，次の**ア**～**エ**から**1つ選び**，**記号**で答えなさい。

ア　中国から梅が伝えられ，『古今和歌集』には桜の花よりも梅の花が多くよまれた

イ　遣唐使が停止された後，桜に代わって梅がもてはやされた

ウ　中国の文化をもとに，新たに日本風の文化が生まれた

エ　貴族のくらしが，しだいに中国風の文化に変わっていった

（2）　「㋒桜の花」とありますが，右の**図2**は「桜がさきはじめる時期」を表したものです。**図2をもとに3月31日より後に桜がさきはじめる場所にある世界遺産**について，次の**ア**～**エ**から**すべて選び**，**記号**で答えなさい。

ア　原爆ドーム（広島県）

イ　中尊寺金色堂（岩手県）

ウ　法隆寺（奈良県）

エ　白川郷（岐阜県）

図2　桜がさきはじめる時期

3　次に太郎さんと華子さんは，クイズ研究会のコーナーに行きました。あとの（1）～（3）の問題に答えなさい。

華子さん	きれいなメダルがたくさんあるね。
部　　員	全部同じメダルに見えますが，模型のメダルも入っています。模型は形や大きさは本物と全く同じですが，重さが本物より少しだけ重いものや軽いものもあります。
華子さん	手で持っただけでは，どれが模型なのか分かりませんね。
部　　員	そうですね。この4枚の中には模型のメダルが1枚入っていますが，どうすれば模型のメダルを見分けることができると思いますか。
太郎さん	見当もつきません。どのように見分けるのですか。
部　　員	ここにあるてんびんを使います。こうすれば，㋓<u>てんびんを3回使って見分けることができますよ</u>。見ていてくださいね。
華子さん	なるほど。工夫すれば，㋔<u>てんびんを使う回数をもっと減らせる</u>かな。

（1）　「㋓てんびんを3回使って見分けることができます」とありますが，部員は下の手順でてんびんを3回使って，4枚のメダルの中から1枚の模型を見分ける方法を説明しました。4枚のメダル**あ～え**の中から，**模型のメダル**を**1つ選び，記号**で答えなさい。

部員が説明した手順

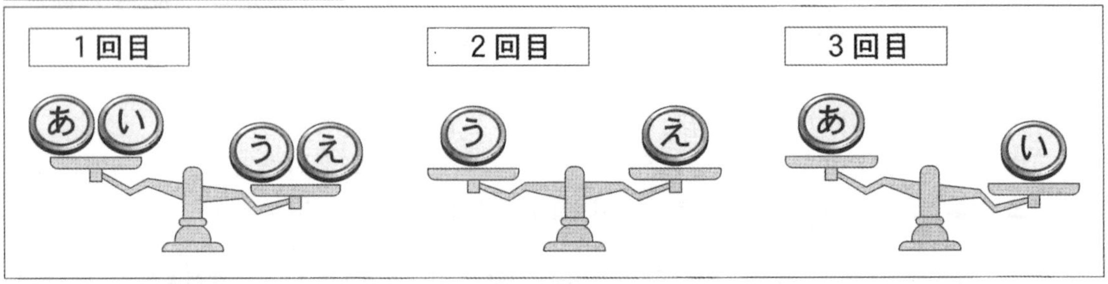

（2）　「㋔てんびんを使う回数をもっと減らせる」とありますが，華子さんは，**てんびんを2回**使って，4枚のメダルA～Dの中に**1枚だけ入っている模型を見分ける方法**を思いつきました。**華子さんが思いついた方法**を説明しなさい。

（3）　見学の最後に部員は，「模型は何枚？」というクイズを出しました。下の【条件】のとき，**本物より軽い模型**と，**本物より重い模型**は，**それぞれ何枚ずつ入っているか**答えなさい。

【条件】
- メダルは全部で251枚あります。重さは全部で1002.8gです。
- 本物のメダルは1枚の重さが4gです。
- 軽い模型は，本物よりも0.3g軽く，重い模型は本物よりも0.1g重いです。
- 重い模型の枚数は，軽い模型の枚数の1.5倍です。

4　次に太郎さんと華子さんは，数学パズル愛好会に行きました。あとの（1）～（3）の問題に答えなさい。

部　　員　ここでは，いろいろな形をしたカードを組み合わせた図形パズルを出題しています。
華子さん　机の上に，少しずつ形の違う5種類の等脚台形のカードが並べてあるね。
部　　員　等脚台形なので，下底の両はじの角**あ**（**図3**）の大きさが等しくなっています。5種類の等脚台形は，角**あ**の大きさがカードごとに違います。
太郎さん　となりの机には同じ種類のカードを組み合わせて輪が作られているよ。（**図4**）
部　　員　この輪は，5種類のカードのうち，角**あ**の大きさが60°の合同な台形のカードだけを組み合わせて，重なる部分やすき間のないように並べて作りました。
太郎さん　㋕残りの4種類のカードでも同じように輪は作れるのかな。
部　　員　カードはそれぞれ合同なものを40枚ずつ用意しています。角の大きさに注意して考えてみてください。
華子さん　向こうの机には，正五角形のカードを組み合わせて輪が作られているよ。（**図5**）
部　　員　合同な正五角形のカードを組み合わせると，このような輪ができます。
華子さん　輪ができるのは㋖五角形の5つの角の大きさの和が540°であることと，関係あるのかな。
部　　員　こちらには，正七角形のカードがあります。㋗正七角形のカードでも輪ができるんですよ。

図3
等脚台形のカード

図4
等脚台形のカードを組み合わせて作られた輪
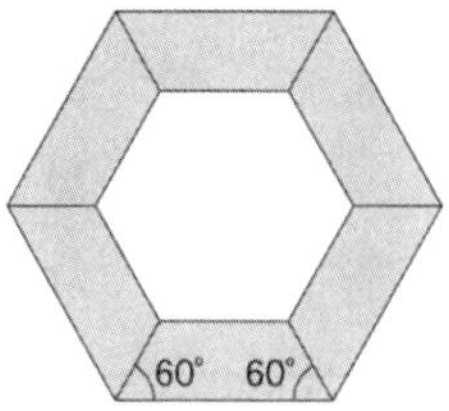

図5
正五角形のカードを組み合わせて作られた輪
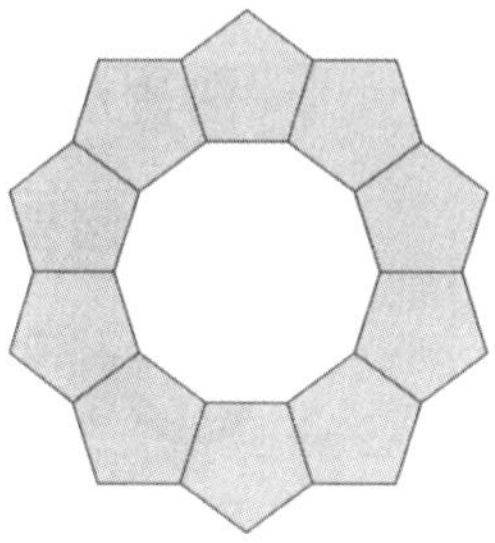

（1）「㋕残りの4種類のカードでも同じように輪は作れるのかな」とありますが，残りの4種類のカードは，角**あ**の大きさが下の**表**のとおりになっています。同じ種類のカードだけを組み合わせて，**重なる部分やすき間のないように並べて輪を作ることができるものを**，**ア～エからすべて選び**，**記号**で答えなさい。

表

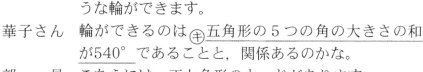

等脚台形のカード	**ア**	**イ**	**ウ**	**エ**
角**あ**の大きさ	55°	65°	75°	85°

（2）「㋖五角形の5つの角の大きさの和が540°」とありますが，**五角形の5つの角の大きさの和が540°となること**を説明しなさい。

（3）「㋗正七角形のカードでも輪ができる」とありますが，合同な正七角形のカードを組み合わせて，**重なる部分やすき間のないように並べて輪ができること**を説明しなさい。なお，説明するときに，解答用紙の正七角形の図を利用してもかまいません。

宮城県立中学校（古川黎明） 適性検査（検査時間60分）

※1は仙台二華中学校の1と同じです。（解答用紙は別冊10P）（解答例は別冊8P）

2 黎(れい)さんと明(あきら)さんたちの小学校では，毎年修学旅行で山形県に行きます。
次の1，2の問題に答えなさい。

1 黎さんと明さんは，修学旅行で行く予定である山形県の最上川(もがみがわ)やその流域(りゅういき)の市と町について調べ学習をします。あとの（1）～（4）の問題に答えなさい。

先　生　みなさんで，先生が地図に示した最上川流域の市や町について調べてみましょう。黎さんは何を調べますか。

黎さん　私はくだものが大好きなので，ぶどうの生産がさかんな高畠町(たかはたまち)とさくらんぼ狩(が)りで有名な寒河江市(さがえし)についてㇾ地形図を使って，農業の特ちょうを調べようと思います。

先　生　それは面白そうなテーマですね。明さんは何を調べますか。

明さん　山形県はお米の生産がさかんです。そこで，㋑最上川と米づくりの関係性を調べようと思います。またどのようにしておいしいお米をつくっているか調べたいと思います。

先　生　なるほど。山形のお米もおいしいですからね。農家の人たちは安全でおいしいお米を食べてもらうために㋒さまざまな努力をしているのでしょうね。

先生が示した地図

（1）「㋐地形図」とありますが，次の**資料1**と**資料2**は寒河江市と高畠町の地形図の一部です。それらについて述べた文として**もっとも適切なものを**，あとの**ア～エ**から**1つ選び，記号**で答えなさい。

資料1　寒河江市の地形図の一部

資料2　高畠町の地形図の一部

ア　**資料1**では，北側よりも南側により多くの果樹園(かじゅえん)が見られる。
イ　**資料1，2**では，水田と果樹園以外には農地として利用されていない。
ウ　**資料1**では平地に，**資料2**ではけいしゃ地に果樹園が見られる。
エ　**資料2**には学校や警察署(けいさつしょ)が見られるが，**資料1**には見られない。

（2）「㋑最上川と米づくりの関係性」とありますが，明さんは最上川の流量が米づくりに影響しているのではないかと考えました。あとの**ア**，**イ**の問題に答えなさい。

ア　明さんは**グラフ１，２**を用意しました。これらのグラフから読み取れることとして**もっとも適切なものを**，あとの**あ～えから１つ選び**，**記号**で答えなさい。

グラフ１　酒田市の最上川の流量

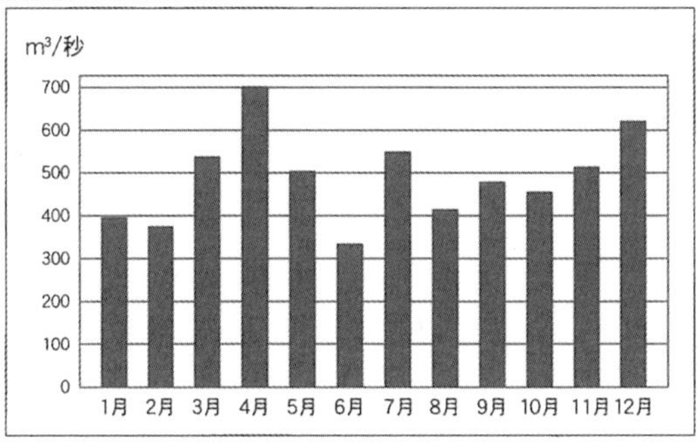

グラフ２　最上川流域の３つの市の降水量（酒田市，尾花沢市，長井市）

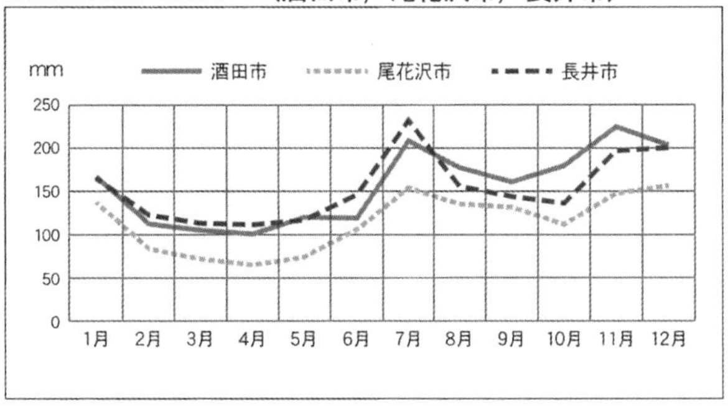

あ　川の流量と３つの市の降水量が12月に多いのは，梅雨の影響による。
い　３つの市の降水量が多い７月は，川の流量が１年のなかでもっとも多い。
う　雪どけ水が流れこむことで，４月に川の流量が多くなる。
え　６月に川の流量が少ないのは，６月の降水量が３つの市すべてでもっとも少ないためである。

イ　明さんは**資料３，４**をまとめ，春に最上川の流量の多いことが米づくりに役立っていると考えました。**明さんがそのように考えた理由を**，**資料３，４をもとにして**書きなさい。

資料３　米づくりカレンダー

4月，5月	6月～8月	9月，10月
田おこし，種まき，苗づくり，しろかき，田植え	水の管理，農薬をまく	稲刈り，稲のかんそう，もみすり，出荷

資料４　米づくりのポイント

・田んぼに水を入れ，土をくだいて平らにする「しろかき」は，稲を育てるための重要な作業です。
・稲の生育を助けるために，田んぼに水を入れたり，抜いたりして「水の管理」を行います。
・「稲刈り」の前には水を抜いて，稲と土を乾かし，作業をしやすくします。

（3）「㋒さまざまな努力」とありますが，農薬や化学肥料の使用を減らすなどの努力として，次の**写真**にあるような**アイガモ農法**があります。次の**図１**の**あ～う**の部分のうち，**いずれか１つを選び**，**選んだ部分のアイガモ農法における役割**について，**具体的に**書きなさい。

写真　アイガモ農法の写真

図１　田んぼでのアイガモの様子

（４）　明さんは，庄内地方で起こるフェーン現象について興味をもち，**ノート**にまとめました。あとの**ア**，**イ**の問題に答えなさい。

ノート

◎フェーン現象…しめった空気が山をのぼるときに，空気の温度が下がり雲ができて雨が降り，山の反対側のしゃ面をおりるときには，あたたかくかわいた空気に変わって流れていき，ふもとの気温が上がる現象のこと。

＜空気の温度変化＞
・空気の温度は，空気が100m上昇するごとに1.0℃下がり，100m下降するごとに1.0℃上がる。
・雲ができているところでは，空気の温度は，100m上昇するごとに0.5℃下がる。

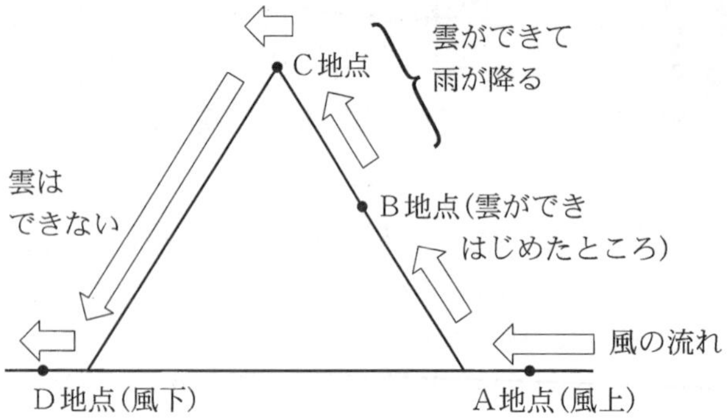

・A地点から山をのぼる空気の温度は，少しずつ下がっていく。
↓
・B地点で雲ができはじめ，山頂のC地点まで雲で覆われる。
↓
・C地点からD地点へ下るまで空気の温度は，少しずつ上がっていく。

＜標高が同じA地点とD地点の温度の比較＞
・A地点とC地点の間で雲ができなかったときには，A地点とD地点の空気の温度は，［　あ　］。
・B地点で雲ができると，A地点とD地点の空気の温度では，D地点の方が高くなる。
・B地点より低い位置に雲ができると，A地点とD地点の空気の温度差は，［　い　］。

ア　明さんの**ノート**の空らんの**あ**，**い**にあてはまる言葉を，下の①～⑤の中からそれぞれ選び，**記号**で答えなさい。

①A地点の方が高くなる　　②D地点の方が高くなる　　③変わらない
④大きくなる　　⑤小さくなる

イ　図２のように空気が流れてフェーン現象が起こったとき，**庄内町に流れこむ空気の温度は何℃**になるか答えなさい。ただし，庄内町側では雲は発生せず，この空気は，**ノート**に示されたように温度変化するものとします。

図２

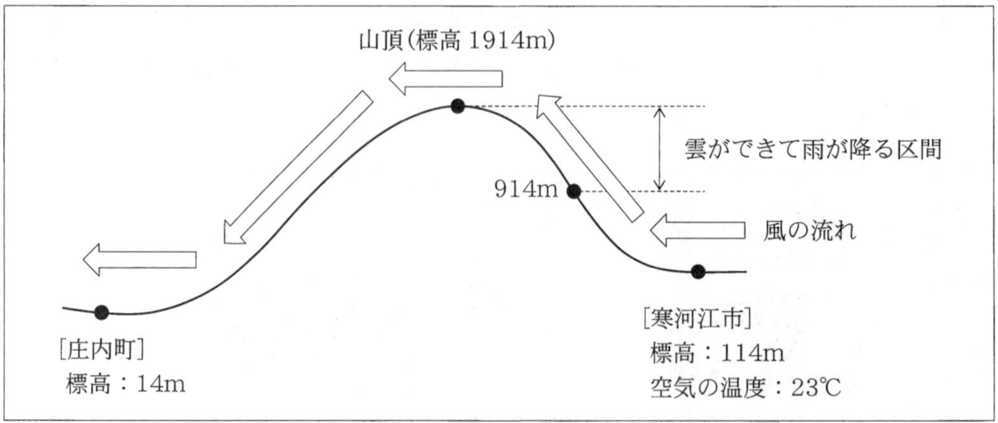

2　黎さんと明さんは，模造紙を使って，修学旅行の体験を１枚のポスターにまとめることになりました。あとの（1），（2）の問題に答えなさい。

黎さん	どのように模造紙に書くか，ポスターの題名や記事などの㋓配置を考えてから，分担して作業しよう。
明さん	そうだね。見やすいポスターにするためには工夫しないとね。
黎さん	先生がグラフなどを入れるといいと言っていたよね。
明さん	それなら，ぼくは修学旅行で楽しかったことについてのアンケートをクラスや学年でとって，その結果を㋔グラフに表してみるよ。
黎さん	模造紙は１枚しかないから，わたしも同時に作業できるように，記事は別の紙に書いてから，最後にはり付けることにしよう。

（1）「㋓配置」とありますが，下の**資料５**をもとに**配置案**を決めました。あとの**ア**，**イ**の問題に答えなさい。

資料５　**配置に関する情報**

○ここで使う模造紙は，長い辺が1100mm，短い辺が800mmです。
○題名部分は，横の長さが800mmの長方形で，大きさは，模造紙全体の10％とします。
○記事を書く紙は，長い辺が420mm，短い辺が290mmで，５枚使用します。ただし，切ったり折ったりはしません。
○題名部分でもなく，記事を書いた紙をはり付けた部分でもないところは，余白とします。

配置案

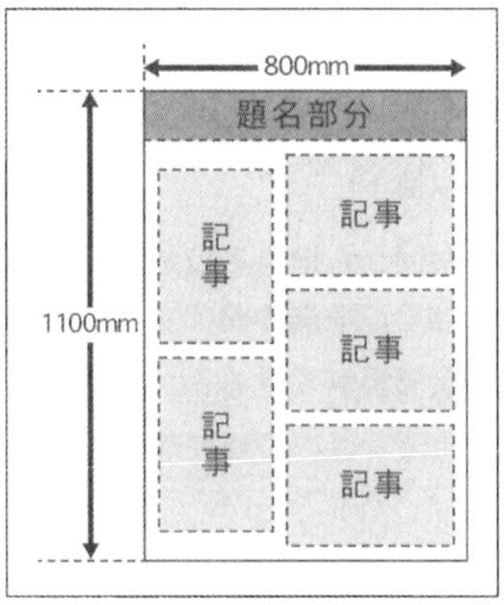

図３

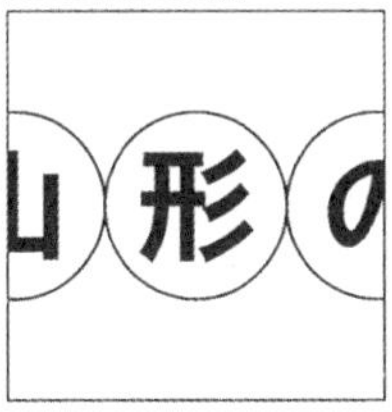

ア　**配置案**の**余白の面積**を求めなさい。ただし，**単位は**cm^2とします。

イ　題名については，円の形をした同じ大きさの紙６枚に，「山形の思い出」と１枚に一字ずつ書き，配置案の題名部分にすべて収まるようにはり付けます。このとき，**円の直径は最大で何mm**になりますか。ただし，**図３**のように，円と円が重ならないようにし，まっすぐ横一列に並べるものとします。

（2）「㋔グラフ」とありますが，**グラフ３**は明さんのクラス40人，**グラフ４**は学年120人を対象にしたアンケート結果を表したグラフで，上位３位までの項目を示しています。クラスでは温泉が３位ですが，学年では３位に「最上川舟下り」が入っています。**明さんのクラス以外で「最上川舟下り」を選んだ人の合計人数は最少で何人**となるか求めなさい。また，**求め方を式と言葉**で説明しなさい。ただし，アンケート結果は，どの項目も同数になることはありませんでした。

グラフ３　**明さんのクラスのアンケート結果**

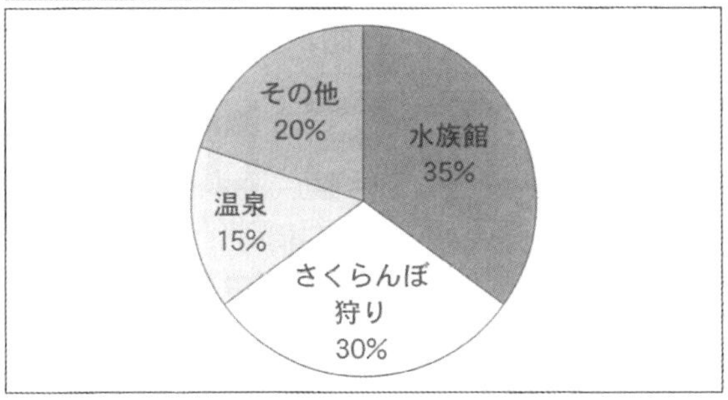

グラフ４　**学年のアンケート結果**

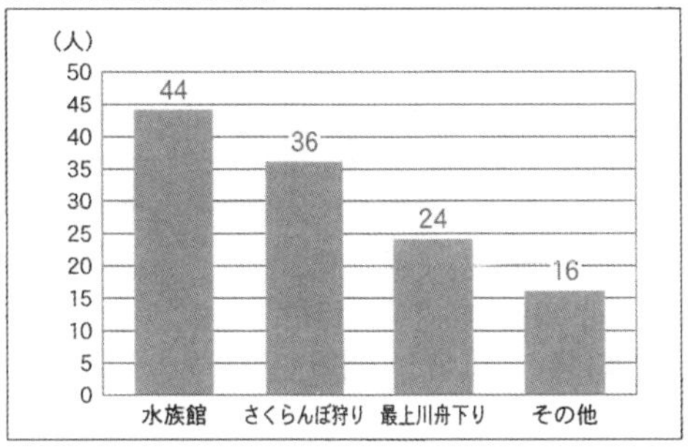

茨城県立中学校・中等教育学校 適性検査Ⅰ （検査時間45分）
（日立第一・太田第一・水戸第一・鉾田第一・鹿島・土浦第一・竜ヶ崎第一・下館第一・勝田・並木・古河）

（解答用紙は別冊11Ｐ）（解答例は別冊９Ｐ）

1

けんたさんとゆうかさんは，ある晴れた日の太陽の高さの変化（**図１**）と校庭の気温の変化（**図２**）について話しています。

けんた：太陽は正午ごろに南の空で最も高くなるよね。
ゆうか：そうね。でも気温が一日の中で一番高くなるのは［　あ　］時ごろよね。
けんた：そうだね。理由は，［　い　］からだね。反対に，気温が一日の中で一番低くなるのは日の出ごろだね。
ゆうか：日の出ごろに一番気温が低くなる理由は，［　う　］からよね。

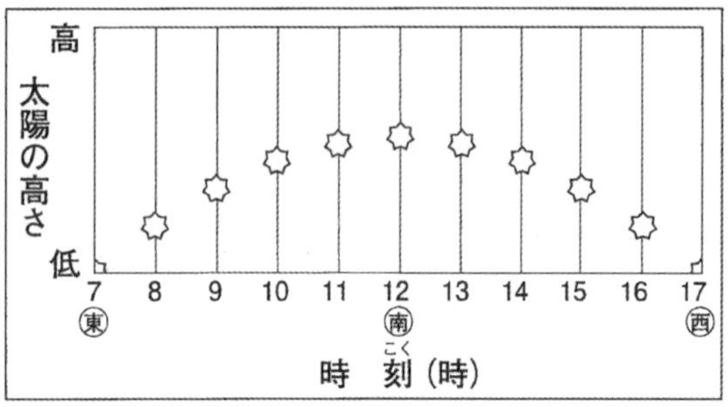

図１　太陽の高さの変化

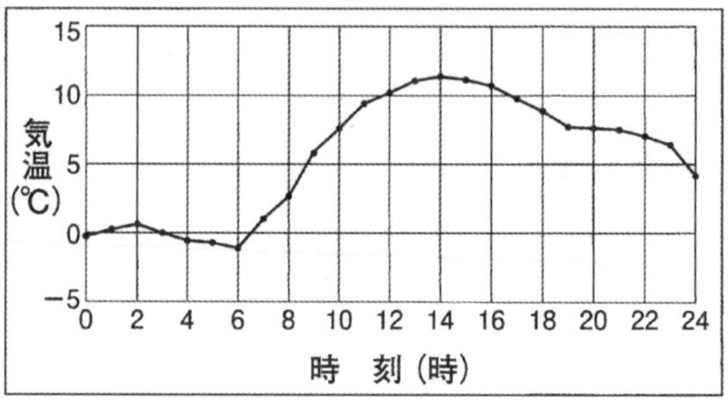

図２　校庭の気温の変化

問題１　けんたさんとゆうかさんの会話文の［　あ　］～［　う　］にあてはまる数字や内容を書きなさい。

問題２　正午ごろ，**図３**・**図４**のように地面にパネルを立てると，太陽の光で，９（**図５**）と書かれたパネルのかげが地面にできた。このとき，かげはけんたさん側から見るとどのように見えるか。次の**ア**～**ク**の中から最も適切なものを一つ選び，記号を書きなさい。ただし，パネルはとう明で光を通し，９の部分は光を通さずかげをつくることとする。

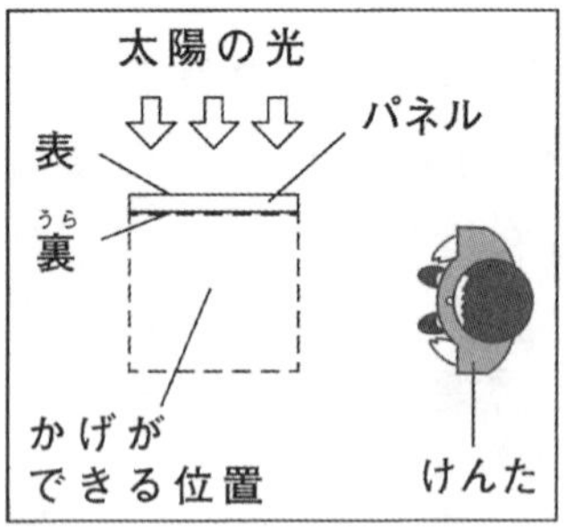

図３　上から見たようす

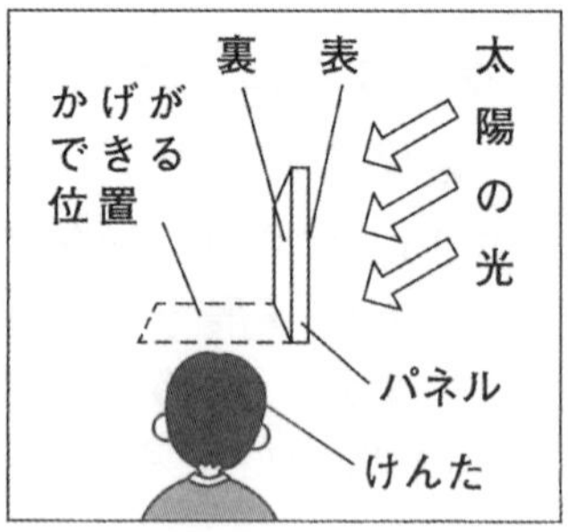

図４　けんたさん側から見たようす

図５　地面に立てたパネルを表側から見たようす

ア　イ　ウ　エ　オ　カ　キ　ク

問題３　**図３**・**図４**でけんたさん側から見たかげは，正午ごろに見たものである。３時間後に同じ位置で見ると，かげはどちらの方位に動き，その方位に向かったかげの長さはどのように変わるか，太陽の動きに関連づけて説明しなさい。

2

けんたさんとゆうかさんは，先生といっしょに，色のついていない７種類の液体（**図１**）を区別しようとしています。

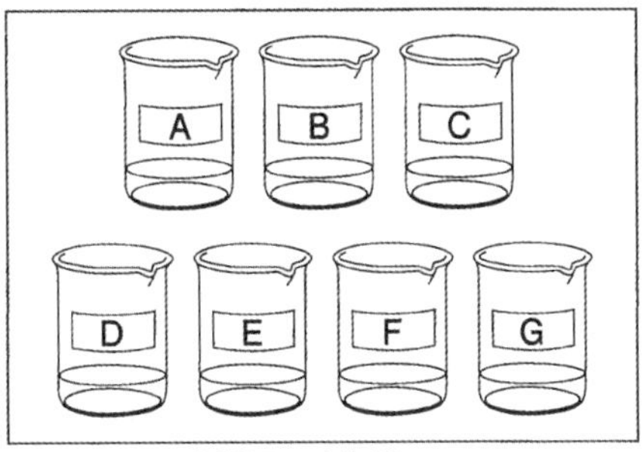

図１　７種類の液体

先　生：７種類の液体は，うすい塩酸，炭酸水，石灰水，食塩水，アンモニア水，水酸化ナトリウムの水よう液，水のどれかです。どのように調べればよいですか。

ゆうか：まず，実験器具を使わずに<u>**A**と**C**だけは，はっきり区別できますね。</u>

けんた：そうだね。次はどうしようか。

ゆうか：リトマス紙で調べてみようよ。

けんた：リトマス紙で調べるときに，調べる液体を変えるには，［　①　］ことが必要だね。

ゆうか：リトマス紙で酸性，中性，アルカリ性がわかるね。

けんた：**A**と**E**と**F**，**B**と**C**，**D**と**G**の３つのグループに区別できたね。

ゆうか：**D**と**G**は［　②　］実験で区別してみようよ。

けんた：**D**には，白い固体が出たので，はっきり区別できたね。

ゆうか：では，**A**と**E**と**F**は，どうやって区別しようか。

けんた：**A**がわかっているから，**E**と**F**の区別だね。

ゆうか：**E**と**F**を区別するために，［　③　］実験をしてみよう。

けんた：**E**だけ白くにごったから，**E**と**F**の区別ができたね。

ゆうか：これで**A**～**G**がわかりました。

先　生：それでは片付けをしましょう。実験で使った酸性とアルカリ性の液体は，ＢＴＢ液の入った大きなビーカーに集めます。

けんた：どうしてＢＴＢ液が入っているのですか。

先　生：ＢＴＢ液が入った液体の色を緑色にすることで，中性になったことがわかるからですよ。そうすることで液体を処理することができます。

問題１　下線部の（<u>**A**と**C**だけは，はっきり区別できますね。</u>）について，**A**を区別する正しい方法を書きなさい。また，区別できた理由を書きなさい。

問題２　会話文中の①～③にあてはまる適切な言葉の組み合わせを，下の**ア**～**カ**の中から一つ選び，記号を書きなさい。また，７種類の液体は**A**～**G**のどれか。記号を書きなさい。

	①	②	③
ア	かくはん棒をふく	お湯で温める	アルミニウムを入れる
イ	かくはん棒をふく	熱して蒸発させる	鉄を入れる
ウ	かくはん棒をふく	お湯で温める	二酸化炭素を通す
エ	かくはん棒を水で洗う	熱して蒸発させる	二酸化炭素を通す
オ	かくはん棒を水で洗う	お湯で温める	アルミニウムを入れる
カ	かくはん棒を水で洗う	熱して蒸発させる	鉄を入れる

問題３　けんたさんは片付けのとき，酸性の液体を入れたり，アルカリ性の液体を入れたりすると，ビーカー中のＢＴＢ液が入った液体の色が変化することに気づいた。色が変化する理由を「酸性とアルカリ性の液体が混ざり合うと，」に続く形で書きなさい。また，先生が液体を緑色にして処理する理由を書きなさい。

3

けんたさんとゆうかさんのクラスでは，総合的な学習の時間に，「かん境を守るために私(わたし)たちができること」をテーマにして発表会を行いました。

ゆうか：私たちが調べた川では，かん境を守るためのさまざまな取り組みがみられたね。
けんた：私たちの市は，自然豊かな川をめざした川づくりをすすめていたね。

問題１　けんたさんとゆうかさんは，学校付近で下の**資料１～資料３**のような川を見つけ，調べたことを発表しました。自然豊かな川をめざした川づくりが行われているものに○をつけ，どのような効果があるか書きなさい。また，行われていないものには×をつけ，より自然豊かな川にする方法を書きなさい。

資料1　穴(あな)のあいたブロックがある川

資料2　両岸がコンクリートで川底が土の浅い川

資料３　階段(だん)状の坂がある川

（大日本図書「新版たのしい理科５年」より）

ゆうか：調べた結果，川のかん境には，森林が大きく関係していることもわかったね。
けんた：そうだね。林業について発表した班(はん)もあったね。

資料４　林業で働く人の数・※1高れい者率・※2若(じゃく)年者率の変化

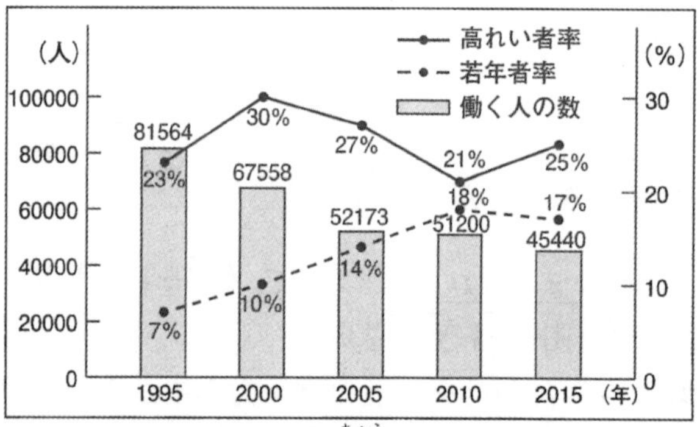

（林野庁(ちょう)ホームページより作成）

※1 高れい者率　65さい以上の人の割(わり)合
※2 若年者率　35さい未満の人の割合

資料５　日本の木材※3供(きょう)給量と木材※4自給率の変化

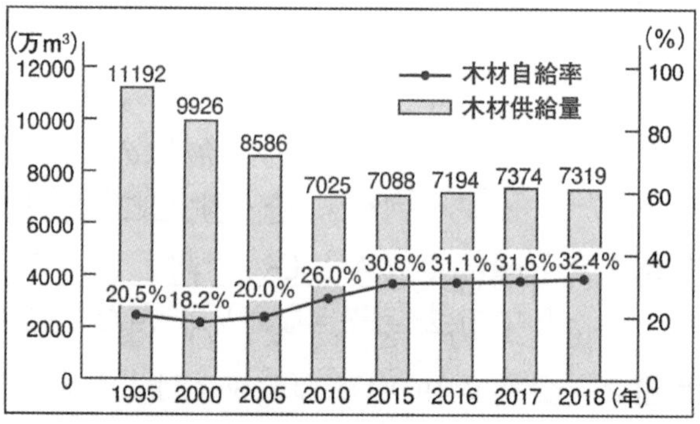

（森林・林業学習館ホームページより作成）

※3 供給　はん売すること
※4 自給率　全体のうち国内で生産する割合

資料６　日本の森林面積の変化

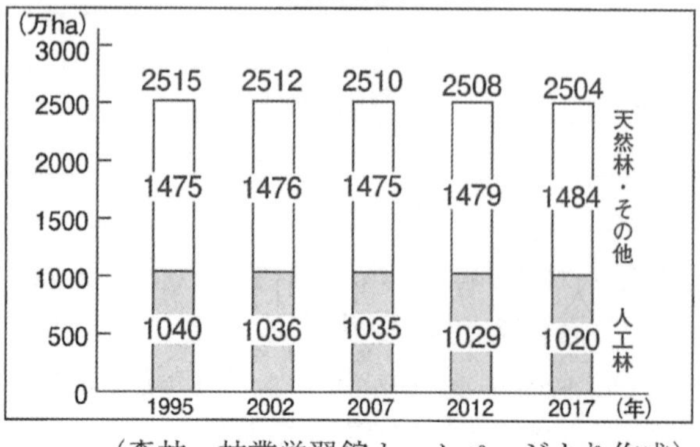

（森林・林業学習館ホームページより作成）

資料７　林業で働く人の話

人工林には，木材を育てるほか，災害から人々の命や家を守るはたらきがあります。
林業で働く人が減ると，日本の山々は手入れが行き届(とど)かず，あれ始めてしまいます。もう一度，森林とのつながりを見直し，木の大切さと林業の未来について考えることが必要です。

（東京書籍(せき)「新編新しい社会５年下」より作成）

問題２　次の文章は，林業に関する**資料４～資料７**について説明したものです。**ア～エ**の中から説明として正しいものを一つ選び，記号を書きなさい。

ア　日本の木材自給率は1995年から増え続けている一方で，林業で働く人の数は減り続けていて，日本の山があれることが心配されている。

イ　日本の森林面積は1995年から2017年までほぼ変化は見られないが，木材供給量は1995年から減った後，2010年から増え続けている。

ウ　災害から人々の命や家を守るはたらきがある人工林の面積は，1995年から大きな変化が見られないが，木材自給率は，2000年から減り続けている。

エ　林業で働く人について2000年からの変化を見ると，35さい未満の人の割合が2010年まで増えた後に減り，65さい以上の人の割合は2010年まで減った後に増えている。

ゆうか：森林を守ることがかん境を守ることにつながっていることがわかったわ。
けんた：二酸化炭素をさく減するための取り組みについて発表した班もあったね。
ゆうか：近年，地球の気温が少しずつ上がっていることが報告されているよ。原因の一つに，二酸化炭素の増加が考えられるんだね。私たちの市でも，二酸化炭素をさく減するための取り組みをしているんだね（**資料８**）。

資料８　私たちがすむ市の二酸化炭素を出す量をさく減するための取り組みに関するホームページ

年度	年間で二酸化炭素を出した量
2015	5005000 kg

当市では2016年度に「二酸化炭素さく減計画」を立て，二酸化炭素を出す量のさく減に向けて取り組んでいます。
計画の目標は，2015年度に対し，2020年度の終わりまでに二酸化炭素を出す量を５％さく減することです。

（ある市のホームページより作成）

ゆうか：私たちの市では年間でこんなに二酸化炭素を出しているのね。
けんた：スギの木１本あたりで二酸化炭素を年間14kg吸収すると言われているから，2015年度に出した二酸化炭素の５％はスギの木［　　］本分にあたるね。

問題３　会話文中の［　　］にあてはまる数字を書きなさい。

ゆうか：たった５％のさく減でも，たくさんの木が必要なのね。
けんた：そうだね。植林のお手伝いとかできるんじゃないかな。
ゆうか：他の班の発表を聞くと参考になることがたくさんあったから，かん境を守るために私たちの生活の中で何ができるか考えてみようよ。

問題４　あなたは，かん境を守るために何ができると考えますか。発表会の内容をもとにして，「もとにした資料や会話文」，「あなたができる具体的な取り組み」，「予想される効果」の三つがわかるように140字以上180字以内で書きなさい。ただし，あなたができる具体的な取り組みは，資料や会話文以外のものとします。また，「，」や「。」も１字に数え，文字に誤りがないようにしなさい。

4

けんたさんは，休日にお父さんと自動車はん売店に行ったときのことについて，先生と話しています。

けんた：この前，お父さんと，自動車はん売店へ家の自動車の点検に行きました。そこで，今使っているタイヤのゴムがすり減って，みぞ（**図１**）が浅くなっていたので，新しいタイヤに交かんしてきました。
先　生：それなら安心ですね。
けんた：はい。交かんする新しいタイヤの大きさは直径（**図２**）670mmだとお店の人が教えてくれました。
先　生：なるほど。
けんた：この新しいタイヤで，お店から家まで13.4kmの道のりを走ると何回転するのか興味をもったので，調べてみました。
先　生：何回転でしたか。
けんた：タイヤを円と考え，円周率を3.14として，タイヤの回転数を計算したら，約［ **あ** ］回転でした。
先　生：そんなに回転しているのですね。
けんた：そうなんです。ところで，お父さんは今回のタイヤ交かんから，さらに100000km走るまでこの車を乗りたいと言っていました。
先　生：100000kmを走るとなると，今回のタイヤ交かんの後にも，タイヤを交かんすることになりますね。
けんた：はい。何回か交かんが必要になるとお店の人も言っていました。
先　生：そうですよね。
けんた：今回のタイヤ交かんで，タイヤＡとタイヤＢの２種類がお父さんの車に合うことがわかりました。でも，これにはちがい（**表１**）があって，お父さんは一番安くなるように選びたいと言っていました。
先　生：それでどうしましたか。

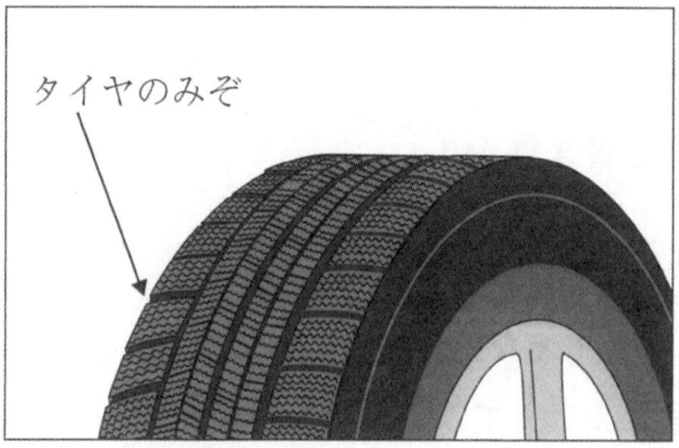

図１　タイヤのみぞ

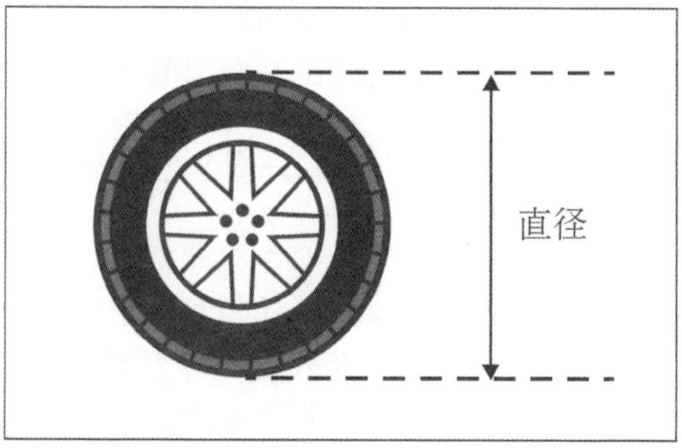

図２　タイヤの直径

茨城県立中学校・中等教育学校

表1　タイヤAとタイヤBのちがい

	タイヤ4本セットの価格（税こみ価格）	新品時のみぞの深さ	2000km走行するごとに減るみぞの深さ
タイヤA	54000円	7.6mm	0.3mm
タイヤB	39000円	8.0mm	0.4mm

※この表に示されていること以外は，同じ条件とする。

タイヤ交かんについて

① 走行にともなって，タイヤは一定の割合ですり減り，みぞが浅くなる。
② タイヤ交かんは，みぞの深さが残り1.6mmになったら行う。それまでは走行に問題はなく，交かんの必要はないものとする。
③ 交かんするときは，4本すべて新品にする。
④ 交かん費用は，4本セットで税こみ価格8000円とする。

けんた：ぼくは，100000kmを走った時点で一番安くなるような，タイヤAの4本セットとタイヤBの4本セットを選ぶ組み合わせ方を考えてみました。

先　生：その中で，一番安くなる組み合わせが見つかりましたか。

けんた：はい。タイヤAの4本セットとタイヤBの4本セットを買うときの組み合わせを考えて，100000km走った時点での費用を計算しました。

先　生：それで，結果はどうなりましたか。

けんた：はい。［い］という組み合わせにすれば，今回の交かん費用もふくめた費用の合計が一番安くなることがわかったので，その組み合わせをお父さんに伝えました。

先　生：その組み合わせであれば，一番安いですね。買う順番は関係ないですね。

問題1　会話文中の［あ］にあてはまる数を，四捨五入し，上から2けたのがい数にして書きなさい。

問題2　会話文中の［い］にあてはまる適切なタイヤの組み合わせとなるように，解答用紙の（　　　）に数を書きなさい。また，そのように考えた理由を，言葉や数，式，図，表などを使って説明しなさい。ただし，タイヤの価格や交かん費用は，今後も変わらないものとする。

5

ゆうかさんとお母さんは，市立図書館入口のイルミネーションを見ています。

ゆ う か：光が右に移っていくように見えて，きれいなイルミネーションね（**図１**）。
お母さん：電球が横１列に18個並(なら)んでいるね。規則に従(したが)ってついたり消えたりしているから，光が移っていくように見えるのね。

スタート（０秒）		①			②		③	④						⑤		⑥	⑦	⑧
１秒後	⑧		①			②	③		④						⑤	⑥	⑦	

①～⑧はそれぞれ電球が点灯していることを表す。

図１　イルミネーションのイメージ

イルミネーションの見え方の規則
○電球の光は，１秒ごとに，右どなりに順に１つずつ移るものとする。
（**図１**では，①，②，④，⑤の光）
ただし，右はしの電球の光は，左はしに移るものとする。　（**図１**では，⑧の光）
○移ろうとした先の電球も点灯している場合は，光はその場にもう１秒とどまる。
（**図１**では，③，⑥，⑦の光）

ゆ う か：この右から３番目の電球の光（**図１**⑥の光）が，左はしに移るのは，はじめ（「スタート（０秒）」）の状態から考えて，［　**あ**　］秒後になるね。

問題１　会話文中の［　**あ**　］にあてはまる数を書きなさい。

ゆ う か：私(わたし)，さっきのイルミネーションの見え方の規則に従って，点灯している電球の数を増やして考えてみたの。
お母さん：あら，それはすごいわね。何か気がついたことはあったの。

スタート（０秒）	○				○	○	○	○	○	○				○	○	○	○	○
１秒後		○			○	○	○	○	○		○			○	○	○	○	○
２秒後	○		○		○	○	○	○		○		○		○	○	○	○	

○はそれぞれ電球が点灯していることを表す。

図２　ゆうかさんの考え

ゆ う か：うん。例えばこれよ（**図２**）。このつき方（「スタート(０秒)」）からはじめたら，60秒後にどういうふうについているかもわかるのよ。
お母さん：それじゃあ，はじめから60秒後に右から５番目の電球は点灯しているのかしら。
ゆ う か：ちょっと待って。60秒後に右から５番目の電球は，［　**い**　］ね。

問題２　**図２**について，会話文中の［　**い**　］にあてはまるように，「点灯している」か，「点灯していない」かを書きなさい。また，どのように考えたのかを言葉や数，式，図，表などを使って説明しなさい。

茨城県立中学校・中等教育学校
(日立第一・太田第一・水戸第一・鉾田第一・鹿島・土浦第一・竜ヶ崎第一・下館第一・勝田・並木・古河) 適性検査Ⅱ (検査時間45分)

(解答用紙は別冊15Ｐ)(解答例は別冊11Ｐ)

1

ひろしさんとけいこさんは総合的な学習の時間の授業で，地域の方にインタビューを行うことになりました。そこで，事前に，上手に話をきくために大切なことについて話し合っています。

先　生：みなさんは，話をきくときに，気をつけていることはありますか。
ひろし：ぼくは，相手の目を見て話をきくように心がけています。授業のときに「目と耳と心できくこと」が大切だと言われたので，実行しています。
けいこ：こちらを向いてきいてもらえると，安心します。
先　生：そうですね。ところで，「きく」という言葉には，たずねるという意味もありますね。これは，※1インタビュアーの経験をもつ阿川佐和子さんが話した内容です。

※1 インタビュアー　インタビューする人。

> 私が「聞く力」の重要性に気づいたのは，インタビュアーになりたてのころでした。作家の城山三郎さんと対談したときです。著書に感動し，「面白かったです」と申し上げげたところ，城山さんは，にっこりほほ笑まれて，「そう，どこが？」とおっしゃるんです。私はうれしくなって，感動した部分をいろいろお話ししました。城山さんは「面白いねぇ」「それから？」と一言，はさむだけで，どんどん私を乗せていくのです。
>
> 城山さんのおだやかな語り口を思い出しながら，聞き上手とは？を考えさせられた経験でした。そして，豊富な予備知識や高度な会話のテクニックがなくても，「この人に語りたい」「こいつは話を聞いているな」と思わせるやりとりをすることはできると気づきました。
>
> 私は最近，自分の長年のインタビュー経験を元に，『聞く力』という本を出しました。きっかけは，「聞く力」がコミュニケーションにとても重要ということ，自分の※2尺度では計り知れない宝物をいっぱい相手からもらえることを，子どもたちに教えてもらったからです。
>
> 昨年，ＮＨＫの「課外授業ようこそ先ぱい」に出演したとき，授業前，聞くコツを子どもたちにどう教えたらいいか，必死で考えました。思いついたのは，悪いインタビュアーの見本を見せることでした。
>
> 時間を気にしながら「はぁ，はぁ」と※3上の空で聞いたり，「わー，私，大ファンなんですぅ」というような態度だったり，相手の話に向き合わないのが悪い見本。子どもたちは「相手からちゃんと話を聞きたい人とは思えない」と，ダメな理由をわかってくれました。
>
> 人と向き合うには，相手に興味を持ち，一生けん命聞くしか手立てはありません。不思議と，聞くことに集中すると，「こんな人だろう」と思いこんでいたのとはちがう面が見えてきます。
>
> 用意する質問はたった一つでも構わない。相手の話をきちんと受け止めれば，次の質問も思いつきます。その上で，「具体的には？」「たとえば？」と重ねれば，同じ内容でも角度のちがう言葉で答えてくれます。そのやりとりが理解を深め，心のきょりを縮めることに，とても役立つのです。
>
> ※2 尺度　物ごとのねうちや，よしあしをはかる基準。
> ※3 上の空　ほかのことが気になって，少しも落ち着かないようす。

(朝日新聞「相手に向き合えば　宝物もらえる」による)

先　生：この文章を読んで，けいこさんは「きくこと」についてどのように思いましたか。
けいこ：ひろしさんが言ったように，相手の目を見て話をきくことはもちろん大切ですが，阿川さんが言ったように，［ア］ことも必要だと思いました。

問題１　けいこさんは，１ページの［　　　］内の文章を読んで，どのようなことに気づいたと考えられますか。会話が成り立つように，［　ア　］に入る内容を本文中の言葉を使って，50字以上70字以内で書きなさい。ただし，「,」や「。」も１字に数え，文字に誤(あやま)りがないようにしなさい。

ひろし：インタビューでは，自分の知りたいことをたずねますが，どのように質問すればよいのでしょうか。

先　生：確かに，知りたいことがわかるように質問することが大切ですね。それでは，質問の仕方について，**ワークシート（資料１）**を使って考えてみましょう。

資料１　ワークシート

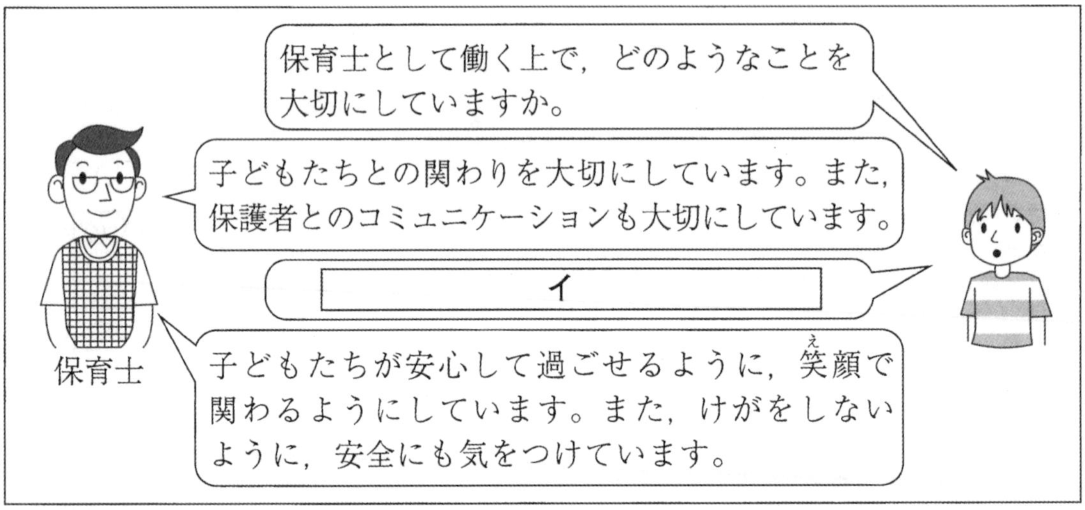
保育士として働く上で，どのようなことを大切にしていますか。
子どもたちとの関わりを大切にしています。また，保護者とのコミュニケーションも大切にしています。
イ
保育士
子どもたちが安心して過ごせるように，笑(え)顔で関わるようにしています。また，けがをしないように，安全にも気をつけています。

問題２　インタビューが成り立つように，**資料１**の［　イ　］に入る保育士への質問を考えて，この場面にふさわしい言葉づかいで書きなさい。

資料２　インタビュー練習後の感想・反省点

【聞き手（質問する人）】 ・質問したい内容を，相手にうまく伝えることができなかった。 ・たくさん質問をすることができたが，くわしくきくことができなかった。 ・相手の話を受け止めながら，次の質問につなげるようにしたかったが，うまくいかなかった。
【話し手（質問に答える人）】 ・相手が何を知りたいのかがわからず，答えるのに困(こま)ってしまい，しばらくだまってしまった。 ・質問にはできるだけ簡(かん)潔に答えるようにしたが，もっと自分の気持ちも伝えたかった。 ・一つの質問から話題が広がったが，いつものおしゃべりのようになってしまった。

問題３　ひろしさんとけいこさんのクラスでは，インタビューの練習を行いました。**資料２**をもとに，インタビューをよりよいものにするために，聞き手としてあなたはどのようなことに気をつけたいと考えますか。**資料２**の内容にふれながら，あなたの考えを，理由もふくめて100字以上120字以内で書きなさい。ただし，「,」や「。」も１字に数え，文字に誤りがないようにしなさい。

2

ひろしさんとけいこさんは，総合的な学習の時間に，「私たちと食」をテーマにして学習することになりました。情報を集めるために，近くのスーパーマーケットの売り場を見学して，気づいたことを店員さんに聞いています。

資料1　ばら売りのようす

ひろし：野菜の売り場では，にんじんやじゃがいもが，ふくろに複数入ったふくろ売りと，ばら売り（**資料1**）ではん売されていました。

店　員：ばら売りは，お客さんに，どのような良い点があるか，わかりますか。

ひろし：お客さんにとって［　ア　］ことが良い点だと思います。

店　員：そうですね。［　ア　］と使い切れずにすてられてしまう食品を減らすことにもなります。その他に気づいたことはありますか。

けいこ：地元の野菜コーナーでは，ピーマンやトマトなどの地元の野菜を使った料理のメニューもしょうかいされていました。

店　員：お客さんに地元の野菜をたくさん食べてもらいたいので，しょうかいしています。

ひろし：肉の売り場では，牛肉のパッケージのシールに，番号が書かれていました（**資料2**）。この番号は何のために書かれているのですか。

資料2　牛肉のパッケージのシール

店　員：これは，［　イ　］とよばれるしくみです。この番号は牛の個体識別番号です。インターネットを使ってこの番号を調べると，この牛が生まれた場所などがわかります。

ひろし：［　イ　］によって，お客さんは，安心して買うことができますね。

問題1　会話が成り立つように，［　ア　］に入る内容を書きなさい。

問題2　会話文中の［　イ　］に入る言葉を書きなさい。

問題3　ひろしさんはスーパーマーケットで米がはん売されていたのを見て，日本の米づくりについて調べることにしました。次の (1)，(2) の問題に答えなさい。

(1)　米づくりの作業には，種まき，田おこし，代かき，田植え，農薬散布，稲かりなどがあり，いろいろな機械が使われていることがわかりました。**資料3**の**ア**～**エ**の中から，代かきと田植えの作業を選び，それぞれ記号を書きなさい。

(2)　米づくりでは，大型コンバインを複数の農家が共同でこう入して，**資料4**のように順番に共同で使用している地域があることがわかりました。このように大型コンバインを共同でこう入し，共同で使用することは，個人でこう入し，個人で使用する場合に比べて，それぞれの農家にはどのような良い点がありますか，二つ書きなさい。

資料3　米づくりの作業のようす

（農業機械メーカーホームページより）

資料4　共同で使用するイメージ

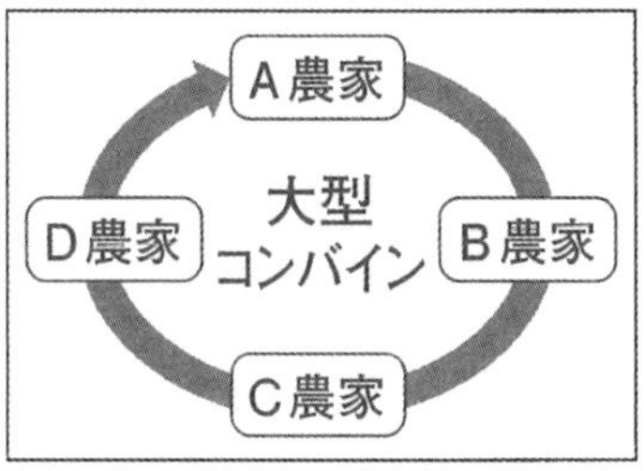

（JA全農ホームページより作成）

問題4　ひろしさんは，日本の米づくりについて調べている中で，**資料5**と**資料6**を見つけました。次の（1），（2）の問題に答えなさい。

（1）　**資料5**のような棚田が，かん境保全のために果たしている役わりを一つ書きなさい。

（2）　ひろしさんは，**資料6**を見て日本の農業がかかえる問題について考えました。**資料6**から考えられる日本の農業がかかえる問題を二つ書きなさい。

資料5　棚田

（茨城県ホームページより）

資料6　農業で働く人数などの変化

内容	2015年	2017年	2019年
農業で働く人数（万人）	209.7	181.6	168.1
農業で働く人数のうち65さい以上の割合（%）	63.5	66.5	70.2

＊日本の農業就業人口を農業で働く人数とした。

（農林水産省ホームページより作成）

問題5　けいこさんは，スーパーマーケットの「地元の野菜コーナー」でしょうかいされていた料理のメニューを見たときに，来月の給食だよりにのせる「お楽しみ給食のメニュー」のしょうかい文をたのまれていたことを思い出しました。

来月の「お楽しみ給食のメニュー」は，「たっぷり野菜カレー」と「具だくさんオムレツ」（**資料8**）です。

あなたは，しょうかい文を書く方のメニューを選び，解答用紙の（　　）内に○をつけなさい。また，**資料7**のしょうかい文を書くポイントに従い，選んだメニューと**資料8**～**資料10**の内容を関連づけて，80字以上100字以内でしょうかい文を書きなさい。ただし，「，」や「。」も1字に数え，文字の誤りがないようにしなさい。

資料7　しょうかい文を書くポイント

【しょうかい文を書いてくれるみなさんへ】

○全校の子どもたちに「お楽しみ給食のメニュー」をしょうかいしてください。

○あなたが書いたしょうかい文を，給食だよりにけいさいします。

【しょうかい文を書くポイント】

◇複数の種類の材料をしょうかいしよう。

◇茨城県の農産物をアピールしよう。

資料8　お楽しみ給食のメニュー

たっぷり野菜カレー

○使用するおもな材料
じゃがいも，にんじん，れんこん，たまねぎ，さつまいも，ぶた肉

具だくさんオムレツ

○使用するおもな材料
卵，にんじん，ピーマン，たまねぎ，じゃがいも，ベーコン，パセリ

資料9　茨城県で生産量が多いおもな農産物（全国順位）

1位	卵，ピーマン，れんこん，みずな，さつまいも，こまつな，くり，など
2位	レタス，はくさい，なし，パセリ，など
3位	ネギ，にら，しゅんぎく，もやし，など

（茨城をたべよう いばらき食と農のポータルサイトより作成）

資料10　使用する材料と三つの食品のグループ

食品のグループ	おもにエネルギーのもとになる食品	おもに体をつくるもとになる食品	おもに体の調子を整えるもとになる食品
材料	じゃがいも，さつまいも	ぶた肉，ベーコン，卵	れんこん，たまねぎ，ピーマン，にんじん，パセリ
多くふくまれる栄養素	炭水化物	たんぱく質	ビタミン

3

けいこさんとひろしさんは，日本の貿易の変化（**資料1**）から日本と茨城県の工業生産について話しています。

けいこ：日本の貿易の変化（**資料1**）の輸出品の割合を見ると［　あ　］は，1960年は30％と最も割合が大きかったけれど，2018年には1％になっているわ。

ひろし：2018年の輸出品は，機械類，自動車の割合が大きいね。

けいこ：石油になる原油は，［　い　］やアラブ首長国連邦から多く輸入しているよ。鉄の原料となる鉄鉱石は，オーストラリアやブラジルから多く輸入しているわ。

ひろし：日本では，1960年ごろから，貿易の拡大，輸出の増加に力を入れていたんだね。そして，各地に港が整備され，石油コンビナートや製鉄所などがつくられたよ。貿易は，船による輸送が中心だったんだね。

けいこ：<u>1960年ごろから，加工貿易が日本の経済を大きく成長させてきた</u>んだね。

資料1　日本の貿易の変化

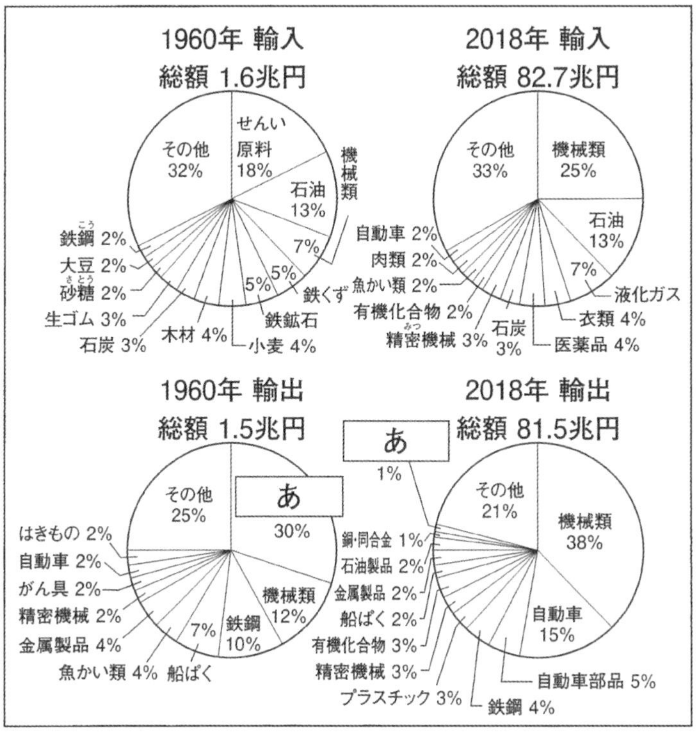

（「日本国勢図会2019/2020」，「財務省貿易統計」より作成）

資料2　日本の原油輸入先（2018年）

国　名	千kL	%
い	67935	38.6
アラブ首長国連邦	44604	25.4
カタール	13809	7.9
その他	49549	28.1
合　計	175897	100.0

（「日本国勢図会2019/2020」より作成）

資料3　地図

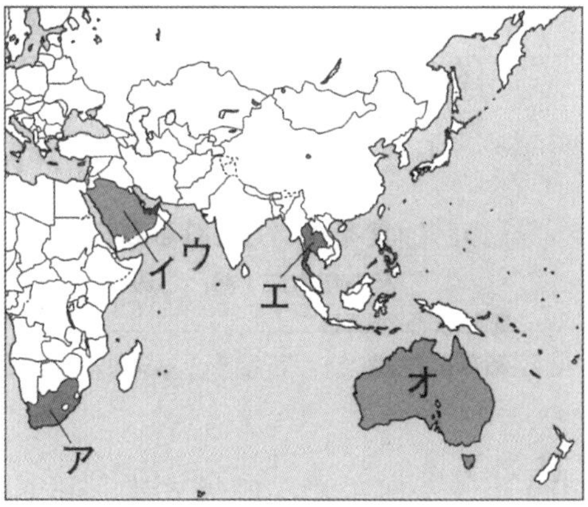

問題1　会話文中や**資料1**の［　あ　］にあてはまる輸出品を**ア**～**エ**の中から一つ選び，記号を書きなさい。

ア　せんい品　　**イ**　木材　　**ウ**　石炭　　**エ**　医薬品

問題2　会話文中や**資料2**の［　い　］の国名を書きなさい。また，その国の位置を**資料3**の**ア**～**オ**の中から一つ選び，記号を書きなさい。

問題3　下線部（<u>1960年ごろから，加工貿易が日本の経済を大きく成長させてきた</u>）の「加工貿易」とは，どのような貿易か説明しなさい。

ひろし：次に，日本の工業生産について調べてみよう。
けいこ：工業は，機械工業，金属工業，化学工業，食料品工業，せんい工業などに分類できるわ。
ひろし：金属工業について，製鉄会社のホームページでは「鉄は，どのように使われるかにより，求められる品質はさまざまです。例えば，自動車の車体に使う鉄は，じょうぶで加工しやすいことが重要です。そして，よりうすい鉄であることも大切です。」という説明が書いてあったよ。
けいこ：工業製品は日本各地でつくられているわ。日本の工業のさかんな地域について調べてみましょう。
ひろし：日本の主な工業地域や工業地帯は，海ぞいに広がっているね（**資料４**）。
けいこ：茨城県はどうなのかな。
ひろし：2018年の製造品出荷額等が5,000億円以上の市町村を調べたら，海に面している日立市，ひたちなか市，鹿嶋市，神栖市の他に，海に面していない内陸の筑西市，土浦市，古河市もあったよ（**資料５**）。
けいこ：そうね。内陸部にも工業のさかんな地域ができているわ。

資料４　日本の工業のさかんな地域

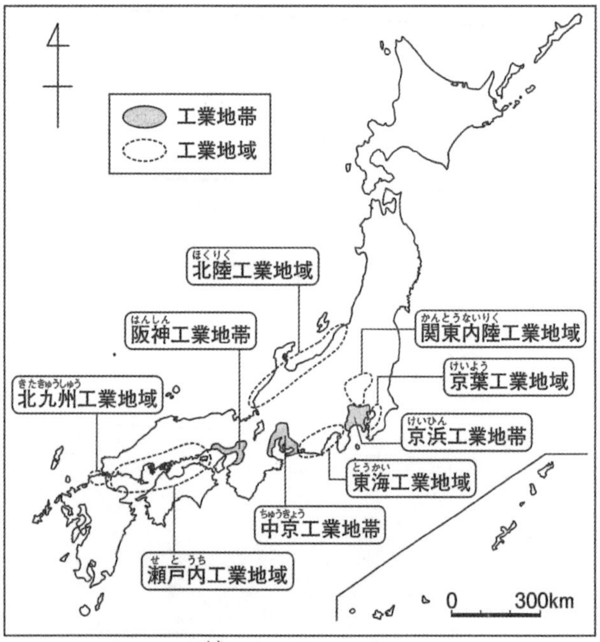

（東京書籍「新編新しい社会５下」より作成）

資料５　茨城県の工業のさかんな市町村

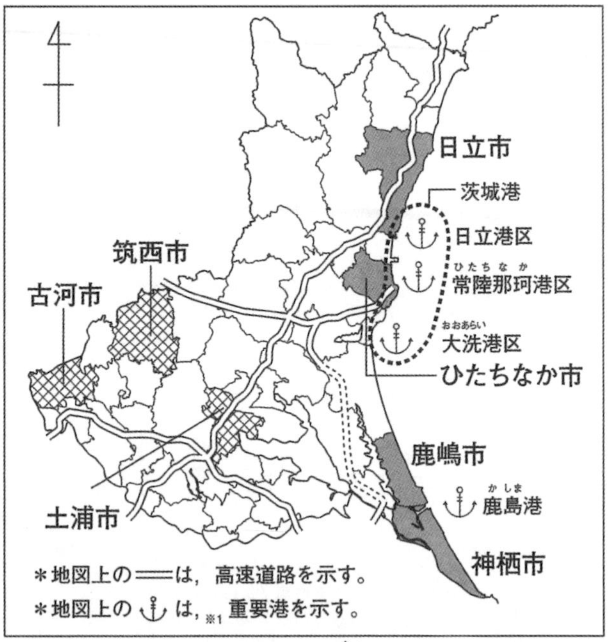

※1 重要港…海上輸送もうの拠点となる港わん

（茨城県ホームページより作成）

問題４　金属工業，化学工業，せんい工業のそれぞれにあてはまる工業製品を，次の**ア**～**オ**の中から一つずつ選び，記号を書きなさい。

ア　パソコン　　**イ**　レール　　**ウ**　焼き物　　**エ**　薬　　**オ**　シャツ

問題５　会話文の下線部の（自動車の車体に使う鉄は，じょうぶで加工しやすいことが重要です。そして，よりうすい鉄であることも大切です。）について，自動車にとって，よりうすい鉄を車体に使う方が，かん境に良い理由を「燃料」，「二酸化炭素など」の二つの言葉を使って書きなさい。

問題６　**資料５**をもとに，下線部の（内陸部にも工業のさかんな地域ができている）理由について書きなさい。

けいこ：次に，茨城県の工業についてくわしく調べてみましょうよ。
ひろし：茨城県のホームページに資料があったよ。茨城県は，製造品出荷額等が全国８位で，農業だけでなく，工業もさかんだね（**資料６**）。
けいこ：茨城県は，県外からの会社の立地件数が全国１位だわ（**資料７**）。
ひろし：茨城県は東京から近いしね。それに，県外の会社が進出しやすいように補助金を出したり，税金の負担を少なくしたりしているそうだよ。
けいこ：私も関係する資料を見つけたわ（**資料８～資料10**）。
ひろし：そういえば，筑波研究学園都市には，多くの研究し設があり，会社に協力して，最先たんの研究に取り組んでいるそうだよ。

資料６　茨城県の※2製造品出荷額等と農業産出額（2018年）

こう目	金額	全国順位
製造品出荷額等	13兆360億円	第８位
農業産出額	4508億円	第３位

※２ 製造品出荷額等には，修理料収入など生産以外の経済活動の金額もふくまれている。

資料７　県外からの会社の※3立地件数

全国順位	都道府県	件数（件）
1	茨城県	438
2	栃木県	255
3	兵庫県	207
4	群馬県	202
5	埼玉県	185

※３
立地とは，産業を営むのに適した土地を決め，工場や会社を建てること。

＊2009年～2018年の合計

資料８　茨城県の主要な交通もうと東京駅からのきょり

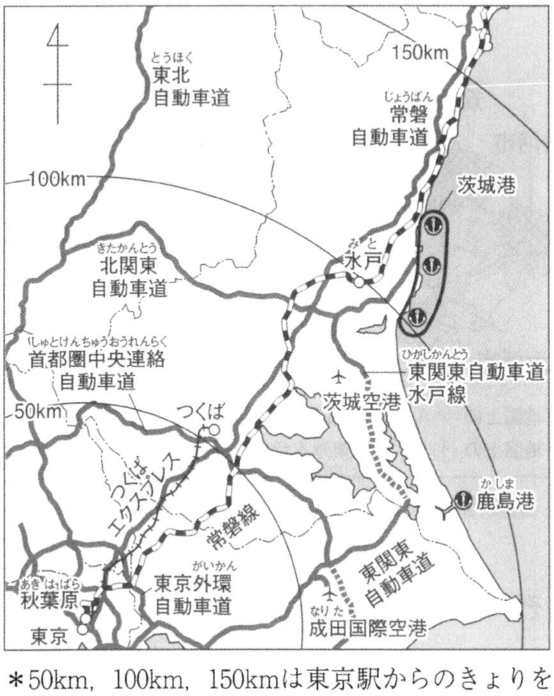

＊50km，100km，150kmは東京駅からのきょりを表している。

資料９　※4平たんな地形の割合（2018年）

全国順位	都道府県	割合（%）	総面積（km^2）
1	大阪府	69.8	1905
2	千葉県	68.9	5158
3	埼玉県	68.1	3798
4	茨城県	65.2	6097
5	東京都	64.7	2194

※４ 平たんとは土地が平らなことを示す。
＊**資料９**は，総面積から林野面積と主要な湖やぬまの面積を差し引いた「可住地面積」の割合で示して，この割合を平たんな地形の割合とした。

資料10　５都県の工業地の平均地価（2019年）

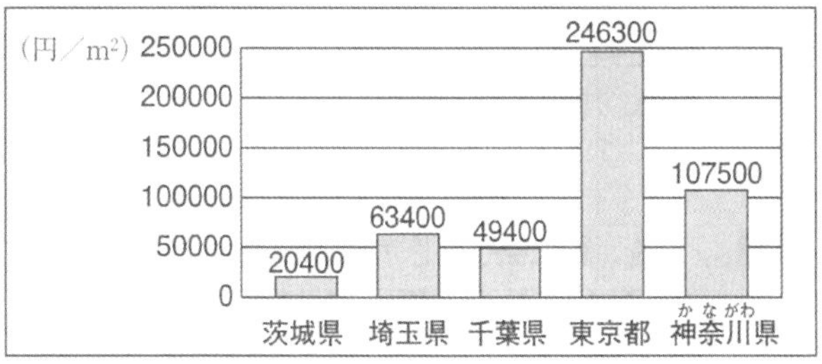

（**資料６～資料10**は，茨城県ホームページ他より作成）

問題７　県外の食料品工業の会社が，新工場の建設を計画しています。あなたはこの会社の人に茨城県への進出をすすめることになりました。次の(1)，(2)の問題に答えなさい。

(1)　茨城県に進出することの「よさ」をどのように説明しますか。**資料８～資料10**からそれぞれ読み取れることをもとに考え，説明する内容を書きなさい。

(2)　(1)で書いた以外の茨城県の「よさ」や「み力」を生かしてこの会社が取り組むと良いと思うことを提案します。あなたなら，どのようなことを提案するか考えて書きなさい。

栃木県立中学校（宇都宮東・佐野・矢板東）　適性検査（検査時間50分）

（解答用紙は別冊19Ｐ）（解答例は別冊12Ｐ）

1　ある日の夕食後，わたるさんと弟のきよしさんは，農業を営んでいる父と話をしています。

わたる：　お父さんが作ったいちごは，やっぱりおいしいね。

父　　：　そうか，ありがとう。実は，いちご作り以外にもいろいろと勉強したいと思って，今日は農業をしている人たちが集まる勉強会に参加してきたよ。この資料(図１)は，そのときに出されたものだけれど，２人にも問題にちょう戦してもらおうかな。

わたる：　この左側の表は，世界の国々の食料自給率を表しているものだね。

父　　：　表の**ア**から**オ**の中のどれが日本を表しているかわかるかな。

きよし：　お父さん，何かヒントを出してよ。

父　　：　いいよ。学校の給食にも出るパンやスパゲッティの主な原料の自給率は，表の５か国の中だと下位３か国に入っているよ。

わたる：　なるほど。右側のグラフもヒントになるのかな。

父　　：　もちろんだよ。表とグラフの両方をよく見て考えてね。

きよし：　他にもヒントを出してよ。

父　　：　いちごがふくまれる品目の自給率は，この表の５か国の中だと上位３か国に入っているよ。いちごは野菜類にふくまれるから，気をつけて考えてね。

わたる：　ぼくは，今のヒントでわかったよ。それにしてもぼくたちが毎日食べているものは，国産だけでなく外国産も多いということがわかるね。

父　　：　この資料を見たことで，私(わたし)たちの食について考えるきっかけになったようだね。

世界の国々と日本の食料自給率

国名＼品目	小麦	いも類	野菜類	果実類	魚かい類
ア	148%	103%	87%	73%	65%
イ	187%	136%	72%	62%	29%
ウ	14%	74%	79%	40%	52%
エ	62%	57%	146%	108%	17%
オ	97%	90%	46%	10%	55%

世界の国々の食料自給率（2017年）

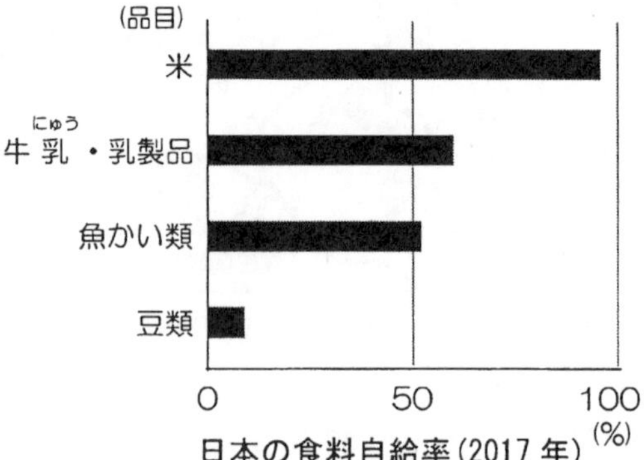

日本の食料自給率（2017年）

図１　勉強会で出された資料

（「農林水産省ウェブサイト」をもとに作成）

［問１］　図１の表の中で日本を表しているものを，**ア**から**オ**の中から一つ選び，記号で答えなさい。

食の問題に興味をもったわたるさんは，学校の総合的な学習の時間に栃木県の農業について調べ，発表原こう（**図２**）と資料（**図３**）を使って，グループごとに中間発表を行いました。

みなさん，日本は多くの食料を輸入していることを知っていますよね。では，これは何の写真だと思いますか。実は，栃木県産のいちごについて，外国で宣伝しているトラックの写真です。 栃木県では，いくつかの農産物が世界の国々に向けて輸出されていて，その輸出額は年々高くなってきています。では，どのような農産物が輸出されているのでしょうか。牛肉や花の割合が大きいですが，いちごや米，なしなども輸出されています。栃木県産の農産物が外国でも食べられていると知り，とてもうれしくなりました。 次に，国内に出荷されている農産物を見てみましょう。例えば，栃木県内で生産された米は，県外にも出荷されていることがわかりました。栃木県内で消費されている量よりも，県外に出荷されている量の方が多いということを知り，おどろきました。 そして，栃木県で有名な農産物といえば，やはりいちごですよね。いちごは栃木県の特産物の一つで，都道府県別の産出額は日本一です。なぜ栃木県でいちごづくりが盛んになったのかについても，さらに調べていきたいと思います。

図２　発表原こう

ア　外国での宣伝の様子

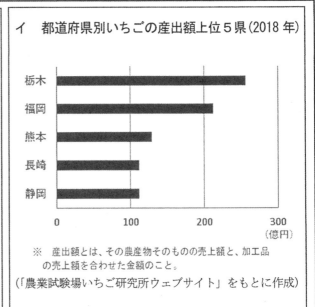

（資料：栃木県農業協同組合中央会より）

イ　都道府県別いちごの産出額上位５県（2018 年）

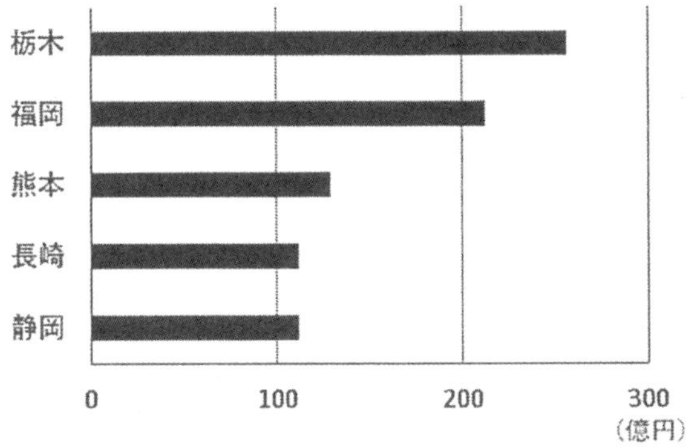

※　産出額とは，その農産物そのものの売上額と，加工品の売上額を合わせた金額のこと。

（「農業試験場いちご研究所ウェブサイト」をもとに作成）

図３　使った資料

りおなさんは，中間発表を聞いて，感想を述べています。

りおな：　中間発表は，とてもよかったよ。写真やグラフなどの資料を多く使って発表すると，もっとわかりやすくなるね。他にも，原こうの内容に合う資料はなかったのかな。

わたる：　そうだね，もっとわかりやすい説明になるように，集めた資料（**図４**）の中から使えそうな資料を見つけて，つけたしてみるよ。

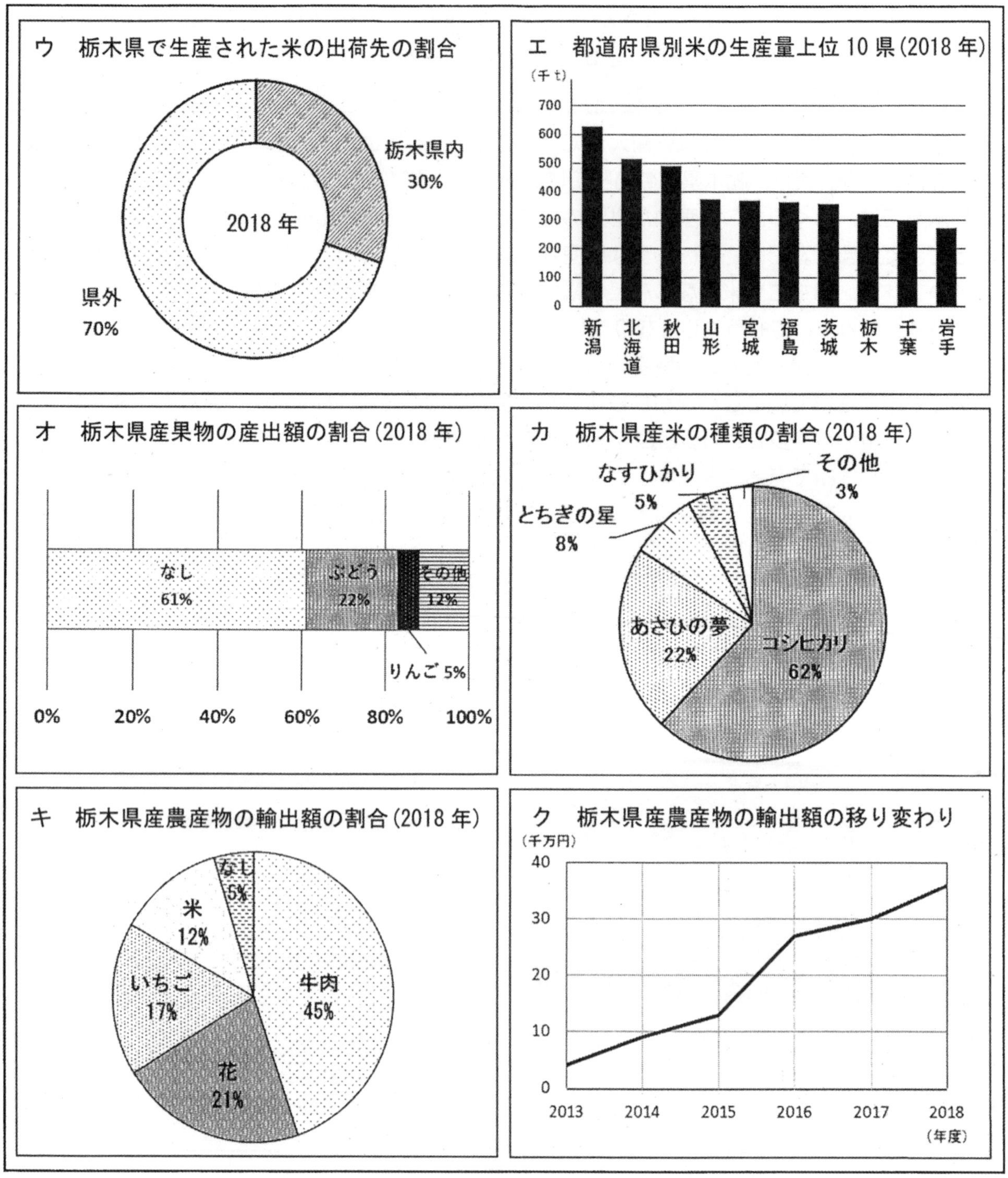

図４　わたるさんのグループで集めた資料

（「令和２年度版とちぎの農業」，「農業試験場いちご研究所ウェブサイト」，「令和元年度農政部経済(けいざい)流通課資料」をもとに作成）

［問２］　わたるさんたちの発表がもっとわかりやすくなるように，**図４**の資料の中の**ウ**から**ク**の中から最も適切なものを三つ選び，**図３**の資料（**ア**，**イ**）もふくめて，発表原こうの内容に合うよう並(なら)べかえて記号で答えなさい。

2 休日の朝，つとむさんと姉のゆうこさんは，朝食の準備をしています。

ゆうこ： ご飯がたきあがるまでに，いろいろと準備しておかないとね。
つとむ： おみやげでいただいた，のりのつくだにを食べようか。
ゆうこ： そういえば，まだ開けていなかったよね。
つとむ： ぼくがビンのふたを開けてみるよ。あれ，かたくて開かないや。
ゆうこ： 私（わたし）もやってみるわ。本当ね，開かないわ。こういうときは金属のふたの部分をお湯で温めるといいのよ。やってみましょう(**図1**)。

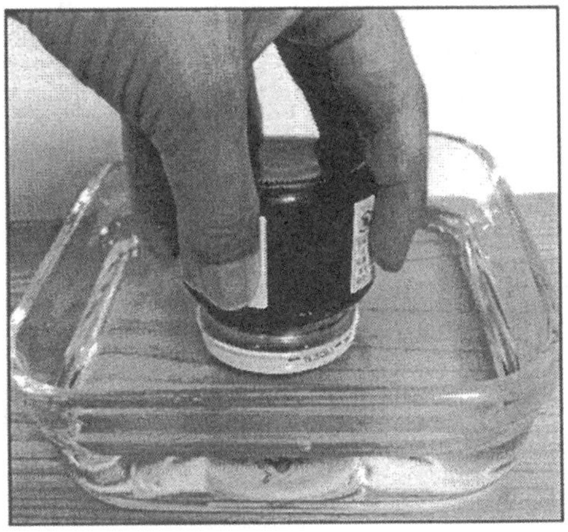

図1

ゆうこ： もうそろそろいいかしら。これで開くと思うわ。
つとむ： よし，開けてみるね。本当だ。確かに，<u>ビンのふたの部分をお湯で温めたらふたが開いたよ</u>。どうしてかな。
ゆうこ： 熱によって金属のふたに変化があったからよ。身の回りにも同じ現象があると思うよ。
つとむ： そうなんだ。他にどんなことがあるのかな。

[問1] 下線部の現象と同じ理由により生じる現象はどれですか。最も適切なものを，次の**ア**から**エ**の中から一つ選び，記号で答えなさい。

ア ほうれんそうを加熱すると，やわらかくなってかさが減ること。
イ 熱いコーヒーに砂糖（さとう）を入れると，冷たいコーヒーよりもとけやすくなること。
ウ ドライヤーの温風を当てると，ぬれたかみの毛が早くかわくこと。
エ 気温が高くなると，温度計の赤い液体が上しょうすること。

栃木県立中学校

つとむ：　次は，みそ汁を作ろう。この前，学校で配られた調理実習のプリント（図２）を参考にして，家族５人分の材料をそろえてみたよ。
　あれ，調理実習のときは，塩分８％のみそを使ったけれど，うちのみそは塩分が何％かわからないな。

ゆうこ：　うちのみその容器には，栄養成分表示（図３）がはってあるわよ。調理実習のプリントをもとに考えると，みその塩分の量は食塩相当量と同じと考えられるから，うちのみその塩分は，［①］％だとわかるわね。

つとむ：　ぼくは，これから作るみそ汁の１人分にふくまれるみその塩分の量と，調理実習で作ったみそ汁の１人分にふくまれるみその塩分の量が，同じになるように作ろうと思っているよ。うちのみそを使った場合は，５人分で何ｇのみそが必要になるのかな。

ゆうこ：　調理実習のときに１人分のみそ汁に使ったみその塩分の量は［②］ｇだから，家族５人分では［③］ｇになるわね。その塩分の量にするためには，うちのみそを［④］ｇ入れればいいと思うわよ。

つとむ：　さすがだね。これで，おいしいみそ汁ができそうだよ。

みそ汁の材料と分量について
（４人分）

・水　　……　600mL
・みそ　……　60ｇ（塩分８％）
・にぼし……　20ｇ
・とうふ……　120ｇ
・油あげ……　28ｇ
・ねぎ　……　40ｇ

～注意～
※　みその塩分の量（ｇ）については，食塩相当量とします。
※　みその塩分（%）については，（食塩相当量）÷（みその重さ）×100で求めることができます。

図２　調理実習のプリント

栄養成分表示（100ｇあたり）	
エネルギー	191kcal
たんぱく質	12.3ｇ
脂質	6.1ｇ
炭水化物	21.7ｇ
食塩相当量	12.0ｇ

図３　ゆうこさんとつとむさんの家にあるみその表示

［問２］　会話の中の［①］，［②］，［③］，［④］にあてはまる数を，それぞれ答えなさい。

栃木県立中学校

3　夏休みに，カナダに住むケン(Ken)さんが，こうたさんの家に宿はくすることになりました。ケンさんは初めて日本に来るので，こうたさんとお兄さんは，昔から伝わる日本の夏をすずしく過ごすための知恵（ちえ）について調べ，ケンさんに伝えることにしました。そこで２人は，わかりやすく説明ができるように，調べたことを**表**にまとめました。

調べたこと		効果
うちわであおぐ  ・細い竹に，紙などを張って，持つところをつけたもの。 ・あおいで風を起こす。	**せんすであおぐ**  ・細い竹や木に紙などを張って，折りたたみができるようにしたもの。 ・あおいで風を起こす。	風を体に当てることにより，すずしくなる。
よしずを立てかける  ・植物の「ヨシ」を編んだもの。 ・日の当たるのき下に，立てかけて使う。	**すだれをたらす**  ・植物の「アシ」や細くわった竹などを糸で編んだもの。 ・日が差しこむ窓やのき下に，たらして使う。	［　①　］により，すずしくなる。
引きちがい戸を開ける  ・しょうじやふすまなど，横に開閉（へい）できる戸のこと。 ・戸を横に動かして部屋のしきりを自由に変えることができる。	**ふすまをすいかえる**  ・しょうじのわくの中に，すだれをはめこんだ戸のこと。 ・季節の変化に応じて，しょうじやふすまを外し，す戸に取りかえる。	［　②　］により，すずしくなる。
その他 ・ふうりん，水の音（耳で聞いてすずしさを感じる。） ・ござ（さわってすずしさを感じる。）		感覚にしげきを与えることにより，すずしさを感じる。

表　２人がまとめた表

［問１］　表の［　①　］，［　②　］に入る内容を考え，それぞれ書きなさい。

次に，こうたさんとお兄さんは，ケンさんといっしょにできる遊びを考え，すごろくに決めました。そして，２人はケンさんに喜んでもらえるように特別なルールを考え，お兄さんがメモにまとめました。

【お兄さんが書いたメモ】

《つくるもの》
- ○　すごろくボード
- ○　コマ
- ○　サイコロ
  - ・　画用紙で手づくりする。サイコロにＫ，Ｅ，Ｎと書く。
  - ・　図１のようにＫＥＮと見えるようにし，その他の面には何も書かない。

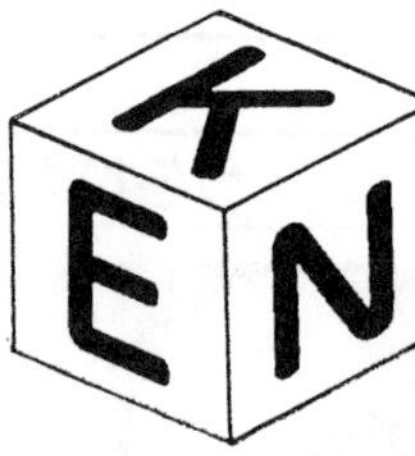

図１　サイコロ

《ルール》
- ○　サイコロの目は，Ｋが４，Ｅが３，Ｎが２，その他の空白の面は１とする。

兄　　：　サイコロを組み立てたよ。こうた，Ｋ，Ｅ，Ｎと書いてごらん。
こうた：　うん。でも，紙でできているから，サイコロがつぶれて書きにくいよ。
兄　　：　うまく書けないなら，一度サイコロを開いて，Ｋ，Ｅ，Ｎと書いてみたらどうかな。
こうた：　なるほど。開いてみたら，Ｋがうまく書けたよ（図２）。平面だと書きやすいね。あれ，ＥとＮは，どこにどのように書くのかな。

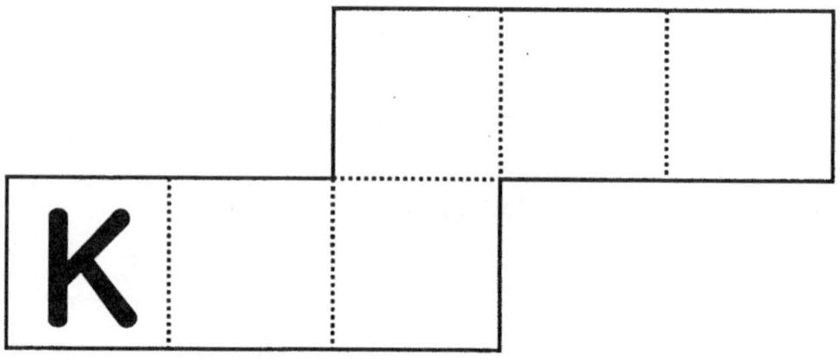

図２　サイコロの展開図

［問２］　図2の展開図を組み立てたときに，図1のサイコロと同じになるように，ＥとＮを文字の向きに注意して展開図に書きたしなさい。
ただし，のりしろは考えないものとします。

4　運動会で行われるクラス対こうリレーの代表選手を決めることになりました。そこで，６年１組では，まず男子のリレーの代表選手４人を決めるため，立候補（りっこうほ）した８人について，放課後に実施した１０日間の８０m走の記録の平均(**表１**)をもとに，決めようとしています。

（単位：秒）

	おさむ	つよし	けいた	ゆうや	しょう	たけし	まさる	ひろたか
記録の平均	13.1	13.7	14.0	13.7	13.9	13.7	13.1	12.8

表１　１０日間の８０m走の記録の平均

あゆみ：　１０日間の８０m走の記録の平均がよかった順に選ぶと，ひろたかさん，おさむさん，まさるさんは決まりだね。

たける：　そうだね。４番目によかった記録は１３．７秒だから，つよしさん，ゆうやさん，たけしさんの３人が候補になるね。

ゆ　み：　どうやって，４人目の選手を決めればいいかな。

つばさ：　先生に，３人の１０日間の８０m走の記録(**表２**)を見せてもらって，考えてみようよ。

（単位：秒）

	1日目	2日目	3日目	4日目	5日目	6日目	7日目	8日目	9日目	10日目	平均
つよし	13.8	13.5	13.5	14.2	13.7	13.6	13.0	14.2	13.9	13.6	13.7
ゆうや	13.8	13.8	13.4	13.8	13.7	13.9	13.5	13.6	13.8	13.7	13.7
たけし	14.1	14.0	13.9	13.8	13.7	13.7	13.6	13.5	13.4	13.3	13.7

表２　３人の１０日間の８０m走の記録

けんた：　ぼくは，つよしさんがいいと思うな。理由は，［　①　］から。

なおと：　そうだね。でも，ゆうやさんは，［　②　］という点ではいいんじゃないかな。

ひろみ：　そうね。でも，たけしさんもいいと思うわ。理由は，［　③　］から。

さちこ：　代表選手を選ぶときには，いろいろな考え方があるんだね。

[問１]　会話の中の［　①　］，［　②　］，［　③　］にあてはまる最も適切な言葉を，次の**ア**から**オ**の中から，それぞれ一つずつ選び記号で答えなさい。

ア　後半の５日間では，毎回３人の中で一番速い記録を出している

イ　８０m走の記録が，だんだん速くなってきている

ウ　平均の１３．７秒よりも速い記録を６回出している

エ　３人の中で一番速い記録を出している

オ　一番速い記録と一番おそい記録の差が，３人の中で最も小さい

栃木県立中学校

一方，６年２組では，女子の代表選手４人が決まったので，この４人が走る順番について話し合っています。

よしこ：　まずは，４人の３日間の８０m走の記録(**表３**)を見てみましょう。

(単位：秒)

		１日目	２日目	３日目
A	よしこ	13.7	13.7	13.7
B	あけみ	13.9	13.6	13.9
C	さゆり	13.9	13.8	14.0
D	みさと	13.8	14.1	13.8

表３　４人の３日間の８０m走の記録

さゆり：　第二走者は，重要なので３日間の記録の平均が一番よかった人にしよう。
みさと：　うん，そうしよう。第四走者は，リードされていても最後に逆転できるかもしれないから，３日間の記録の中で，一番速い記録を出した人にしよう。
よしこ：　それでは，第一走者と第三走者は，どうやって決めたらいいかな。リレーでは，３回のバトンパスのスピードを落とさずに行うことが大切よね。
あけみ：　それなら，テイクオーバーゾーンの通過記録(**表４**)を見て決めましょう。
さゆり：　４人で走ったときのテイクオーバーゾーンの通過記録を合計したときに，最も速くなるように順番を決めようよ。これで走る順番が決まりそうだね。

(単位：秒)

前の走者	後の走者	記録	前の走者	後の走者	記録
A	B	4.0	C	A	3.7
A	C	4.0	C	B	4.0
A	D	3.7	C	D	3.8
B	A	3.9	D	A	3.7
B	C	4.1	D	B	4.1
B	D	4.1	D	C	3.9

表４　テイクオーバーゾーンの通過記録

※「記録(秒)」は，前の走者が，テイクオーバーゾーン(図１)に入ってから，後の走者がバトンを受け取って，テイクオーバーゾーンを出るまでの時間です。

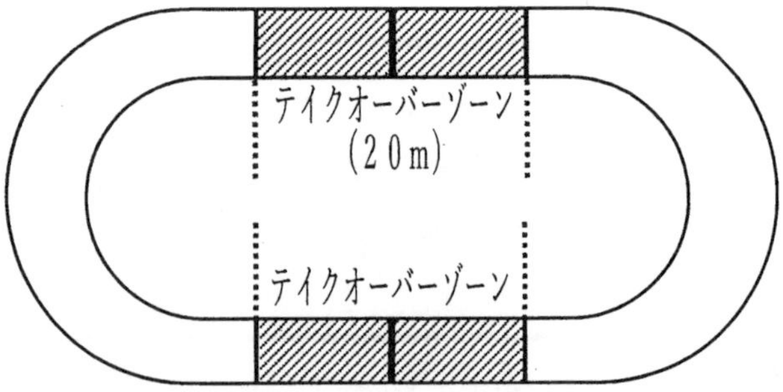

図１　リレー競技のトラック

[問２]　上の会話に合うように走る順番を決めると，どのような順番になりますか。**表３のAからDの記号で答えなさい。**

栃木県立中学校

5　子ども会の行事で，お楽しみ会を開くことになりました。そこで，６年生のさとしさんたちが中心となり，公民館でお楽しみ会をどのように進めていくか決めています。

さとし：　お楽しみ会で，何をするか考えよう。
ひろこ：　１年生から６年生まで参加するので，みんなで楽しめるものがいいわ。
はじめ：　雨の日でもできるように，室内でできるゲームにしたらどうかな。
さとし：　そうだね。そうしよう。

さとしさんは，育成会長さんからメモ（**図１**）をもらって，子ども会の人数を確認しました。

さとし：　学年と地区のバランスを考えると，チーム分けが難しいな。
はじめ：　チーム分けの条件（**図２**）を考えてみたよ。どうかな。
りさこ：　いいわね。学年や地区のかたよりがなさそうね。
はじめ：　この三つの条件を満たすチーム分けの表を，ホワイトボードに書いてみるね。表は見やすいように，学年順に書くよ。
りさこ：　表が完成したわね。これなら条件を満たしているわ。はじめさん，よいチーム分けね。書き写すから，まだ消さないでね。
さとし：　しまった，ごめん。とちゅうまで消しちゃったよ（**表**）。どうしよう。
ひろこ：　安心して。育成会長さんのメモとはじめさんが考えたチーム分けの条件があれば，元どおりに直せるわ。

～子ども会の人数～

学年	北地区	南地区
6年	1	3
5年	3	1
4年	2	2
3年	1	2
2年	3	2
1年	1	0

図１　育成会長さんのメモ

～チーム分けの条件～

一　６年生を６ポイント，５年生を５ポイントというように，学年をポイントとし，各チームの合計ポイントを同じにすること。

二　チームは４人または５人のチームとすること。ただし，１年生は５人のチームに入れること。

三　各チームとも，北地区と南地区の人数にかたよりがないようにすること。ただし，５人のチームは北地区を１人多くすること。

※　表は，見やすいように学年順に整理する。（例えば，６年生の次を３年生にしない，など）

図２　はじめさんが考えたチーム分けの条件

Aチーム		Bチーム		Cチーム		Dチーム		Eチーム	
学年	地区	学年	地区	学年	地区	学年	地区	学年	地区
6	南	6	南			6	南	5	北
5	北		南			4	北	5	北
3	北							4	南
2	南	2							
						1			

表　とちゅうまで消されてしまった表

［問１］　はじめさんが考えたチーム分けの三つの条件に合うように，とちゅうまで消されてしまった**表**の空らんに学年と地区を書き入れ，元どおりに直して完成させなさい。

さらに，さとしさんたちは，話合いをしています。

さとし：　次は，飲み物について決めよう。

はじめ：　育成会長さんから，飲み物代として１５００円を預かったよ。

　今日は公民館のとなりのスーパーマーケットの特売日だから，そこで買おう。これがそのチラシ（図３）だよ。

りさこ：　５００ｍＬのペットボトル飲料を全員分買うと，１４７０円ね。みんなで買いに行きましょう。

ひろこ：　待って。大きいペットボトル飲料を買って，公民館にあるコップで２５０ｍＬずつ２回に分けて配れば，同じ量を飲めるわよ。これなら安く買えるわ。

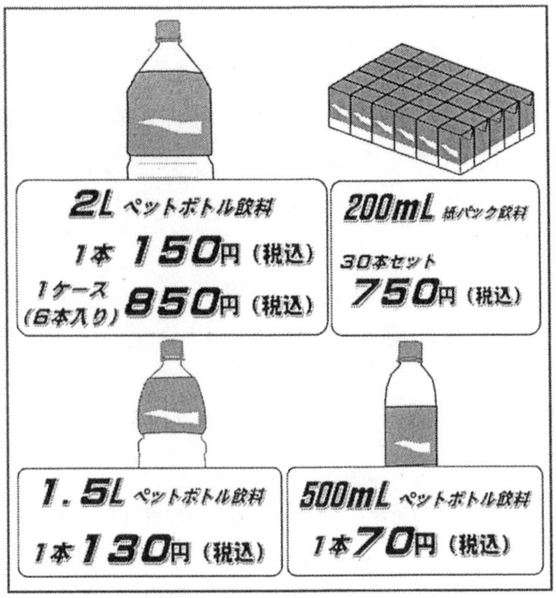

図３　飲み物の価格がわかるチラシ

さとし：　それだ。１人あたり５００ｍＬとすると，どのように買えばよいだろうか。

りさこ：　２Ｌのペットボトル飲料をケース売りで買えば８５０円で安く買えるわよ。

さとし：　でも，それだと飲み物が余ってしまうよね。飲み物を余らせることなく安く買う組み合わせはないかな。

ひろこ：　①私はケース売りより１０円安く買える組み合わせを見つけたわよ。

はじめ：　もっと安く買える方法がありそうだよ。大きいペットボトルだけが安く買えるわけでもないみたいだよ。

りさこ：　②あら，ケース売りよりも３０円も安く買える組み合わせを見つけたわ。

はじめ：　ケース売りよりも安く買える組み合わせは，その二つだけみたいだね。

さとし：　よし，みんなで買いに行こう。

［問２］　ひろこさんの考えた下線部①の組み合わせと，りさこさんの考えた下線部②の組み合わせのそれぞれの買い方について，言葉や式を用いて説明しなさい。

※問題は95ページから始まります。

〔問題1〕 ㋐個性 とありますが、これは、**文章2** ではどのような形で表れていますか。会話文以外の部分から、五字以上十字以内でぬき出しなさい。

〔問題2〕 ㋑今度は変な音が出た。 とありますが、それはなぜですか。ただし、**文章1** の表現も用いること。十五字以上二十字以内で説明しなさい。

〔問題3〕 **文章2** のお稽古(けいこ)の場面では、**文章1** の「知る、好む、楽しむ」のどの段階(だんかい)まで表されていると言えるでしょうか。あなたの考えを四百字以上四百四十字以内で書きなさい。ただし、次の条件と下の〈**きまり**〉にしたがうこと。

条件　次の三段落構成(さんだんらくこうせい)にまとめて書くこと

① 第一段落では、「知る」、「好む」、「楽しむ」のどの段階まで表されていると考えるか、自分の意見を明確に示す。

② 第二段落では、「①」の根拠(こんきょ)となる箇所(かしょ)を **文章2** から具体的に示し、**文章1** と関係付けて説明する。

③ 第三段落では、「①」で示したものとはちがう段階だと考える人にも分かってもらえるよう、その人の考え方を想像してそれにふれながら、あなたの考えを筋道(すじみち)立てて説明する。

〈**きまり**〉

○題名は書きません。
○最初の行から書き始めます。
○各段落(だんらく)の最初の字は一字下げて書きます。
○行をかえるのは、段落をかえるときだけとします。
○、や。や」などもそれぞれ字数に数えます。これらの記号が行の先頭に来るときには、前の行の最後の字と同じますめに書きます（ますめの下に書いてもかまいません）。
○。と」が続く場合には、同じますめに書いてもかまいません。この場合、。」で一字と数えます。
○段落をかえたときの残りのますめは、字数として数えます。
○最後の段落の残りのますめは、字数として数えません。

「とても素直な音ですね」

先生の言葉にうれしくなってしまい、もっと鳴らそうと思うと、㋑今度は変な音が出た。

音でなんでもわかってしまうのだなと恥ずかしくなった。

「今度はちょっと欲張ってきましたね」

「ありがとうございました」

お稽古の最後に、敬意を込めて先生に深く頭を下げた。お礼の言葉は日常でも使っているが、先生に向かって、「学ばせてくださってありがとうございました」という気持ちを込めて発するその言葉は、普段とは意味合いが違っていた。

その夜はずっと鼓のことを考えていた。ぽーんと気持ちよく鳴った音だけではなく、先生の言葉に込められた「日本らしさ」ということ。鼓を触ったことのない人間が、今日一人減って、それが私だということ。

短い時間だったけれど、私の中に何かが宿った気がした。思った以上に忘れられない経験として、自分の中に刻まれていた。

鼓から飛んでいった私だけの「音」の感覚が、今も身体に残っている。ぽーん、と響いた、私だけの音。あの音にもう一度会いたいと、東京に戻った今も、たまに手首をぶらぶらさせながら想い続けている。

（村田沙耶香「となりの脳世界」による）

〔注〕

小鼓――日本の伝統的な打楽器の一つ。（図1）

図1

謡――日本の古典的芸能の一つである能楽の歌詞をうたうこと。

お能――能楽。室町時代に完成した。

息を吸い込んで打つと、ぽん、という音がもっと大きくなった。

「村田さんらしい鼓の音というのが必ずあって、同じ道具を打っても人によって違う音が出ます。ここにいらっしゃる方がそれぞれ手に取ったら、それぞれ違う音が出ます」

上手な人はみんな完璧な音を打っていて、それは同じ音色なのだろうと勝手に想像していたので、驚くと同時に、自分らしい音とはどんな音なのか、と胸が高鳴った。

「今、村田さんが打った鼓を、何もすることなしに私が打ってみます」

先生が打つと、美しい響きに、部屋の空気がびりびりと気持ちよく震えた。凛とした振動に呼応して、部屋の空気が変化して一つの世界として完成された感覚があった。

「鼓には五種類の音があります」

説明をしながら先生が鼓を打つ。さっきまで自分が触っていた鼓から、魔法のように複雑に、いろいろな音が飛び出す。

「今日みたいに湿気がある日は、小鼓にとってはとってもいい日なんです」

たまたま来た日がよく音が出る日だという偶然が、なんだか自分が小鼓とご縁があったみたいでうれしくなった。

今度は掛け声をかけて鼓を打ってみた。

「掛け声も音の一つです」

少し恥ずかしかったが、自分の身体も楽器の一つだと思うと、少し勇気が出た。先生の*謡に合わせて、

「よー」

と掛け声を出し、ぽん、と打った。もっと大きく響かせたいと思っても、なかなかお腹から力が出なかった。声に気をとられて、鼓の音もまた間抜けになってしまった。

「音が出ないのも楽しさの一つです。少しのアドバイスで音が鳴るようになります、素直な人ほどぽんと鳴ります」

先生の言葉に、とにかく素直に！　としっかり心に刻み付けた。

「村田さんが来てくれて一番の喜びは、これで鼓を触ったことがない人が一人減ったということです。日本の楽器なのに、ドレミは知っていても小鼓のことはわからないという人が多い。鼓を触ったことのない人が減っていくというのが、自分の欲というか野望です」

先生の中にごく自然に宿っている言葉が、何気なくこちらに渡されてくる。先生の言葉も、鼓と同じように、生徒によって違う音で鳴るのだろうと感じた。

「*お能の世界は非日常の世界なのですけれど、やはり日常に全て通じているんです」

最後にもう一度、鼓を構えて音を鳴らした。

とにかく素直に、素直に、と自分に言い聞かせて、身体の全部を先生の言葉に任せるような感覚で、全身から力を抜いた。

ぽん！

今日、自分ひとりで出した中で一番の大きな音が、鼓からぽーんと飛んでいった。

文章2

（以前からあこがれのあった小鼓を京都で習ってみることになった筆者は、着物をきちんと着付けてもらい、緊張しながらお稽古の場にのぞんだ。）

いよいよ部屋を移動して＊小鼓に触ってみることになった。

「まずは簡単に小鼓について説明します。鼓は馬の皮でできておりまして、表と裏があります。桜の木でできた胴という部分があり、麻の紐を縦と横に組み合わせただけの打楽器です」

目の前に小鼓を置いていただくと、「本物だあ」という無邪気な感動があった。

「構えると打撃面が見えないというのが、小鼓の特徴です」

打撃面が見えない、というのがどういうことなのか咄嗟には理解できないまま頭の中で必死にメモをとる。

「まずは固定観念なしでいっぺん打っていただきます」

とはいえ、どう持っていいのかもわからない。手をこうやって、親指はこの形にして、くるりとまわして、と言われるままにおそるおそる小鼓を持ち上げて、右肩に掲げた。

「イメージ通りに打ってみてください」

勢いよく腕を振って、小鼓を手のひらでばしりと叩いた。テレビなどでよく見る映像の真似っこだ。イメージと勢いに反して、ぺん、という間抜けな音が出た。

「いろいろやってみてください」

何度打っても、ぺん、ぱん、という、机を叩いているような間の抜けた音しか出ない。

打撃面が見えない、という意味が打ってみてわかった。自分の手のひらがどんな動きをしているのか、鼓のどの辺を打っているのか自分ではわからないのだ。

「案外、鳴らないものでしょう」

先生の言葉に、「はい」としみじみ頷いた。

じゃあ、と、先生が姿勢と持ち方を正してくださった。

「手をぶらぶらにして」

言われた通りに手首から力を抜く。先生が腕をもって一緒に打ってくださった。

ぽん！　ぽん！

さっきとは比べ物にならない大きな音が出て驚いた。周りの空気がぶるぶる震える感じがする。騒音の振動とはまったく違う、部屋の空気がびりっと引き締まるような震えだ。

「鼓はいかに力を抜くことができるかということが大事です。鼓は、実はこの打った面ではなく、こっちの後ろから音が出ていきます。ちょっと私の言うことを聞いていただけると、すぐ鳴るんです」

本当にその通りで、魔法みたいだったので、感動して何度も「はい！」と頷いた。

「息を吸ったり吐いたりすると、もっといい音が出ます。吸う、ぽん」

〈注〉

孔子（こうし）――古代中国の思想家。

桑原武夫（くわばらたけお）先生の『論語（ろんご）』――フランス文学者である桑原武夫氏による『論語』の解説書。

『論語』――中国の古典。

言行録――言ったことや行（おこな）ったことを書き記したもの。

道学者――道徳を説く人。

雍也（ようや）第六　二十――『論語』の章の一つ。

「子曰（いわ）く、之（こ）れを知る者は之れを好む者に如（し）かず、之れを好む者は之れを楽しむ者に如かず」――孔子が言う、知るということだけでは、まだ、これを愛好することに及（およ）ばない。愛好するということは、これを楽しむことには及ばない。

端的（たんてき）――遠回しでなく、はっきりと表すさま。

私（わたし）はカウンセリングのときに――筆者はカウンセリングを仕事としている。

客体――はたらきかけるさいの、目的となるもの。対象。

東京都立中学校・中等教育学校 共同作成問題　適性検査Ⅰ（検査時間45分）

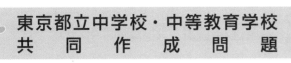

（解答用紙は別冊21Ｐ）（解答例は別冊14Ｐ）

1

次の 文章1 と 文章2 とを読み、あとの問題に答えなさい。
（＊印の付いている言葉には、本文のあとに〔注〕があります。）

文章1

中国を最近、訪問した。中国の人たちと話し合っていて、＊孔子の教えが今も生きていることが感じられた。それにつけても思い出したのは、＊桑原武夫先生の『論語』である。桑原先生の名解説で、＊『論語』が「孔子とその一門とのいきいきとした＊言行録」として捉えられ、いわゆる＊道学者としてではなく、人間、孔子の姿を生き生きと浮かびあがらせてくる書物であることが示される。

いろいろ好きな言葉があるが、ここに掲げたのは、＊雍也第六 二十の＊「子曰く、之れを知る者は之れを好む者に如かず、之れを好む者は之れを楽しむ者に如かず」の後半である。ここには、知る、好む、楽しむ、という三つの動詞があげられており、その重みが異なることを＊端的に示している。

最近は情報化社会という表現がもてはやされて、誰もが新しい情報をできるだけ多く、そして早くキャッチすることに力をつくしている。確かに「知る」ことは大切だ。しかし、そのことに心を使いすぎると、それに疲れてしまったり、情報量の多さに押し潰されてしまって、それに主体的にかかわっていく力がなくなってしまう。

「好む」者は、つまり「やる気」をもっているので、積極性がある。情報は与えられてくるので、人を受動的にする。人間の個性というものは、何が好きかというその人の積極的な姿勢のなかに現れやすい。＊私はカウンセリングのときに、何か好きなものがあるかを問うことがよくある。好きなことを中心に、その人の㋐個性が開花してくる。

孔子は、「好む」の上に「楽しむ」があるという。これはなかなか味わいのある言葉である。桑原先生の解説によれば、「『楽』は＊客体の中に入ってあるいはそれと一体化して安住することであろう。最初の二つの段階を経て、第三段階の安らぎの理想像に達するとする」ということになる。

「好む」は積極的だが、下手をすると気負いすぎになる。それは「近所迷惑」を引き起こすことさえある。「楽しむ」はそれを超え、あくまで積極性を失ってはいないが安らぎがある。これはまさに「理想像」である。これを提示するのに、「知」、「好」の段階を置いたところに孔子の知恵が感じられる。

（河合隼雄「『出会い』の不思議」による）

東京都立中学校・中等教育学校 共同作成問題　適性検査Ⅱ（検査時間45分）

（解答用紙は別冊22P）（解答例は別冊14P）

> 問題を解くときに、問題用紙や解答用紙、ティッシュペーパーなどを実際に折ったり切ったりしてはいけません。

1　**花子**さん、**太郎**さん、**先生**が、２年生のときに習った九九の表を見て話をしています。

花　子：２年生のときに、１の段から９の段までを何回もくり返して覚えたね。
太　郎：九九の表には、たくさんの数が書かれていて、規則がありそうですね。
先　生：どのような規則がありますか。
花　子：９の段に出てくる数は、一の位と十の位の数の和が必ず９になっています。
太　郎：そうだね。９も十の位の数を０だと考えれば、和が９になっているね。
先　生：ほかには何かありますか。

表１

	1	2	3	4	5	6	7	8	9
1	1	2	3	4	5	6	7	8	9
2	2	4	6	8	10	12	14	16	18
3	3	6	9	12	15	18	21	24	27
4	4	8	12	16	20	24	28	32	36
5	5	10	15	20	25	30	35	40	45
6	6	12	18	24	30	36	42	48	54
7	7	14	21	28	35	42	49	56	63
8	8	16	24	32	40	48	56	64	72
9	9	18	27	36	45	54	63	72	81

太　郎：**表１**のように４個の数を太わくで囲むと、左上の数と右下の数の積と、右上の数と左下の数の積が同じ数になります。
花　子：４×９＝３６、６×６＝３６で、確かに同じ数になっているね。

先　生：では、**表2**のように６個の数を太わくで囲むと、太わくの中の数の和はいくつになるか考えてみましょう。

表2

＼	1	2	3	4	5	6	7	8	9
1	1	2	3	4	5	6	7	8	9
2	2	4	6	8	10	12	14	16	18
3	3	6	9	12	15	18	21	24	27
4	4	8	12	16	20	24	28	32	36
5	5	10	15	20	25	30	35	40	45
6	6	12	18	24	30	36	42	48	54
7	7	14	21	28	35	42	49	56	63
8	8	16	24	32	40	48	56	64	72
9	9	18	27	36	45	54	63	72	81

花　子：６個の数を全て足したら、２７３になりました。

先　生：そのとおりです。では、同じように囲んだとき、６個の数の和が１３５になる場所を見つけることはできますか。

太　郎：６個の数を全て足せば見つかりますが、大変です。何か規則を用いて探すことはできないかな。

花　子：<u>規則を考えたら、６個の数を全て足さなくても見つけることができました。</u>

〔問題１〕　６個の数の和が１３５になる場所を一つ見つけ、解答らんの太わくの中にその６個の数を書きなさい。

また、花子さんは「<u>規則を考えたら、６個の数を全て足さなくても見つけることができました。</u>」と言っています。６個の数の和が１３５になる場所をどのような規則を用いて見つけたか、**図１**の**A**から**F**までを全て用いて説明しなさい。

図１

A	B	C
D	E	F

東京都立中学校・中等教育学校共同作成問題

先　生：九九の表（**表3**）は、1から9までの2個の数をかけ算した結果を表にしたものです。ここからは、1けたの数を4個かけて、九九の表にある全ての数を表すことを考えてみましょう。次の〔**ルール**〕にしたがって、考えていきます。

表3　九九の表

	1	2	3	4	5	6	7	8	9
1	1	2	3	4	5	6	7	8	9
2	2	4	6	8	10	12	14	16	18
3	3	6	9	12	15	18	21	24	27
4	4	8	12	16	20	24	28	32	36
5	5	10	15	20	25	30	35	40	45
6	6	12	18	24	30	36	42	48	54
7	7	14	21	28	35	42	49	56	63
8	8	16	24	32	40	48	56	64	72
9	9	18	27	36	45	54	63	72	81

〔**ルール**〕

(1)　立方体を4個用意する。

(2)　それぞれの立方体から一つの面を選び、「●」を書く。

(3)　**図2**のように全ての立方体を「●」の面を上にして置き、左から順に**ア**、**イ**、**ウ**、**エ**とする。

(4)　「●」の面と、「●」の面に平行な面を底面とし、そのほかの4面を側面とする。

(5)　「●」の面に平行な面には何も書かない。

(6)　それぞれの立方体の全ての側面に、1けたの数を1個ずつ書く。ただし、数を書くときは、**図3**のように数の上下の向きを正しく書く。

(7)　**ア**から**エ**のそれぞれの立方体から側面を一つずつ選び、そこに書かれた4個の数を全てかけ算する。

図2

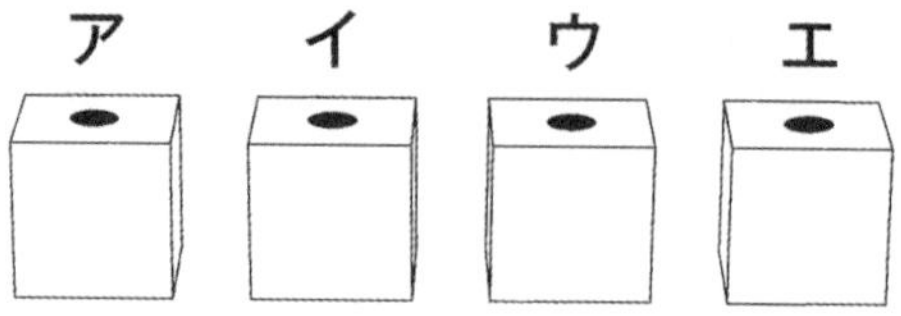

図3

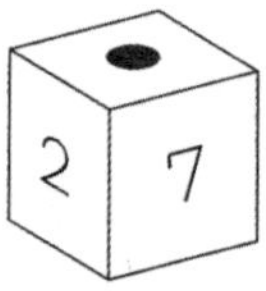

先　生：例えば**図4**のように選んだ面に2、1、2、3と書かれている場合は、2×1×2×3＝12を表すことができます。側面の選び方を変えればいろいろな数を表すことができます。4個の数のかけ算で九九の表にある数を全て表すには、どのように数を書けばよいですか。

図4

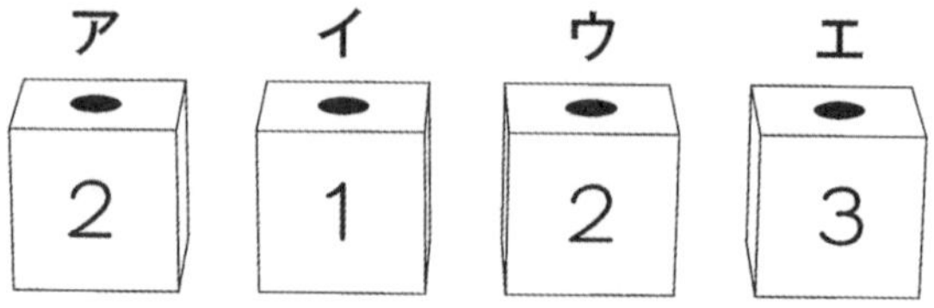

太　郎：４個の立方体の全ての側面に１個ずつ数を書くので、全部で１６個の数を書くことになりますね。

花　子：１けたの数を書くとき、同じ数を何回も書いてよいのですか。

先　生：はい、よいです。それでは、やってみましょう。

太郎さんと花子さんは、立方体に数を書いてかけ算をしてみました。

太　郎：先生、側面の選び方をいろいろ変えてかけ算をしてみたら、九九の表にない数も表せてしまいました。それでもよいですか。

先　生：九九の表にある数を全て表すことができていれば、それ以外の数が表せてもかまいません。

太　郎：それならば、できました。

花　子：私もできました。私は、立方体の側面に１から７までの数だけを書きました。

〔問題２〕**〔ルール〕**にしたがって、**ア**から**エ**の立方体の側面に１から７までの数だけを書いて、九九の表にある全ての数を表すとき、側面に書く数の組み合わせを１組、解答らんに書きなさい。ただし、使わない数があってもよい。

　また、**ア**から**エ**の立方体を、**図５**の展開図のように開いたとき、側面に書かれた４個の数はそれぞれどの位置にくるでしょうか。数の上下の向きも考え、解答らんの展開図に４個の数をそれぞれ書き入れなさい。

図５　展開図

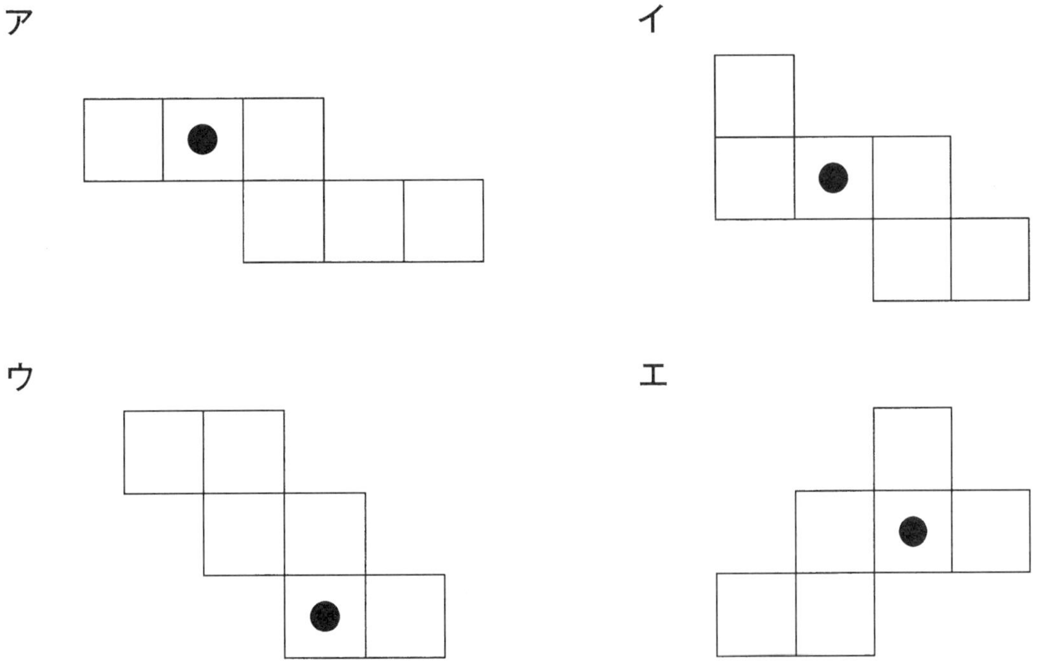

２　**太郎**さんと**花子**さんは、木材をテーマにした調べ学習をする中で、**先生**と話をしています。

太　郎：社会科の授業で、森林は、主に天然林と人工林に分かれることを学んだね。

花　子：天然林は自然にできたもので、人工林は人が植林して育てたものだったね。

太　郎：調べてみると、日本の森林面積のうち、天然林が約５５％、人工林が約４０％で、残りは竹林などとなっていることが分かりました。

先　生：人工林が少ないと感じるかもしれませんが、世界の森林面積にしめる人工林の割合は１０％以下ですので、それと比べると、日本の人工林の割合は高いと言えます。

花　子：昔から日本では、生活の中で、木材をいろいろな使い道で利用してきたことと関係があるのですか。

先　生：そうですね。木材は、建築材料をはじめ、日用品や燃料など、重要な資源として利用されてきました。日本では、天然林だけでは木材資源を持続的に得ることは難しいので、人が森林を育てていくことが必要だったのです。

太　郎：それでは、人工林をどのように育ててきたのでしょうか。

先　生：**図１**は、人工林を育てる森林整備サイクルの例です。

図１　人工林を育てる森林整備サイクルの例

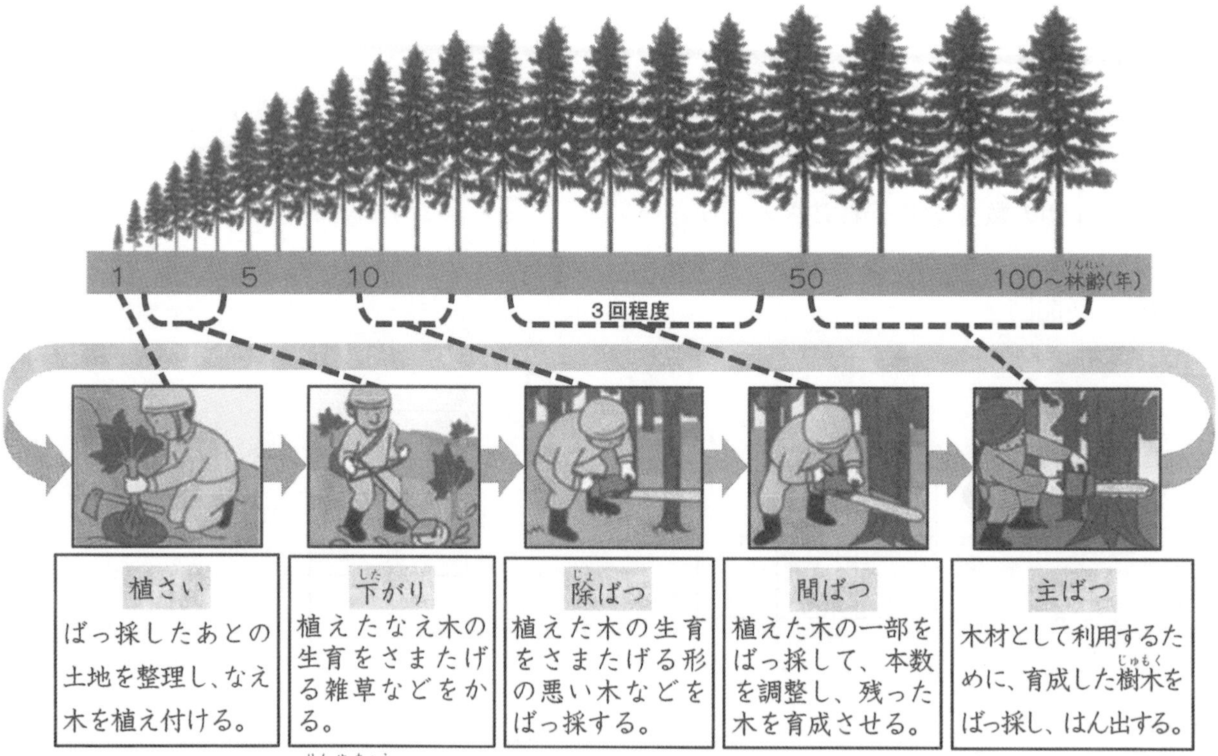

（林野庁「森林・林業・木材産業の現状と課題」より作成）

先　生：これを見ると、なえ木の植え付けをしてから、木材として主ばつをするまでの木の成長過程と、植え付けてからの年数、それにともなう仕事の内容が分かりますね。一般的に、森林の年齢である林齢が、５０年を経過した人工林は、太さも高さも十分に育っているため、主ばつに適していると言われます。

花　子：今年植えたなえ木は、５０年後に使うことを考えて、植えられているのですね。

先　生：人工林を育てるには、長い期間がかかることが分かりましたね。次は、これを見てください。

図2　人工林の林齢別面積の構成

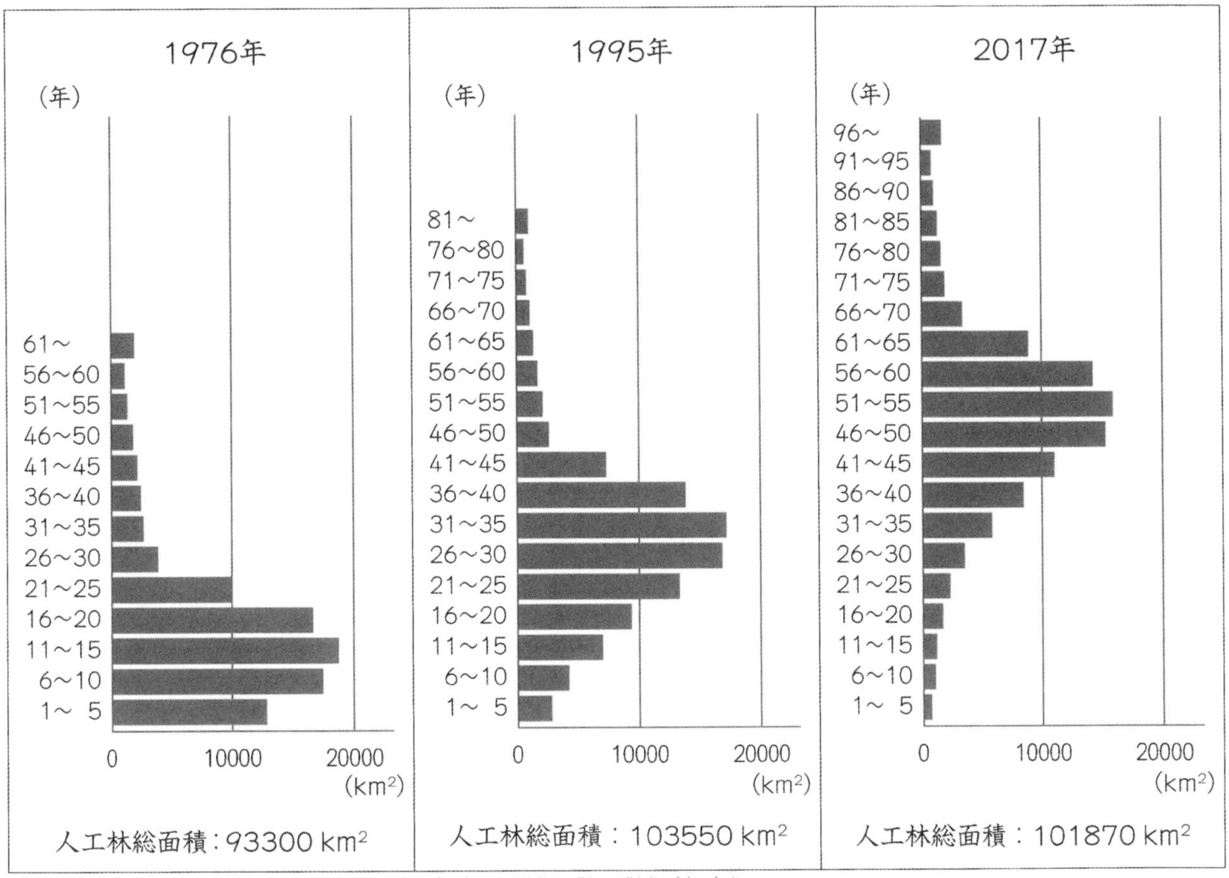

（林野庁「森林資源の現況調査」より作成）

先　生：**図2**は、人工林の林齢別面積の移り変わりを示しています。

太　郎：２０１７年では、林齢別に見ると、４６年から６０年の人工林の面積が大きいことが分かります。

花　子：人工林の総面積は、１９９５年から２０１７年にかけて少し減っていますね。

先　生：日本の国土の約３分の２が森林で、森林以外の土地も都市化が進んでいることなどから、これ以上、人工林の面積を増やすことは難しいのです。

太　郎：そうすると、人工林を維持するためには、主ばつした後の土地に植林をする必要があるということですね。

先　生：そのとおりです。では、これらの資料から、<u>２０年後、４０年後といった先を予想してみると、これからも安定して木材を使い続けていく上で、どのような課題があると思いますか。</u>

〔問題１〕　先生は「<u>２０年後、４０年後といった先を予想してみると、これからも安定して木材を使い続けていく上で、どのような課題があると思いますか。</u>」と言っています。持続的に木材を利用する上での課題を、これまでの会話文や**図１**の人工林の林齢と成長に着目し、**図２**から予想される人工林の今後の変化にふれて書きなさい。

花　子：人工林の育成には、森林整備サイクルが欠かせないことが分かりました。**図1**を見ると、林齢が５０年以上の木々を切る主ばつと、それまでに３回程度行われる間ばつがあります。高さや太さが十分な主ばつされた木材と、成長途中で間ばつされた木材とでは、用途にちがいはあるのですか。

先　生：主ばつされた木材は、大きな建築材として利用できるため、価格も高く売れます。間ばつされた木材である間ばつ材は、そのような利用は難しいですが、うすい板を重ねて作る合板や、紙を作るための原料、燃料などでの利用価値があります。

太　郎：間ばつ材は、多く利用されているのですか。

先　生：いいえ、そうともいえません。間ばつ材は、ばっ採作業や運ぱんに多くのお金がかかる割に、高く売れないことから、間ばつ材の利用はあまり進んでいないのが現状です。間ばつは、人工林を整備していく上で、必ず行わなければならないことです。間ばつ材と呼ばれてはいますが、木材であることに変わりはありません。

花　子：そうですね。間ばつ材も、重要な木材資源として活用することが、資源の限られた日本にとって大切なことだと思います。

先　生：**図3**は、間ばつ材を使った商品の例です。

図3　間ばつ材を使用した商品

かまぼこの板

木製のおもちゃ

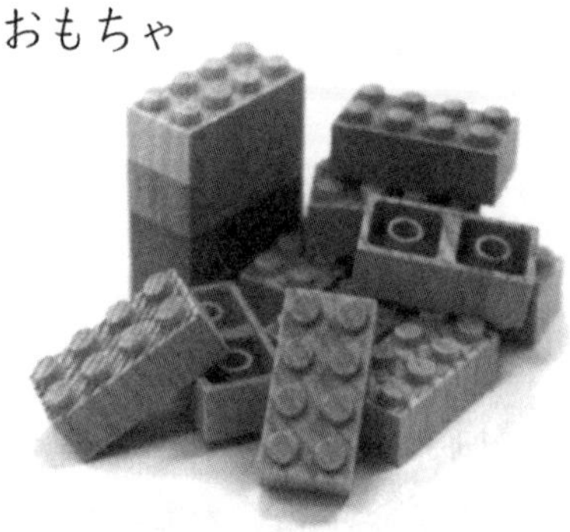

太　郎：小さい商品なら、間ばつ材が使えますね。おもちゃは、プラスチック製のものをよく見ますが、間ばつ材を使った木製のものもあるのですね。

花　子：**図3**で取り上げられたもの以外にも、間ばつ材の利用を進めることにつながるものはないか調べてみよう。

太　郎：私も間ばつ材に関する資料を見つけました。

図4　間ばつ材に関する活動

紙コップに印刷された間ばつ材マーク

（全国森林組合連合会　間伐材マーク事務局 ホームページより）

小学生向け間ばつ体験

（和歌山県観光連盟ホームページより）

太　郎： **図4**の間ばつ材マークは、間ばつ材を利用していると認められた製品に表示されるマークです。間ばつや、間ばつ材利用の重要性などを広く知ってもらうためにも利用されるそうです。

花　子： **図4**の間ばつ体験をすることで、実際に林業にたずさわる人から、間ばつの作業や、間ばつ材について聞くこともできるね。私も間ばつ材の利用を進めることに関する資料を見つけました。

図5　林業に関する資料

高性能の林業機械を使った間ばつの様子

（中部森林管理局ホームページより）

間ばつ材の運ぱんの様子

（長野森林組合ホームページより）

花　子： 木材をばっ採し運び出す方法は、以前は、小型の機具を使っていましたが、**図5**のような大型で高性能の林業機械へと変わってきています。

先　生： 間ばつ材の運ぱんの様子も、**図5**をみると、大型トラックが大量の木材を運んでいることが分かります。国としても、このような木材を運び出す道の整備を推進しているのですよ。

太　郎： 機械化が進み、道が整備されることで、効率的な作業につながりますね。

先　生： これらの資料を見比べてみると、間ばつ材についての見方が広がり、それぞれ関連し合っていることが分かりますね。

花　子： <u>間ばつ材の利用を進めるためには、さまざまな立場から取り組むことが大切だと思いました。</u>

〔問題２〕　花子さんは、「<u>間ばつ材の利用を進めるためには、さまざまな立場から取り組むことが大切だと思いました。</u>」と言っています。「**図３**　間ばつ材を使用した商品」、「**図４**　間ばつ材に関する活動」、「**図５**　林業に関する資料」の三つから二つの図を選択した上で、選択した図がそれぞれどのような立場の取り組みで、その二つの取り組みがどのように関連して、間ばつ材利用の促進につながるのかを説明しなさい。

3 **花子**さん、**太郎**さん、**先生**が磁石について話をしています。

花　子：磁石の力でものを浮かせる技術が考えられているようですね。
太　郎：磁石の力でものを浮かせるには、磁石をどのように使うとよいのですか。
先　生：**図1**のような円柱の形をした磁石を使って考えてみましょう。この磁石は、一方の底面が**N**極になっていて、もう一方の底面は**S**極になっています。この磁石をいくつか用いて、ものを浮かせる方法を調べることができます。

図1　円柱の形をした磁石

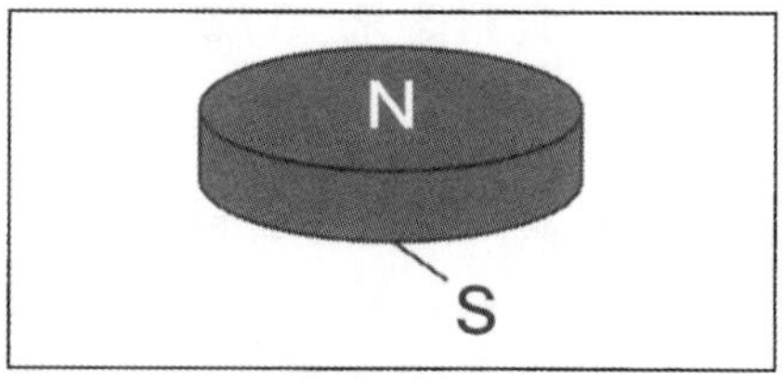

花　子：どのようにしたらものを浮かせることができるか実験してみましょう。

二人は先生のアドバイスを受けながら、次の手順で**実験1**をしました。

実験1

手順1　**図1**のような円柱の形をした同じ大きさと強さの磁石をたくさん用意する。そのうちの1個の磁石の底面に、**図2**のように底面に対して垂直にえん筆を接着する。

手順2　**図3**のようなえん筆がついたつつを作るために、透明なつつを用意し、その一方の端に手順1でえん筆を接着した磁石を固定し、もう一方の端に別の磁石を固定する。

手順3　**図4**のように直角に曲げられた鉄板を用意し、一つの面を地面に平行になるように固定し、その鉄板の上に4個の磁石を置く。ただし、磁石の底面が鉄板につくようにする。

手順4　鉄板に置いた4個の磁石の上に、手順2で作ったつつを**図5**のように浮かせるために、えん筆の先を地面に垂直な鉄板の面に当てて、手をはなす。

手順5　鉄板に置いた4個の磁石の表裏や位置を変えて、つつを浮かせる方法について調べる。ただし、上から見たとき、4個の磁石の中心を結ぶと長方形になるようにする。

図2　磁石とえん筆

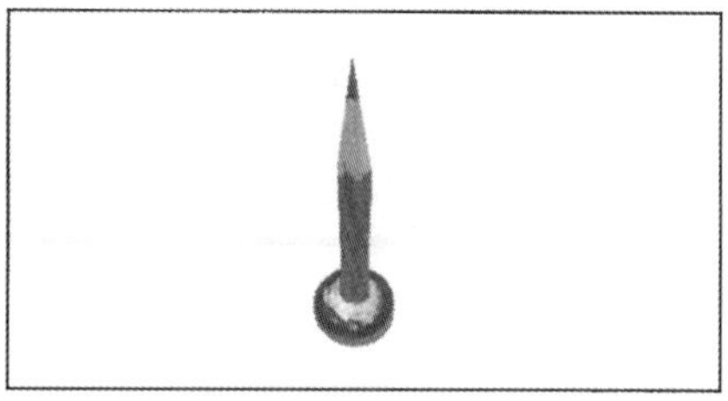

図3　えん筆がついたつつ

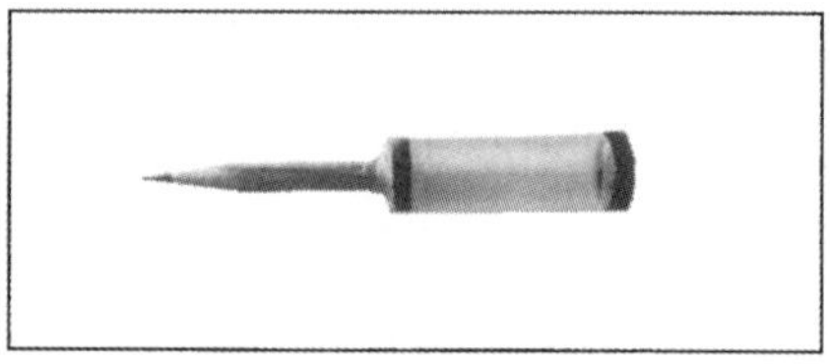

図4　鉄板と磁石4個

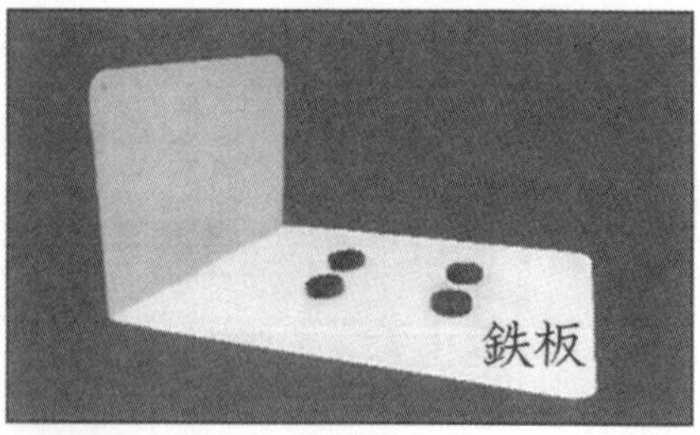

図5　磁石の力で浮かせたつつ

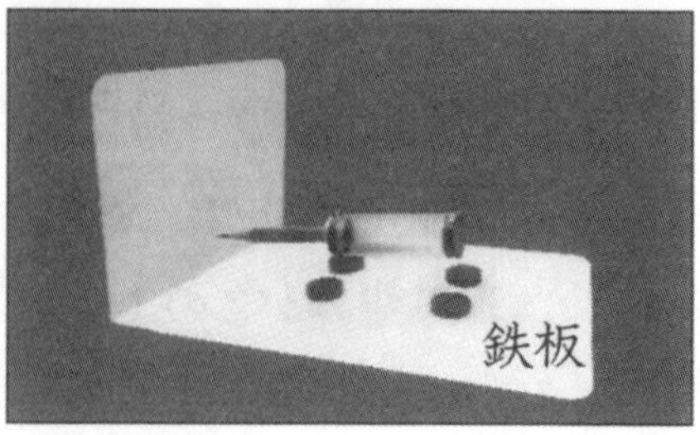

太　郎：つつに使う２個の磁石のN極とS極の向きを変えると、**図6**のように(あ)〜(え)の４種類のえん筆がついたつつをつくることができるね。

図6　４種類のつつ

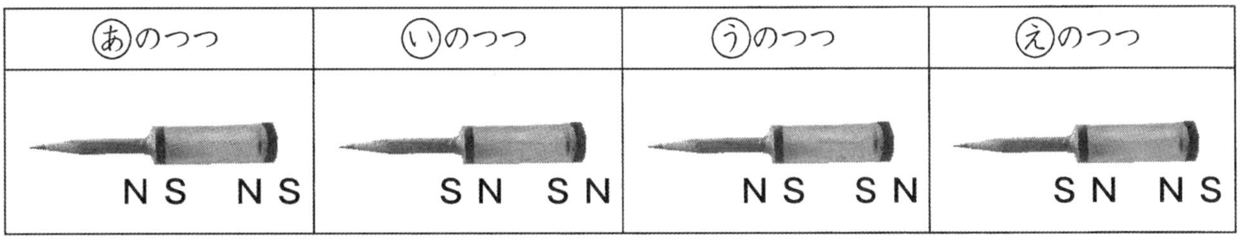

(あ)のつつ
N S　N S
(い)のつつ
S N　S N
(う)のつつ
N S　S N
(え)のつつ
S N　N S

花　子：(あ)のつつを浮かせてみましょう。

太　郎：鉄板を上から見たとき、**図7**の**ア**や**イ**のようにすると、**図5**のように(あ)のつつを浮かせることができたよ。

図7　上から見た(あ)のつつと、鉄板に置いた４個の磁石の位置と上側の極

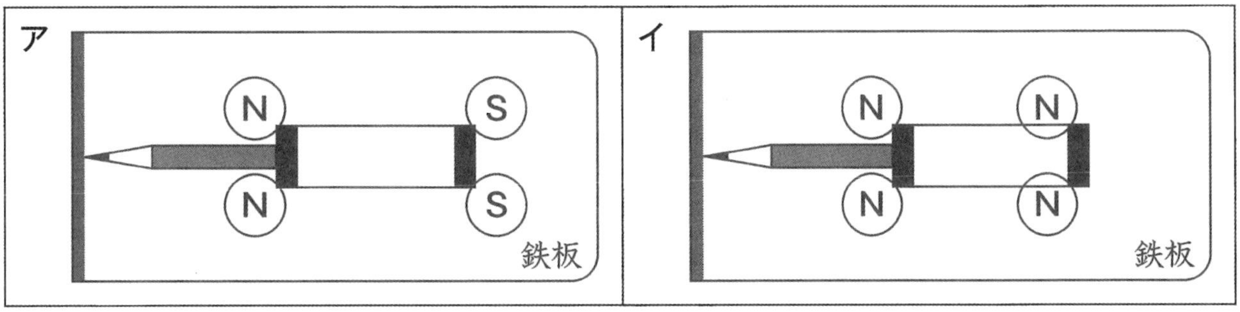

花　子：(あ)のつつを浮かせる方法として、**図7**の**ア**と**イ**の他にも組み合わせがいくつかありそうだね。

太　郎：そうだね。さらに、(い)や(う)、(え)のつつも浮かせてみたいな。

〔問題１〕（１）**実験１**で**図7**の**ア**と**イ**の他に(あ)のつつを浮かせる組み合わせとして、４個の磁石をどの位置に置き、上側をどの極にするとよいですか。そのうちの一つの組み合わせについて、解答らんにかかれている８個の円から、磁石を置く位置の円を４個選び、選んだ円の中に磁石の上側が**N**極の場合は**N**、上側が**S**極の場合は**S**を書き入れなさい。

（２）**実験１**で(え)のつつを浮かせる組み合わせとして、４個の磁石をどの位置に置き、上側をどの極にするとよいですか。そのうちの一つの組み合わせについて、（１）と同じように解答らんに書き入れなさい。また、書き入れた組み合わせによって(え)のつつを浮かせることができる理由を、(あ)のつつとのちがいにふれ、**図7**の**ア**か**イ**をふまえて文章で説明しなさい。

花　子：黒板に画用紙をつけるとき、**図8**のようなシートを使うことがあるね。

太　郎：そのシートの片面は磁石になっていて、黒板につけることができるね。反対の面には接着剤がぬられていて、画用紙にそのシートを貼ることができるよ。

花　子：磁石となっている面は、**N**極と**S**極のどちらなのですか。

先　生：磁石となっている面にまんべんなく鉄粉をふりかけていくと、鉄粉は**図9**のように平行なすじを作って並びます。これは、**図10**のように**N**極と**S**極が並んでいるためです。このすじと平行な方向を、**A**方向としましょう。

太　郎：接着剤がぬられている面にさまざまな重さのものを貼り、磁石となっている面を黒板につけておくためには、どれぐらいの大きさのシートが必要になるのかな。

花　子：シートの大きさを変えて、**実験2**をやってみましょう。

図8　シートと画用紙

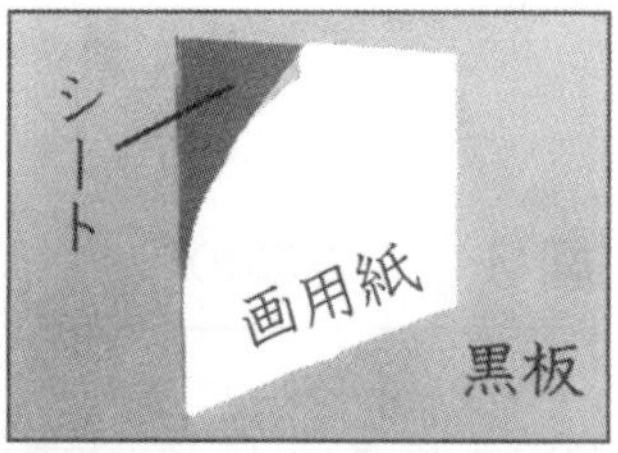

図9　鉄粉の様子

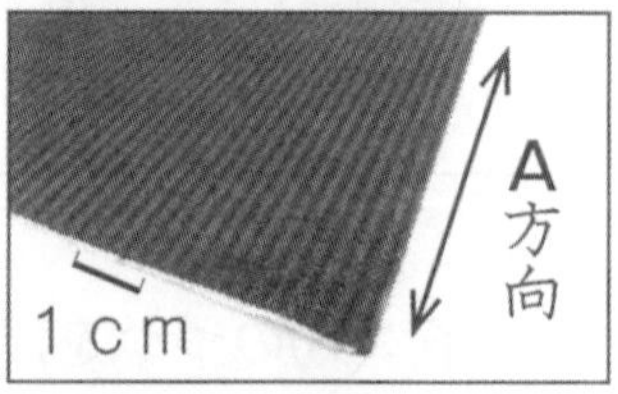

図10　**N**極と**S**極

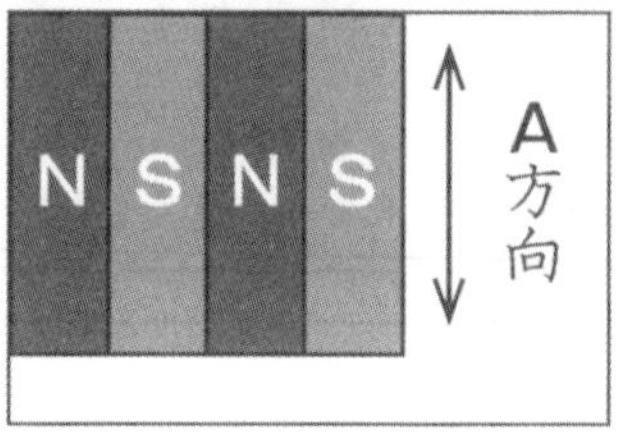

二人は次の手順で**実験2**を行い、その記録は**表1**のようになりました。

実験2

手順1　表面が平らな黒板を用意し、その黒板の面を地面に垂直に固定する。

手順2　シートの一つの辺が**A**方向と同じになるようにして、1辺が1cm、2cm、3cm、4cm、5cmである正方形に、シートをそれぞれ切り取る。そして、接着剤がぬられている面の中心に、それぞれ10cmの糸の端を取り付ける。

手順3　**図11**のように、1辺が1cmの正方形のシートを、**A**方向が地面に垂直になるように磁石の面を黒板につける。そして糸に10gのおもりを一つずつ増やしてつるしていく。おもりをつるしたシートが動いたら、その時のおもりの個数から一つ少ない個数を記録する。

手順4　シートを**A**方向が地面に平行になるように、磁石の面を黒板につけて、手順3と同じ方法で記録を取る。

手順5　1辺が2cm、3cm、4cm、5cmである正方形のシートについて、手順3と手順4を行う。

図11　**実験2**の様子

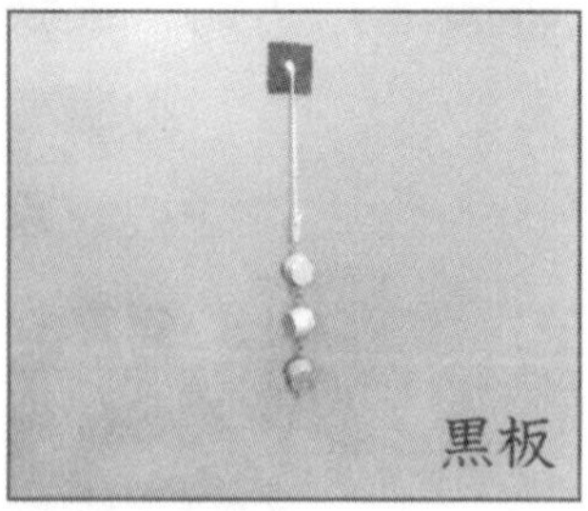

表1　**実験2**の記録

正方形のシートの1辺の長さ（cm）	1	2	3	4	5
A方向が地面に垂直なときの記録（個）	0	2	5	16	23
A方向が地面に平行なときの記録（個）	0	2	5	17	26

太　郎：さらに多くのおもりをつるすためには、どうするとよいのかな。

花　子：おもりをつるすシートとは別に、シートをもう１枚(まい)用意し、磁石の面どうしをつけるとよいと思うよ。

先　生：それを確かめるために、**実験２**で用いたシートとは別に、一つの辺が**A**方向と同じになるようにして、１辺が１ｃｍ、２ｃｍ、３ｃｍ、４ｃｍ、５ｃｍである正方形のシートを用意しましょう。次に、そのシートの接着剤がぬられている面を動かないように黒板に貼って、それに同じ大きさの**実験２**で用いたシートと磁石の面どうしをつけてみましょう。

太　郎：それぞれのシートについて、**A**方向が地面に垂直であるときと、**A**方向が地面に平行であるときを調べてみましょう。

二人は新しくシートを用意しました。そのシートの接着剤がぬられている面を動かないように黒板に貼りました。それに、同じ大きさの**実験２**で用いたシートと磁石の面どうしをつけて、**実験２**の手順３～５のように調べました。その記録は**表２**のようになりました。

表２　磁石の面どうしをつけて調べた記録

正方形のシートの１辺の長さ（ｃｍ）	１	２	３	４	５
A方向が地面に垂直なシートに、**A**方向が地面に垂直なシートをつけたときの記録（個）	０	３	７	１６	２７
A方向が地面に平行なシートに、**A**方向が地面に平行なシートをつけたときの記録（個）	１	８	１９	４３	５０
A方向が地面に垂直なシートに、**A**方向が地面に平行なシートをつけたときの記録（個）	０	０	１	２	３

〔問題２〕（１）　１辺が１ｃｍの正方形のシートについて考えます。**A**方向が地面に平行になるように磁石の面を黒板に直接つけて、**実験２**の手順３について２ｇのおもりを用いて調べるとしたら、記録は何個になると予想しますか。**表１**をもとに、考えられる記録を一つ答えなさい。ただし、糸とシートの重さは考えないこととし、つりさげることができる最大の重さは、１辺が３ｃｍ以下の正方形ではシートの面積に比例するものとします。

（２）　次の①と②の場合の記録について考えます。①と②を比べて、記録が大きいのはどちらであるか、解答らんに①か②のどちらかを書きなさい。また、①と②のそれぞれの場合について**A**方向とシートの面の**N**極や**S**極にふれて、記録の大きさにちがいがでる理由を説明しなさい。

①　**A**方向が地面に垂直なシートに、**A**方向が地面に平行なシートをつける。

②　**A**方向が地面に平行なシートに、**A**方向が地面に平行なシートをつける。

（解答用紙は別冊25Ｐ）（解答例は別冊16Ｐ）

※1, 3は「東京都立中学校・中等教育学校共同作成問題」の1, 3と同じです。

2 **おじいさん**に買い物をたのまれた**あさこ**さんと**けんじ**さんは、**おじいさん**の家にもどってきて買い物の時の様子を話しています。

おじいさん： おかえり。おつかいに行ってくれてありがとう。
あ さ こ： ただいま。品物がたくさん並(なら)んでいて楽しかったよ。
け ん じ： お店の中を見て歩くだけでも楽しかったね。お店の人はあんなにたくさんの種類の品物の在庫をきちんと管理しているね。難(むずか)しくないのかな。
おじいさん： おもしろいところに気が付いたね。二人が買い物をしたような、品物を仕入れてお客さんに売るお店を小売店というよ。小売店では売る前の品物を在庫として保管しておかなければいけないね。実はレジでバーコードを読み取っていたのは、金額を計算するばかりではなく、在庫の管理とも関係があるんだ。
あ さ こ： 電たくのような機能だけなのかと思った。どんな関係があるのかな。
おじいさん： レジでバーコードを読み取る機械はＰＯＳ(ポス)システムという仕組みの一部なんだよ。ＰＯＳシステムは、いつ、どこで、何が、どれくらい売れたのかをコンピュータで管理して、売り切れを防いだり、売れ残りを少なくしたりできるよ。インターネットを使えば、たくさんの小売店を経営する会社でもまとめて管理できるね。
あ さ こ： とても便利だね。ＰＯＳシステムができる前にはどうやってまとめていたのかな。
け ん じ： ノートや紙に書いてまとめていたんじゃないかな。
おじいさん： そうだね。ＰＯＳシステムができる前には、売り上げや在庫の数をノートに書いて管理するという作業をしていたんだ。
け ん じ： それは大変そうだね。ＰＯＳシステムは、お店の人にとっては会計の管理や在庫管理の手間が省けたり、誤(あやま)りが少なくなったりするんだね。
あ さ こ： 私(わたし)たち消費者にとっても会計が正確になって便利だね。消費者や小売店以外の仕事にとっても何かよいことがありそうだね。

〔問題１〕 あさこさんはＰＯＳシステムを使うと、「消費者や小売店以外の仕事にとっても何かよいことがありそうだ」と言っています。どのような仕事にどのようなよいことがあるか、あなたの考えを書きなさい。

けんじ：ＰＯＳシステムはいろいろな仕事にとって便利な仕組みなんだね。
おじいさん：そのとおり。インターネットなどの情報通信技術が進歩し、その技術がみんなに利用され、社会に広まるようになったよ。
あさこ：情報化が進んでいくことで、私たちの身近な生活にとっては、どのようなよいことがあるのかな。
けんじ：インターネットを使った買い物なんてどうかな。お店に行かないで買い物ができて便利だし、利用する人が増えていると聞いたことがあるよ。
おじいさん：消費支出のあった世帯数とインターネットを使って買い物をした世帯数についての資料があるよ。
あさこ：それぞれの世帯数から、どれくらいの世帯がインターネットを使って買い物をしたかの割合（わりあい）が分かるね。さっそく**資料１**を作ってみたよ。
おじいさん：よくできたね。他にも調べてみたければ、インターネットで調べてみてはどうかな。このパソコンを貸してあげよう。
けんじ：ありがとう。さっそく調べてみよう。この**資料２**なんてどうだろう。一か月ごとの一世帯当たりの支出総額とインターネットを利用した支出総額についての資料だよ。
あさこ：おもしろそうだね。**資料１**と**資料２**を合わせて見ていくと、社会の変化について何か分かるかもしれないね。

資料１　消費支出のあった世帯のうち、インターネットを利用した支出のあった世帯の割合（わりあい）

	インターネットを利用した支出のあった世帯の割合（％）
２００３年	７．２
２００７年	１４．８
２０１１年	１８．４
２０１５年	２５．１
２０１９年	３９．２

（経済産業省（けいざいさんぎょうしょう）「家計消費状況調査（かけいしょうひじょうきょうちょうさ）」より作成）

資料２　一か月ごとの一世帯当たりの支出総額とインターネットを利用した支出総額

	一か月ごとの一世帯当たりの支出総額（円）	一か月ごとの一世帯当たりのインターネットを利用した支出総額（円）	一世帯当たりの消費支出に対するインターネットを利用した消費支出の割合（％）
２００３年	２６６４３２	１５２６	
２００７年	２６１５２６	３０５９	
２０１１年	２４７２２３	４１０３	
２０１５年	２４７１２６	７７４２	
２０１９年	２４９７０４	１２６８３	

（経済産業省「家計消費状況調査」などより作成）

〔問題2〕（1） **資料2**の「一世帯当たりの消費支出に対するインターネットを利用した消費支出の割合」について、２００３年、２００７年、２０１１年、２０１５年、２０１９年の数値を百分率で求めなさい。計算には「一か月ごとの一世帯当たりの支出総額」と「一か月ごとの一世帯当たりのインターネットを利用した支出総額」を用いなさい。答えは、百分率で表した数の小数第二位を四捨五入して、小数第一位まで求めなさい。

（2） （1）で求めた割合の数値をもとに、解答用紙のグラフの左の目盛りを使って折れ線グラフをかきなさい。

（3） 「インターネットを利用した支出のあった世帯の割合」のグラフと（2）であなたがかいたグラフを見比べて分かる変化の特ちょうを述べなさい。ただし、「インターネットを利用した支出のあった世帯の割合」を「世帯の割合」、「一世帯当たりの消費支出に対するインターネットを利用した消費支出の割合」を「支出の割合」と書いてもかまいません。

（4） （3）のように変化したのはなぜなのか、その理由についてあなたの考えを書きなさい。

けんじ：社会の情報化が進んでいくと、買い物以外では、どのような便利なことが考えられるかな。

あさこ：兄の通う大学ではインターネットを使った授業があるよ。

おじいさん：情報通信技術の進歩で、私たちの生活は便利になっているんだね。でも、社会の情報化とは情報通信技術の進歩ばかりではないよ。情報化がさらに進んだ新しい社会では、私たち一人一人の行動が情報として集められて活用されたり、より多くの情報を処理（しょり）することができる人工知能が発達したり、モノとインターネットがつながるようになったりするね。

あさこ：それぞれ私たちの生活とどのように関わるのかな。

おじいさん：例えば、けい帯電話の位置情報を集めることで、目的地の混雑具合が事前に分かったり、コンピュータが、さつえいした情報を処理しながら自動車を運転したり、家からはなれていてもエアコンを操作（そうさ）できたりするようになるよ。

あさこ：社会の情報化が進んで私たちの未来が大きく変わるのね。もしかしたら今の社会がかかえる課題を解決する技術も出てくるかもしれないね。

けんじ：社会の情報化が、生活を便利にするばかりでなく、社会の課題解決にどのように役立つのか考えてみよう。

〔問題３〕　現在の社会がかかえる具体的な課題を一つ挙げ、おじいさんが言う「情報化がさらに進んだ新しい社会」では、その課題をどのように解決することができると考えられるか、あなたの考えを書きなさい。

なお、解答らんには、１２１字以上１５０字以内で段落（だんらく）を変えずに書きなさい。「、」や「。」もそれぞれ字数に数えます。

東京都立小石川中等教育学校　適性検査Ⅲ　（検査時間45分）

（解答用紙は別冊27P）（解答例は別冊16P）

1　**れいな**さんと**かずき**さんは、**おばあさん**といっしょに動物園に来ています。

れいな：動物ふれあいコーナーに行く前に、まずは冷たいものを飲みに行こうよ。

かずき：クーラーボックスの水に、大きい氷とペットボトルの飲み物が入っているね。

れいな：大きい氷が入っているけれど、よく見ると小さく割った氷も入っているね。
大きい氷だけでなく、小さく割った氷も入れるのはなぜだろう。

おばあさん：大きい氷と小さい氷で役割がちがうからですよ。

〔問題1〕　おばあさんは、「大きい氷と小さい氷で役割がちがうからですよ。」と言っています。大きさの異なる氷を入れる理由についてあなたの考えを説明しなさい。説明には図を用いてもかまいません。

次に、**れいな**さんと**かずき**さんは、**おばあさん**といっしょに食べ物があるお店に向かいました。

れ　い　な：ここにはおでんと、とん汁があるみたいだよ。
か　ず　き：料理によって大根の切り方がちがうね。

図１　おでんに入れる輪切りにした大根

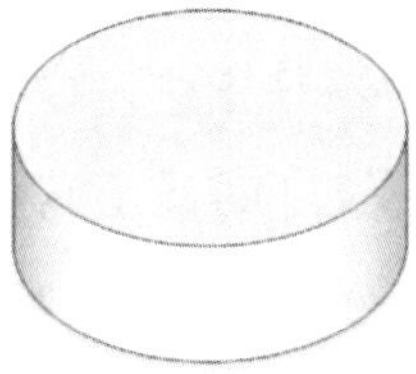

図２　とん汁に入れる大根の切り方（**図１**の形の大根を点線に沿って切り、イチョウ切りにした。）

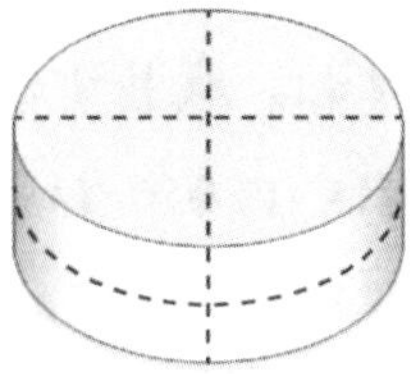

れ　い　な：とん汁に入れる大根はイチョウ切りにしてあるので、大根の中にまで味がしみる時間が短くなりそうだね。
か　ず　き：では、おでんの大根は、味がしみるまでの時間が長いのかな。
おばあさん：おでんに入れた大根には工夫をして、短時間で中にまで味をしみやすくしていると思いますよ。

〔問題２〕　れいなさんは、「とん汁に入れる大根はイチョウ切りにしてあるので、大根の中にまで味がしみる時間が短くなりそうだね。」と言っています。

（１）　大根の切り方で、**図１**に比べて**図２**の方が、味がしみる時間が短くなるのはなぜだと思いますか。あなたがそう考える理由について説明しなさい。

（２）　おばあさんは、「おでんに入れた大根には工夫をして、短時間で中にまで味をしみやすくしていると思いますよ。」と言っています。大根そのものに対して、どのような工夫をすると短時間で中にまで味がしみやすくなると思いますか。（１）で答えたあなたの考えをふまえ、**図１**の大根の形を残したまま行う工夫と、その工夫を行う理由について説明しなさい。

（３）　（２）で答えた工夫によって味がしみていることを確かめる実験を一つ考え、その方法をくわしく説明しなさい。ただし、「食べて味を確かめる」以外の方法で実験を考えなさい。説明には図を用いてもかまいません。

れいなさんと**かずき**さんは、**飼育員**のいる動物ふれあいコーナーに向かいました。

れいな：いろんな大きさのウサギがいるね。「親子のウサギを展示(てんじ)中」ってかべに書いてあるよ。

かずき：体の小さな子ウサギは、体の大きな親ウサギに負けないくらいたくさんえさを食べているね。

飼育員：よく気付きましたね。親ウサギよりも子ウサギの方が、体重に対して食べるえさの量が多いのですよ。たくさん食べて、たくさんエネルギーをとるのですね。

れいな：子ウサギがたくさん食べるのは、体を成長させるのに必要だからですよね。

飼育員：そうですね。成長するためでもありますが、他にも理由があります。ウサギは体重や年れいにかかわらず、体の表面の１ｃm^2中からは、ほぼ同じくらいの熱が体の外に出ています。**表１**はイヌの資料ですが、体重が小さければ体の表面の面積も小さいのが分かりますね。ウサギでも同じことが言えます。体重が小さければ、体の表面の面積も小さいです。この資料から、体重１ｋｇ当たりの体の表面の面積を計算すると、小さいときに体重に対して食べるえさの量が多くなる理由が分かりますよ。

表１　イヌの体重と体の表面の面積

	体重	体の表面の面積
小さいイヌ	３.１９ｋｇ	２４２３ｃm^2
大きいイヌ	１８.２ｋｇ	７６６２ｃm^2

（シュミット・ニールソン「スケーリング」より作成）

〔問題３〕　飼育員は、「体重１ｋｇ当たりの体の表面の面積を計算すると、小さいときに体重に対して食べるえさの量が多くなる理由が分かりますよ。」と言っています。

（１）　**表１**から、小さいイヌと大きいイヌについて、それぞれの体重１ｋｇ当たりの体の表面の面積を計算しなさい。答えは小数第二位を四捨五入(ししゃごにゅう)して、小数第一位まで求めなさい。

（２）　飼育員は、「ウサギは体重や年れいにかかわらず、体の表面の１ｃm^2中からは、ほぼ同じくらいの熱が体の外に出ています。」とも言っています。このことと（１）の答えをふまえ、親ウサギよりも子ウサギの方が、体重に対して食べるえさの量が多い理由について、あなたの考えを書きなさい。

れ い な：表面の面積に注目すると、いろいろおもしろいことが分かったね。

か ず き：ふだんからよく見るものでも、気付いていなかったんだね。

おばあさん：他には、どのようなものがあるか、考えてごらんなさい。

〔問題４〕 氷や食品以外のあなたの身の回りにあるもので、表面の面積を変えることで効率が良くなる工夫を一つ挙げなさい。答えは次の①、②の順に書きなさい。

① 表面の面積を変えることで効率が良くなる工夫

② 効率が良くなる理由

2 算数の授業後の休み時間に、**はるか**さん、**ゆうき**さん、**先生**が話しています。

はるか：整数の計算に興味があって、いろいろ調べているんだ。

ゆうき：計算というと、たし算とかひき算とかかな。

はるか：そう。例えば、２＋１＝３でしょう。これを、２に「１を加える」という規則を当てはめることによって、２が３になったというように見方を変えることもできるよね。

先生：いいことに気付きましたね。整数に、ある規則を当てはめると別の整数になるという考え方はとても重要です。

ゆうき：では、自分たちで規則を考えて、ある整数を別の整数にすることを考えてみます。

はるか：おもしろそうだね。

ゆうき：規則を一つ考えてみたよ。好きな１けたの整数を言ってみて。

はるか：８はどうかな。

ゆうき：まず、８を「１個の８」というように言葉で表すんだ。そして、その言葉の中に出てくる数字を左から順に並(なら)べると「１８」という二つの数字の並びができるよね。これを２けたの整数と見ることにしよう。こうして１けたの整数８が、規則を当てはめることによって２けたの整数１８になったよ。

はるか：おもしろい規則だね。もとの整数は１けたでなくてもいいのかな。

ゆうき：そうだね。**表１**のようにいくつか例を挙げてみよう。

表１　ゆうきさんが考えた規則を当てはめた例

もとの整数	言葉で表したもの	規則を当てはめてできた整数
３５	１個の３と１個の５	１３１５
１１５	２個の１と１個の５	２１１５
１１２２１	２個の１と２個の２と１個の１	２１２２１１

はるか：なるほど。もとの整数の中で同じ数字が続いていたら、それらをまとめて考えるんだね。

ゆうき：そのとおりだよ。

先生：ゆうきさんが考えたので、この規則を〔**規則Y**〕と名付けましょう。ある整数に〔**規則Y**〕を当てはめてできた整数に、また〔**規則Y**〕を当てはめるとさらに整数ができますね。

はるか：なるほど、そうですね。ある整数から始めて、〔**規則Y**〕を何回も当てはめると、つぎつぎに整数ができますね。

ゆうき：そのようにしてできた整数には、どのような特ちょうがあるのかな。

はるか：おもしろそうだね。調べてみよう。

小石川中等教育学校

〔問題１〕（１）　３～５の中から一つの整数を選び、その整数から始めて**〔規則Ｙ〕**を５回当てはめたときにできる整数を答えなさい。

（２）　ある１けたの整数から始めて**〔規則Ｙ〕**を何回か当てはめると、５６けたの整数

31131122211311123113321112131221123113111231121123222112

ができました。このとき、もとの１けたの整数は何か答えなさい。また、その理由を説明しなさい。

小石川中等教育学校

はるか：整数に〔**規則Y**〕を当てはめたとき、もとの整数のけた数と〔**規則Y**〕を当てはめてできた整数のけた数にはどのようなちがいがあるのかな。

ゆうき：例えば、２けたの整数２５に〔**規則Y**〕を１回当てはめると、４けたの整数１２１５ができるから、〔**規則Y**〕を当てはめてできた整数のけた数は必ず増えるのかな。

先生：でも、３けたの整数４４４に〔**規則Y**〕を１回当てはめると、２けたの整数３４になるから、必ずしもけた数が増えるわけではありませんね。

はるか：そうですね。では、もとの整数と〔**規則Y**〕を当てはめてできた整数のけた数が等しくなることはあるのでしょうか。

先生：ありそうですね。さらに言うと、もとの整数と〔**規則Y**〕を当てはめてできた整数が等しくなることもありますね。

ゆうき：そのような整数があるのですか。考えてみます。

〔問題２〕（１）　ある２けたの整数に〔**規則Y**〕を１回当てはめると、もとの整数と等しい整数になりました。この整数は何か答えなさい。

（２）　４けたの整数に〔**規則Y**〕を１回当てはめて、もとの整数と等しい整数にすることはできますか。解答らんの「できる」または「できない」のうち、どちらかを○で囲み、「できる」を選んだ場合はその整数を答え、「できない」を選んだ場合はその理由を説明しなさい。

はるか：**〔規則Ｙ〕**のいろいろな特ちょうが分かってきたね。

ゆうき：先生、１けたの整数１から始めて**〔規則Ｙ〕**をくり返し当てはめてみたら、おもしろいことに気付きました。

先　生：それは何ですか。

ゆうき：１から始めて**〔規則Ｙ〕**を何回当てはめても、できたどの整数にも０という数字は現れないということが分かったんです。

先　生：それはなぜだか考えてみましょう。

はるか：**〔規則Ｙ〕**を当てはめてできた整数の左から奇数(きすう)番めの数字と偶数(ぐうすう)番めの数字に分けて考えてみたらどうかな。

ゆうき：なるほど。では、１から始めて**〔規則Ｙ〕**を何回か当てはめてできた整数について考えてみよう。例えば、その整数が１１１２２１だったとするよ。このとき、左から５番めの「２」と６番めの「１」が表しているものは、**〔規則Ｙ〕**を１回当てはめる前の整数に、２個の１が続いているということだよ。

はるか：つまり、**〔規則Ｙ〕**を当てはめてできた整数の左から奇数番めの数字は、その１つ右どなりのけたの数字の個数を表しているから、０になることはないね。

先　生：そうですね。では、左から偶数番めの数字についてはどうでしょうか。

はるか：左から偶数番めに０があったとすると、**〔規則Ｙ〕**を１回当てはめる前の整数は必ず０をふくむことになるね。

ゆうき：そうするとその整数に**〔規則Ｙ〕**を１回当てはめる前の整数も０をふくんでいなければならないね。

はるか：同じようにして**〔規則Ｙ〕**を当てはめる前の整数にさかのぼっていくと、やがて最初の整数までもどるけれど、最初の整数を１としたのだから、おかしなことになるね。

先　生：よく分かりましたね。実は、１から始めて**〔規則Ｙ〕**をくり返し当てはめたとき、４という数字が現れないことも分かりますよ。

〔問題３〕　先生は、「１から始めて**〔規則Ｙ〕**をくり返し当てはめたとき、４という数字が現れない」と言っています。その理由を説明しなさい。

（解答用紙は別冊 30 P）（解答例は別冊 18 P）

1 **りょう**さんと**みさき**さんが、教室で図形についての話をしています。

りょう：（**図1**）は１目盛りが１ｃｍの方眼紙に、方眼紙の線に沿って鉛筆で１辺の長さが９ｃｍの正方形を書いたものなんだ。（**図1**）に方眼紙の線に沿って鉛筆で線を書き加えて、いくつかの正方形に分ける方法を考えているんだよ。

みさき：正方形以外の図形ができないように分ければいいのね。例えばどのような分け方があるの。

りょう：（**図2**）は（**図1**）を１辺の長さが６ｃｍの正方形１個、１辺の長さが３ｃｍの正方形４個、１辺の長さが２ｃｍの正方形１個、１辺の長さが１ｃｍの正方形５個の計１１個の正方形に分けた図だよ。

図1　**図2**　**図3**

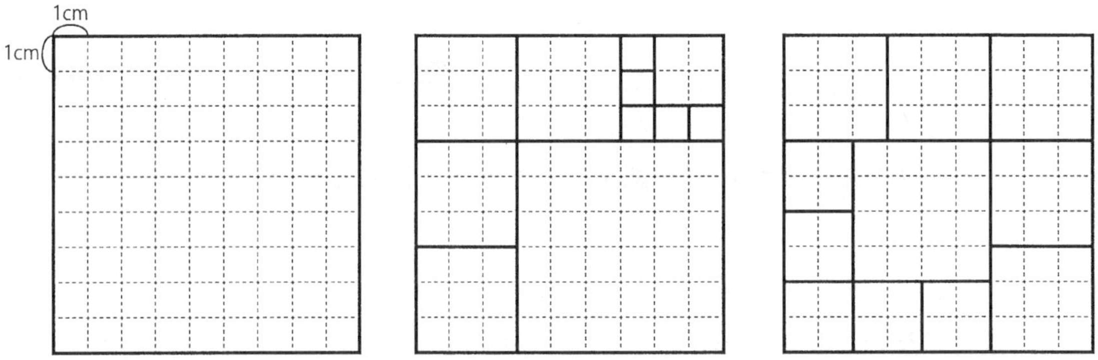

みさき：（**図3**）は（**図1**）を１辺の長さが４ｃｍの正方形１個、１辺の長さが３ｃｍの正方形５個、１辺の長さが２ｃｍの正方形５個の計１１個の正方形に分けた図だね。

りょう：（**図2**）と（**図3**）はどちらも１１個の正方形に分けられているけど、分けるときに書き加えた線の長さの合計には差がありそうだね。

みさき：どれだけ差があるのか調べてみようよ。

〔問題１〕　どれだけ差があるのか調べてみようよ。とありますが、（**図2**）と（**図3**）において、分けるときに書き加えた線の長さの合計が長い方を選んで ◯ で囲み、さらに何ｃｍだけ長いのか答えなさい。

りょう：（**図１**）をいくつかの正方形に分ける方法はいろいろあっておもしろいね。

みさき：<u>もっといろいろな分け方を調べてみようよ。</u>

〔問題２〕 <u>もっといろいろな分け方を調べてみようよ。</u>とありますが、（**図１**）に方眼紙の線に沿って鉛筆で線を書き加えていくつかの正方形に分けるとき、正方形の数の合計が１０個、１２個となるような分け方を、それぞれ一つずつ解答らんに合わせて答えなさい。ただし、正方形以外の図形ができないように分けることとします。また、定規を用いて（**図２**）や（**図３**）のようにはっきりとした線で書きなさい。

下書き用（ここは解答らんではありません。答えは解答用紙に記入しなさい。）

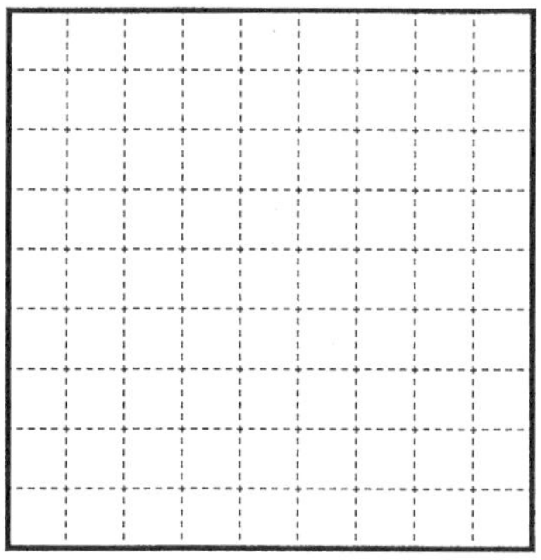
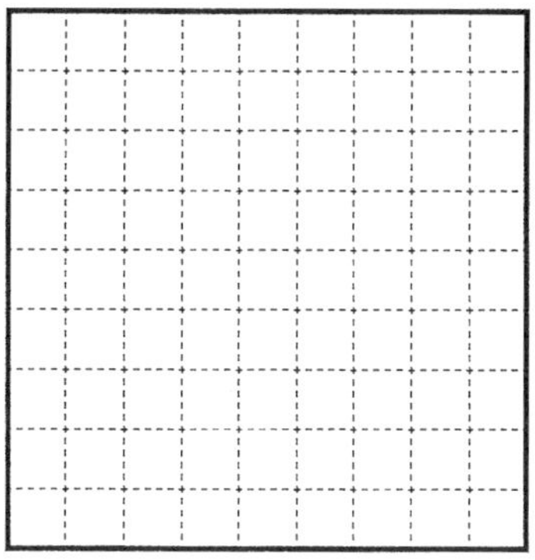
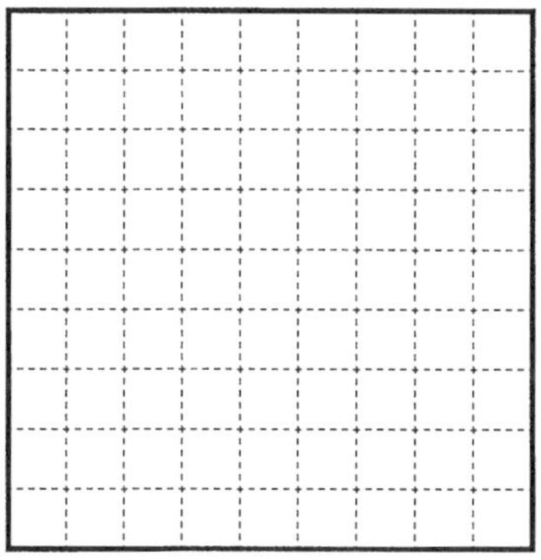
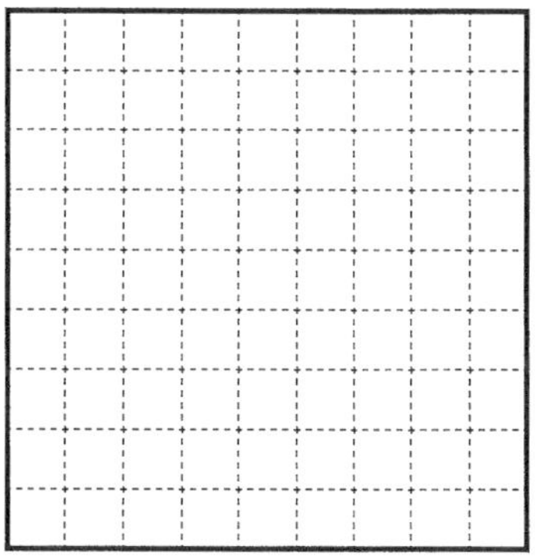

りょう：（**図４**）は１目盛りが１ｃｍの方眼紙に、方眼紙の線に沿って鉛筆で１辺の長さが６ｃｍの正方形を２個、１辺の長さが３ｃｍの正方形１個の計３個の正方形を書いたものだよ。この３個の正方形の面積の合計は８１ｃｍ^{2}で、（**図１**）の正方形の面積と同じだね。

図４

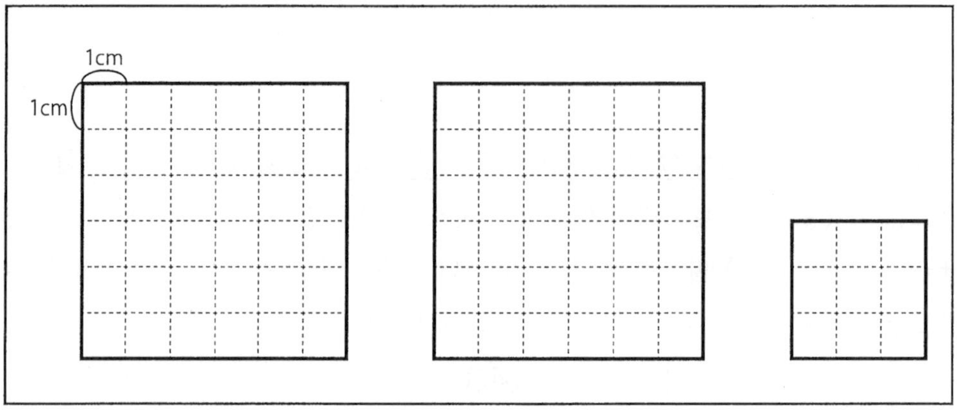

みさき：方眼紙の線に沿って３個の正方形を書いたとき、その３個の正方形の面積の合計が８１ｃｍ^{2}になるようなものが、（**図４**）の１辺の長さがそれぞれ６ｃｍ、６ｃｍ、３ｃｍの組み合わせ以外にもあるのかな。

りょう：いっしょに探してみようよ。

〔問題３〕 いっしょに探してみようよ。とありますが、１目盛りが１ｃｍの方眼紙に、方眼紙の線に沿って鉛筆で３個の正方形を書いたとき、その３個の正方形の面積の合計が８１ｃｍ^{2}になるような組み合わせを、（**図４**）の６ｃｍ、６ｃｍ、３ｃｍ以外で１組見つけて、その３個の正方形の１辺の長さをそれぞれ答えなさい。

2 **りょう**さんと**みさき**さんが、理科室で**先生**と話をしています。

りょう： 理科室にはいろいろな温度計があるね。

みさき： 先生、このガラスでできた棒状（ぼうじょう）の温度計の仕組みを教えてください。

先　生： その温度計で温度を測定することができるのは、ガラス管の中に入っている赤く着色された灯油の体積が、周囲の温度によって変化するからです。

りょう： この赤い液体は水ではないのですね。水が用いられていない理由があるのですか。

みさき： 水は０℃で凍（こお）ってしまい、０℃以下を測定できないからですね。

先　生： よく気が付きましたね。でも理由はそれだけではないのです。２人で実験をして、水の温度と体積の関係を調べてみると分かりますよ。

【実験】

①（**図１**）のように、４℃の水を容器に満たし、これに細いガラス管とデジタル温度計を通したせんをはめる。このとき、容器の中に空気が入らないように注意する。

②ガラス管には１ｍｍごとに目盛（めも）りが刻（きざ）まれており、４℃のときの水面の高さに目盛りの０がくるようにする。

③容器を温め、中の水の温度が上がるにつれて、ガラス管の中の水面の高さがどのように変化するのかを調べる。

④水の温度を４℃にもどした後、容器を冷やし、中の水の温度が下がるにつれて、ガラス管の中の水面の高さがどのように変化するのかを調べる。

図１

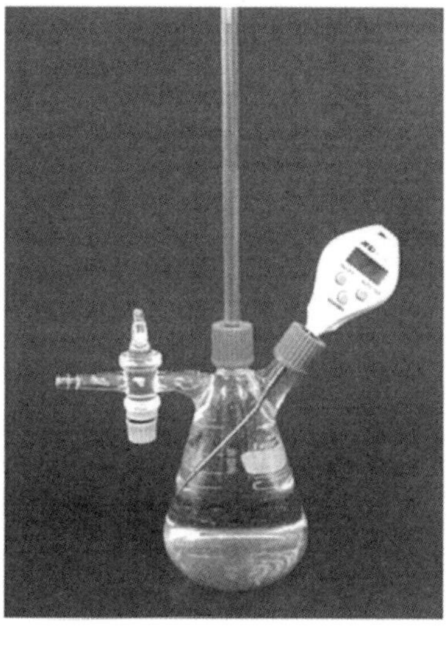

２人は実験を行いました。（**表１**）は実験の③と④の結果をまとめたものです。

表１　水の温度と水面の高さの関係

③の結果

水の温度〔℃〕	４	５	６	７	８	９	１０
水面の高さ〔mm〕	０	０.５	３.０	５.５	９.５	１６.０	２４.０

水の温度〔℃〕	１１	１２	１３	１４	１５	１６	１７
水面の高さ〔mm〕	３４.５	４７.０	６０.５	７５.０	９５.０	１１７.５	１５５.０

④の結果

水の温度〔℃〕	４	３	２	１
水面の高さ〔mm〕	０	３.０	１０.０	２４.０

※容器やガラス管そのものの体積の変化は考えないものとします。

先　生：ガラス管の内部の水は円柱の形をしていて、円柱の底面の円の直径は１．５ｍｍです。

りょう：例えば水の温度が４℃から９℃に上がったとき、（**図２**）の色のついた円柱の体積を計算すれば、水の体積がどれだけ増えたか分かりますね。

図２

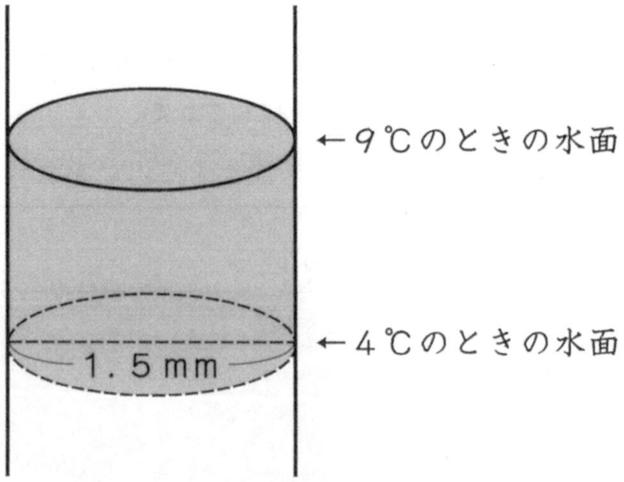

〔問題１〕　水の温度が４℃から９℃に上がったとき、（**図２**）の色のついた円柱の体積を計算すれば、水の体積がどれだけ増えたか分かりますね。とありますが、水の温度が４℃から９℃に上がったとき、水の体積がどれだけ増えたか式を書いて求めなさい。ただし、円柱の底面の円の直径は１．５ｍｍ、円周率は３．１４とし、単位はmm^3で答えることとします。

両国高等学校附属中学校

先　生： 水の温度と増えた体積の関係を調べるために、縦軸に増えた体積、横軸に温度を表し、そこに点をかいて表してみましょう。

みさき： **（表1）** をもとに、さっきと同様の計算を繰り返して、点をかいていけばよいのですね。

りょう： 点をかいていくと **（図3）** のようになりました。

先　生： 灯油でも同様に温度と増えた体積の関係を調べたものが **（図4）** です。

図3

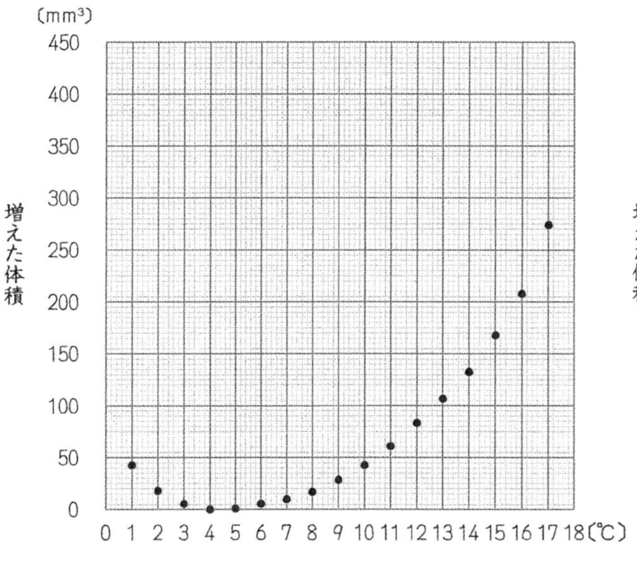

図4

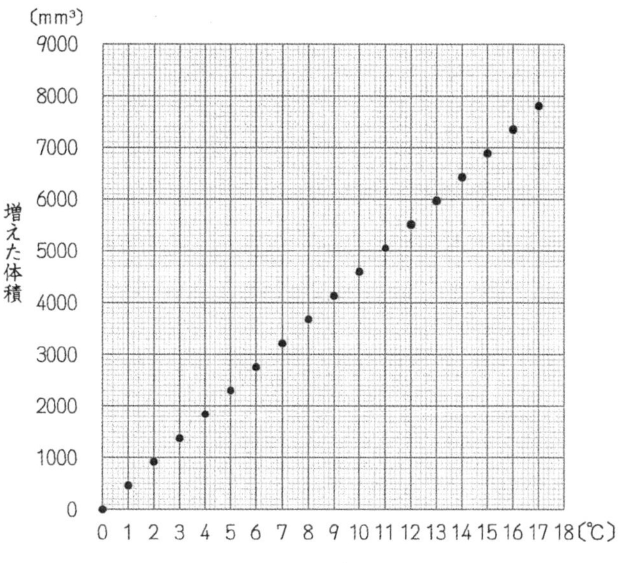

※水では4℃のときの水面の高さに目盛りの0がくるようにしましたが、灯油では0℃のときの液面の高さに目盛りの0がくるようにしました。

みさき： 0℃で凍ってしまい、0℃以下を測定できないということ以外にも、水が温度計に用いられる液体としてふさわしくない理由があることが分かったわ。

〔問題2〕 0℃で凍ってしまい、0℃以下を測定できないということ以外にも、水が温度計に用いられる液体としてふさわしくない理由があることが分かったわ。とありますが、灯油と比べて、水が温度計に用いられる液体としてふさわしくない理由を一つ答えなさい。

東京都立桜修館中等教育学校　適性検査Ⅱ　（検査時間45分）

（解答用紙は別冊32Ｐ）（解答例は別冊18Ｐ）

※2,3は「東京都立中学校・中等教育学校共同作成問題」の2,3と同じです。

1　**おさむ**さんと**さくら**さんは、**先生**と工作クラブで活動しています。あとから**まなぶ**さんと**ひとし**さんも来ることになっています。

先　生：工作用紙でできている立方体にシールをはりましょう。

おさむ：ここに**赤**、**青**、**緑**の３色のシールがあります。

先　生：このシールを使って３色の立方体を作りましょう。これらの立方体を使って、あとでゲームを行いたいと思います。

さくら：シールには**大**、**小**の２種類の大きさがありますね。

先　生：シールの大きさは、**図１**のように、**大**は縦（たて）２５ｃｍ、横３０ｃｍ、**小**は縦２０ｃｍ、横２５ｃｍです。

図１　シールの大きさ

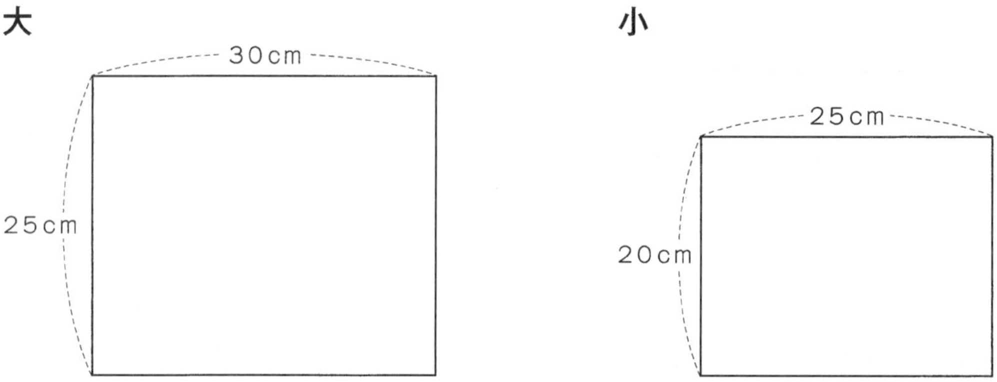

さくら：シールをはっていない立方体は１２０個あります。まず、４０個の立方体の全ての面に、**赤**のシールをはりましょう。立方体の１辺の長さは４ｃｍですね。

おさむ：１辺が４ｃｍの正方形をいくつか切り取って、立方体にはればいいね。

さくら：**大**のシール６枚（まい）を使えばいいかな。

おさむ：それはもったいないよ。**赤**の**大**のシール６枚だけしか使わないと、立方体２個分も余りが出てしまうよ。

〔問題１〕　おさむさんは「立方体２個分も余りが出てしまうよ。」と言っています。余りが立方体２個分よりも少なくなるような**大**と**小**のシールの使用枚数を答えなさい。ただし、答えは１通りではありません。考えられるうちの一つを解答らんに書きなさい。シールから正方形をできるだけ切り取った後に残る切れはしは、余りとして考えません。なお、１枚も使われなかったシールの大きさの解答らんは空らんにしなさい。

おさむ：次の４０個の立方体には、**赤**のシールをはったのと同じように**青**のシールをはろう。最後の残りの４０個には**緑**のシールをはろう。

さくら：**緑**のシールは**大**が１枚もなくて、**小**が４枚だけあるね。

おさむさんと**さくら**さんは、立方体に**青**と**緑**のシールをはり始めました。

おさむ：全ての面に、**緑**のシールをはった立方体を作ったよ。けれども、**緑**のシールは使い切ってしまったね。

さくら：**緑**のシールがはられていない立方体にも、全ての面に色のシールがはれないかな。

先　生：**赤**と**青**のシールが残っているので、**緑**のシールがはられていない立方体には、**赤**と**青**の２色のシールをはることにします。ただし、向かい合う面には同じ色のシールをはらないようにしましょう。

さくら：分かりました。では、**緑**のシールがはられていない立方体には、最初に**図２**の１の面に**赤**のシールをはります。他はどの面に**赤**のシールをはろうかな。

図２　立方体の展開図（てんかいず）

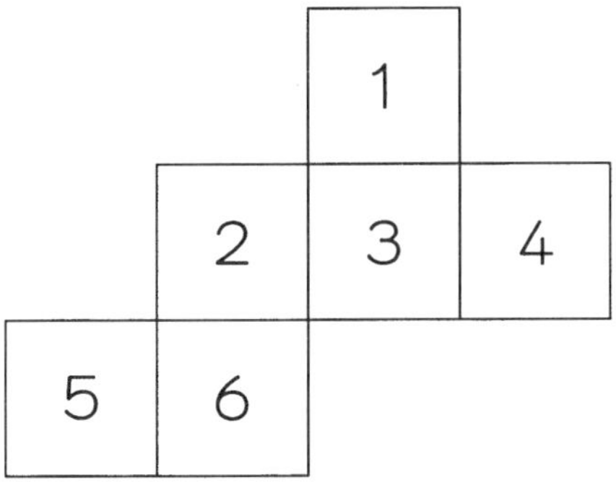

〔問題２〕　さくらさんは「他はどの面に**赤**のシールをはろうかな。」と言っています。立方体の全ての面に、**赤**と**青**のどちらかのシールをはるとき、**図２**の立方体の展開図（てんかいず）において、１の面以外に**赤**のシールはどの面にはればよいですか。**赤**のシールをはる面の番号の組み合わせの一つを解答らんに書きなさい。

おさむさんと**さくら**さんは、シールをはった１辺の長さが４ｃｍの立方体に、以前に作った同じ大きさの立方体２４個を加えて、**図3**のようにしきつめて並べてみたところ、**図4**のように立方体の上の面がごばんの目のようになることに気が付きました。この面上の目を一つの点とみて、その位置を指定する方法を考えています。

図3　立方体を並べたようす

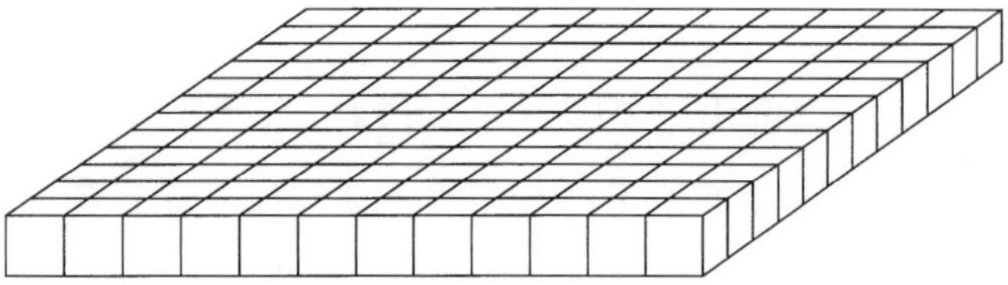

図4　並べた立方体を真上から見たようす

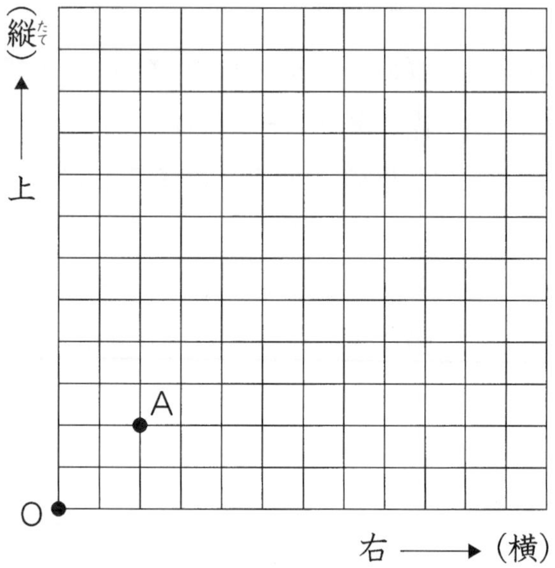

おさむ：図4の面上の点Oを（横０、縦０）とすると、点Aは（横２、縦２）と表せるね。

さくら：それなら、点の名前（横、縦）の順にその位置を表せば、A（２、２）というようにもっと簡単になるよ。

おさむ：点Aから上に５ます移動したときの点Bはどうなるだろう。

さくら：B（２、７）と表せるね。

おさむ：点Bから１ますずつ何ますか右に移動して点C、点Cから１ますずつ何ますか下に移動して縦２の位置に点Dを指定したら、面上に長方形や正方形をかくことができるよ。

先　生：長方形や正方形をかくとき、１本の対角線を指定することで、長方形や正方形をかくこともできます。

さくら：どういうことですか。

先　生：例えば、点Aから、ある点Cを指定して２点を直線で結ぶと、その直線A―Cを対角線とする長方形や正方形をかくことができます。

おさむ：長方形や正方形をかくときには、４個の点を指定するよりも対角線となる２個の点を指定するほうが簡単ですね。

さくら：２個の点を指定するときには、どのように表すのですか。

先　生：『対角線：A（２、２）・C（９、８）』と表すだけです。

おさむ：とても短く表現できますね。

先　生：では、新たに直線Ａ―Ｅを対角線とする面積が２８８ｃｍ^{2}となる長方形か正方形をかいてみましょう。このとき、<u>点Ｅの位置がどこになるか考えてみましょう。</u>ただし、直線Ａ―Ｅを対角線とする長方形か正方形は**図４**の面上にあります。

〔問題３〕　先生は「<u>点Ｅの位置がどこになるか考えてみましょう。</u>」と言っています。Ａ（２、２）のとき、面積が２８８ｃｍ^{2}となる点Ｅの位置を、Ｅ（△、□）のように答えなさい。ただし、答えは１通りではありません。考えられるうちの一つを解答らんに書きなさい。

次に、**おさむ**さんと**さくら**さんは、今回シールをはった立方体に以前のクラブ活動のときにシールをはっておいた**赤**、**青**、**緑**の立方体を加えて、色ごとに分けて並べています。

おさむ：**赤**の立方体を、縦の列の数が横の列の数より３列多い長方形に並べてみたら、３個足りないよ。

さくら：縦を１列少なくすればいいと思うよ。

おさむ：できた。けれども４個余ったよ。

さくら：**青**の立方体は、縦の列の数が横の列の数より２列多い長方形に並べてみよう。

おさむ：**青**は７個足りないね。

さくら：縦を１列少なくすると１個余るね。

おさむ：**緑**の立方体は、縦の列の数が横の列の数より８列多い長方形に並べてみよう。

さくら：**緑**は３個足りないね。縦を１列少なくすると３個余るよ。

おさむ：**赤**、**青**、**緑**の立方体はそれぞれいくつあるのかな。

さくら：<u>列と余りの個数から計算してみよう。</u>

〔問題４〕　さくらさんは「<u>列と余りの個数から計算してみよう。</u>」と言っています。立方体の**赤**、**青**、**緑**から１色を選び○で囲み、選んだ色の立方体の個数を解答らんに書きなさい。

先　生：それでは、これらの立方体を使ってゲームを始めましょう。
おさむ：どんなゲームですか。
先　生：まず、１から６までの数字が書かれた**大きい**さいころと**小さい**さいころを１個ずつ用意します。この２個のさいころを使って対戦ゲームをします。
さくら：どのように対戦するのですか。
先　生：先ほど作った**赤**と**青**の２色のシールをはった立方体を、上の面が全て**赤**になるように６個ずつ、ゲームボード上に並べます。

おさむさんと**さくら**さんは、立方体を**図５**のように並べました。

図５　ゲームボード上に立方体を並べたようす

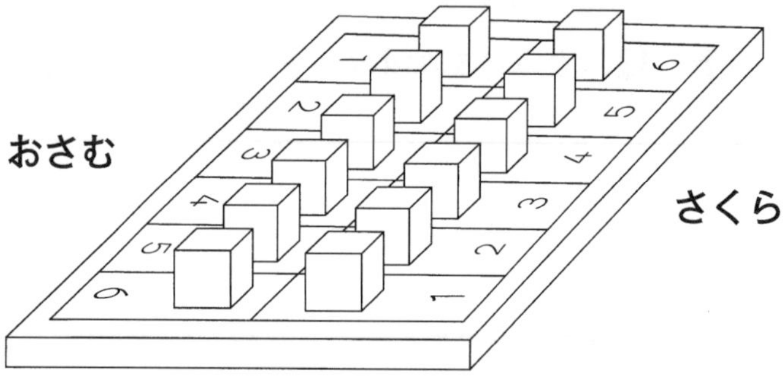

先　生：それでは、対戦ゲームのルールを説明します。対戦する２人のどちらかが、**大きい**さいころと**小さい**さいころの両方を同時にふります。さいころをふった人は、自分の前に並んでいる６個の立方体のうち、**大きい**さいころで出た数字の**約数**と同じ番号の立方体の上の面の色を変えます。
さくら：はじめは上の面が全て**赤**なので、**青**に変えるということですね。
先　生：そうです。次に、自分の前に並んでいる６個の立方体のうち、**小さい**さいころで出た数字と同じ番号の立方体の上の面の色を変えます。
おさむ：上の面が**青**のときは、また**赤**に変わってしまうのですね。
先　生：そのとおりです。２人が１回ずつさいころをふって、**青**の面の数が多かった方が勝ちです。

〔問題５〕　さくらさんが２個のさいころを同時にふったところ、さくらさんの前に並んでいる６個の立方体の上の面は、**赤**と**青**がちょうど３面ずつとなりました。**大きい**さいころと**小さい**さいころで出た数字はどのようであったかを答えなさい。ただし、答えは１通りではありません。考えられるうちの一つを解答らんに書きなさい。

まなぶさんと**ひとし**さんが工作クラブにやって来て、ゲームに参加することになりました。

先　生：４人で対戦しましょう。上の面を全て**赤**に戻します。では、４人でゲームを行うためのルールを説明します。

> ○ ゲームのルール
> ・２人ずつ１ゲームを行う。
> ・全員と対戦する総当たり戦とする。
> ・得点は、勝ちが３点、引き分けが１点、負けが０点とする。

先　生：得点の多い順に順位を決めます。
まなぶ：もし、得点が同じだった場合はどうするのですか。
先　生：２人以上の得点が同じ場合は、同じ順位としましょう。

４人とも２人ずつ対戦が終わったところで、途中経過について次のような会話をしています。

ひとし：４人とも、あと１人と対戦するから、残り２ゲーム行えば、総当たり戦は終わるね。
先　生：ここまでの得点はみんなちがっています。１位は**まなぶ**さん、２位は**おさむ**さん、３位は**さくら**さん、４位は**ひとし**さんです。
おさむ：１位の**まなぶ**さんと４位の**ひとし**さんの得点は３点しか差がないから、まだだれが１位になるか分からないな。
さくら：私も１位になることができるね。

〔問題６〕　さくらさんは「私も１位になることができるね。」と言っています。さくらさんが１位になるためには、次のゲームでだれと対戦して勝てばよいですか。そして、最後のゲームでだれとだれが対戦して、どのような結果になればよいですか。解答らんの〔　〕には名前を書き、【　】の中には対戦結果を書きなさい。

※[1], [3]は「東京都立中学校・中等教育学校共同作成問題」と同じです。

2　ある日の**武蔵**さんと**お父さん**の会話です。

武　蔵：今日、学校の授業でキャベツとレタスの栽培について学習したよ。地図帳で調べるとキャベツやレタスが生産されている地域がよく分かったよ。

父：私たちが住んでいる東京都には、全国各地からさまざまな野菜が毎日のように届いているんだ。

武　蔵：では、キャベツとレタスがどこからどのくらい東京都中央卸売市場に届くかを調べてみよう。

図1　2018年におけるキャベツの産地別入荷割合

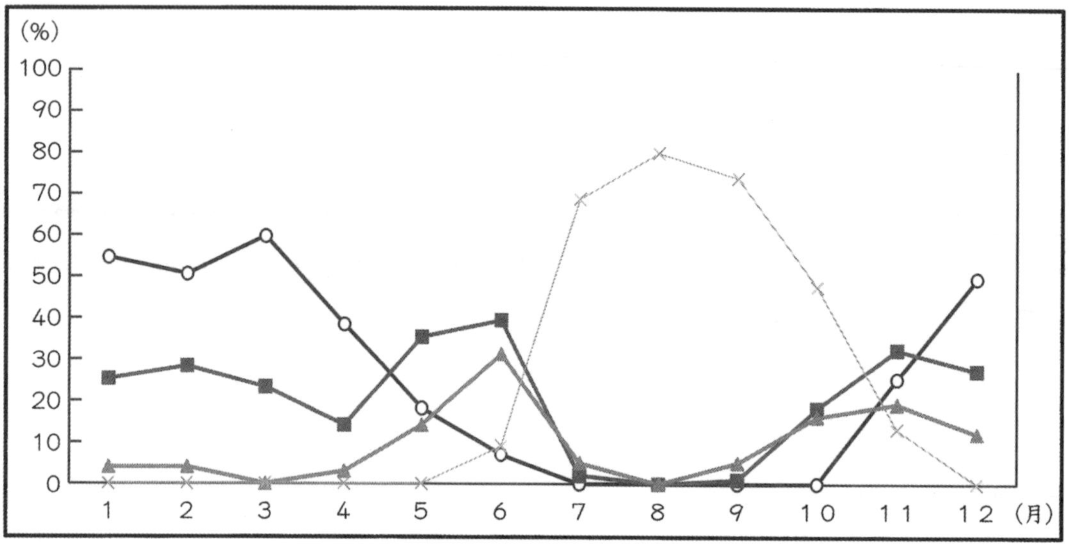

（東京都中央卸売市場　統計資料より作成）

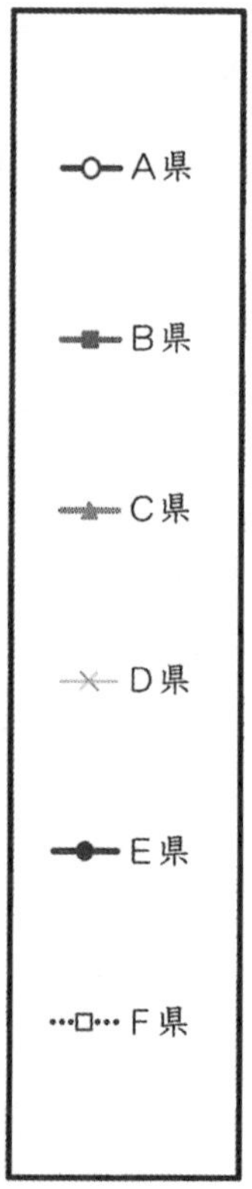

図2　2018年におけるレタスの産地別入荷割合

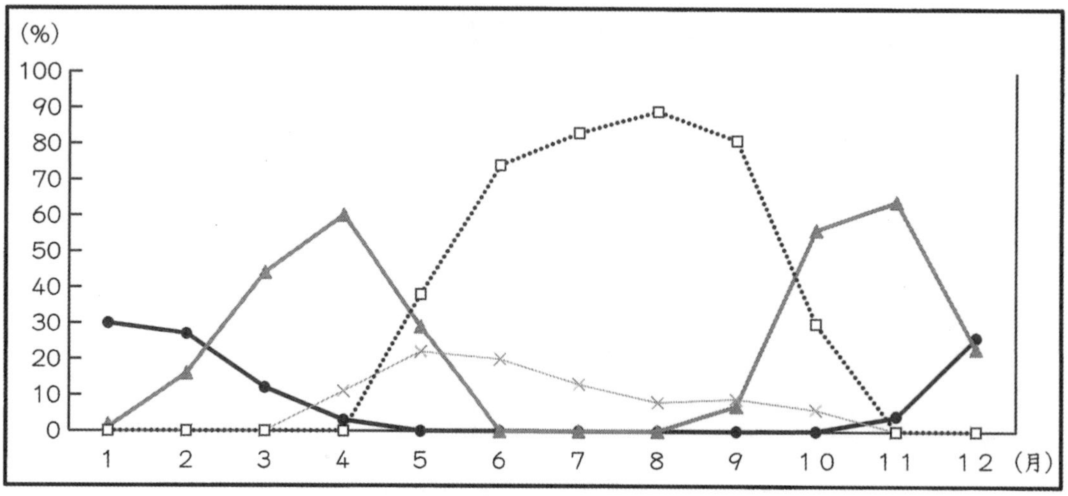

（東京都中央卸売市場　統計資料より作成）

父　：**図１**と**図２**は、それぞれ東京都中央卸売市場におけるキャベツとレタスの東京都以外の県からの入荷割合を月ごとにまとめた図だよ。

武　蔵：キャベツもレタスもさまざまな県から入荷されているんだね。

父　：キャベツは、季節により栽培場所を変えるリレー栽培で生産されているんだよ。

武　蔵：愛知県からの、１２月から４月の入荷割合が他の３県に比べて高くなっているね。

父　：愛知県では、暖流の影響で冬でも暖かい気候を生かしてキャベツの栽培を行っているんだよ。

武　蔵：千葉県からの、５月と６月と１１月の入荷割合が他の３県より高いね。一方、茨城県からは６月に千葉県に次いで入荷割合が高くなっているね。

父　：千葉県や茨城県は、近郊農業といって大都市である東京都に距離が近い地域で栽培する農業が行われているんだ。東京都に距離が近いという特ちょうを生かして東京都中央卸売市場に出荷されているんだよ。愛知県や千葉県、茨城県は、７月から９月に気温が高くなるので、入荷割合が低いんだ。

武　蔵：群馬県からの、７月から１０月の入荷割合が他の３県より高いね。

父　：群馬県の標高の高い地域では、キャベツの栽培をしているんだ。特に、夏でもすずしい気候と東京都に距離が近いという特ちょうを生かしているんだね。

武　蔵：レタスは、どうなのかな。茨城県からの入荷割合が３月と４月、１０月と１１月に他の３県より高いね。

父　：レタスもキャベツと同じように、気温が高くなる地域では入荷割合が低くなるんだ。

武　蔵：６月から９月にかけては、東京都中央卸売市場に入荷されるレタスの９割以上を群馬県と長野県がしめているね。特に長野県は入荷割合の７割以上をしめているね。

父　：長野県も、標高１０００メートルをこえる高い地域が多いんだ。

武　蔵：冬になると、どこがレタスの栽培に向いているのかな。

父　：キャベツと同じで、冬でも暖かい気候の静岡県や茨城県で栽培することが多くなるんだ。

武　蔵：農家やさまざまな人たちの努力により、安定して供給されるようにしていることがよく分かったよ。
キャベツやレタスの価格はどのように１年間で変わるのかな。

父　：２０１８年におけるキャベツとレタスの月ごとの１キログラム当たりの平均価格が分かる表を用意したよ（**表１**）。これらのことからどのようなことが分かるかな。

表１　２０１８年におけるキャベツとレタスの月ごとの１キログラム当たりの平均価格

	1月	2月	3月	4月	5月	6月	7月	8月	9月	10月	11月	12月
キャベツ（円）	198	253	139	90	63	80	102	100	78	87	84	72
レタス（円）	399	326	156	138	129	110	119	125	151	182	128	147

（東京都中央卸売市場　統計資料より作成）

武蔵高等学校附属中学校

〔問題１〕（１） 武蔵さんとお父さんの会話をもとに、**図１**と**図２**のＡ県からＦ県に当てはまる県名を書きなさい。ただし、Ａ県からＦ県に当てはまる県は全て本文中に登場した県である。

（２） キャベツかレタスのどちらかを選び、解答用紙に選んだものを○で囲んだ上で、平均価格が最も高い月は、平均価格が最も低い月の何倍の金額になるかを計算しなさい。ただし、計算で割り切れない場合は、小数第三位を四捨五入し、小数第二位まで求めなさい。

（３） **図１**、**図２**、**表１**と武蔵さんとお父さんの会話をもとにキャベツとレタスの生産の特ちょうを一つ説明しなさい。

武　蔵：最近は、地元の食材を地元で消費する地産地消が進んでいるよね。この間、給食で江戸野菜の小松菜と千寿ネギを使ったハンバーグが出たよ。

父　：地元で作られたものは、遠くへ運ぶ必要がないから安く手に入るし、いつ、どこで、どんな人が作った食材なのか分かると食べる人は安心だよね。

武　蔵：地元でどのような食材が作られているかを知るよい機会になるね。地産地消に関して、今はどのような取り組みをしているの。

父　：現在は、農家だけではなく、会社も農業に参加して地産地消に積極的に取り組んでいるんだよ。例えば、スーパーマーケットやコンビニエンスストアが自分の会社で田んぼや畑を借りて、米や野菜などを栽培しているんだよ。

武　蔵：いろいろな会社が農業に参加しているんだね。

父　：会社だけではなく農業の発展を支えるために協力しようという団体も増えてきているんだよ。**図３**は、農業に参加している会社などの団体数の変化を示した図だよ。また**表２**はなぜ会社などの団体が農業に参加するのか。その理由をまとめた表だよ。

図３　農業に参加している会社などの団体数の変化

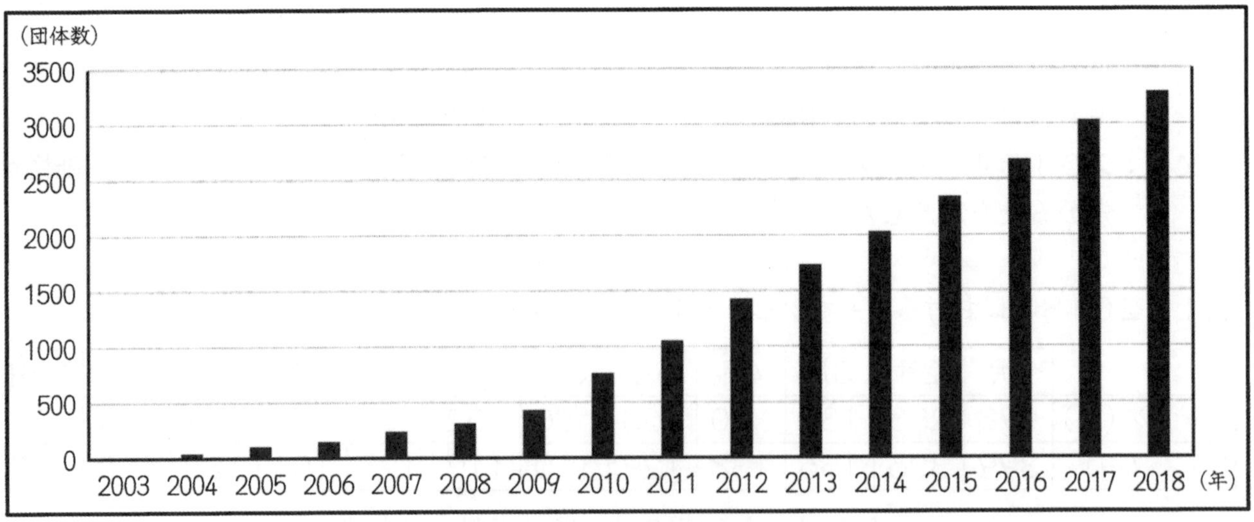

（２０１８年度　農林水産省　経営局　ホームページより作成）

表2　農業に参加する理由

理由	理由の説明
農業は大きな利益を上げられる	●安心・安全な農作物を食べたいという人が増えており、日本産の野菜などを買う人が増えており、利益が見こめるから。
地域に貢献できる	●はばの広い人材を集めるため、地域の人たちを雇い、働く場をつくることができるから。
会社が参加しやすい	●機械や技術など各会社にもともとあるものを生かしやすくなったから。
土地を借りやすい	●農地法の改正により、ふつうの農家と同じように会社も土地を借りられるようになったから。

（鳥取県農林水産部経営支援課　ホームページより作成）

父　：２００３年に、いわゆる特区法という法律ができて国が地域を指定して、会社などの団体が農業をすることを認めたんだ。２００４年には、それを全国に拡大していったんだ。

武　蔵：最初は、どんな団体が農業に参加していったの。

父　：国も農業に関わりがもともとある会社などの団体から認めていったんだ。例えば、農業の機械を作る会社や農作物の種を作っていた会社などがあげられるね。

武　蔵：たしかに、農業の知識が少しでもないと農業に関わるのが難しいよね。

父　：しかし、２００８年から国は、農業に関係しない会社などの団体も全国で農業ができるようにしたんだよ。

武　蔵：だから２０１０年ごろから急に農業に参加する会社などの団体の数が増えているんだね。どうして、もともと農業に関係しない会社が農業に参加していったのかな。

父　：現在、少子高れい化などの影響で農業をする人が減っていっているんだ。そこで、農業をする人を増やすために国が、農業を行う会社の税金を下げることで、農業をする人を増やそうとしたからなんだよ。また、会社にとっても農業に新しく参加することで、会社の将来の可能性を広げることになるんだ。あとは、農業に参加することで日本の食を支えることができるという気持ちもそれに関係していると言われているよ。

武　蔵：たくさんの人びとが農業に関わることで、農作物の価格が安定したり、年間を通して野菜などを供給できるようになったりするね。でも、農業をしていく上で大変なことはないのかな。

父　：たしかに、さまざまな苦労があると思うよ。**図４**は、実際に農業を行っている会社などの団体に対して、農業をする上でどんな苦労を抱えているかを答えてもらったアンケートの結果だよ。

図4　農業を行う上での課題

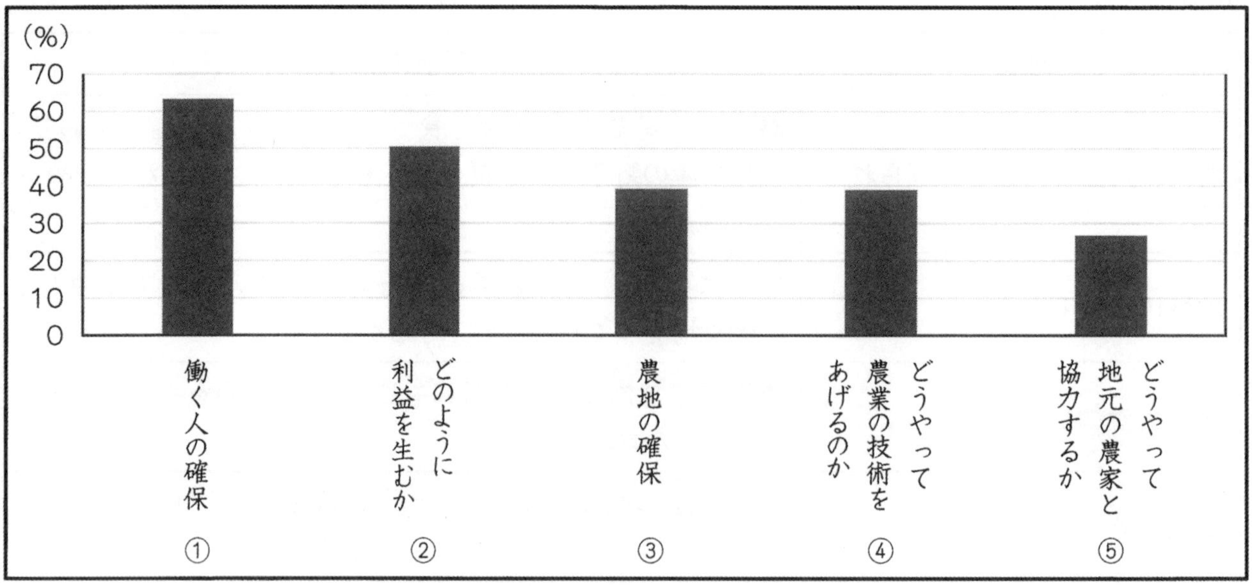

（2018年　日本政策金融公庫　「農林水産部調査」より作成）

武　蔵：働く人の確保を課題と考えている会社などの団体が60%以上、どのように利益を生むかを課題と考えている会社などの団体が50%以上いるんだね。

父　：解決するための取り組みとしては、例えば、農作物の販売を拡大させるために、地元のレストランや小中学校の給食で活用してもらっているんだ。そうすれば、その会社が作った農作物がおいしいというのが広まり、販売が拡大していくよね。

武　蔵：給食やレストランでおいしいと分かると家の近所なこともあって、買いに行こうと思うからね。

父　：あとは、地元の働く人の確保にも役立っているんだ。別の会社を退職してまだ働きたいと思っている人たちや短時間なら働ける人たちを積極的に採用して、多くの人たちに生産に関わってもらっているんだよ。

武　蔵：だれでも同じように野菜や果物を生産することができるのかな。

父　：それは、地元の農家などの協力を得て、だれでも簡単に同じ味を出せるような栽培の説明書を作成して、会社などに配っているんだ。これがあれば、だれでも同じ品質で同じ味の野菜や果物を作ることができるんだよ。

武　蔵：多くの人たちを雇うとたくさん農地も必要になるよね。

父　：日本には、昔は田んぼや畑だったところが、現在は空き地になっているところが多いんだ。それを、会社が借りて再び農業に使ってもらうことで、大規模に農業を行えて、生産にかかる費用をおさえることができるんだ。また、その空き地の持ち主にしても、賃料が入るから両方が得するしくみなんだよ。

武　蔵：たしかに、僕の小学校のまわりでも、昔は畑だったけど、今は空き地になっている場所がたくさんあるよ。この取り組みが進めば、たくさん野菜や果物を栽培できて、日本の食を支えることもできるようになるね。

父　：そうなんだ。現在でも農業ではさまざまな取り組みを国が行ったり、農家や会社などが努力して新しい農業を行ったりしているんだよ。日本の農業には、さまざまな可能性があふれているね。

〔問題2〕（1） **図3**より、２０１０年ごろから農業に参加する会社などの団体が急に増えている。その理由を武蔵さんとお父さんの会話と**表2**をふまえて二つ説明しなさい。

（2） **図4**より、日本の会社などの団体は、農業をするに当たり、さまざまな課題に直面している。その解決に向けての努力を武蔵さんとお父さんとの会話をふまえて、二つ説明しなさい。その際、**図4**のどの課題に着目したのかが分かるように①から⑤の番号を解答らんに書きなさい。

東京都立武蔵高等学校附属中学校　適性検査Ⅲ（検査時間45分）

（解答用紙は別冊34 P）（解答例は別冊20 P）

1　**はるき**さん、**なつよ**さん、**あきお**さん、**ふゆみ**さんの４人は、学校で行われる夏休みの研究発表に向けて準備をしています。

４人は、クラスの人たちに向けて、日本の伝統的な建造物で使われている技術をしょうかいすることにしました。

はるき：日本の伝統的な木造建築の中には、くぎやボルトなどを使わないで組み立てられたものもあるよ。

ふゆみ：組木といって、二つの角材をぴったり一体化させることで、高い強度をもつように設計されているということを聞いたことがあるよ。

あきお：私たちでもみんなに分かりやすく組木の仕組みをしょうかいできないかな。

なつよ：図書館で調べてみよう。

４人は図書館に行き、いろいろな組木がのっている本を調べました。

はるき：**図１**のように木材を延長する方法ならば実際に作ってしょうかいできそうだね。

なつよ：組木の特ちょう的なつなぎ方を分かりやすくみんなにしょうかいするための、模型の作り方を考えよう。

図１

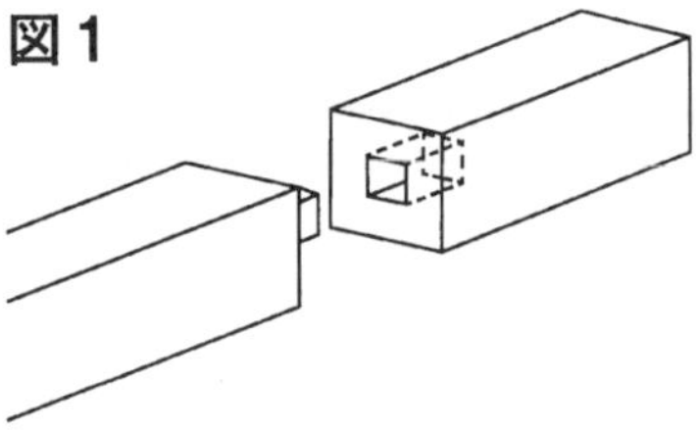

〔問題１〕　**図２**の立方体①を切断して**図２**の立体②、③、④に分ける。立体②の高さは立方体①の高さの３分の２である。また、立体③は底面を正方形とする直方体である。立体⑤は立体③と立体④を重ねた図形である。立体②と立体⑤の体積が同じとき、立体②の体積は、立体③の体積の何倍であるか求めなさい。また、そのときの立方体①の１辺の長さと立体③の底面の正方形の１辺の長さを求めなさい。ただし、立方体①の１辺の長さは１０ｃｍ～１５ｃｍの整数の値とする。

図２

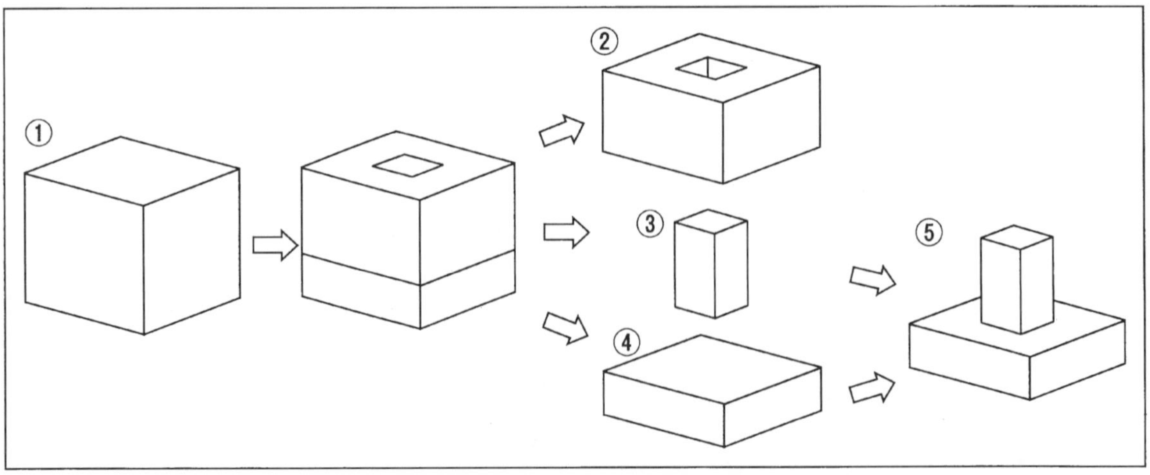

ふゆみ：私は、日本の伝統的な建造物の色に注目してみたよ。社寺建築には、日本画をかくときの特別な絵の具が使われていることが多いみたいだね。色をぬる目的だけではなく、ふ敗を防ぐ目的もあるようだよ。

なつよ：お寺で使われる色は、しゅ色、白色、黄色、黒色、ぐんじょう色が多いようだね。せっかくだから、色のしょうかいもしたいので５色の絵の具を使って、**図２**の立体②にいくつかの**ルール**を決めて色をぬってみよう。

ふゆみ：**図３**のように、**図２**の立体②の机(つくえ)に接している面と、その向かい側の面を底面とし、底面にはさまれた立体の外側の４か所の面を側面、内側の４か所の面を内部の面としよう。

はるき：５色の絵の具を使って**ルール**に従(したが)い、**図３**に色をぬるときに、ぬり方は何通りあるのかな。

図３

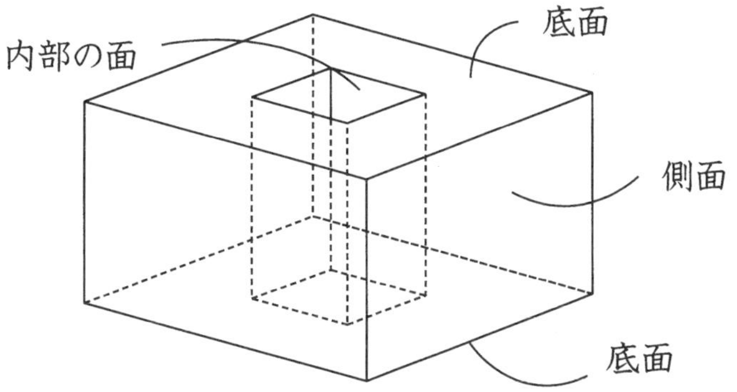

ルール

1．**図3**の立体をしゅ色、白色、黄色、黒色、ぐんじょう色の５色の絵の具でぬる。
2．絵の具はまぜない。
3．一つの面は１色の絵の具で全面にぬる。
4．**図3**の立体の二つの底面は同じ色でぬる。
5．側面、二つの底面、内部の面には、それぞれとなり合った面とはちがう色をぬる。
6．側面の４か所は全てちがう色を使う。
7．内部の面の４か所は全てちがう色を使う。
8．**図3**の立体を回転させて一致するぬり方は同じものとみなす。
　例　**図2**の立体③の直方体の側面をぬった場合、以下のぬり方は同じものとみなす。

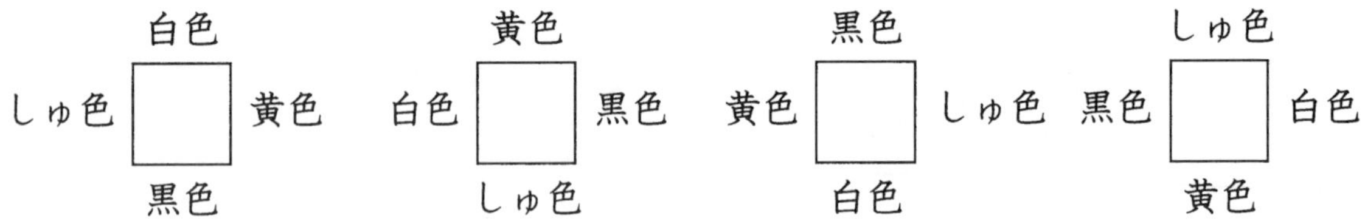

〔問題２〕　**図3**の面のぬり方は全部で何通りあるか答えよ。また、答えを導き出すために、どのようにして考えたのか言葉や式を使って説明しなさい。ただし、面のぬり方は**ルール**に従ってぬられているものとする。

なつよ：組木の特ちょう的なつなぎ方とお寺でよく使われる５色の絵の具のぬり方が決まったので、発表のための模型を作って展示しよう。

４人は学校から１辺が３０ｃｍの立方体の木材と大きい方眼紙をもらった。展示用の大きな机の上に方眼紙をしき、その上に組木の模型を置くことにした。また、展示物がよく見えるように高さ６０ｃｍの電灯を用意してもらった。

あきお：電灯を置くと、かげができたよ。電灯の位置によって、かげの大きさが変わるね。
なつよ：電灯は、大きな机の上にあるレールＡＢ上を移動することができるみたいだね。（**図４**、**図５**）
ふゆみ：電灯をＡＢ上のどの地点においても、立体⑥の内部の面に囲まれた方眼紙の部分は常にかげになっているよ。
はるき：かげはちょうどよい大きさにすると、展示物がきれいに見えるね。
ふゆみ：展示の条件を**ルール**にすると下のようにまとめられるね。

ルール

１．立体⑥と立体⑦を**図５**のように一辺が５ｃｍの方眼紙の上に配置する。
２．**図４**、**図５**のようにレールＡＢ上を電灯⑧が１０ｃｍごとに移動できる。
３．電灯⑧の高さは６０ｃｍである。
４．立体⑥がつくるかげは、立体⑦にかかってはならない。
５．かげの面積は１５００ｃｍ^{2}以上１８００ｃｍ^{2}以下とする。
　ただし、かげの面積は方眼紙上のものにかぎる。

図４

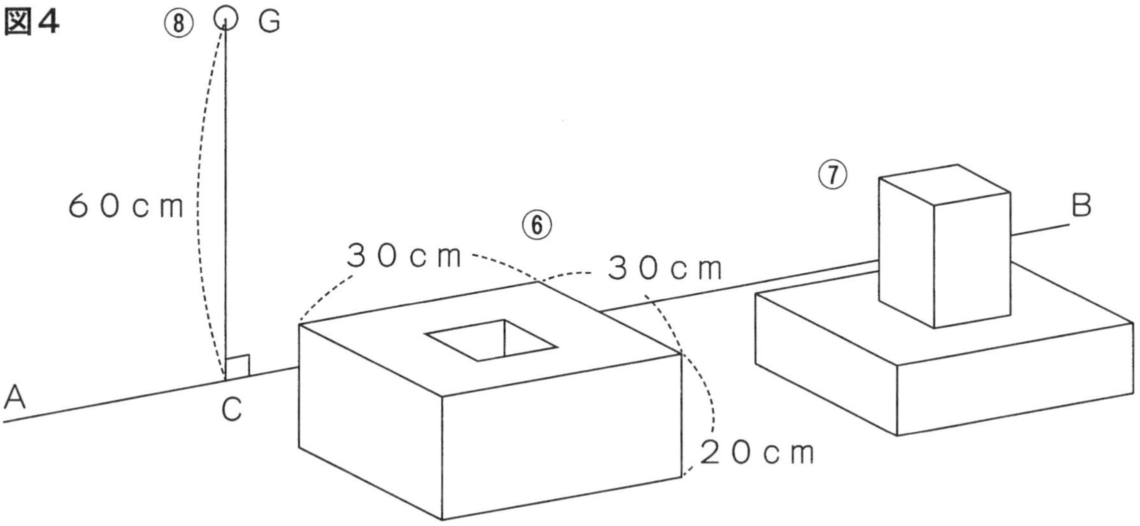

図5　電灯⑧の位置がCのとき

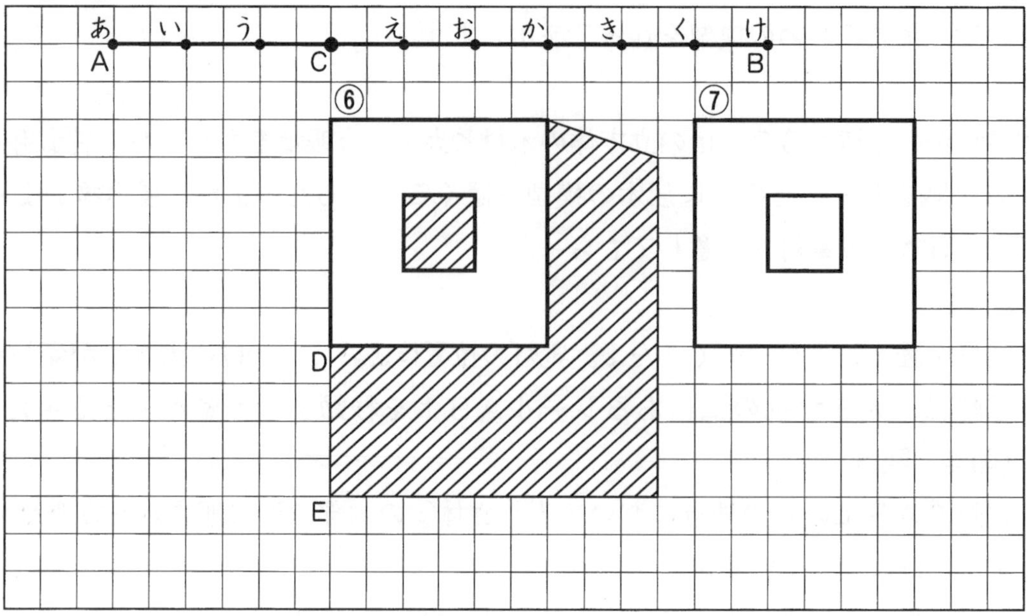

なつよ：C地点に電灯があると立体⑥がつくるかげの長さ（DE）が20cmになったよ。

あきお：電灯⑧の高さは60cmで、レールと立体⑥は10cmはなれているね。

はるき：あれ、C地点からかげの先端(せんたん)Eまでの長さと、電灯⑧の高さが同じ長さになっているね。また、かげの長さと、立体⑥の高さも同じ長さになっているよ。電灯⑧の位置Gからかげの先端Eを結ぶと直角三角形になるね。

図6

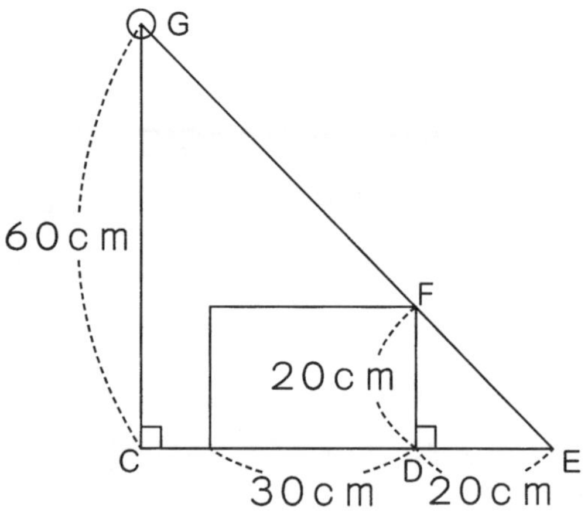

ふゆみ：直角三角形EDFを3倍に拡大(かくだい)すると直角三角形ECGになるね。また、電灯⑧の高さは立体⑥の高さの3倍になっているよ。電灯の高さと立体の高さの比が直角三角形EDFと直角三角形ECGの辺の長さの比になっているようだね。

はるき：電灯⑧によって立体⑥がつくるかげの大きさについて考えてみよう。

〔問題3〕　かげの大きさが$1500cm^2$以上$1800cm^2$以下となるような電灯⑧の位置をあ～けの中から1つ選びなさい。またそのときの立体⑥がつくるかげの形を**図5**のようにわくで囲み、しゃ線でかきなさい。さらにかげの部分の面積を求めなさい。

2 **はるき**さん、**なつよ**さん、**あきお**さん、**ふゆみ**さんの４人は、総合的な学習の時間にグループで取り組む調査について相談しています。

はるき：ニュースで地球温暖化（ちきゅうおんだんか）という言葉をよく聞くけど、それについて何か調べられないかな。
なつよ：気温が上がるとどのようなことが起こるのかな。
あきお：気温が変わってきたことで生き物の様子が変わることがあると聞いたことがあるよ。
ふゆみ：私（わたし）も聞いたことがあるよ。クマゼミというセミは、日本では四国や九州といった西日本で主に観察されていたけれど、最近は関東地方でも多く観察されるようになってきたようだよ。東京（とうきょう）でもだんだんとクマゼミの数が増えてきたようだよ。
はるき：それは興味深いね。私たちでも調べられるかもしれないから、考えてみようよ。
ふゆみ：まず、本当に東京の私たちが住む町で他のセミと比べてクマゼミが増えているのかを調べる必要がありそうだね。どうやって調べたらいいかな。
あきお：たとえば地域（ちいき）の人にアンケートをとってみたらいいのではないかな。
なつよ：実際に探（さが）しに行ってみてもいいかもしれないね。

【あきおさんの調べ方】

「クマゼミの鳴き声を聞いたことがありますか？」というアンケートを取り、回答結果を記録する。

【なつよさんの調べ方】

家の近くの公園に行き、クマゼミのぬけがらを探し、その数を記録する。

ふゆみ：なるほど。でも２人の調べ方では、どちらもクマゼミが他のセミよりも増えていることをより正確に調べるには不十分ではないかな。
はるき：そうだね。もう少し正確に調べる方法を考えてみよう。

〔問題１〕 **【あきおさんの調べ方】**と**【なつよさんの調べ方】**よりもクマゼミが他のセミよりも増えていることをより正確に調べるには、それぞれの方法に、さらにどのようなことを追加して調べればよいですか。どちらか１人の調べ方を選び、追加して調べる方法を具体的に述べなさい。

はるき：そもそもクマゼミはどんな生き物なんだろう。

なつよ：クマゼミはこん虫の仲間で、セミはとても長い時間土の中で過ごすと聞いたことがあるよ。

あきお：学校で学習したチョウは、卵から幼虫が生まれて、さなぎになって、成虫になるんだったね。セミも同じかな。

ふゆみ：セミはさなぎにならないみたいだよ。

はるき：そうなんだ。知らない人もいるかもしれないから、そういうことも調べて、一緒にまとめておこう。

ふゆみ：クマゼミとモンシロチョウについての本があったから、それを参考にして、それぞれの一生を比べてみよう。

あきお：幼虫でいる時間を見てもけっこうちがいがあるんだね。

はるき：数字だけで見比べても分かりづらいから、グラフにしてみようよ。

なつよ：それぞれの時間の単位が異なっているので、割合を求めて円グラフで表すと、比べやすそうだね。

ふゆみ：この本にかいてある時間をまとめてみたよ。

> **【ふゆみ**さんのメモ**】**
>
> クマゼミ
> 　卵：１年、幼虫：７年、成虫：１か月
>
> モンシロチョウ
> 　卵：５日、幼虫：１２日、さなぎ：１０日、成虫：１４日

はるき：モンシロチョウは必ず卵から５日で幼虫になるのかな。

ふゆみ：いいえ、そうとは限らないみたいだよ。季節によってもちがったりするようだから、クマゼミもモンシロチョウも、どちらもおよその時間だと、本には書いてあるよ。

なつよ：発表するときにはそのことも伝えておかないといけないね。

あきお：そうだね。今回グラフを作るのには、この**【ふゆみ**さんのメモ**】**に書いてある時間を使おう。

はるき：では、みんなでグラフの作成を分担しよう。

〔問題２〕　クマゼミまたはモンシロチョウのどちらかのこん虫を選び、一生のうちのそれぞれの時間の長さの割合を百分率で求め、円グラフにしなさい。それぞれの割合は百分率で表した数の小数第二位を四捨五入し、小数第一位まで求めなさい。また、円グラフは実線の位置からかき始め、一生の流れが分かるようにかきなさい。なお、それぞれの時間の割合（％）を、数値が分かるように工夫して記入すること。

はるき：ここまで自分たちで調べてきたけれど、調べた結果からさらにどのように調査を進めていけばいいかな。

あきお：同じようなことをこれまでに他のだれかが調べたりしていないかな。それがあれば参考にできるかもしれないね。

ふゆみ：一度先生に相談してみたらどうかな。

4人は先生のところへ行き、自分たちのグループの調査について先生に相談することにしました。

先　生：なるほど、みなさんよく考えていますね。例えば実際に大阪(おおさか)で行われた調査では、他のセミよりも、クマゼミが増えていたということが分かりました。そしてその原因を調べるためにいろいろなことが調査されました。みなさんもこれからそういった調査をしていく上では、まず仮説を立てることが大切になります。こちらの図を見てみましょう。（**図１～図５**）

あきお：たくさんグラフがありますね。

はるき：**図４**の「－２１℃」というのは何ですか。

先　生：それは０度よりも２１度低い温度であるということを表しています。数字が大きくなるほど、低い温度ということです。

なつよ：**図５**の「実験せず」というのは何ですか。

先　生：それは硬(かた)い土から順番に実験したところ、クマゼミは３番目に硬い土でほとんどがもぐれたことから、次の一番やわらかい土では全部もぐれるだろうと予想して、実験を省略したということです。

ふゆみ：実験結果だけでなく、気温や湿度(しつど)の記録もあるのですね。

先　生：はい。これらの図はクマゼミが増えてきたことについていくつかの仮説が立てられ、それを確かめるために行われた調査の結果です。
セミについての説明を補足(ほそく)しておきますが、セミは地上の木に卵をうみ、卵で冬をこします。卵から生まれることをふ化といいますが、暖(あたた)かくなって地上でふ化した幼虫は、雨がふった後など、土がしめっているときに地中に入り、その後数年間地中で過ごし、地上に出てきて羽化(うか)して成虫になるのです。
では、仮説を立てる練習として、すでに大阪で調査された結果をもとに、どのような仮説が立てられるだろうかということを、みなさんで考えてみましょう。

〔問題３〕　次の**図１～図５**の中から必要なものを二つ選び、クマゼミが増えた原因について、選んだ図から読み取れることをもとに、どのような仮説が考えられるかを説明しなさい。
　解答用紙には、選んだ図の記号とその図から読み取れることをそれぞれ書き、考えた仮説を書くこと。

図1　大阪における１月の平均気温の変化

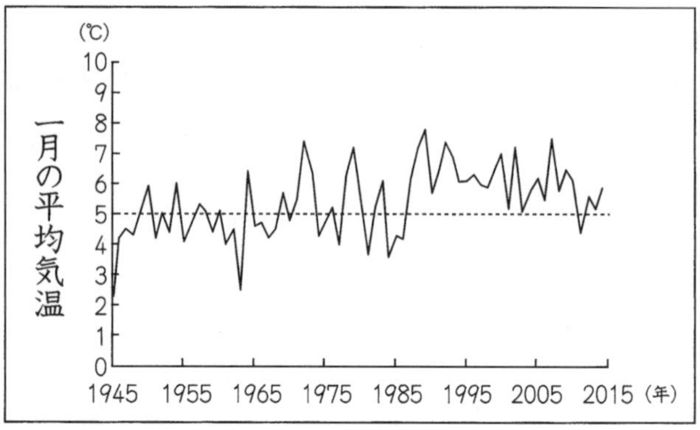

(沼田英治「クマゼミから地球温暖化を考える」より作成)

図2　大阪における１年間の平均湿度の変化

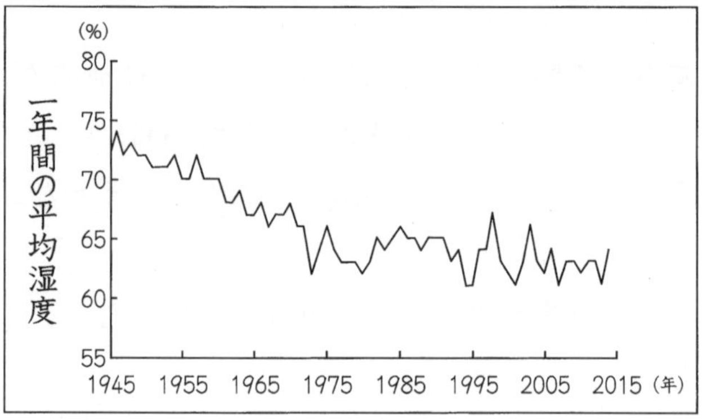

(沼田英治「クマゼミから地球温暖化を考える」より作成)

図3　クマゼミとアブラゼミのふ化直前の卵を、それぞれ異なる湿度にした日数とふ化率の関係

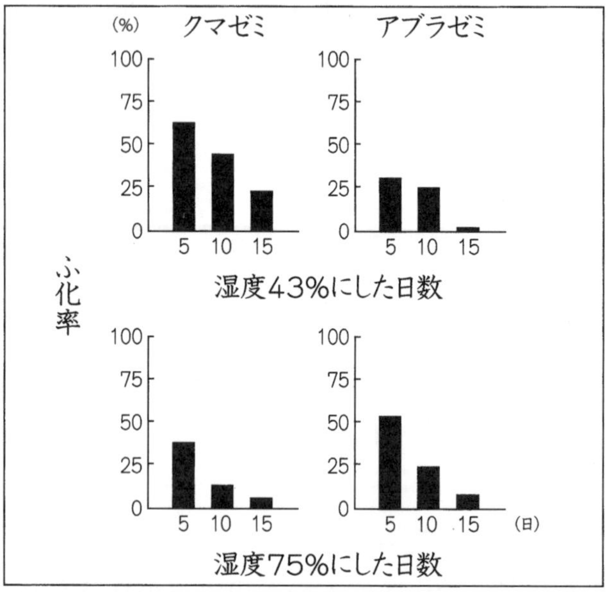

(沼田英治「クマゼミから地球温暖化を考える」より作成)

図4　クマゼミとアブラゼミの卵を低温の状態にしたときの、それぞれの温度での死亡率

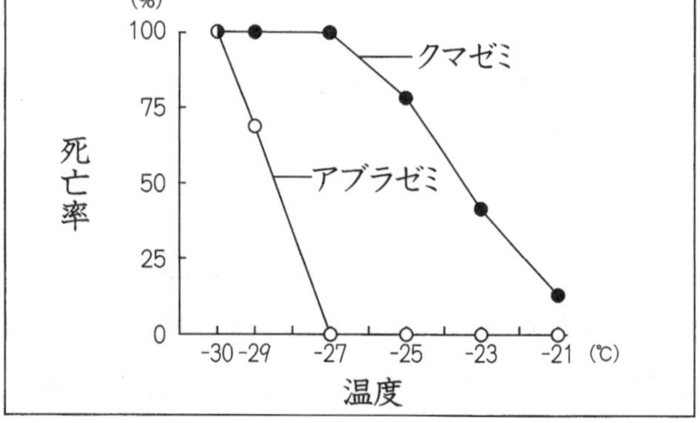

(沼田英治「クマゼミから地球温暖化を考える」より作成)

図5　数種類のふ化したばかりのセミの幼虫が、異なる硬さの土に置かれたときに、１時間以内に土の中にもぐることができた割合

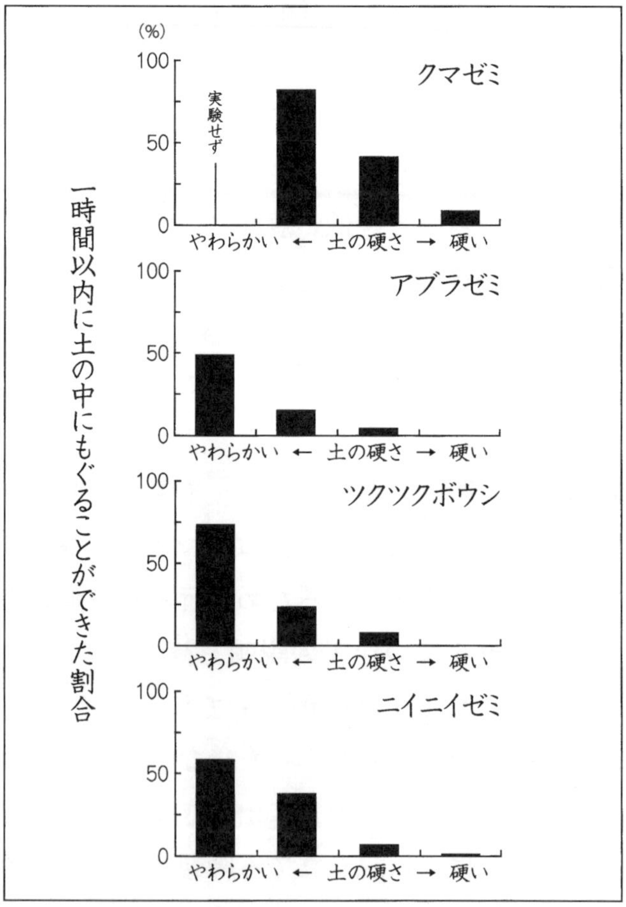

(沼田英治「クマゼミから地球温暖化を考える」より作成)

東京都立大泉高等学校附属中学校　適性検査Ⅲ（検査時間45分）

（解答用紙は別冊36Ｐ）（解答例は別冊21Ｐ）

1　**こういち**さんと**かつのぶ**さんが話をしています。

図1

こういち：今からカードを作りたいんだけど。

かつのぶ：手伝うよ。どんなカードを作るの。

こういち：１と２と３の数字がそれぞれ一つずつ表にだけ書かれた正方形のカードを、それぞれ同じ枚数だけ作るんだ（**図1**）。

かつのぶ：ここに、書ける線の太さのちがう３本の新しいボールペンを用意したよ。

こういち：「０.３mm」と「０.５mm」と「０.７mm」だね。

かつのぶ：どのボールペンで何枚のカードが作れるかな。

こういち：かつのぶさんが用意した、書ける線の太さのちがうボールペンについて、どれくらいの長さが書けるか分かる表を用意してみたよ（**表1**）。

かつのぶ：それぞれ何m書くと、インクが全体からどれくらい減るのかが分かるようになっているんだね。

表1

書ける線の太さ	書いた長さ	インクの減った割合
０.３mm	２４m	５.９%
０.５mm	３０m	４.４%
０.７mm	１５m	２.４%

かつのぶ：カードに数字の１を書くためには６.５cm、２を書くためには１９.７cm、３を書くためには２５.１cmの長さがそれぞれ必要になるみたいだよ。

こういち：ではボールペンを使って、カードを作ろうかな。

かつのぶ：私は、こういちさんとは別の、書ける線の太さがちがうボールペンを使って書こうかな。

〔問題１〕　かつのぶさんが用意したボールペンのうち１本を使って、１と２と３が書かれた正方形のカードをそれぞれ同じ枚数用意する。このとき、１と２と３の数字が書かれた正方形のカードを合わせて最大で何枚作れるか、「０.３mm」、「０.５mm」、「０.７mm」のうち二つを選び、○で囲み、それぞれについて答えなさい。

こういち：さっきからカードを作っているのだけれども、どんどん机の上がふさがってきて、書ける場所がなくなってしまったよ。

かつのぶ：仕方ないから、かべにあてて書いてみるしかなさそうだね。

こういち：何とかうまく書けたよ。

かつのぶ：そういえば、ボールペンは上向きにはうまく書けなくなるんだって。

こういち：本当かい。ためしてみよう。

かつのぶ：やっぱり途中でインクが出なくなって、書けなくなるね。

こういち：どうしてなんだろう。

かつのぶ：一般的なボールペンは、インクが落ちてくる力で、出てくるようになっているんだ。だから、上や横にボールペンを向けるとインクが出づらくなるんだよ。

こういち：それだと、大変なことにならないかな。一つ疑問があるのだけれど。

かつのぶ：どうしたの、どんな疑問が出てきたのかな。

こういち：下向きなのに、

□

理由はなんだろう。

図2

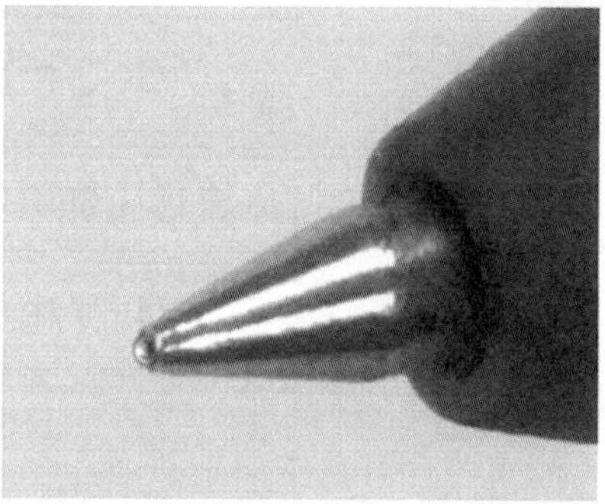

かつのぶ：それは、この写真を見てほしいんだ（**図2**）。この写真を見ると、ボールペンの先にボールがついているのが分かると思うんだ。このボールがあるから大丈夫なんだよ。

こういち：そうなんだ。すごく小さくて目には見えないくらいだけど、そのようなしくみがあるんだね。

〔問題２〕　こういちさんの疑問としてふさわしい文になるように、□に当てはまる言葉を１０字以内で答えなさい。ただし、そのあとのかつのぶさんとの会話文に合うようにすること。

かつのぶ：無事に全部書けたね。

こういち：手伝ってくれてありがとう。

問題を解くときに、問題用紙や解答用紙、ティッシュペーパーなどを実際に折ったり切ったりしてはいけません。

2 **ゆい**さんと**さき**さんが家で話をしています。

ゆい：弟に作ってもらった１と２と３の数字がそれぞれ一つずつ書かれた正方形のカードが、たくさん置いてあるよ。

さき：ばらばらに置いてあるね。

ゆい：１と２と３の数字がそれぞれ一つずつ書かれたカードは、それぞれ同じ枚（まい）数があるはずなんだけど、１枚なくしてしまったんだ。

さき：それは困（こま）ったね。でもカードを集めて枚数を数えなくても、どのカードをなくしてしまったか分かる方法があるよ。

ゆい：どうやったら分かるの。

さき：カードに書かれた数字を全て合計すれば分かるんだ。

〔問題１〕　ばらばらに置いてあるカードに書かれた数字を全て合計すると、なくしてしまったカードに書かれた数字が分かる。その理由を、解答らんに合うように６０字以内で書きなさい。

ゆい：この１と２と３の数字がそれぞれ一つずつ書かれたカードで何かできないかな。

さき：１と２と３の数字だけを使って、**図１**のようなわり算のひっ算をしてみよう。

図１

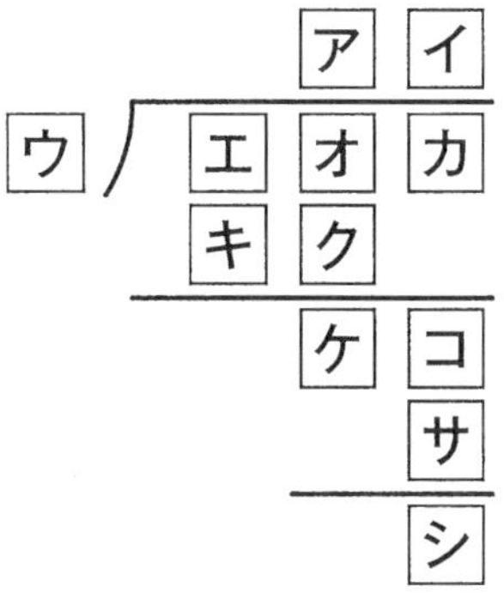

ゆい：なかなかできないね。

さき：あと少しで、できそうなんだけど。

〔問題２〕　**図１**の**ア**から**シ**に１か２か３の数字を当てはめなさい。ただし、２か所だけ当てはまりません。当てはまらない場所には、４から９までの１けたの数字を当てはめなさい。また、１と２と３の数字は何回使ってもよいこととする。

ゆい：他にも１と２と３の数字がそれぞれ一つずつ書かれたカードで何かできないかな。

さき：たくさんあるカードで立方体をいくつか作ってみよう（**図２**）（**図３**）。

図２

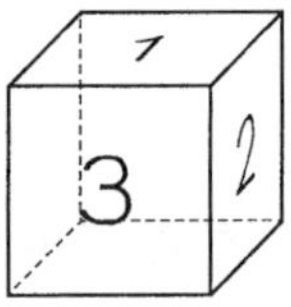

図３　（図２の展開図）

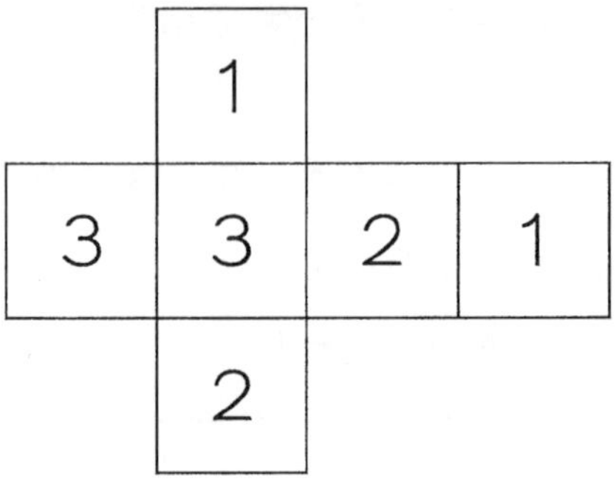

ゆい：図２の立方体を１４個も作ったよ。

さき：次は作った１４個の立方体を全て使って、**図４**のような立体を作るよ。

図４

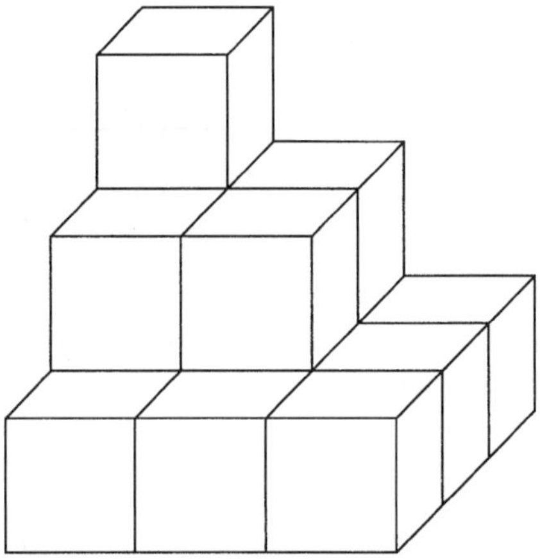

ゆい：立体の表面に書かれている数字の合計が最大になるように、**図４**のような立体を作ってみるね。

さき：では私は、**図２**の立方体を１４個作って、立体の表面に書かれている数字の合計が最小になるように、**図４**のような立体を作ってみるね。

さき：できたよ。おたがいの数字を確認してみよう。

〔問題３〕　ゆいさんかさきさんが作った立体のどちらかを選び、○で囲みなさい。また、○で囲んだ人が作った**図４**の立体の表面（下の面も含む）に書かれている数字の合計を答えなさい。

ゆい：最大と最小では何か関係性がありそうだね。

さき：おもしろそうだね。もっと考えてみたいな。

（解答用紙は別冊38P）（解答例は別冊22P）

※2, 3は「東京都立中学校・中等教育学校共同作成問題」の2, 3と同じです。

1 **みつこ**さんと**たかお**さんは、自由研究の題材を探しに、博物館に行き、和風建築について展示されているコーナーを見学しています。

みつこ： 畳の部屋がたくさんあるね。
たかお： 本当だ、大広間や小部屋もある。
みつこ： 私の家の畳は長方形だけれど、正方形の畳もあるよ。
たかお： 部屋の大きさや形に合わせて、使う畳の種類や枚数、並べ方を変えているね。

みつこさんと**たかお**さんは、畳の並べ方について**係員**に聞いてみることにしました。

係　員： この部屋のゆかの形は正方形です。そこに正方形の畳１枚と、長方形の畳４枚を並べています。長方形の畳は正方形の畳２枚分の大きさです。（**図１**）
みつこ： この部屋の広さのことを４畳半というのですよね。
係　員： そうです。４畳半の正方形の形をしたゆかに畳を並べる方法は他にもあります。
たかお： どんな方法があるか考えてみるのはおもしろそうですね。
みつこ： 紙を使って調べられないかな。
係　員： ここに縦の長さが１０ｃｍ、横の長さが２０ｃｍの長方形の紙が４枚と、１辺の長さが１０ｃｍの正方形の紙が１枚あります。
みつこ： この５枚の紙を使って正方形の形に並べる方法は全部で何通りあるのかな。
たかお： 実際に紙を並べて考えてみよう。
みつこ： 私たちが考えた並べ方（**図２**）は、２本の対角線が交わった点を中心にして回転させると展示されている畳の並べ方（**図１**）と同じだね。

図１

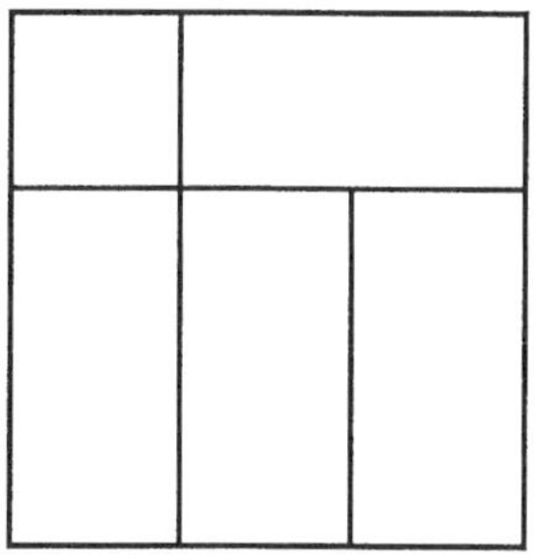

図２

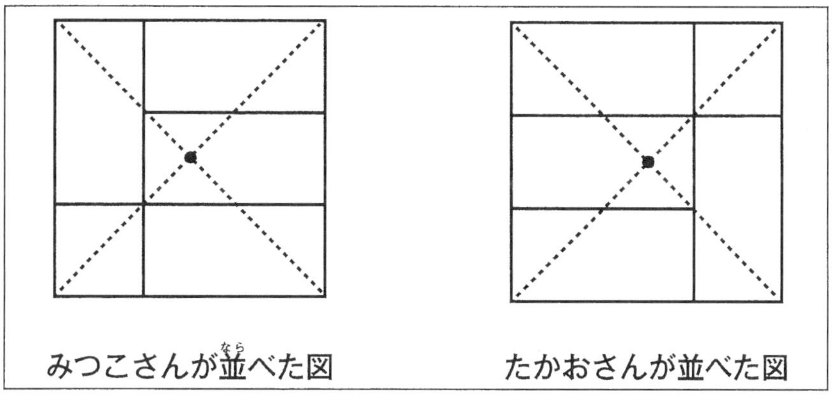

たかお：５枚の紙を使って正方形の形に並べるときに、２本の対角線が交わった点を中心にして回転させるとぴったり重なる並べ方は同じ並べ方と考えることにしよう。他に並べ方はないかな。

〔問題１〕　会話文の下線部にある計５枚の紙を使って正方形の形に並べる方法は、**図１**、**図２**で示された１通り以外に全部で何通りあるか答えなさい。また、そのうちの２通りの図を、次の例にならってかきなさい。

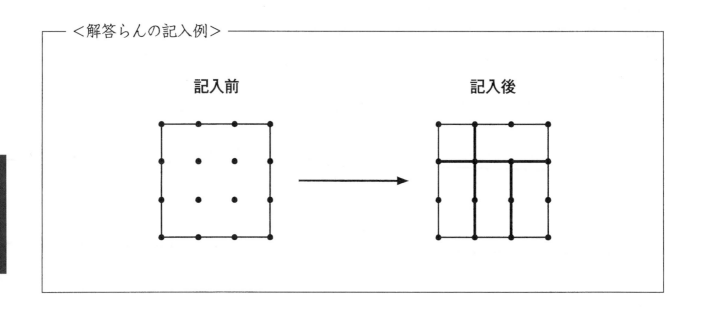

＜解答らんの記入例＞

記入前　　　　**記入後**

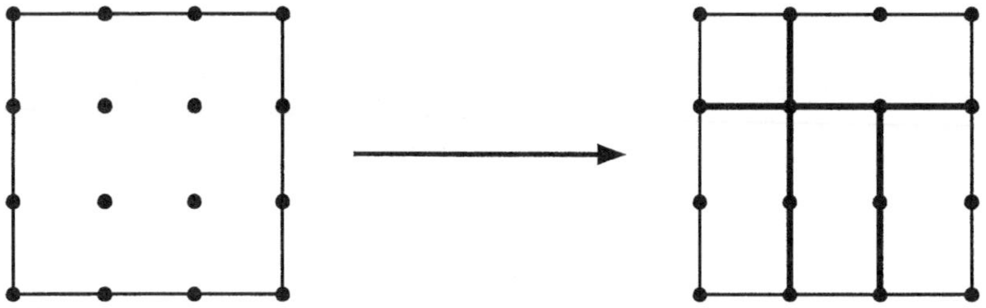

みつこさんと**たかお**さんは、次に、和算書が展示されているコーナーを見学しています。

みつこ：和算書というのはどういうものなのですか。
係　員：日本では江戸時代に和算と呼ばれる独自の数学が発展しました。その和算を研究してまとめた数学書のことです。
たかお：この和算書は図形について書かれているね。
みつこ：円の面積を求める問題がのっているよ。
たかお：円の面積は（半径）×（半径）×（円周率）で求められるね。
係　員：円の面積を、円周率を使わずに計算していた時代もありました。そのことについて書かれている書物をしょうかいしましょう。
たかお：ぜひ教えてください。
係　員：例えば、古代エジプトの数学書で、「リンドパピルス」というものがあります。その本では、「円の面積は、円の直径からその９分の１を引いた長さを１辺とする正方形の面積と等しい」としていたそうです。この方法で計算すると、円周率を約３.１４として、（半径）×（半径）×（円周率）で計算したときとはちがう結果が出てきます。
たかお：つまり円周率が約３.１４ではないということですか。

みつこ：円周率はいくつになるのだろう。
たかお：円周率がいくつになるのかを確認（かくにん）する方法はないかな。
みつこ：直径を決めて計算したらどうかな。

〔問題２〕　直径を決めて、会話文の波線部にある円の面積の求め方から、円周率がいくつになるのか求めなさい。また、求め方を言葉と計算式を使って説明しなさい。ただし、計算した円周率は小数第三位を四捨五入（ししゃごにゅう）して小数第二位まで求めること。

みつこさんと**たかお**さんは、次に、東京都にある建築物の模型（もけい）が展示されているコーナーを見学しています。

図３

みつこ：国会議事堂を見つけたよ。（**図３**）
たかお：中央の建物を中心に左右対称（さゆうたいしょう）になっているみたいだね。
みつこ：中央の建物の屋根の形が階段（かいだん）みたいだね。
たかお：自由研究で、国会議事堂の模型を作るというのはどうかな。
みつこ：屋根の形が難（むずか）しそうだけど、立方体を積めば、似たような形になるね。
たかお：今度学校で作ってみよう。

次の日に二人は学校で、国会議事堂の屋根の模型の作り方について話し合いました。

図４

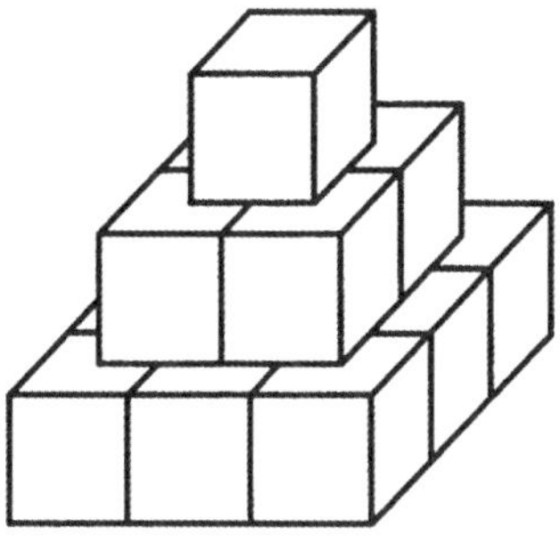

たかお：立方体を使って３段作ったよ。（**図４**）
みつこ：立方体が上から１段めに１個、上から２段めに４個、上から３段めに９個あって、上の段の中央が下の段の中央の真上になるように積んであるね。
たかお：もし同じように５段めまで積んだら、上から５段めは立方体が２５個になるね。
みつこ：屋根の模型は上から何段めまで作ることにしようか。
たかお：上から１０段めまででどうかな。

みつこ：それでいいと思うよ。色もつけたいね。

たかお：色画用紙をはって、色をつけよう。

みつこ：使う色画用紙の枚数をできるだけ少なくしたいね。

たかお：積んだときに見えていない部分には色画用紙をはる必要はないね。

〔問題３〕 同じ大きさの立方体を**図４**と同じようにして１０段積んで作った模型の表面に、４枚で立方体の一つの面の大きさになっている正方形の色画用紙をはるとき、必要な色画用紙の枚数は何枚になるか求めなさい。また、求め方を言葉と計算式を使って説明しなさい。ただし、ゆかに置いたときにゆかと接している面や、立方体と立方体が接している部分には色画用紙をはらないこととします。

三鷹中等教育学校

（解答用紙は別冊 39 P）（解答例は別冊 23 P）

問1　かなこさんの班(はん)では，箱根(はこね)での校外学習について発表する準備をしています。次の〔会話文〕を読んで，あとの（1），（2）の各問いに答えましょう。

〔会話文〕

先生	「『箱根八里』という歌に注目したのはなぜですか。」
かなこ	「校外学習の前に，音楽の授業できいて気になったからです。歌詞(かし)をもとに，箱根の山や箱根関所などについて事前に調べました。」
先生	「どのように発表しますか。」
たろう	「箱根に行ってわかったこととあわせてつくった〔発表用の資料〕をみんなに配って，発表したいと思います。」

〔発表用の資料〕箱根の歴史について

「箱根八里」（歌詞の一部）

はこねのやまは　てんかのけん　かんこくかんも　ものならず
ばんじょうのやま　せんじんのたに　まえにそびえ　しりえにさそう
（中略）
いっぷかんにあたるや　ばんぷもひらくなし

箱根の山

下線部「はこねのやまは　てんかのけん」とは，「箱根の山は，とても険しい」という意味です。箱根の山は，1つの山ではなく複数の山が集まって形成されていて，神奈川県の西部にあります。江戸(えど)時代，箱根の山道を通る小田原(おだわら)[注1)]宿(しゅく)（神奈川県）から三島宿(みしましゅく)（静岡(しずおか)県）までの約32 kmの道のりは，箱根八里とよばれ，江戸(えど)（東京都(とうきょうと)）と京都(きょうと)を結ぶ東海道の中でも難所(なんしょ)とされていました。現在，この道の一部は，箱根旧街道(かいどう)として知られています。箱根の山の険しさがよくわかるのが，[注2)]箱根駅伝のコースで，箱根八里とは異(こと)なる道のりですが，選手は高低差800 m以上の坂道を走ってゴールをめざします。平成9年から往路の優勝(ゆうしょう)校におくられているトロフィーは，〔写真1〕のように箱根寄木細工(よせぎざいく)でつくられています。

箱根寄木細工

〔写真1〕トロフィー

箱根寄木細工は，江戸(えど)時代末期ごろから，箱根旧街道沿(ぞ)いにある現在の箱根町畑宿(はたじゅく)でつくられるようになったといわれています。箱根の山には木の種類が豊富にあったことや，東海道を行き交(か)う人，箱根への温泉(おんせん)客が増加したことによって，おみやげとして生産が活発になりました。

箱根関所

下線部「いっぷかんにあたるや　ばんぷもひらくなし」とは，「一人が関所を守れば，大勢の人でも破ることはできない」という意味です。関所とは，江戸(えど)を守るために人や武器の出入りを調べたところです。江戸幕府(えどばくふ)は，全国53か所あまりに関所を設置しました。箱根関所は，箱根八里の真ん中あたりにつくられ，江戸(えど)から京都方面に向かうときには，手形という通行証がなければ通れないこともありました。

箱根関所の工夫

江戸時代，役人のいうことをきかず強引に関所を通ってしまったり，関所をさけて山の中をぬけてしまったりする関所破りは，大きな罪でした。〔写真２〕のような箱根関所の建物は，湖と山にはさまれた場所にありました。江戸時代には，旅人が湖をわたることは禁止され，また，山をぬけられないよう，柵が建物の周りだけでなく湖の中から山の頂上にまではりめぐらされていたといわれています。さらに，「関所守り村」が設置され，村人には，道を外れるあやしい人を見かけたら報告する義務がありました。

〔写真２〕復元された箱根関所

（参考資料）

・神奈川歴史散歩の会『神奈川ふるさと歴史散歩』

・ＮＨＫ「ブラタモリ」制作班『ブラタモリ 14 箱根　箱根関所　鹿児島　弘前　十和田湖・奥入瀬』

・箱根関所通行手形（パンフレット）　・『わたしたちの神奈川県（令和元年版）』

注1) 宿：ここでは，東海道沿いにある，旅人が泊まったり休んだりする施設が集まっている場所。

注2) 箱根駅伝：東京箱根間往復大学駅伝競走のこと。東京の大手町をスタートし，箱根の芦ノ湖を折り返し地点として，一日めに往路，二日めに復路を走る。

（1）〔**発表用の資料**〕の内容として，あてはまるものを次の①～⑥の中からすべて選び，その番号を書きましょう。

① 箱根の山は，神奈川県の西部にあり，複数の山で形成されている。
② 箱根八里は，箱根の山道を通る，約 32 kmの道のりである。
③ 箱根駅伝で，選手が箱根の山道を走る道のりは，800 mである。
④ 箱根関所は，険しい箱根の山道を旅する人が休息する場所として設置された。
⑤ 江戸時代，箱根関所は江戸と京都を結ぶ道のりの真ん中あたりにつくられた。
⑥ 江戸時代，箱根関所の周辺には湖の中から山頂まで柵があったといわれている。

（2）かなこさんは，〔**発表用の資料**〕の内容をもとに，発表に向けて，次の〔**まとめ**〕を書いています。［　ア　］にあてはまる内容を 7 字以上 9 字以内で書き，［　イ　］にあてはまる内容を 15 字以上 20 字以内で書きましょう。

〔まとめ〕

「箱根八里」の歌詞にあるように，箱根の山はとても険しく，箱根八里とよばれた道のりは，江戸時代，東海道の中でも難所といわれました。現在はその一部が箱根旧街道として知られ，その街道沿いにある箱根町畑宿では，［　ア　］が江戸時代末期ごろから行われるようになったといわれています。また，箱根関所の設置とともに「関所守り村」も設置され，［　イ　］ために，その村の村人には道を外れるあやしい人を見かけたら報告する義務がありました。現在，箱根関所は復元され，当時の様子を知ることができます。

問２　かなこさんとたろうさんは，６年生の家庭科の授業で，弁当箱の容量を調べています。次の〔**会話文**〕を読んで，あとの（１），（２）の各問いに答えましょう。

〔**会話文**〕

かなこ「わたしが持っている弁当箱の容量は〔**メモ１**〕のとおりでした。」
たろう「わたしが持っている弁当箱には容量の表示がなかったので，内側の長さや深さを測って〔**メモ２**〕に書きました。容量は，内側の体積を求めて，単位をcm^3からmLにするだけで求められるのでしたね。」
先生「ところで，弁当箱の容量には〔**表**〕のようなめやすがあります。」
かなこ「わたしは，中学生になって弁当箱を使うときは，今持っている弁当箱を使いたいと思っていましたが，〔**表**〕を見ると容量が足りません。あわせて使うための150 mL分の容器を別に用意します。」
たろう「わたしは，中学生の男子のめやすに合うように，持っている弁当箱とあわせて使う容器を家で探(さが)してみます。」
先生「ごはんやおかずをどんな割合(わりあい)で弁当箱に入れるかも大切なのですが，今回は容量を調べましょう。容器が円柱の形をしている場合，『半径×半径×円周率』で求めた底面積に，深さをかければよいですね。」
たろう「わたしは，容器を見つけたら，弁当箱と容器を入れられるきんちゃく袋(ぶくろ)をつくりたいと思っています。」

〔**メモ１**〕**かなこさんの弁当箱**

容器のうらに「容量650 mL」と書いてありました。

〔**メモ２**〕**たろうさんの弁当箱**

容器（直方体）の内側の長さや深さ
縦(たて)８ cm，横20 cm，深さ４ cm

〔**表**〕**弁当箱の容量のめやす**　　※体の大きさや，運動する量によっても増減します。

	女子	男子
小学校５・６年生	700 mL	800 mL
中学生	800 mL	900 mL

（針谷順子(はりがいよりこ)『子ども・成長・思春期のための料理選択型(せんたくがた)食教育　食育プログラム第３版』より作成）

（１）かなこさんとたろうさんは，それぞれ持っている弁当箱に，どの大きさの容器をあわせて使うとよいでしょうか。中学生の弁当箱の容量のめやすにあうように，次の①～⑤の中から最もあてはまるものを，それぞれ１つずつ選び，その番号を書きましょう。ただし，容器には，その容量の分をちょうど入れるものとします。直径や深さ，長さは容器の内側のものとし，円周率は3.14として計算しましょう。

①　底面が直径５ cmの円で，深さ４ cmの円柱の形をした容器
②　底面が直径６ cmの円で，深さ４ cmの円柱の形をした容器
③　底面が直径７ cmの円で，深さ４ cmの円柱の形をした容器
④　縦５ cm，横11 cm，深さ４ cmの直方体の形をした容器
⑤　縦５ cm，横13 cm，深さ４ cmの直方体の形をした容器

（2）たろうさんは，弁当箱を入れるために〔**完成図**〕のようなきんちゃく袋（ふくろ）をつくることにしました。〔**材料**〕を使い，〔**つくり方**〕に従（したが）ってつくるとき，〔**材料**〕にある布Aの ア と布Bの イ にあてはまる数を，それぞれ書きましょう。

〔**完成図**〕

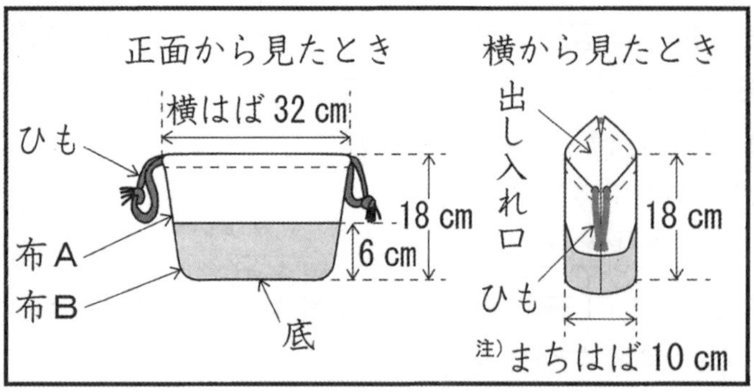

注）まち：かばんやふくろの厚みのこと。

〔**材料**〕

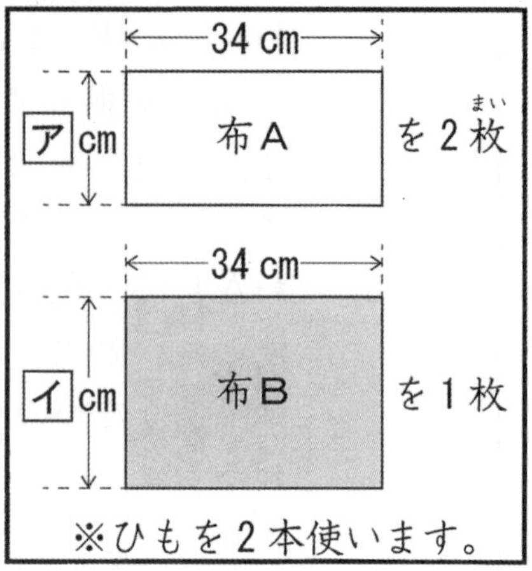

〔**つくり方**〕　　線（………）：ぬうところ　線（-----）：ぬったところ

① 布A2枚と布B1枚を，ぬいしろ1cmでつなぎます。

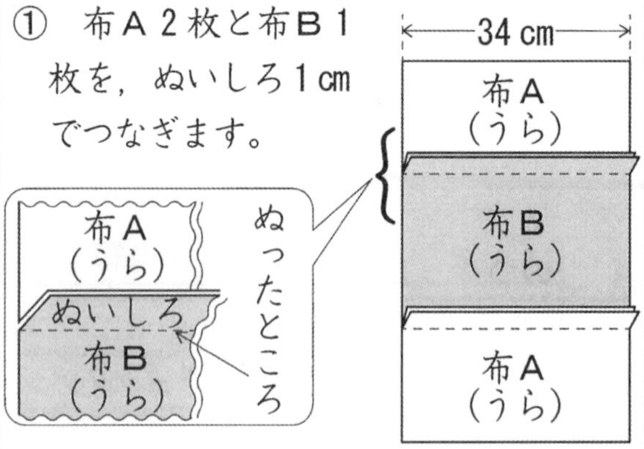

② ①でぬった布をうらが見えるように，図のように半分に折り，ひもを通す部分を残して，線（………）をぬいます。
（ぬいしろは1cm）

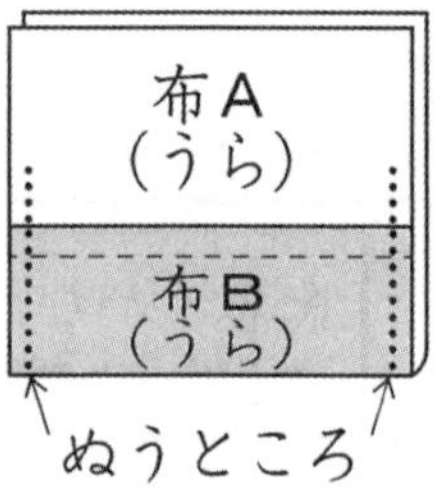

③ 図のように布Aの両はしを折ります。
（反対側も同じ）

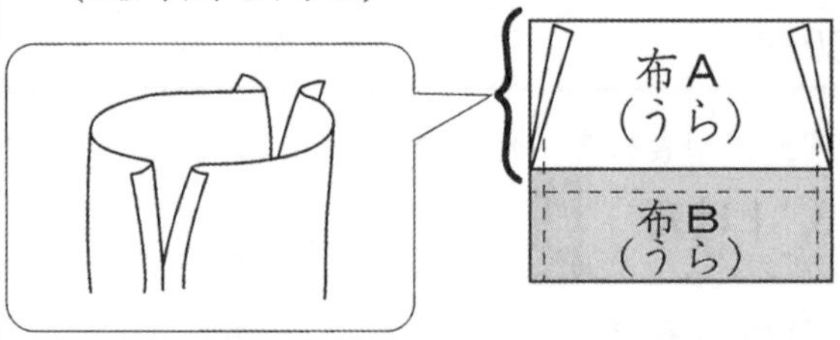

④ 出し入れ口を2cmずつ2回折り，線（………）をぬいます。

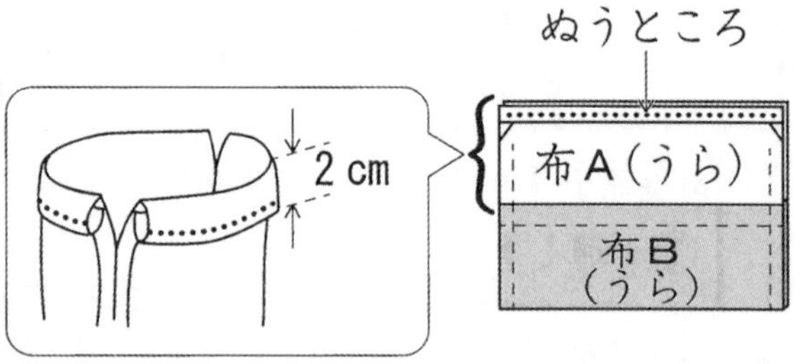

⑤ まちはばが10cmになるように，底の角を三角に引き出して，線（………）をぬいます。

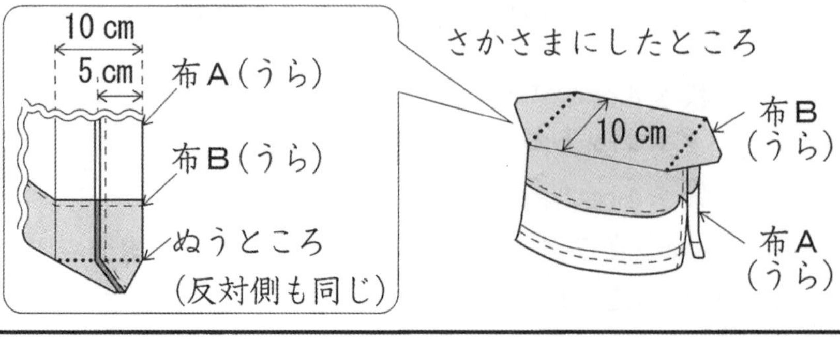

袋（ふくろ）をおもてにし，ひもを通したら完成です。

問3 たろうさんとかなこさんは，中等教育学校の学校図書館の本を借りるときに使用する図書館利用カードについて，図書担当の先生と話しています。次の〔**会話文1**〕を読んで，あとの（1），（2）の各問いに答えましょう。

〔会話文1〕

たろう 「〔**図書館利用カード**〕には，氏名と黒い線と数字が表示されています。」

かなこ 「黒い線は注1)バーコードですよね。数字には何か意味があるのですか。」

先生 「この数字は，だれのカードなのかを示す，利用者番号を表しています。バーコードで数字を読み取りますが，バーコードが読み取れないときは，直接数字を入力することで，貸し出しの手続きができます。」

たろう 「わたしは図書委員なので，数字を入力したことがあります。数字をまちがえたときは，エラー表示が出ました。調べてみると，〔**利用者番号のつくり**〕にあるように，最後に入力する一番右側の数字は，その前に入力された注2)通し番号が正しいかを確かめる『チェックデジット』というものだとわかりました。そこで，その数字がどのように決められているのかについても調べて，〔**チェックデジットの決め方**〕にまとめました。」

注1)バーコード：数字などを線の太さや間隔のちがいで表したもの。専用の装置で読み取ることができる。

注2)通し番号：順番に割りふった個別の番号。

〔図書館利用カード〕

氏名　かながわ　たろう

1 9 0 2 7 5

〔利用者番号のつくり〕

利用者番号

通し番号　1 9 0 2 7 5　チェックデジット

通し番号の5けため　　1けため

〔チェックデジットの決め方〕

中等教育学校の図書館利用カードでは，利用者番号のチェックデジットは，次の手順①～④によって決められています。

	例　通し番号19027の場合
①　通し番号の奇数番めのけた（5，3，1けため）の数の和を求め，その和に3をかけます。	①　(1 + 0 + 7) × 3 = 24
②　通し番号の偶数番めのけた（4，2けため）の数の和を出します。	②　9 + 2 = 11
③　①と②でそれぞれ出た数の和を求めます。	③　24 + 11 = 35
④　③で求めた数に1けたの数を加えて，10でわり切れるようにします。 ※④で加えた数を，チェックデジットとします。	④　35 + □ = 40 □ = 5（チェックデジット）

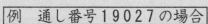

（1）かなこさんの通し番号は「19053」です。このとき，図書館利用カードの利用者番号のチェックデジットは何か，あてはまる1けたの数を書きましょう。

（2）次の〔会話文２〕を読んで，あとの**ア**，**イ**の各問いに答えましょう。

〔会話文２〕

先生　「チェックデジットがあるため，入力する数をまちがえたときに，多くの場合でエラー表示が出ます。」

たろう　「**〔チェックデジットの決め方〕**の手順①で，通し番号の奇数番めのけたの数の和にかける数は，３でなければならないのですか。」

先生　「３と同じように使える数もありますが，使えない数もあります。まず，１をかける場合ですが，何もかけないときと同じなので，例えば，通し番号『19027』の数をまちがえて『91027』や『19072』と入力してしまっても，エラー表示が出ません。だから，１は使えません。」

かなこ　「では，２はどうでしょうか。」

先生　「２も使えません。通し番号が，『20001』から『20009』の生徒のチェックデジットを示した〔**表**〕を見てください。この〔**表**〕から，かける数として２が使えない理由を考えてみましょう。」

たろう　「３をかける場合とは異なり，２をかける場合では，チェックデジットが同じになることがあります。例えば，通し番号『20003』の３をまちがえて［あ］と入力しても，チェックデジットが同じなので，エラー表示が出ません。だから，かける数として２は使えないのですか。」

先生　「その通りですね。」

かなこ　「では，４から９までの数で，通し番号の奇数番めのけたの数の和にかける数として，３と同じように使えるものがあるか調べてみましょう。」

〔表〕

２をかける場合

通し番号	チェックデジット
20001	4
20002	2
20003	0
20004	8
20005	6
20006	4
20007	2
20008	0
20009	8

３をかける場合

通し番号	チェックデジット
20001	1
20002	8
20003	5
20004	2
20005	9
20006	6
20007	3
20008	0
20009	7

ア　〔**会話文２**〕の［あ］にあてはまる１けたの数を書きましょう。

イ　通し番号の奇数番めのけたの数の和にかける数として，４，５，６，７，８，９の中で，３と同じように使える数をすべて書きましょう。

問４　たろうさんとかなこさんは，図画工作の授業で，回転する仕組みの作品について話しています。次の（１），（２）の各問いに答えましょう。

（１）次の〔会話文１〕を読んで，あとのア，イの各問いに答えましょう。

〔会話文１〕

たろう　「〔図１〕の状態では，４本の棒（ぼう）は箱の上の面に対して垂直（すいちょく）です。棒の先が１番高いところにあるのは15 cmの棒で，続いて22 cmの棒，23 cmの棒，21 cmの棒の順になっています。この状態から針金（はりがね）を半周回転させると，その回転が棒に伝わって，棒の高さが変化します。さらに半周回転させると，〔図１〕の状態にもどります。」

かなこ　「棒と針金を，〔図２〕のようにつないだので，うまく回転しますね。」

たろう　「これから，〔図３〕のように，22 cmの棒に〔図４〕の①のカードをはりつけ，21 cmの棒に②を，23 cmの棒に③を，15 cmの棒に④を同じようにはりつけます。棒とカードの縦（たて）の辺は平行になるようにします。」

かなこ　「では，〔図１〕の棒にカードをつけた状態から針金を回転させましょう。」

〔図１〕スタートの位置

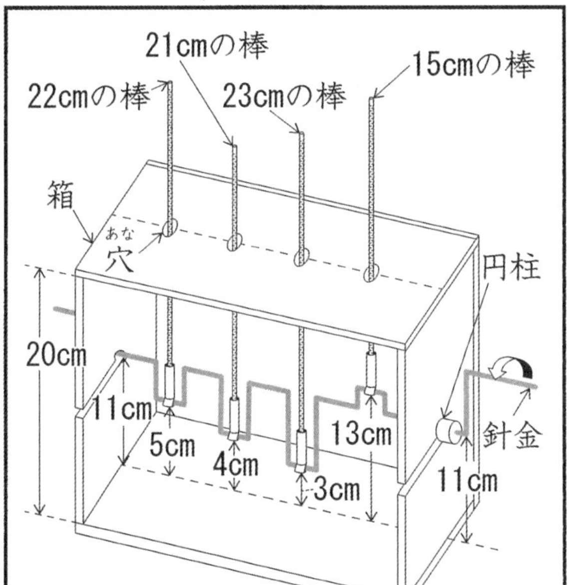

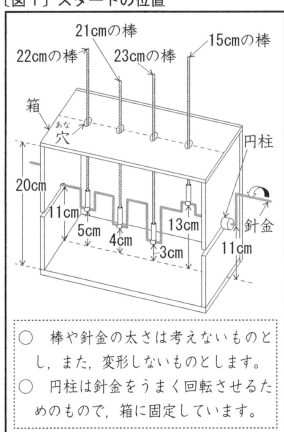

○　棒や針金の太さは考えないものとし，また，変形しないものとします。
○　円柱は針金をうまく回転させるためのもので，箱に固定しています。

〔図２〕つなぎ方

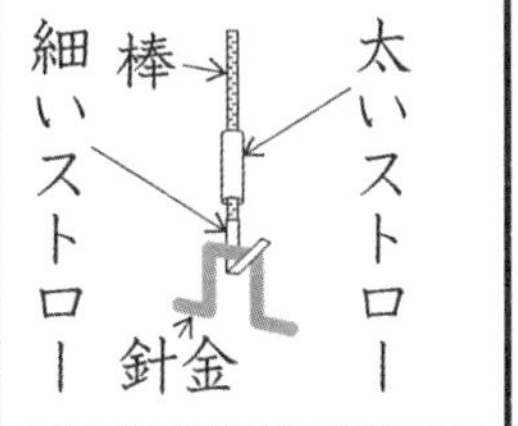

太さが異（こと）なるストローで，棒と針金をつなぎます。どの棒と針金も同じようにつなぎます。

〔図３〕つけ方

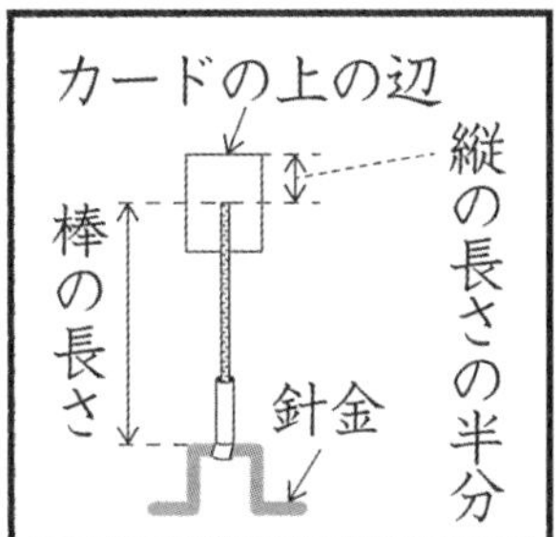

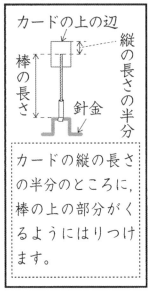

カードの縦の長さの半分のところに，棒の上の部分がくるようにはりつけます。

〔図４〕カード

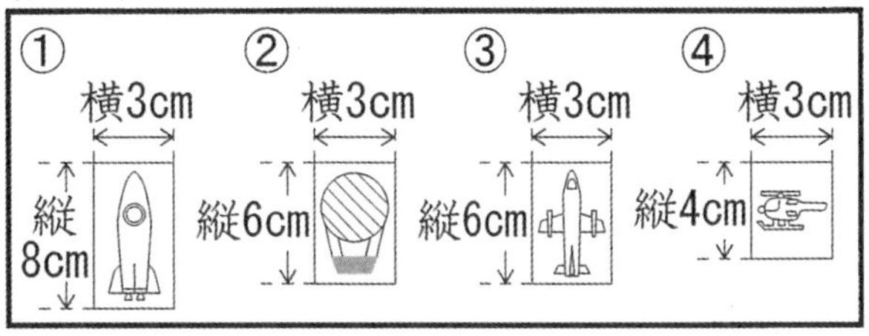

ア　〔図１〕の棒に〔図４〕のカードをそれぞれはりつけたとき，カードの上の辺の高さが２番めに高いのはどれか，①～④の中から１つ選び，その番号を書きましょう。

イ　〔図１〕の棒に〔図４〕のカードをそれぞれはりつけた状態から針金を半周回転させたとき，カードの上の辺の高さを比べて，高い順に番号を書きましょう。

（2）次の〔**会話文2**〕を読んで，あとの**ア**，**イ**の各問いに答えましょう。

〔**会話文2**〕

かなこ　「〔**図5**〕のように，異なる4つの大きさの歯車**A**，歯車**B**，歯車**C**，歯車**D**が，うまくかみ合って回転するようにしました。」

たろう　「回転する方向（↷）に歯車**A**を回転させると，歯車**A**と歯車**C**は同じ方向に回転し，歯車**B**と歯車**D**はその2つの歯車とは反対の方向に回転しますね。」

かなこ　「〔**図5**〕の状態から，歯車**A**を1周回転させると〔**図6**〕のようになり，ほかの歯車が〔**表**〕の分だけ回転したことがわかりました。」

たろう　「では，このあとも続けて回転させて，〔**図5**〕の状態にもどったり，〔**図7**〕のようになったりする様子について調べてみましょう。」

〔**図5**〕**スタートの位置**

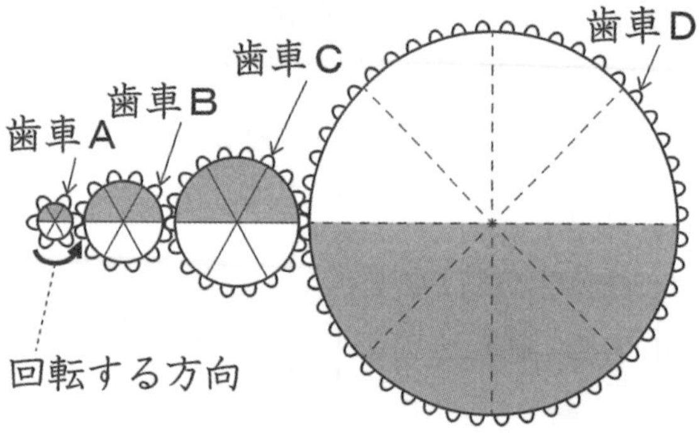

○　歯車A，歯車B，歯車Cには，円が6等分されるように線（――）がかかれています。

○　歯車Dには，円が8等分されるように線（-----）がかかれています。

○　それぞれの歯車に色をぬって，◓と◡に分けています。

〔**図6**〕

〔図5〕の状態からAを1周回転させたとき

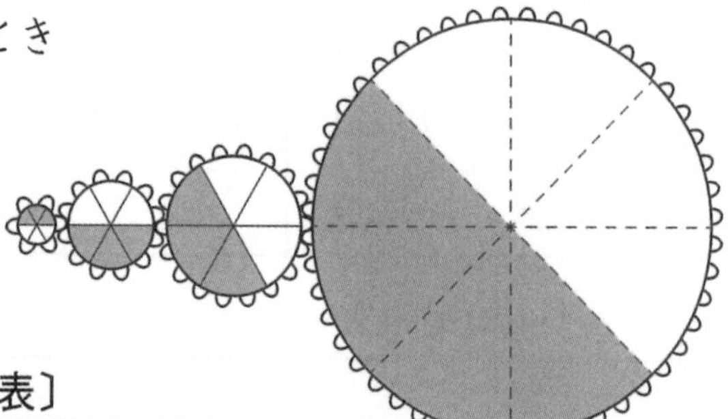

〔**表**〕

歯車	A	B	C	D
回転(周)	1	$\frac{1}{2}$	$\frac{1}{3}$	$\frac{1}{8}$

〔**図7**〕

〔図5〕の状態からAを何周か回転させたとき

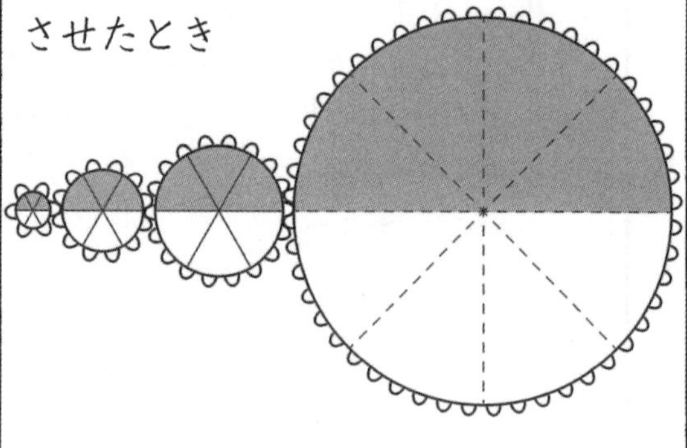

ア　〔**図5**〕のスタートの位置から歯車**A**を75周回転させるまでに，〔**図5**〕と同じ状態になるのは何回か，書きましょう。

イ　〔**図7**〕の状態にはじめてなるのは，〔**図5**〕のスタートの位置から歯車**A**を何周回転させたときか，書きましょう。

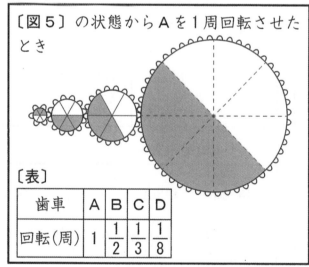

神奈川県立中等教育学校（平塚・相模原）　適性検査Ⅱ（検査時間45分）

（解答用紙は別冊43Ｐ）（解答例は別冊24Ｐ）

問１　たろうさんの班では，社会科の授業で，伝統野菜について調べたことを話し合っています。次の〔会話文〕を読んで，あとの（１），（２）の各問いに答えましょう。

〔会話文〕

たろう　「神奈川県の伝統野菜である津久井注1)在来大豆は，生産量が少なく，幻の大豆といわれているそうです。大豆の注2)需要量を〔表〕にまとめた結果，国産のものが少ないことがわかりました。」
かなこ　「〔資料１〕によると，伝統野菜は地産地消の面でも注目されているようです。神奈川県では，津久井在来大豆のほかに，三浦だいこんや多摩川なしなどもつくられています。」
たろう　「〔資料２〕，〔資料３〕を読んで，わたしたちが住んでいる地域の伝統的な品種を守ることが大切だと思いました。」

注1)在来：昔から存在していること。　　注2)需要量：必要な量。

〔表〕日本の大豆の需要量と自給率　　（単位：千ｔ　※１ｔ（トン）＝1000㎏）

	2013年度	2014年度	2015年度	2016年度	2017年度
需要量	3012	3095	3380	3424	3573
需要量のうち食品用	936	942	959	975	988
食品用のうち国産のもの	194	226	237	231	245
食品用の自給率	20.7%	24.0%	24.7%	23.7%	24.8%

（農林水産省「令和元年度　食料・農業・農村白書」より作成　※一部表記を改めたところがある。）

〔資料１〕

伝統野菜とは，その土地で古くからつくられてきたもので，採種をくり返していく中で，その土地の気候風土にあった野菜として確立されてきたもの。地域の食文化とも密接していました。野菜の注)そろいが悪い，手間がかかる，という理由から，大量生産が求められる時代にあって生産が減少していましたが，地産地消がさけばれる今，その伝統野菜に再び注目が集まってきています。

（農林水産省「aff（2010年２月号）」より　※一部表記を改めたところがある。）

注)そろいが悪い：大きさや形がそろっていないこと。

〔資料２〕

効率化が求められる時代にあって，つくりづらく手間がかかる伝統野菜をなぜ守ろうとするのか。（中略）気候変動への対策は世界中で取り組まれているものの，残念ながら効果のほどは注)定かでなく，気候が変わっていくことを前提として適応していくことも重要となる。そうしたなか，さまざまな変化にさらされながら根づいてきた伝統野菜は，その土地その土地の風土に適した作物と育て方のヒントを与えてくれる。

（『伝統野菜の今』香坂玲　冨吉満之著より　※一部表記を改めたところがある。）

注)定か：明らか。

〔資料３〕

わたしたちが食べている穀物や野菜，注1)家畜や注2)家禽は，野生生物の中から，人間の利用に適した性質のものを選び，長い年月をかけて注3)品種改良をしてきたものです。（中略）伝統的な品種は，品種改良の過程で地域のかん境にあったものが選択されてきたという面ももっています。時として作物や家畜・家禽は，その品種が影響を受けるかん境の変化や新たな病気などが起こると，一斉に被害を受ける危険性をもっています。わたしたちが将来にわたって安定して食糧を得ていくためには，こうした状況を想定して，注4)生物多様性や伝統的な品種を守り，目的とする品種改良を行うことのできる可能性を確保しておくことが必要です。（中略）生物多様性を守る取り組みは，将来世代にさまざまな道を選べる可能性を残すことを意味しています。その際，生きものは同じ種類であっても，地域によって注5)微妙に色や形，性質などが異なることから，各地域で生きものを守っていくことが重要です。

（愛知県「あいち生物多様性戦略 2020」より　※一部表記を改めたところがある。）

注1) 家畜：人間が飼う牛，馬，ぶたなどの動物。
注2) 家禽：家で飼うにわとり，あひるなどの鳥。
注3) 品種改良：新しくより良い品種をつくり出すこと。
注4) 生物多様性：それぞれ異なる特性をもつ，さまざまな種類の生きものがいること。
注5) 微妙に：細かく複雑なこと。

（１）〔表〕，〔資料１〕～〔資料３〕から読みとれる内容として，あてはまるものを次の①～⑤の中からすべて選び，その番号を書きましょう。

① 日本の食品用の大豆の需要量は，2013 年度から 2017 年度にかけて減少している。
② 2013 年度から 2017 年度までの需要量を見ると，日本で必要とされる食品用の大豆のうち，国産のものの割合は，どの年も４分の１以下である。
③ 伝統野菜は生産が減少していた時期もあったが，再び注目されるようになった。
④ どのような作物がその土地の風土にあっているか，どのようにその土地で育てればよいかということを，伝統野菜から知ることができる。
⑤ 同じ種類の生きものであれば，どの地域でも色や形，性質などは変わらない。

（２）次の２つのことについて，全体で 120 字以上 150 字以内で書きましょう。

・ 伝統的な品種を守ることが必要なのはなぜか，**かん境**と**安定**という２つの言葉を使い，〔資料３〕の内容をふまえて書きましょう。
・ 伝統的な品種を守るため，あなたはどのような行動をとるか書きましょう。未来の自分がとりたい行動について書いたり，生産者や消費者などの立場になって書いたりしてもよいものとします。

問２　かなこさんは，家で飼っているハツカネズミについて，たろうさんに話しています。次の〔会話文〕を読んで，あとの（１），（２）の各問いに答えましょう。

〔会話文〕

かなこ「ハツカネズミの１日分のえさは10ｇくらいで，重さとしてはほんの少しだといえます。しかし，わたしが読んだ本をもとにつくった〔表〕を見ると，ハツカネズミはえさをたくさん食べる動物だともいえます。」
たろう「たしかにそうですね。ところで，ハツカネズミが生きるのは１年から２年くらいだと聞いたことがあります。とても短いのですね。」
かなこ「わたしもそう思っていましたが，〔資料〕を読んで，ちがう考えをもつようになりました。」

〔表〕　※１ｔ（トン）＝1000㎏

	ハツカネズミ	ネズミ	ウサギ	イヌ	ブタ	ゾウ
体重	30ｇ	300ｇ	3㎏	30㎏	300㎏	3ｔ
１日分のえさの量の比較（ひかく） （ハツカネズミの場合を１としたとき）	1	5倍	25倍	129倍	649倍	3273倍

（『絵とき　ゾウの時間とネズミの時間』本川達雄（もとかわたつお）著（ちょ）より作成）

〔資料〕

ぼくたちの心臓（しんぞう）は，１分間に60～70回うつ。１秒にほぼ１回，ドキンとうつ注）かんじょうだ。ところが，ハツカネズミは１分間に600回近くうつ。0.1秒に１回。なんと10倍もはやく，ドキドキドキドキとうっている。ゾウは１分間に30回。ドキンとうつのに２秒もかかる。大きいものほど，ゆっくりと心臓はうっているんだ。息をスーハー出し入れする間隔（かんかく）は？これもそう。ハツカネズミは１回息を出し入れするのに0.4秒しかかからない。ゾウは８秒もかかる。（中略）

体重がふえるにつれて，時間はゆっくり長くなる。ゆっくりになるなり方は，肺（はい）も心臓もおなじ。ほかの時間も，おなじようにゆっくり長くなっていく。（中略）

ゾウはネズミより，ずっと長生きだけれど，一生のあいだに心臓がうつ回数は，ゾウもネズミもおなじなのだ。（中略）ネズミの一生は数年。ゾウはその何十倍も長く生きる。ネズミはすぐ死んでしまって，かわいそう？われわれの時計を使えばそうかもしれない。でも，もしそれぞれの動物の心臓が１回うつ時間を基準にすれば，ゾウもネズミも，まったくおなじだけ，生きて死ぬことになる。（中略）

ネズミにはネズミの時間。ネコにはネコの時間。イヌにはイヌの時間。ゾウにはゾウの時間。動物たちには，それぞれにちがった自分の時間がある。それぞれの動物は，それぞれの時間の中で生きている。

（『絵とき　ゾウの時間とネズミの時間』本川達雄（もとかわたつお）著より　※一部表記を改めたところがある。）

注）かんじょう：ここでは，回数を数えた結果。

（1）〔**会話文**〕，〔**表**〕，〔**資料**〕の内容としてあてはまるものを，次の①～⑥の中からすべて選び，その番号を書きましょう。

① ハツカネズミは1日3回，1回に10gのえさを食べる。
② ハツカネズミは，ほかの動物に比べ，体重1gあたりのえさの量が多い。
③ ハツカネズミは，30日間で自分の体重とおなじ量のえさを食べる。
④ ハツカネズミが1日に食べるえさの量は，体重の3分の1である。
⑤ ハツカネズミの心臓が動き続ける時間は，ゾウの心臓が動き続ける時間の20倍である。
⑥ ハツカネズミが，1分間に息を出し入れする回数は約150回である。

（2）かなこさんは，〔**資料**〕を読んで考えたことを，次の〔**かなこさんの考え**〕のようにまとめました。［　　**ア**　　］と［　　**イ**　　］にあてはまる内容を，〔**資料**〕をふまえてそれぞれ8字以上10字以内で書きましょう。

〔**かなこさんの考え**〕

ゾウとネズミのように体の大きさが異（こと）なると，心臓が［　　**ア**　　］回数にもちがいがありますが，心臓が［　　**イ**　　］回数は，おなじです。これらのことから考えると，大きな動物も小さな動物も，それぞれにちがった自分の時間の中で，おなじだけ生きていると考えられます。
わたしは，飼っているハツカネズミが，わたしたちよりもずっと速く流れる時間の中で生きていることを意識して，えさやりを忘（わす）れずにすることや，飼育箱のそうじをこまめにすることを心がけたいと思います。

問3　かなこさんは，工作用紙を用いた模型の家づくりについて，たろうさんに話しています。次の〔**会話文**〕を読んで，あとの（1），（2）の各問いに答えましょう。

〔会話文〕

かなこ	「〔**組み立て方**〕に従って，〔**図1**〕の 1 を折り，2 の2階のゆかや〔**図2**〕の階段を取りつけると，2階建ての模型の家になります。」
たろう	「〔**図1**〕の 2 の ■■■■■ の部分は，どのようになるのですか。」
かなこ	「模型の家は，組み立てると〔**図3**〕のようになるので，■■■■■ がどこの部分になるのかわかります。」

〔組み立て方〕

○　〔**図1**〕の 1 と 2 は線（══）に沿って切り取ります。
○　1 の線（………）と線（-•••-）を折り目が直角になるように折ります。
○　2階のゆかは，2 の点**A**が 1 の点**あ**に，同じように，点**B**が点**い**に，点**C**が点**う**に，点**D**が点**え**に，ぴったりと重なるように取りつけます。
○　階段は，〔**図2**〕の 3 の線（-•••-）と線（………）を折り目が直角になるように折り，4 のようにします。そして，点**き**が 2 の点**E**に，点**く**が点**F**に重なるように取りつけます。また，点**け**と点**こ**が 1 の1階のゆかに，それぞれぴったりと重なるように取りつけます。

〔図1〕

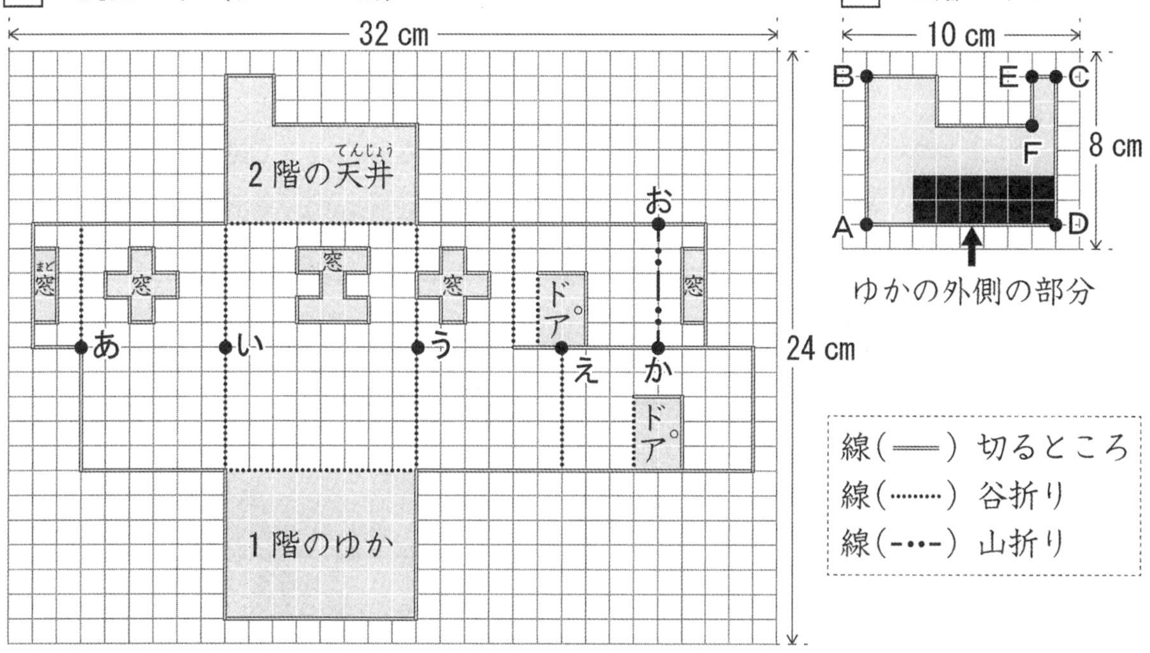

※ 1 と 2 の工作用紙のマス目の1辺の長さは1cmとします。

〔図２〕階段の組み立て前と後

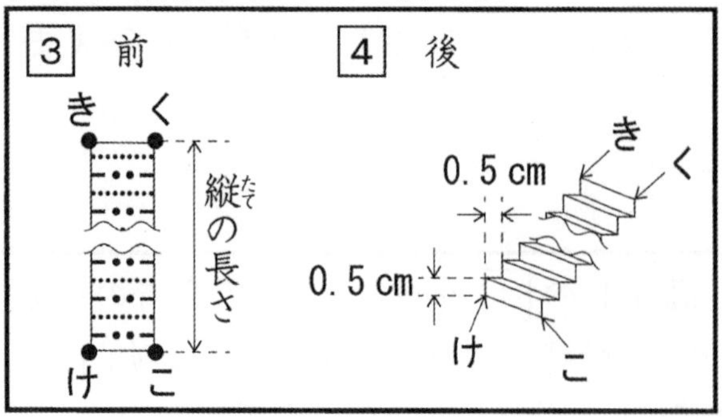

〔図３〕模型の家の全体図

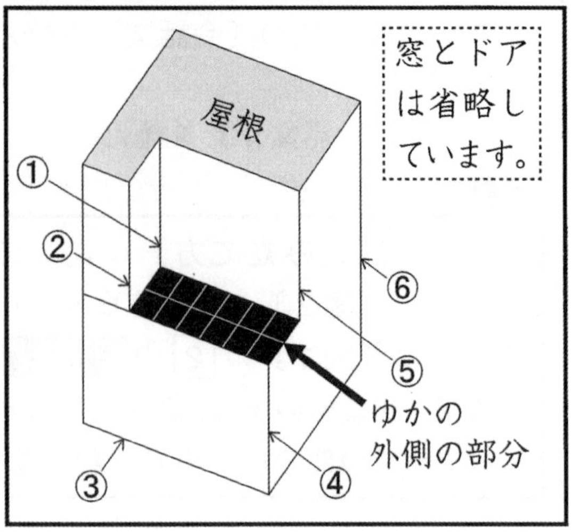

（１）次のア，イの各問いに答えましょう。ただし，組み立てた模型の家にはすき間がなく，工作用紙の厚さは考えないものとします。

ア　〔図１〕の 1 の点おと点かを結ぶ線（-•••-）としてあてはまるものを，〔図３〕の①～⑥の中から１つ選び，その番号を書きましょう。

イ　〔図２〕の 3 の縦の長さは何cmか，書きましょう。

（２）かなこさんは，〔**かざりの紙のはり方**〕のようにして，２階の外側のかべすべてに，〔図４〕のかざりの紙を重ならないようにすき間なくはることができました。このとき，使ったかざりの紙は何枚か，書きましょう。

〔**かざりの紙のはり方**〕

○　かざりの紙は，２階の外側のかべ６面すべてにはりました。
○　かざりの紙は，〔図４〕の大きさのまま，重ならないようにすき間なくはりました。
○　かざりの紙は，横向きや縦向きにしたり，裏返したり，〔図５〕のように折ったりしてはりました。
○　かざりの紙は，窓とドア以外の部分にはりました。

〔図４〕かざりの紙

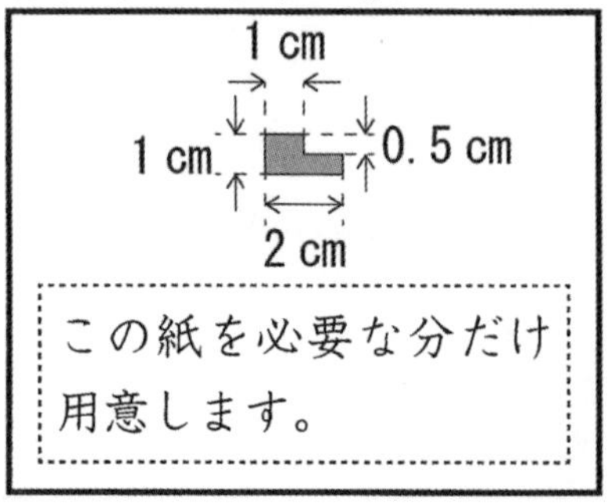

〔図５〕かざりの紙のはり方

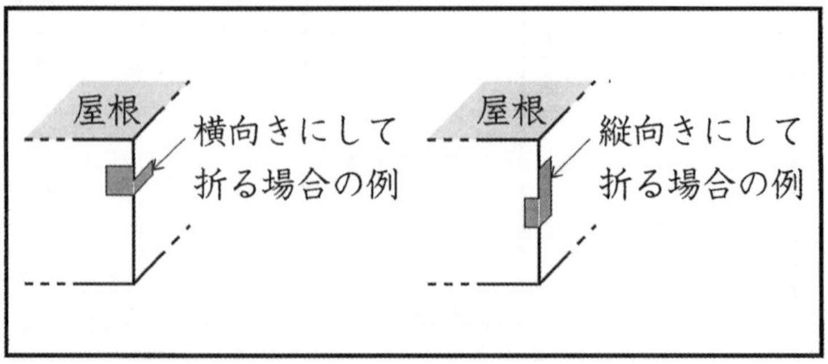

問4　たろうさんとかなこさんは，算数の授業で，カードを使って学習をしています。次の（1），（2）の各問いに答えましょう。

（1）次の〔**会話文1**〕を読んで，残り1枚のカードに書くことができる数を2つ書きましょう。

〔**会話文1**〕

先生	「何も書いていない6枚のカードに，それぞれ異なる数を書いてください。ただし，2枚で1組になるように，自分で考えたきまりに従って書きましょう。」
たろう	「わたしは，2枚のカードに書かれた大きい数から小さい数をひくと12になるきまりにしました。書いた数は，[14]と[2]，[17]と[5]，そして[18]です。残り1枚のカードの数は何かわかりますか。」
かなこ	「その数は2つ考えられますね。」

（2）次の〔**会話文2**〕，〔**会話文3**〕を読んで，あとの**ア**，**イ**の各問いに答えましょう。

〔**会話文2**〕

たろう	「かなこさんは，どのようなきまりにしたのですか。」
かなこ	「2枚のカードに書かれた数をたすと12の倍数になるようにしました。書いた数は，[2]と[10]，[4]と[8]，[11]と[13]です。この6枚のカードを使ったゲームを考えたので，〔**ルール**〕に従ってやってみましょう。」

〔**ルール**〕

○　6枚のカードを〔**図1**〕のように，箱の中に入れます。
○　は，はじめに〔**図2**〕の★のマスに置きます。
○　箱の中からカードを1枚ひきます。ひいたカードは元にもどしません。
○　を，止まっているマスから，ひいたカードに書かれた数の分だけ，時計回りに進めます。
○　が，★のマスにちょうど止まったときはゴールとなり，ゲームが終わります。ゴールとならなかったときは，次のカードを1枚ひいてゲームを続けます。

〔**図1**〕箱

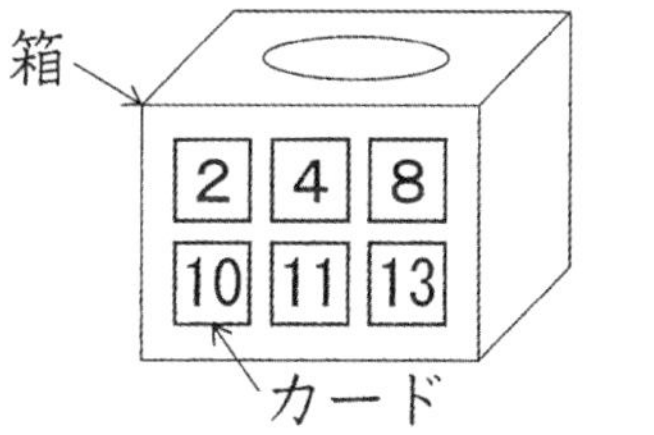

実際には，カードは箱の中に入っているため，外からは見えません。

〔**図2**〕12マスの紙

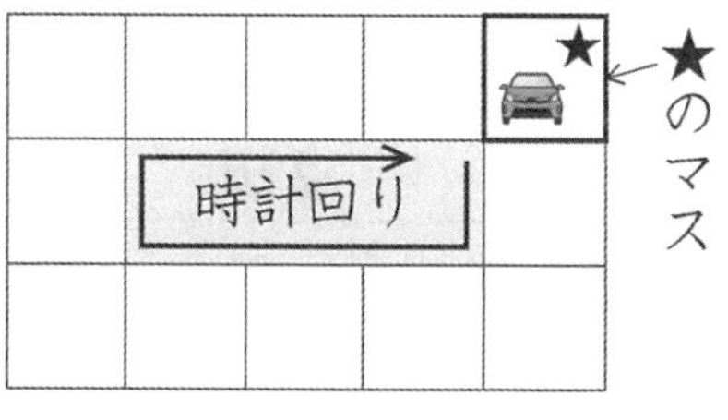

〔会話文３〕

かなこ　「では，カードを１枚ひいてください。」
たろう　「[2] のカードをひいたので，　を〔図３〕の①まで進めます。」
かなこ　「次に，残りのカードの中から１枚ひいてください。」
たろう　「[4] のカードをひいたので，〔図３〕の②まで進めます。」
かなこ　「３枚めのカードをひいてください。」
たろう　「[8] のカードをひいたので，〔図３〕の③まで進めます。★のマスを通過したのですが，ゴールとなりますか。」
かなこ　「★のマスにちょうど止まらなかったので，ゴールとなりません。そのまま４枚めのカードをひいてください。」
たろう　「[10] のカードをひいたので，〔図３〕の④まで進めます。今度は★のマスにちょうど止まりました。」
かなこ　「これでゴールです。[2]，[4]，[8]，[10] の順に４枚ひいて，　は２周しました。」
たろう　「４枚より少ない枚数でゴールする場合や，４枚ひいても３周する場合がありますね。」
かなこ　「それぞれ何通りあるか，調べてみましょう。」
たろう　「何通りあるかを数えるとき，今のように [2]，[4]，[8]，[10] の順にカードをひく場合と，同じカード４枚を [2]，[4]，[10]，[8] の順にひく場合では，別のものとして数えるのですか。」
かなこ　「そうです。ひいた順番が異なる場合は，それぞれ１通りと数えます。」

〔図３〕

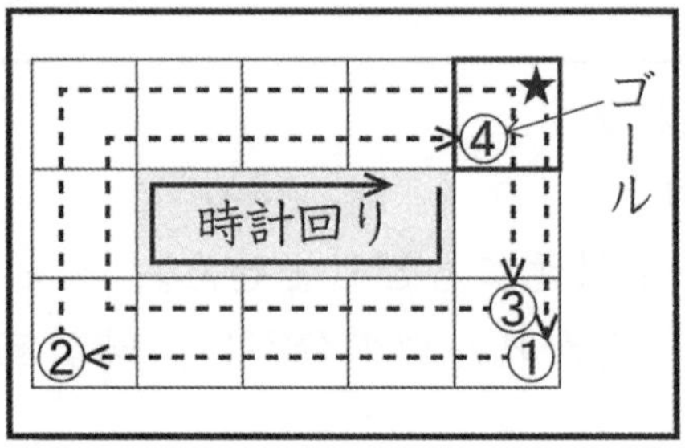

ア　〔ルール〕に従ってカードをひいたとき，２枚ひいてゴールとなるのは何通りか，書きましょう。ただし，ひいた順番が異なる場合は，それぞれ１通りと数えるものとします。

イ　〔ルール〕に従ってカードをひいたとき，４枚ひいて３周し，はじめてゴールとなるのは何通りか，書きましょう。ただし，ひいた順番が異なる場合は，それぞれ１通りと数えるものとします。

岡山県立岡山操山中学校　適性検査Ⅰ（検査時間45分）

（解答用紙は別冊47Ｐ）（解答例は別冊25Ｐ）

課題１　太郎さんと花子さんは，的当て大会の計画をしています。あとの（１）～（３）に答えましょう。

太郎：的当て大会の参加賞を買いに行こう。
花子：一度家に帰ってから，お店で集合することにしましょう。

（１）　太郎さんは家からお店まで 0.8km の道のりを徒歩で行き，花子さんは家からお店まで 3.2km の道のりを自転車で行きました。徒歩の速さは時速４km，自転車の速さは時速 12km です。このとき，太郎さんと花子さんが，家からお店まで行くのにそれぞれ何分かかるか答えましょう。

太郎　　　　分	花子　　　　分

太郎：参加賞のあめは袋に入れて分けておこうよ。
花子：１人分のあめを何個にしようかな。

（２）　太郎さんたちは，参加賞として，１人に１袋ずつあめを用意しています。１袋に６個ずつあめを入れると，用意した袋の $\frac{3}{5}$ を使い，あめが余る予定でした。しかし，参加者が 12 人増えることになったので，１袋に入れるあめの個数を５個ずつに変えました。用意した袋の $\frac{3}{4}$ にすべてあめを入れましたが，そのうち１袋だけあめが足りない袋がありました。このとき，増えた後の参加者の人数，用意したあめの個数と袋の枚数を答えましょう。また，どのように求めたのかも説明しましょう。ただし，あめの個数は考えられる個数の中から１つ選んで答えることとします。

説明		
増えた後の参加者　　　　人	あめ　　　　個	袋　　　　枚

太郎：的当て大会を成功させたいね。
花子：４人で練習してみよう。

（３）　的当て大会では，図１のような的に３回ずつボールを投げ，当たった的にかかれている数字の合計を得点として競います。ボールを１回投げて２つ以上の的に同時に当たることはありません。太郎さん，花子さん，進さん，陽子さんの４人で練習すると，太郎さんは３回ともちがう数字の的に当てました。このとき，考えられる太郎さんの得点をすべて答えましょう。

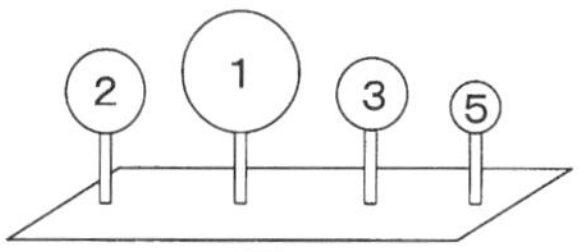

図１

考えられる太郎の得点	

次に，資料１の会話に合うように，考えられる太郎さんの得点の中から１つ選び，太郎さん以外の３人の得点を１通り答えましょう。ただし，得点が高い人から順位が１位，２位，３位，４位となることとします。

資料１

花子「私は３回とも同じ的に当たったよ。全員得点はちがうね。」
進　「ぼくは１回的に当たらなかったけど，２位だったよ。」
陽子「私の得点は太郎さんの得点の 1.5 倍だったよ。」

選んだ太郎の得点	点

花子の得点	点
進の得点	点
陽子の得点	点

課題２　太郎さんと花子さんは，様々なロボットについて研究している次郎（じろう）博士の研究室を訪問しています。あとの（１）～（３）に答えましょう。

花子：まっすぐ進んでいるロボットが，壁（かべ）にぶつかるとどうなるのですか。
博士：まっすぐ進んで壁にぶつかると，壁まで進んできた角度と同じ角度に向きを変えて進みます。

（１）　図１は，ロボットが壁にぶつかり，進んできた角度と同じ角度に向きを変えて進む様子を示した図です。また，このロボットは角（かど）で止まります。このロボットが図２の，底面が１辺 30cm の正方形である箱の角Ａから辺ＢＣの点Ｐに向けて進むとします。このとき，ロボットは壁に何回ぶつかり，図２のどの角で止まるのかＡ～Ｄで答えましょう。ただし，点Ｐで辺ＢＣとぶつかることも１回と数えることとし，角にぶつかって止まることは１回と数えないこととします。また，ロボットの大きさは考えないこととします。

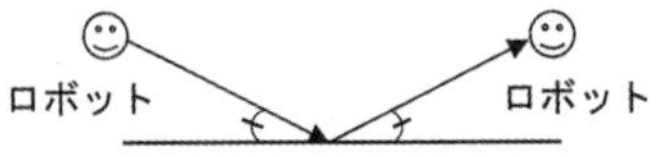

図１

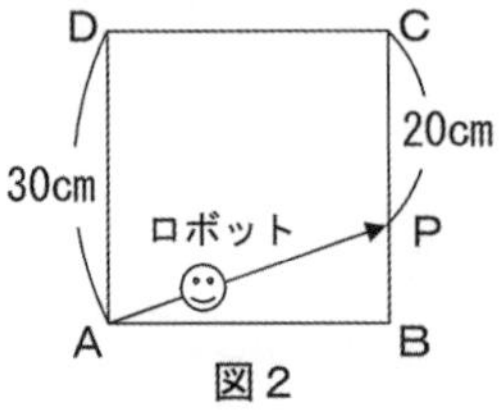

図２

壁に　　　　回ぶつかり，角　　　　で止まる

太郎：このロボットがどの角で止まるのか，簡単に見つける方法はないのかな。
博士：実は折り返した図形をいくつかかくと，どの角で止まるのか，壁に何回ぶつかるのかを考えやすくなりますよ。
花子：それならいろいろな形の底面で，ロボットがどのように動くのかも考えられそうね。

（２）　図３は，（１）のロボットが角Ａから進み，壁にぶつかり，角Ｄで止まったときの通り道を，底面を折り返した図形を用いてまっすぐな通り道として表した図です。図４のような，底面が正三角形３つでできた台形である箱の中を，角Ｅからロボットが進み始め，壁に何回かぶつかり，角Ｆで止まるまでには通り道が何通りかあります。図３を参考にして，折り返した底面とロボットが進むまっすぐな通り道を，解答らんの点線を利用して２通りかきましょう。また，それぞれの通り道について壁にぶつかる回数を答えましょう。ただし，角にぶつかって止まることは１回と数えないこととし，ロボットは壁に沿って進むことはないこととします。また，ロボットの大きさは考えないこととします。解答らんの三角形は正三角形であり，図は点線からはみ出さないこととします。

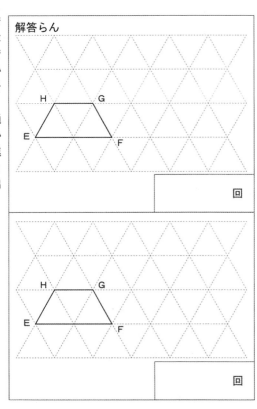

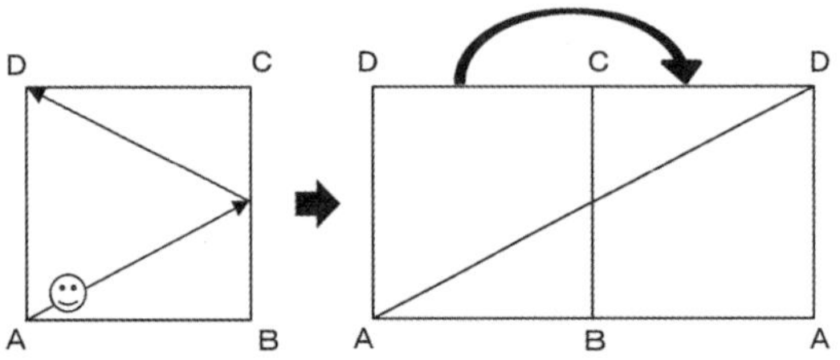

図３

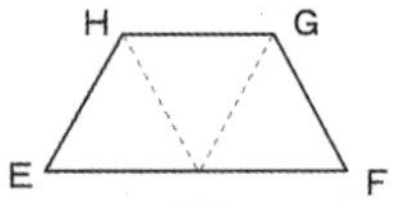

図４

解答らん

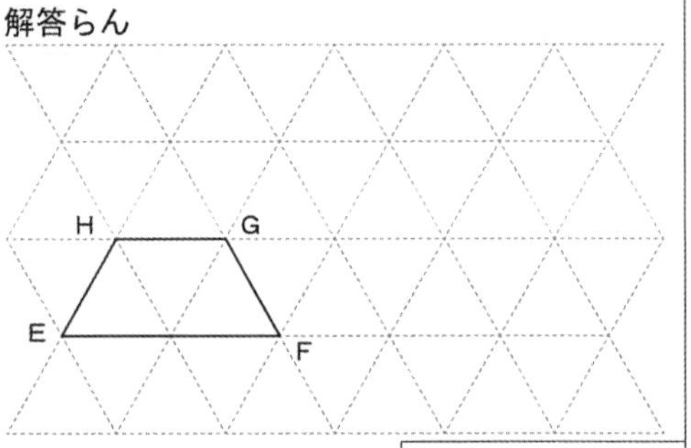

　　　　回

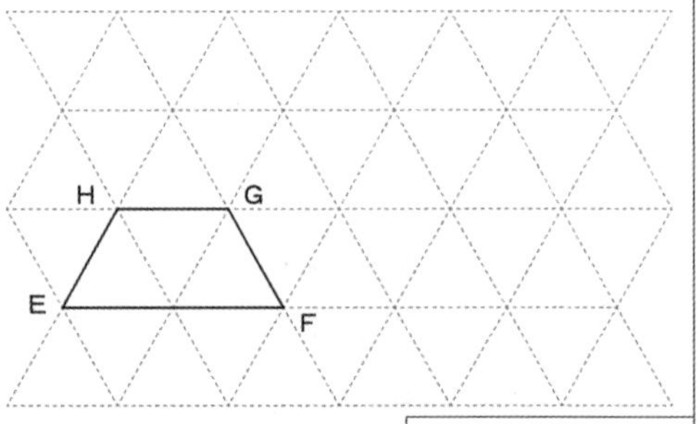

　　　　回

博士：きれいな円や直線をかくことができるロボットもありますよ。

（３）　図５の（ア），（イ）は，円と正方形が組み合わされたものです。（ア）は円の中に１辺 10cm の正方形がぴったり入った図です。（イ）は１辺４cm の正方形の周りに，それぞれの辺を１辺とする正方形が円にぴったり入った図です。（ア），（イ）それぞれの円の面積を答えましょう。ただし，円周率は 3.14 とします。

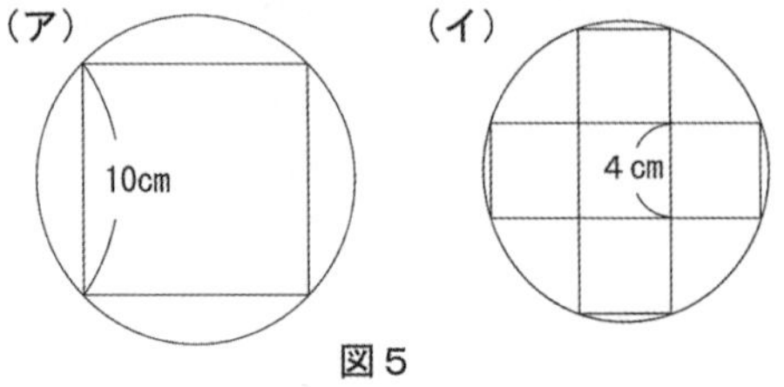

図５

（ア）　　　　　　cm^2	（イ）　　　　　　cm^2

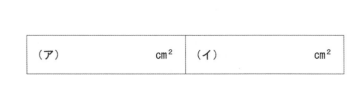

課題３　太郎さんと花子さんが理科室の実験器具について話をしています。あとの（１）～（３）に答えましょう。

太郎：豆電球に明かりをつけたいのに，豆電球のソケットがみつからないな。
花子：ソケットがなくても，工夫をすれば豆電球の明かりをつけることができるよ。

（１）　図１は，豆電球のソケットのしくみを表しています。右の解答らんの豆電球に，図２の２つを使って，豆電球に明かりがつくつなぎ方の図をかきましょう。ただし，使える導線の長さは自由に変えることができますが，切ることはできません。図は，定規を使わずにかいてもかまいません。

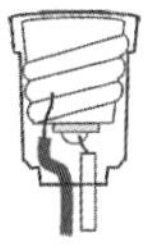

図１

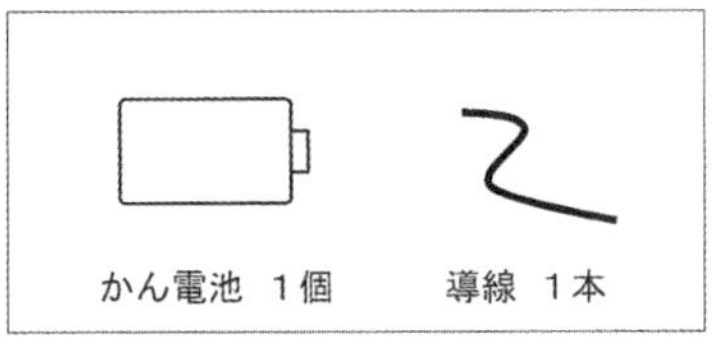

図２

解答らん

太郎：濃（こ）さのちがう食塩水を，なめること以外の方法で見分けることができるかな。
花子：実験器具を使うと，いくつかの方法で見分けることができると思うよ。

（２）　図３のように同じ大きさの容器に濃さがちがう食塩水ＡとＢが入っています。濃い食塩水を見分ける方法を１つ考えて，どのような結果から濃い食塩水であると見分けられるのかを，食塩水Ａ，Ｂと図４で示されているものを使って説明しましょう。ただし，食塩水Ａ，Ｂと図４で示しているものについては，数や量はどれだけ使用してもかまいません。また，使用しないものがあってもかまいません。

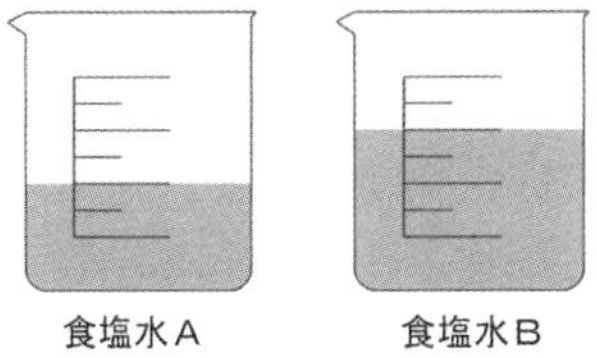

図３

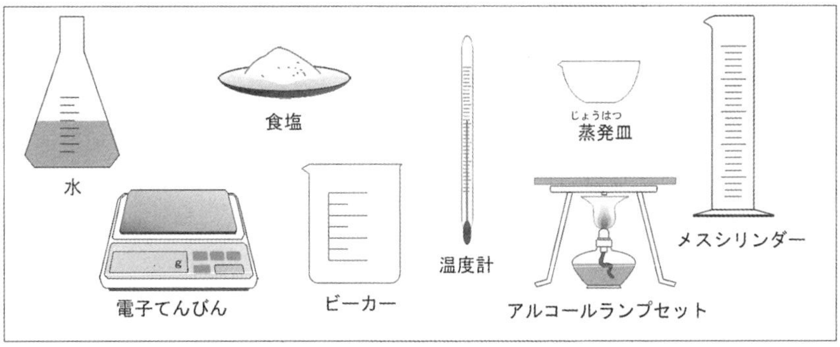

図４

説明

花子：ご飯をたく前に，米に水を吸水させるとふっくらしたご飯になると教えてもらったよ。
太郎：吸水させる時間は何分ぐらいにすればいいかな。

（３）　図５は，米が吸水したようすを表したものです。図６は，米の吸水量と浸水（しんすい）時間の関係を示したものです。夏は30 分程度の浸水でよいといわれていることから，冬は何分程度浸水させるとよいか，答えましょう。また，その理由を図６のグラフをもとに具体的な値を使って説明しましょう。

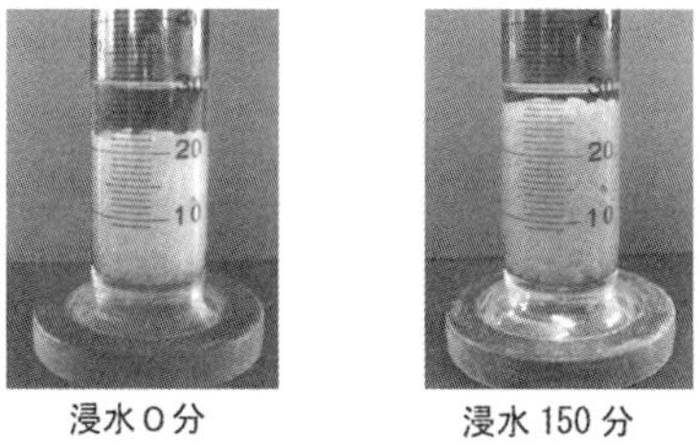

図５

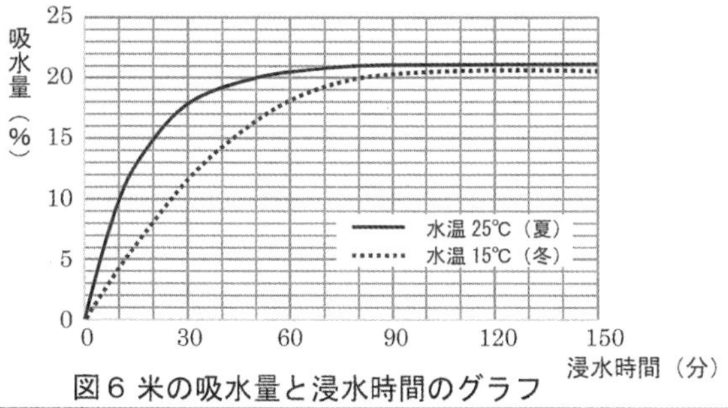

図６ 米の吸水量と浸水時間のグラフ

説明	分程度

岡山操山中学校

（解答用紙は別冊 50 P）（解答例は別冊 27 P）

※課題１，３は岡山操山中学校の課題１，３と同じです。

課題２　太郎さんと花子さんは，卒業式の会場のかべにはる掲示物（けいじぶつ）について，次のような会話をしています。あとの（１）～（３）に答えましょう。

太郎：写真をたくさんはりたいね。
花子：写真の４つの角を丸く切った形はどうかな。

（１）　図１のような長方形の写真の角を丸く切って図２の形にした写真をはります。図２の形の写真の面積を答えましょう。ただし，角を切り取った丸い部分は円の円周の一部分とし，円周率は 3.14 とします。

（　　　　　　cm^2）

図１

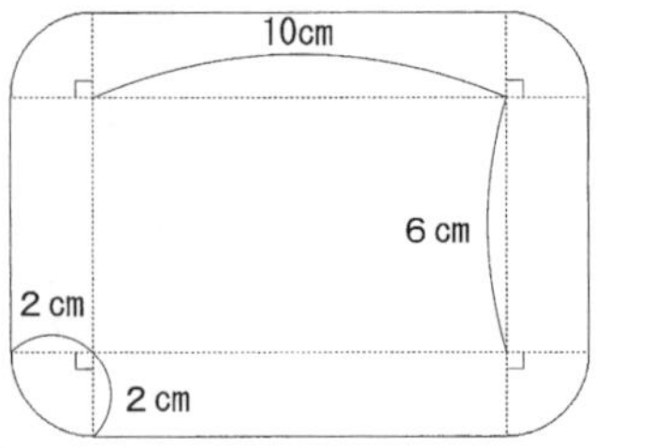

図２

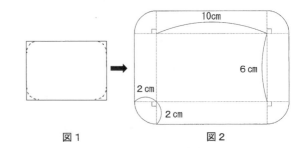

太郎：先生へのメッセージを紙に書いてはるのはどうかな。
花子：紙を同じ形にしてすきまなく並（なら）べてはればきれいだね。

（２）　図３のようなあ三角形，い四角形，う正五角形，え正八角形があります。これらの図形のうち１種類だけを使って図４のようにすきまなく並べていきます。このとき，すきまなく並べられる図形をあ～えの中からすべて選び，記号で答えましょう。また，なぜ選んだ図形がすきまなく並べられるのかも説明しましょう。

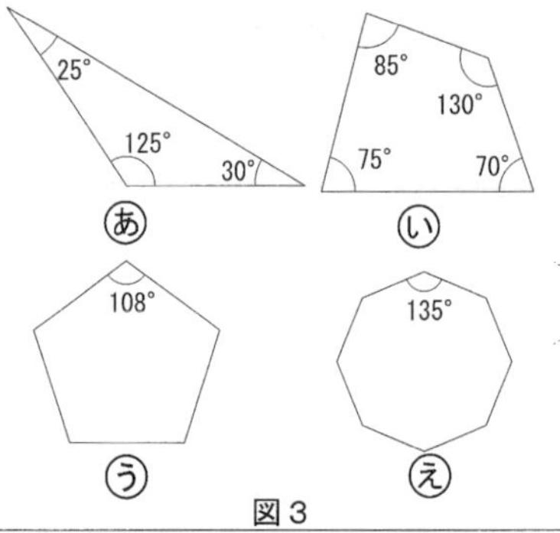

図３

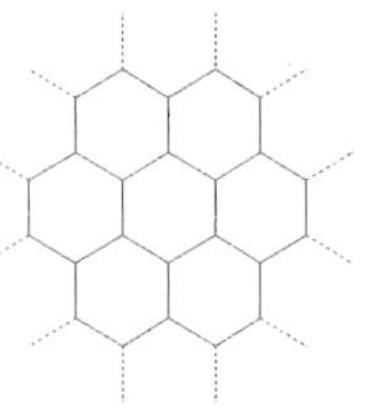
図４

説明

選んだ図形

太郎：卒業制作で作ったポスターもはろうよ。
花子：ポスターのはしを重ねてはると，画びょうの数が少なくできるね。

（３）　図５のようなたて 51cm，横 36cm のポスター120 枚を，図６のようにそれぞれのポスターのはしを２cm 重ね，４すみを画びょうでとめながらすきまなくはっていきます。たての並びを列，横の並びを行とし，各列，各行にはるポスターの枚数はそれぞれ同じとします。会場内のたて 2.5m，横 10.5m のスペースに，ポスターがはみ出さないようにはるとき，たて，横にはるポスターの枚数と使う画びょうの個数を答えましょう。また，どのように求めたのかも説明しましょう。

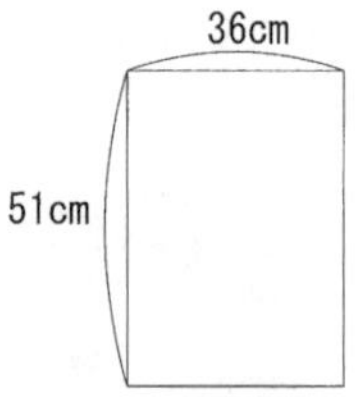

図５

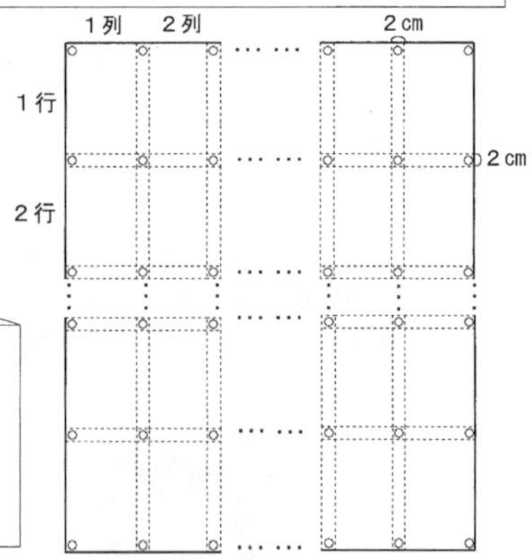

図６

説明

たて　　　　枚，横　　　　枚，使う画びょうの個数　　　　個

岡山県立岡山大安寺中等教育学校　適性検査Ⅰ（検査時間45分）

（解答用紙は別冊51 P）（解答例は別冊27 P）

※課題１，３は岡山操山中学校の課題１，３と同じです。

課題２　太郎さんと花子さんは公園の花だんを見て話をしています。図１，図２，図３は，丸いブロックを１m間隔（かんかく）に並（なら）べてつくられた，正三角形，正方形，正五角形の花だんをそれぞれ表しています。ただし，辺の数と１つの辺の上に並べるブロックの個数が同じになるように並んでいます。例えば，図１の正三角形の花だんでは，１つの辺に３個のブロックが並んでいます。あとの（１）～（３）に答えましょう。

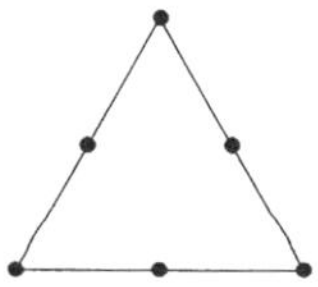

図１

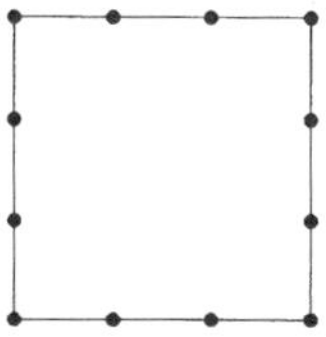

図２

図３

太郎：この公園の花だんにはいろいろな形のものがあるね。
花子：そうね。正三角形や正方形のように見える花だんがあるね。

（１）　図３のⓐの角度は何度か答えましょう。

［　　　　度］

太郎：同じ形の花だんが並んでいると違う形ができそうだね。

（２）　図4は平行四辺形の中を，図1の正三角形の花だん2個ですきまなくしきつめたものです。同じように，図5の平行四辺形の中を，図1の正三角形の花だんですきまなくしきつめるとき，全部で図1の正三角形の花だんが何個必要か答えましょう。

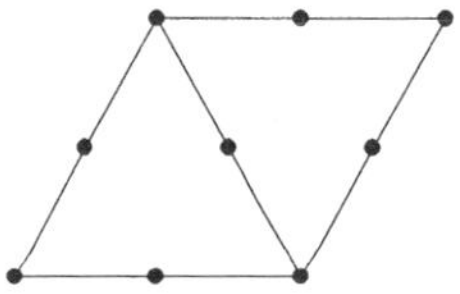

図4

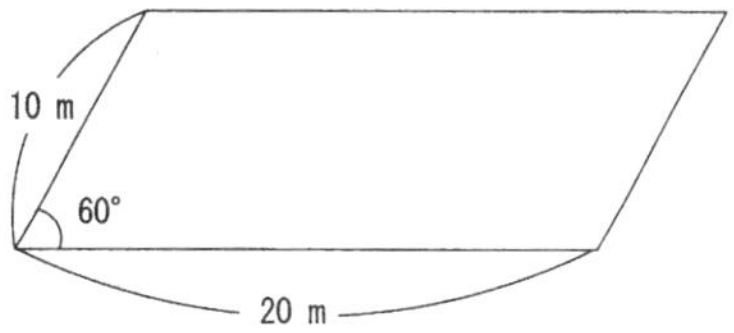

図5

［　　　　個］

花子：いろいろな形の花だんをつくってみるとおもしろそうね。
太郎：そうだね。でも，ブロックがたくさん必要になるね。

（３）　図１，図２，図３のように，辺の数が１本ずつ増える正多角形の花だんをそれぞれ１つずつつくっていきます。例えば，40個のブロックがあるときは，図１の花だんでは６個，図２の花だんでは12個，図３の花だんでは20個のブロックを使うので，38個のブロックを使って，最大で正五角形の花だんまでつくれます。では，2021個のブロックがあるときは，最大で正何角形の花だんまでつくれるか答えましょう。また，どのようにして求めたかも説明しましょう。

説明

正　　　　角形

岡山県立津山中学校　適性検査Ⅰ（検査時間 45 分）

（解答用紙は別冊 52 P）（解答例は別冊 28 P）

※課題１，３は岡山操山中学校の課題１，３と同じです。

課題２　太郎さんと花子さんがアルファベットの形について話をしています。あとの（１）～（４）に答えましょう。

太郎：卒業制作でちょうこく刀を使ってアルファベットの形をほったよ。
花子：ちょうこく刀を使うときには注意することがあったよね。

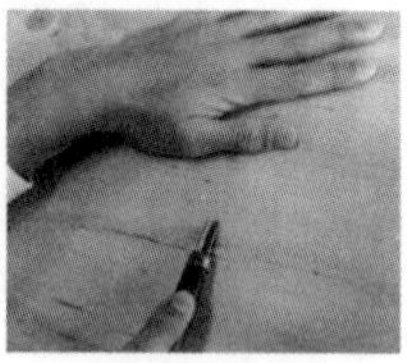
図１

（１）　図１はちょうこく刀（丸刀）を使って木材をほっているところです。図１の使用方法では危険（きけん）なところがあります。どこが危険なのかを説明しましょう。

太郎：「Y」のそれぞれのはしを結ぶと，三角形ができるね。

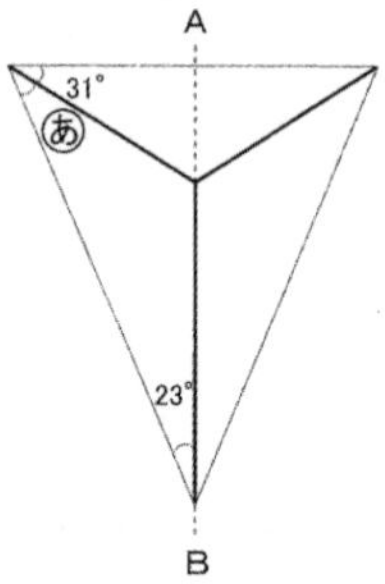

図２

（２）　図２のⓐの部分の角度は何度になるか答えましょう。ただし，図２は直線ＡＢを対称（たいしょう）の軸（じく）とする線対称な図形であるとします。

度

太郎：アルファベットの形を変えたり，組み合わせたりすることで，何かおもしろい図形はできないかな。
花子：「W」と「V」の形を少しくずして組み合わせると，変わった図形ができたよ。

（３）　図３は花子さんが考えた図形です。方眼の１めもりを１cmとするとき，図３の四角形ＣＤＥＨの面積を答えましょう。また，どのようにして求めたのかも説明しましょう。

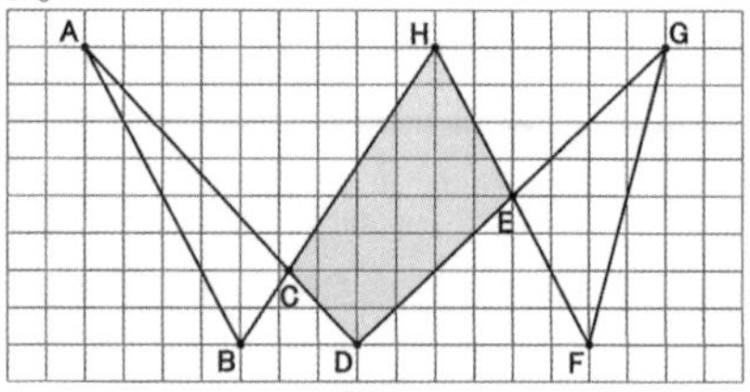

図３

説明

cm^2

太郎：「T」の図形を立体でつくりたいな。
花子：立体の図形をつくるための展開図（てんかいず）を考えてみたよ。

（４）　図４のように，立体的な「T」の図形を２つのⓐとⓘの部分に分けて作ろうと思います。ⓐの展開図は図５のようになります。図６はⓘを上下逆にし，各辺の長さを示したものです。ⓘの展開図を図５と同じように，切る部分は―― 線で，折る部分は - - - - 線で解答らんにかきましょう。

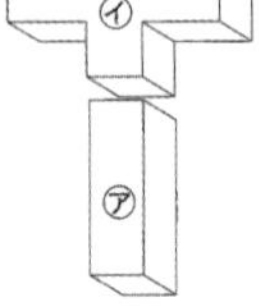

図４

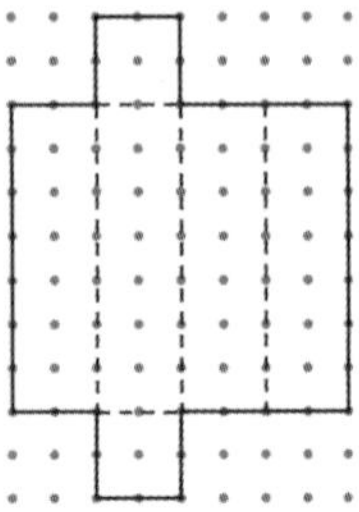
図５

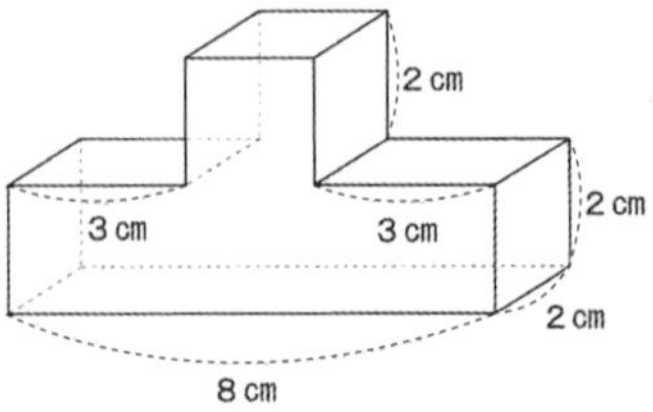

図６

解答らん

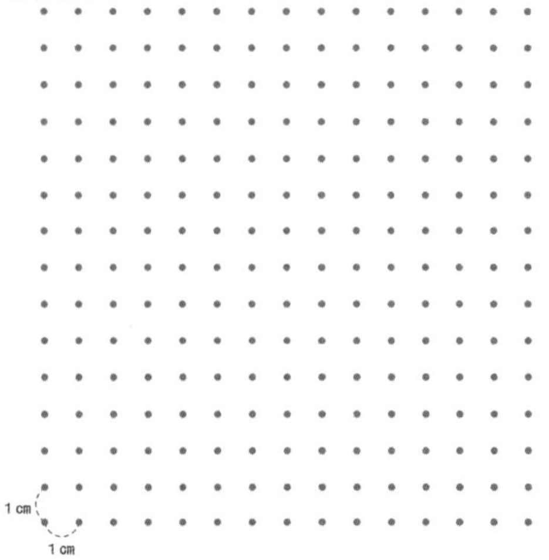

岡山県立岡山操山中学校　適性検査Ⅱ（検査時間四十五分）

（解答用紙は別冊53Ｐ）（解答例は別冊26Ｐ）

課題1　次の文章を読んで、（1）から（4）に答えましょう。

わたしたちは毎日、いろいろなものを読んでいます。例えば、学校の授業では、教科書を読みます。国語や道徳の授業では、物語や説明文、伝記などを読みます。また、算数や理科の授業では図形や式、グラフなどの資料を読むこともあるでしょう。

しかし、わたしたちが読むものは[ア]これだけではありません。友だちからもらった手紙、新聞やインターネットのニュース、あとに示した「クリーン作戦の案内文」のようなものもあります。そして、その内容を理解しながら、わたしたちは生活しています。

書かれたものを読み、内容を理解する力を「読解力」といいます。以前は文章を読むときに使う言葉だという印象がありましたが、最近では文章に限らず「資料」の読み取りなどもふくめて、広い意味で使われるようになってきました。小説の主人公の気持ちを読み取るときにも、複数のグラフから問題点を考えるときにも「読解力」が必要だということです。このような「読解力」について、長年、中学校や高等学校で国語を教えてきた村上慎一（しんいち）さんは、著書（ちょしょ）の中で次のように述べています。

「言葉をみがき、精密（せいみつ）な運用を目指す『国語』という教科は、『人生』のすぐ近くにある。『なぜ国語を学ぶのか』という問いへの答えは、シンプルである。よりよい人生、より豊かな生のために学ぶのである。」

その思いは、今も変わらない。ひとは、言葉以外のもので思考できない。[イ]言語のレベルと思考のレベルは比例する。ひとが言葉で生きる存在（そんざい）である以上、言葉の精密な運用は人生に直接かかわると思う。長らくそう考えて、私は「国語」という教科を教えてきた。「国語」という教科の推進（すいしん）力は「読解力」だという思いの延長（えんちょう）線上には豊かな生への思いがある。

「読解力」は、「読むこと」だけに働くわけではない。「聞くこと」はもちろん、「話すこと」「書くこと」のベース[*1]には「読解力」がある。「読解力」とは、言葉の表現者の意図を正確に読み、それを自分の言葉に置き換えて解釈（かいしゃく）する力である。表現者の意図を読み取るには、表現者の立場や心情に対する想像力が求められる。疑問（ぎもん）が生じ、どういうことかと自分の頭で考えてみることも当然あるだろう。読解力とは想像力、思考力の鍛錬（たんれん）[*2]である。その鍛錬がなければ、自らが言葉による表現者になることはないように思う。

私が「国語」という教科で求めてきた「読解力」とは別の「読解力」が話題になることが多くなったという気がする。言葉は「読解力」で同じだが、大きな違（ちが）いがある。これまで国語で学ぶことをしてきた「読解力」が「人生」に直接かかわるものであったのに対し、昨今（さっこん）[*3]話題の「読解力」は「生活」にかかわるもののようにみえる。「生活」の役に立つ「読解力」は、どうでもよいと思っているわけではない。たとえば、「実用的な文章」の読み取り、図や表といった「資料」の読み取りなども、おろそかにしてはいけないのだと思う。これらの読み取りが必要だとして、どのようにその「読解力」を鍛（きた）えたらよいのだろう。すでに「実用的な文章」の読み取りや「資料」の読み取りを自分のものにしている人がどのようなプロセス[*4]を経てそれらの読み取りを自分のものにしたかを考える必要がある。（村上慎一著「読解力を身につける」前書きより　出題のために一部改めた所があります。）

＊1　ベース・・・土台、基本　＊2　鍛錬・・・きたえること　＊3　昨今・・・このごろ　＊4　プロセス・・・物事を進める順序

ここでは「読解力」が大きく二つに分類されています。そして、[ウ]それぞれの「読解力」には違いがあると村上さんは考えています。わたしたちが生きていく上で、「読解力」は欠かせません。二つの「読解力」を身につけることで、よりよい人生、より豊かな生を手に入れることができるのではないでしょうか。

「クリーン作戦の案内文」

> 令和○年○月○日
>
> △△町内会のみなさま
>
> □□□市立△△小学校
> 児童会長　岡山　太郎
>
> △△小学校区クリーン作戦のご案内
>
> 新緑がまぶしい季節になりました。みなさま、いかがお過ごしでしょうか。
> さて、今回私たち△△小学校児童会では、学区のクリーン作戦を計画しました。
> △△町内会のみなさまにも、この活動に協力していただければと思っています。参加できる方は次のとおり、お集まりください。
> たくさんの人の参加を待ってます。
>
> 記
>
> 1　日　時　令和○年11月○日（土）午前9時～午前11時
> 2　場　所　△△公園

（1）「クリーン作戦の案内文」について、次の①、②の問いに答えましょう。

①　クリーン作戦は11月に行われるため、この案内を10月に配布することにしました。点線部分「新緑がまぶしい季節になりました。」を季節にふさわしい文に書き直しましょう。

②　文中［　　］部分の「たくさんの人の参加を待ってます。」を、敬語（けいご）を使った文に書き直しましょう。

（2）——ア「これ」が指す内容を十字以内で書きましょう。

（3）——イ「言語のレベルと思考のレベルは比例する」とは、どういうことですか。別の言葉に言いかえて、三十五字以内で書きましょう。（、や。や「」なども一字に数えます。）

（4）——ウ「それぞれの『読解力』には違いがある」と村上さんが考える理由を、文章中の言葉を使って説明しましょう。次の文の書き出しに続けて、解答らんに八十字以内で書きましょう。（、や。や「」なども一字に数えます。）

「生活」の役に立つ「読解力」は、実用的な文章や資料を読み取る力で、すでにその力を習得した人の読み取るプロセスをたどりながら鍛える必要があるのに対して、

課題2　太郎さんの学級では、AとBの二つのグループに分かれて、昔の地域の暮らしについて調べ学習をすることになりました。Aグループは「昔から地域に住んでいるお年寄りにインタビューをする」という方法で、Bグループは「資料館で地域の資料を調べる」という方法で調べ学習をします。あなたならAとBどちらのグループに参加したいと思いますか。左のわくに書きましょう。また、あなたがそのグループを選んだ理由を、二つのグループの方法を比べながら説明しましょう。さらに二つのグループの方法以外で効果的な方法を考え、なぜそれが効果的なのか、理由もふくめて解答らんに二百字以内で書きましょう。（、や。や「」なども一字に数えます。段落分けはしなくてよろしい。一マス目から書き始めましょう。）

選んだグループ

100字

200字

課題３　太郎さんと花子さんは，くらしの中のさまざまな情報や生活の変化について，先生を交えて話し合いました。あとの会話文を読んで，（１）～（３）に答えましょう。

資料１　2013年と2018年における年代別テレビ・インターネットの平日１日当たりの利用時間の変化

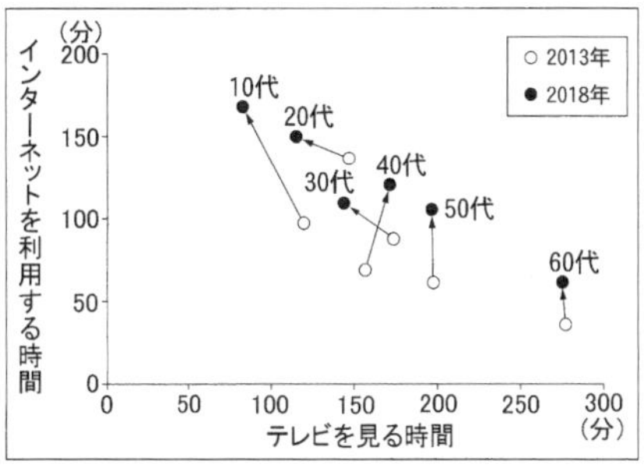

（総務省資料から作成）

先生：世の中には多くのメディアが存在します。みなさんはテレビやインターネットをどのくらい利用しているのでしょうか。資料１を見てみましょう。

太郎：グラフの矢印には，どんな意味があるのかな。

花子：10代から60代までのそれぞれの年代について，テレビを見る時間とインターネットを利用する時間の変化が分かるのではないかな。

先生：そうですね。ではこの資料を見て，10代から60代までの６つの年代について，利用時間が５年間でどのように変化したかを考えてみましょう。

（１）　テレビを見る時間とインターネットを利用する時間について，資料１の６つの年代を変化の特ちょうによって大きく２つのグループに分けたいと思います。あなたならどのようなグループに分けますか。分けた理由もふくめて書きましょう。

先生：商品やサービスを提供する会社は，自社の商品に関する情報を届ける手段の一つとして広告を利用します。ここに1990年と2020年の新聞があります。この２つの新聞にある広告の内容を項目ごとに分けてグラフにすると，何か気付くことがありますか。

太郎：30年間で新聞広告の内容が大きく変わっています。1990年は，自動車や住まいに関するものが多いですが，2020年では，健康や医療に関するものが多くなっています。

花子：この30年間で新聞広告の内容が変化した理由は何かな。

資料２　新聞広告の内容

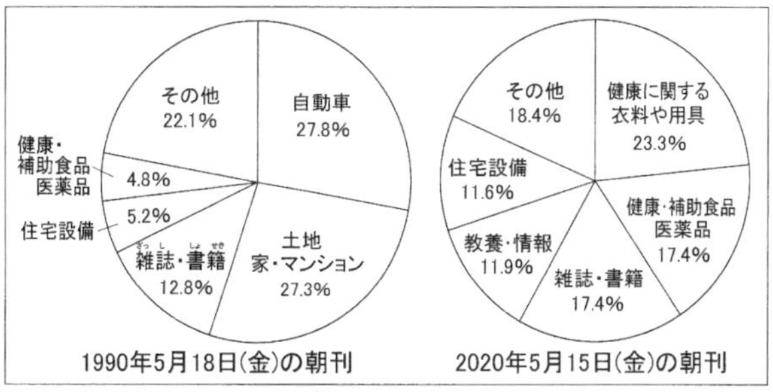

※紙面に掲載されたすべての広告に対する面積比による。
（朝日新聞縮刷版から作成）

（２）　資料２を見ると，30年間で新聞広告の内容が変化しています。「世代」という言葉を必ず用いて1990年と2020年の特ちょうを比べながら，変化した理由として考えられることを書きましょう。

先生：現在，さまざまなメディアを通じて多くの情報を得るだけでなく，自分たちで情報を発信することもできる時代になりました。そのことで，社会とわたしたちの関係はどのように変わったのでしょうか。

太郎：例えば，自分の意見や良さを発信する機会が少なかった人でも，積極的に発信できる機会が増えてきていると思います。

花子：つまり，情報化が進むことで，これまでよりも社会との関わりを強めることができるようになったということですね。

（３）　これまで自分の意見や良さを社会に向けて発信する機会が少なかった人が，情報化が進むことによって積極的に発信し，社会との関わりを強めることができるようになった例としてどのようなものがありますか。解答らんの［　ア　］には，発信する機会が少なかった人を，［　イ　］には，発信した内容と，発信したことで社会との関わりを強めることができるようになった例を書きましょう。

ア		人が，情報化が進むことによって
イ		

岡山県立倉敷天城中学校　適性検査Ⅱ（検査時間四十五分）

（解答用紙は別冊56Ｐ）（解答例は別冊27Ｐ）

※課題1、3は岡山操山中学校の課題1、3と同じです。

課題2　「One for all, All for one.」という言葉があります。この言葉は「一人はみんなのために、みんなは一人のために。」と訳されます。ほかに、「一人はみんなのために、みんなは勝利のために。」という意味をもつとも言われています。「勝利」を意味するときには、個人と集団の関係、さらにはその集団の目標についても表しています。あなたの経験をもとにすると「一人はみんなのために、みんなは［　　］のために。」の［　　］に「勝利」以外で集団の目標を表すどのような言葉を入れますか。左の［　　］に書きましょう。また、※の一文全体の意味を説明し、あなたの経験をもとに、あなたが集団の中でどのような役割をどのように果たしたかを二百字以内で書きましょう。ただし、［　　］に入る言葉は漢字二字でなくてもよろしい。（、や。や「　」なども一字に数えます。段落分けはしなくてよろしい。一マス目から書き始めましょう。）

※「一人はみんなのために、みんなは［　　　　　　　　］のために。」

100字

200字

岡山県立岡山大安寺中等教育学校　適性検査Ⅱ（検査時間四十五分）

（解答用紙は別冊57P）（解答例は別冊28P）

※課題1、3は岡山操山中学校の課題1、3と同じです。

課題2　課題1の文章で、村上さんは、よりよい人生のために学ぶと述べています。あなたが考えるよりよい人生とは、どのようなものですか。具体的に書きましょう。また、それを実現するために何をするべきだと思いますか。「読解力」という言葉を使わずに、二百字以内で書きましょう。（、や。や「　」なども一字に数えます。段落分けはしなくてよろしい。一マス目から書き始めましょう。）

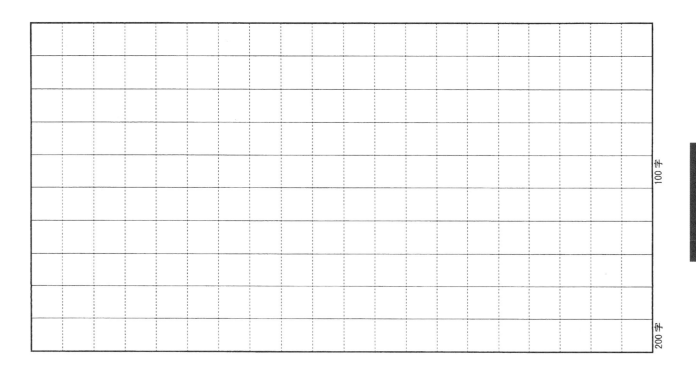

100字

200字

岡山県立津山中学校　適性検査Ⅱ（検査時間四十五分）

（解答用紙は別冊57Ｐ）（解答例は別冊28Ｐ）

※課題1、3は岡山操山中学校の課題1、3と同じです。

課題２　フランスの作家、サン・テグジュペリ作『星の王子さま』に「大切なものはね、目には見えないんだよ。」という言葉があります。また、視覚と聴覚に障がいがありながらも障がい者の教育や福祉の発展につくしたヘレン・ケラーは、「世界で最もすばらしく、最も美しいものは、目で見たり手でふれたりすることはできません。それは、心で感じなければならないのです。」という言葉を残しています。あなたが考える「目に見えない大切なもの」は何ですか。あなたの体験にふれながら、理由とともに二百字以内で書きましょう。（、や。や「」なども一字に数えます。段落分けはしなくてよろしい。一マス目から書き始めましょう。）

100字

200字

広島県立広島中学校　適性検査1（検査時間50分）

（解答用紙は別冊58Ｐ）（解答例は別冊29Ｐ）

1 高志くんは遠足の途中で，空にうかぶ雲をながめています。次の会話は，そのときに高志くんと先生が話したものです。

> 高志「あの白い雲，きれいですね。」
> 先生「そうだね。雲にはいろんな形があっておもしろいね。」
> 高志「そういえば先生，雲はなにでできているのですか。」
> 先生「雲は小さな水や氷のつぶでできているんだ。つぶが大きくなると，雨や雪となって落ちてくるんだよ。」
> 高志「そうなんですね。でも先生，雲をつくっている水や氷のつぶはどこからくるのですか。」
> 先生「高志くんは，雲をつくっている水や氷のつぶがどこからくると思うかな。」
> 高志「そういえば，水は氷や水蒸気というように，すがたを変えながら自然の中をめぐっていることについて，授業で学習しましたね。」
> 先生「そうなんだよ。雲をつくっている水や氷のつぶは，雨や雪となって降り，自然の中をめぐって，その一部は再び雲になるんだ。このように，水は自然の中をめぐっているんだよ。」
> 高志「雨や雪となって降ったものの一部が再び雲になるというのは，おもしろいですね。雲をつくっている水や氷のつぶが，どのように自然の中をめぐって，再び雲になるのかを具体的に考えてみようと思います。」

あなたが高志くんなら，雲をつくっている水や氷のつぶが雨や雪になって降った後に，どのように自然の中をめぐって，再び雲になると考えますか。雲をつくっている水や氷のつぶが再び雲になるまでの水のめぐりを，水のすがたの変化もふくめて具体的に書きなさい。

2 分数について学習した3年生の望美（のぞみ）さんは，分数の計算についても考えてみたいと思い，6年生で兄の良（りょう）くんに質問をしています。次の会話は，そのときに望美さんと良くんが話したものです。

望美「お兄ちゃん，質問があるんだけど。」
良　「どうしたんだい。」
望美「分数を学校で習ったから，分数のたし算を自分で考えてみたの。$\frac{2}{5}+\frac{1}{5}$ を計算すると，$\frac{3}{10}$ になると思うんだ。」
良　「なるほど，望美は［　　　　　　　　］と考えたんだね。でも，その考え方で計算すると，計算結果はまちがっているよ。」
望美「どうしてまちがっているの。」

良くんは，望美さんがどのような考え方で分数の計算をしたと思ったのでしょうか。会話文中の［　　　　　　］に入るように，望美さんの考え方を書きなさい。また，あなたが良くんなら，この後，望美さんの計算結果がまちがっていることをどのように説明しますか。説明する内容を，図を使って書きなさい。

広島中学校

3 家の庭のそうじをしていた健太（けんた）くんと姉の広子（ひろこ）さんは，花が開いたり閉じたりすることに疑問をもちました。次の会話は，そのときに健太くんと広子さんが話したものです。

健太「春に育てたチューリップは，夕方になると花が閉じていたんだけど，暗くなったから花が閉じたのかな。」

広子「最近学校で習ったんだけど，チューリップの花が開いたり閉じたりするのは，光じゃなくて，温度が関係しているんだって。しかも，チューリップは1日の中で花が開いたり閉じたりすることを毎日くり返しているんだよ。」

健太「なるほど。チューリップの花が開いたり閉じたりするのは，温度が関係しているんだね。他の花はどうなのかな。」

広子「そういえば，タンポポも1日の中で花が開いたり閉じたりするんだって。」

健太「家の前にタンポポが咲（さ）いていたけど，タンポポの花が開いたり閉じたりするのは，光や温度が関係しているのかな。」

【花が開いたタンポポ】

【花が閉じたタンポポ】

広子「わたしは，チューリップのように，温度が関係していると思うな。」

健太「ぼくは，光が関係していると思うな。じゃあ，タンポポの花が開いたり閉じたりするのは，光や温度が関係しているか調べてみよう。」

（健太くんと広子さんの予想）

健太くんの予想：「タンポポの花が開いたり閉じたりするのは，光が関係している」
広子さんの予想：「タンポポの花が開いたり閉じたりするのは，温度が関係している」

あなたなら，タンポポの花が開いたり閉じたりすることについて，光や温度が関係しているかどうかを確かめるために，どのような方法で実験をしますか。健太くんと広子さんがそれぞれ予想した光と温度のうち，どちらかを選び，解答用紙の（　　　　）に書き入れ，それを確かめる実験の方法を書きなさい。また，あなたが選んだ予想が正しければ，実験の結果がどのようになるかを書きなさい。

広島中学校

4 創一（そういち）くんの家の庭には，レンガを並べて作った長方形の花だんがあります。次の会話は，その花だんについて，創一くんとお父さんが話したものです。

創一「去年はパンジーを植えてきれいに咲（さ）いたね。」
父　「そうだな。今年はパンジー以外の花も植えようと思うんだ。」
創一「それなら，花だんをもっと広げたいね。」
父　「花を植える部分の面積が，今の２倍になるように広げようと思うんだ。」
創一「じゃあ，ぼくが花だんをどのように広げればいいか考えてみるよ。」
父　「庭の広さを考えて，花だんの縦の長さは 2.5 m，横の長さは５ mをそれぞれ超（こ）えないようにしてくれるかな。それから，レンガは今と同じように，縦 10 cm，横 20 cm の面を下にして並べてくれよ。」
創一「わかったよ。花を植える部分の縦と横の長さを考えてみるね。」
父　「追加するレンガの個数も教えてくれよ。」

創一くんはお父さんと相談し，花だんを広げるために，今の花だんとレンガをスケッチし，必要な情報をメモにまとめました。

（創一くんのまとめたメモ）

【花だんを上から見たスケッチ】

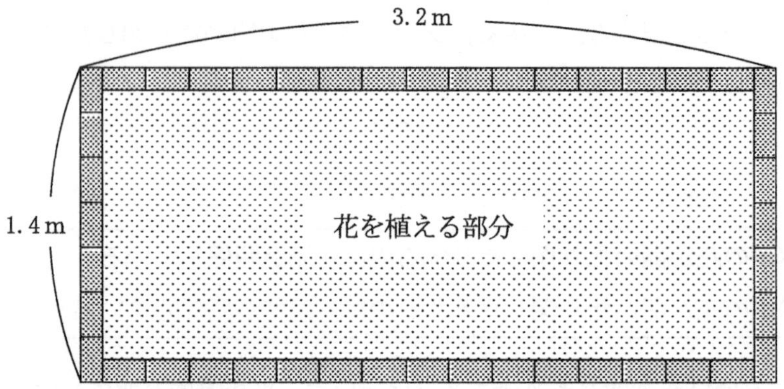

【レンガのスケッチ】

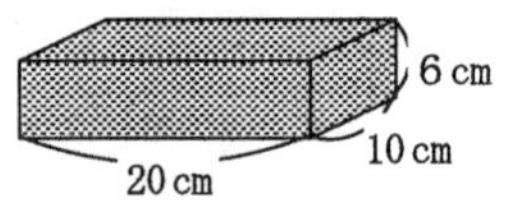

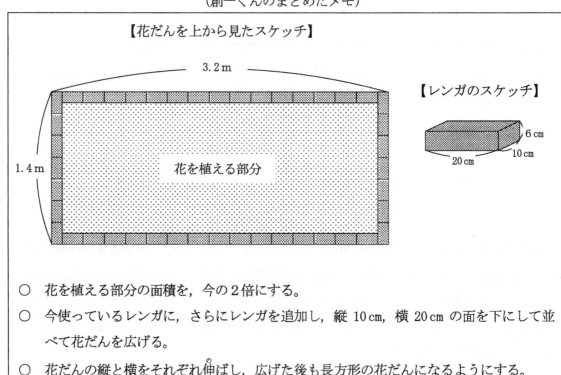

○　花を植える部分の面積を，今の２倍にする。
○　今使っているレンガに，さらにレンガを追加し，縦 10 cm，横 20 cm の面を下にして並べて花だんを広げる。
○　花だんの縦と横をそれぞれ伸（の）ばし，広げた後も長方形の花だんになるようにする。
○　花だんの大きさは，縦の長さ 2.5 m，横の長さ５ mをそれぞれ超えないようにする。
○　レンガ１つは，縦 10 cm，横 20 cm，高さ６ cm の直方体である。

あなたが創一くんなら，どのような計画を立てますか。解答用紙の（　　　）に花を植える部分の縦と横の長さを，〔　　　〕に追加するレンガの個数をそれぞれ書き入れなさい。また，それぞれを求めた考え方を，式をふくめて書きなさい。

広島中学校

5 光(ひかる)くんは理科の授業の後，先生が作ったふりこの装置について，先生と話をしています。次の会話は，そのときに光くんと先生が話したものです。

光　「先生が作ったふりこの装置を見て驚(おどろ)きました。」
先生「この装置は，７個のふりこを同じふれはばの右はしから同時に動かし始めると，不思議(ふしぎ)な動きをしますね。」
光　「そうですね。それぞれのふりこの長さがちがっていたので，常にばらばらに動くだけだと思っていました。でも途中で，７個のふりこが全て同時に右はしにきて，そろって見えたときがあったので，不思議でした。」
先生「実は，この７個のふりこで作った装置は，動かし始めて60秒後に全てのふりこが右はしで初めてそろう装置なんですよ。」
光　「どうしてそんな時間がわかるんですか。」
先生「これらのふりこがそれぞれ１分間に往復する回数をもとに，１往復する時間を考えるとわかります。」
光　「では，ふりこが往復する時間を考えて，動かし始めて30秒後に右はしで初めてそろう装置も作ることはできますか。」
先生「この７個のふりこを全て使うと，30秒後にそろいません。４個のふりこをうまく選ぶと，30秒後に４個のふりこ全てが右はしで初めてそろう装置を作ることはできます。」
光　「先生が使った７個のふりこの中から４個を選んで，30秒後に４個のふりこ全てが右はしで初めてそろう新しい装置を作ってみたいと思います。」

【先生が作った装置】

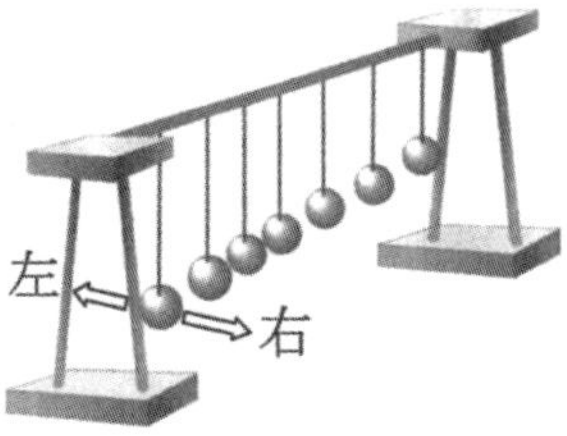

【ふりこ】

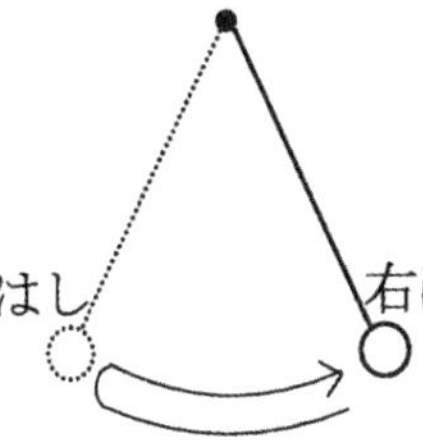

光くんは，先生が使った７個のふりこの中から４個を選んで，新しい装置を作ることにしました。そのために，必要な情報をメモにまとめました。

（光くんのまとめたメモ）

○　先生が作った装置のふりこア～キの中から４個を選んで新しい装置を作る。
○　ア～キのふりこは，時間がたってもそれぞれ１往復する時間は変わらない。
○　同じふれはばの右はしから同時に動かし始めて，30秒後に４個のふりこ全てが右はしで初めてそろうようにする。

	１分間に往復する回数
ふりこ　ア	80往復
ふりこ　イ	72往復
ふりこ　ウ	60往復
ふりこ　エ	48往復
ふりこ　オ	45往復
ふりこ　カ	40往復
ふりこ　キ	30往復

あなたが光くんなら，動かし始めて30秒後に４個のふりこ全てが右はしで初めてそろう装置を作るために，どのふりこを選びますか。ふりこア～キの中から４個を選んで，解答用紙の（　　　）に，選んだふりこの記号を書きなさい。また，その４個のふりこに決めた考え方を書きなさい。

広島中学校

広島県立広島中学校　適性検査2（検査時間45分）

（解答用紙は別冊59 P）（解答例は別冊30 P）

1　夢子さんは，学級委員会で6年生の代表をしています。夢子さんたちは，5年生までに総合的な学習の時間で「私たちが住む地域」について学習し，6年生で地域での活動に取り組むことになっています。そこで，学級委員会では，2学期に地域で行う活動のテーマと内容を考え，各学級で提案することにしました。資料1は，5年生のときに行った地域学習を終えてのアンケート結果です。資料2は，5月に地域の人に対して行ったアンケート結果です。資料3は，1学期に夢子さんたちが調べ，発見した，「私たちが住む地域」の特徴をまとめたものです。

あなたが夢子さんなら，地域で行う活動について，資料1～3をもとに，どのようなテーマでどのような取組を提案しますか。その原稿を180字以内で書きなさい。

資料1　5年生のときに行った地域学習を終えてのアンケート結果

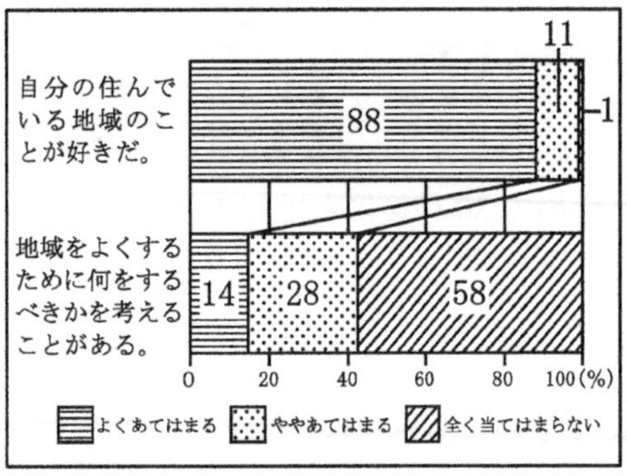

資料2　地域の人に対して行ったアンケート結果

「地域の中で意識していることは何ですか。」	
あいさつ	90%
美化活動	38%
地域の行事への参加	37%
高齢者とのかかわり	12%
伝統文化を守ること	12%

（1人が2つ以上の回答をしている場合があります。）

資料3　「私たちが住む地域」の特徴をまとめたもの

① 外国からの移住者が増えている。
② 田んぼや畑がへる一方，住宅地が増えている。
③ 町内会での活動が少なくなっている。
④ 地域で受けつがれてきた行事（盆おどりなど）を知っている若者が少ない。

2　豊くんは，スーパーマーケットで買い物をしていると，同じ種類の魚でも値段が大きく異なることに気が付き，それをきっかけに，社会の授業で学習した水産業の内容を思い出しました。そこで，豊くんは，日本の漁業・養しょく業の生産量と生産額の変化や一家庭あたりの生鮮魚かい類を1年間に買った量とそれに支はらった合計金額の変化を調べ，日本の水産業の特色についてまとめることにしました。次の資料1・2は豊くんが作成した資料です。

あなたが豊くんなら，次の資料1・2を用い，どのようなことをまとめますか。水産業にたずさわる人々の取組と関連づけて書きなさい。

資料1　日本の漁業・養しょく業の生産量と生産額の変化

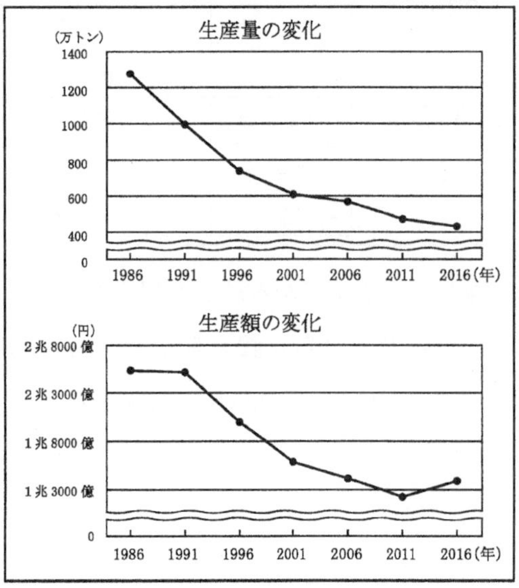

資料2　一家庭あたりの生鮮魚かい類を1年間に買った量とそれに支はらった合計金額の変化

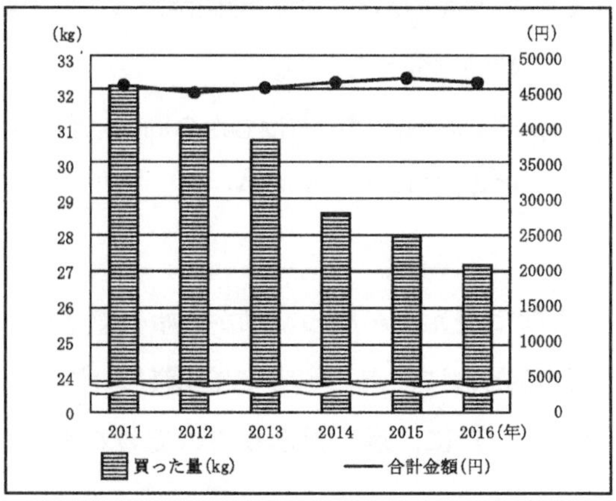

（注）生鮮魚かい類 ＝ 海などでとれたままのもので，保存のための加工をされていない魚や貝など。ただし，切ったり，こおらせたりしたものもふくむ。

（資料1・2は水産庁ホームページをもとに作成。）

3　次の文章は，日野原重明さんが書いた「百歳は次のスタートライン」の一部です。これを読んで，あとの１・２に答えなさい。

人が信じ合い、命を分かち合って生きる。そのすばらしさをネパールの言葉では「サンガイ　シウメ　コラギ」と表現するそうです。日本語に訳すと「ともに生きるために」。

この言葉にまつわる、とてもいい話があります。教えてくれたのは、ネパールで一九六二年から八〇年まで、十八年間にわたって医療活動に従事した岩村昇先生です。

もともと鳥取大学で公衆衛生学を専攻する助教授だった彼は、ネパールへの医師派遣に手を挙げて、結核のワクチン接種など予防医療に力を尽くすことになりました。そんなあるとき、岩村さんのいた村で重症の結核患者が出ました。治療をするためには、山の上の病院に運ばなくてはなりません。そこまでは歩いて何日もかかるといいます。

患者のおばあさんは歩けないし、岩村さんは①どうしようかと困り果ててしまいました。そのとき、一人の青年が名乗り出てくれたのです。

「僕は力があるし、ちょうど山の上まで岩塩を買いに行くところだから、背負って行ってあげましょう」

その青年は三日間歩き続けて、病院まで連れて行ってくれました。感謝に堪えず、岩村さんがお礼としていくらかのお金を差し出すと、彼は頑なに拒んだそうです。「仕事のついでに運んだだけだ」と言い張るばかり。そして、最後に彼の口をついて出てきた言葉が、「サンガイ　シウメ　コラギ」だったのです。

ネパールのその小さな村には、「自分より弱い者を助けることこそが命を分かち合うことである」という考え方が浸透しているんですね。いまは強い自分だって、やがて弱者になる日が来るかもしれません。そのときは、自分も強い人から助けてもらう。そうやって人々が助け、助けられ、命を分かち合いながら生きていくことに、生きがいを見出しているのです。

②すばらしい生き方だと思いませんか？「サンガイ　シウメ　コラギ」の精神の根底には、人と人とが信じ合う気持ちが強くあるように思います。信じ合っていればこそ、〝おんぶにだっこ〟で生きていけるのです。

（注）公衆衛生学 ＝ 地域や職場などで、人々の健康を守り、病気を防ぐための、科学および技術を研究する学問。
ワクチン接種 ＝ 病気のもとになる細菌などを弱めてつくった薬を体に入れて、体内の病気に対するていこう力を高め、その病気にかからないように予防すること。

1　①どうしようかと困り果ててしまいました　とありますが，なぜですか。書きなさい。

2　②すばらしい生き方　とありますが，筆者は「すばらしい生き方」についてどのように考えていますか。また，筆者の考えに対して，あなたはどのように考えますか。次の条件にしたがって書きなさい。

（条件）
・二段落で書くこと。
・第一段落には，筆者が考える「すばらしい生き方」について書くこと。
・第二段落には，第一段落をふまえ，あなたの考えを，これまでの経験や学習内容などから具体的にあげ，その理由を書くこと。
・180 字以上 200 字以内にまとめて書くこと。

広島中学校

（解答用紙は別冊60Ｐ）（解答例は別冊30Ｐ）

【問題１】

ゆうとくんは，同じグループで探究活動に取り組んでいるまりこさんに，自分の集めた資料を見せています。２人の会話と資料を読んで，あとの問いに答えなさい。

まりこさん「探究活動のテーマは決まった？」
ゆうとくん「僕は，最近話題になった日本の※1化石賞受賞のニュースが気になったから環境の問題について調べることにしたんだ。」
まりこさん「なるほど，面白そうね。」
ゆうとくん「調べたことをこんなふうに（２ページ）まとめてみたんだ。」

※1　化石賞…地球温暖化対策などに前向きな姿勢を見せない国に，皮肉をこめて贈る賞のこと。

まりこさん「日本は中国・アメリカ・インド・ロシアに次いで５番目に二酸化炭素排出量が多いのね。化石賞をもらった理由は，このあたりにあるのかしら。」
ゆうとくん「うん，そうだね。そして，資料２から日本の二酸化炭素排出量の割合がもっとも高い部門は，エネルギー転換部門だということがわかったよ。」
まりこさん「エネルギー転換部門？それって何なの？」
ゆうとくん「発電する部門のことだよ。二酸化炭素排出量を減らすためには，日本の発電に着目しないといけないことがわかったんだ。だから，資料３から資料５は，日本の発電に関するものなんだ。」
まりこさん「なるほどね。その資料４からは，2010年と2015年の間を比べてみると（　①　）という大きな変化がおきているのね。」
ゆうとくん「その通り。その発電方法の危険性が大きく報じられたんだ。」
まりこさん「そうか，だから新エネルギーが注目されているのね。でも，太陽光や風力などの新エネルギーを使った発電だと，天候に左右されやすいという問題と，石油まではいかないけれど（　②　）という問題が出てくるわね。」
ゆうとくん「これまで主だった化石燃料での発電には，（　③　）という問題もあるし。」
まりこさん「<u>これらの問題をどう乗りこえていくべきなのかしら。これからも電気を使い続けることになるだろうから，こうした問題を改善できる発電にしていく必要がありそうね。なんだかおもしろい探究活動になりそうね！</u>」

ゆうとくんがまとめた資料

【資料1】

二酸化炭素排出量ランキング
（2017 年）

順位	国名	二酸化炭素排出量（t）
1位	中国	92億5800万
2位	アメリカ	47億6100万
3位	インド	21億6200万
4位	ロシア	15億3700万
5位	日本	11億3200万
6位	ドイツ	7億1900万
世界全体		328億4000万

【資料2】

日本の部門別二酸化炭素排出量（2018 年度）

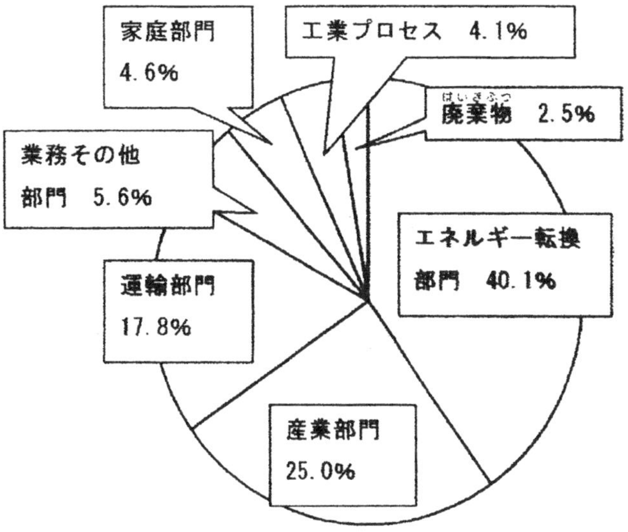

【資料3】 各発電方法の特徴

発電方法	発電コスト（円/kWh）	二酸化炭素排出量（g-CO₂/kWh）	
水力	11.0	11	
石炭	12.3	943	化石燃料
天然ガス	13.7	599	化石燃料
石油	30.6	738	化石燃料
原子力	10.1	19	
太陽光	24.2	38	新エネルギー
風力	21.6	26	新エネルギー
地熱	16.9	13	新エネルギー

【資料4】 発電方法別の発電量における割合

発電方法	1980年	1990年	2000年	2010年	2015年	2017年
水力	17.4%	11.9%	9.6%	7.3%	8.4%	8.0%
石炭	4.5%	9.7%	18.4%	27.8%	34.1%	32.3%
天然ガス	15.4%	22.2%	26.4%	29.0%	40.8%	39.8%
石油	45.6%	28.6%	10.7%	8.6%	9.8%	8.7%
原子力	16.9%	27.3%	34.3%	25.1%	0.9%	3.1%
新エネルギー	0.2%	0.2%	0.6%	2.2%	5.9%	8.1%
合計	100.0%	100.0%	100.0%	100.0%	100.0%	100.0%

※1 発電コスト…一定の電力を発電するためにかかる費用のこと。ただし，ここでは発電所建設にかかった費用などは含まない。

※2 kWh （キロワットアワー）…1 キロワット(kW)の電力を 1 時間(h)発電したときの電力量を表す単位

※3 円 / kWh…1kWh あたりの発電にかかった費用

※4 g-CO2/kWh…1kWh のエネルギーを発生させる際に出る二酸化炭素の質量

【資料5】

化石燃料の可採年数

燃料名	年数
石炭	153年
天然ガス	52.5年
石油	50.6年

※5 可採年数…それぞれの資源の確認されている埋蔵(まいぞう)量を，年間の使用量で割ったもの。

資料1 出典)EDMC／エネルギー・経済統計要覧 2020 年版 全国地球温暖化防止活動推進センターウェブサイトより作成
https://www.jccca.org/chart/chart03_01.html

資料2 出典)温室効果ガスインベントリオフィス 全国地球温暖化防止活動推進センターウェブサイトより作成
https://www.jccca.org/chart/chart04_04.html

資料3 経済産業省 資源エネルギー庁・一般財団法人 日本原子文化財団ウェブサイトより作成
https://www.enecho.meti.go.jp/committee/council/basic_policy_subcommittee/#cost_wg
https://www.ene100.jp/zumen/2-1-9

資料4 経済産業省 資源エネルギー庁 『エネルギー白書』(2019)より作成
https://www.enecho.meti.go.jp/about/whitepaper/2019html/2-1-4.html

資料5 経済産業省 資源エネルギー庁 『エネルギー白書』(2018)より作成
https://www.enecho.meti.go.jp/about/whitepaper/2018html/2-2-2.html

広島中等教育学校

〔問1〕

会話文の（ ① ）にあてはまる適切な文を，資料をもとに50字以内で答えなさい。

〔問2〕

会話文の（ ② ）にあてはまる適切な文を，資料をもとに10字以内で答えなさい。

〔問3〕

会話文の（ ③ ）にあてはまる適切な文を，資料をもとに30字以内で答えなさい。

〔問4〕

会話文の ―― 線部に関して，日本では今後どのような方法による電力の供給を行えばよいでしょうか。あなたの考えを，120～150字で書きなさい。ただし，ゆうとくんが集めた資料をふまえた内容にすること。

【問題2】

次の〈A〉，〈B〉の文章を読んで，あとの問いに答えなさい。

〈A〉

日本の義務教育における国語教育は，漢字の読み書きができ，文章の書き手の意図を読み取る力を身につけるところで終わっています。したがってテストも，筆者が何を言いたいのかを出題者が尋ね，その意図通りの答えを正解としてきました。いわば，「他者に寄り添う」力を問うてきたのです。

つまり日本における「①読解力」は，書き手の意図を読み取る力でしかありません。「若者の読解力が下がった」と騒いでいますが，そのような狭い意味においては，上の世代と大差はないでしょう。

一方，読解力と訳されることの多い英語の「②リーディングリテラシー」は，読み取った上で自由に自分の意見を述べ，次の行動に結びつけることを指します。多くの日本人は苦手で，低いレベルにとどまっています。

日本には自由記述問題を無回答にする子どもも多く，PISA（国際学習到達度調査）でも，学ぶ意欲や学んだ上での表現力が低いことがわかりました。学びがそれぞれの教科内に限定され，それ以外の世界に※1逸脱することが許されません。他人の文章をもとに，自分の考えを※2紡ぐ※3鍛錬をしてこなかったからです。（中略）

1980年代以降は，探究型の学びが導入されるたびに，学力が低下すると※4批判を浴びて※5足踏みしました。入試問題の自由度も低く，記述式の問題には「公平な採点ができない」という批判がつきまといます。そのため答えが単純で，採点しやすいものしか作れていません。これでは教科ごとの狭い意味の読解力と暗記力を試しているだけで，違った能力を持つ人を排除する，不公平な入試だという見方もできます。

フランスの大学入学資格試験（バカロレア）では，※6普遍的な問いに対して，4時間かけて数枚の用紙にその人の考えを書かせます。そこには，市民は自分の考えを表現し主張できる能力が必要だという考え方があります。日本も，意欲的に自分で学びたいことを見つけ，正しいとされてきたことが本当にそうなのかを検討し，新しいものを作っていく力を養うべきです。

グローバル時代に生き残れる人材を育てたいのなら，国語力の※7定義を見直し，自分の考えを論理的に伝える力をもっと評価していく必要があるでしょう。

〈B〉

「著作権の都合上掲載していません」

<A><B> 2020年(令和2年)4月4日の『朝日新聞』朝刊より作成

<A> 東京大学名誉教授 根本彰 <B>猫の手ゼミナール代表 渡邉峻

※1　逸脱…本筋や決められた枠から外れること。

※2　紡ぐ…言葉を選んで文章を作ること、

※3　鍛錬…訓練を積んで心身・技能をりっぱにすること。

※4　批判…人の言動・仕事などの誤りや欠点を指摘し，正すべきであるとして論じること。

※5　足踏み…物事の進行が止まって、同じような状態が続くこと。

※6　普遍的…時代や環境が変わっても，変わらない共通の事柄（がら）である様子。

※7　定義…物事の意味・内容を他と区別できるように言葉で明確に限定すること。

※8　インプット…入れること。吸収。

※9　アウトプット…出すこと。表出。

※10　レパートリー…自信をもってこなせる範囲・領域

※11　AO入試…大学入試方法の一つ。学力試験のみで合否を判定するのではなく，学校における成績や小論文，面接などで人物を評価し入学の可否を判断する制度。

※12　処方箋…医師が，薬について薬剤（ざい）師に与える指示書。ここでは比喩（ひゆ）的に，ある問題を解決するのに効果的な方法，という意味で用いられている。

※13　添削…文章・答案などをけずったり書き加えたりして直し，いっそう良くすること。

〔問1〕

――― 線部①「読解力」と ――― 線部②「リーディングリテラシー」は，どのように違うのか，簡潔に説明しなさい。

〔問2〕

――― 線部③「大学の課題の小論文やリポートで，最初の1文を書けずに手が止まってしまうのです。」とあるが，それはなぜだと〈B〉の筆者は考えていますか。簡潔に説明しなさい。

〔問3〕

あなたは「表現力」を伸ばすために，学校においてどのような取組が必要だと思いますか。次の条件に従って，自分の意見を書きなさい。

条件1　＜A＞，＜B＞の文章で述べられた筆者の意見を明確にすること。 条件2　学校の授業の中で取り組むべき内容を、理由もあわせて具体的に書くこと。 条件3　段落は2段落構成にすること。 条件4　350～400字で書くこと。

（解答用紙は別冊 62 P）（解答例は別冊 31 P）

【問題1】

ひろしくんとまちこさんが次のような会話をしています。

ひろしくん	「世界中の人が食べ物で困らない，夢の薬を思いついたよ。夢の薬だから，実現は難しいだろうけどね。」
まちこさん	「夢の薬？おもしろそうだから，どんな薬か教えてよ。」
ひろしくん	「例えば，どら焼きが1個あるとするよ。その薬をふりかけて1分後に数が2倍になって，まったく同じどら焼きが2個になる。さらに1分後，つまり薬をふりかけてから2分後にまた2倍になって4個になるんだ。」
まちこさん	「確かに実現の難しそうな薬だけど，本当にそんな薬があると考えると，薬をふりかけてから3分後には8個，4分後には16個，と増えていくことになるわね。」
ひろしくん	「そうそう。そうやって計算していくと，①薬をふりかけてから10分後にどら焼きが何個になるか，わかる？」

〔問1〕

下線部①について，薬をふりかけてから10分後にどら焼きが何個になるか，答えなさい。

まちこさん	「10分後でも思った以上に数が多いわね。でも現在の世界の人口は70億人以上いるというから，世界中の人が食べ物で困らない，というのは言いすぎじゃない？」
ひろしくん	「いやいやこの薬のすごいところはここからなんだよ。じゃあ，さっきの計算を続けていって，薬をふりかけてから何分後にどら焼きが70億個をこえることになるか，考えてみようよ。」
まちこさん	「え！70億？さすがに70億まで計算するのは時間がかかりすぎるんじゃない？」
ひろしくん	「そうだね。確かに大変だから，薬をふりかけてから10分後にどら焼きが1000個になるとして計算することにしよう。」
まちこさん	「つまりどら焼きの個数が10分間で1000倍になっていくと考えるということだね。そうすると薬をふりかけてから【　ア　】分後に100万個，【　イ　】分後に10億個になると考えてよいことになるね。」
ひろしくん	「そうそう。でも，さらに10分後を考えるとたぶん70億個を大きくこえることになると思うから，10億個になってからは1分ずつ考えて，2倍していってみるといいと思うよ。」

〔問2〕

【　ア　】，【　イ　】にあてはまる数を書きなさい。また，薬をふりかけてから何分後にどら焼きが70億個をこえると考えられるか，答えなさい。

まちこさん	「まさしくこれは夢の薬だね。」
ひろしくん	「世界中の人が食べ物で困らない，というのも言いすぎではないでしょ？」
まちこさん	「そうだね。そうそう，ところで今の話を聞いて，わたしも思いついたことがあるの。今度は夢の話ではないけどね。」
ひろしくん	「え？どんなこと？」
まちこさん	「1枚(まい)の紙を2等分に切り，その2枚を重ねてまた切って2等分するよ。」
ひろしくん	「1回切ると2枚，2回切ると4枚，3回切ると8枚，と増えていくことになるね。あ！さっきの話に似てるよ！」
まちこさん	「そうでしょう？10回切ってできた紙をすべて重ねると，厚みは何cmになった？」
ひろしくん	「6．4cmになった。」
まちこさん	「じゃあ，この紙を同じようにして何回も切ることができるとすると，②重ねた紙の厚さが地球の直径約12700kmをこえるのは，最初の1枚の紙から考えて何回切ったときになるか，わかるかな？」
ひろしくん	「え！地球の直径？すごく大きな数だから，今までぼくたちが話してきたような方法で考えてもいいかな？」
まちこさん	「そうしましょう。」

〔問3〕

下線部②について，重ねた紙の厚さが地球の直径約12700kmをこえるのは，最初の1枚の紙から考えて何回切ったときになるか，答えなさい。また，答えだけでなく，考え方も書きなさい。

広島中等教育学校

【問題2】

ひろしくんとまちこさんが以下のようなルールで「数字当てゲーム」をしています。

<u>数字当てゲームのルール</u>

① 問題を作る人は，1から5までの5個の数字から3個使って，3けたの数字を書いてください。ただし，3けたすべてちがう数字で書いてください。たとえば，452，123など。

② 答える人は，その3けたの数字を，「あなたの数字は，〇〇〇ですか。」と聞いてください。聞かれた人は，『イート』と『バイト』で答えてください。

③ それをくりかえして，3けたの数字を当てるゲームです。

まちこさん　「イートとバイトって何ですか。」

ひろしくん　「聞かれた数字によって，ヒントを答えるんだよ。
たとえば，452が答えのとき，「132ですか。」と聞かれたら，1と3は答えの3けたに使われていないけど，2は使われていて場所もあっているので，「1イート，0バイト」と答えるよ。
「135ですか。」ときかれたら，1と3は答えの3けたに使われていないけど，5は使われていて場所はちがっているので，「0イート，1バイト」と答えるんだ。」

まちこさん　「じゃあ，「415ですか。」と聞かれたら，1は答えの3けたに使われていないけど，4は使われていて場所もあっていて，5は使われていて場所はちがっているので，「1イート，1バイト」ってことなの。」

ひろしくん　「そうだよ。だから，「542ですか。」ときかれたら，
「 (ア) イート， (イ) バイト」ってことだね。」

まちこさん　「なるほどね。」

ひろしくん　「じゃあ，ぼくが練習問題を出すね。好きな数字を言ってみてよ。」

まちこさん　「あなたの数字は，342ですか。」

ひろしくん　「うわっ。いきなり 0イート，3バイト。」

まちこさん　「3バイトということは，2と3と4はすべて使われていて，3個とも場所はちがうってことね。
うーん・・・・・・・・・・・・・・・そうか，答えは234か (ウエオ) ね。」

ひろしくん　「そうだね。」

まちこさん　「では， (ウエオ) ですか。」

ひろしくん　「ピンポン。正解でーす。」

〔問1〕

上の会話文の (ア) ， (イ) ， (ウエオ) にあてはまる数を答えなさい。

ひろしくん　「何回かやったから少し慣れてきたかな。」
まちこさん　「そうね。でも今気がついたけど，「2イート，1バイト」と「0イート，0バイト」となることがあまりないような気がするんだけど・・・。」
ひろしくん　「そうだよね。実は，「①2イート，1バイト」と「0イート，0バイト」となることは絶対におこらないんだよ。」
まちこさん　「どうして？」
ひろしくん　「それはね。［　A　］」
まちこさん　「あっそうか。」

〔問2〕

［　A　］の中には，下線部①『「2イート，1バイト」と「0イート，0バイト」となることがおこらない』の理由が入ります。説明しなさい。

ひろしくん　「ここから本番ね。さあ第1問だ。問題書いたよ。どうぞ。」
まちこさん　「あなたの数字は［（カキク）］ですか。」
ひろしくん　「0イート，2バイトです。」
・・
まちこさん　「341ですか。」
ひろしくん　「正解でーす。それでは続いて第2問。どうぞ。」
まちこさん　「あなたの数字は，532ですか。」
ひろしくん　「1イート，1バイトです。」
・・
まちこさん　「［（カキク）］ですか。」
ひろしくん　「正解でーす。」
まちこさん　「なあんだ。第1問で，私が最初に言った数字が第2問の正解だったのね。」
ひろしくん　「そうだよ。さっき最初に言ったから今回は言わないと思ってそうしたんだ。」

〔問3〕

上の会話文の［（カキク）］にあてはまる数字を答えなさい。ただし，答えは何通りかありますが，そのうちの一つを答えなさい。

【問題3】

いちとくんとひろしくんとまちこさんが，図1のような直方体の積み木を15個，図2のように，たて，横が交互（こうご）になるように積み上げました。ただし，積み木はすき間やずれがないようにします。

図1

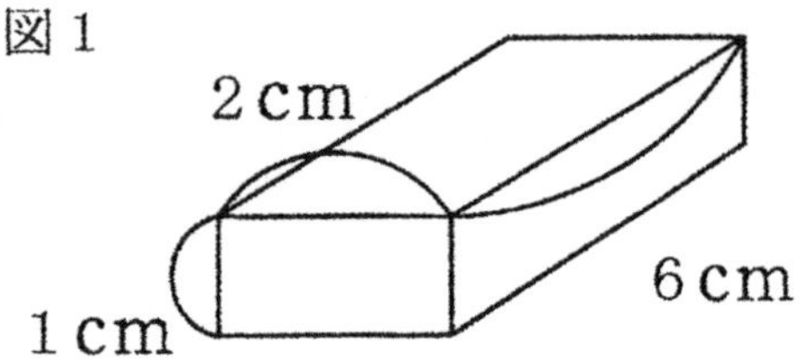

図2

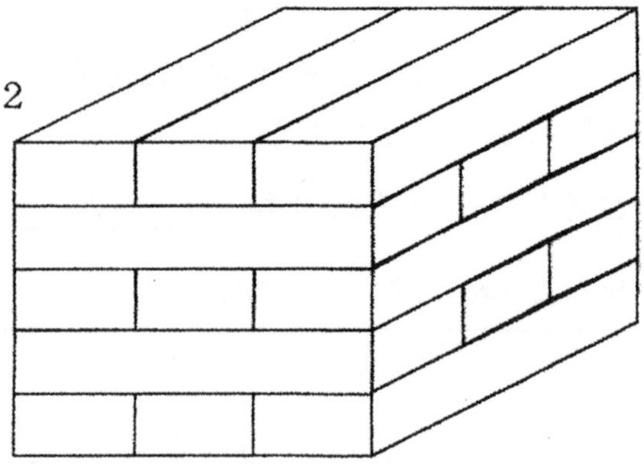

3人はここから順番にひとつずつ積み木を抜（ぬ）き取って，積み上げるゲームを始めました。じゃんけんに勝ったいちとくんからゲームははじまりました。そのゲームは，直方体の積み木で組み上げた図2のタワーから片手（かたて）で1つずつ積み木を抜き取って，最上段（さいじょうだん）へ積み上げていくというものです。

いちとくん	「よし。うまくとれた。次はひろしくんだよ。」
ひろしくん	「うーん，どこから取ろうかな。」
まちこさん	「そういえば，今の状態のこの積み木全体の表面積って，いったいどれくらいなんだろう。」
いちとくん	「表面積って，立体の表面にあるすべての面の面積の和で求められるんだよね。」
まちこさん	「木同士が重なっていない部分の面積の和を求めればいいんだよね。」

図3

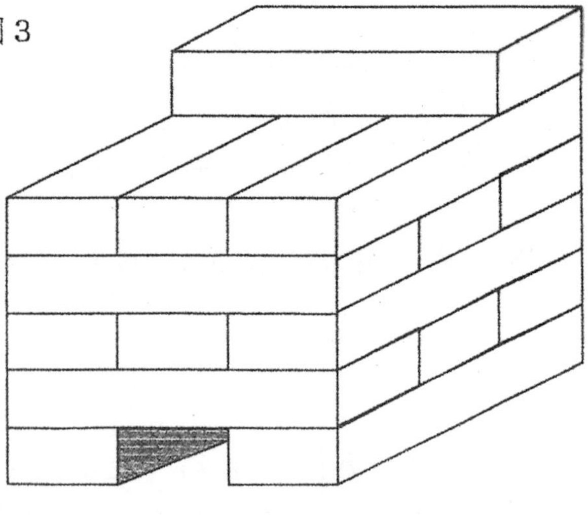

〔問1〕

いちとくんは積み木を取った後，図3のように最上段に積み上げました。この立体の表面積を求めなさい。

3人が一度ずつ積み木を取った後，タワーは次の図4－①のようになりました。

図4－①

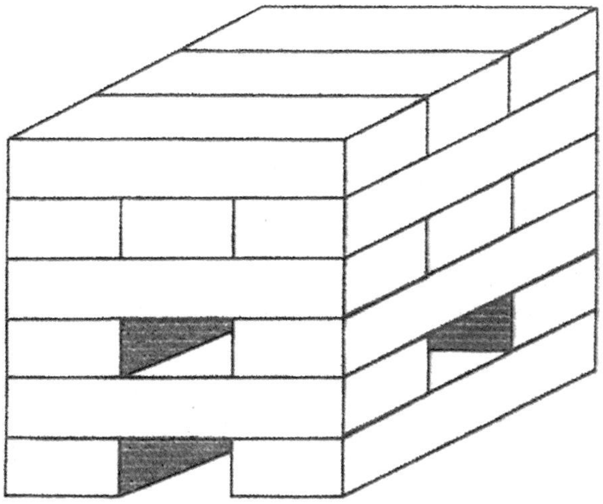

〔問2〕

図4－①の立体の表面積の求め方を，式を使って書きなさい。また，答えも書きなさい。

図4－②

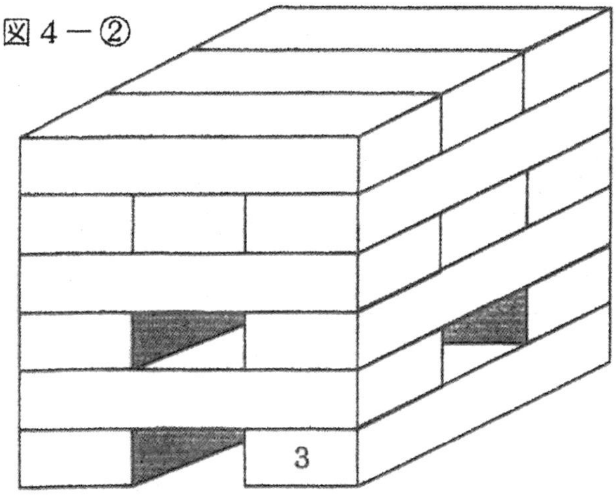

図4－③

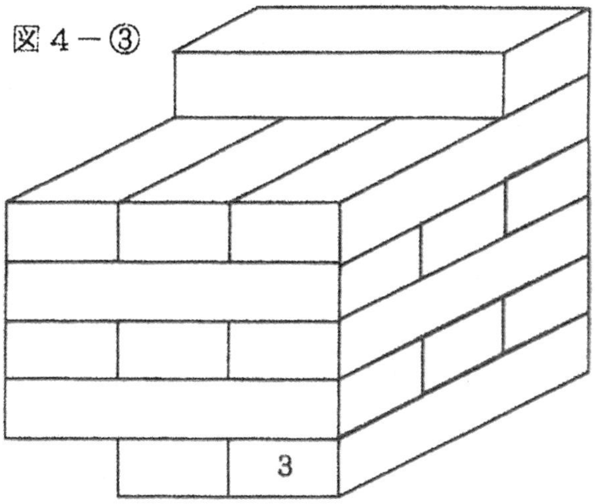

いちとくん「ぼくの番だね。今はうまくバランスがとれているけど，ここを取ったらどうなるだろうか。」

いちとくんが図4－②の3番の積み木を取ったとたんに，このタワーはくずれてしまいました。

いちとくん「あー，ぼくの負けだ。」
まちこさん「いちとくん，そこはこのタワーのバランスをくずしてしまうから，だめだよ。図4－③のような状態なら，なんとかバランスがとれると思うんだけどね。」

広島中等教育学校

まちこさんは図5のように新たにタワーを組みなおし，図6のように同じ段から2つの積み木を取ってもバランスが保てる取り方を見せました。

図5

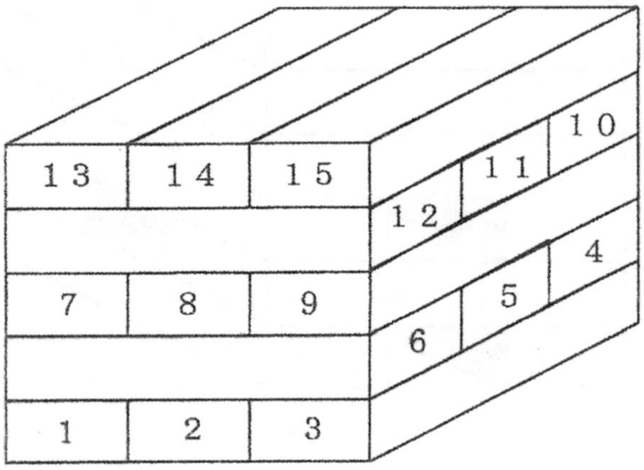

図6

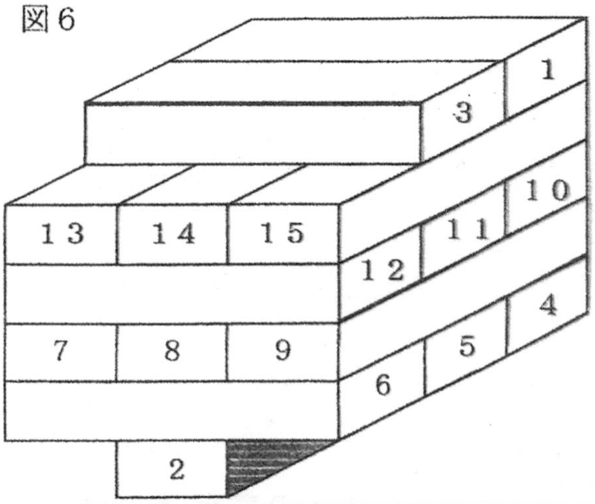

まちこさん	「この積み木の2番を残して，1番と3番を取ると，バランスが保てるよ。」
いちとくん	「そうか。真ん中なら，一つだけでもバランスがとれるんだね。他にルールはあるのかな？」
まちこさん	「抜き取ってから積み上げるまで片手しか使ってはいけないよ。また，最上段に3つないときに上から2段目の積み木を取るのは禁止なんだって。それから，最上段に3つの積み木をすき間なく積んでから，次の段に積み木を積まなければいけないよ。」
ひろしくん	「じゃあもう一度やってみよう。2回戦だ。」

〔問3〕

図5の状態から2回戦をはじめ，タワーをくずすことなく3人が2回ずつ積み木を抜き取り，積み上げました。この間に3人が抜き取った積み木が1番～12番のみだった場合の積み木の番号を，図5から選んで答えなさい。また，そのときの表面積を求めなさい。ただし，積み木の抜き取り方は何通りかありますが，その一つを答えなさい。なお，抜き取った積み木の番号は小さい順に書くこと。

広島中等教育学校

広島市立広島中等教育学校　適性検査2－2（検査時間40分）

（解答用紙は別冊63Ｐ）（解答例は別冊32Ｐ）

【問題1】

次のいちとくんとひろこさんの会話を読んで，あとの問いに答えなさい。

ひろこさん　「ねえ，『密(みつ)度』って知っている？」
いちとくん　「密度？何，それ？」
ひろこさん　「1cm^3あたりの※1質量のことよ。例えば，4cm^3が12gの小石は，1cm^3あたり3gとなるから，密度は※2 3g/cm^3となるのよ。」
いちとくん　「密度を使うと，何か便利のいいことはあるの？」
ひろこさん　「そうね，例えば木片(へん)は水に浮くでしょう。これは木片の密度が0．5～0．7g/cm^3ぐらいで，水の密度の1g/cm^3より小さいからよ。」
いちとくん　「そうなんだ。金属は水に沈(しず)むから，密度は1g/cm^3より大きいんだね。」
ひろこさん　「その通りよ。アルミニウムは3g/cm^3，鉄は8g/cm^3ぐらいね。」
いちとくん　「気体の場合も同じなの？」
ひろこさん　「気体でも同じように考えることができるのよ。でも，気体はとても軽いため，1Lあたりの質量にすることもあるみたいね。例えば，25Lが2gの水素の密度は※3 0．08g/Lとなるのよ。」

※1　質量…gやkgなどで表される物質の量を「質量」とよぶ。
※2　g/cm^3…単位はグラム毎立方(まいりっぽう)センチメートルと読み，3g/cm^3とは1cm^3あたり3gという意味である。
※3　g/L…単位はグラム毎リットルと読み，0．08g/Lとは1Lあたり0．08gという意味である。

〔問1〕

いちとくんとひろこさんは，ガラス玉の密度を測定することにしました。

(1)　メスシリンダーと水だけを用いて，ガラス玉の体積を測定する方法を説明しなさい。ただし，ガラス玉はメスシリンダーの中に入れることのできる大きさとします。

(2)　このガラス玉が48cm^3で120gだったとすると，このガラス玉の密度は何g/cm^3ですか。

〔問2〕

ひろこさんは会話の中で「軽い」という言葉を使っていますが，私たちの日常生活の中では，「軽い」は「質量が小さい」と「密度が小さい」の二通りの意味で用いられています。「鉄1kgと綿1kgではどちらが軽いか」を比較した時，次の各場合で，どのような答えとなりますか。

(1)　「軽い」を「質量が小さい」という意味で用いた場合。

(2)　「軽い」を「密度が小さい」という意味で用いた場合。

〔問３〕

次の各現象について，「質量」「体積」「密度」の3語を用いて説明しなさい。

(1) コップに水と氷を入れると，氷は水に浮く。

(2) 床付近の暖房で暖められた空気は，天井付近に移動する。

〔問４〕

一酸化炭素が酸素と反応すると，二酸化炭素へと変化します。いちとくんとひろこさんは，割合を変えた一酸化炭素と酸素を混合した気体30Lを点火して完全に反応させた後，元の温度に戻したとき，存在する気体の種類と体積を測定しました。その実験結果は表１の通りです。ただし，点火後については実験結果の一部を空欄としています。

表１ 点火前後での気体の種類と体積の関係

点火前	一酸化炭素の体積(Ｌ)	0	5	10	15	20	25	30
	酸素の体積 (Ｌ)	30	25	20	15	10	5	0
点火後	一酸化炭素の体積(Ｌ)		0		0		15	
	酸素の体積 (Ｌ)		22.5		7.5		0	
	二酸化炭素の体積(Ｌ)		5		15		10	

(1) 点火前の一酸化炭素の体積と点火後の混合気体の体積の関係を，解答用紙のグラフに書きなさい。

(2) 点火前の一酸化炭素の体積と点火後の混合気体の質量の関係は，図１で表されます。これより，二酸化炭素の密度は何 g/L ですか。答えだけでなく計算式も書きなさい。

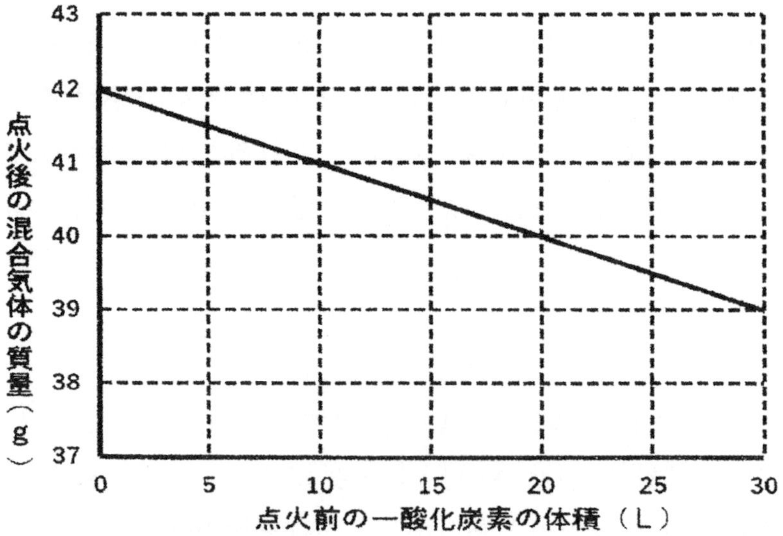

図１ 点火前の一酸化炭素の体積と点火後の混合気体の質量の関係

【問題2】

いちとくんとひろこさんは，学校で「ヒトの臓器(ぞう)のはたらきやそれらが血液を通してつながりあっていること」について調べました。ふたりの会話を読んで，あとの問いに答えなさい。

いちとくん 「ヒトには，いろいろなはたらきをもつ臓器がたくさんあるんだね。」

ひろこさん 「そうね。全身に血液を送り出すポンプのはたらきをする心臓とか，口から入った食べ物を取り入れる小腸(ちょう)とかあるわね。」

いちとくん 「口から入った食べ物が小腸に届くまでに，だ液や胃液で消化されるんだよね。」

ひろこさん 「わたし，ご飯粒(つぶ)の成分であるでんぷんが，だ液で消化されることを確かめる実験をしたことがあるわよ。うまく確かめることができたわ。」

いちとくん 「ところで，ぼくたちが学習した臓器のほとんどは，酸素が多い血液が流れ込む太い血管と二酸化炭素が多い血液が流れ出る太い血管がそれぞれ1本ずつつながっていたけれど，1つだけ下の図の臓器アのように太い血管が3本つながったものがあるときいたよ。」

ひろこさん 「そうよね。血管イはどうして臓器アにつながっているのかしら。その役割(わり)はなにかしらね。」

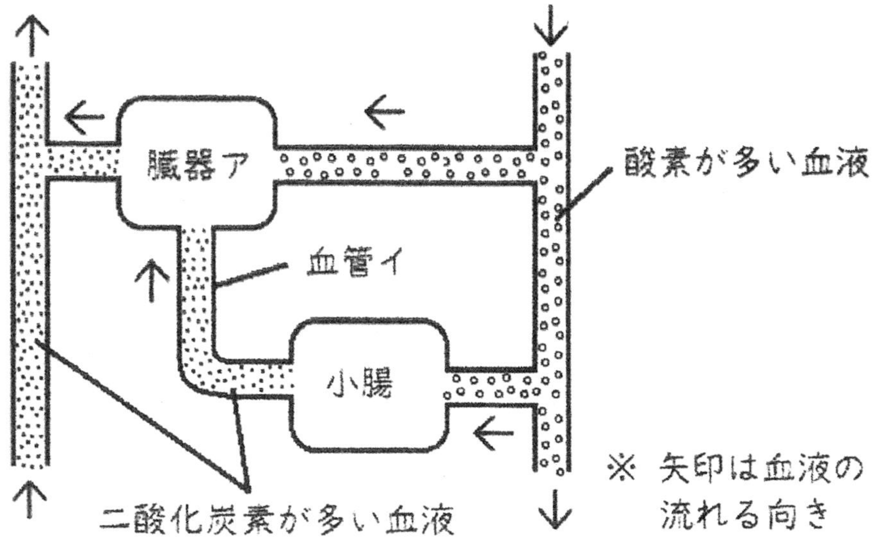

いちとくん 「さっきも言ったように，臓器には酸素が多い血液が流れ込む太い血管と二酸化炭素が多い血液が流れ出る太い血管がつながっているけれど，その逆で，二酸化炭素が多い血液が流れ込む太い血管と酸素が多い血液が流れ出る太い血管がつながっている臓器はないのかな。」

ひろこさん 「あるわよ。心臓の一部もそうだけれど，ほかにも(　　ウ　　)がそうよ。」

いちとくん 「ヒトの体って複雑だね。」

〔問1〕

下線部について，次の(1)(2)に答えなさい。

(1) 消化とは，具体的にどのようなことが起こる反応ですか。ご飯粒の成分であるでんぷんを例にして説明しなさい。説明するとき，必ず，「でんぷん」と「小腸」の語を用いなさい。

(2) だ液による消化を確かめるために行ったひろこさんの実験は，以下のような実験です。この実験で，だ液のはたらきを明らかにすることができますか。解答用紙の「できる」「できない」のいずれかに丸をつけ，「できる」ならばそれぞれの試験管の色を答え，「できない」ならばその理由を書きなさい。

【実験】

① うすいでんぷんの液が入った試験管Aと試験管Bを準備する。

② 試験管Aには，水を加える。

③ 試験管Bには，だ液と，胃のなかの状態にするための塩酸を加える。

④ 2本の試験管を，約37℃の水を入れたビーカーにつける。

⑤ 約37℃の温度を保ちながら30分間待ち，それぞれの試験管にヨウ素液を加え色の変化をみる。

〔問2〕

臓器アの名前を明らかにし，その名前を用いて，血管イのはたらきを書きなさい。

〔問3〕

(　ウ　)にあてはまる臓器の名前と，そのはたらきを書きなさい。

〔問4〕

ポンプのはたらきをする心臓には4本の太い血管がつながっています。そのうち，全身に血液を送り出す血管から枝分かれした細い血管が，心臓の表面をおおうように広がっています。この細い血管のはたらきを書きなさい。

【問題3】

いちとくんとひろこさんは，ふりこで時間を計れるようなふりこ時計を作ろうとしています。次の会話文を読んで，あとの問いに答えなさい。

いちとくん 「ひろこさん。ふりこ時計を作るために，まずはふりこの性質を明らかにしないといけないね。」

ひろこさん 「そうね。そのためにまず，とても軽い糸とおもりと釘（くぎ）を使って右の図1のような装置（そうち）を作って実験をしてみましょう。」

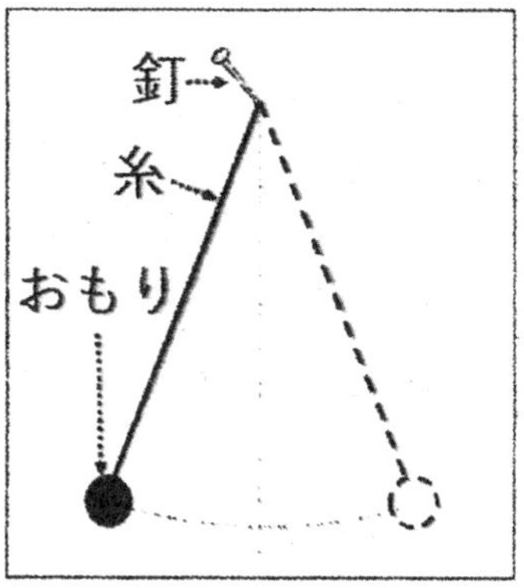

図1 ふりこ時計の見本

表1 実験の結果

実験番号	おもりの質量 (g)	ふりこの長さ (cm)	ふれはば (cm)	ふりこが10往復するのにかかった時間（秒）
①	10	80	10	18
②	20	80	10	18
③	30	80	10	18
④	40	80	10	18
⑤	50	80	10	18
⑥	10	60	10	16
⑦	10	100	10	20
⑧	10	120	10	22
⑨	10	140	10	24
⑩	10	80	12	18
⑪	10	80	14	18
⑫	10	80	16	18
⑬	10	80	18	18

ひろこさん　「いちとくん。ふりこのおもりが往復するのにかかった時間が何によって決まるのかを実験してみたところ，表1のような結果になったわ。」

いちとくん　「今回の実験は3つの条件に注目したんだね。」

ひろこさん　「そうね。条件を同時にいくつも変えると，何によって結果が変わったのか分からないから，少しずつ条件を変えてみたのよ。」

いちとくん　「この結果から，ふりこのおもりが往復するのにかかった時間は何に関係しているかが読み取れるね。」

ひろこさん　「おもりの質量，ふりこの長さ，ふれはばのうち，ふりこのおもりが往復するのにかかった時間と関係があるのは(　ア　)ね。」

いちとくん　「ところで，ふりこの長さっていうのはどこからどこまでの長さなの？」

ひろこさん　「図1の(　イ　)の部分よ。」

いちとくん　「なるほど。ちなみに，おもりが往復するのにかかった時間を10往復分測ったのはなんで？1往復だといけないの？」

ひろこさん　「1往復ではなく10往復の時間を計り，平均の値(あたい)を1往復の時間とすることで，(　ウ　)ためよ。」

いちとくん　「そうすることでなるべく正確に計ることができるんだね。」

〔問1〕

会話文の(　ア　)で，ひろこさんが答えている「ふりこのおもりが往復するのにかかった時間」と関係がある条件は何ですか。表1の中から答えなさい。

〔問2〕

会話文の(　イ　)で，ひろこさんがいちとくんに答えている「ふりこの長さ」とは図1のどの部分ですか。解答用紙の図に，右の図2の例にならってふりこの長さを図で示しなさい。なお，図2は点Aと点Bの2点の間の長さを図で示していますが，同じようにふりこの長さの端(はし)となる「2つの点」をはっきりと見えるように描(か)いて長さを示しなさい。

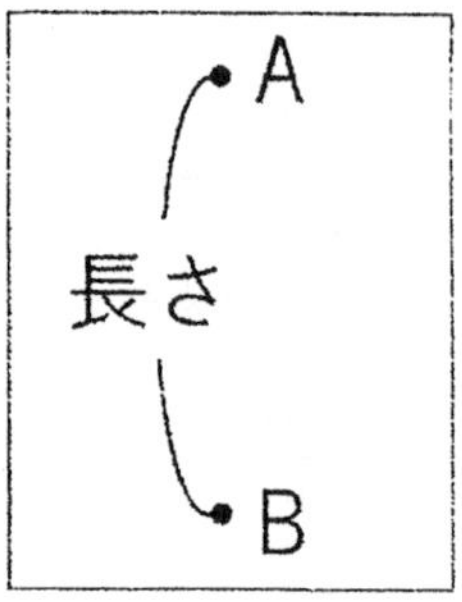

図2　解答例

広島中等教育学校

〔問3〕

会話文の（　ウ　）で，ひろこさんはいちとくんに，ふりこが10往復する時間を計り1往復の時間を求めることで，ストップウォッチを使って人が計測する場合でも，ふりこが1往復する時間を計るよりもできるだけ正確な時間に近い値を計ることができる理由を答えています。（　ウ　）に当てはまるようにその理由を書きなさい。

いちとくん「もし，このふりこに，1本目の釘の真下に2本目の釘を打ったら，ふりこの動き方はどうなるのかな。」
ひろこさん「さっそくやってみましょう。そうね…。ふりこの動き方が図3のようになったわ。ふりこが往復する時間が変わったわね。」

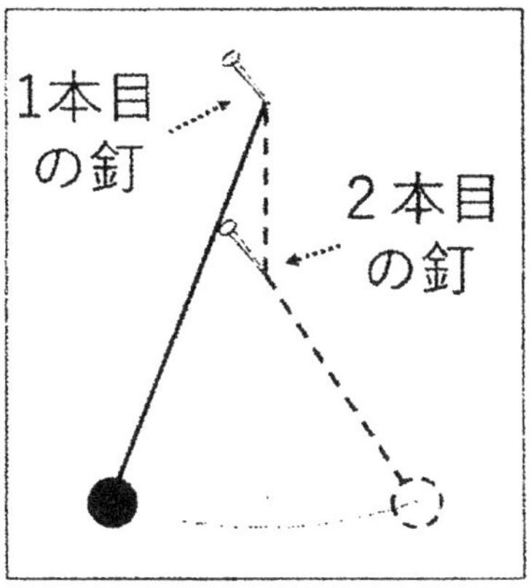

図3　ふりこの動き方

いちとくん「面白いね。これを使うと，普通のふりこ時計とは違った動きをする時計が作れるね。2本目の釘を打つことで，ふりこが1往復する時間をちょうど2秒にすることはできないかな。」
ひろこさん「表1の実験結果から，1本目の釘の何 cm 真下に2本目の釘を打てばよいか考えてみましょう。」
いちとくん「ちょうど2秒となる組み合わせは2通りありそうだね。」

〔問4〕

会話文のように，ふりこが1往復する時間をちょうど2秒にするには，表1の実験番号①～⑬の中からどの実験を選び，その選んだ実験の1本目の釘から何cm真下に2本目の釘を打てばよいですか。2通りとも答えなさい。ただし，釘や糸の太さ・質量の影響（えいきょう）は受けないものとし，糸は伸（の）びないものとして考えなさい。

広島中等教育学校

福山市立福山中学校　検査1　（検査時間45分）

（解答用紙は別冊64Ｐ）（解答例は別冊33Ｐ）

だいちさんとみどりさんは，風船つりにつかうプールについて話をしています。

風船つりで，図１のプールに水を入れて，風船をうかべるよ。

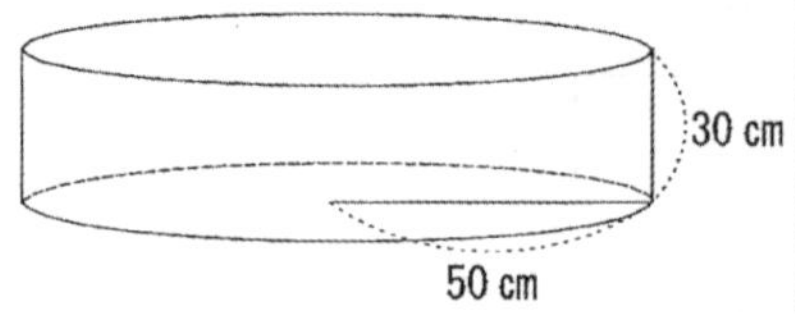

図１　風船つりにつかうプール

水の深さは，どれくらいにするの。

水の深さは20 cmにしようと思うよ。図２のバケツ①～④をつかって，水を入れたりぬいたりして水の量を調整しよう。

①	②	③	④
1．5L	2L	①の４はい分	①の２はい分と ③の１ぱい分の合計

※バケツは水を満ぱいにしてつかうものとする。

図２　つかうバケツの種類

算数で習った公式をまとめてみたよ。プールに入れる水の量を求めるために，どの公式がつかえるかな。

正方形の面積＝一辺×一辺	長方形の面積＝たて×横
三角形の面積＝底辺×高さ÷２	円の面積＝半径×半径×3.14
角柱の体積＝底面積×高さ	円柱の体積＝底面積×高さ

問題１　どのバケツを何回，どのようにつかえば水を効率よく入れることができますか。効率よいと思う方法（バケツの種類，回数，入れ方）とその理由を答えなさい。また，その方法を答えるためにつかった計算式と具体的な手順を答えなさい。

だいちさんとみどりさんは，雨量の観測について話をしています。

アメダス観測所が学校のすぐ近くにあるね。

アメダス観測所にある雨量計と同じものが，理科室にあったわ。
これを学校のどこかに置いて，雨量を測定してみようよ。

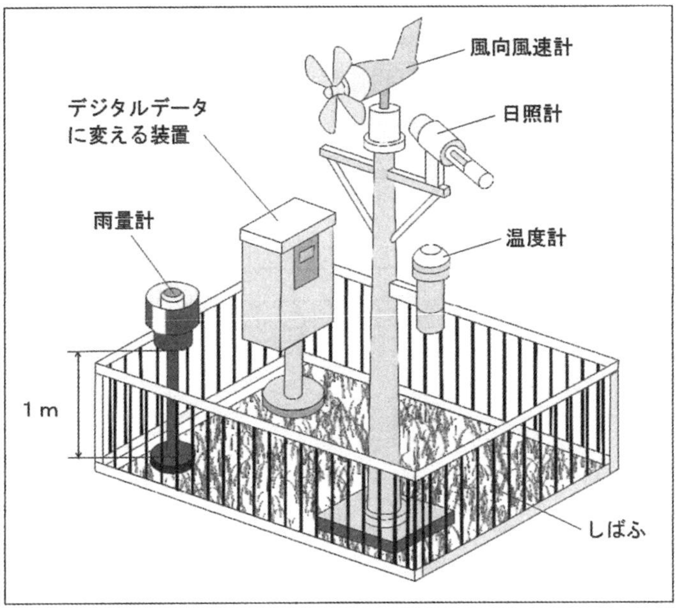

図１　アメダス観測所の様子

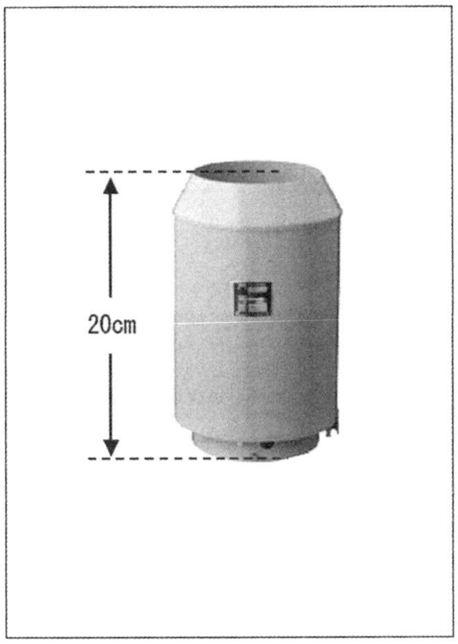

図２　理科室にあった雨量計

アメダス観測所にある雨量計は，高さ１ｍの支えの上に設置されているよ。何か理由があるのかな。

学校で支えを立てるのは難しいから，理科室にあった雨量計は地面に置くことにしよう。図３の★印の場所に置いて測定するよ。

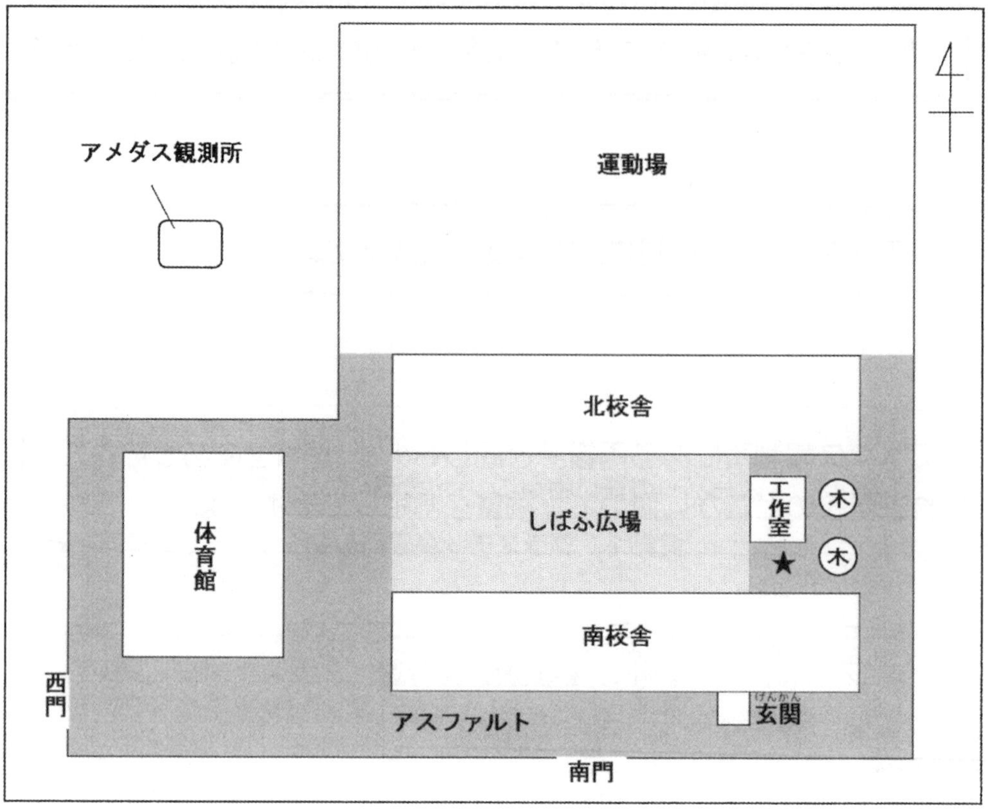

図３　校舎等の配置図

測定結果を表１にまとめてみたよ。★印の場所とアメダス観測所の雨量がちがっているね，どうしてだろう。

	★印の場所	アメダス観測所				
時	雨量 (mm)	雨量 (mm)	気温 (℃)	風速 (m/秒)	風向	日照時間 (時間)
9～10	9.5	8.0	18.4	0.0	-	0.0
10～11	5.5	7.0	19.5	3.4	東	0.0
11～12	11.0	9.0	19.3	4.0	西	0.0
12～13	3.5	3.0	19.6	1.1	西	0.0
13～14	3.5	3.0	19.9	0.0	-	0.0
14～15	8.5	10.0	18.9	4.8	北	0.0
15～16	4.0	5.0	18.7	4.4	北	0.0

表１　★印の場所の雨量とアメダス観測所のデータ

問題２　★印の場所とアメダス観測所で雨量がちがったのはなぜですか。その理由を，必要な資料をつかって，２つ以上答えなさい。

福山中学校

だいちさんとみどりさんは，プラスチック製品について話をしています。

資料１のようにプラスチック製品は，わたしたちのまわりのさまざまなものにつかわれて便利だよね。でも，いろいろと問題点もあるから，調べてみよう。

・レジぶくろ	・ラップフィルム	・ペットボトル	・食品用トレイ
・消しゴム	・スーパーの買い物かご	・食器	・セロハンテープ

資料１　プラスチック製品の例

プラスチック製品の生産量と消費量，プラスチックごみの総はい出量を調べて，まとめたよ。

	プラスチック製品の生産量（万ｔ）	プラスチック製品の消費量（万ｔ）	プラスチックごみの総はい出量（万ｔ）
1985年	9.23	6.99	4.19
2000年	14.74	10.98	9.97
2015年	10.86	9.64	9.15

表１　プラスチック製品の生産量と消費量，プラスチックごみの総はい出量

2017年度版　環境統計集　環境省より

表１を見ただけでは，それぞれの数値の関係がよくわからないね。

それなら，グラフにするとわかりやすくなるね。次の４種類のグラフをつくってみたよ。どれがよくわかるかな。

ア

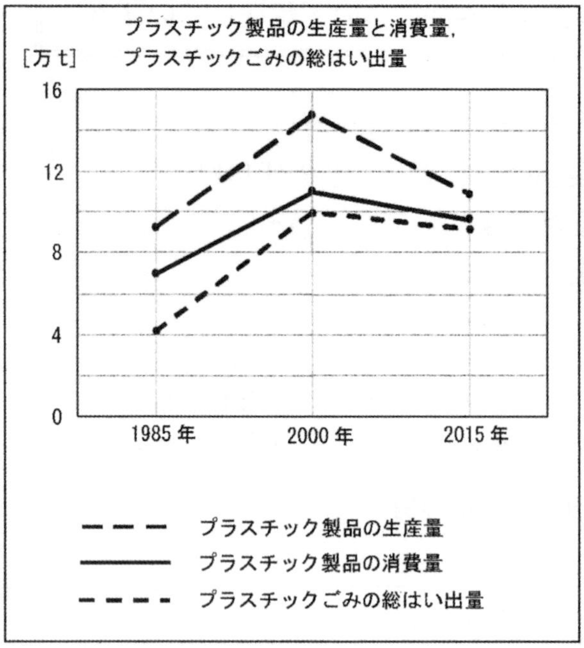

イ

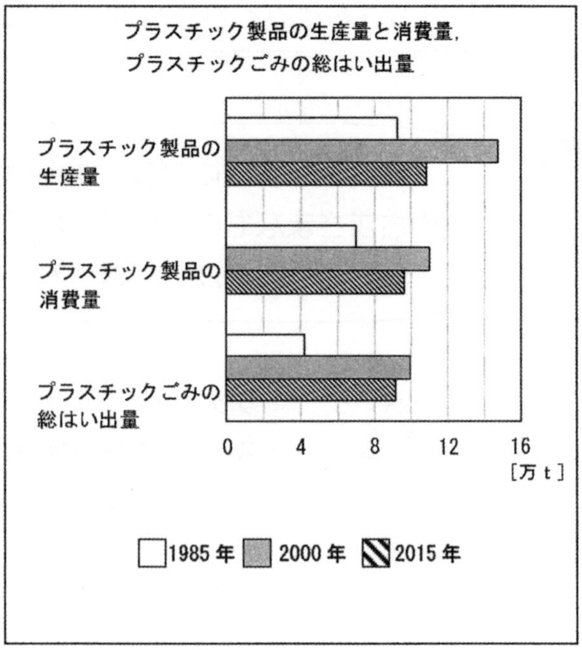

ウ

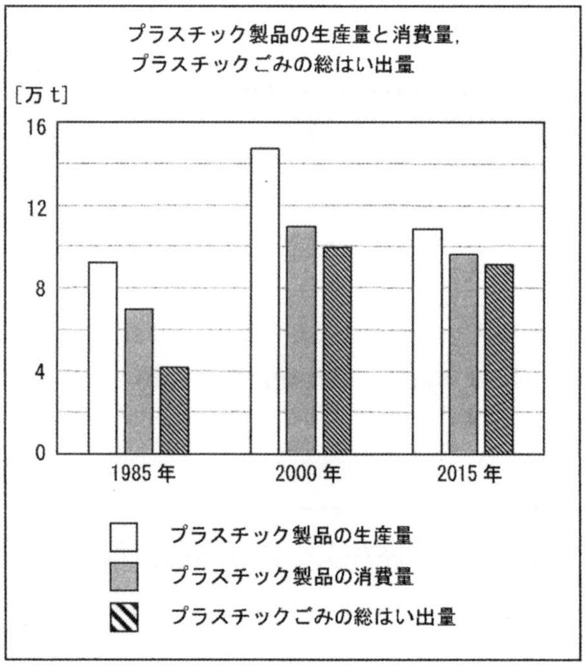

エ

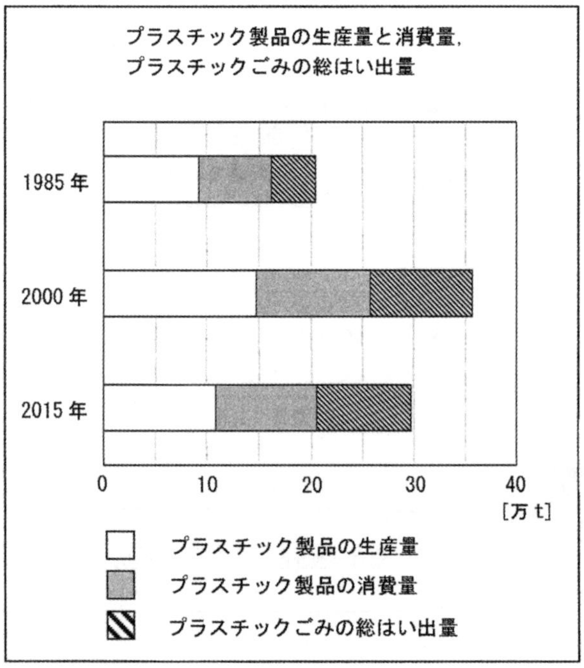

問題３　あなたは，表１をどのグラフで表したらよいと考えますか。ア～エのグラフから１つ選び，その記号を答えなさい。また，そのグラフを選んだ理由を答えなさい。

福山中学校

だいちさんとみどりさんは，日本の電気エネルギーの将来について話をしています。

日本の発電方法別発電量の割合（2015 年）のグラフがあったよ。それぞれの発電方法にはどんな特ちょうがあるのかな。

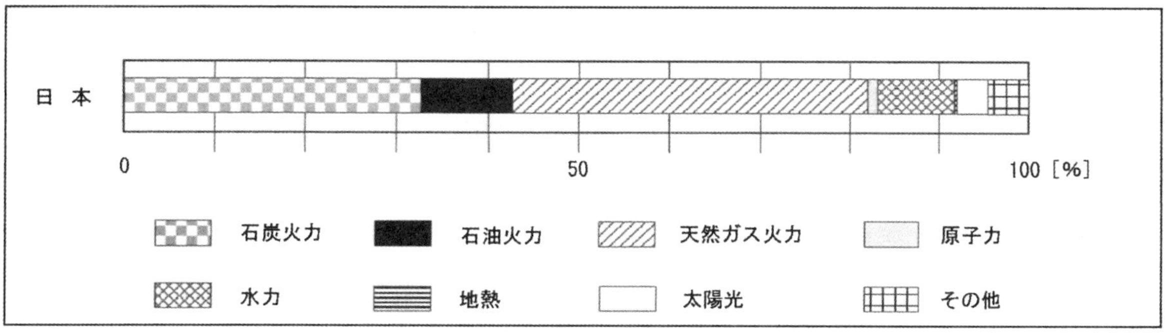

図１　日本の発電方法別発電量の割合（2015 年）

発電方法の利点と課題についてまとめてみたよ。

発電方法		利　点	課　題
火　力	石　炭	石油，天然ガスと比べ，低額で，資源が豊富である（とれる年数が 145 年といわれている）	発電時，二酸化炭素をはい出する 輸入にたよっている
	石　油	石炭，天然ガスと比べ，輸送，貯蔵がしやすい	発電時，二酸化炭素をはい出する 輸入にたよっている 石炭と比べ高額で，価格が変動しやすい とれる年数が 45 年といわれている
	天　然 ガ　ス	石炭，石油と比べ，発電時の二酸化炭素のはい出量が少ない	石炭と比べて高額 とれる年数が 60 年といわれている 石炭，石油と比べ，貯蔵や輸送が難しい
原 子 力		発電時，二酸化炭素をはい出しない 燃料資源が低額	事故が起きたとき，ひばくの危険性が大きい はいき物しょ理費用が高額
水　　力		発電時，二酸化炭素をはい出しない 発電効率がよく，発電量の調整がしやすい	ダム建設の際，自然かん境にえいきょうが出る ダム建設費用が高額
地　　熱		発電時，二酸化炭素をはい出しない	国立公園や温泉地などの景観を損ねる 有毒ガスを無毒化する費用がかかる
太 陽 光		発電時，二酸化炭素をはい出しない	設備費用が高額 発電量が天候に左右される

表１　発電方法の利点と課題

将来，日本ではどの発電方法が増えていくのかな。

地球の自然かん境を守っていくために，多くの話し合いが行われているよね。

国　名	人　口 （万人）	エ　ネ　ル　ギ　ー　政　策　等
フランス	6,614	原子力発電のけい続（58 基の原子力発電設備の運転）
ドイツ	8,076	豊富な石炭資源による，石炭火力発電のけい続 太陽光発電の拡大（住宅に太陽光発電パネル設置，大規模太陽光発電所建設）
スウェーデン	964	原子力発電の割合を下げ，水力発電のけい続や再生可能エネルギーの開発の推進
中　国	139,556	豊富な石炭資源による，石炭火力発電のけい続と重工業の生産設備の改善 原子力発電の推進（44 基の原子力発電設備の運転）
イタリア	6,078	国民投票により，原子力発電の再導入をとりやめ
アイスランド	32	水力発電などの再生可能エネルギーによる発電のけい続 地熱発電で出る温水や地下水を利用した地域冷暖ぼうのふきゅう率の向上
アメリカ	31,612	※1 シェールオイル，※2 シェールガスの利用により，石油の輸入のさく減 原子力発電の推進（104 基の原子力発電設備の運転）
日　本	12,822	水力発電，地熱発電，太陽光発電などを可能な限り導入 温室効果ガスはい出量を 2050 年までに実質ゼロが目標

表２　主な国の人口とエネルギー政策等

※1　石油成分をふくんだでい岩から取り出した石油
※2　天然ガス成分をふくんだでい岩から取り出した天然ガス

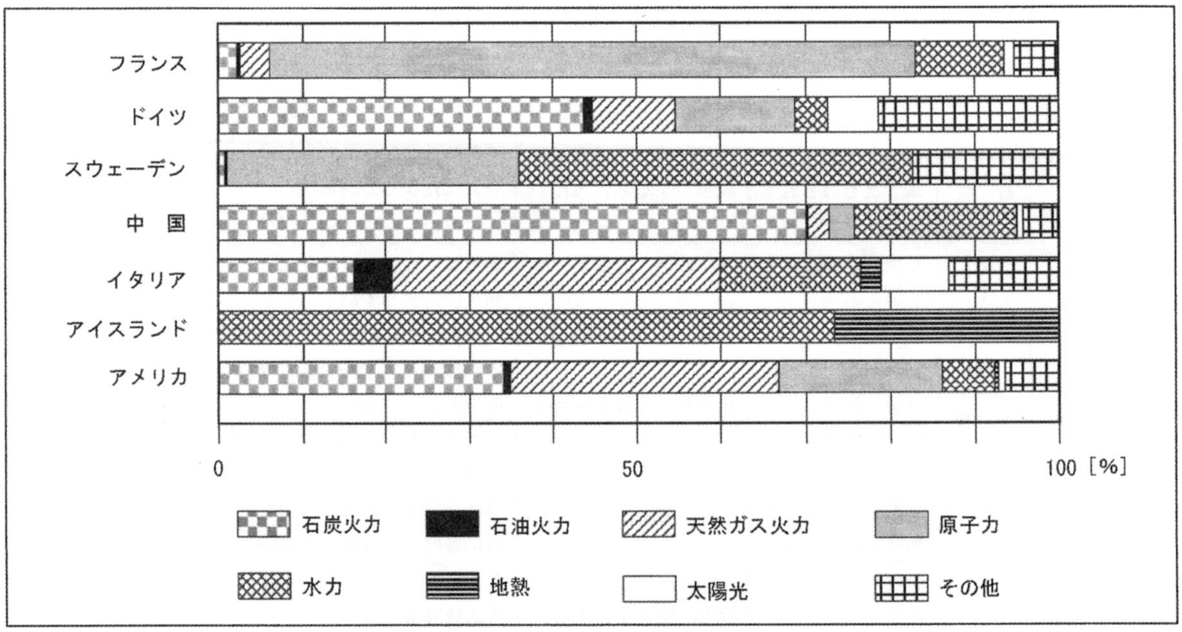

図２　主な国の発電方法別発電量の割合（2015 年）

問題４　あなたは，将来，日本では表１のどの発電方法が増えると予測しますか。その発電方法を答えなさい。また，そのように予測した理由を，必要な資料をつかって答えなさい。

福山中学校

だいちさんとみどりさんは，さいころの展開図について話をしています。

さいころって立方体だよね。算数の授業で展開図から立方体をつくったことがあるよ。

わたしは，立方体の展開図をつくってみたいの。

１～６の数字がかかれているさいころをつかってみよう。図１は，同じさいころをちがう角度から見た見取図だよ。

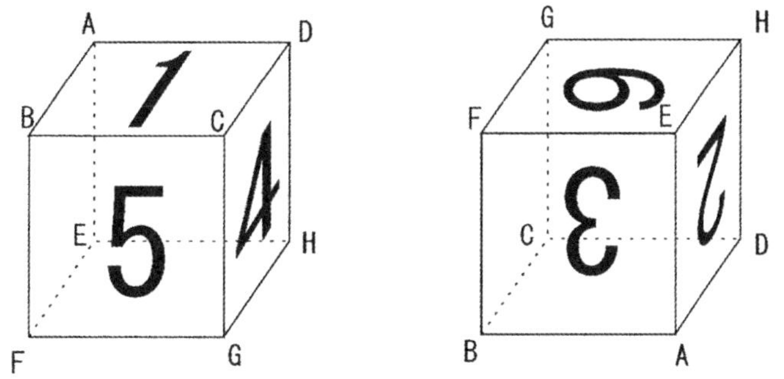

※数字は，さいころの表面にかかれています。

図１

いろいろな展開図ができそうね。

問題５　図１のさいころの展開図を２通りかきなさい。また，数字の向きも正しくかきなさい。

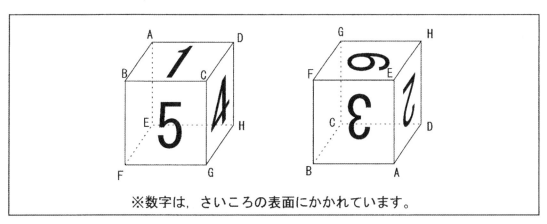

福山市立福山中学校　検査2　（検査時間45分）

（解答用紙は別冊66Ｐ）（解答例は別冊34Ｐ）

次の文章を読み、問いに答えなさい。

　今の仕事がどうしても楽しいと思えない。自分で選んだ仕事のはずなのに実は合っていない気がする。同世代のみんなは働くのが楽しいのだろうか。仕事で自分が生かせているのだろうか。もっと自分にふさわしい居場所がどこかにあるのじゃないか。

　そんなふうに悩み、自問自答している人が多いと最近よく聞きます。端的に言えば、「働くことにやりがいを見い出せない」「やる気が起きない！」ということですよね。おそらくその根本にあるのは、「仕事って何？」ということでしょう。僕もよく聞かれます。「谷尻さんにとって〝働く〟とはどういうことですか？」と。

　答えを先に言ってしまうと、僕にとっての「働く」は、傍（ハタ）をラクにすること。傍、つまり、まわりのみんなを楽しくすることが、仕事をする目標であり喜びであり、もっとも大きなモチベーションの源です。

　こう思うようになったのは5年ほど前。ある時、「人はどうして笑うのか」と考えていて、「笑いって自分の内面からは生まれないものなんだ」と気付いたのがきっかけでした。自分ひとりしかいなかったら笑いは起こらない。まわりで楽しいことが起きてみんなが笑っている時、それを見て共有できて初めて自分も笑っている。だから、自分が笑いたかったら、まず人が笑う状況をつくればいい――そんな発見の延長線上に「ハタをラクにする」という思いが生まれたんです。

　「ハタ」は家族や友人、仕事仲間やスタッフはもちろん、僕たちがつくったものに関わる人すべてです。僕たちが設計した住宅の住み手、僕たちが開いた食堂や店に来てくれるお客さん、ホテルを訪れる宿泊客、僕たちが出た雑誌などのメディアに興味を持ってくれた人。みんながハタ。そんなハタたちに何を提供したら楽しんでもらえるのか、どうしたらハタをラクにできるのか。それを考えれば、働く姿勢はおのずと決まります。

（谷尻　誠　「ＣＨＡＮＧＥ　未来を変える、これからの働き方」による。）

（注）
自問自答…自分の問いに自分で答えること
モチベーション…ある行動をしようという意欲を起こさせること・やる気
内面…心の内側
端的に…はっきりと
おのずと…自然に

問い１　筆者は「働く」についてどのように考えていますか。その考えをもとに、最近あなたが「これこそ『働く』だな」と感じたことを例に挙げ、どんな人になりたいか、四百字以内で書きなさい。

だいちさんの中学校では、今年から留学生を受け入れることになりました。その留学生をもてなすために、次の【条件】で、イベントをすることにしました。そこで、だいちさんは留学生に①～④の内容のアンケートを事前にとりました。

【条件】

時間は午前十時から午後四時までです。生徒の数は三十人です。

【アンケートとその回答】

①出身国はどこですか

South Korea (韓国)	10人
Australia (オーストラリア)	8人
Bulgaria (ブルガリア)	7人
Canada (カナダ)	3人
Norway (ノルウェー)	2人

③日本で一番興味のあることは何ですか

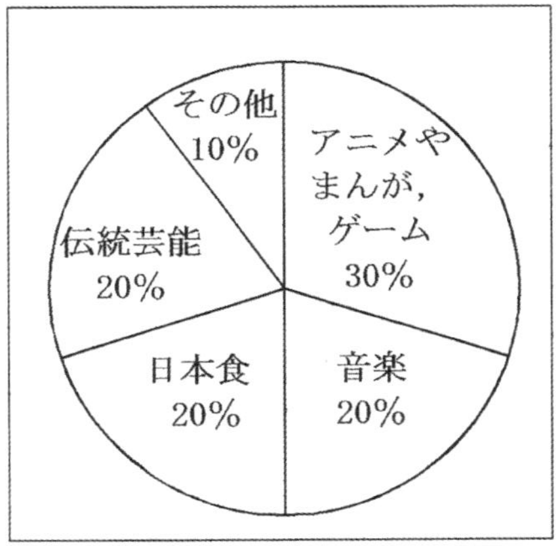

②日本に来る理由は何ですか（複数回答）

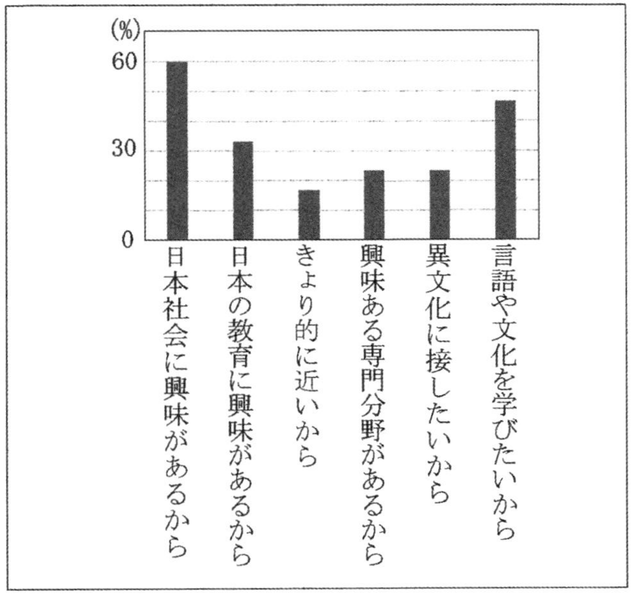

④日本で生活するときに心配なことは何ですか（複数回答）

自分にあった住居を見つけること	13.3％
まわりの人とコミュニケーションをとること	50.0％
病気にかかったり自然災害にあったりすること	26.7％
経済的なこと	46.7％
さびしく感じること	23.3％
自分の勉強の成果を上げること	53.3％
日本の天気や食べ物、習慣に適応すること	26.7％

問い2　【条件】と【アンケートとその回答】を参考にして、留学生をもてなすためにあなたはどのようなイベントを計画しますか。そのイベントの内容と計画した理由を三百字程度で書きなさい。

※次の問題は223ページから始まります。

（問1）［資料］の━━部「養分」と同じ「漢語」である熟語を、ア〜エの中から一つ選び、記号を書きなさい。

ア　海辺　　イ　宿屋　　ウ　旅先　　エ　森林

（問2）［資料］の A に入る最も適切なものを、ア〜エの中から一つ選び、記号を書きなさい。

ア　さて　　イ　だから　　ウ　でも　　エ　つまり

（問3） あ に入る言葉を、［資料］より、二十五字で書きぬきなさい。（「、」や「。」も一字に数えます。）

（問4） い 、 う の組み合わせとして最も適切なものを、ア〜エの中から一つ選び、記号を書きなさい。

ア（ い 逆境　 う 恵まれた環境）
イ（ い 恵まれた環境　 う 逆境）
ウ（ い 逆境　 う 望ましい環境）
エ（ い 望ましい環境　 う 恵まれた環境）

（問5）‖‖部「根の成長をさらに助ける」について、 え に入る最も適切な言葉を、［資料］より、十三字で書きぬきなさい。

（問6） お に入る最も適切な一文を、［資料］より見つけて、はじめとおわりの五字をそれぞれ書きなさい。（「、」や「。」も一字に数えます。）

（問7）［資料］について述べたこととして最も適切なものを、ア〜エの中から一つ選び、記号を書きなさい。

ア　植物を育てる中で体験したことを中心に紹介している。
イ　植物のような生き方を人間もすべきだと主張している。
ウ　植物が環境の変化にうまく適応していく姿を伝えている。
エ　植物を水不足にさせることに反対する意見を述べている。

（問8）［資料］の〰〰部「精いっぱいの努力を重ねる植物たちの生き方」は、生活のいろいろな場面で活用できると考えられます。あなたは、学校生活のどのような場面で、どのように生かしていこうと考えますか。具体例を挙げて、五十字以上、六十字以内で書きなさい。（「、」や「。」も一字に数えます。）

※次の問題は224ページです。

要がありません。ところが、そのまま水田で育って秋を迎えたら、強い根を張りめぐらせていないイネは、秋に実る垂れ下がるほどの重い稲穂を支えることはできません。

そこで、イネの穂が出る前に、水田の水は抜かれ、田んぼの表面の土が乾燥してひび割れするくらいに乾かされます。この過程は、「中干し」とよばれます。こうすれば、今まで水をいっぱいもらって、根を強く張らずに育っていたイネは、びっくりします。土が割れるほど乾燥させられ、危機を感じてびっくりして、急いで水を求めて多くの根を張りめぐらせます。

イネは、水がないという〝ハングリー精神〟を刺激されて、根を張りめぐらせるのです。そうしてこそ、秋に垂れ下がるほどの重いお米を実らせるからだを支えることができます。中干しすることで、土にできたひび割れから、土の中に酸素を供給する効果もあり、このことが根の成長をさらに助けることにもなります。

芝生やイネに限らず、乾燥した土の中で、植物たちは根を伸ばします。土の表面は乾燥していても、地下深くには水分があり、その水分を探し求めて、植物たちは長い根を伸ばすのです。これが、植物たちのハングリー精神です。

自然の中では、植物たちの欲求が満たされるはずがありません。そんなとき、ハングリー精神を発揮して、精いっぱいの努力を重ねる植物たちの生き方に、〝あっぱれ！〟と感嘆[※1]せざるを得ません。水が不足するという逆境の中で、その逆境を[※2]糧に根を強く張りめぐらせるという植物たちの生き方に〝あっぱれ〟という感嘆語はふさわしいのです。

（田中修「植物のあっぱれな生き方　生を全うする驚異のしくみ」より。一部省略等がある。）

※1　感嘆…感心してほめたたえること
※2　糧…活動力のもととなるもの

しおり　中干しは、植物のハングリー精神を生かしていますね。以前、外国語の授業で『ハングリー』とは、おなかがすいた様子」と習ったので、イメージしやすかったです。

さくら　今まで水の中で、安心して育っていたイネは水を抜かれて、おどろいたでしょうね。でも、中干しをすることで、根を張りめぐらせる効果があることがわかりますね。

たけし　その上、［資料］には、「根の成長をさらに助ける」ことになる **え** もあると書いてありますよ。

ももこ　雑草は、水を与えなくても強く生きていますね。芝生やイネだけでなく他の植物も、ハングリー精神をどのように発揮しているかが［資料］の **お** の一文に書かれていて納得しました。

しおり　筆者も、そのような植物たちの生き方に〝あっぱれ！〟と言っているのだと思います。

こうじ　私も、自分自身に〝あっぱれ！〟と言えるよう、［資料］の植物たちの生き方をこれからの学校生活に生かしていこうと思います。

（解答用紙は別冊68Ｐ）（解答例は別冊34Ｐ）

【課題1】さくらさんの班は、国語の時間に、資料をもとに話し合っています。[資料]、[話し合いの一部]を読んで、4ページの問いに答えなさい。

[資料]

ゴルフ場の芝生に二～三日間、水を与えなければ、芝生はハングリー精神を刺激され、水が欲しく、水を探し求めて、一生懸命に根を伸ばします。それでも、水が得られなければ、芝生は疲れ果て、枯れそうになります。そんな四～五日目のギリギリのところで、水を与えます。

水をもらった芝生は、元気を取り戻します。元気を取り戻せば、また水を与えません。二～三日の間、水を与えられなければ、芝生は「水が欲しい」というハングリー精神を再び刺激され、水を求めて根をさらに発達させます。これを繰り返せば、芝生は、たくさんの強い根を精いっぱいに生やします。

根の発達のためにハングリー精神を刺激する方法は、イネにも利用されます。田植えのすんだ水田では、水がいっぱい張りめぐらされ、イネは水につかって育ちます。水の中で育つイネには、主に、三つの恩恵があります。一つ目は、水は温まると冷めにくいので、夜も暖かさを保てます。これは、インドや東南アジアの暑い地域出身のイネには望ましい環境です。

二つ目は、土の上でなら水の不足に悩まねばなりませんが、水の中なら、水の不足に悩む必要がないことです。三つ目は、水の中には、多くの養分が豊富に含まれていることです。水は高いところから低いところへ流れてくるので、その途上で養分が溶け込みます。そのため、水につかっていれば、イネはそれらの養分を吸収することができます。このように、水の中は、イネにとっては、たいへん恵まれた環境なのです。

イネの根は水が不足するような乾燥地では、水を求めて強く張りめぐらせる力をもっています。[Ａ]、水が容易に得られる水田では、根を張りめぐらせる必

[話し合いの一部]

さくら　私は、水がいっぱいに張られた田んぼをよく見かけますが、水田には、イネにとってこんなによい点がたくさんあるとは、知りませんでした。

たけし　[資料]の中にある「三つの恩恵」ですね。恩恵は、恵みという意味だったと思います。

こうじ　筆者は、その恩恵について、水の中は、水の不足に悩む必要がなく、多くの養分が豊富に含まれていると述べていますね。

たけし　もう一つは、[資料]に[あ]と書かれています。この三つが、恩恵なのですね。

ももこ　イネを水の中で育てる理由がよくわかりました。話はかわりますが、私は、田んぼが乾いて、ひび割れている様子を見たことがあり、水不足かなと心配していました。中干しだったのですね。

さくら　私も、まさか、わざと水を抜いているとは思いませんでした。ところで、筆者は、水の中は[い]で、中干しした田んぼは[う]だと表現していますが、その通りだと感じました。

【課題２】　四国のある県に住んでいるさくらさんたちは，自分たちの県のまちづくりについて話し合っています。**［話し合いの前半］**，**［話し合いの後半］**，**資料１～４**をもとにして，あとの問いに答えなさい。

［話し合いの前半］

さくら　私(わたし)たちはこれまで，㋐<u>地域(いき)の安全</u>やくらし，環(かん)境，歴史などについて学習してきました。今日はそれらのことをもとに，「私たちが住む県をさらに魅(み)力的な県にしていくために」というテーマで考えていきます。学んできたことで，印象に残っていることやわかったことを順に言ってください。

たけし　私たちの県には，海に面した平地や山が集まる山地など㋑<u>さまざまな地形</u>があります。そして，その地形を生かし，海岸部ではサーフィン，山地を流れる川ではラフティングを楽しむことができます。観光客もたくさん来ていることがわかりました。

しおり　県内では，たくさんの農産物を育てています。その農産物を全国の人々にもっと知ってもらえるように，ブランド化を進めたり，㋒<u>情報ネットワーク</u>を利用したりするなど，農家の人々がくふうを重ねています。

こうじ　㋓<u>社会の時間に，調べ学習をしていたら，私たちの県だけでなく，日本の食料自給率についての**資料１**と，世界の人口についての**資料２**を見つけました。２つの資料から見えてくるのは，［　あ　］という課題です。</u>

しおり　日本の食料生産について，私も興味があります。食料を安定して確保するためにも，家庭科で学習したことを思い出しながら，自分たちの県にある伝統的な食事のよさや，季節ごとにとれる野菜や果物などがどのように消費されているのかを調べてみたいと思います。

さくら　私たちが住む県には，よいところがたくさんあることがわかりました。そのよさを，まちづくりに生かしていくのがよいと思います。

（問１）―――部㋐について，次の文の①，②にあてはまる適切な言葉を，**ア**～**エ**の中から１つずつ選び，記号を書きなさい。

> 警察署(けいしょ)や交番の警察官は，子どもたちが事件にまきこまれないようにするために，子どもや保護者に対して（　①　）を行っている。
> また，交番の警察官は（　②　）も行い，地域に異(い)常がないかを確認(にん)している。

ア　パトロール　　**イ**　交通安全教室　　**ウ**　地域の安全会議　　**エ**　防犯教室

（問２）―――部㋑に関して，次の**ア**～**エ**は，日本各地にあるさまざまな地形について述べたものです。正しいものには○，まちがっているものには×を書きなさい。

ア　東北地方の南部には，霞ヶ浦(かすみがうら)とよばれる湖がある。
イ　中部地方には，険しく高い山なみの奥羽(おうう)山脈がある。
ウ　四国地方の南西部には，四万十(しまんと)川が流れている。
エ　九州地方には，筑紫(つくし)平野とよばれる平地がある。

（問３）――― 部㋒について，農産物だけでなく，生活の中のさまざまな分野で情報ネットワークが活用されています。さくらさんたちが住む県には「情報ネットワーク図書館システム」があり，多くの人が利用しやすい図書館づくりが進められています。このシステムでは，登録している図書館どうしが，保管する本や資料についての情報を共有しています。情報を共有していることが，利用者にとってどのような点で便利か，「本」，「図書館」という言葉を用いて書きなさい。

（問４）――― 部㋓で，こうじさんは，資料から，今後考えられる課題について述べました。［ あ ］にあてはまる課題を，**資料１**，**資料２**のそれぞれからわかることを述べたうえで，２つの資料を関連づけて書きなさい。

資料１　日本の食料自給率の移り変わり

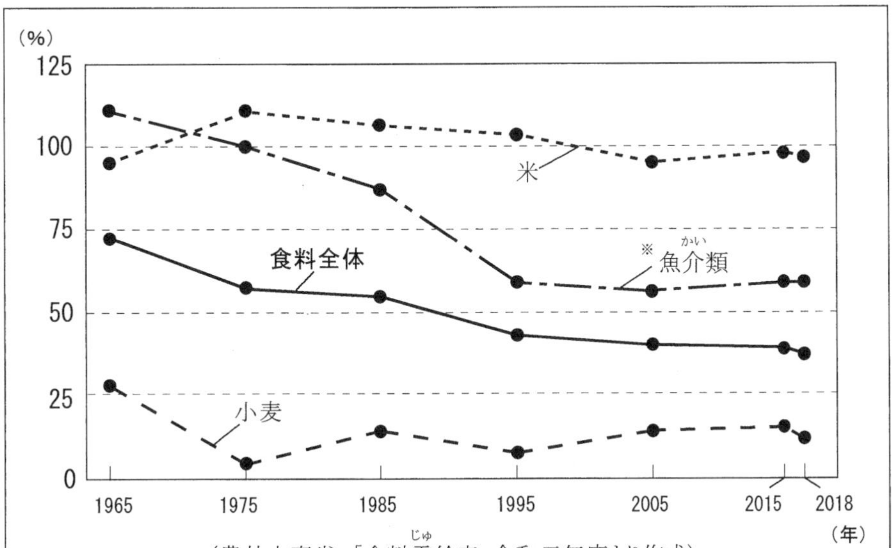

（農林水産省「食料需給表」令和元年度より作成）

※ 魚介類とは魚，貝，エビ，イカなどの水産物のこと

資料２　世界の人口の移り変わり

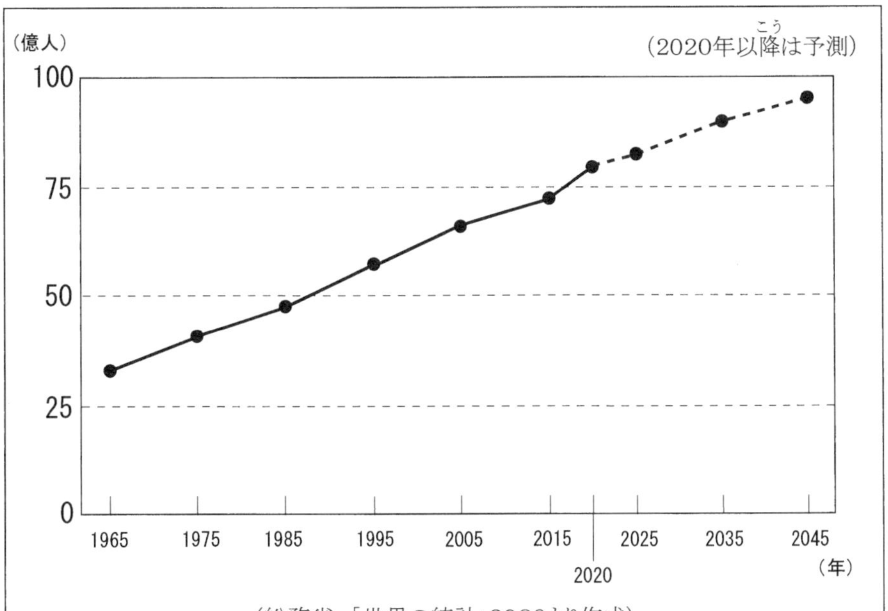

（総務省「世界の統計」2020より作成）

［話し合いの後半］

さくら	歴史や文化についてもよいところがありそうですね。
たけし	県の東部には，㋔古墳（ふん）という豪（ごう）族の墓があります。前方後円墳としては，県内で最も古いものだと考えられています。
こうじ	県の西部には，㋕歴史的な建物や町なみのほかに，国の重要な文化財に指定されている伝統芸能があります。
さくら	私たちが住む県にあるたくさんのよさを，まちづくりに生かすために具体的にどのような方法が考えられますか。
しおり	例えば，東部のA市には古墳のある一帯を整備した㋖公園があります。その公園で焼き物づくりなどの体験教室を開くのはどうですか。
こうじ	それはよい考えですね。県の西部の歴史的な町なみの中に舞（ぶ）台（ステージ）をつくり，伝統芸能を発表して，インターネットで全国に発信するというのもよいと思いませんか。
さくら	このような話し合いを，これからも積極的に行いたいですね。そして，私たちが，よりよいまちづくりへの関心をもっと高め，生まれ育ったまちでくらしていきたいです。そのうえで，㋗県外から移り住んでみたいと思ってもらえる県にしていきたいですね。

（問５）―― 部㋔について，古墳は日本各地でつくられ，特に巨（きょ）大な前方後円墳が大和（やまと）（奈良県）や河内（かわち）（大阪府）に数多く見られます。どうしてこの地域には巨大な古墳が集まっているのか，古墳の大きさが表す意味をふまえ，書きなさい。

（問６）―― 部㋕に関して，次のア～エは，日本の歴史的な建物や町なみについて述べたものです。時代の古い順に並（なら）べ，記号を書きなさい。

ア　中国との貿易を行い，多くの富をたくわえた足利義満（あしかがよしみつ）は，京都の北山（きたやま）に３層（そう）の金閣（きんかく）を建て，２層め，３層めに金ぱくをはった。

イ　徳川家康（とくがわいえやす）は，政治の中心にふさわしい城や城下町を江（え）戸につくるための大規模（ぼ）な工事に着手した。

ウ　聖武天皇（しょうむてんのう）は，全国に国分寺（こくぶんじ）を建てることを命じ，都には国分寺の中心となる東大寺（とうだいじ）を建てた。

エ　東北地方で力をもっていた藤原（ふじわら）氏が戦いのない世の中を願って建てた中尊寺（ちゅうそんじ）に，金色堂（こんじきどう）がつくられた。

（問７）―― 部㋖をふくむ公共施（し）設の設備について，次の（　　　）にあてはまる言葉を書きなさい。

> 公共施設の設備は，だれもが使いやすいように整えられている。これは，（　　　　）という，日本国憲法（にほんこくけんぽう）の三つの原則のうちの一つに示された考え方にもとづいている。

（問８）――― 部㋗に関して，さくらさんは，次の２つの資料を見つけました。あなたがさくらさんなら，あなたが住むまちに四国以外の地域から移り住んでもらう（移住してもらう）ために，どのようなくふうをすればよいと考えるか，**資料３**，**資料４**を関連づけて書きなさい。

資料３　四国を移住先として考えたきっかけ

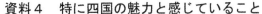

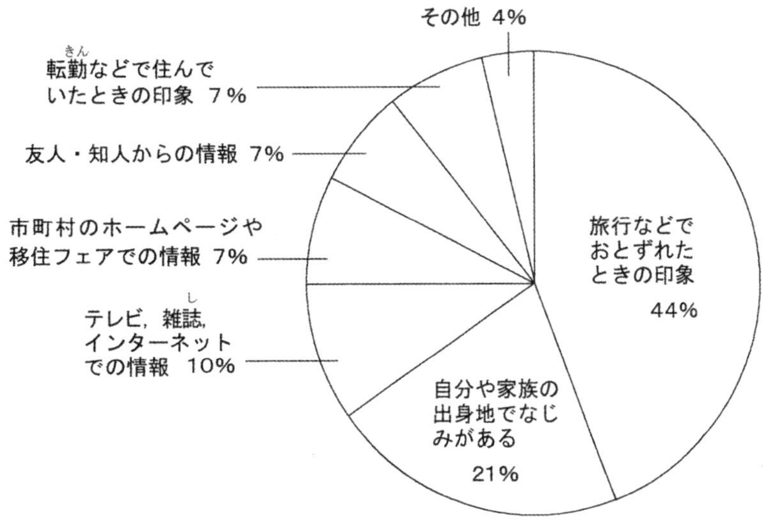

（四国経済連合会「四国への移住に関するアンケート調査結果」H26より作成）

資料４　特に四国の魅力と感じていること

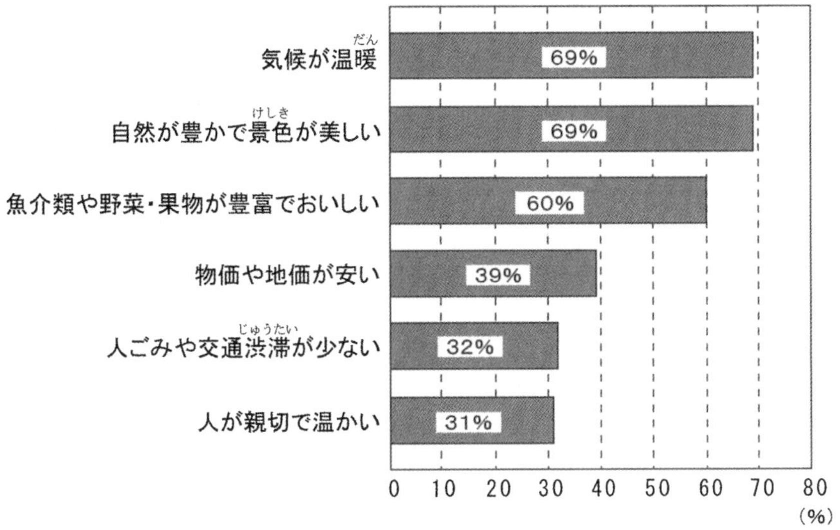

（四国経済連合会「四国への移住に関するアンケート調査結果」H26より作成）　複数回答

【課題3】 さくらさんの学級は、近くの小学校の六年生と、ビデオレターによる交流を計画しています。自分の学級を紹介するテーマについて話し合った結果、次のア～エの四つの［テーマ］が決まり、その中から班ごとに一つを選ぶことになりました。さくらさんの班も、一つのテーマを選び、ビデオレターをつくります。さくらさんは原こうをつくる係です。あなたがさくらさんなら、どのような原こうにしますか。次の条件に合わせて書きなさい。

［テーマ］

ア　学級の目標（合い言葉）

イ　学級で育てているもの

ウ　学級で人気のある遊び

エ　学級全体でがんばっている（がんばった）こと

（条　件）

・上のア～エの中から、選んだテーマの記号を、解答用紙の「テーマ□」の□の中に書くこと。
・題と氏名を書かずに、本文から書き始めること。
・二段落構成で書くこと。
・一段落目には、選んだテーマで紹介したいもの（事がら）と、それを紹介したい理由について書くこと。
・二段落目には、紹介したい内容について、相手に伝わりやすく書くこと。
・漢字を適切に使い、原こう用紙の正しい使い方に従って書くこと。
・十三行から十五行までにおさめること。

徳島県立中学校（城ノ内・川島・富岡東）　適性検査　検査Ⅱ　（検査時間50分）

（解答用紙は別冊70Ｐ）（解答例は別冊36Ｐ）

【課題１】　たけしさんたちが，家庭の仕事について話をしています。たけしさんたちの会話をもとにして，あとの問いに答えなさい。

たけし　みなさんは，家でどのような仕事をしていますか。
さくら　私（わたし）は，自分の部屋のゆかのふきそうじをしています。
こうじ　私は，おやつの用意をしています。この前は，カステラを切り分けました。大人用と子ども用では，１切れの大きさを変えて切りました。大人用の１切れの大きさは，カステラ１本を６等分した１個分です。子ども用の１切れの大きさは，カステラ１本を８等分した１個分です。

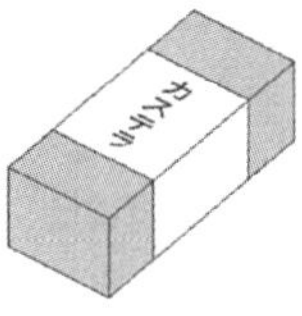

しおり　私は，昨日，買い物に行きました。あめを２ふくろとチョコレートを５ふくろ，ゼリーを２ふくろ買いました。
たけし　みなさんがいろいろな仕事をしているのを知って，私も家族の一員として自分ができることを増やしていきたいです。

（問１）さくらさんの部屋のゆかの形は，右の**図**のような五角形です。この部屋のゆかの面積は何m^2か，書きなさい。

図

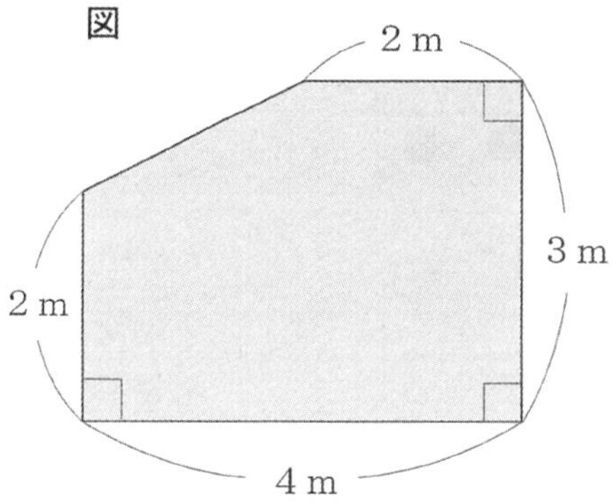

（問２）こうじさんが切り分けたカステラについて，次の①・②に答えなさい。ただし，カステラ１本の大きさは，すべて同じとします。

①　子ども用の１切れの大きさは，大人用の１切れの大きさの何倍か，書きなさい。

②　大人４人と子ども６人のお客さんが来ました。家には，カステラが３本あり，お客さん全員に切って出すことにしました。大人には，大人用の１切れの大きさのカステラを１人に２切れずつ用意しました。その残りのカステラを子ども用の１切れの大きさに切り，できるだけ多く用意しました。子どもに同じ数ずつ分けるとき，子ども１人には最大何切れずつ用意することができるか，また，余ったカステラの大きさは，カステラ１本のどれだけにあたるか，それぞれ書きなさい。

（問３）しおりさんの買い物について，次の①・②に答えなさい。

① しおりさんは，「あめ１ふくろの値段(ねだん)は，チョコレート１ふくろの値段より90円高く，ゼリー１ふくろの値段は，あめ１ふくろの値段より40円高かった。」と言っています。全部の代金が1970円のとき，あめ１ふくろの値段は何円か，書きなさい。ただし，消費税は考えないこととします。

② しおりさんは，家に帰ってそれぞれのふくろをすべて開けました。あめは１ふくろに21個ずつ，チョコレートは１ふくろに14個ずつ，ゼリーは１ふくろに７個ずつ入っていました。計画的に食べるために，買ったすべてのあめとチョコレートとゼリーを，それぞれ同じ数ずつ余りが出ないように，できるだけ多くの紙ぶくろに分けようと思います。１つの紙ぶくろに，あめ，チョコレート，ゼリーをそれぞれ何個ずつ入れるか，書きなさい。

（問４）たけしさんは，庭でバーベキューをする際に，テーブルといすの準備をすることにしました。お客さんが多くなると，次の**図**のようにテーブルを増やして，その周りにいすを置くこととします。あとの①・②に答えなさい。

図

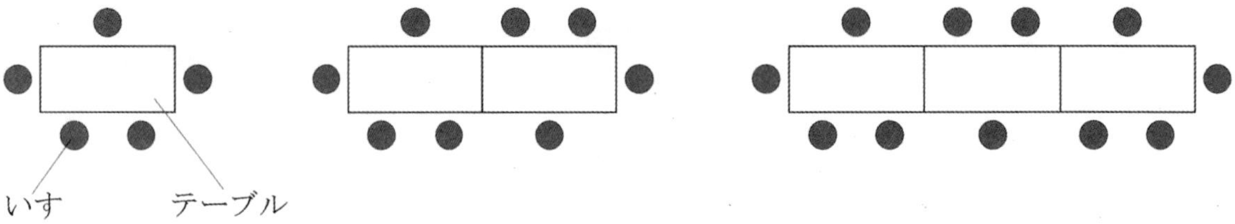

① テーブルの数が４個のとき，いすは全部で何きゃく必要か，書きなさい。

② テーブルの数を x 個，いすの数を y きゃくとして，x と y の関係を式に表しなさい。

【課題２】 さくらさんたちは，地域(いき)のサイエンススクールに参加し，野外活動のことを思い出しながら実験を行いました。さくらさんたちの会話や，観　察，実験１，実験２をもとにして，あとの問いに答えなさい。

さくら　今回の野外活動でも，いろいろな生き物の観察ができました。私(わたし)は，トノサマガエルのようすを観察して，記録しました。季節ごとに観察を続けてきたので，変化がよくわかります。

たけし　私たちの班(はん)では雲の観察をしました。私は，３時間ごとに空全体の雲の量を調べました。

さくら　どのようにして調べたのですか。そのときのようすを教えてください。

［さくらさんの観察記録の一部］

トノサマガエルのようす
公園の池 午前１１時　晴れ 気温２０℃　水温２２℃ おたまじゃくしから成長したトノサマガエルが池の中にいた。

観　察

1　図１のように，内側を黒くぬった透(とう)明半球に空を映(うつ)して，雲の量を調べる。空全体の広さを10として，空をおおっている雲の広さをもとに，天気を記録する。
　雲の広さが０～８を「晴れ」，９～10を「くもり」とし，雲の量に関係なく，雨が降(ふ)っているときは「雨」とする。

2　３時間ごとに雲の色や形，雲が動く方位を記録する。方位は方位磁針(じしん)で確かめ，８方位で表す。

図１

［雲のようすと天気の変化の記録］

〈午前１０時〉	〈午後１時〉	〈午後４時〉
晴れ　雲の量…５ 気がついたこと 白くてうすい雲が広がって見えた。雲は南西から北東へゆっくりと動いていた。	晴れ　雲の量…７ 気がついたこと 白い雲が厚くなってきた。雲は西の方からどんどん広がってきているようだ。	くもり　雲の量…１０ 気がついたこと 空全体が黒っぽい雲でおおわれていた。遠くの空は雨が降っているように見えた。

たけし　午後４時の観察の後はみんなで片(かた)づけをして，家に帰ったのでしたね。私は10分くらいで家に着いたのですが，その後しばらくして雨が降ってきました。

さくら　午後４時の記録に，「遠くの空は雨が降っているように見えた。」とありますが，それは①私たちが野外活動をした地域より［　あ　］の方の空だったのではないですか。

指導員　そうですね。日本付近の天気の変化の特ちょうを知っておくと，天気を予想することができますね。

（問１）［**さくらさんの観察記録の一部**］をもとに，その季節の生き物のようすとして，最も適切なものを**ア**～**エ**から１つ選び，記号を書きなさい。

ア　ヘチマは葉もくきもかれてしまい，実の中からたくさんの種が出てくる。
イ　イチョウの枝から，折りたたまれたような緑色の葉が出ている。
ウ　成虫になったオオカマキリが，草むらで卵（たまご）を産んでいる。
エ　緑色の葉がたくさんしげった木の幹では，セミが活発に鳴いている。

（問２）野外で観察するとき，温度計を使って気温や水温を正しくはかるために，どのようなことに気をつける必要があるか，「日光」という言葉を使って，気温や水温のはかり方に共通する注意点を書きなさい。

（問３）―――部①について，さくらさんは〔　あ　〕で，方位を答えました。〔　あ　〕に入る方位を，**東・西・南・北**から１つ選び，書きなさい。また，そう考えた理由を，〔観　察〕の［**雲のようすと天気の変化の記録**］をもとにして書きなさい。

（問４）方位磁針で方位を調べるときは，近くに磁石（じしゃく）や鉄がないことを確かめる必要があります。その理由を，方位磁針の針（はり）の性質をふまえて書きなさい。

さくら　野外活動では，まきを燃やして食事の準備をしました。

たけし　最初は，まきに火がついたと思ってもすぐに消えてしまって大変でした。指導員の先生に火が消えない方法を教えていただいた後，②まきの置き方をくふうしたので，火が一度つくと，まきが燃え続けるようになりました。

指導員　うまく燃えて，よかったですね。ところで，空気は，ちっ素や酸素，二酸化炭素などの気体が混ざってできているのですよ。

たけし　それらの気体のうち，どれかに，物を燃やすはたらきがあるのではないですか。

指導員　では，ちっ素，酸素，二酸化炭素の３つの気体をびんに集め，火のついたろうそくを入れて調べてみましょう。

実験１

1　**図２**のように，水中で逆さにしたびんに，酸素を７～８分めまで入れてふたをして取り出す。
2　酸素を入れたびんの中に火のついたろうそくを入れてふたをし，燃え方を調べる。
3　同じようにして，ちっ素を入れたびん，二酸化炭素を入れたびんを用意し，それぞれのびんに火のついたろうそくを入れて，燃え方を調べる。

図２

たけし　酸素のびんではろうそくの火が激（はげ）しく燃えたけれど，ちっ素と二酸化炭素のびんではすぐに火が消えましたよ。

さくら　酸素には，物を燃やすはたらきがあるということですね。

たけし　でも，しばらくすると，酸素のびんのろうそくの火は消えました。どうして燃え続けないのですか。

指導員　では，物を燃やす前と燃やした後の空気について，調べてみましょう。

実験２

1　空気が入った２本のびん**ア**，**イ**を用意する。
2　**図３**のように，**イ**のびんに火のついたろうそくを入れてふたをし，火が消えたら取り出す。
3　**図４**のように，気体検知管（酸素用検知管）を使って，**ア**，**イ**それぞれのびんの中の空気にふくまれる酸素の体積の割合（わりあい）を調べる。
　次に，気体検知管（二酸化炭素用検知管）を使って，**ア**，**イ**それぞれのびんの中の空気にふくまれる二酸化炭素の体積の割合を調べる。

図３

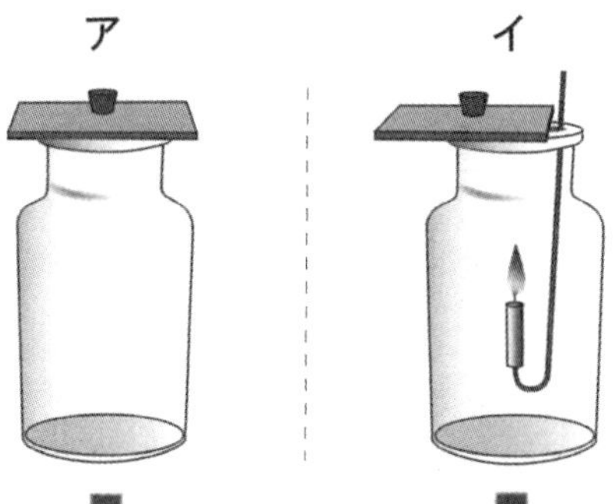

図４

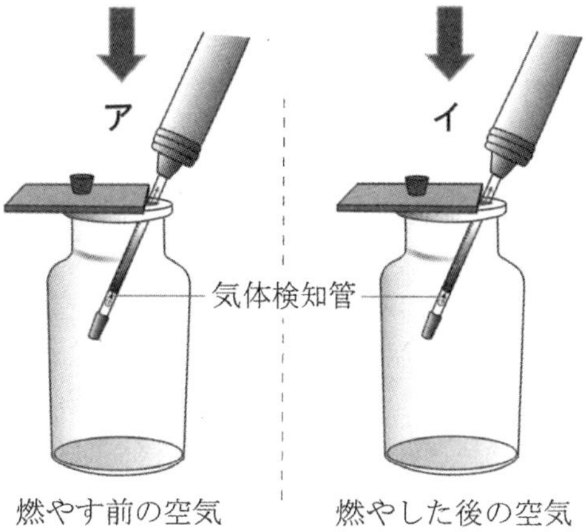

（問５）――― 部②について，〈**まきの置き方**〉**A**，**B**と，そう置くことによって，まきの火がよく燃え続けるようになった理由との組み合わせとして，最も適切なものを**ア**～**エ**から１つ選び，記号を書きなさい。

〈**まきの置き方**〉

A すき間なく置く

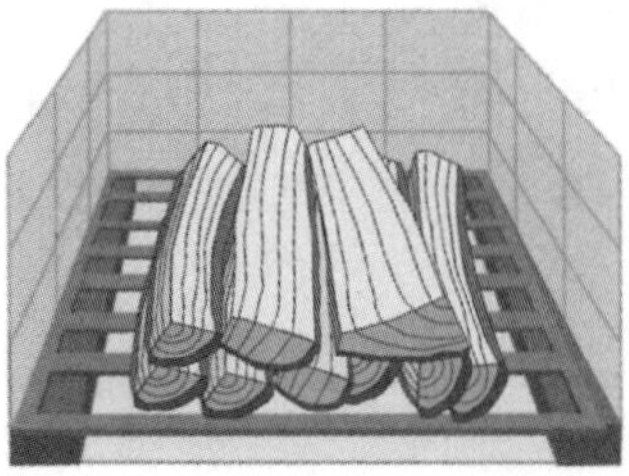

B 間をあけて置く

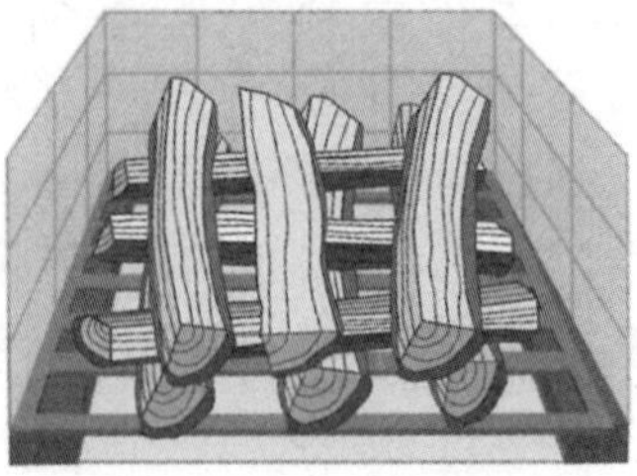

ア **A**のように置くことで，火が新しいまきに燃え移るようになったから。
イ **A**のように置くことで，風によってまきの火が消えることを防いだから。
ウ **B**のように置くことで，黒いけむりが出て火がつきやすくなったから。
エ **B**のように置くことで，新しい空気がまきにふれやすくなったから。

（問６）実験２ で，気体検知管（酸素用検知管）を使って調べたとき，**図５**のようになりました。**図６**は，これをもとに，空気の成分の体積の割合をグラフに表したものです。「**ア** 燃やす前の空気」のグラフを参考にして，「**イ** 燃やした後の空気」のグラフを完成させなさい。ただし，気体名は，A～Cの記号のみでよいこととします。

図５

ア 燃やす前の空気

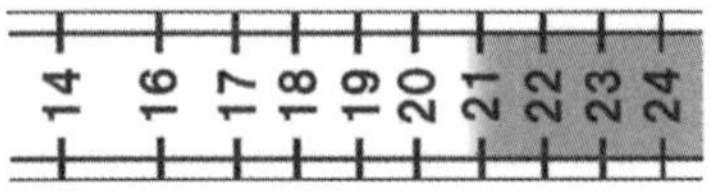

イ 燃やした後の空気

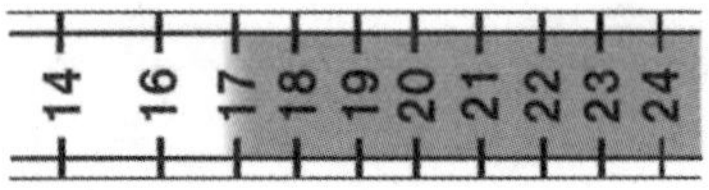

図６

ア 燃やす前の空気

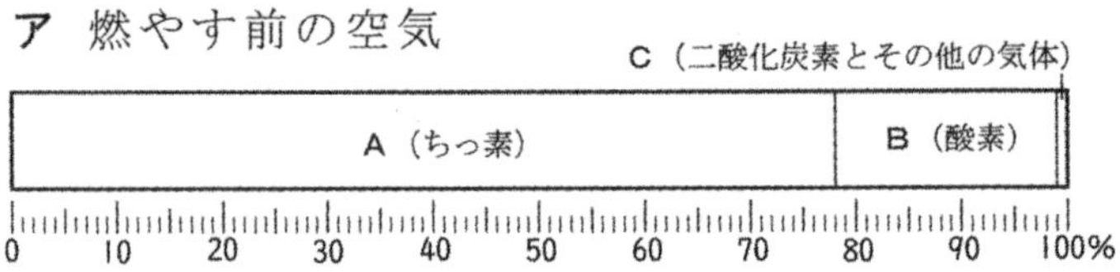

イ 燃やした後の空気

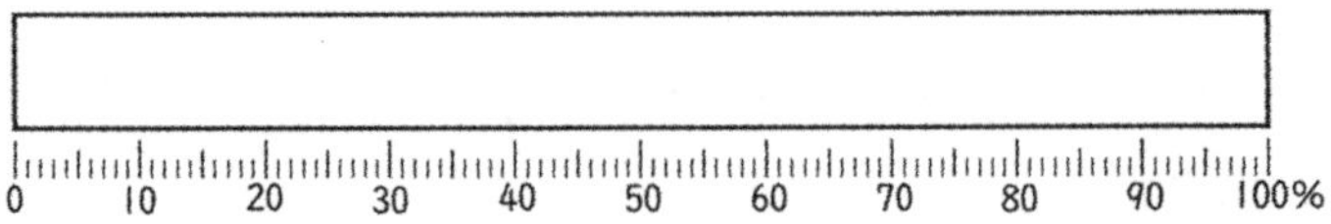

指導員　ここには，それぞれ，ちっ素，酸素，二酸化炭素，空気のいずれかが入った４つのびんがあります。でも，見ただけでは，どのびんにどの気体が入っているかわかりませんね。実験結果やこれまでの学習をもとに考えると，この中からちっ素が入っているびんを見つけることができるでしょうか。

さくら　できると思います。

たけし　私もできると思います。気体を調べるために，どんなものが使えるかホワイトボードに書き出してみます。

［ホワイトボードの一部］

・火のついたろうそく	・石灰水（せっかいすい）
・二酸化炭素用検知管	・酸素用検知管

指導員　使うものの本数や量は，必要な分だけ使っていいですよ。

たけし　私はこれらの中から，［　い　］の２つを使って，実験してみようと思います。

さくら　その２つの組み合わせでは，ちっ素が入ったびんを見つけることはできないのではないですか。なぜなら，［　う　］

たけし　なるほど。では，別の方法を考えました。③<u>酸素用検知管と石灰水</u>の組み合わせならどうですか。

さくら　その組み合わせなら，ちっ素が入ったびんを見つけることができると思います。まず，［　え　］ちっ素です。

指導員　そうですね。今までに学習したことを生かして考えると，いろいろな方法でちっ素が入ったびんを見つけることができますね。これからも生活の中で何か確かめたいことや疑（ぎ）問に思ったことが出てきたときは，いろいろな方法を考えて調べてみましょう。

（問７）［　い　］には，たけしさんが［**ホワイトボードの一部**］から選んだ，ちっ素が入ったびんを<u>見つけることができない</u>２つの組み合わせが入ります。次の**ア**～**エ**の中から，その組み合わせを１つ選び，記号を書きなさい。また，［　う　］には，さくらさんがちっ素を見つけることができないと考えた理由が入ります。その理由を書きなさい。

ア　火のついたろうそく　と　石灰水
イ　火のついたろうそく　と　酸素用検知管
ウ　二酸化炭素用検知管　と　酸素用検知管
エ　二酸化炭素用検知管　と　火のついたろうそく

（問８）さくらさんは［　え　］で，たけしさんが考えた――部③の組み合わせについて，ちっ素が入ったびんを見つける方法を説明しました。その方法を，「まず，」に続けて書き始め，最後は「ちっ素です。」につながるように，順序立てて書きなさい。

【課題３】　みつるさんたちは，楽しい学校生活にするために学級でいろいろな係を担当しています。次の問いに答えなさい。ただし，問題用紙を折ったり切ったりしてはいけません。

（問１）お楽しみ係は，「勇気が出る歌詞の曲を選ぼう」というアンケートを学級全員に行い，A，B，C，D，Eの５曲の中から１人２曲ずつ選んでもらいました。次の①・②に答えなさい。

①　アンケートの結果は，右のようになり，お楽しみ会では，学級全員の人数の半分以上の人が選んだ曲をすべてかけることにしました。５曲のうち，どの曲をかけることになるか，記号を書きなさい。

アンケートの結果

曲	選んだ人数
A	１３人
B	３人
C	１４人
D	１１人
E	１５人

②　希望者には，歌詞カードを配ることにしました。希望者が後から増えると予想し，最初の希望者の人数の40％を増やして合計21人分つくりました。最初の希望者の人数より何人分増やしてつくったか，書きなさい。

（問２）生き物係は，２つの水そうでメダカの世話をしています。水そうAと水そうBはどちらも直方体で，水そうAは，うちのりが縦30cm，横50cm，深さ40cmです。水そうBは，うちのりが縦20cm，横30cm，深さ30cmです。水は，どちらの水そうも深さの$\frac{4}{5}$まで入っています。水そうAにはメダカが27ひき，水そうBにはメダカが12ひき泳いでいますが，メダカ１ぴきあたりの水の量をどちらの水そうも同じ量にしようと考えました。

　メダカ１ぴきあたりの水の量は何Lになり，どちらの水そうからどちらの水そうへメダカを何びき移せばよいか，書きなさい。また，考え方を言葉や数，式を使って書きなさい。ただし，メダカの体積は考えないこととします。

（問３）出版係は，学級で集めたイラストなどの作品を用紙にはり，簡単な本をつくっています。次の**図**は，用紙を３枚使った場合の例です。１枚めは**表**にだけ作品をはり，**裏**は表紙と裏表紙にします。２枚めからは両面に作品をはります。

図（例）

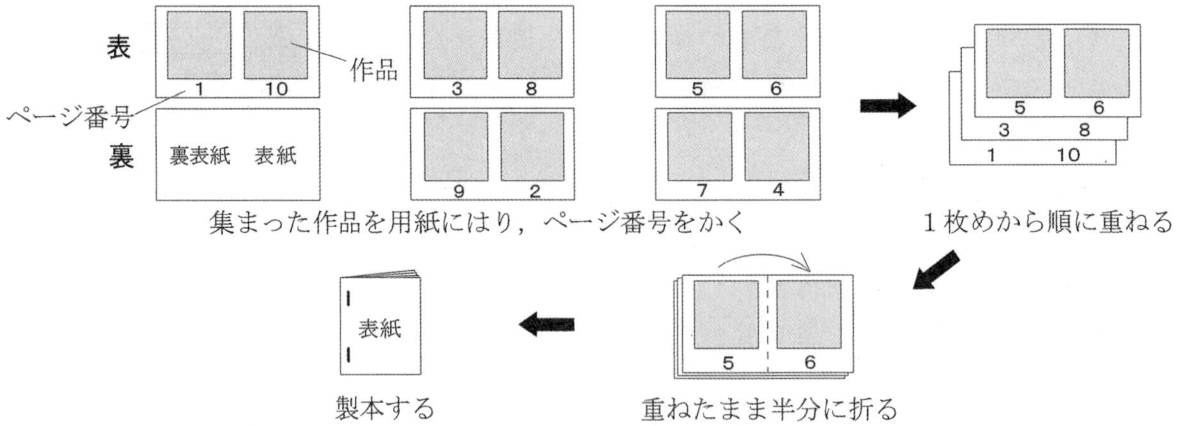

　この方法で本をつくり，６枚めの**表**のページ番号が11と48になる場合，例を参考にして，次の①・②に答えなさい。

①　用紙は全部で何枚使ったか，書きなさい。

②　12枚めの**裏**のページ番号は何と何になるか，解答用紙の（　　）の中に書きなさい。

（問４）けい示係は，いつもバランスを考えてけい示をしています。右の**図**のように色画用紙で作った20個の花のかざりを円周の上にけい示します。円周の上で花の中心からとなりの花の中心までを**間の長さ**とします。**間の長さ**を20cm以上にしたいとき，この円の半径は少なくとも何cm以上にしなければならないか，整数で答えなさい。ただし，円周率は，3.14とします。

図

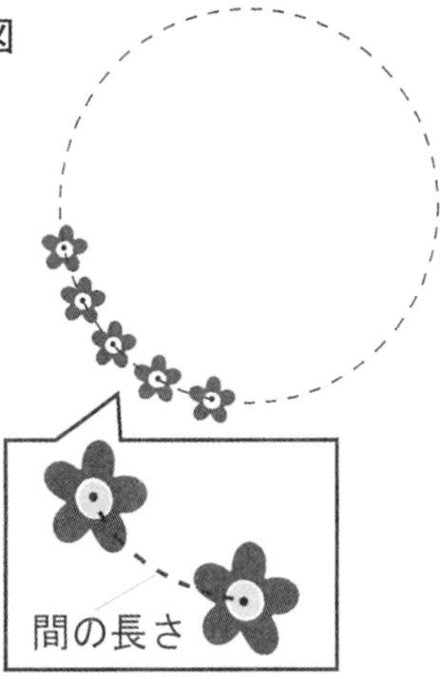

（問５）図書係は，学校図書館の本についていろいろなデータを集め，グラフや表に表しました。次の**ア～エ**のことがらについて，あとの**資料**をもとに考え，「正しい」ものには○，「正しくない」ものには×，「これらの資料からはわからない」ものには△を，それぞれ書きなさい。

ア　文学の本の冊（さつ）数は，2019年度より2018年度の方が多い。

イ　歴史の本の冊数は，2015年度からは毎年増え続けている。

ウ　自然科学の本の冊数の2019年度と2018年度を比べると，2019年度は，2018年度より15％以上増加している。

エ　2019年度の全校児童の１か月に借りる１人あたりの平均冊数は，12冊である。

資料

［本の総冊数］

年　度	冊数（冊）
2016年度	5314
2017年度	5287
2018年度	5150
2019年度	5450

［歴史の本の2年ごとの冊数］

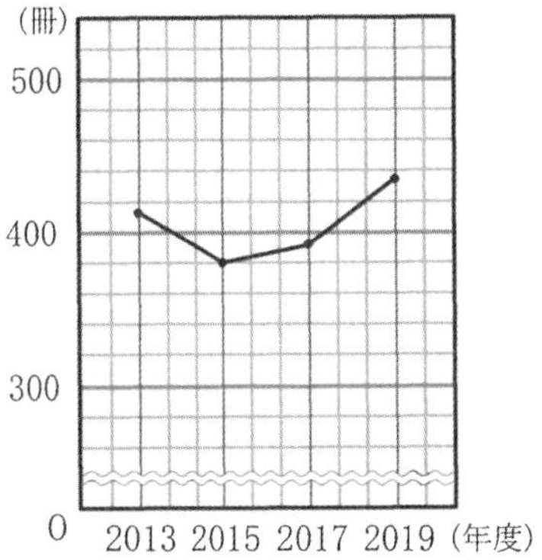

［本の種類の割合（わりあい）］

2018年度

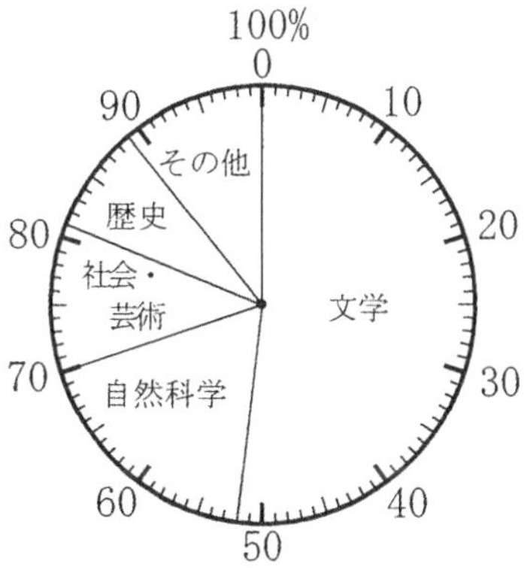

2019年度

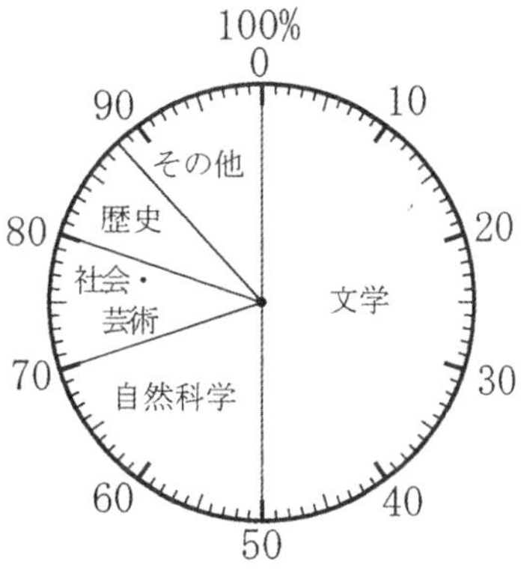

［１か月に借りる１人あたりの平均冊数（2019年度）］

学　年	冊数（冊）
１年生	19
２年生	15
３年生	11
４年生	12
５年生	8
６年生	7

（問６）新聞係は，みんなに知らせたい話題などを新聞記事にしています。みつるさんたちの会話をもとにして，あとの①・②に答えなさい。

みつる　円を半分に折って切った**図１**のような紙を折るだけで，15° ずつの折り目がある手づくり分度器がつくれますよ。

しおり　**図２**のように，**ア**が**ウ**に重なるように折って開くと，90° の折り目ができています。そして，**イ**を分度器の中心と考えて，さらに，**図３**のように**エ**が**ウ**に重なるように折って開くと，45°, 90°, 135° の折り目ができています。では，15° の折り目をつくる方法はあるのですか。

図１

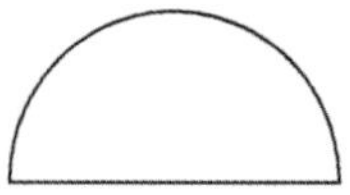

図２

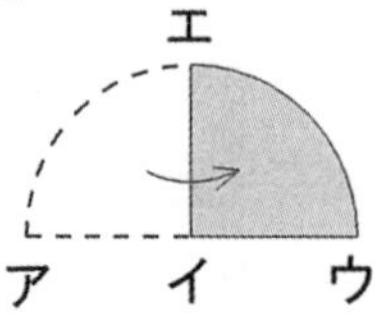

図３

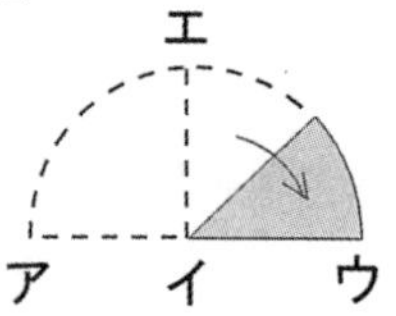

みつる　15° の折り目をつくるためには，まず30° の折り目をつくります。**図４**から１回折り，それを開いて，もう１回折って開くと30° の折り目ができています。

図４

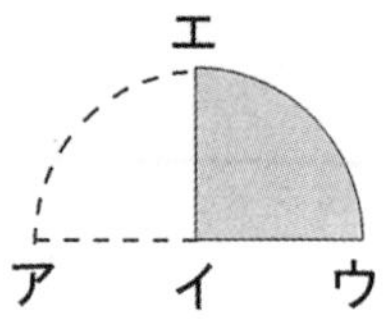

しおり　30° を正確に折ることができるよい方法ですね。さらに，60°, 15°, 75° もつくり，紙を開くと15° ずつの折り目がある手づくり分度器ができますね。

私は，**図５**のように正五角形を分けてパズルをつくりました。直線ＡＦは，辺ＣＤに垂(すい)直に交わっています。直線ＢＧは，頂(ちょう)点Ｂと頂点Ｄを結ぶ直線の一部です。分けた４つのピース ㋐，㋑，㋒，㋓ を並(なら)べかえて**図６**のような平行四辺形をつくりました。このパズルも紹介(しょうかい)しますね。

図５

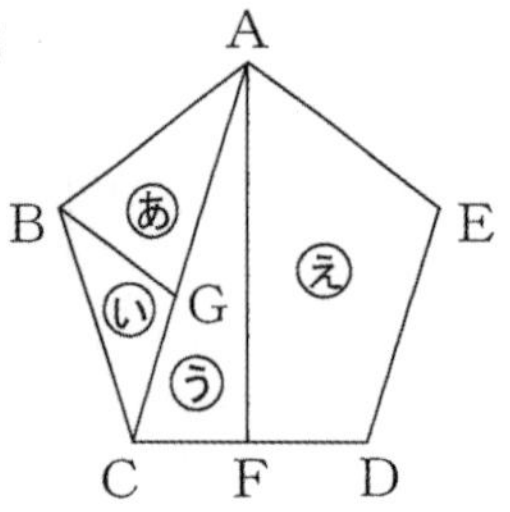

図６

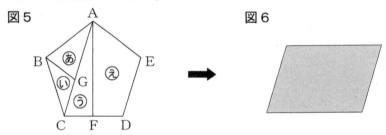

①　みつるさんは，［　　　］で30° の折り目のつくり方について，記号を使ってくわしく説明しました。**図２**，**図３**についてのしおりさんの発言を参考にして，［　　　］にあてはまる説明を書きなさい。ただし，手づくり分度器には，角度をつくるための折り目がついてもよいこととします。

②　しおりさんは，どのように**図５**の正五角形から**図６**の平行四辺形をつくりましたか。㋐～㋓の４つのピースをどのように並べたかがわかるように，平行四辺形を４つのピースに直線で区切り，それぞれ ㋐，㋑，㋒，㋓ のいずれかを書きなさい。ただし，並べ方があっていれば，角度や長さは正確でなくてもよいこととし，裏返して並べてもかまわないこととします。

愛媛県立中等教育学校（今治東・松山西・宇和島南）　適性検査（検査時間60分）

（解答用紙は別冊72P）（解答例は別冊38P）

1　次の文章は、さおりさんたちが、師匠(ししょう)から弟子(でし)に伝えられた教えについて話し合っている場面の会話文です。この文章を読んで、下の(1)～(3)の問いに答えてください。

A　芸は盗(ぬす)むものというが、［　ア　］。最初は俺(おれ)が教えたとおり覚えればいい。盗めるようになりゃ一人前だ。（立川談春(たてかわだんしゅん)『赤めだか』による。）

B　弓の初心者は、二本の矢を持ってはいけない。（吉田兼好(よしだけんこう)『徒然草(つれづれぐさ)』による。）

C　塔(とう)組みは、木組み。　木組みは、木のくせ組み。
木のくせ組みは、人組み。　人組みは、人の心組み。
（西岡常一(にしおかつねかず)『法隆寺(ほうりゅうじ)を支えた木』による。）

さおり　Aは、落語の師匠が、入門直後の弟子に向けて言った言葉よ。落語を含(ふく)めた芸の世界では、芸は、師匠が直接教えるものではなく、弟子が師匠の技術をわきから見て学び取るものだとされているのよ。けれど、この師匠は、最初は自分が教えたとおり覚えればよいと言っているわ。この師匠は、「芸を盗む」ことについて、独特な考え方を持っていたのね。

みつお　Bは、弓の師匠が、弟子に向けて言った言葉だよ。弓で矢を射(い)るときには、普通(ふつう)、二本の矢を持って的に向かい、一本ずつ矢を射るけれど、この師匠は、初心者の弟子に対して、一本だけ持って的に向かうように指導しているね。この後、師匠は、「初心者が、二本の矢を持って的に向かうと、［　イ　］という気持ちが起こり、なかなか上達しない。」とも言っているよ。気持ちをゆるめず一本の矢を当てることに集中することの大切さを教えたんだね。

まさと　Cは、お寺にある塔などを建てる「宮大工」の世界で伝えられている言葉だよ。ここで言う「木のくせ」とは、「木の特ちょうや持ち味」という意味だよ。たくさんの木を集めて、りっぱな塔を建てるためには、「木のくせ」を理解し、それを生かしながら建てていくことが大切だと言っているね。さらに、それと同じくらい、宮大工たちの個性を生かしながら、［　ウ　］ことも大切だと言っているよ。

みつお　師匠の深い考えや、独自の教えが示されている言葉は、それぞれの分野で大事なものとして引き継(つ)がれてきたんだね。

(1)　文中の［　ア　］には、師匠が「芸を盗む」ことについて持っていた考え方を説明した言葉が当てはまります。［　ア　］に当てはまる言葉を、「経験」という言葉を使って、15字以内で書いてください。

(2)　［　イ　］に当てはまる言葉を、「矢」という言葉を使って、15字以内で書いてください。

(3)　［　ウ　］に当てはまる言葉を、「心」という言葉を使って、10字以上15字以内で書いてください。

2　次の文章は、先生が、碁石を使った問題について、ひろとさんたちに説明している場面の会話文です。この文章を読んで、下の(1)～(4)の問いに答えてください。

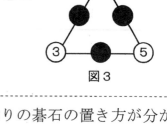

先生　　これから、いくつかの黒色の碁石を、三角形（**図１**）の①～⑥の場所に置きます。まず、３個の碁石を置く場合を考えます。３個の碁石を**図１**の①と②と③の場所に置くと、１つの辺に３個ならびます（**図２**）。このように、１つの辺に３個ならぶような置き方が、ほかに２とおりあります。３個の碁石をどこに置けばよいですか。

ひろと　　［　ア　］です。

先生　　よくできました。次に、ちがう置き方も考えてみましょう。３個の碁石を**図１**の②と④と⑥の場所に置くと、どの辺にも１個の碁石があります（**図３**）。それでは、どの辺にも２個の碁石があるように置くとき、３個の碁石をどこに置けばよいですか。

みゆき　　［　イ　］です。

先生　　よくできました。

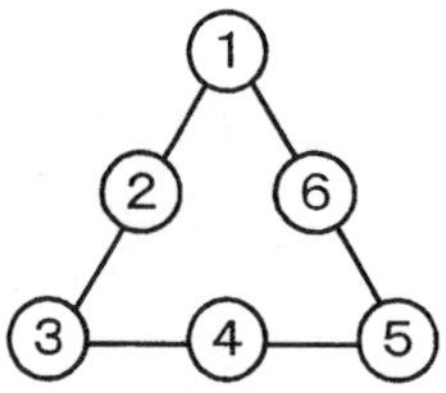

図１

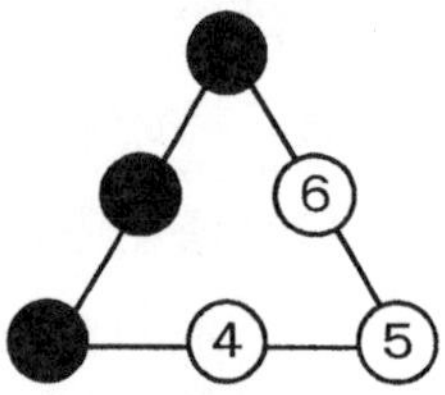

図２

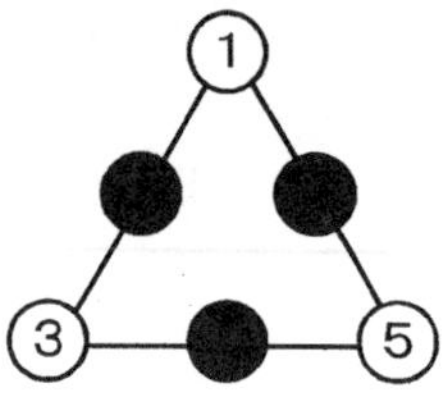

図３

(1)　［　ア　］に当てはまる、ひろとさんが答えた２とおりの碁石の置き方が分かるように、解答らんの図の番号をぬりつぶしてください。

(2)　［　イ　］に当てはまる、みゆきさんが答えた碁石の置き方が分かるように、解答らんの図の番号をぬりつぶしてください。

(3)　４個の碁石を置く場合を考えます。**図４**、**図５**のように碁石を４個置くと、３個ならぶ辺はありません。３個ならぶ辺がないような置き方は、ほかに４とおりあります。その４とおりのうち、いずれか１とおりの碁石の置き方を選び、解答らんの図の番号をぬりつぶしてください。

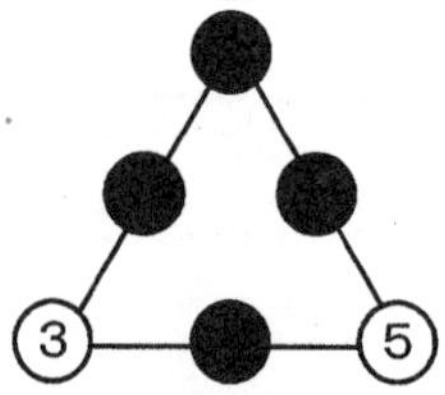

図４

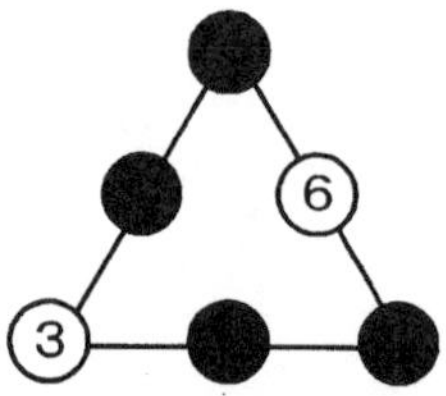

図５

(4)　４個の碁石を置く場合を考えます。**図６**～**図８**のように碁石を４個置くと、１つの辺に３個ならびます。このとき、**図６**～**図８**の碁石を置いている場所に書かれている数の和は、それぞれ 10、11、12 となります。４個の碁石を使い、１つの辺に３個ならぶような置き方は、ほかにもいくとおりかあります。４個の碁石を使い、１つの辺に３個ならぶように置いたとき、碁石を置いている場所に書かれている数の和は、最大でいくらになるか書いてください。

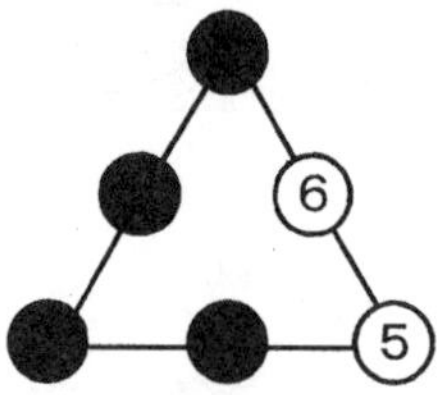

図６

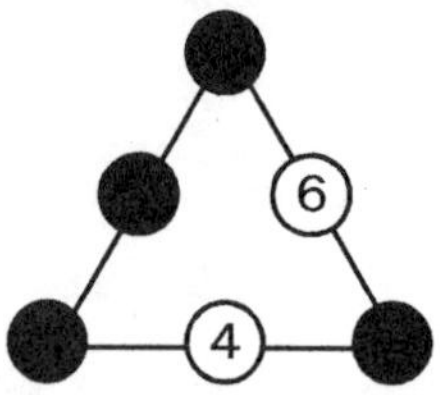

図７

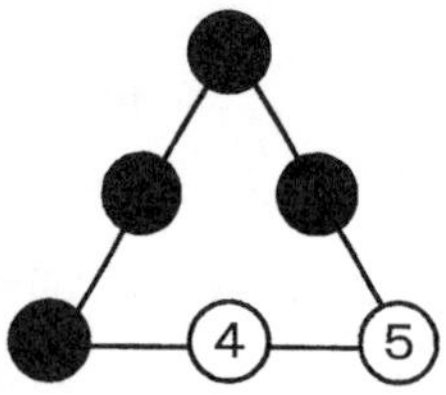

図８

3　小学6年生のやすしさんは、長期の休み中に家族で旅行に行くことになり、旅行について調べてみました。**資料1**、**資料2**は、そのときに使ったものです。これらの資料を見て、下の(1)～(3)の問いに答えてください。

【資料1】

日本人の国内旅行における、主な宿はく観光旅行同行者の変化

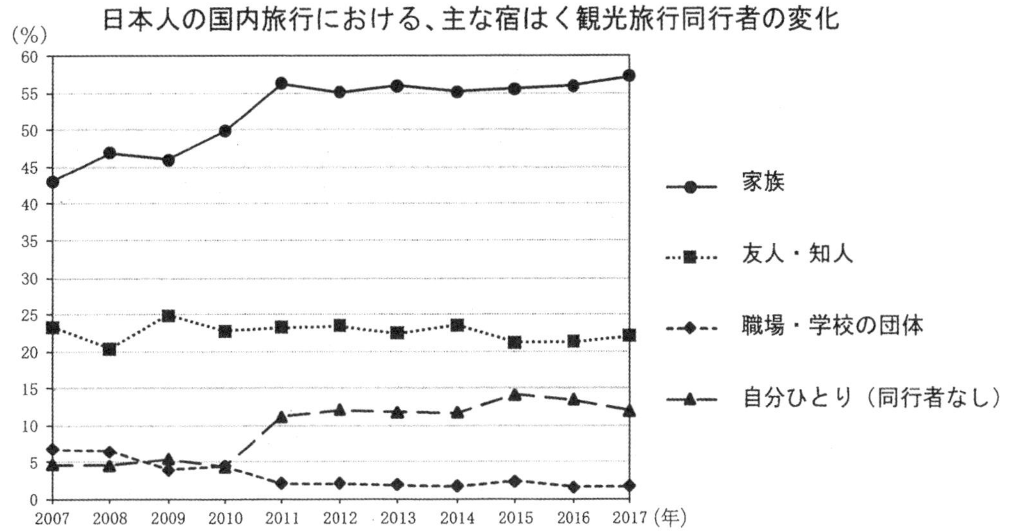

注1　宿はく観光旅行同行者とは、いっしょに旅行に行く人たちのことである。
注2　日本人の国内旅行における、主な同行者をあげており、合計は100%にならない。（日本観光振興協会資料による）

【資料2】

8月の宿はく料金カレンダー

日	月	火	水	木	金	土
1 C	2 A	3 A	4 A	5 A	6 B	7 D
8 B	9 A	10 C	11 C	12 D	13 E	14 E
15 E	16 D	17 C	18 B	19 B	20 D	21 D
22 C	23 B	24 A	25 A	26 A	27 C	28 C
29 B	30 A	31 A				

1ぱくの宿はく料金

記号	1ぱくの宿はく料金	
A	大人	7000円
	子ども	3500円
B	大人	8000円
	子ども	4000円
C	大人	9000円
	子ども	4500円
D	大人	10000円
	子ども	5000円
E	大人	12000円
	子ども	6000円

注1　カレンダー内の**A**～**E**は、右の宿はく料金表中の記号を表しており、例えば、1日（日曜日）から2はく3日で宿はくした場合、宿はく料金は**C**と**A**になる。
注2　「子ども」とは、6～12歳のことである。

(1)　**資料1**を見ると、2007年から2017年までのどの年においても、（　①　）に行く人の割合が最も多いことが分かります。また、（　②　）に行く人の割合を、2007年と2017年で比べると、2017年は2007年の2倍以上に増えています。①、②にそれぞれ当てはまる言葉を、次の**ア**～**エ**から一つずつ選び、その記号を書いてください。ただし、同じ記号を、二度使ってはいけません。

ア　家族と旅行　　　　　　　**イ**　友人・知人と旅行
ウ　職場・学校の団体で旅行　**エ**　自分ひとり（同行者なし）で旅行

(2)　**資料2**は、家族連れがよく利用するあるホテルの8月の宿はく料金を表したカレンダーです。このカレンダーを見ると、ホテルが、宿はく料金の設定の仕方を工夫していることが分かります。どのような工夫をしているか、「宿はく料金」「宿はく者数」という二つの言葉を使って、具体的に書いてください。

(3)　やすしさんは、お父さん、お母さんと、8月に、**資料2**のホテルに宿はくし、2はく3日の旅行に行くことになりました。お父さんとお母さんは、月曜日から金曜日までが仕事で、土曜日と日曜日が休みですが、今回、この旅行のために、土曜日と日曜日以外にもう1日、二人で同じ日に休みを取ることにしています。8月何日に出発すれば最も安い料金で宿はくできるか、書いてください。

4　次の文章は、ゆりこさんとたつやさんが、かん電池と豆電球を使った回路について話し合っている場面の会話文です。この文章を読んで、下の(1)〜(3)の問いに答えてください。

ゆりこ　この間、授業でかん電池と豆電球を使った回路について学んだわね。

たつや　**図1**のようにつないで豆電球を光らせたり、**図2**のようにつないで二つの豆電球を光らせたりしたね。そこで今度は、かん電池、豆電球、スイッチを使って、**図3**のような回路を作ってみたよ。はじめは、豆電球**A**と豆電球**B**が二つとも光っていたけど、スイッチを入れると、二つの豆電球のうち、豆電球**B**だけが消えたんだ。なぜだろう。

ゆりこ　それはね、**図4**のようにつなぐと、豆電球のない方に電流が流れ、豆電球のある方には電流が流れないからなの。だから、**図3**でスイッチを入れると、［点線の枠］の部分で、スイッチのある方だけに電流が流れて、豆電球**B**がある方には電流が流れなくなり、豆電球**B**が光らなくなるのよ。

たつや　それなら、**図5**のような回路を作り、スイッチの入れ方を変えると、光る豆電球を変えることができるね。

ゆりこ　ところで、スイッチには、**図6**のような変わったスイッチもあるのよ。このスイッチは三路（さんろ）スイッチといって、私たちの身のまわりでも利用されているわ。

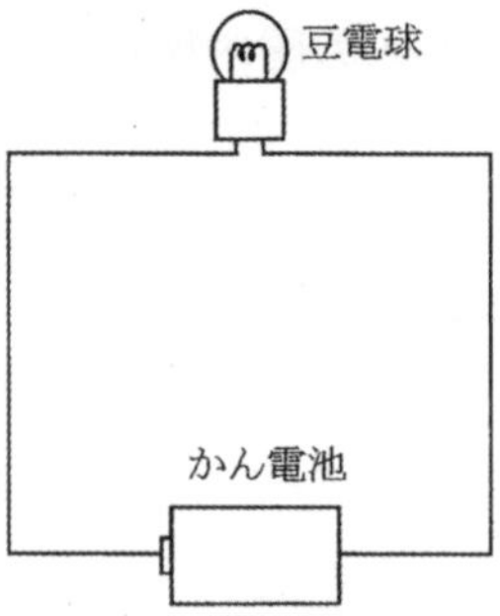

図1

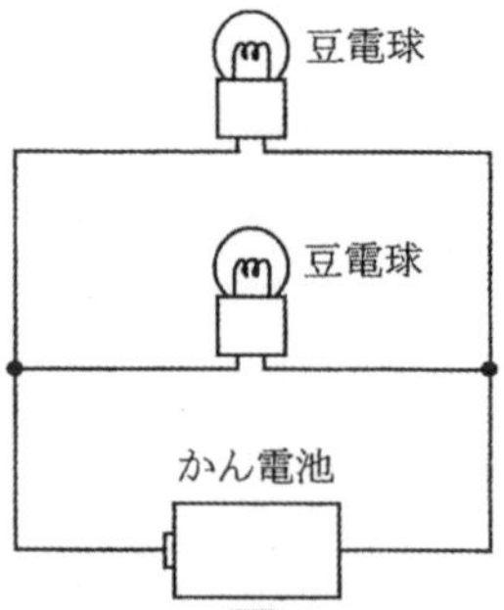

図2

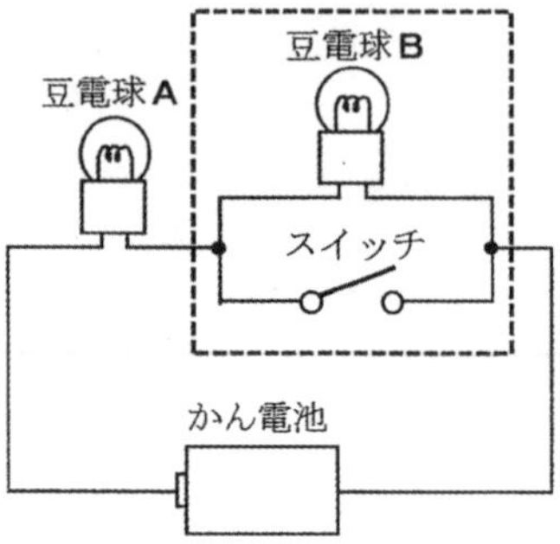

図3

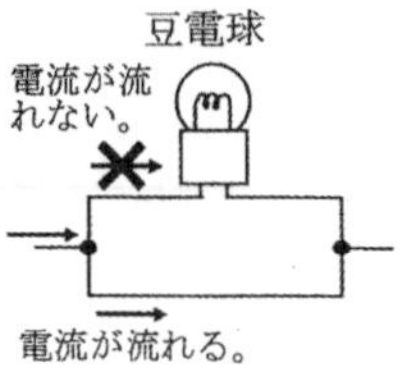

図4

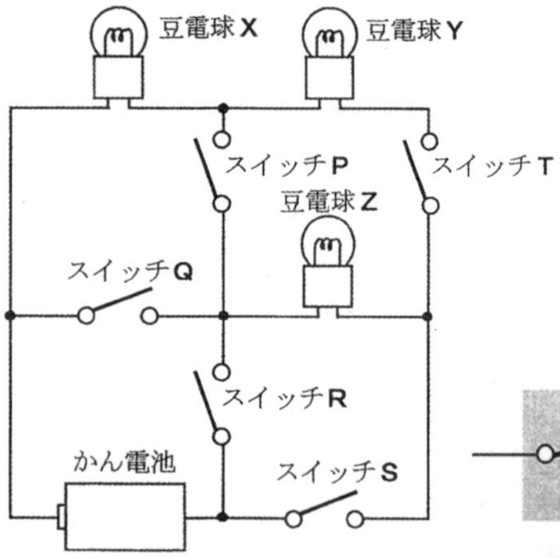

図5

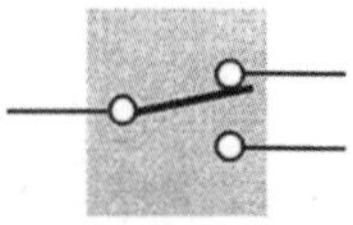

図6

(1)　**図5**の回路において、スイッチ**Q**とスイッチ**S**を両方入れると、豆電球が一つだけ光ります。光る豆電球は、どれですか。**X**〜**Z**の記号で書いてください。

(2)　**図5**の回路において、豆電球**Y**、豆電球**Z**の二つだけを光らせるためには、どのスイッチを入れるとよいですか。スイッチ**P**〜スイッチ**T**について、入れる場合は「○」、入れない場合は「×」を、それぞれ書いてください。

(3)　三路スイッチを**図7**のように二つ使うと、どちらのスイッチからでも、豆電球を光らせたり消したりすることができるようになります。私たちの身のまわりにおいて、三路スイッチが、どのような場所で、どのような使い方をされているか、例を一つ書いてください。

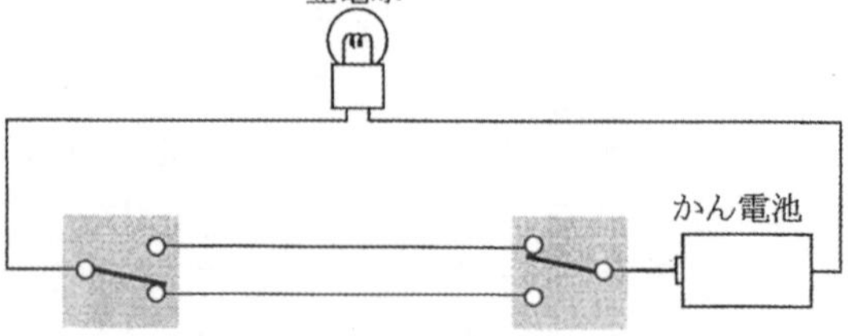

図7

5　正方形の折り紙がたくさんあります。これらの折り紙を、のりしろの幅（はば）を1cmにして規則的にはり合わせて長方形を作り、その周りの長さについて考えます。

例えば、**図1**のように、一辺の長さが3cmの折り紙を2枚はり合わせたときにできる長方形の周りの長さ（太線の長さ）は、16 cmになります。

また、**図2**のように、一辺の長さが3cmの折り紙を3枚はり合わせたときにできる長方形の周りの長さ（太線の長さ）は、20 cmになります。

下の(1)〜(3)の問いに答えてください。

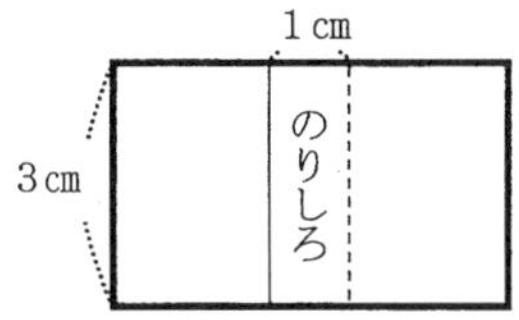

図1

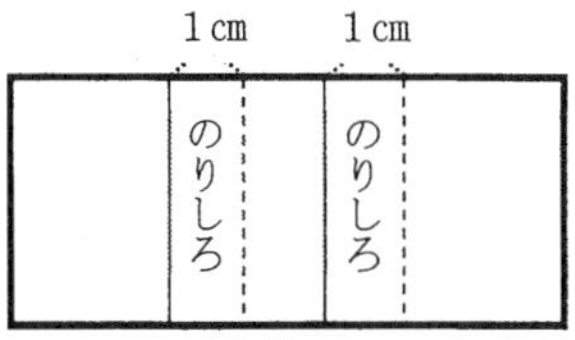

図2

(1)　**表**は、一辺の長さが3cmの折り紙をはり合わせていったときの、使った折り紙の枚数と、できる長方形の周りの長さをまとめたものです。**表**中の［ア］、［イ］に当てはまる数を書いてください。

表

使った折り紙の枚数（枚）	2	3	4	5	…
長方形の周りの長さ（cm）	16	20	ア	イ	…

(2)　一辺の長さが3cmの折り紙を何枚かはり合わせると、できた長方形の周りの長さは80 cmとなりました。このとき、折り紙は何枚必要か書いてください。

(3)　一辺の長さが**5cm**の折り紙を、のりしろの幅を1cmにして規則的に何枚かはり合わせて長方形を作ると、できた長方形の周りの長さは420 cmとなりました。このとき、折り紙は何枚必要か書いてください。

6　次の文章は、あるスーパーマーケットについて書かれたものです。この文章と資料を読んで、あとの(1)～(4)の問いに答えてください。ただし、(2)～(4)については、**資料１**～**資料５**の中から必要なものを参考にして答えてください。

　このスーパーマーケットでは、売り上げを増加させるための工夫や、お客さんに快適に買い物をしてもらうための工夫をしています。

　まず、主力商品の置き場所です。このスーパーマーケットでは、食卓（しょくたく）のメイン食材である肉や魚を買うお客さんが多く、肉や魚はよく売れる主力商品となっています。しかし、主力商品を入り口近くの売り場に配置してしまうと、お客さんは、それだけを手に取って、会計を済（す）ませてしまうため、他の売り場にある商品は売れにくくなってしまいます。そこで、肉や魚を店の奥（おく）に配置し、それを買うために来たお客さんが、店内の奥に行く途中（とちゅう）で他の商品も目にするようにしています。そうすることで、お客さんを、肉や魚以外の商品も買いたくなる気持ちにさせ、売り上げの増加につなげているのです。

　また、このスーパーマーケットでは、商品をあえて雑に配置した売り場も設けています。例えば、カゴの中にかんづめなどの特売品を雑に入れることで、商品の安さや特売感をアピールしています。

　さらに、このスーパーマーケットでは、お客さんに快適に買い物をしてもらうために、持ち運びに苦労する、米などの重い商品はレジに近いところに配置しています。

(1)　**図**は、このスーパーマーケットの店内の配置図です。上の文章を参考にして、**図**中の**ア**～**エ**のうち、肉や魚の配置場所に当たるものを一つ選び、その記号を書いてください。

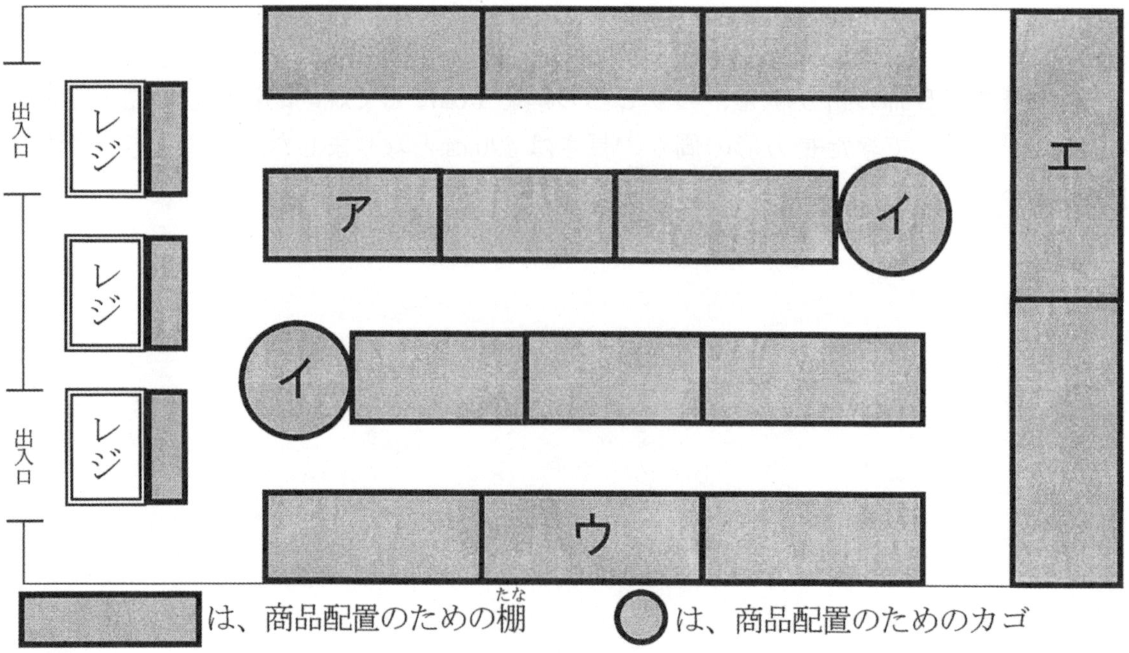

図

⑵　このスーパーマーケットでは、次のような工夫をしています。これらの工夫をする理由として考えられることを一つ書いてください。また、あなたがそのように考えるときに参考にした**資料**の番号を一つ書いてください。

【工夫】
・「野菜売り場」に「ドレッシング」を配置する。
・「パン売り場」に「ジャム」を配置する。

⑶　このスーパーマーケットでは、レジ前に、かん電池やガムなどを配置しています。このような商品の配置をする理由として考えられることを一つ書いてください。また、あなたがそのように考えるときに参考にした**資料**の番号を一つ書いてください。

⑷　このスーパーマーケットでは、商品に対して、右の**チラシ**のような価格をつけることで、お客さんの、商品を買おうとする気持ちを高める工夫をしています。このような価格をつける理由として考えられることを一つ書いてください。また、あなたがそのように考えるときに参考にした**資料**の番号を一つ書いてください。

チラシ

【資料１】

○新商品をはん売するときは、試食コーナーを設けることで、商品の良さをアピールしている。

【資料２】

○お客さんは、レジ前にならんでいるときに、目にとまった商品を、ついつい買ってしまうことが多い。

【資料３】

○売り場に、種類は異(こと)なるが関連する商品をならべることで、片方(かたほう)の商品だけではなく、もう一方の商品もセットで買ってもらうチャンスを増やしている。

【資料４】

○からあげやサラダなどのそうざいは、曜日や天気によって売れる量が変化するので、過去のデータをいかして、売れ残りが出ないように最適な量を作っている。

【資料５】

○けた数があがる手前の価格をつけることにより、お客さんに、お買い得であるという気持ちを起こさせる効果がある。

福岡県立中学校・中等教育学校（育徳館・門司学園・輝翔館・宗像・嘉穂） 適性検査 （検査時間50分）

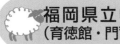

（解答用紙は別冊74 P）（解答例は別冊39 P）

1 休みの日に、さとこさんと弟のしんいちさんは、家族の食事を作ることにしました。

問1　2人は、栄養のバランスがよい朝食のこんだてを考えています。

朝食のこんだては、ご飯と、とうふを入れたみそ汁（しる）と、ウインナーソーセージにしました。食品は、体内でのおもな働きによって3つのグループに分けられ、3つのグループの食品がそろうようにすると、栄養のバランスがよいこんだてになることを2人は思い出し、朝食のこんだてに使っている食品を3つのグループに分けました。

その結果、ご飯と、とうふを入れたみそ汁と、ウインナーソーセージだけでは、3つのグループのうち1つのグループの食品が使われていないことが分かりました。そこで、さとこさんは、使われていない残りの1つのグループの食品を、＜家庭にある食品＞の中から2つ選び、みそ汁の実に加えることにしました。

あなたが さとこさんだったら、みそ汁の実に何を加えますか。次の □ の【みそ汁の実】には＜家庭にある食品＞の中からみそ汁の実に加えた2つの食品の名前をかき、【理由】には「栄養のバランスがよい朝食のこんだてになる理由」をかきましょう。ただし、【理由】には、みそ汁の実に加えた2つの食品をふくむグループの、体内でのおもな働きが分かるようにかきましょう。

＜家庭にある食品＞

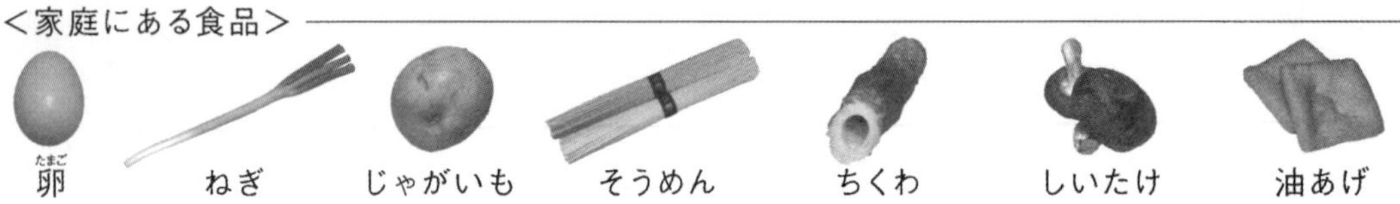

卵（たまご）　ねぎ　じゃがいも　そうめん　ちくわ　しいたけ　油あげ

【みそ汁の実】	（　　　　　　　　　）、（　　　　　　　　　）
【理由】	

問2　さとこさんとしんいちさんは、昼食のこんだてを考えるために卵料理の本を読んでいます。次の □ は、そのときの会話の一部です。

さとこ：「家庭科で、ゆで卵を作ったね。そのときのゆで卵は、黄身の固まり具合にちがいがあったよね。どのゆで卵も白身は完全に固まっていたけどね。」
しんいち：「水と卵を入れたなべを火にかけて、ふっとうさせる。ふっとうさせたまま、5分ゆで続けると黄身は完全に固まらないで、さらに5分以上ゆで続けると、黄身が完全に固まったゆで卵ができたよね。」
さとこ：「そうだね。ゆで卵の黄身の固まり具合は、ゆでた時間で決まったね。**つまり、** ① 」
しんいち：「でも、この本を見て。黄身の全体はやわらかく固まっているのに、白身は完全に固まっていない料理があるよ。温泉卵（おんせんたまご）というんだって。温泉卵は65度くらいのお湯の中に卵を入れて、その温度のまま20分以上温め続けるとできるそうだよ。どうしてかな。」
さとこ：「このページには、黄身が固まる温度は65度くらいで、白身が固まる温度は80度くらいともかかれているよ。**そうか、** ② 」

さとこさんは、会話の中の **つまり、** に続けて ① で、「卵をふっとう後5分程度ゆで続けても、黄身は完全に固まらない理由」を、**そうか、** に続けて ② で、「65度くらいの温度のまま20分以上温め続けると温泉卵ができる理由」を説明しています。あなたが さとこさんだったら、どのように説明しますか。① は、ふっとうし、およそ100度になったお湯の熱は、に続けて、② は「65度くらい」「20分以上」のいずれの言葉も必ず使って、下のそれぞれの □ にかきましょう。

①	ふっとうし、およそ100度になったお湯の熱は、
②	

2

ひろしさんの学級では、総合的な学習の時間に「もりあげよう地域の観光」というテーマで学習をしています。

問1　ひろしさんたちは、先生から示された、ある年の自分たちの市（A市）とB市の観光客アンケートの調査結果を比べています。次の［　　］は、そのときの会話の一部です。

あやこ：「A市とB市とでは、〔資料1〕をみると、20歳代の割合の差が大きいね。A市の方がかなり低いよ。」
とおる：「それに、〔資料2〕をみると、A市の方が宿泊した人数も少ないね。」
ひろし：「宿泊した人数は、〔資料1〕、〔資料2〕だけでは分からないよ。」
あやこ：「先生が〔資料3〕のその他の資料も使っていいと言っていたよ。どれかを使ったら、宿泊した人数が分かるのかな。」
ひろし：「それなら、この資料を使えば、宿泊した人数を比べることができるよ。**それはね、**［　　］」

ひろしさんは、**それはね、**に続けて［　　］で、使う資料とその資料を使うとA市とB市の宿泊した人数を比べることができる理由を説明しています。あなたが ひろしさんだったら、どのように説明しますか。【使う資料】をア～エの記号の中から1つ選び、その【説明】を、次の［　　］にかきましょう。

〔資料1〕観光客の年齢別割合

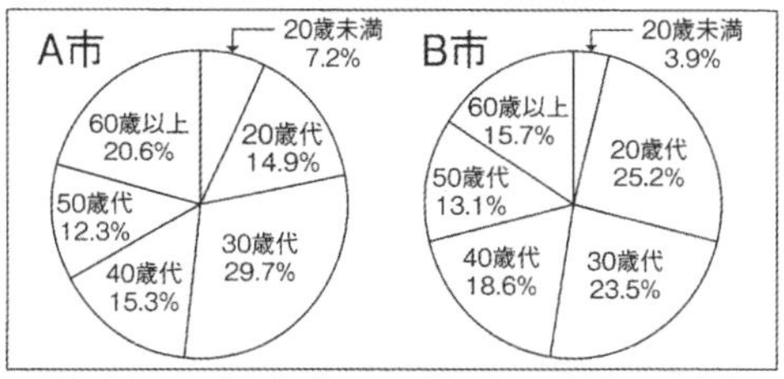

〔資料2〕観光客の日帰り、宿泊の割合

	A市	B市
日帰り	99.5%	96.0%
宿泊	0.5%	4.0%

〔資料3〕その他の資料

ア　A市とB市の人口
イ　A市とB市の観光客のうち海外からきた観光客の人数
ウ　A市とB市の観光客のうち20歳代の観光客の人数
エ　A市とB市の観光客が観光で使った1人あたりの金額

【使う資料】（　　　　）

【説明】

問2　ひろしさんたちは、A市役所に市の取り組みについて、話を聞きに行きました。その後、インタビューの内容を整理しました〔資料4〕。次の［　　］は、その後の話し合いの一部です。

あやこ：「観光のために、A市が重要と考えていることが分かったね。」
とおる：「市の取り組みでは、20歳代の観光客の滞在時間をのばす工夫がされているね。」
あやこ：「取り組みがふえると、もっと効果が上がると思うよ。自分たちも、アイデアを出して、市に提案しようよ。」
ひろし：「いいね。〔資料5〕にあるものを活用する取り組みにしよう。」

〔資料4〕インタビューのまとめ

○市が重要と考えていること
観光客の滞在時間をのばして、市にあるものを楽しんでもらう。

○解決しなければならない問題
20歳代の観光客の目的は買い物や食事だけで、他の年代より商店街以外での滞在時間が短い。

○市が商店街と協力している取り組み
《着物でお散歩イベント》
着物のレンタルと食事がセットになったチケットを売り、市内の遺跡・史跡の地図を配って、着物で散歩や食事を楽しんでもらう。
（協力店：着物屋、和食レストラン）

〔資料5〕A市の観光地図

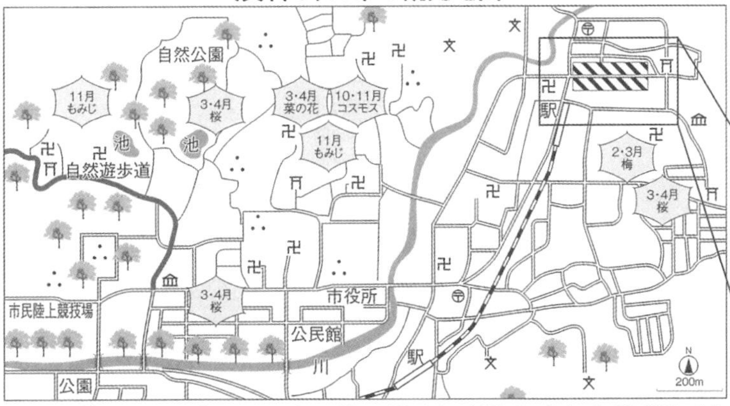

商店街の部分を拡大した地図

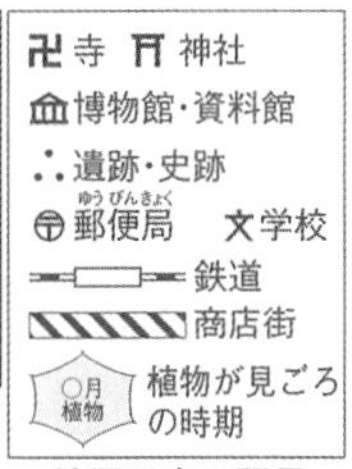

地図の中の記号

この後、ひろしさんは、市の取り組みとは別の「商店街だけでなく市内の他の場所でも、20歳代の観光客の滞在時間をのばす、商店街と協力した取り組み」を市に提案するために原稿をかきました。その中には、「商店街の1つまたは複数のお店と協力し、〔資料5〕にあるものを活用した具体的な取り組みの内容」と、「その取り組みのよさ」についてかいています。あなたが ひろしさんだったら、どのような原稿をかきますか。下の［　　］にかきましょう。

3　今日は、ななさんの誕生日です。今年の誕生日ケーキは底面が正方形の直方体で、上の面と側面にクリームが同じ厚さでぬられています。家族5人でクリームの量もふくめてケーキを等分します。

問1　こうきさんとななさんは、たて20cm、横20cm、高さ8cmの直方体のケーキを**図1**のように5つに切り分ける方法を考えました。しかし、これでは切り分けたケーキのクリームの量が等しくありません。そこで2人は、去年の誕生日に、上の面と側面にクリームが同じ厚さでぬられた直径20cm、高さ8cmの円柱のケーキを**図2**のように5等分したことを思い出しています。

（1）　ななさんは、**図1**のように切り分けたときの**ア**と**イ**の直方体のクリームがついた面の面積が、どれくらいちがうかを調べるために、面積の差を求めました。次の［　　］に求めた面積の差をかきましょう。

［　　　　　cm²］

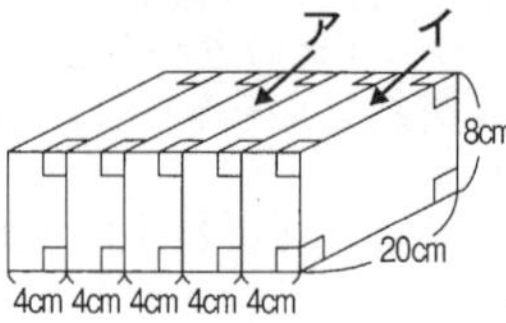

図1

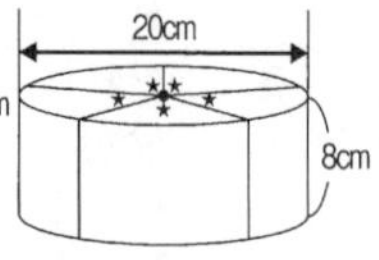

★は同じ角度を表す。

図2

図3

（2）　去年は、円柱のケーキの底面である円の中心のまわりの角を5等分して、**図2**のように底面に垂直に切り分けました。この切り分け方でケーキの大きさだけでなくクリームの量も等しく切り分けられました。ななさんは、このときの1人分のケーキ（**図3**）のクリームがついた面の面積を求めました。あなたが ななさんだったら、どのように求めますか。【クリームがついた面の面積】と【求め方】を、次の［　　］にかきましょう。【求め方】には、式だけでなく図や言葉を使ってもかまいません。ただし、円周率は3.14とします。

【クリームがついた面の面積】　　　　cm²
【求め方】

問2　こうきさんとななさんは、底面が正方形である直方体のケーキを5等分する方法について、図をかきながら話しています。次の［　　］は、そのときの会話の一部です。

こうき：「今年のケーキは、たて20cm、横20cm、高さ8cmの直方体だね。」
なな：「去年の円柱のケーキと同じように切り分けてみよう。直方体のケーキの上の面である正方形の対角線の交点を点**O**として、点**O**のまわりの角を5等分してみるよ（**図4**）。これでクリームの量も5等分できるかな。」
こうき：「クリームがついた側面の横の長さ（**図4**の太線の長さ）を測ってみると、**ウ**と**エ**ではちがっていたよ。そして、上の面の面積についても**ウ**と**エ**を調べてみるとちがっていたよ。点**O**のまわりの角ではなくて、正方形のまわりの長さに着目して切り分けるとどうかな。**やってみるね。**［　　］」
なな：「うまく分けられたね。まわりの長さに着目して切り分けると、クリームがついた側面の面積は等しくなるし、クリームがついた上の面の面積も等しくなるね。」

※直方体のケーキを真上から見た図

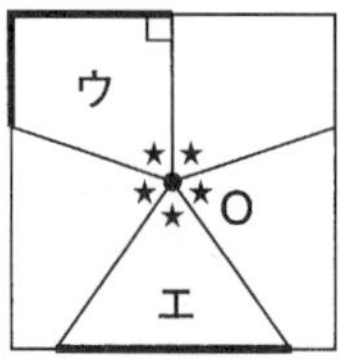

★は同じ角度を表す。

図4

こうきさんは、**やってみるね。**に続けて［　　］で、正方形のまわりの長さに着目した切り分け方と切り分けられるケーキの上の面の面積が等しくなるかを図に表しながら調べました。そして、点**O**から5本の直線を引いて5等分する方法を見つけ説明しました。あなたが こうきさんだったら、どのように説明しますか。下の［　　］の【図】に切り分ける線をかき、切り分けられるケーキのクリームがついた側面の横の長さをそれぞれかきこみ、【説明】に切り分けられるケーキの上の面の面積が等しくなることをかきましょう。【説明】には、言葉だけでなく図や式を使ってもかまいません。

【図】	【説明】
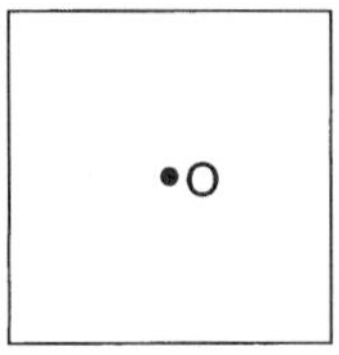	

佐賀県立中学校（香楠・致遠館・唐津東・武雄青陵）　適性検査Ⅰ　（検査時間45分）

（解答用紙は別冊75 P）（解答例は別冊40 P）

1　くすのき小学校の図書館には、自由に意見を伝えることのできる意見箱が置かれています。ともみさんたちは図書委員会で、みんなの意見を生かしてよりよい図書館にするための話し合いを行っています。次の会話文と【資料１】、【資料２】を読んで、(1)～(3)の問いに答えましょう。

ともみさん：意見箱に出された意見を見ると、図書館のいいところがよく分かるね。それから、改善してほしいこともあるみたい。

あやかさん：私は、図書館のいいところを知らせるために図書委員会だよりの案（【資料１】）を書いてみたよ。まだまだ図書館を利用していない人も多いから、学校のみんなに図書館のいいところを知らせることで、もっと図書館を利用する人を増やしたいと思ったの。

さとしさん：ちょっと見せて。あれ、でもここに書かれている読み聞かせ会のお知らせだと、みんなにきちんと伝わらないんじゃないかな。<u>読み聞かせ会のお知らせにはもっと情報を書き加えた方がいい</u>よ。

あやかさん：なるほど。［　1　］と［　2　］が不足しているから、書き加えよう。アドバイスありがとう。

さとしさん：あと、改善してほしいことは先生に伝えた方がいいよね。

かずきさん：先生に伝えるだけじゃなく、図書委員会として改善方法まで提案したいんだ。意見箱に出された意見の中から、異なる立場からの意見があるものを整理してみたよ（【資料２】）。<u>どちらの立場の人にも分かってもらえるような改善方法を考えよう</u>。

ともみさん：分かったわ。みんなにとって、もっといい図書館になるといいね。

【資料１】　図書委員会だよりの案

くすのき小学校図書委員会だより

［　ア　］

◎図書館のいいところ
- おもしろい本がたくさん！
- しずかでゆっくりすごせます！
- 調べ学習にやくだつ資料がたくさん！

◎大人気！読み聞かせ会のお知らせ

　次回は２月１２日(金)に読み聞かせ会をします。お楽しみに!!

【資料２】　意見を整理したメモ

①　貸し出し期間をもっと長くしてほしいという意見があるが、借りたい本がいつも貸し出し中でなかなか借りられないという意見もある。

②　静かなのでゆっくり過ごせるという意見があるが、調べ学習の時に話し合いながら本を読みたいという意見もある。

③　読みたいと思うような本がないからもっと本を増やしてほしいという意見があるが、本が多すぎて探すのが大変だという意見もある。

(1) 図書委員会だよりの案（**【資料1】**）の［ア］には見出しが入ります。あなたならどのような見出しを考えますか。次の《**条件1**》に合うように書きましょう。

《**条件1**》

・あやかさんの思いが伝わるように書くこと。
・「図書館」という言葉を使って書くこと。
・「～ましょう」や「～ませんか」などのように、呼(よ)びかける表現を使って書くこと。

(2) **会話文**で、さとしさんは「読み聞かせ会のお知らせにはもっと情報を書き加えた方がいい」と言っています。あなたなら、どのような情報を書き加えますか。**会話文**の［1］、［2］に合うように、書き加えた方がよい情報を2つ考えて書きましょう。

(3) **会話文**で、かずきさんは「どちらの立場の人にも分かってもらえるような改善方法を考えよう」と言っています。あなたなら、どのような改善方法を考えますか。次の《**条件2**》に合うように書きましょう。

《**条件2**》

・解答用紙の**番号**には、**【資料2】**の①～③の中から1つ選び、その番号を書くこと。
・解答用紙の**改善方法**には、選んだ番号に対して、どちらの立場の人にも分かってもらえるような方法を考えて書くこと。
・50～70字で書くこと。

佐賀県立中学校

2 はがくれ市に住むひろとさんは、総合的な学習の時間に、環境のことを調べ、食品ロスが大きな問題になっていることを知りました。それをもとに、家族と話をしています。次の会話文と【資料１】、【資料２】を読んで、(1)～(3)の問いに答えましょう。

ひろとさん：本当なら食べられるのに捨てられてしまう食品を「食品ロス」っていうんだね。日本では、それが１年間で一人あたり48 kg にもなるって勉強したよ。

お母さん：ちょうど１月のはがくれ市の広報誌には、市が行った食品ロスに関する調査結果（**【資料１】**）が公表されていたわよ。はがくれ市では、まだ食品ロスをなくす努力が足りないようね。

ひろとさん：そうだね。資料から［　　　　］ということが分かるからね。

お姉さん：まだ食べられるのに捨てられてしまうなんて、もったいないわね。どんな理由で捨てられているのかしら。

ひろとさん：広報誌には食品が捨てられている理由ものっていたよ。調理された後の食べ残しが一番多いけど、食品を使い切れずに捨てるのも多いことが分かるね。

お姉さん：食べ残しをしないこと以外にも、食品を使い切れずに捨てることがないように何か取り組む必要があるわね。

ひろとさん：ぼくもそう思う。食品を使い切れずに捨てた理由（**【資料２】**）ものっていたから、食品ロスを減らすためにどんな取り組みができるか考えてみるよ。

お母さん：一人一人が、何かできることを考えて取り組んでいくといいわね。ところで、学校では何か取り組みを始めているの。

ひろとさん：まだなんだ。でも、ぼくの学校での食品ロスといえば、給食の食べ残しだと思うんだ。今度、調べたことをしょうかいする発表会があるから、そこで学校のみんなに、*パネルを使って、給食の食べ残しをしないように呼びかけるつもりだよ。

*パネル：展示のために写真やポスターなどをはったうすい板。

【資料１】 はがくれ市の調査結果

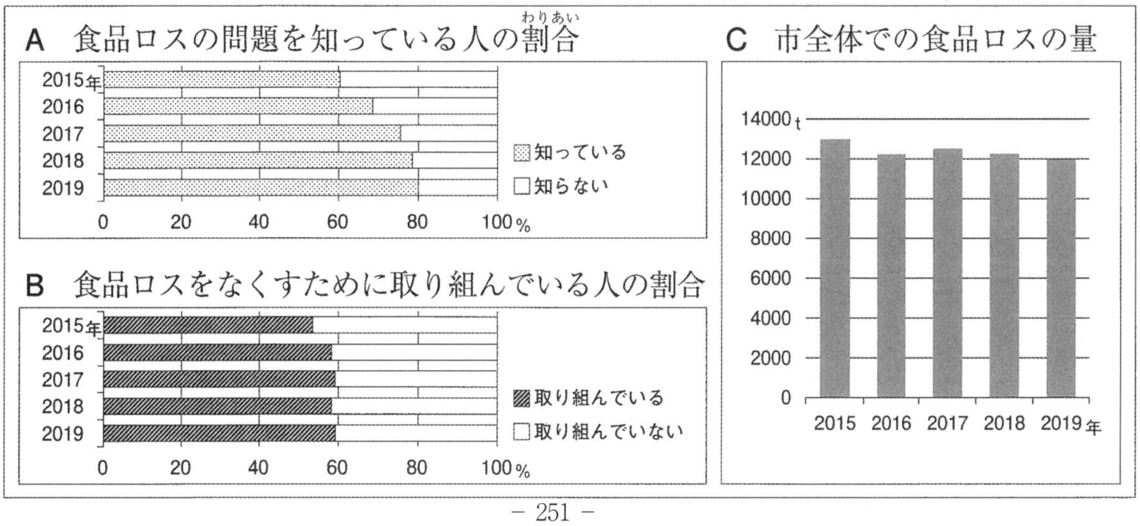

(1) **会話文**の［　　］には、ひろとさんが、直前のお母さんの意見に賛成する理由が入ります。あなたなら、どのような理由を考えますか。次の《**条件１**》に合うように書きましょう。

《**条件１**》

・解答用紙の**記号**には、お母さんの意見に賛成する理由のもとにするグラフを、**【資料１】**の**Ａ～Ｃ**の中から2つ選び、その記号を書くこと。
・解答用紙の**理由**には、選んだグラフから読み取れることをもとに、お母さんの意見に賛成する理由を「～ということが分かるからね。」につながるように１文で書くこと。

(2) ひろとさんは、**【資料２】**を見て、「食品ロスを減らすためにどんな取り組みができるか考えてみるよ」と言っています。あなたなら、食品ロスを減らすために、どのような場面でどのようなことに取り組みますか。次の《**条件２**》に合うように書きましょう。

【資料２】 食品を使い切れずに捨てた理由

・カビが生えてしまったから。
・くさってしまったから。
・多く買いすぎてしまったから。
・食品があることを忘れていたから。
・期限が切れていたから。

《**条件２**》

・食品を買った後の取り組みを考えること。
・解答用紙の**場面**には、**【資料２】**から具体的な場面を考え、「～するときには」につながるように書くこと。
・解答用紙の**取り組み**には、**場面**の解答「～するときには」からつながるように、どのようなことに取り組むかを書くこと。

(3) ひろとさんは、「学校のみんなに、パネルを使って、給食の食べ残しをしないように呼びかけるつもりだよ」と言っています。発表会では、説得力のあるメッセージを伝えるために、右の**【図】**のパネルと、下の**ア**か**イ**のどちらか１枚のパネルを使います。あなたなら、どのようなメッセージを考えますか。あとの《**条件３**》に合うように書きましょう。

【図】 給食の食べ残しを表すパネル

ア たくさんの生産者の働く姿を表すパネル

イ 日本で１年間に出る食品ロスの量を表すパネル

《**条件３**》

・解答用紙の**パネル**には、**ア**か**イ**のパネルのどちらかを選び、その記号を書くこと。
・解答用紙の**メッセージ**には、**【図】**と選んだパネルをもとに、メッセージを考え、「給食の食べ残しをしないようにしましょう。」につながるように書くこと。
・70～80字で書くこと。

3 ゆきさんとりかさんは、かささぎ町で毎年秋に行われているスケッチ大会について話しています。次の会話文と【資料１】、【資料２】を読んで、(1)、(2)の問いに答えましょう。

ゆきさん：かささぎ町スケッチ大会、楽しみだね。りかさんは、去年も参加したんだよね。今年は何をかくのか決めているの。
りかさん：去年のスケッチ大会を思い出して、かきたいものとその特ちょうをまとめたメモ（**【資料１】**）を見て考えようと思っているんだ。どれも、私（わたし）が考えるかささぎ町らしいものだよ。
ゆきさん：かきたいものが４つあるんだね。
りかさん：うん。そうなの。それで、私がかきたいものを２つ以上入れてかけそうな場所を、会場図に書きこんでみたんだ（**【資料２】**）。
ゆきさん：なるほど。そうすると、［　1　］の場所から東の方角を向いてかくのがいいかな。［　　　2　　　］からね。
りかさん：たしかに、その場所がいいかもしれないね。

【資料１】 りかさんがかきたいものとその特ちょうをまとめたメモ

・商店街
　商店街の屋根は*ステンドグラス風になっていて、西側が新しく、近い場所で見ると色あざやかに見えた。

・クスノキ
　千年前からあると言われている大きな木で、はく力（りょく）があった。緑の葉がとてもきれいだった。

・パン屋
　大きな建物で、かべに赤いレンガが使われていておしゃれだった。看（かん）板がパンの形になっていて、外でも食べられるようになっていた。

・イチョウ並（なみ）木
　*遊歩道に沿（そ）ってイチョウの木々が並（なら）べて植えられていて、紅葉（こうよう）が美しかった。イチョウの葉が道にも落ちていて、周りが黄色でいっぱいだった。

*ステンドグラス：色のついたガラスを組み合わせて絵や模（も）様を表したもの
*遊歩道：散歩のためにつくられた、車が通らない道

佐賀県立中学校

【資料２】 りかさんが、かきたいものを２つ以上入れてかけそうな場所Ⓐ～Ⓒを示した会場図

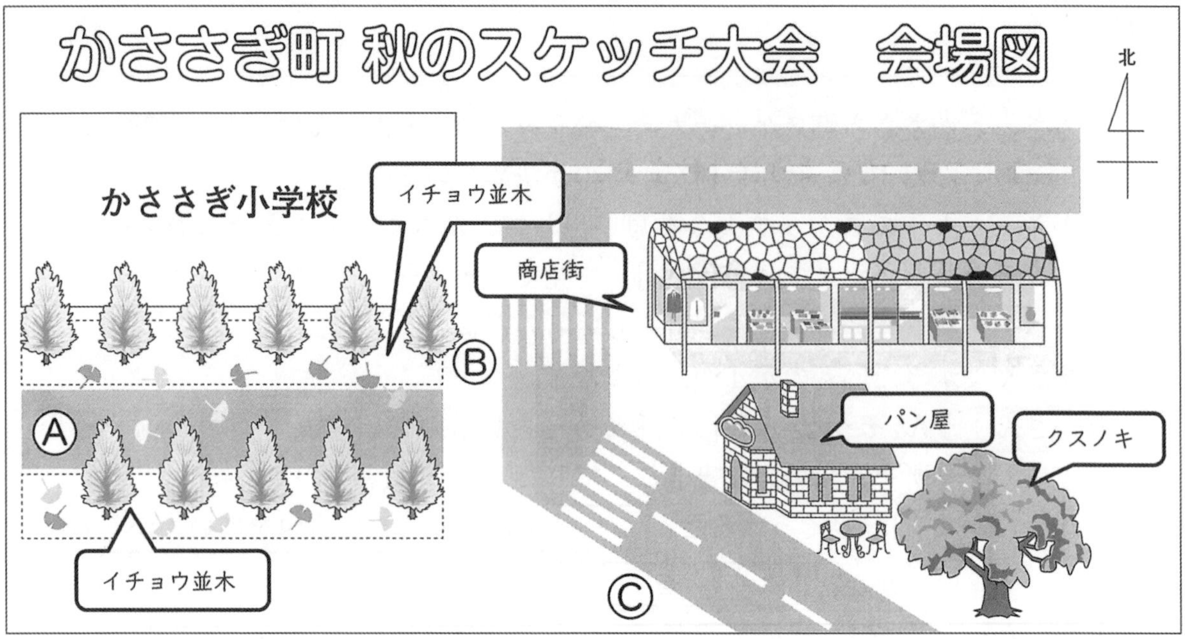

(1) **会話文**で、ゆきさんは「 1 の場所から東の方角を向いてかくのがいいかな。 2 からね」と言っています。あなたなら、Ⓐ～Ⓒのうちのどの場所でかきますか。また、その場所を選ぶのはなぜですか。次の**《条件１》**に合うように書きましょう。

《条件１》

・解答用紙の 1 には、**【資料２】**のⒶ～Ⓒの中から１つ選び、その記号を書くこと。
・解答用紙の 2 には、 1 の場所を選んだ理由を、「～からね」につながるように30～40字で書くこと。ただし、**【資料１】**をもとに、りかさんがかきたいものを２つ以上選び、かきたいものの特ちょうを入れ、どのような景色がかけるかについて書くこと。

(2) ゆきさんは、**【かささぎ町スケッチ大会の入選作品】**の作品展(てん)を見に行きました。作品展では、４つの作品が２つのグループに分けられており、**ア**と**イ**のグループは「建物がかかれている絵」、**ウ**と**エ**のグループは「自然がかかれている絵」としょうかいされていました。ゆきさんは、このしょうかいを見て、画面の構成やかき方の工夫(くふう)に注目すると、これ以外のグループにも分けられると考えました。あなたなら、どのように分けますか。あとの**《条件２》**に合うように書きましょう。

【かささぎ町スケッチ大会の入選作品】

ア

イ

ウ

エ

《条件２》

- **【かささぎ町スケッチ大会の入選作品】**のア～エの作品を2つずつ選び、「**グループ１**」と「**グループ２**」に分けること。ただし、**ア**と**イ**のグループ、**ウ**と**エ**のグループ以外の分け方を考えること。
- 解答用紙の**作品**には、グループ分けした作品の記号を書くこと。
- 解答用紙の**共通する特ちょう**には、グループごとに共通する画面の構成やかき方の工夫を、それぞれ「～という特ちょう」につながるように10～20字で書くこと。

(解答用紙は別冊78 P)(解答例は別冊41 P)

1　たくやさんとあおいさんは、「スポーツ大会」の計画を立てて、「スポーツ大会」を行うことになりました。次の 会話文1 を読んで(1)の問いに答え、 会話文2 を読んで(2)の問いに答えましょう。

会話文1

たくやさん：「スポーツ大会」では、クラス対こうのバスケットボールの試合をして、おうちの人に見に来てもらおうよ。その後に、おうちの人といっしょに玉入れをしたいね。全体で45分で終わるように【計画】を考えてみたよ。

【計画】

はじめの言葉	ルールの説明	バスケットボールの試合 第1試合　1組 対 2組 第2試合　2組 対 3組 第3試合　1組 対 3組	休けい	バスケットボールの試合 第4試合　1組 対 2組 第5試合　2組 対 3組 第6試合　1組 対 3組	玉入れ	先生の話	おわりの言葉
1分	3分	第1試合～第3試合の時間 5分ずつ	3分	第4試合～第6試合の時間 5分ずつ	4分	2分	1分

あおいさん：この【計画】だと、「準備運動」と「成績発表」が入っていないよ。あと、「休けい」は、他のクラスが試合をしているときに少し休めるから短くてもいいのではないかな。

たくやさん：そうだね。3分の「準備運動」と、2分の「成績発表」を入れよう。「休けい」は2分にして、もう一度計画を考えてみるね。

(1)　たくやさんは、【計画】に「準備運動」と「成績発表」の2つを入れ、休けい時間を短くした【新しい計画】を考えます。あなたなら、バスケットボールの試合の「第1試合～第3試合の時間」と「第4試合～第6試合の時間」を何分ずつにしますか。あとの《条件1》に合うように書きましょう。

【新しい計画】

はじめの言葉	ルールの説明	準備運動	バスケットボールの試合 第1試合　1組 対 2組 第2試合　2組 対 3組 第3試合　1組 対 3組	休けい	バスケットボールの試合 第4試合　1組 対 2組 第5試合　2組 対 3組 第6試合　1組 対 3組	玉入れ	成績発表	先生の話	おわりの言葉
1分	3分	3分	**第1試合～第3試合の時間 (　　)分ずつ**	2分	**第4試合～第6試合の時間 (　　)分ずつ**	4分	2分	2分	1分

《条件1》

- **【新しい計画】**は、全体で40分以上45分以下にすること。
- 試合の時間は3分以上とし、整数で表すこと。試合ごとのクラスが入れかわる時間は考えなくてよい。
- 第1試合～第3試合の3試合はそれぞれ同じ時間とし、第4試合～第6試合の3試合もそれぞれ同じ時間として考えること。ただし、「第1試合～第3試合の時間」と「第4試合～第6試合の時間」は同じでも、ちがってもよい。

会話文２

（「スポーツ大会」当日、玉入れを行う前）

たくやさん：今のところ【新しい計画】にした「スポーツ大会」は、時間通りに進んでいるね。次は、玉入れ(【図】)だね。参加する人数が分かったよ（【表１】)。クラスの人数に少し差があるね。

【図】

棒(ぼう)の先につけたかごの中に玉を投げ入れる競技。

【表１】　参加する人数

	児童（人）	おうちの人（人）
1組	22	18
2組	20	20
3組	20	16

あおいさん：時間は４分あるから【玉入れのルール】の説明をした後に、玉入れをしようね。

【玉入れのルール】

- 【表１】の全員が参加する。
- どのクラスも、それぞれ１つのかごを使い、自分のクラスのかごに玉を入れる。
- ３クラスとも同時に始め、同時に終わる。
- 終わったときに、かごに入った玉の数を数える。児童が入れても、おうちの人が入れても、１つを１点とする。

（玉入れを行う）

たくやさん：玉入れの結果が出たよ（【表２】)。これで玉入れの順位を決めると、２組は点数が低いから３位で、１組と３組が１位だね。

【表２】　玉入れの結果

	点数（点）
1組	117
2組	116
3組	117

あおいさん：点数だけで順位を決めると、参加した人数がクラスによってちがうから不公平にならないかな。私(わたし)は、参加した人数と点数を考えた上で順位を決めると、なぜその順位になるのか、みんなが分かってくれると思うよ。

(2)　会話文２ で、あおいさんは、「参加した人数と点数を考えた上で順位を決めると、なぜその順位になるのか、みんなが分かってくれる」と言っています。あおいさんが言ったことをもとにして、玉入れの順位を決め、その順位になる理由を、数や言葉を使って説明しましょう。式を使ってもかまいません。

佐賀県立中学校

2　しんさんとお父さんは、家の中でジュースを飲みながら話をしています。次の会話文を読んで、(1)、(2)の問いに答えましょう。

しんさん：お父さん、このジュース、冷たくておいしいね。でも、どうしてコップの外側に水てきがつくのかな。

お父さん：その水てきは、コップのまわりにある空気中の水蒸気(すいじょうき)が、冷たいコップで冷やされて水に変わったものだよ。水蒸気が水に変わるのは、温度としつ度に関係があるんだよ。

しんさん：温度って言葉は分かるけど、しつ度ってよく分からないな。天気予報で聞いたことがあるけど。

お父さん：しつ度は、空気中に水蒸気がどのくらいふくまれているのかを割合(わりあい)で示したものだよ。単位は%を使うんだ。天気予報で、「今日の天気は雨で、しつ度は高くなるでしょう」というように言われることがあるよね。雨の日には空気中に水蒸気が多くなるから、しつ度が高くなるんだ。

しんさん：そうなんだ。部屋の温度やしつ度が高くなったり低くなったりしたら、コップへの水てきのつきやすさはどう変わるかを調べてみたいな。

(1)　**会話文**の「部屋の温度やしつ度が高くなったり低くなったりしたら、コップへの水てきのつきやすさはどう変わるか」を調べるために、しんさんは、次の**【実験】**を行いました。**【実験】**の［**結果**］から分かることを、あとの《**条件１**》に合うように書きましょう。

【実験】

手順１　部屋の温度と部屋のしつ度を、**【図１】**の温度としつ度をはかる道具ではかって記録する。

【図１】

【図２】

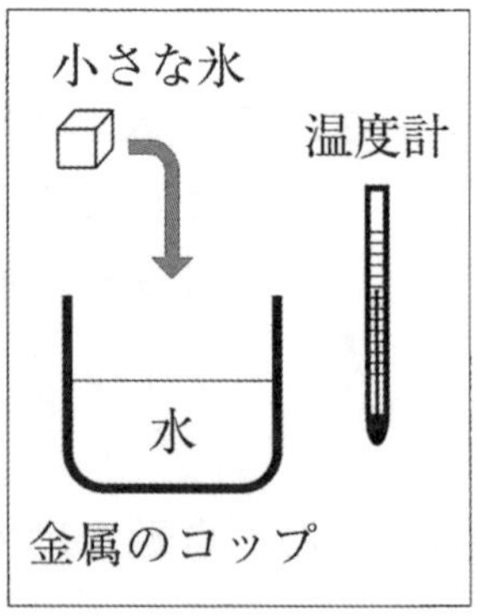

手順２　**【図２】**のように、部屋の温度と同じ温度の水を半分まで入れた金属のコップと、小さな氷、温度計を準備する。

手順３　コップに小さな氷を入れ、コップを横に軽くふって、水の温度を下げる。

手順４　氷がとけたときに、コップの外側に水てきがついていなければ、水てきがつくまで**手順３**をくり返す。

手順５　水てきがつき始めたときの水の温度を、**【図２】**の温度計を水の中に入れ、はかって記録する。

手順６　**手順１～手順５**を１日１回同じ時刻(じこく)に、３日間行う。

［**結果**］

	１日目	**２日目**	**３日目**
部屋の温度（℃）	25	20	25
部屋のしつ度（%）	45	55	55
水てきがつき始めたときの水の温度（℃）	12	11	15

《条件１》

- ・解答用紙の**比べる結果**には、【実験】の［結果］の中から、**１日目**、**２日目**、**３日目**のいずれかを2つ選び、「～日目」につながるように数字を書くこと。
- ・解答用紙の**分かること**には、選んだ2つの日の結果を比べることで、部屋の温度や部屋のしつ度と水てきがつき始めたときの水の温度の関係が分かるように書くこと。

(2)　**【実験】**を終えた後、しんさんは、自分の家に**【いろいろなつくりのコップ】**が４種類あることを発見しました。つくりがちがうと水てきのつきやすさがちがうのではないかと考えたしんさんは、**【予想】**を立てました。また、その**【予想】**を確かめるために、**【いろいろなつくりのコップ】**のうち２つを使って**【実験計画】**を立てて、お父さんに相談することにしました。あなたなら、どのような**【予想】**を立て、どのような**【実験計画】**にしますか。あとの《**条件２**》に合うように書きましょう。

【いろいろなつくりのコップ】

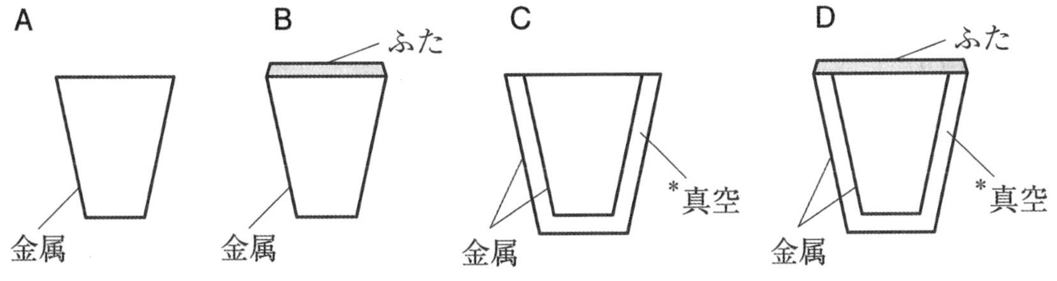

*真空（しんくう）……空気がない状態

【予想】

コップの中の水を冷やしたときに、［　ア　］コップの方が、［　イ　］コップより、水てきがつきやすい。

【実験計画】

手順１　［　ウ　］と［　エ　］のコップに、部屋の温度と同じ温度の水を同じ量だけ入れる。

手順２　２つのコップに、同じ量の氷を同時に入れて、ふたがあるコップはふたをする。２つのコップを同じはやさで横に軽くふって、中の水を冷やす。

［ぼくの【予想】が正しかったときの結果］

［　オ　］のコップの外側に、先に水てきがつく。

《条件２》

- ・アとイには、「ふたがある」「ふたがない」「真空の部分がある」「真空の部分がない」の中から、それぞれ１つを選んで書くこと。
- ・ウ～オには、**【いろいろなつくりのコップ】**のA～Dの記号を１つずつ書くこと。同じ記号を何回使ってもよい。

3 さきさんは、お父さんとサイコロを作ることにしました。次の 会話文１ を読んで(1)の問いに答え、 会話文２ を読んで(2)の問いに答えましょう。

会話文１

さきさん：サイコロ（【図１】）を２個作るために、厚紙に【サイコロの展開図】をかいてみたよ。
お父さん：工夫してかけているね。でも、立方体のサイコロは面が６つなのに、それぞれの展開図で面が７つ以上あるみたいだよ。
さきさん：本当だ。それぞれ不要な面を決めなきゃいけないね。
お父さん：サイコロを組み立てたときの数字を下書きしておくと、こういうまちがいもなくなるんじゃないかな。サイコロは平行な面どうしの数の合計が７になる必要があるから、鉛筆で数字を下書きしておくと分かりやすいと思うよ。1と２だけお父さんが書いておくから、残りの面に数字を正しく書いてごらん。
さきさん：やってみるね。

【図１】

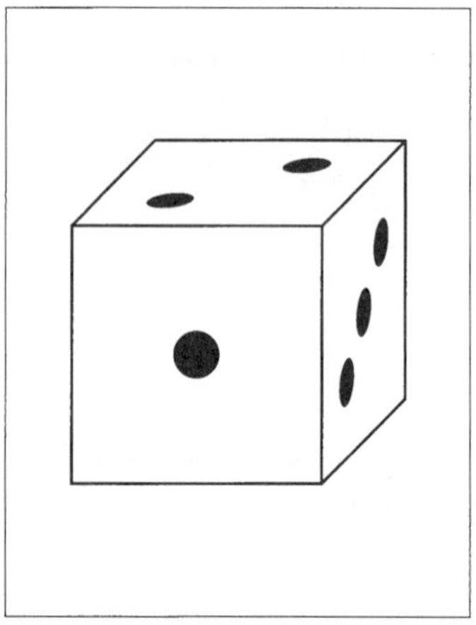

【サイコロの展開図】

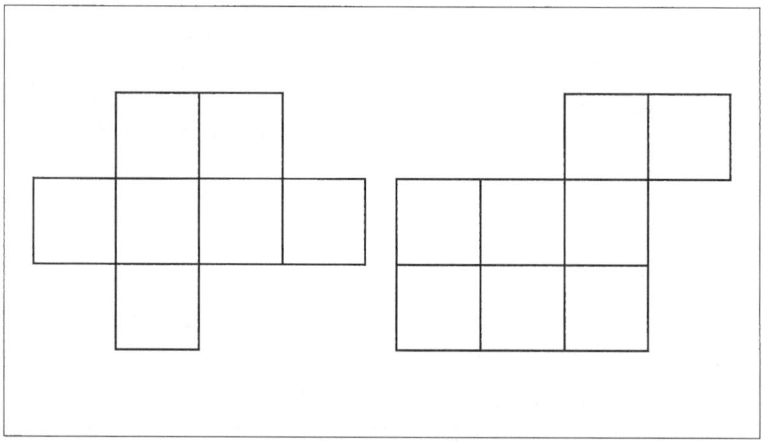

(1) 会話文１ で、「1と２だけお父さんが書いておくから、残りの面に数字を正しく書いてごらん」と言われたさきさんは、立方体のサイコロが２個できるように【サイコロの展開図】で不要な面を決めて「×」を書き、それ以外の面に数字を書くことにしました。あなたなら、どのように「×」と数字を書きますか。次の《条件１》に合うように、解答用紙の【サイコロの展開図】に書きましょう。

《条件１》

- サイコロの展開図として不要な面には、「×」と書くこと。
- 組み立てたとき、サイコロの平行な面どうしの数の合計が７となるように、それぞれの面の数字を決めること。
- サイコロの１と２となる面には、それぞれ数字の「1」と「2」がすでに書かれているので、残りの面にそれぞれ「3」〜「6」の数字を書くこと。

会話文２

さきさん：サイコロにかかれている**【デザイン】**は、ほとんどのサイコロで同じだね。どのように決められているのかな。

【デザイン】

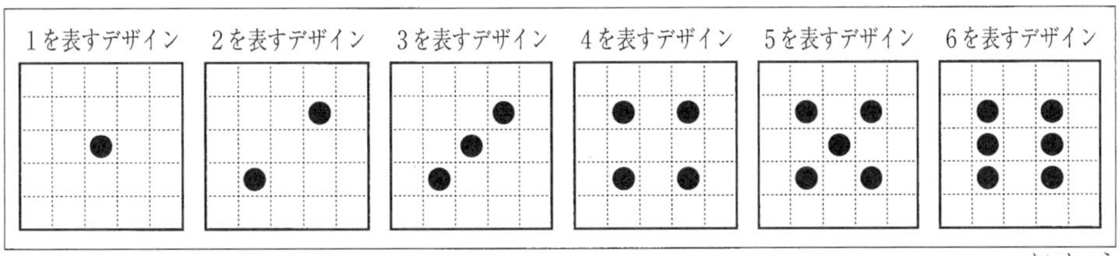

お父さん：数が大きくなるにつれて●の数が１個ずつ増えていくけど、必ず点対称になるようにデザインが決められているみたいだね。

さきさん：それと、デザインはすべて線対称にもなっているね。デザインによって、６みたいに対称の軸が２本しかかけないものと、４みたいに対称の軸が４本かけるものがありそうね（**【図２】**）。

【図２】

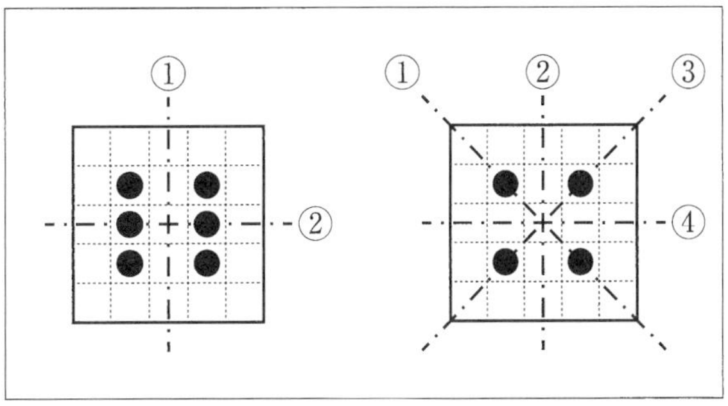

お父さん：そうだね。<u>**【デザイン】**を参考にしたら、７以上の数のサイコロが作れそう</u>だね。

さきさん：それはいい考えだね。**【デザイン】**にそれぞれ●を６個ずつかき加えたら、７～12を表すデザインになりそうだよ。偶数のデザインを私が考えるから、残りはお父さんにお願いしてもいいかな。

お父さん：もちろんいいとも。

(2) **会話文２** で、「<u>**【デザイン】**を参考にしたら、７以上の数のサイコロが作れそう</u>」と言われたさきさんは、８、10、12を表すデザインを考えることにしました。次の**《条件２》**に合うようなデザインを考え、解答用紙に合わせて●をかきましょう。

《条件２》

- すべての数が、点対称となるデザインにすること。
- すべての数が、線対称となるデザインにすること。ただし、対称の軸は少なくとも２本かけるようにし、対称の軸を４本かけるものは必ずそのデザインにすること。
- 解答用紙に●をかくときは、縦横５マスずつに区切ってあるマスの中にかくこと。
- 解答用紙には、２、４、６個の●がすでにかかれているので、それぞれ６個ずつ●をかき加えることで８、10、12を表すデザインにすること。

4 めいさんは、お母さんと野菜の種をまいて育てることにしました。次の **会話文１** を読んで(1)の問いに答え、**会話文２** を読んで(2)の問いに答えましょう。

会話文１

めいさん：種を直接畑にまかずに、一度ポリポット（**【図１】**）にまいて、発芽してから畑に植えかえるのはどうして。

お母さん：持ち運ぶことができるポリポットにまく方がよいのは、植物の発芽の条件が関係しているよ。

めいさん：そうか。ポリポットと畑では、使う土や肥料は同じだけど、持ち運ぶことができると、［　　　　］からね。

【図１】

(1) **会話文１** の［　　　　］には、めいさんがお母さんの「持ち運ぶことができるポリポットにまく方がよいのは、植物の発芽の条件が関係しているよ」という話を聞いて、持ち運ぶことができる方がよいと考えた理由が入ります。あなたが考えた理由を書きましょう。

会話文２

めいさん：発芽したからそろそろ畑に植えかえようよ。

お母さん：そうだね。ポリポットを畑に持って行って植えかえようか。それから、この黒いマルチシート（**【図２】**）も持って行こうね。

めいさん：黒いマルチシートはどう使うの。

お母さん：畑の土にかぶせて、野菜を植える場所には穴(あな)を開けて使うよ（**【図２の ◌ 】**）。黒いマルチシートをかぶせた部分では、雑草が育ちにくくなるし、土がかわきにくくなるよ。

めいさん：そうなんだ。じゃあ、黒いマルチシートには **【２つのはたらき】** があるのかな。

【図２】

【２つのはたらき】

① 黒いマルチシートをかぶせた部分では、土に日光が当たらない。
② 黒いマルチシートをかぶせた部分では、土にしみこんだ水が蒸発(じょうはつ)してもにげにくい。

(2) **会話文２** で、「黒いマルチシートには **【２つのはたらき】** がある」と考えためいさんは、調べて確かめようとしています。あなたなら、どちらを調べてみたいですか。**会話文２** の**【２つのはたらき】**の①、②のどちらかを選び、その番号を書きましょう。また、選んだ番号のはたらきを調べる方法を、次の《**条件**》に合うように書きましょう。図を使ってもかまいません。

《**条件**》

・黒いマルチシートがあるときとないときで比べるような方法にすること。
・黒いマルチシート以外の道具を使ってもよい。

佐賀県立中学校

長崎県立中学校（長崎東・佐世保北・諫早）　適性検査（検査時間60分）

（解答用紙は別冊82Ｐ）（解答例は別冊42Ｐ）

1　みさとさんとはるきさんは、教室で話をしています。

みさとさんは、はるきさんにおつかいで買い物へ行ったときの話をしています。

みさと　「昨日、家の近くのスーパーマーケットへ買い物に行ったよ。」

はるき　「何を買ったのかな。」
みさと　「とうふ、ハム、そして卵。きちんと表示を確かめて買ったよ。商品にはいろいろな表示がついているね。」
はるき　「期限の表示には、２種類あるよね。」
みさと　「わたしが買ったとうふには、消費期限という表示がついていたよ。その表示の意味は、

その日を過ぎると（　　　　　　　　）ので、（　　　　　　　　）

ということだったよね。」

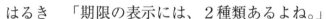

問題１　[　　　] の中の空らんにはそれぞれどのような言葉が入るでしょうか。あなたの考えを書きなさい。

みさとさんたちは、おつかいの話を続けています。

みさと　「買ってきたとうふやハムを買い物ぶくろから取り出したら、周りに水てきがついてぬれていたよ。」
はるき　「冷やして売られていたものを買って帰ると、家に着いたときには表面に水てきがついていることがあるね。」
みさと　「どうしてかな。」
はるき　「それは、[　　ア　　] からだよ。同じようなことが、日常生活のほかの場面でもみられるよ。」
みさと　「そうだね。例えば、[　　イ　　] ことなどがそれにあたるね。」

問題２　[ア]、[イ] にはそれぞれどのような言葉が入るでしょうか。あなたの考えを書きなさい。

みさとさんたちは、おつかいの話から話題を広げています。

みさと　「とうふと言えば、『とうふにかすがい』ということわざがあるね。」
はるき　「昨日、ろう下でさわいでいる人がいたから注意したけれど、何回言っても『とうふにかすがい』で注意したかいがなかったな。」
みさと　「そういうふうに使えるね。ことわざに関することだけど、こんなことがあったよ。友達と公園で待ち合わせをしていて、おくれそうだったので、お母さんに教えてもらった近道を通って行こうとしたら、道に迷って、いつも以上に時間がかかってしまったよ。最初から知っている道を行けばよかったな。このとき『[　ウ　]』ということわざが頭にうかんだよ。」
はるき　「なるほど。ことわざを使って表現できる場面はたくさんあるね。」
みさと　「ほかにどんな場面があるかな。」
はるき　「この前、『さるも木から落ちる』と言えるできごともあったよ。[　エ　]というできごとだよ。」
みさと　「本当にことわざどおりの場面だね。探(さが)してみるといろいろ見つかるね。」

※かすがい…二つの材木をつなぎとめるために打ちこむ、コの字の形をしたくぎ

問題３　[　ウ　]にあてはまることわざを**一つ**書きなさい。

問題４　[　エ　]に入るできごととして、適切な例を考えて書きなさい。ただし、ことわざの表現をそのまま用いてはいけません。

みさとさんたちの話題は、今日の時間割(わり)に移りました。

はるき　「今日は算数の後に体育があるね。」
みさと　「体育は好きだけど、着がえるのに時間がかかるよね。」
はるき　「でも、体育の時間に体育着を着るのには理由があると思うよ。」
みさと　「そうか。体育着を着ていると[　オ　]からね。それに、あせをかくことやよごれることを気にしなくていいね。」
はるき　「そうだね。そして体育の後は給食だね。」
みさと　「そういえば、給食の配ぜんをするときに給食着を着るよね。何のためかな。」
はるき　「それは、[　カ　]ためだよ。それに、服がよごれることも防いでいるね。」
みさと　「わたしたちが着ている服にはいろいろなはたらきがあるから、目的に合わせて着るといいね。」

問題５　[　オ　]、[　カ　]にはそれぞれどのような言葉が入るでしょうか。あなたの考えを書きなさい。

2 かおりさんたちの学級では、グループに分かれて自然環境について学習しています。

かおりさんたちのグループは、自然環境を守る取り組みについて調べるため、環境科学館で担当の林さんの話を聞いています。

林さん　「最近では、プラスチックごみによる海洋汚染が注目されています。**資料**を見てください。これは、それぞれの海岸で回収されたペットボトルを、ラベルなどに書かれていた文字をもとに分類してグラフにし、地図上に示したものです。文字が読み取れないものは、不明としています。」

資料

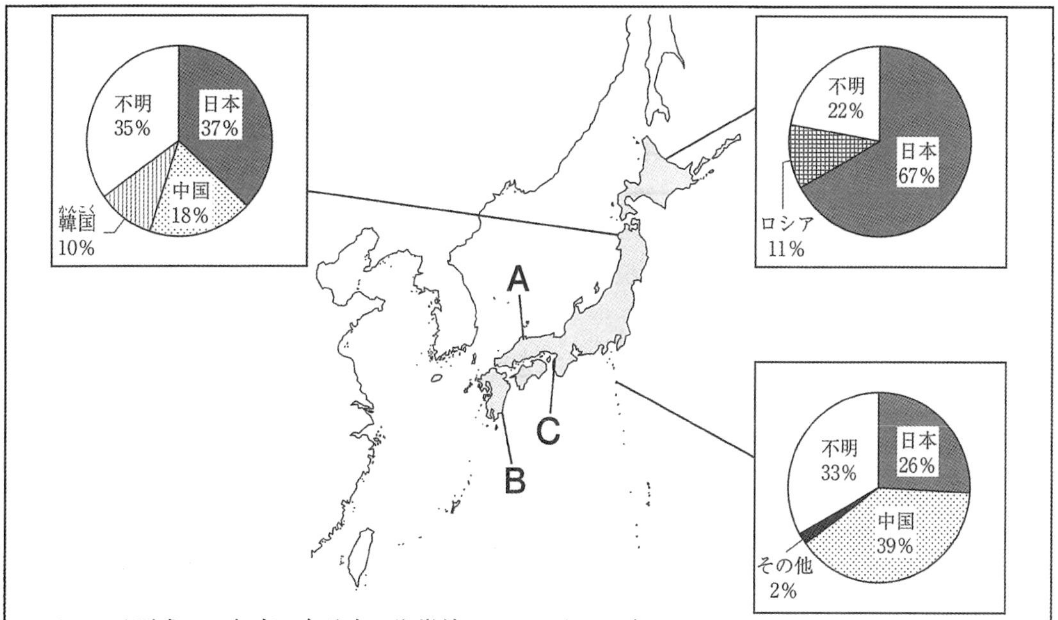

※グラフは平成３０年度に各地点の海岸線５０ｍの中で回収されたペットボトルの個数をもとに割合を示したものです。

（環境省の資料をもとに作成）

かおり　「日本のものだけでなく、周りの国のものも回収されているのですね。」

としき　「なぜ、日本の海岸に周りの国のものがあるのかな。」

かおり　「［　ア　］や［　イ　］などのえいきょうで運ばれてきたからだと考えられるよ。」

林さん　「そうですね。それらのえいきょうを考えると、**資料**のA、B、Cの海岸で回収されたペットボトルのことを表しているグラフは、それぞれ次の①、②、③のどれかわかりますか。」

①

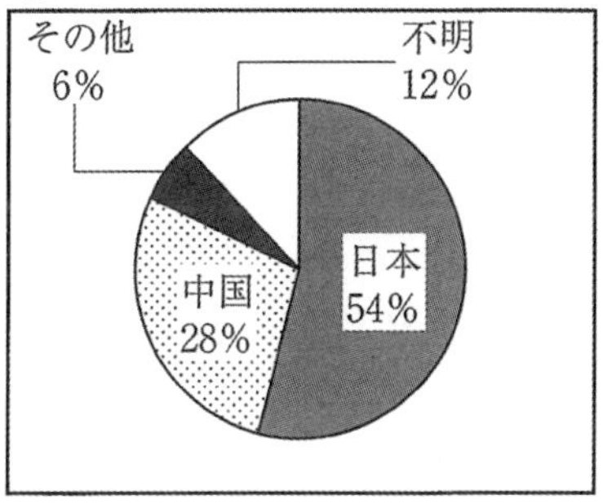

②

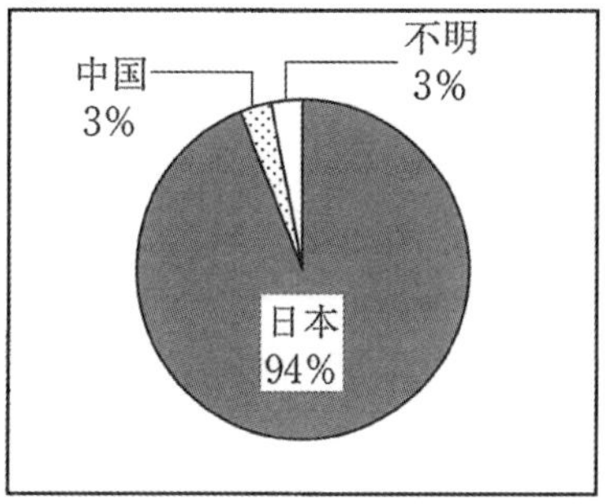

③

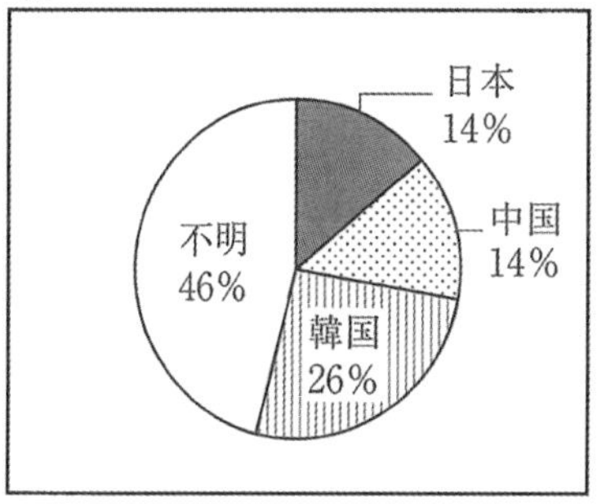

としき　「Aが[ウ]、Bが[エ]、Cが[オ]です。」
林さん　「そのとおりです。ごみによる海洋汚染の問題を解決するには、わたしたち一人一人がごみを減らしたり、海岸のそうじを行ったりするだけではなく、周りの国と協力することも必要ですね。」

問題１　[ア]、[イ]にはそれぞれどのような言葉が入るでしょうか。あなたの考えを書きなさい。

問題２　[ウ]～[オ]にあてはまる番号を①～③からそれぞれ選び、答えなさい。

かおりさんたちは、引き続き林さんの話を聞いています。

林さん　「自然環境を守るために、２０２０年の７月に始まった新しい取り組みを知っていますか。」
としき　「レジぶくろの有料化ですね。」
林さん　「そのとおりです。レジぶくろのようなプラスチックごみは、海中や海底にもありますが、海岸で回収されたものについて示した次の**グラフ**を見てください。レジぶくろとして多く使われているものがポリぶくろです。」

グラフ　海岸で回収されたプラスチックごみの割合

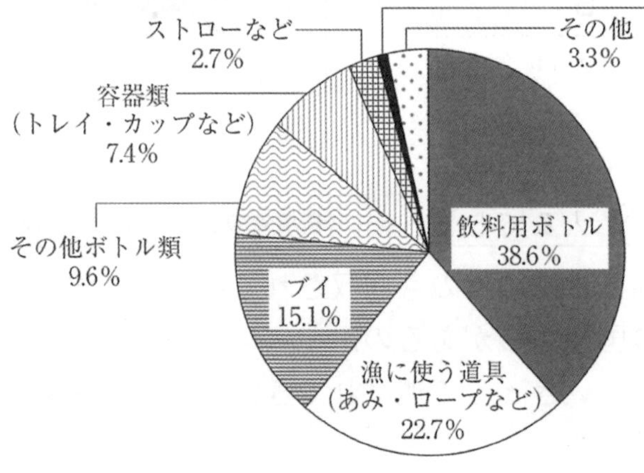

※平成２８年度に全国１０地点の海岸線５０mの中で回収されたごみの個数をもとに割合を示したものです。
※ブイとは、水面にうかべて位置を示す目印となるものです。

（環境省の資料をもとに作成）

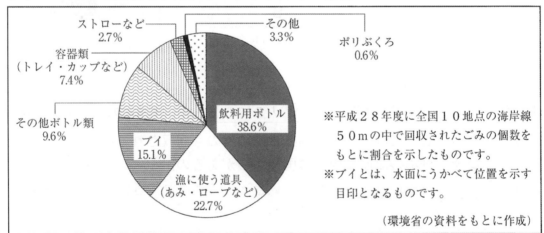

かおり　「海岸で回収されたプラスチックごみの中で、ポリぶくろは０.６％ですね。レジぶくろを有料にしても、ごみを減らす効果は小さいのではないですか。」
林さん　「よく気がつきましたね。レジぶくろの有料化には、プラスチックごみを減らすきっかけとして、みなさんの生活に身近なレジぶくろの利用について考えてもらうという意味もあるのですよ。」
としき　「**グラフ**のポリぶくろ以外にも注目すると、できるだけプラスチックごみを出さないようにするために、わたしたちにできる身近なことは何かな。」
かおり　「[　　　　　　　　]ことが考えられるね。」

問題３　[　　　]にはどのような言葉が入るでしょうか。あなたの考えを書きなさい。

長崎県立中学校

たかしさんたちのグループは、自然災害を防ぐ取り組みについて調べるため、長崎県庁で担当の西さんと話をしています。

たかし　「大雨によって川がはんらんしたというニュースを見ることがありますが、これまでにどのような水害がありましたか。」
西さん　「１９８２年の７月には長崎大水害が起きました。このとき、長崎市の中島川にかかる眼鏡橋の一部も流されてしまいました。」
たかし　「その後、どのような対策を行ったのですか。」
西さん　「再建した眼鏡橋を守り、川のはんらんを防ぐため、**写真１**、**写真２**のように中島川の両側に水路を作る工夫をしたのです。」

写真１　眼鏡橋付近の上流からの様子

写真２　眼鏡橋付近の下流からの様子

※**写真１**、**写真２**にある矢印は、川の流れの向きを示しています。

せいや　「その工夫で、どうして眼鏡橋を守ることができるのかな。」
たかし　「両側に水路を作ったことで［　　　　　　　　］から、眼鏡橋が流されることを防ぐことができるのですね。」
西さん　「そのとおりです。」

問題４　［　　　］にはどのような言葉が入るでしょうか。あなたの考えを書きなさい。

たかしさんたちは、引き続き西さんと話をしています。

西さん　「長崎大水害が起きた当時は、離島部は別として、長崎県内のどこかで大雨が予想されると県全体を対象に注意報や警報を発表していました。」
たかし　「その方法ではとても広いはんいを対象としているので、大雨警報が出されていても、それほど雨が降らない地域もあったのではないですか。」
西さん　「そのとおりです。現在は気象予報の精度が上がり、長崎県内にある２１の市や町ごとに注意報や警報が出されるように改善されました。」
せいや　「大雨に関する地域ごとの正確な情報を手に入れることができるようになったことで、わたしたちは［　　　　　　　　］ことができますね。」

問題５　［　　　］にはどのような言葉が入るでしょうか。あなたの考えを書きなさい。

3　みなこさんは、休日を家族と過ごしています。

みなこさんは、お父さんの運転する車で出かけることになり、目的地に向かう途(と)中(ちゅう)、橋をわたっています。

みなこ　「橋をわたり始めたときに、大きな音がしたよ。」
お父さん　「橋の**つなぎ目**を通ったからだよ。橋の両はしと真ん中に**つなぎ目**があるから、あと２回大きな音がするよ。真ん中の**つなぎ目**を通ってから最後の**つなぎ目**を通るまでの時間を計ってごらん。」

みなこさんたちがわたった橋

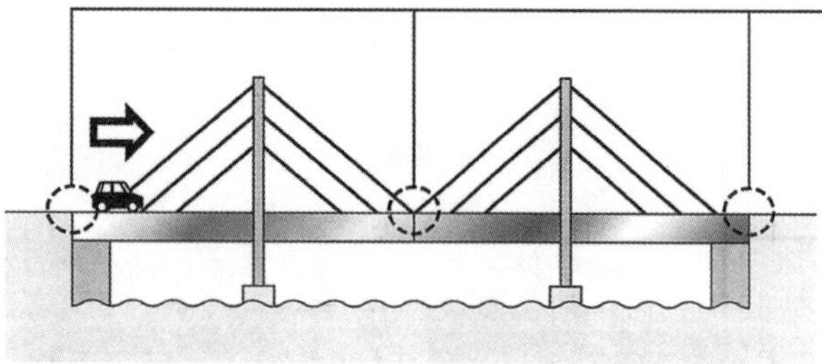

つなぎ目の拡(かく)大(だい)図

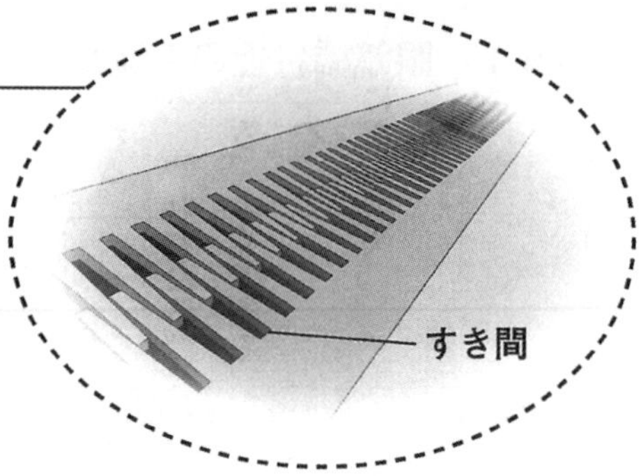

※◌は橋の**つなぎ目**の位置を示しています。
真ん中の**つなぎ目**から両はしの**つなぎ目**までは等しい長さです。

みなこ　「１８秒だったよ。」
お父さん　「橋をわたる間はずっと時速４５kmで走っていたから、計った時間を使って計算すると、この橋の全体の長さは何ｍになるかな。」
みなこ　「計算してみるね。できた。［　　　］ｍになるね。」

問題１　［　　　］にあてはまる数を答えなさい。また、具体的な**数や式**を用いて**求め方**も書きなさい。

みなこさんとお父さんは、会話を続けています。

お父さん　「ところで、多くの部分が鉄などの金属で作られている橋の**つなぎ目**には、必ず**すき間**があるのだよ。どうしてかわかるかな。」
みなこ　「どうしてだろう。」
お父さん　「金属の性質に注目して、考えてみよう。」
みなこ　「そうか。［　　　　　　　　　　］から、**すき間**をつくる必要があるのだね。」

問題２　［　　　］にはどのような言葉が入るでしょうか。あなたの考えを書きなさい。

家に帰った後、みなこさんと妹のあかりさんは、宿題に取り組んでいます。

みなこ　「**国語辞典**で何を調べているの。」
あかり　「『料理の**うで**が**立つ**』という言葉の意味を調べているよ。」
みなこ　「**うで**と**立つ**のそれぞれの意味を調べて考えてみよう。」

国語辞典（一部分のみ）

うで【腕】
① 人間の肩から手首までの部分で、衣服の袖がおおうところ。
② サルなどの前足やイカ・タコなどのあし。
③ てこや、てんびんなどで支点から力点までの横棒。
④ わん力。
⑤ 仕事をする能力。技能。力量。
…

た・つ【立つ】
① 縦にまっすぐになる。起き上がる。
② 上へのぼる。上方に高くなる。
③ ある位置を離れる。
④ 世間に広まる。知れわたる。
⑤ 一段とすぐれる。よくできる。
⑥ 気持ちが高ぶる。
⑦ 確かなものになる。決まる。
⑧ 用にたえる。
…

（国語辞典をもとに作成）

あかり　「どちらの言葉もいろいろな意味をもっているね。」
みなこ　「**うで**と**立つ**のそれぞれの意味から適切なものを選んで組み合わせるとわかりそうだね。」
あかり　「なるほど。『料理の**うで**が**立つ**』の場合は、［　　ア　　］という意味になるのだね。それにしても**立つ**には、こんなにもたくさんの意味があるのだね。」
みなこ　「日常生活の中には、**立つ**のそれぞれの意味を使った言葉がたくさんあるよ。例えば、①番の意味で使われているものとして『茶柱が**立つ**』と言うよね。」
あかり　「『料理の**うで**が**立つ**』や『茶柱が**立つ**』以外の意味で**立つ**が使われている言葉には、どのようなものがあるかな。」
みなこ　「例えば、［　イ　］番の意味を使ったものでは、『［　　ウ　　］』という言葉があるよね。」

問題３　［　ア　］にはどのような言葉が入るでしょうか。**うで**と**立つ**、それぞれの**国語辞典**の言葉を使って、『料理の**うで**が**立つ**』の意味を書きなさい。

問題４　［　イ　］には**国語辞典**の**立つ**の意味の中から番号を**一つ**選んで書きなさい。また、［　ウ　］には選んだ番号の意味にあてはまるように、**立つ**を使った言葉を**一つ**書きなさい。

4 たくみさんの学級では、お楽しみ会の準備をしています。

たくみさんとのりこさんは、お楽しみ会で長崎県産品コーナーをつくり、ミカンとナシを実際に見せてしょうかいすることにしました。

準備のために果物屋へ行くと、ミカンとナシの盛り合わせが**Aセット**と**Bセット**の２種類で売られていました。

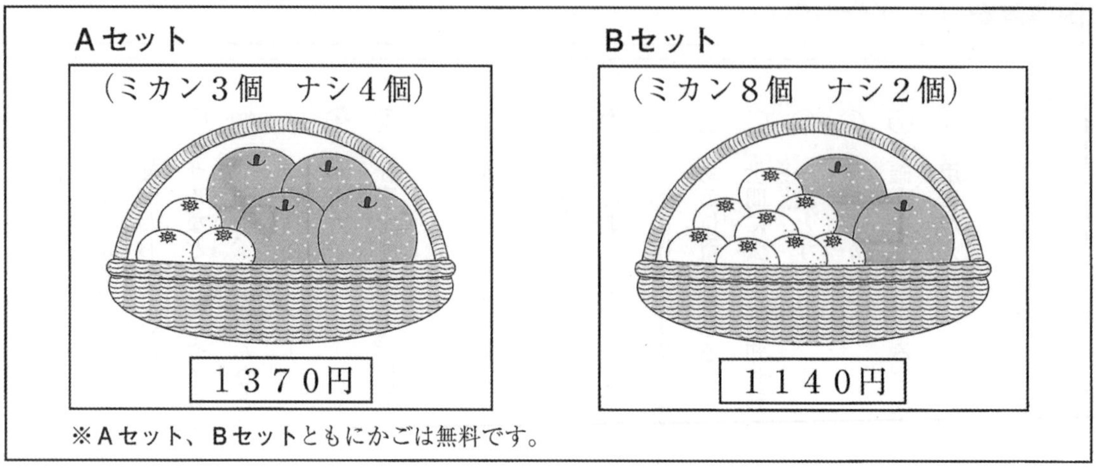

たくみ　「ミカン１個の値段と、ナシ１個の値段はいくらかな。」

のりこ　「どのミカンも１個の値段が同じで、どのナシも１個の値段が同じだと考えて、**メモ**のように計算したら、ミカン１個とナシ１個のそれぞれの値段を求めることができたよ。」

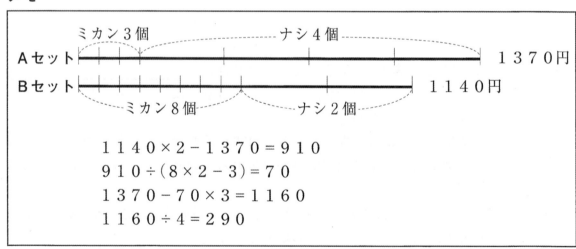

メモ

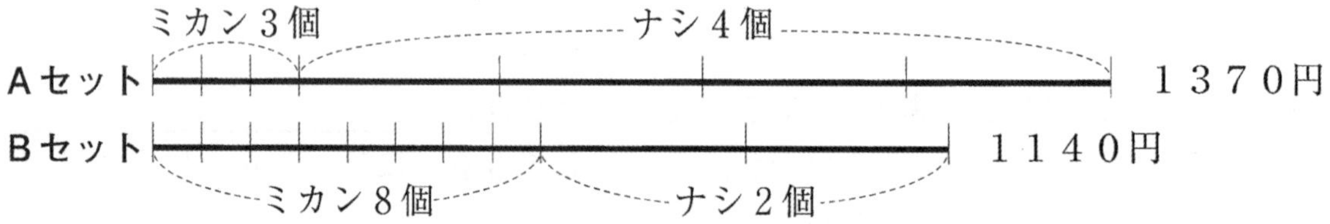

１１４０×２－１３７０＝９１０

９１０÷（８×２－３）＝７０

１３７０－７０×３＝１１６０

１１６０÷４＝２９０

たくみ　「**メモ**に１１４０×２－１３７０＝９１０という式を書いているよね。この式を書いた理由を説明してくれないかな。」

のりこ　「いいよ。［　　　　　　　　　　］と考えたのだよ。」

たくみ　「なるほど。まず、果物の数に注目して求めたのだね。」

問題１　［　　　］にはどのような言葉が入るでしょうか。あなたの考えを書きなさい。

のりこさんは、お楽しみ会に向けて会場の題字を書く係になりました。**下書き**と**清書**を比べながら、田中先生と話をしています。

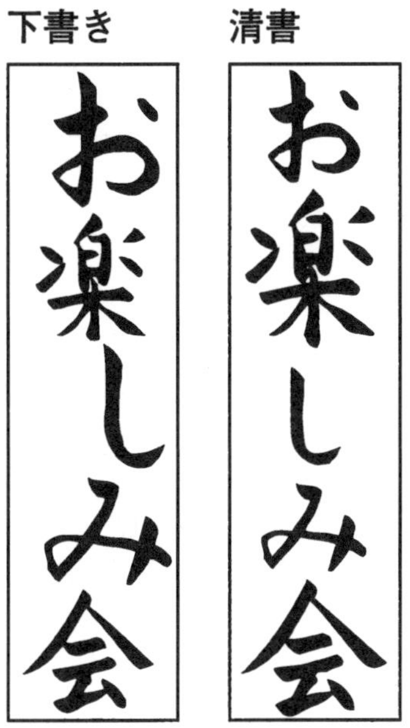

田中先生　「筆を使ってていねいに書くことができましたね。**下書き**でも、とめ、はね、はらいなど一つ一つの文字がしっかり書けていましたが、**清書**のほうがバランスよく書けていますね。」

のりこ　「**清書**では、より読みやすく、全体のバランスをとるために、［　ア　］ことと［　イ　］ことに気をつけて書きました。」

田中先生　「書写の時間に学習したことを生かすことで、すてきな題字ができましたね。」

問題２　［　ア　］、［　イ　］にはそれぞれどのような言葉が入るでしょうか。**下書き**と**清書**を比べてわかったことから、あなたの考えを書きなさい。

じょうじさんたちは、お楽しみ会で出すクイズについて話し合っています。教室には、**２０２０年１１月のカレンダー**がかかっています。

じょうじ　「今月は１日が日曜日だったね。」

よしお　「近所の映画館は毎月１日に入場料金が割引になるから、家族で映画を見に行ったよ。」

るいか　「それはいいね。ちなみに来月の１日は火曜日だね。**カレンダー**を見なくてもわかるよ。」

よしお　「どうしてわかるの。」

るいか　「１１月は３０日まであるよね。３０を７でわるとあまりが２だから、１２月１日は日曜日の２日後の火曜日だということがわかるよ。」

よしお　「なるほど。では、２０２１年で１日が日曜日になるのは何月かな。」

るいか　「それをクイズにしよう。月ごとの日数と、日数を７でわったあまりを**表**にまとめてみたよ。」

２０２０年１１月のカレンダー

日	月	火	水	木	金	土
1	2	3	4	5	6	7
8	9	10	11	12	13	14
15	16	17	18	19	20	21
22	23	24	25	26	27	28
29	30					

表　２０２０年１１月から２０２１年１２月までの、月ごとの日数と日数を７でわったあまり

月	11月	12月	1月	2月	3月	4月	5月	6月	7月	8月	9月	10月	11月	12月
日　数	３０	３１	３１	２８	３１	３０	３１	３０	３１	３１	３０	３１	３０	３１
日数を７でわったあまり	2	3	3	0	3	2	3	2	3	3	2	3	2	3

じょうじ　「この**表**から考えると、2021年8月1日は日曜日だということがわかるね。」

よしお　「どうしてわかるの。」

じょうじ　「**表**の日数を7でわったあまりを使って説明するね。

[　　　　　　　　　　]

から、2021年8月1日は、2020年11月1日と同じ日曜日だということがわかるよ。」

問題3　[　　　]にはどのような言葉が入るでしょうか。具体的な**数**や**式**を用いて、あなたの考えを書きなさい。

じょうじさんたちは、田中先生の誕生日（たんじょうび）について話をしています。

じょうじ　「お楽しみ会がある日は、田中先生の24さいの誕生日だ。」

よしお　「お楽しみ会は来週の水曜日だから、田中先生が何曜日に生まれたのかがわかるね。これをクイズにするのはどうかな。」

るいか　「それはいいね。さっそく答えを求めよう。」

よしお　「まず、田中先生の生まれた日が、お楽しみ会がある日の何日前かを計算しよう。この24年間に2月29日は6回あったから、

24年間の日数 ＝（365×18＋366×6）日

と表すことができる。今から計算するね。」

るいか　「ちょっと待って。その計算をする必要はないよ。求めたいのは24年間の日数ではなく、24年間の日数を7でわったあまりだから、このように計算を工夫すると簡単（かんたん）にあまりを求めることができるよ。」

365×18＋366×6 ＝ [ア] ×24＋1×18＋2×6

よしお　「なるほど。このように工夫すると、24年間の日数を7でわったあまりが [イ] であることを簡単に求めることができるね。」

じょうじ　「田中先生が生まれた日はお楽しみ会の日のちょうど24年前だから、田中先生が生まれたのは [ウ] 曜日だね。」

問題4　[ア] にあてはまる数を答えなさい。また、るいかさんは、どのように考えて「このように計算を工夫すると簡単にあまりを求めることができる」と言ったのでしょうか。具体的な**数**や**式**を用いて、**考え方**を書きなさい。

問題5　[イ] にあてはまる数と、[ウ] にあてはまる**漢字一字**を答えなさい。

※次の問題は275ページから始まります。

わたしたちの共同行為を生みだすためのポイントは、自らの状況を相手からも参照可能なように表示しておくことである。「いま、どんなことをしようとしているのか」「どんなことに困っているのか」、そうした〈弱さ〉を隠さず、ためらうことなく開示しておくことで、お掃除ロボットは周りの手助けを上手に引きだしているようなのである。

もう一つのポイントは、相手に対する〈敬意〉や〈信頼〉のようなものではないだろうか。お互いの〈弱い〉ところを開示しあい、そして補いあう。一方で、その〈強み〉を称えあってもいる。このお掃除ロボットは相手を信頼してなのか、その部屋の壁になんのためらいもなく、B委ねることをする。一方で、わたしたちも「へー、こんなところのホコリを丹念に吸い集めてしまうわけ?」「すごい、これには敵わないなあ……。」というわけで、「ここはロボットに任せておこう!」ということを徹底させている。

人とロボットとの共生という言葉があるけれど、自らをわきまえたお掃除ロボットは、わたしたちとのあいだで、⑤持ちつ持たれつという共生をちゃっかり成功させているようなのである。

（岡田美智男「〈弱いロボット〉の思考」による。一部省略がある。）

（注）○袋小路＝行き止まりになっている路地。
○完遂＝完全にやりとげること。
○得手＝得意とすること。
○果敢＝思い切って物事を行う様子。

問題1 ═線部Aのカタカナを漢字に直し、═線部Bの漢字にはよみがなをつけなさい。

問題2 ──線部①「その〈弱さ〉もいくつか気になる」とありますが、お掃除ロボットの〈弱さ〉として筆者はどのようなことを挙げていますか。かじょう書きで三つ書きなさい。

問題3 文章中の ② に当てはまる四字熟語として最もふさわしいものを次のア～オの中から一つ選び、記号で答えなさい。

ア 以心伝心…文字や言葉を使わなくても、心と心で通じ合うこと
イ 日進月歩…日に日にたえることなく、どんどん進化すること
ウ 試行錯誤…挑戦と失敗をくり返しながら、解決策を見出すこと
エ 一朝一夕…きわめてわずかな期間、非常に短い時間のこと
オ 初志貫徹…初めに心に決めた目標を最後まで貫き通すこと

問題4 あきさんは、──線部③「健気な」──線部④「懲りることがない」など筆者が使う言葉に、筆者のロボットに対する見方が表れていると感じ、次のように説明しています。□に入るふさわしい内容を五字以上、十字以内で書きなさい。

筆者は、「健気な」「懲りることがない」など、一般的にはロボットに対して使わない言葉を用いている。このことから、ロボットを単なる機械ではなく、□存在と感じていることが分かる。

問題5 ──線部⑤「持ちつ持たれつという共生」とありますが、この共生は、人とロボットとのどのような関係のことですか。「信頼」「得意」「欠点」という三つの言葉を使って三十字以上、四十字以内で書きなさい。

※次の問題は276ページです。

熊本県立中学校（宇土・八代・玉名）　適性検査Ⅰ　（検査時間50分）

（解答用紙は別冊84Ｐ）（解答例は別冊43Ｐ）

1

あきさんとけんさんは、お掃除ロボットのことについて書かれた次の文章を読み、ロボットと人間の関係に興味をもちました。お掃除ロボットとは、障害物をさけて動きながら床のホコリなどを自動で吸い集めるようにプログラムされた充電式の機械のことです。よく読んであとの問いに答えなさい。

ひとりで勝手にお掃除してくれるロボット。その能力を飛躍的に向上させるなら、わたしたちの仕事をいつかは奪ってしまうのではないかと心配する向きもある。しかし、もうしばらくは大丈夫なのではないかと思う。一緒に暮らしはじめてみると、①その〈弱さ〉もいくつか気になるのだ。

玄関などの段差から落ちてしまうと、そこからはなかなか這い上がれない。部屋の隅にあるコード類を巻き込んでギブアップしたり、時には椅子やテーブルなどに囲まれ、その(注)袋小路から抜けだせなくなりそうになる。（中略）そんな姿になんとなくほっとしてしまう。

こうした関わりのなかで、わたしたちの心構えもわずかに変化してくる。ロボットのスイッチを入れる前に、部屋の隅のコードをＡタバねはじめる。ロボットの先回りをしては、床の上に乱雑に置かれたモノを取り除いていたりする。いつの間にか、部屋のなかはきれいに片づいている。このロボットの意図していたことではないにせよ、周りの手助けを上手に引きだしながら、結果として「部屋のなかをお掃除する」という目的を果たしてしまう。（中略）

先に述べたように「コードを巻き込んで、ギブアップしやすい」というのは、一種の欠陥や欠点であり、本来は克服されるべきものだろう（実は、いつの間にかパワーアップされたお掃除ロボットの仲間は、こうした欠点を克服しつつある……）。しかし、その見方を変えるなら、この〈弱さ〉は、「わたしたちに一緒にお掃除に参加するための余地や余白を残してくれている」ともいえるのだ。

そこで一緒にお掃除する様子を眺めてみるとおもしろい。わたしたちとロボットとは、お互いに部屋を片づける能力を競いあいながら、この掃除に参加している風ではない。どこまで手伝えばいいのか、どのような工夫をすれば、このロボットは最後まで(注)完遂してくれるのか。そうした【②】を重ねるなかで、お互いの得手、(注)不得手を特定しあう。目の前の課題に対して、その連携のあり方を探ろうとする。「相手と心を一つにする」というところまで、まだ距離はありそうだけど、ようやくその入り口に立てたような感じもするのである。

床の上のホコリを丁寧に吸い集めるのは、ロボットの得意とするところであり、わたしたちに真似はできない。一方で、ロボットの進行を先回りしながら、椅子を並べかえ、障害物を取り除いてあげることは、わたしたちの得意とするところだろう。一緒にお掃除しながらも、お互いの〈強み〉を生かしつつ、同時にお互いの〈弱さ〉を補完しあってもいる。

これも多様性というのだろうか、そこでは部屋の壁、わたしたち、そして③健気なお掃除ロボットという、さまざまな個性やそれぞれの技が協働しあっていて心地よい。そうした高度な関わりにあっては、ロボットはすべての能力を自らのなかに抱え込む必要はない。わたしたちもまた完全である必要はないということなのだろう。

でもどうして、このような連携プレーが可能なのだろう。一つにはこのロボットの性格から来るものなのではないかと思う。ぶつかるのを知ってか識らずか、部屋の壁に(注)果敢に突き進んでいく。コードに巻きついても、そこからなかなか離れようとはせず、遂にはギブアップ……。そんな失敗をなんどかくりかえしても、④懲りることがない。

そのようなロボットのあっけらかんとした振る舞いに対して、（中略）いつの間にか応援してしまう。

2 あきさんとけんさんは，熊本県の高齢者への「やさしいまちづくり」について話をしています。次の会話文を読んで，各問いに答えなさい。

> あき「令和元年の全人口にしめる65歳以上の人口の割合は，全国が28.4％で熊本県は31.1％みたいだよ。」
> けん「熊本県は，全国と比べて高齢化が進んでいるね。」
> あき「熊本県では，高齢化などへの対応として『やさしいまちづくり』に取り組んでいるそうだよ。」
> けん「熊本県の『やさしいまちづくり』の取り組みについて調べてみよう。」

二人は，熊本県の「やさしいまちづくり」の取り組みについて調べ，**資料1**，**資料2**，**資料3**を見つけました。

資料1　「熊本県高齢者，障害者等の自立と社会的活動への参加の促進に関する条例（やさしいまちづくり条例）」の一部

> （目的）
> 第1条　この条例は，県，県民及び事業者の責務を明らかにするとともに，県の施策の基本となる事項を定めることにより，高齢者，障害者等が自立及び社会的活動への参加を果たせる社会を築くこと（以下「やさしいまちづくり」という。）を目的とする。
> （注）○事業者＝商業や工業などの事業を行う者。○責務＝責任と義務。○施策＝実行すべき計画。

資料2　「おでかけ安心トイレ普及事業」協力施設のトイレ

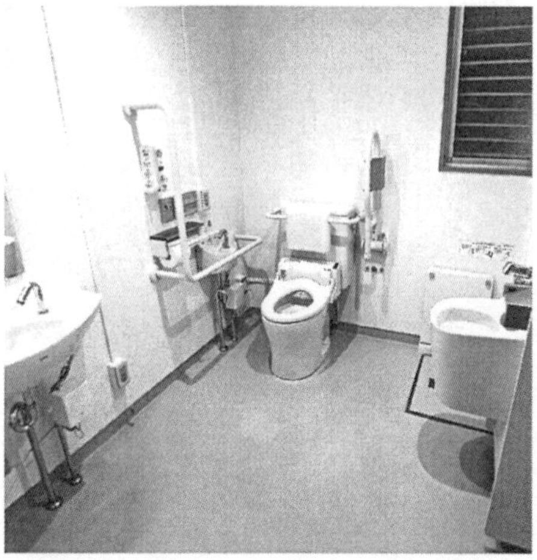

資料3　「ハートフルパス制度」に関する案内表示とハートフルパス

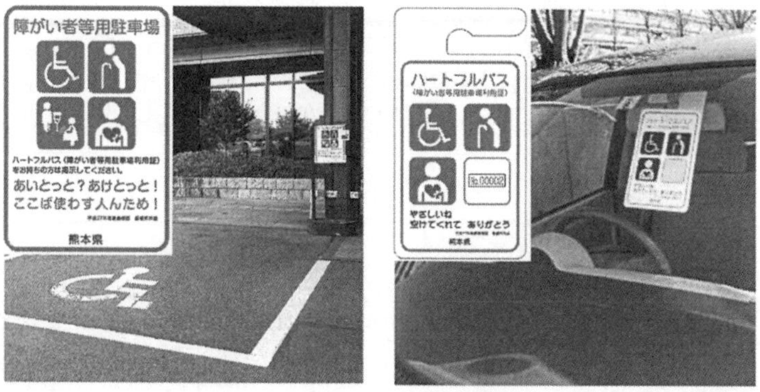

（熊本県ホームページより作成）

※「ハートフルパス制度」とは，高齢の方や障がいのある方などに，県内共通の障がい者等用駐車場の利用証（ハートフルパス）を交付することで，本当に必要な人のための駐車スペースを確保する制度です。

問題1

（1）資料1について，「やさしいまちづくり条例」の目的は，日本国憲法の考え方にもとづいています。日本国憲法の三つの原則の中で，「やさしいまちづくり条例」の目的と最も関係が深いものを書きなさい。

（2）資料2について，「おでかけ安心トイレ普及事業」は，熊本県の「やさしいまちづくり」を目指した取り組みの一つです。資料2のトイレは，どのようなくふうがなされているか，ユニバーサルデザインの考え方にふれながら書きなさい。

（3）資料3について，熊本県では「ハートフルパス制度」を推進しています。この制度が「やさしいまちづくり」につながると考えられるのはなぜか，資料1の「やさしいまちづくり条例」の目的と関連付けて書きなさい。

あき「駐車場の取り組みがあったけど，自動車があると外出するときに便利だね。」
けん「だけど，高齢者の方の中には，自動車の運転を不安だと思う人もいると思うよ。」
あき「国では，『サポカー』普及の取り組みを行っているそうだよ。」
けん「次は，国の『サポカー』普及の取り組みについて調べてみよう。」

二人は，国の「サポカー」普及の取り組みについて調べ，**資料4**，**資料5**を見つけました。

資料4　運転者の年代別の交通事故数の変化

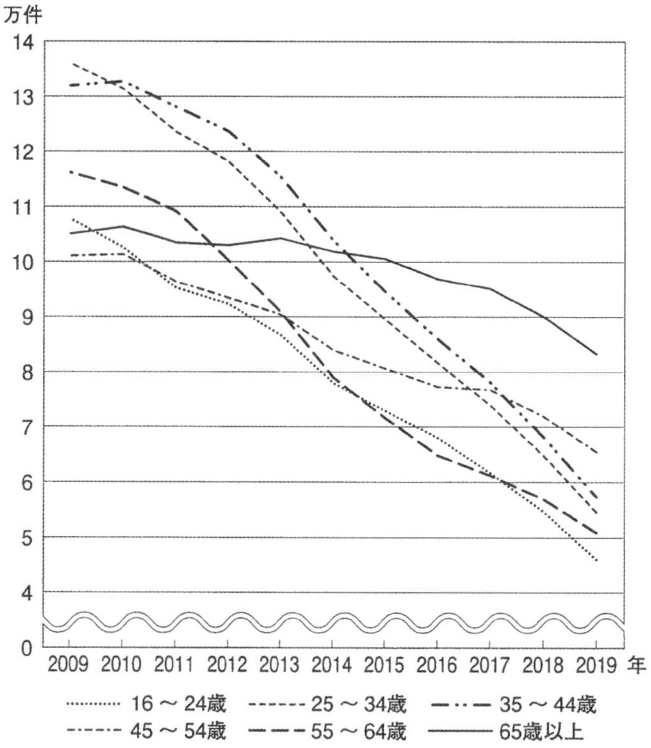

(警察庁交通局「令和元年中の交通事故の発生状況」より作成)

資料5　「サポカー補助金」のチラシ

(経済産業省ホームページによる)

※「サポカー」とは，衝突の可能性があるときに警報で知らせたり，自動でブレーキが作動したりして，ドライバーの安全運転を支援してくれる自動車のこと。

問題2

(1)　資料4から分かることとして正しいものを，次のア～エから一つ選び，記号で答えなさい。

ア　2009年から2019年までの間で，すべての年代で毎年交通事故数は減り続けている。

イ　2009年から2019年までの間で，最も交通事故数が減っているのは16～24歳の年代である。

ウ　2009年と比べて2019年では，交通事故数全体にしめる65歳以上の年代の交通事故数の割合が高くなっている。

エ　2009年と比べて2019年では，すべての年代で交通事故数は2009年の交通事故数の半数以下になっている。

(2)　資料5について，国は，「サポカー」普及の取り組みとして，65歳以上になるドライバーが「サポカー」などを購入する場合に，購入を補助するお金を受け取れる「サポカー補助金」の制度を始めています。「サポカー」と「サポカー補助金」のよさとして考えられることを，自動車を運転する高齢者の立場からそれぞれ書きなさい。

(3)　高齢者の中には，自動車を自由に使えない人たちもいます。そのような人たちのために，国や地方公共団体は，どのような取り組みを行っていく必要があると考えられるか，取り組みと，そう考えた理由を書きなさい。

熊本県立中学校

3 次の会話文を読んで、あとの問いに答えなさい。

けん「ロボットと共生することについては、これまでは考えたことがなかったよ。それに、熊本県の『やさしいまちづくり』の取り組みも、だれもが暮らしやすい社会につながっていることが分かったよ。」
あき「そうだよ。これからもよりよい社会になっていくといいね。でも、だれかにつくってもらおうと考えるだけでは、いけないね。」
けん「そうだね。よりよい社会にするためには一人一人が考えることが大切になってくるよね。」
あき「では、よりよい社会ってどんな社会のことなんだろう。まずはそこから考えてみようよ。」

問題　あなたの考える「よりよい社会」とは、どのような社会ですか。また、そのような社会をつくるために自分たちにはどのようなことができると思いますか。あなたの考えを書きなさい。（あとの〈条件〉にしたがって書くこと。）

〈条件〉
○最初に、あなたが考える「よりよい社会」とはどのような社会かを書くこと。次に、「よりよい社会」を目指すとき、課題と考えることやそれを課題と考える理由について書くこと。最後に、「よりよい社会」の実現のために、あなたが日常的に取り組めることについて書くこと。
○百六十字以上、二百字以内で書くこと。
○解答用紙の◆の印から書き始め、段落は変えないこと。

※問題は280ページから始まります。

熊本県立中学校（宇土・八代・玉名）　適性検査Ⅱ　（検査時間50分）

（解答用紙は別冊 87 P）（解答例は別冊 44 P）

1　次の各場面におけるそれぞれの問題に答えなさい。

問題１　卒業式を体育館で行うために，図１のように参加者席をつくります。体育館内に横15m，たて18mの長方形の形にシートをしき，シートの上に，下の【ルール】にしたがって同じ大きさのいすを96きゃくならべます。

【ルール】
①シートの中央に横はば３mの通路をつくる。
②中央の通路をはさんだ参加者席の，いすの横方向の間かくは等しくする。

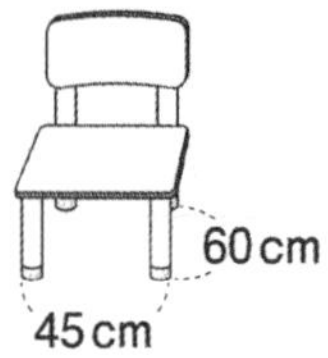

いすの横はばは45cm，
たてはばは60cmです。

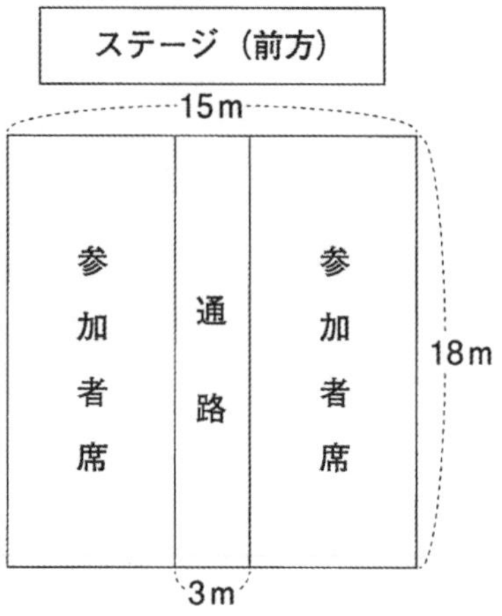

図１

（1）たて１列に12きゃくのいすをならべることにしました。シートの一番前から１m空けて先頭のいすをおき，いすといすの間かくを75cmにしてならべます。このとき，シートの後方は何m何cm空くことになるか求めなさい。

（2）次に横方向にいすをならべることにしました。シートの端からいすをならべて，いすの横方向の間かくをできるだけ広くとることにします。横１列に，通路をはさんでそれぞれ４きゃくずつ，いすの間かくを等しくしてならべるとき，その間かくは，何m何cmとなるか求めなさい。また，言葉や式などを使って求め方もかきなさい。

問題２　ゆうとさんの学年では，正方形の画用紙に好きな漢字一文字を書いて，かべに掲示することにしました。図２のように，正方形の画用紙の端を重ねながら，４つのすみを画びょうで貼り付けることにします。図２は，正方形の画用紙を，かべに横３列，たて２段で掲示したものです。

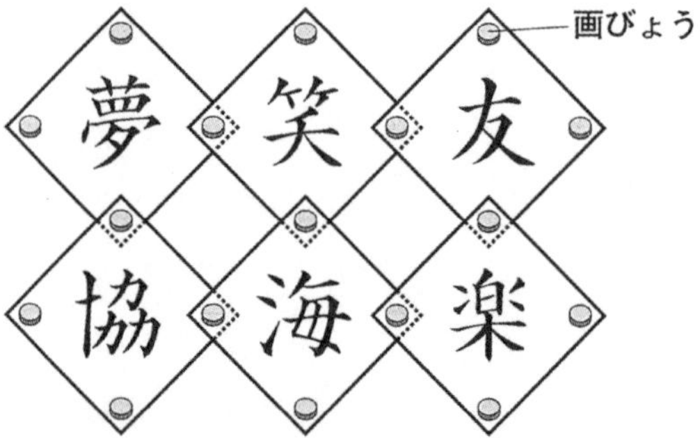

図２

この貼り方で，ゆうとさんたちが学年80人分の正方形の画用紙を，体育館のかべに横10列，たて８段で掲示するとき，画びょうは何個必要になるか求めなさい。また，言葉や式などを使って求め方もかきなさい。

問題３　けんたさんたちは，社会の授業で水について学習しました。その中で，１人あたりの１日の生活用水の使用量について，A市の目標が210L以下であることを知りました。そこで，実際に自分たちがどれくらい水を使っているかを知りたいと思い，「A市の人口の推移」と，「A市の１日あたりの生活用水の使用量の推移」を表す２つのグラフを見つけてきました。

２つのグラフをもとに，A市の１人あたりの１日の生活用水の使用量を計算して，次のような話し合いをしました。

けんた「市の１日あたりの生活用水の使用量は，年ごとに変化していて，１人あたりの１日の生活用水の使用量は，2004年から2011年も，2011年から2018年も減っているようだね。」
はるな「2018年の１人あたりの１日の生活用水の使用量は，目標の210Lまで，あと10Lくらいになったね。」
けんた「そうだね。ぼくたちができる節水を考えて行動していくと，目標の210Lも実現できそうだね。」

右のグラフはけんたさんたちが見ていた「A市の人口の推移」のグラフです。
「A市の１日あたりの生活用水の使用量の推移」を表す正しいグラフは下のア～ウのうちどれですか。正しいものをア～ウから１つ選び，記号で答えなさい。また，その理由を言葉や式などを使って説明しなさい。

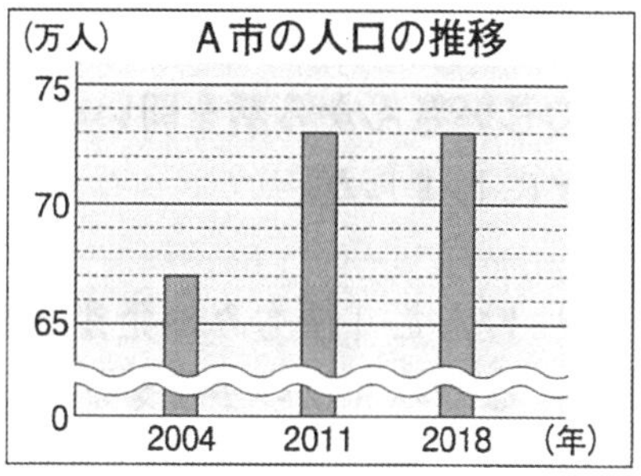

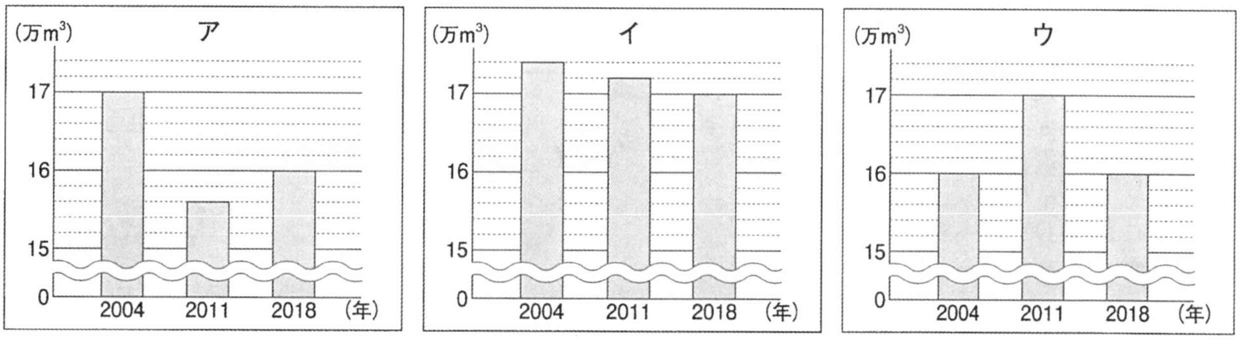

問題４　わかなさんたちは，社会科見学で熊本城に来ています。２人は形や大きさのちがうたくさんの石がすき間なく置かれている石がきを見ながら，次のような疑問（ぎもん）をもちました。

わかな「ばらばらの形の石がすき間なく置かれていてすごいね。」
そうた「そうだね。そういえば，この前，算数の授業で正多角形の学習をしたけれど，いろいろな正多角形をすき間なく置けるのかな。」
わかな「例えば，３つの正三角形と２つの正方形だったら，この図（**図３**）のように，１つの点に角をすき間なく集められそうだよ。」
そうた「本当だ，おもしろいね。他にも，正多角形を２種類以上使って，１つの点に角をすき間なく集めることができるのかな。」

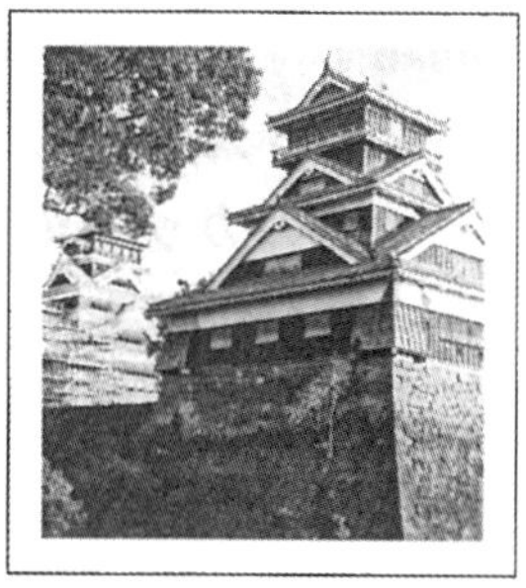

正多角形を２種類以上使って，１つの点に角をすき間なく集めることができる組み合わせを，下のア～オから２つ以上選んで解答用紙の記号を丸で囲みなさい。また，それらを選んだ理由を言葉や式などを使って説明しなさい。ただし，同じ正多角形は何回使ってもよいこととします。

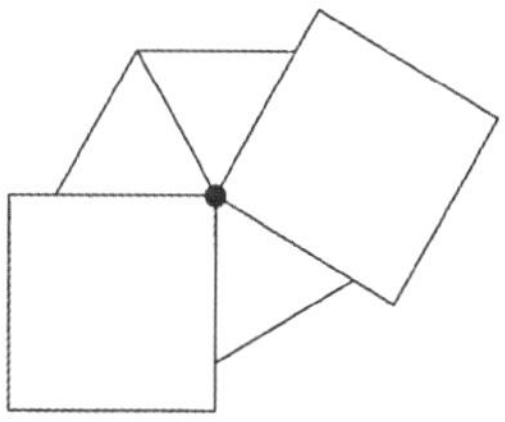

図３

ア　正方形　　**イ**　正六角形　　**ウ**　正八角形　　**エ**　正十角形　　**オ**　正十二角形

2 けんとさんの学校では，毎年，種もみ（もみがらがついているイネの種子）を発芽させて田植えを行い，収穫したお米でおにぎりを作って食べる体験学習を行っています。昨年は，発芽した種もみの数が少なく，その結果，お米の収穫量が少なくなってしまいました。そこで，けんとさんは，毎年稲作を教えてくれるおじいさんの家を訪れ，イネの発芽について聞いてみることにしました。

けんと　　　「昨年は発芽した種もみの数が少なかったと聞いたけど，どうしてですか。」
おじいさん「種もみを発芽させるためには，様々な条件を整えることが大切なんだよ。」
けんと　　　「どんな条件が必要か調べてみます。」

おじいさんから話を聞いたあと，けんとさんは，発芽の条件について友達といっしょに考えることにしました。

けんと「種もみの発芽に必要な条件は何かな。ぼくは水が必要だと思う。」
なつみ「土の中で芽が出るから，日光を当ててはいけないと思う。」
はなこ「春になったら芽が出るから，20℃くらいの温度が必要だと思う。」
けんと「これから，みんなの予想が正しいかどうかたしかめるために実験をしよう。」

けんとさんたち３人は，右のカップに種もみを入れて，発芽の条件を調べることにしました（**実験１**）。

このとき，①～④のカップは平均20℃の室内に置き，⑤と⑥のカップは平均５℃の冷ぞう庫の中に入れました。また，①と②のカップは日光の当たる場所に置き，③～⑥のカップは日光が当たらないようにしました。

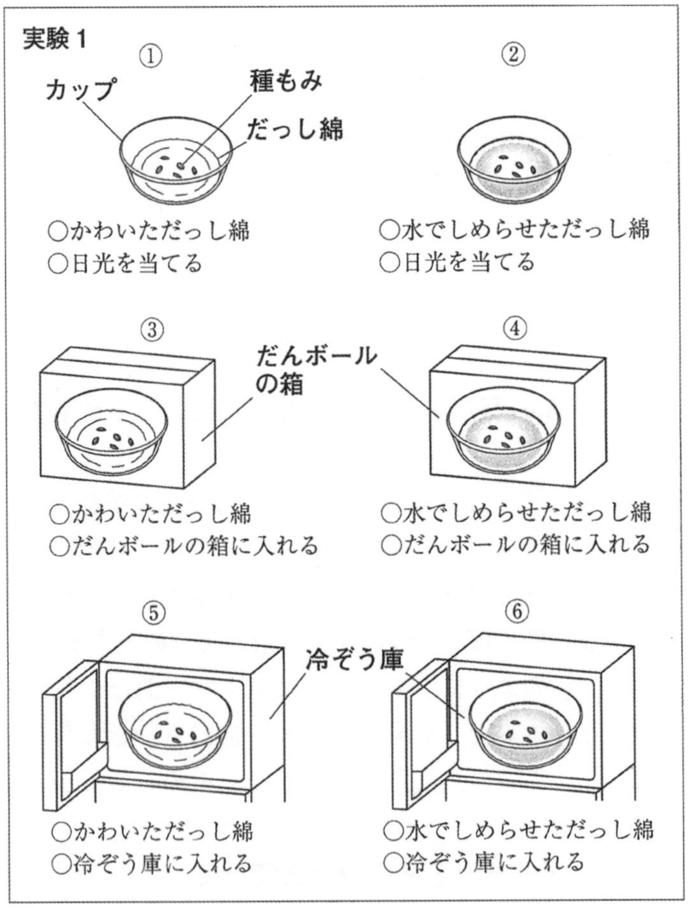

問題１

（１）３人の予想がすべて正しければ，右のカップのうち，すべての条件を満たし発芽すると予想されるカップはどれだと考えられますか。①～⑥から１つ選び，番号で答えなさい。

３人が**実験１**を行った結果，②と④の種もみが発芽し，①，③，⑤，⑥の種もみは発芽しませんでした。

（２）実験１の結果から，発芽の条件として３人それぞれの予想は正しかったといえますか。予想が正しければ「○」，正しくなければ「×」のどちらかを丸で囲みなさい。また，そのことは，①～⑥のカップのどれとどれを比べたことで分かりますか。考えられる番号の組み合わせを答えなさい。

発芽の条件を調べたけんとさんたちは，次に，種もみを選別する方法についておじいさんから教えてもらいました。

「塩水選」といって，食塩水に種もみを入れ，うくものとしずむものに分けるんだ。しずんだ種もみは，中身がぎっしりつまっているから，よい種もみということになるんだよ。このしずんだ種もみを使うと，発芽する数が増えるよ。
ただし，もち米とうるち米のそれぞれに合う食塩水（表１）を使うんだよ。

表１　塩水選に使う食塩の量

	もち米用	うるち米用
食塩	2 kg	4 kg

※20℃の水20Lを使用

※もち米とは，もちや赤飯，おこわとして食べる米のこと。
うるち米とは，白米やげんまいとして食べるふつうの米のこと。

けんとさんたちは，**表１**をもとにして塩水選用の２種類の食塩水（水よう液A，水よう液B）を作りました。ところが，容器に印をつけるのをわすれてしまい，どちらがもち米用で，どちらがうるち米用か分からなくなってしまいました。そこで，２種類の水よう液を見分けるために，次のような実験を行いました（**実験２**）。

実験２
① 水よう液Aと水よう液Bからそれぞれ100 mLずつ取り出す。
② 水よう液Aと水よう液Bのそれぞれに食塩を５gずつ加えていく（水温20℃）。

表２　実験２の結果

加えた食塩の合計（g）	5	10	15	20
水よう液A	○	○	×	
水よう液B	○	○	○	○

○：全部とけた　×：とけ残った

問題２

（１）水よう液Aと水よう液Bでは，どちらがうるち米用の食塩水ですか。解答用紙の「水よう液A」，「水よう液B」のどちらかを丸で囲みなさい。また，その理由を表１の内容と表２の結果をもとに説明しなさい。

（２）水よう液を見分けるために，けんとさんたちが行った実験方法とは別の方法で調べるとしたら，どのような方法で調べますか。【実験に使うもの】の中から必要なものを２種類以上選んで実験方法を説明しなさい。

【実験に使うもの】
ろうと　　じょう発皿　　けんび鏡　　金あみをのせた実験用ガスこんろ
ろ紙　　電子てんびん　　ビーカー　　メスシリンダー

【実験のやくそく】
- 水よう液は口にふくまない。
- 水よう液A，水よう液Bを使う。
- 種もみは使わない。
- 実験に使うものは，同じものをいくつ使ってもよい。

次にけんとさんたち３人は，つけ物作りをしていたおばあさんから次のような話を聞きました。

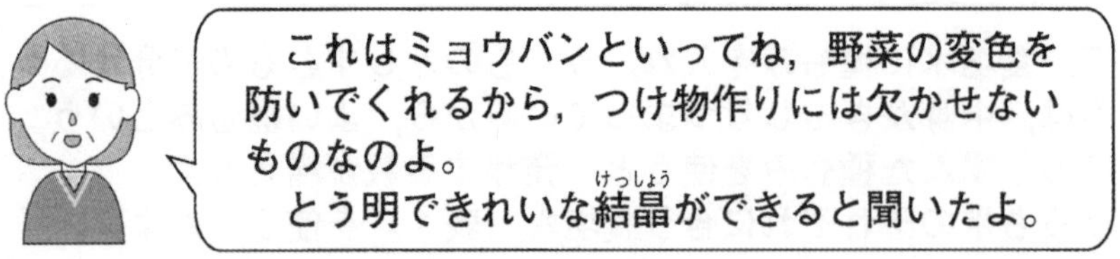
これはミョウバンといってね，野菜の変色を防いでくれるから，つけ物作りには欠かせないものなのよ。
とう明できれいな結晶(けっしょう)ができると聞いたよ。

※結晶とは，規則正しい形をしたつぶのこと。

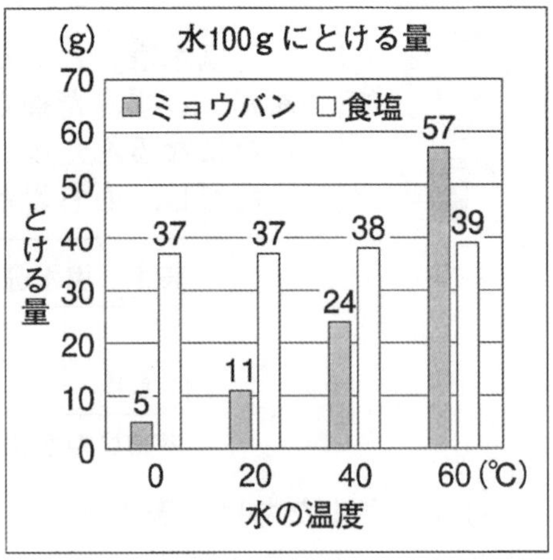

グラフ１

けんとさんたち３人は，おじいさんとおばあさんから食塩とミョウバンをもらい，夏休みの自由研究で結晶作りをすることにしました。はじめに，温度を変えながらそれぞれのとける量を調べ，結果をグラフに表しました（**グラフ１**）。

次に，結晶の量を調べるために，**実験３**を行いました。

実験３　ミョウバンと食塩の結晶を作る。

① 60℃の水100gに57gのミョウバンを全部とかして２等分し，ふたありとふたなしの容器に入れる。
② ①を２組作り，日光の当たらない部屋と冷ぞう庫にそれぞれ３日間置いて，出てきた結晶を量る。
③ 60℃の水100gに39gの食塩を全部とかして２等分し，ふたありとふたなしの容器に入れる。
④ ③を２組作り，日光の当たらない部屋と冷ぞう庫にそれぞれ３日間置いて，出てきた結晶を量る。

日光の当たらない部屋
（室温平均28℃）
冷ぞう庫
（冷ぞう庫内平均５℃）
ふた
5℃の水100gにとける食塩の量は37gですよ。
先生

※室温と水よう液の温度は等しい　※冷ぞう庫内の温度と水よう液の温度は等しい

実験３の結果

表３　ミョウバンの結晶の量

	ふたあり	ふたなし
部屋	18g（0g）	24g（32g）
冷ぞう庫	23g（0g）	25g（18g）

表４　食塩の結晶の量

	ふたあり	ふたなし
部屋	1g（0g）	7g（16g）
冷ぞう庫	Ⓐ（0g）	5g（12g）

※表３，表４の（　）内は，減った水の量を表す。

問題３

（1）冷ぞう庫に入れたふたありの容器に出てくる食塩の結晶の量Ⓐは何gと考えられますか。最も適当なものを次のア～エから１つ選び，記号で答えなさい。また，選んだ理由をグラフ１や先生の言葉をもとにして説明しなさい。

ア　1g　　イ　2g　　ウ　3g　　エ　4g

(2) けんとさんたちはミョウバンの結晶の量について，次のように考察をしました。㋐と㋑にはそれぞれあてはまる数字を書きなさい。また，㋒と㋓に入る言葉の最も適当な組み合わせを次のア～エから１つ選び，記号で答えなさい。

【考察】

グラフ１から，ミョウバンは水よう液の温度が下がるにつれて出てくる結晶の量が増える。

また，**表３**から，部屋に置いたふたなしの容器からは，ふたありの容器より（　㋐　）g多くの結晶が出ている。冷ぞう庫に置いたふたなしの容器からは，ふたありの容器より（　㋑　）g多くの結晶が出ている。冷ぞう庫より部屋の方が減った水の量が多いので，減った水の量が多いほど，結晶が（　㋒　）出ると考えられる。

だから，出てくるミョウバンの結晶の量には，水よう液の温度の変化と（　㋓　）が関係していることが分かる。

ア　㋒多く　㋓とかすミョウバンの量　　**イ**　㋒多く　㋓減った水の量

ウ　㋒少なく　㋓とかすミョウバンの量　　**エ**　㋒少なく　㋓減った水の量

※問題は287ページから始まります。

大分県立大分豊府中学校　適性検査Ⅰ　（検査時間50分）

（解答用紙は別冊 90 P）（解答例は別冊 46 P）

【聞き取りの問題】

これから，放送による聞き取り問題を始めます。放送中，メモ用紙にメモをとってもかまいません。ただし，放送が終わるまで，問題用紙は開いてはいけません。放送は，一度しか流しません。それでは，始めます。

6年生のかずまさんは，総合的な学習の時間を中心に「環境保全」について学習をしています。テーマは「自分たちの手で守る環境」です。それに関連して，家庭科の時間にエコバッグを作ることになりました。次は，かずまさんとお母さんの会話です。

かずま　　お母さん，エコバッグってどんなものがいいと思う？

お母さん　あら，急にどうしたの？

かずま　　家庭科の時間に，エコバッグを作るんだよ。実は今，学校で，総合的な学習の時間を中心に「環境保全」について学習をしているんだ。今日は，「海洋プラスチックごみ」について調べたんだ。プラスチックごみのせいで，世界各地の海に暮らす生き物たちに深刻な問題が起きているらしいよ。

お母さん　まあ，どんな問題が起きているの？

かずま　　生き物たちがプラスチックを大量に飲み込んで，体の中に詰まらせてしまうと，命を失うことがあるそうなんだ。今では，ウミガメの52%，クジラやイルカの56%がプラスチックを食べていて，その体からは，ポリ袋や，発泡スチロールの破片などが見つかることもあるんだよ。

お母さん　そんな大変なことになっているのね。

かずま　　身近なプラスチックでも被害が出るらしいから，大分県のレジ袋消費量も調べてみたんだ。去年1年間で，なんと約3億4千万枚も使われていたんだって。

お母さん　大分県だけで，そんなに多く使っていたのね。

かずま　　レジ袋は，手軽で便利だけど，ごみになると自然にかえるまで長い時間がかかるよね。それで環境のことを考えて，何度も使えるエコバッグを作ろうということになったんだ。

お母さん　買い物にエコバッグを持って行くことは，誰もが取り組める環境を守る行動だからいいわね。

かずま　　お母さんだったら，どんなエコバッグがいい？

お母さん　そうね。特売の日にまとめ買いをするから，たくさん入ることと，重いものを持てるように肩にかけられるといいわね。それに，仕事帰りに買い物をすることがあるから，使わないときは小さく折りたたんで持ち運べるものがいいわね。

かずま　　なるほど。レジ袋も，買ったものがたくさん入るように，側面にまちがついているよね。それと，たたんで入れられる袋もつけると，エコバッグが小さくできて，手軽に持ち運べるからいいよね。他にある？

お母さん　あっ，保冷機能があると冷たいものをそのまま持ち帰れるから，お肉や牛乳を買うのも安心ね。保冷機能もほしいわ。

かずま　　ちょっと，お母さん！それは作るのが難しいよ。

お母さん　そうね。あなたが好きなデザインにするのが一番いいわね。

以上で，放送による聞き取りを終わります。問題用紙を開いて，問題に答えなさい。

1　放送で聞いた内容について，次の（1）～（3）の問いに答えなさい。

（1）放送で聞いた内容として最も適当なものを，次の**ア～エ**の中から１つ選び，記号で答えなさい。

ア　総合的な学習の時間に，エコバッグを作ることになっている。
イ　ウミガメやクジラやイルカの50％以上に，ひ害がでている。
ウ　大分県のペットボトル消費量は，年間約３億４千万本である。
エ　レジ袋は，自然にかえるまで，あまり時間がかからない。

（2）かずまさんが話した「海洋プラスチックごみ」の問題点を，「海の生き物」という言葉を使って書きなさい。

（3）かずまさんはお母さんの話を参考に，エコバッグのデザイン案を作成し，ワークシートにまとめました。次は，**【かずまさんのワークシート】**です。

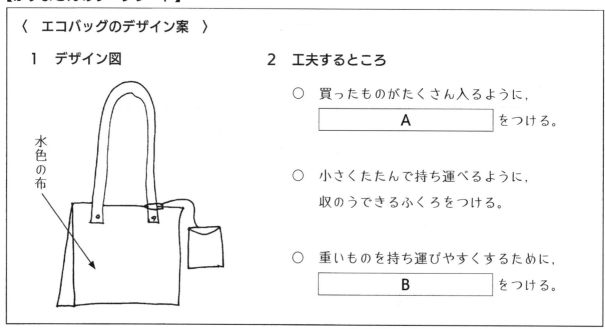

【かずまさんのワークシート】

〈　エコバッグのデザイン案　〉

1　デザイン図

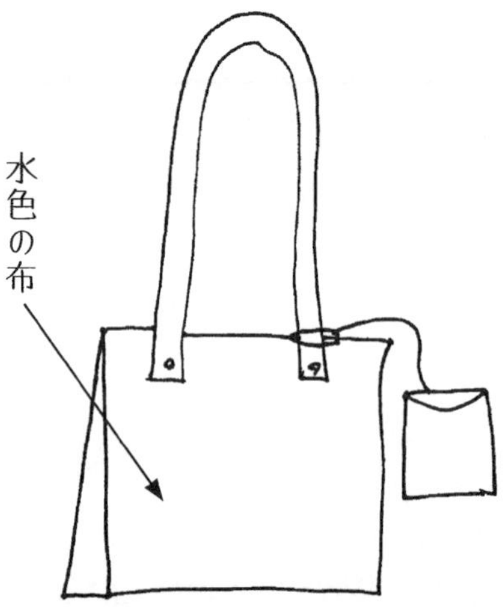

2　工夫するところ

○　買ったものがたくさん入るように，
　　［　A　］をつける。

○　小さくたたんで持ち運べるように，
　　収のうできるふくろをつける。

○　重いものを持ち運びやすくするために，
　　［　B　］をつける。

①　**【かずまさんのワークシート】**の［　A　］，［　B　］に当てはまる具体的な工夫を，それぞれの目的に合わせて書きなさい。

②　エコバッグにあったらよいとお母さんが思っていることで，かずまさんがデザイン案に取り入れなかったことは何か，漢字４字で書きなさい。

2 かずまさんが環境(かんきょう)問題について，さらに調べていると，海洋プラスチックごみの中で，レジ袋の割合(わりあい)は1％にも満たないことがわかりました。このことから，かずまさんは「レジ袋の有料化」について，疑問(ぎもん)をもちました。あなたは「レジ袋の有料化」に対して，**賛成**ですか，**反対**ですか。

次の条件にしたがって，あなたの意見を書きなさい。

条件

＊ 第一段落には，「**賛成**」，「**反対**」のどちらかを選び，あなたの立場を書くこと。

＊ 第二段落には，**【資料】**を読んで考えたことをもとに，その理由を書くこと。

＊ 原こう用紙の使い方にしたがって，120字以上160字以内で書くこと。

【資料】

食生活を変えたプラスチック

第二次世界大戦後，アメリカでセルフサービス式のスーパーマーケットがふきゅうし，日本でも1960年代の高度成長期に，スーパーがじょじょに広まっていきました。

魚は鮮魚(せんぎょ)店，パンはパン屋，とあちこちの店をたずねなくても，一か所で買い物がすむスーパーの登場は，食品包装(ほうそう)のあり方を変えました。大量にならんだ商品の中から，買い物客が自分で選べるよう，商品情報が印刷された包装が欠かせなくなります。

食品の包装には，食品を空気やしっけなどから守り，品質をたもつことも求められました。そこで開発されたのが，密ぷう性にすぐれたプラスチック製フィルムです。ついで，魚や肉用の発泡(はっぽう)トレイやとうめいトレイ，インスタント食品用のカップ，レトルト食品用のレトルトパウチなど，さまざまなプラスチック製の容器包装が登場しました。

1970年代になると，スーパーでは，紙袋に代わってプラスチック製のレジ袋が使われるようになります。ファストフード店がたんじょうし，プラスチック製の使いすてカップやストロー，スプーンなどが身近なものになったのも，この時代です。

1980年代になると，飲料用にペットボトルが使用されるようになります。さらに，コンビニと電子レンジのふきゅうによって，そのまま電子レンジで温められる耐熱(たいねつ)弁当容器もお目見えしました。

家庭で料理をつくって食たくを囲む時代から，弁当やそうざい，ファストフードのテイクアウトを利用する時代へ。人々の食生活が大きく変化したのは，女性も働くようになって家事の合理化(注1)が進んだこと，核(かく)家族化(注2)や子どものじゅく通いなどによって個食(こしょく)(注3)が増えたことなど様々な原因がありました。

プラスチックの容器包装は，そんな人々のくらし方にそうようにして成長をとげ，現在，日本だけで4000億円規模(きぼ)の市場(しじょう)(注4)を形成しています。しかし，使いすての便利さと引きかえに，私たちは大量のごみと向き合うことを余儀(よぎ)なくされています。

(注1) 合理化…物事にかかるむだを省くこと。
(注2) 核家族…夫婦のみの家族，または親と子供だけの家族のこと。
(注3) 個食…一人で食事をとること。また，家族の一人一人が，ばらばらの時間に食事をとること。
(注4) 市場…ものを売りたい人と買いたい人が集まって，取引が行われる場所のこと。

（インフォビジュアル研究所「図解でわかる14歳からのプラスチックと環境問題」から……一部表記を改めている。）

大分豊府中学校

3　かずまさんたちは校内の「エコ活動」について，全校児童にアンケートを取り，下の**【アンケート結果】**にまとめました。そして，取り組んでほしい「エコ活動」を全校児童に伝えるために，右のような**【プレゼンテーションの構成】**を作成しているところです。次の**【アンケート結果】**と，**【プレゼンテーションの構成】**を見て，（1）～（4）の問いに答えなさい。

【アンケート結果】　○できたこと　△できていないこと

	学年	回　答	学年	回　答
低学年	1年生	○帰りに電気を消した。 △水やりをしたあと，水をちゃんと止めていない。	2年生	○給食を残さず食べた。 △運動場の水道で水を飛ばして遊ぶ人がいた。
中学年	3年生	○電気を消す当番を決めた。 △歯みがきのとき，水を流しながらする人が多い。	4年生	○使わない時は，CDプレーヤーの電げんを切った。 △落ちているごみを**ひろう**人が少ない。
高学年	5年生	○ペットボトルキャップを集めた。 △手洗いをしたあと，じゃ口をきちんとしめない人がいる。	6年生	○エアコンは教室の温度を確かめて使った。 ○給食の残菜ゼロが10日間続いた。 ○紙ゴミを入れる箱を教室に置いた。

（1）**【アンケート結果】**をまとめたかずまさんは，先生からこれまでに習った漢字を正しく使うように言われました。下線部「**ひろう**」を送りがなをつけて漢字で書きなさい。

（2）かずまさんは**【プレゼンテーションの構成】のスライド2**の説明内容を考えました。［ あ ］に当てはまる言葉を，**【アンケート結果】**を使って，40字以上50字以内で書きなさい。

（3）**スライド3**の［ A ］，**スライド4**の［ B ］に入る接続語（つなぎ言葉）として最も適当なものを，次の**ア～エ**の中からそれぞれ選び，記号で答えなさい。

ア　または　　**イ**　しかし　　**ウ**　そこで　　**エ**　すると

（4）**スライド4**の［ い ］に入る「あいことば」として最も適当なものを，次の**ア～ウ**の中から1つ選び，記号で答えなさい。また，選ばなかったものについて，その記号とふさわしくないと判断した理由をそれぞれ書きなさい。

ア　つかったあとの水，出したままにしていませんか？ひとりひとりが気をつけて！
イ　キュッとしめよう　ぽたぽた　じゃ口！
ウ　みらいへ，かぎりある水しげんをまもるため・・・

大分豊府中学校

【プレゼンテーションの構成】

構成	示すスライド	説明内容
始め	スライド１ めじろ小学校の「エコかつどう」について アンケートからわかったこと ↓ **水のむだづかい**	「エコ活動」についてのアンケートに協力してくれて，ありがとうございました。アンケートの結果，たくさんの学年で「できていないこと」がありました。 それは，水を大切に使うことです。いろいろな水のむだづかいがありました。
中	スライド２ 水のむだづかい 	たとえば， ［　㋐　］ みなさんの中には「それくらい，いいじゃないか。」と思う人がいるかもしれません。
	スライド３ 水どうのないせいかつをしている人は せかいで４人に１人！ 	［　A　］ 世界では４人に１人が，水道設備のない生活をしています。じゃ口をひねれば安全な水が出るのは，当たり前ではないのです。
終わり	スライド４ めじろ小学校のあいことば ［　㋑　］ みんなでおぼえてやってみよう！	［　B　］ めじろ小学校「エコ活動」のあいことばを作りました。あいことばは， ［　㋑　］ です。 みんなで覚えて実行しましょう。

4　夏休みの登校日に，かおるさんたちは，自分の国に帰っているエドワード先生とオンラインで会話をしています。次の会話文を読んで，（1）～（6）の問いに答えなさい。

エドワード　やあ，かおるさん。
かおる　エドワード先生，お元気ですか。ところで先生の国は，日本と似ていますか。
エドワード　はい。わたしの国も，日本と同じくらいの広さで，海に囲まれているので，魚をよく食べます。フィッシュアンドチップスを知っていますか。
かおる　知っています。大分で行われたラグビーワールドカップ観戦のときに食べました。先生は，給食がおいしいと言っていましたよね。日本の給食では何が好きですか。
エドワード　わたしが好きなメニューはトリニータ丼（どん）です。
かおる　わたしもトリニータ丼が好きです。先生の国でも日本のように，米が作られているのですか。
エドワード　いえ，あまり作られていません。
かおる　そうなのですね。日本にもどって来たら，米を使ったいろいろな料理をぜひ食べて下さいね。そうそう，㋐日本では食べ物を買うと，税金が８％かかり，お店で食べると10％かかりますよね。先生の国では，どうですか。
エドワード　お店で食べるときは20％の税金がかかります。高く感じるかもしれませんが，税金は生活や社会を支えるとても大切なものなのですよ。
かおる　授業で習いました。税金を使って㋑私たちは教科書を無料でもらっています。
エドワード　そこもわたしの国と似ていますね。
かおる　先生に日本の文化を知ってほしいので，日本にある世界遺産（いさん）をしょうかいする準備をしています。２学期を楽しみにしていてください。

（1）かおるさんとエドワード先生が好きなトリニータ丼は，地産地消の取り組みから生まれました。地産地消は，**生産者**にとって，どのようなよさがあるか，次の【**資料１**】と【**資料２**】を関連づけて説明しなさい。

【資料１】他県に出荷したキャベツ１玉（１kg）156円の内わけ

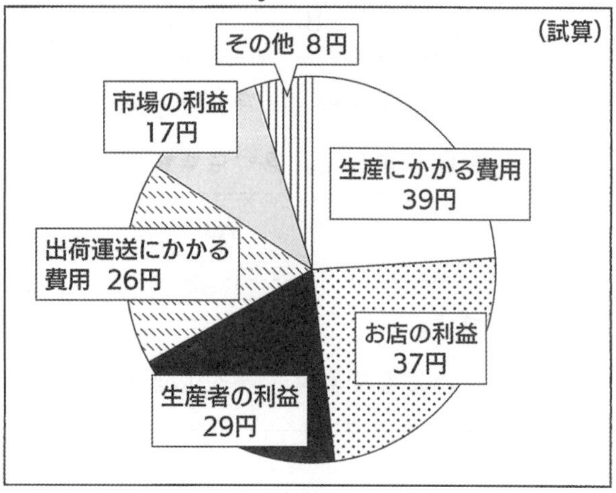

（2016年農林水産省食料産業局の資料をもとに作成）

【資料２】消費者が野菜・果物を選ぶとき特に重要と考えること

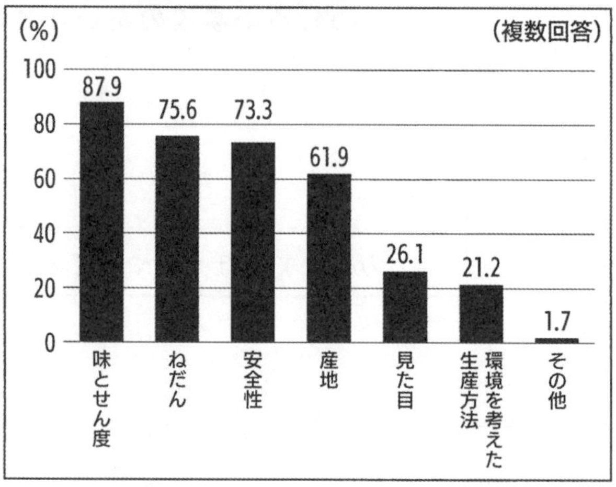

（2018年農林水産省「野菜の衛生管理に関する意識・意向調査」をもとに作成）

（2）下線部㋐の条件で，かおるさんはファストフード店で，500円の牛丼を買うことにしました。持ち帰りにする場合と店で食べる場合とを比べると，どちらがいくら高いか答えなさい。

（3）下線部㋑は，日本国憲法（けんぽう）に定められているどのような権利と関わりがあるか書きなさい。

（4）かおるさんは，エドワード先生の国では米があまり作られていないと聞き，どうしてか気になって，調べてみました。次の**【資料3】**と**【資料4】**からわかることをもとに，エドワード先生の国で米があまり作られていない理由を説明しなさい。

【資料3】日本とエドワード先生の国の気温と降水量

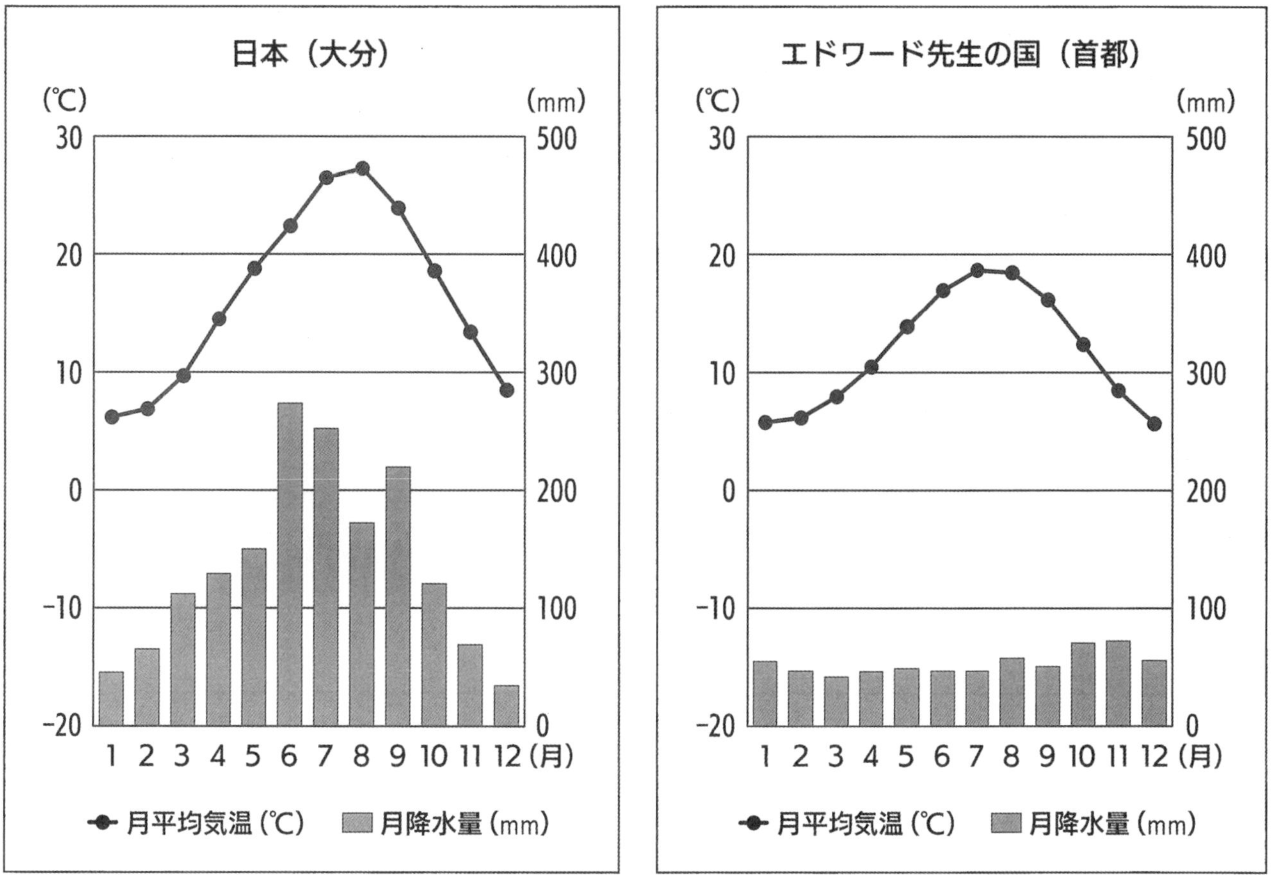

（2019年国立天文台編「理科年表2019」をもとに作成）

【資料4】大分の米作りの農事ごよみ（例）

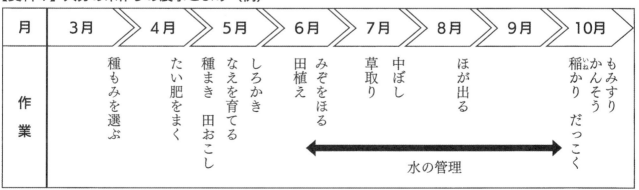

月	3月	4月	5月	6月	7月	8月	9月	10月
作業	種もみを選ぶ	たい肥をまく	種まき　田おこし なえを育てる しろかき	田植え みぞをほる	草取り 中ぼし	ほが出る		稲（いね）かり　だっこく かんそう もみすり
				←――――	水の管理	――――	――――→	

（5）かおるさんは，エドワード先生に，日本にある世界遺産をしょうかいしようと考え，**【世界遺産の写真】**５枚を教科書に出てくる順番にならべました。また，写真に関連する**【説明カード】**を作りました。

【世界遺産の写真】

1

2

3

4

5

【説明カード】

ア

仏教の力で人々の不安をしずめ，国を治めるためにつくられました。

イ

娘を天皇のきさきにすることで，大きな力をもった貴族によりつくられました。

ウ

天皇中心の政治にむかう中，仏教の教えを人々に広めるためにつくられました。

エ

武士として初めて太政大臣になった人物により，現在のような形に大改修されました。

オ

幕府の力が強まり，中国（明）と貿易を行っていた時代につくられました。

① **【世界遺産の写真】** 2と5に関連する**【説明カード】**を，**ア～オ**の中からそれぞれ選び，記号で答えなさい。

② **【世界遺産の写真】** 3がつくられたころと，4がつくられたころの政治のちがいを，**【説明カード】**の中の言葉を使って書きなさい。

（6）かおるさんたちが世界遺産をしょうかいしたお礼に，エドワード先生は自分の国や，さまざまな国を動画でしょうかいしてくれました。かおるさんたちはそれを見て「世界新聞」を作りたいと思いました。そこで，動画の内容を**【記録カード】**にまとめ，さらに図書室で調べたことを**【表】**にしました。

【記録カード】

ア

・ユーラシア大陸の東にある。
・国土面積は日本の約25倍。
・日本はこの国に遣唐使（けんとうし）を送ることで，政治のしくみや大陸の文化を取り入れた。
・「万里（ばんり）の長城」など多くの世界遺産がある。

イ

・ユーラシア大陸の北西にある島国。
・日本より国土面積が小さい。
・主な農作物は小麦・大麦で，畜産（ちくさん）もさかん。
・近年，ヨーロッパ連合（ＥＵ）からの離脱（りだつ）に注目が集まっている。

ウ

・北アメリカ大陸にある。
・江戸時代に，この国の使節ペリーが黒船で日本にきた。
・世界有数の工業国。「世界の食料庫」とよばれるほど，農産物の生産量・輸出量が多い。

エ

・ユーラシア大陸の南西にある。
・インド洋に面し，国土の大半は砂漠（さばく）。
・世界有数の原油産出国で，日本はこの国から最も多くの石油を輸入している。
・主な言語はアラビア語。

【表】

国	人口（万人）2017年	面積（万km²）2019年	穀物（こくもつ）自給率（%）(注) 2013年	エネルギー自給率（%）2016年
日本	12，686	38	24	8
A	32，907	983	126	88
B	3，427	221	5	319
C	6，753	24	87	67
D	143，378	960	100	80

（注）穀物…米・麦・とうもろこしなど主食とされる農作物のこと。

（2019年「世界国勢図会2019/20年版」をもとに作成）

① **【記録カード】**の**ア**と**イ**に当てはまる国名を，それぞれ書きなさい。

② **【表】**のA～Dに当てはまる国を，**【記録カード】**の**ア**～**エ**の中からそれぞれ選び，記号で答えなさい。

大分豊府中学校

大分県立大分豊府中学校　適性検査Ⅱ（検査時間50分）

（解答用紙は別冊 92 P）（解答例は別冊 47 P）

1　先生とだいきさん，かおりさんは，日ごろどのくらい水を使っているか話し合っています。

先　生　４年生の時に，水が限りある資源であるということを学習したね。ところでふたりは，家庭で１人が１日に使う水道水の量がどのくらいか知っているかな。

だいき　いえ，わかりません。どのくらいなのだろう。

先　生　**【表１】**を見てごらん。

だいき　１日におよそ217Lも使っているんですね。

かおり　そうじの時に使うバケツはおよそ８L入りだから，そのバケツのおよそ［ア］はい分だね。

先　生　家庭で使った水道水の量に合わせて，毎月の水道料金が決められています。みんなが住んでいる市の水道料金は，**【表２】**をもとに決められています。口径とは，家につながっている水道管の直径のことです。

【表１】家庭で１人が１日に使った水道水の量

使いみち	量（L）	割合（%）
トイレ	45.6	
おふろ	86.8	イ
すいじ	39.1	
せんたく	32.5	
洗面・その他	13.0	
合計	217.0	100

（大分市上下水道局の資料をもとに作成）

【表２】水道料金表（１か月あたり）

	口径（mm）	基本料金（5 m³まで）	従量料金			
			第１段	第２段	第３段	第４段
一般用	13	800円	5 m³をこえ 8 m³まで 1 m³あたり50円	8 m³をこえ 20 m³まで 1 m³あたり145円	20 m³をこえ 30 m³まで 1 m³あたり265円	30 m³をこえ 50 m³まで 1 m³あたり295円
	20	1160円				
	25	1430円				

（大分市上下水道局の資料をもとに作成）

かおり　先生，基本料金と従量料金って何ですか。

先　生　基本料金とは，口径の大きさに応じて毎月必ず支払う料金のことです。水道水を使用した量が5 m³までなら，基本料金だけですみます。従量料金とは，水道水を使った量に応じて支払う料金のことです。例えば，口径20 mmの家庭で，１か月間に使った水道水の量が10 m³の場合を考えてみましょう。
このときの水道料金は，**（基本料金）＋（第１段の従量料金）＋（第２段の従量料金）**で求められます。式は，**1160＋（50×３）＋（145×２）**となります。

だいき　４人家族のぼくの家は，毎月どのくらいの水道水を使うことになるのかな。

かおり　家族４人が使った水道水のおよその量なら，**【表１】**を使って求められるよ。そのときの水道料金は，**【表２】**を使えば計算できそう。

だいき　あ<u>口径20 mmを使っている４人家族が**【表１】**のように水道水を30日間使った場合</u>，水道料金はおよそ何円になるのかな。

（１）会話文中の［ア］と，**【表１】**の［イ］に当てはまる数を整数で書きなさい。ただし，［ア］は小数第一位を四捨五入して表すこと。

（２）下線部あの場合，水道料金はおよそ何円になるか答えなさい。また，その求め方を，次の条件にしたがって書きなさい。

条件

＊　言葉と式，数を使って説明すること。

＊　４人家族が30日間で使用した水道水の量は，小数第一位を四捨五入してm³で表すこと。

＊　消費税は考えないものとする。

だいきさんたちは，さらに会話を続けています。

だいき	ぼくの住んでいる地域(ちいき)は米作りがさかんで，川の水を引いて水田に入れているよ。おじいちゃんが言っていたけど，昔は水田に入れる水をめぐって，農家の人たちの間で争いがあったんだって。
先　生	その争いを解決したのが，【写真】の円形分水(ぶんすい)です。【図】は，円形分水の仕組みを表したものです。【資料】は円形分水の説明です。

【写真】円形分水

【図】円形分水の仕組み

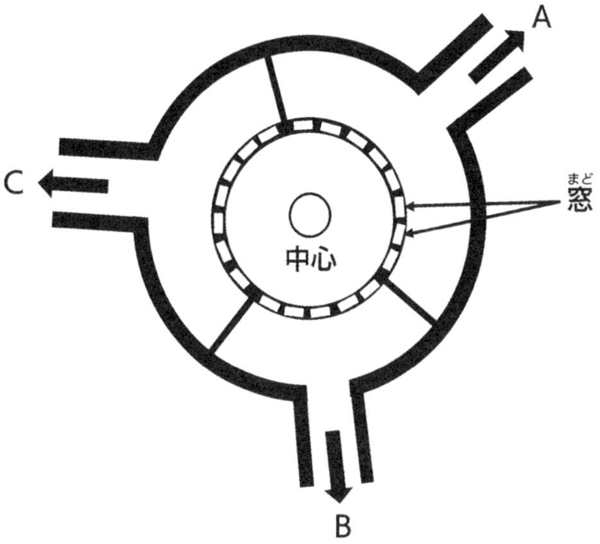

【資料】円形分水の説明

大正時代末になると、周辺の村が大谷川から水を引くようになるものの、水が不足するようになり、三つに分けられていた水の量をめぐって村どうしの争いがたえなくなる。そこで、適正に水を分配するよう、昭和九年にこの円形分水がつくられる。円形分水の中心からは、一秒間におよそ七百リットルの水がわき出しており、円形分水の内側にあけられた同じ大きさの二十個の窓からあふれ出す。

この窓の数は、三つの水路先の水田の広さに応じて、五個、七個、八個をそれぞれわり当てた。これ以後、円形分水の果たす役割(やくわり)により水争いはなくなったという。大切な水を、むだなく、平等にという農家の願いは、円形分水のそばの案内板にある「水は農家の魂(たましい)なり」の言葉にこめられている。

（竹田文化読本「竹田の月」から……一部表記を改めている。）

（3）【図】のCの水路に送られる水の量は，1分間でおよそ何Lになりますか。式と答えを書きなさい。

（4）【図】のCの水路から，面積が420m²の長方形の水田に水を入れます。1分間水を入れたとき，この水田には，およそ何cmの高さまで水がたまりますか。ただし，水田は平らで，土の中にしみこむ水は考えないものとします。

大分豊府中学校

2　かおりさんたちは，歴史博物館で見つけた家紋（かもん）について話をしています。

かおり　この前，歴史博物館で，「よつめ」という家紋を見つけたの。
だいき　家紋ってなあに。
かおり　「我が家のマーク」みたいな感じかな。こういった家紋を参考に，運動会で使うシンボルマークをつくろうと思っているの。
だいき　おもしろそうだね。
かおり　家紋のかき方も調べてみたよ。複雑（ふくざつ）な形の家紋でも，定規（じょうぎ）とコンパスを使ってかくことができるんだって。
だいき　それはおどろきだね。どうやってかくの。
かおり　まず，定規とコンパスを使って正方形をかいてみるよ。**【図２】**を使って説明するね。

【図１】よつめ

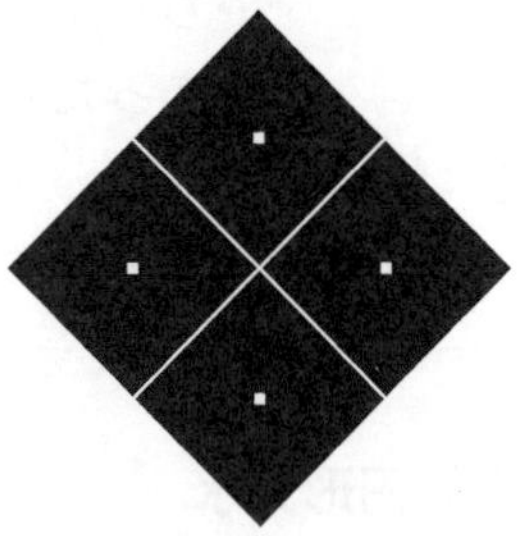

【図２】正方形のかき方

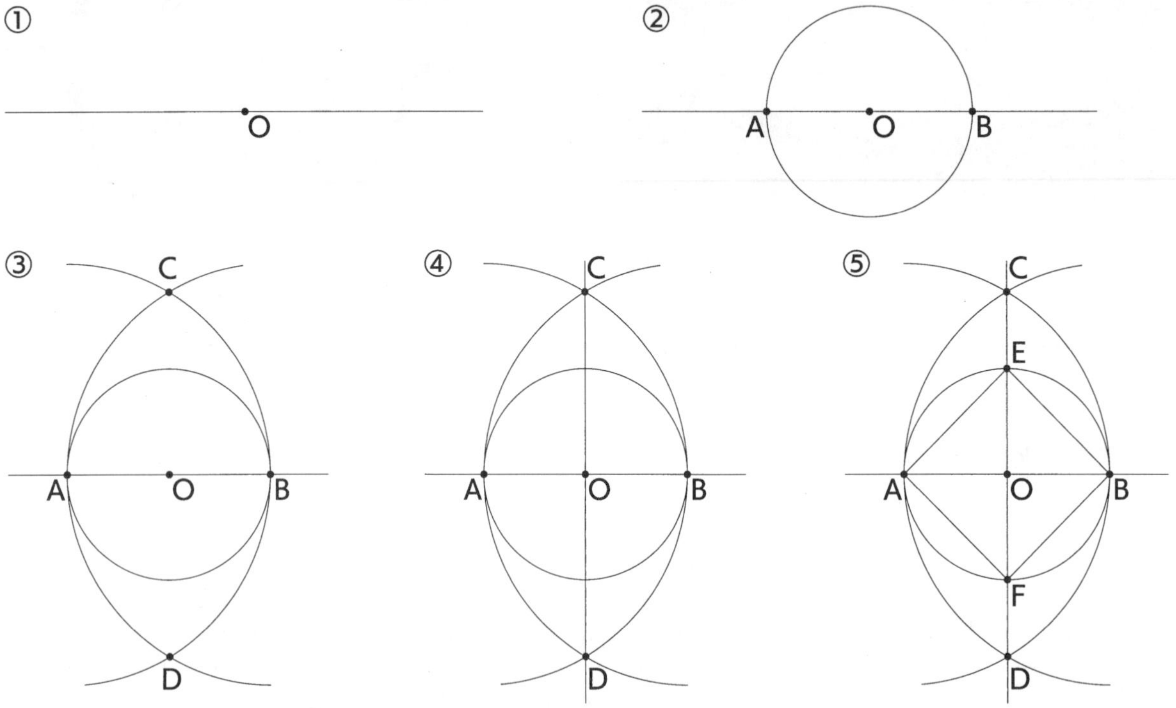

かおり　①と②のかき方はわかるね。
だいき　直線を引いて，点Oを中心に円をかき，直線と円が交わる点をA，Bにしたんだね。
かおり　そうだよ。その次の，③と④がポイントなの。③は，直線ＡＢを半径にして，点A，Bそれぞれを中心にした円の一部分をかき，それぞれが交わる点をC，Dにしたの。点A，C，B，Dを頂点として，それぞれ直線で結ぶと，［ア］ができるね。④の直線ＡＢと直線ＣＤの関係を見て。
だいき　そうか。直線ＡＢと直線ＣＤは，［ア］の［イ］だから，［イ］がそれぞれの真ん中の点で交わっていることと，［ウ］であるという性質がわかるよ。
かおり　次に，⑤のように点A，E，B，Fを直線で結ぶよ。直線ＡＢと直線ＥＦの関係を見て。
だいき　直線ＡＢと直線ＥＦは，四角形ＡＥＢＦの［イ］になっていて，［ウ］であるということと，［エ］ということがわかるよ。だから，四角形ＡＥＢＦは正方形であることが言えるんだね。

（１）会話文中の［ア］～［エ］にあてはまる言葉をそれぞれ書きなさい。

大分豊府中学校

かおりさんとだいきさんは，さらに会話を続けています。

かおり　今年の運動会のシンボルマークとしていいなと思ったのが，**【図3】**の「三つうろこ」だよ。
だいき　きれいな形だね。この形も，定規とコンパスを使ってかけるの。
かおり　そうだよ。さっきの正方形のかき方と似ているよ。
だいき　どうやってかくのか教えてよ。
かおり　**【図4】**を使って説明するね。

【図3】三つうろこ

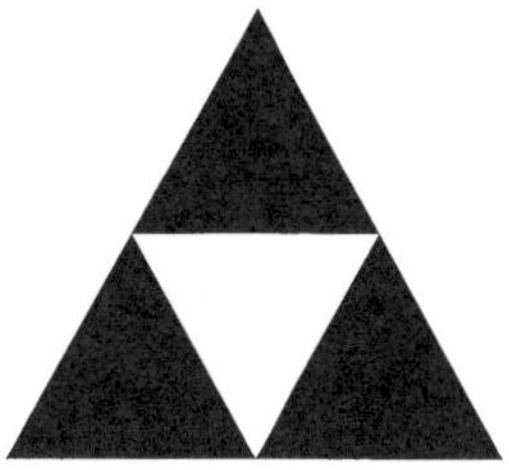

【図4】「三つうろこ」のかき方

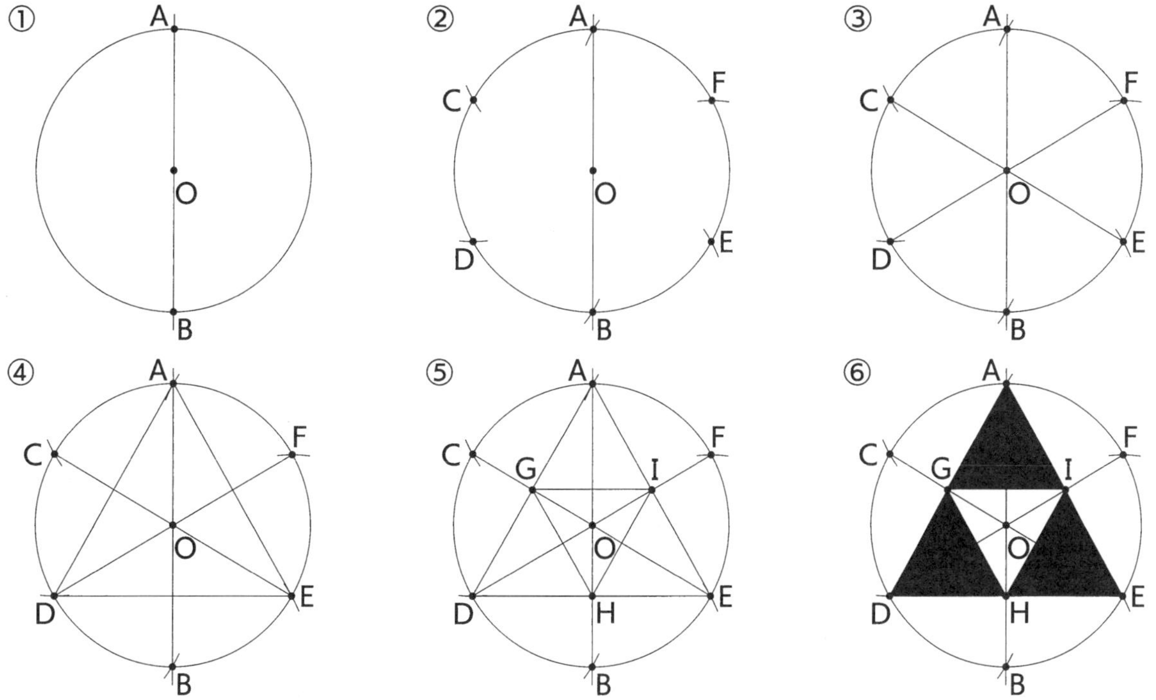

だいき　**【図4】**の①は，**【図2】**の正方形をかくときと同じだね。
かおり　そうだよ。次に，②のように，コンパスを使って円の周りを円Oの［　オ　］で区切り，それぞれ点C，D，E，Fにするの。そして，③のように，点Cと点E，点Dと点Fをそれぞれ直線で結ぶの。
だいき　②は，正六角形のかき方と同じだね。
かおり　そうだね。そして④～⑥のように，点を直線で結ぶと，「三つうろこ」ができあがるよ。
だいき　定規とコンパスを使っていろいろな形をかくことができるなんて，おもしろいね。ぼくもいろいろな家紋を調べて，かいてみたいな。

（2）会話文中の［　オ　］に当てはまる言葉を書きなさい。

（3）**【図4】**の④でかいた三角形ADEは，どのような三角形になりますか。三角形の名前を書き，その三角形になるわけを，次の条件にしたがって説明しなさい。

条件

＊　「合同」という言葉を使うこと。
＊　なぜ合同と言えるのか，その理由を明らかにして説明すること。

3　4月のある日，だいきさんとお父さんは，夏の暑さ対策について話をしています。

お父さん　気象庁によると，今年の夏は例年以上に暑くなることが予想されているよ。今のうちに，暑さ対策を考えておかないといけないね。

だいき　お父さんの職場では，グリーンカーテン**【写真1】**を設置していたけれど，暑さ対策としての効果はあるのかな。

お父さん　グリーンカーテンの担当者の話によると，平均で1.4℃，最大で6.9℃も室温を下げる効果があったらしいよ。

【写真1】グリーンカーテン

だいき　すごいね。だけど，大きく育つまでに時間がかかりそうだね。おじいちゃんの家では，窓の外によしず**【写真2】**を立てかけていたよ。日差しをさえぎることが目的だったら，よしずでも同じ効果があるんじゃないかな。

お父さん　いや，そうではないんだよ。植物が<u>蒸散</u>を行うことにより，葉やその周辺の熱をうばっていくから，植物が多く生えているところは他よりすずしいのだよ。だから，グリーンカーテンを設置すれば，よしず以上の効果を得られるんだよ。

だいき　グリーンカーテンってすごいんだね。家でもつくってみようよ。

【写真2】よしず

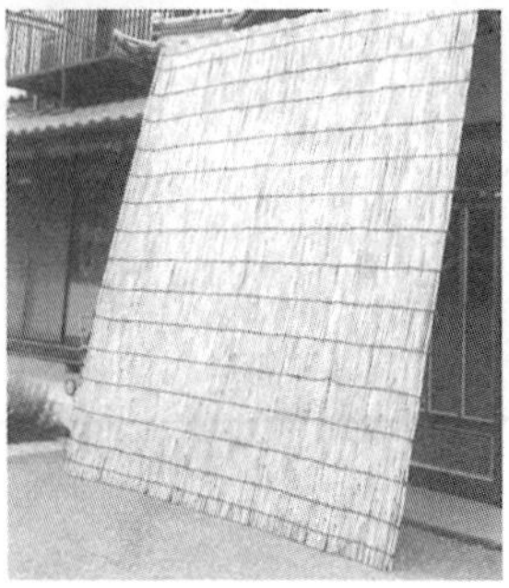

（1）下線部について，どのようなことを植物が行うのかを説明しなさい。

（2）蒸散作用と同じように，周辺の熱をうばって温度が下がるものとして，適当なものをすべて選び，記号で答えなさい。

ア　注射をする前にアルコールで消毒すると，アルコールをぬったところがひんやりする。
イ　川の水にスイカをしずめておくと，スイカが冷たくなる。
ウ　水を注いだコップに氷を入れると，水の温度が下がる。
エ　氷を入れた容器の中で缶ジュースを回転させると，早く冷たくなる。
オ　おふろあがりに体をよくふかずにぬれたままでいると，体が冷える。

お父さん　グリーンカーテンをつくるために，ツルレイシを育てよう。どこにグリーンカーテンをつくればいいと思うかな。

だいき　暑さを防ぐためには，日当たりが良くて，室温が上がりやすくなる部屋の窓の外につくればいいと思うな。

お父さん　太陽が動く様子や，1日の気温の変化の様子が分かれば，つくる場所を決めるときの参考になりそうだね。

だいき　ぼくが3年生の時，夏休みに自由研究で太陽の動きを調べたことがあるから，その時のノート**【資料1】**を見れば，太陽の動きがわかると思うよ。

【資料1】だいきさんのノート

〈観察の準備〉

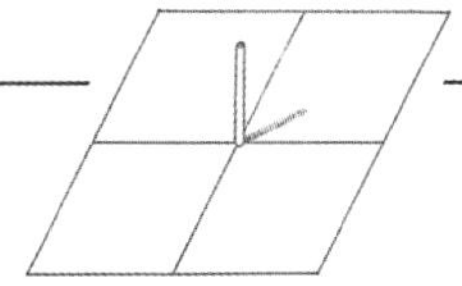

① 画用紙を台紙にして，その中心に棒(ぼう)を立てる。
② 線を東西南北の方位に合わせて，日かげにならない平らな場所に置く。
③ 晴れた日の午前7時から午後5時まで，1時間ごとに影(かげ)の先の部分を画用紙に記録する。

〈観察結果〉

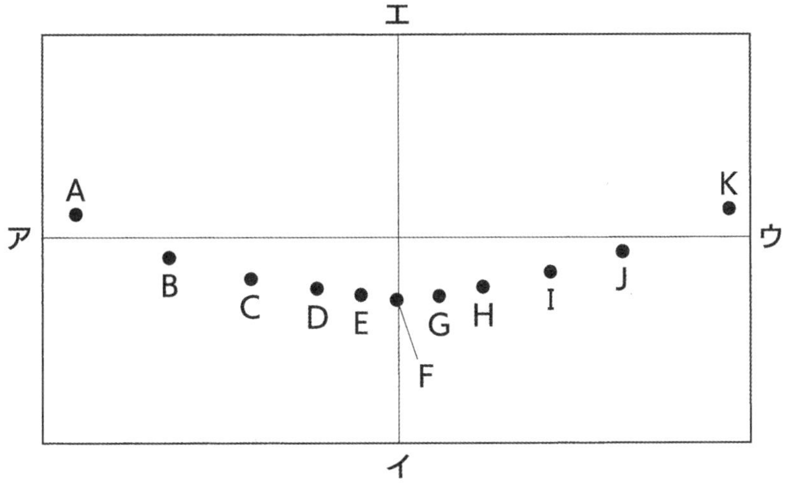

（3）**【資料1】〈観察結果〉**の**ア**～**エ**のうち，西の方位はどれですか。最も適当なものを1つ選び，記号で答えなさい。

（4）**【資料1】〈観察結果〉**の**A**～**K**のうち，午前9時の記録はどれですか。最も適当なものを1つ選び，記号で答えなさい。

（5）だいきさんは，気象庁のウェブサイトで，昨年8月のある日の気温を調べてみました。すると，**【資料2】**のようになっていました。そこで，だいきさんは，**【資料1】**と**【資料2】**を参考に**【図】**のⓐの位置にグリーンカーテンをつくることに決めました。その理由を，**【資料1】**と**【資料2】**からわかることをもとに説明しなさい。

【資料2】1時間ごとの気温の変化

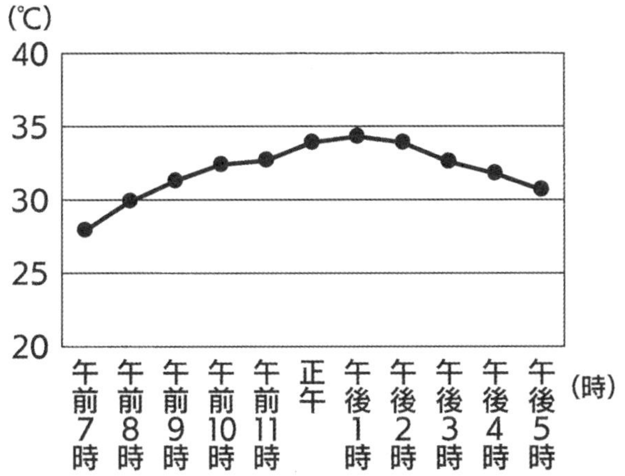

（気象庁ウェブサイトをもとに作成）

【図】だいきさんの家の窓の位置

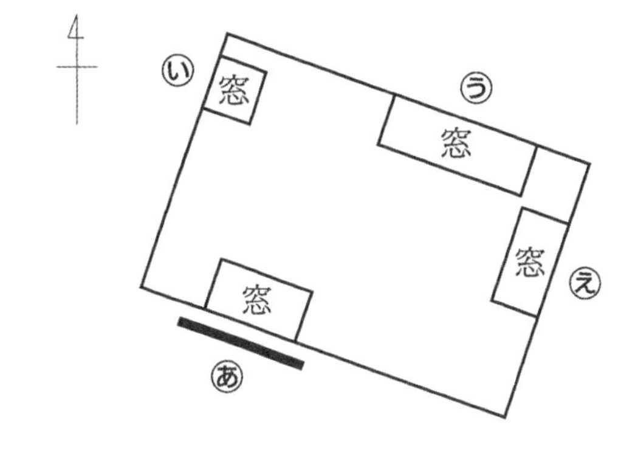

4　7月のある日，だいきさんとお父さんは，グリーンカーテンを見ながら，そこにさいているツルレイシの花について話をしています。

お父さん　ツルレイシの花がたくさんさいているよ。
だいき　よく見ると，2種類の花があるね。ツルレイシの実ができるのが楽しみだな。
お父さん　それぞれ，いくつ花があるか数えておくといいね。

（1）ツルレイシには，**【図1】**の花が6つ，**【図2】**の花が9つさいていました。

①　このあと，ツルレイシの花はどのようにして実になるのかを説明しなさい。

②　最大でいくつの実ができるのかを，理由もあわせて書きなさい。

【図1】

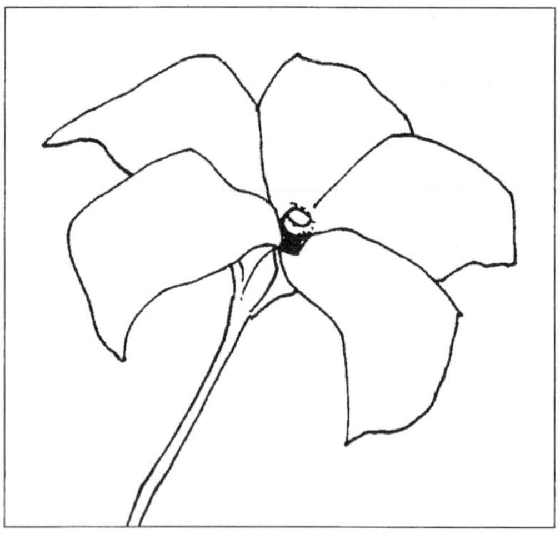

【図2】

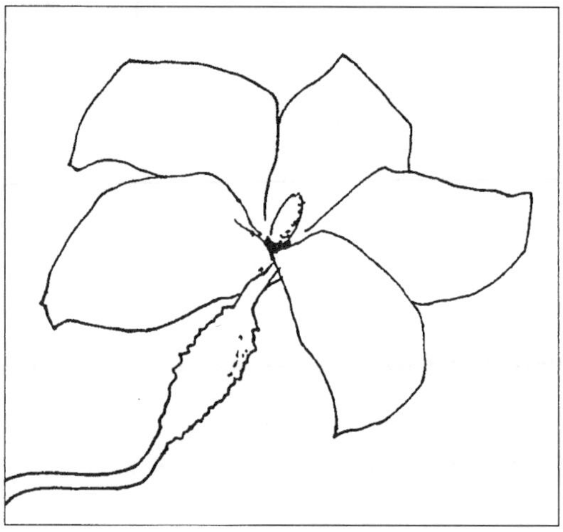

8月のある日，だいきさんとお父さんは，グリーンカーテンを見ながら話をしています。

お父さん　グリーンカーテン，ずいぶん大きくなったね。
だいき　お父さんの職場のように，家でも部屋の温度は本当に下がっているかな。
お父さん　実際に調べてみようか。
だいき　でも，家には温度計がないよ。
お父さん　ペットボトルで温度計を作ることができるよ。それを使えば，部屋の温度のちがいがわかるから，グリーンカーテンの効果を調べることができるよ。

だいきさんは，ペットボトルで温度計を作り，実験の準備，方法，結果を右の**【資料】**のようにまとめました。

【資料】手作り温度計による部屋の温度調べ

〈実験の準備〉温度計の作り方

① ペットボトルに水を入れ，食紅(注)で色を付ける。
② ペットボトルのふたに穴をあけ，ストローを通す。
③ 色水につかるようにストローの高さを調整し，ストローとふたのあなのすき間を接着ざいでふさぐ。
④ ストロー付きのふたを軽くしめる。
⑤ ストローで色水を吸い上げ，しっかりとふたをしめる。
⑥ 目もりを記入できるように，記録用紙をストローにはり付ける。

※ 温度が上がったらストローの色水が上がり，温度が下がったらストローの色水が下がる。

手作り温度計

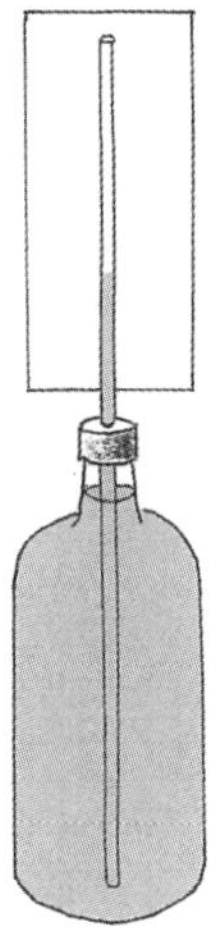

（注）食紅…食品に赤い色をつけるためのもの

〈実験方法〉部屋の温度調べ

グリーンカーテンを設置している部屋Ａと，グリーンカーテンを設置していない部屋Ｂの温度のちがいを調べるために，
① まず，部屋Ａに置いた時のストローの色水の位置に印をつける。
② 次に，部屋Ｂに置いた時のストローの色水の位置に印をつける。

〈実験結果〉

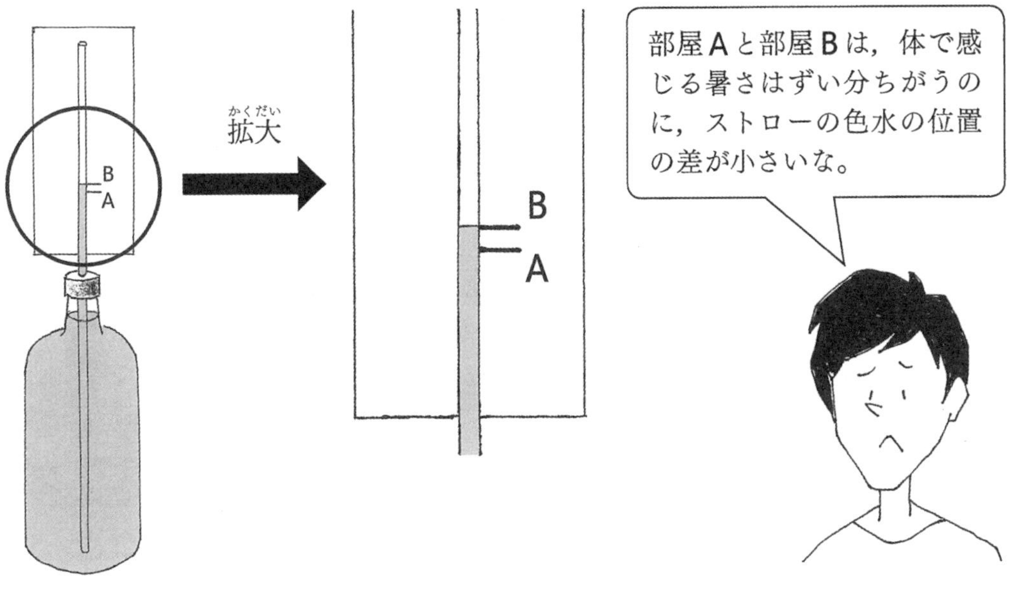
B
A
拡大
B
A
部屋Ａと部屋Ｂは，体で感じる暑さはずい分ちがうのに，ストローの色水の位置の差が小さいな。

（2）**〈実験結果〉**から，手作り温度計で部屋の温度のちがいを調べることはできました。しかし，だいきさんは，もっとはっきりと差が見えるような手作り温度計にしたいと思いました。その方法と，はっきりと差が見えるようになる理由を説明しなさい。

ただし，ストローとペットボトルは，同じものを使用することとし，ストローの位置は変えないこととします。

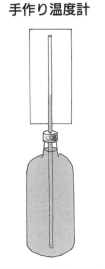

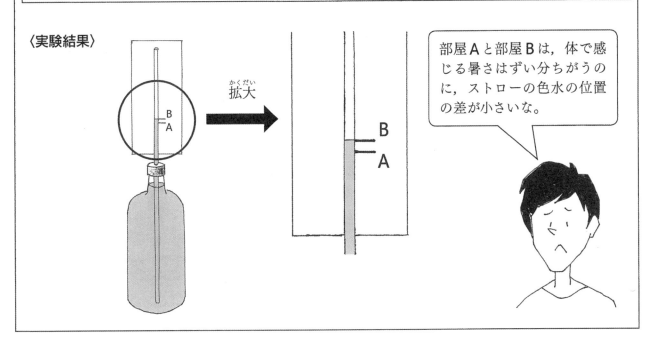

（解答用紙は別冊 94 P）（解答例は別冊 49 P）

課題 1

はるとさんのクラスは，学習発表会の展示で，右の **写真** のようなモビール（風で動くかざり）を作ることになりました。

モビールの解説

モビールは，それぞれの棒で左右がつりあうように作られています。 **図１** のように，どの棒でも，てこの規則性により，
（左側のかざりの重さ）×（支点から A までの距離）
＝（右側のかざりの重さ）×（支点から B までの距離）
が成り立ちます。
ただし，棒とひもの重さは考えません。

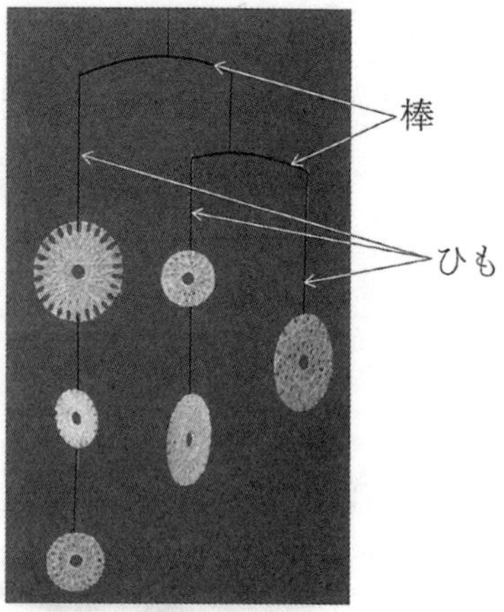

写真：モビール

図１

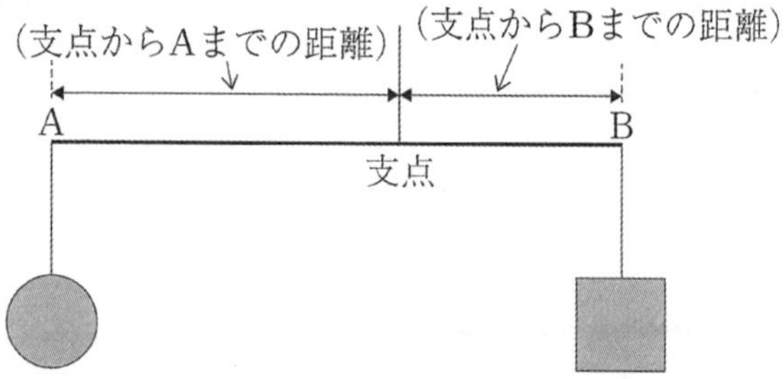

先生とはるとさんが， **図１** のモビールを見ながら話しています。

会話１

先　生：　**図１** は，ちょうどつりあっています。● と ■ の重さは同じでしょうか。
はると：　支点から A までの距離が支点から B までの距離よりも長いから，● の重さの方が ■ の重さよりも（ ア： 重い ・ 軽い ）と思います。
先　生：　そのとおりです。では， **図２** のように，棒全体の長さが１４cm で，支点から A までの距離が１０cm，● の重さが４g の場合，■ の重さは何 g になりますか。
はると：　■ の重さは，（ イ ）g です。
先　生：　そのとおりです。では， **図３** のように，● の重さを２g，■ の重さを６g にした場合，支点から A までの距離を何 cm にすればつりあいますか。
はると：　棒全体の長さは１４cm だから，（ ウ ）cm です。
先　生：　そのとおりです。

図２

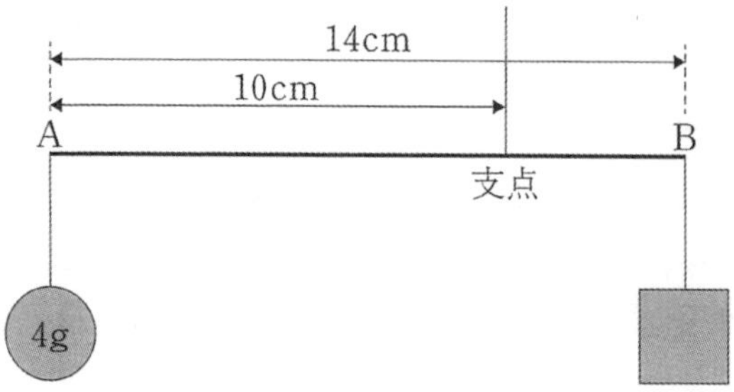

図３

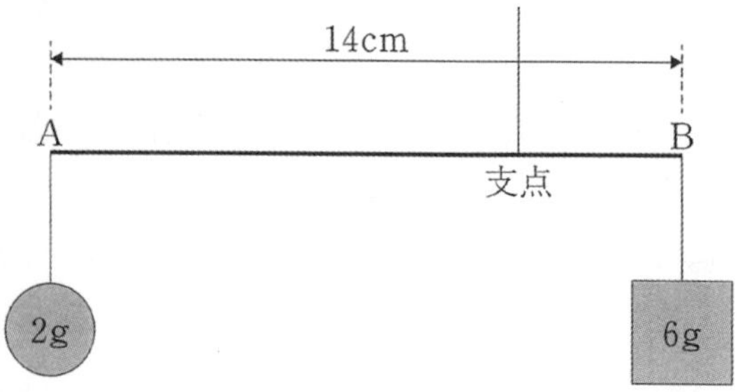

問い１　**会話１** の（ ア ）にあてはまる言葉を選んでください。
問い２　**会話１** の（ イ ），（ ウ ）にあてはまる数を答えてください。

次に，先生とはるとさんは，**図4** のモビールを見ながら話しています。

会話2

先　生：　**図4** のモビールは，３か所とも左右がつりあっています。かざりの重さや支点からの距離はどうなっていますか。
はると：　同じように考えると，<u>（　エ　）cm</u>，<u>（　オ　）g</u>，<u>（　カ　）g</u>です。
先　生：　よくできました。これでモビールを作ることができますね。

図4

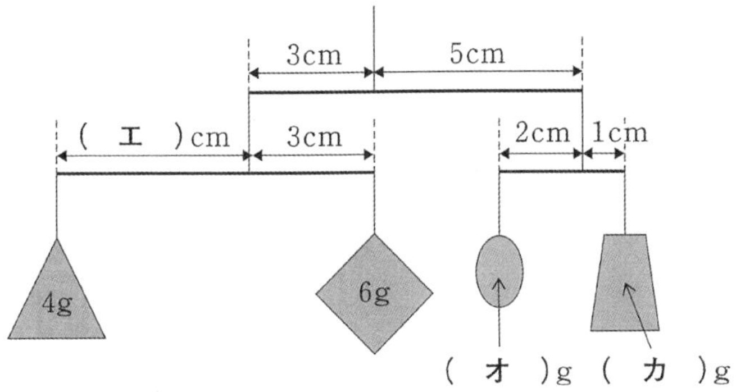

問い３　**会話2** の（　エ　），（　オ　），（　カ　）にあてはまる数を答えてください。

宮崎県立中学校

課題２

ひまりさんとみなとさんは，右のような１枚につき１つの数が１から順に書かれた何枚かのカードを使ったゲームをすることになりました。

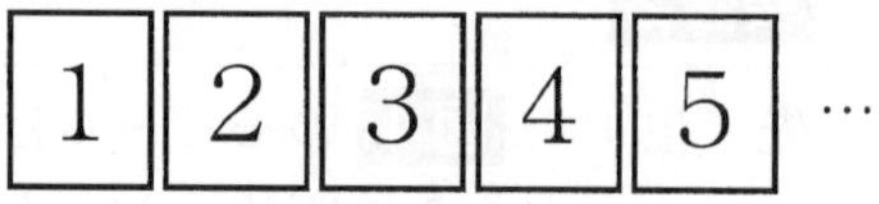

会話１

みなと：　どんなゲームなのかな。

ひまり：　まず，何枚かのカードを１から順に時計回りで，円形に並べていくよ。並べたカードを１のカードから，１枚おきに取り除いていくとき，最後にどのカードが残るのかを考えるゲームだよ。

みなと：　実際にやってみたいな。

ひまり：　では，１から１２までの数が書かれたカードを例にゲームをしてみるから，カードを並べてみて。

みなと：　できたよ。次はどうするのかな。

ひまり：　１のカードから，１枚おきにカードを取り除くよ。1周目に取り除くカードは
１，３，５，７，９，１１だから，
このとき残ったカードは
２，４，６，８，１０，１２だね。
　そして，次は，２のカードを取り除くところから2周目が始まると，２，６，１０が取り除かれ，さらに3周目は，４，１２のカードが取り除かれるから，最後に残ったのは，８のカードになるよね。

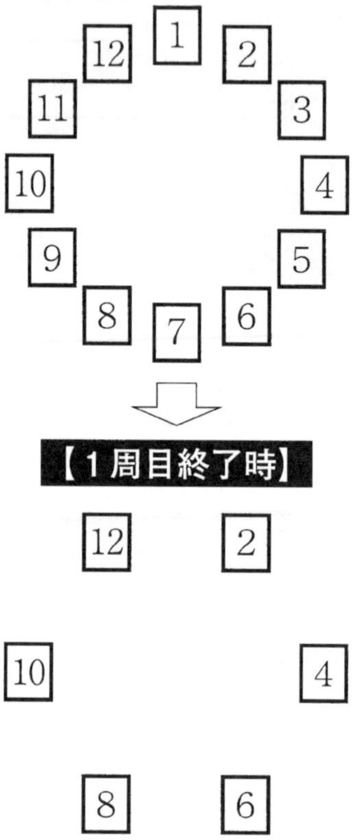

みなと：　そうだね。

ひまり：　それでは，１から４までの数が書かれたカードを並べたとき，どのカードが残るかな。

みなと：　<u>（　ア　）</u>のカードだよね。

ひまり：　正解です。今度は１から８までの数が書かれたカードを並べると，どのカードが残るかな。

みなと：　<u>（　イ　）</u>のカードだよ。

ひまり：　正解です。

問い１　**会話１**の（　ア　），（　イ　）にあてはまる数を答えてください。

次に，２人は，もっとカードの枚数を増やしてゲームをしてみることにしました。

会話２

ひまり：　１から１６までの数が書かれたカードを並べると，どのカードが最後に残るかというと（　ウ　）のカードだよ。やってみて。
みなと：　１，３，５，…本当だ，（　ウ　）のカードだ。どうしてすぐに分かったの。
ひまり：　それはね，１から８までの数が書かれた８枚のカードを使ったときのゲームの結果を使って考えたからだよ。
みなと：　どうやって考えたか，教えて。
ひまり：　まず，１のカードから，１，３，５，７，９，１１，１３，１５の８枚のカードを取り除くよ。
　すると，残っているカードは
２，４，６，８，１０，１２，１４，１６の８枚だよね。
　８枚のカードを使ったとき，最後に残ったカードはどのカードだったかな。
みなと：　そう考えると，最初にした１２枚のカードを使ったゲームで８のカードが残ることも，８枚のカードを使ったゲームの結果を使って説明することができるね。
ひまり：　そのとおりだよ。考えてみよう。
みなと：　１２枚だから，８枚より４枚多いよね。１，３，５，７の４枚のカードを取り除くと，残りのカードの並び方は，次に取り除かれる９を最初と考えて
９，１０，１１，１２，２，４，６，８になるから…。
　分かった，だから最後の８なんだ。
ひまり：　それでは最後の問題だよ。１から３０までの数が書かれたカードを並べたとき，どのカードが残るかな。
みなと：　（　エ　）のカードだよね。
ひまり：　正解です。

問い２　**会話２**の（　ウ　），（　エ　）にあてはまる数を答えてください。
※　同じカタカナの（　）には，同じ数が入ります。

宮崎県立中学校

課題３

環境問題について興味をもったみどりさんは，夏休みの自由研究で次の**レポート**を作成しました。

レポート　**酸性雨のしくみと影響について**

１　酸性雨ができるしくみ

工場や自動車などから出される排気ガスが空中で変化して雨水にとけると，酸性雨とよばれる強い酸性の雨になる。

２　酸性雨の影響

金属にさびを発生させたり，コンクリートをとかしたりする。

３　酸性雨の様子

酸性雨の強さについて調べると，**図１**のことが分かった。そして，**図２**から，日本各地で観測された酸性雨について，ａ人口が少ない地域や工業が盛んでない地域にも酸性雨が降ることが分かった。また，**図３**のように，ｂ日本の西側の海の向こうには，交通の発達や工業の発展などで，たくさんの排気ガスが発生しているところがあることが分かった。

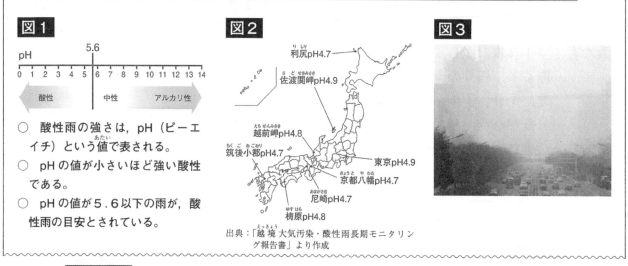

図１

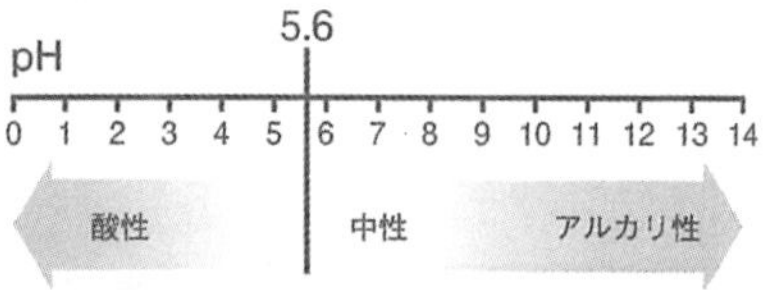

○　酸性雨の強さは，pH（ピーエイチ）という値で表される。
○　pH の値が小さいほど強い酸性である。
○　pH の値が５.６以下の雨が，酸性雨の目安とされている。

図２

出典：「越境大気汚染・酸性雨長期モニタリング報告書」より作成

図３

問い１　**レポート**の下線部ａのことが起こる理由について，下線部ｂと日本付近の天気の変化について示した**図４**を関係づけて答えてください。

図４

１日め　　２日め　　３日め

みどりさんは，プラスチックのごみが海の生物におよぼす影響についてもレポートにまとめようと思い，近くの海岸でプラスチックのごみを採集しました。後の**表**は，採集したプラスチックについて調べてまとめたものです。

表

	名　前	製品・用途	1 cm^3 あたりの重さ
ア	ポリスチレン	プラモデル，テレビの外わくなど	約１.０６g
イ	ポリプロピレン	ペン，台所用品など	約０.９１g
ウ	ポリ塩化ビニル	パイプ，電気コードなど	約１.４g
エ	ポリエチレン	レジぶくろ，ペットボトルのキャップなど	約０.９４g

みどりさんは，**表**の４種類のプラスチックのごみが混ざったものについて，調べたことをもとに選別できないか，次の**方法**でモデル実験を行うことにしました。

方法

① **表**の４種類のプラスチックについて，**図５**のような，中が空どうでない同じ大きさで同じ形のものをそれぞれ用意した。また，水が入ったビーカーを用意した。
② ４種類のプラスチックをいっしょに水の中に入れると，水に浮くものがあったので，浮いたものを取りのぞいた。
③ 残ったプラスチックが入ったビーカーの中に，食塩を少しずつとかしていった。食塩を少しずつとかし，だんだん濃い食塩水にしていくと，ある濃さになったとき食塩水に浮くものがあったため，浮いたものを取りのぞいた。

図５

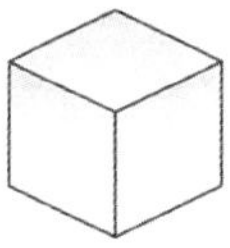

問い２　**方法**の③の食塩水をつくるために食塩を１０gはかります。**図６**は，このとき使った上皿てんびんであり，**図７**は分銅をのせている皿，**図８**は食塩をのせている皿です。**図６**の上皿てんびんの左右の皿が**図７**，**図８**の状態にあり，針が正面から見て左右同じはばでふれているとき，食塩の量は正しくはかることができていると言えますか。解答用紙のあてはまる方を◯で囲んであなたの考えを明らかにし，そのように判断した理由を答えてください。

図６

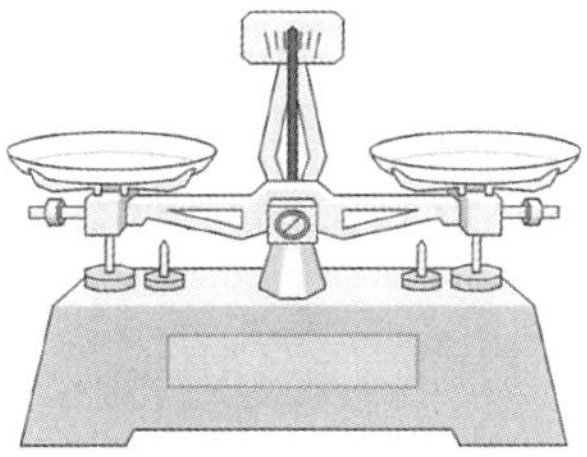

図７

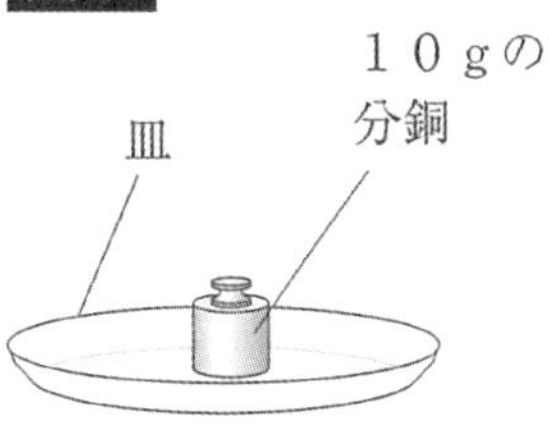

図８

問い３　**方法**の③のとき，食塩水に浮いて取りのぞいたものは，**表**の４種類のプラスチックのうちどれですか。**表**のア～エから１つ選び，記号で答えてください。ただし，1 cm^3 あたりの水の重さは１gとします。また，水と食塩水では，1 cm^3 あたりの重さは食塩水の方が重く，とけている食塩の量が多いほど食塩水は重くなるものとします。

課題４

だいちさんは，新聞に「チバニアン」という言葉を見つけ，興味をもったため調べてみました。次の **会話１** は，だいちさんと先生が「チバニアン」について話をしている様子です。

会話１

だいち：　新聞を読むと，チバニアンは約７７万４千年前から１２万９千年前の時代のことを指していて，地球の地磁気についての重要な手がかりがあると書かれてありました。

先　生：　そうなんです。a<u>地球は大きな磁石と考えることができ，棒磁石と同じようにＮ極とＳ極があります</u>。地磁気とは地球のまわりにある磁力の世界のことです。この時代の地層を調べると，b<u>チバニアンの前の時代は地磁気が現在とは逆になっていた</u>ことが分かったそうです。

問い１　次の**図**は地球を表したもので，**図１** は下線部bの時代の地球を，**図２** は現在の地球を表しています。地球を下線部aと考えたとき，**図**の□には，Ｎ，Ｓのどちらが入るでしょうか。それぞれ，ＮかＳのどちらかで答えてください。

図１　チバニアンの前の時代の地球

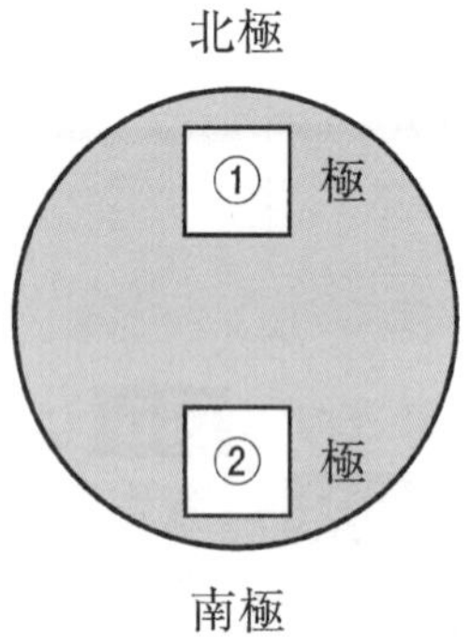

図２　現在の地球

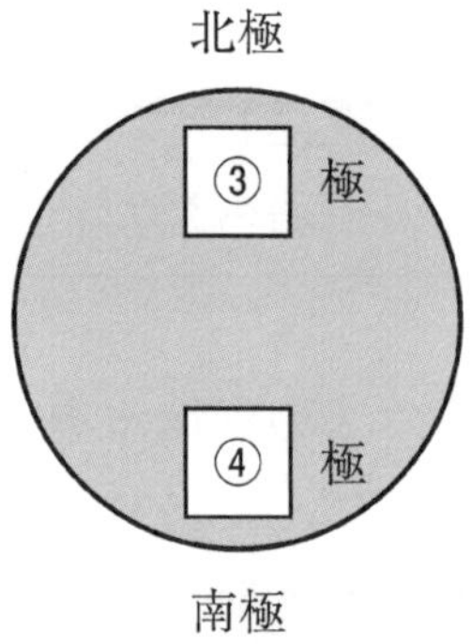

新聞記事から地層に興味をもっただいちさんは，地層について調べる中で，地層には火山から出た火山灰の層が見られることがあることと，火山灰には次のような **特ちょう** があることを知りました。

特ちょう

① 火山灰は火山ごとにちがいがある。また，同じ火山でもふん火した時代がちがうと火山灰の特ちょうもちがう。

② 火山灰は，遠く広いはんいに降り積もる。

問い２　火山灰の層を見つけることでどのようなことが分かるか，**特ちょう** の①，②をもとに説明してください。

だいちさんは，地磁気について調べる中で，北極に近い地域の空ではオーロラが発生することを知り，オーロラについて先生にくわしく聞くことにしました。

会話2

先　生：　オーロラは，太陽から出て地球に届いた粒子が大気中の成分とぶつかって発生します。**図3** のように，北極点を囲むドーナツ状の地域の上空で発生し，ここを「**オーロラベルト**」といいます。
　図4 は，シベリアで見られるオーロラですよ。オーロラは高さによって色がちがい，上空２００km 以上では赤色に，２００km から１００km の間では緑色に光って見えます。このことにより，オーロラは見る場所によって見える色がちがうのです。

だいち：　日本では，シベリアのような色のオーロラは見ることができますか。

先　生：　日本では，北海道で赤色のオーロラが見られることはあるようです。しかし，これはシベリアの上空で発生したオーロラの一部が見えているのです。c<u>北海道では，緑色のオーロラを見ることは難しいですね</u>。

図3

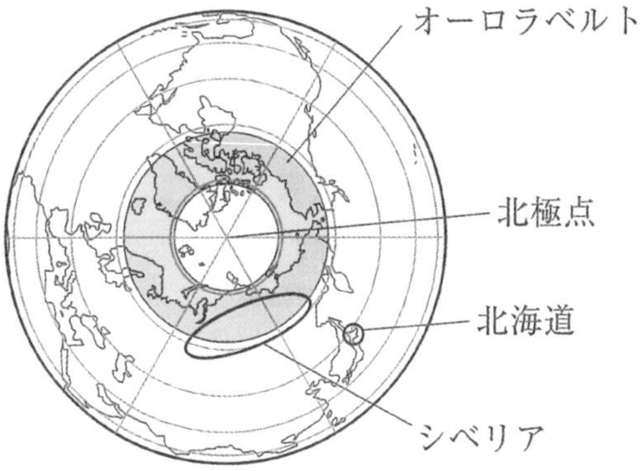

図4

問い3　下線部cについて，先生とだいちさんの **会話2** および次の **資料** をもとに，その理由を答えてください。

資料

○　北海道とシベリアでは，シベリアの方が北に位置している。

○　北極星は，地球上の観察する位置によって見える高さがちがう。同じ日の同じ時刻でくらべると，**図5** のように北へ行くほど高くなる。また，北極星の下の方がより広く見えるようになる。

図5

北海道の北の空　　シベリアの北の空

課題５

ひかるさんは，校外学習で市役所に行って，農林水産業の「６次産業化」について話を聞き，そのよい点についてレポートにまとめました。

ひかるさんのレポート

日本の農業が変わる

【６次産業化とは】

「６次産業化」とは，「第１次産業」である農業や水産業などの仕事をしている人が，「第２次産業」の分野である加工を行い，「第３次産業」の分野である商品の運送や販売までを手がけることです。

例えば，みかん農家なら，自分で育てたみかんを加工して，ジュースをつくって直接販売するところまで関わります。

「６次産業化」という名しょうは，「第１次産業」の「１」と，「第２次産業」の「２」と「第３次産業」の「３」を足すと，「６」になることからうまれた名しょうでした。その後，それぞれの産業が連携し，農林水産業がさらに成長することを目指し，**資料１** のように改められました。

資料１　「６次産業化」を表す図

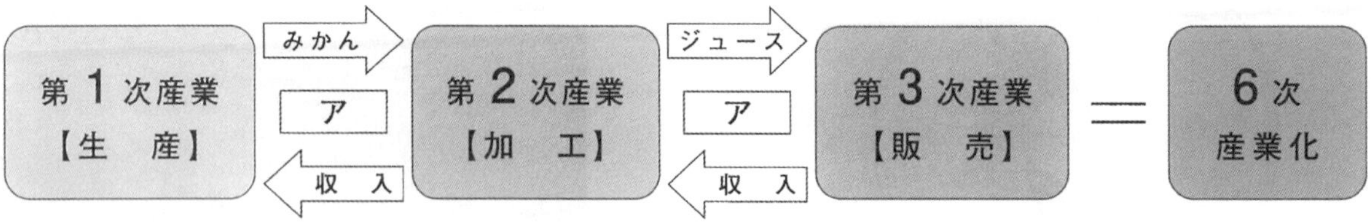

資料２　６次産業化のよい点（複数回答）

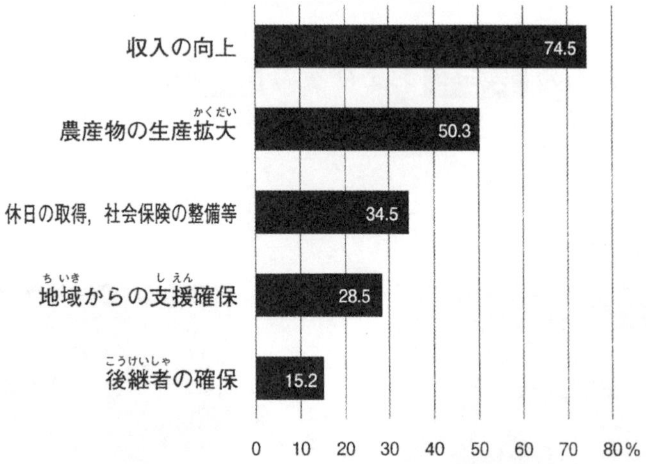

（日本政策金融公庫「農業の６次産業化に関するアンケート調査結果」より作成）

まとめ

資料２ から，６次産業化のよい点の中で，［　①　］の人が答えた回答が収入の向上と農産物の生産拡大です。

収入の向上については，これまで生産する過程のみを担当していた農業の分野が，［　②　］，販売の過程を取り込むことによって，第１次産業のみでは得られなかった収入が得られると思います。

また，生産が拡大すれば，仕事の量が増え，働く人も増えると思います。これらのことから，地域の［　③　］化にもつながる取り組みのように感じました。

問い１　**ひかるさんのレポート** の **資料１** の［　ア　］には，「６次産業化」を成り立たせるための記号（−，×，÷）のいずれかが共通して入ります。レポート中の **【６次産業化とは】** の内容を参考に，あてはまる記号を答えてください。

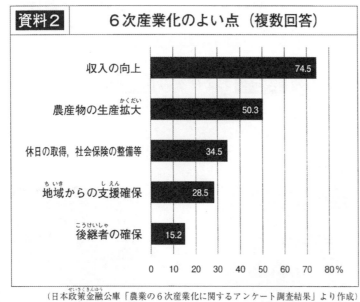

問い2　**ひかるさんのレポート**における**まとめ**の［　①　］，［　②　］にあてはまる語句を答えてください。

また，［　③　］にあてはまる語句として最も適切なものを，次のア～エから１つ選び，記号で答えてください。

ア　情報　　　イ　民主　　　ウ　活性　　　エ　機械

問い3　ひかるさんは，農業の進歩について興味をもち，調べていく中で，右の**資料3**のような「※スマート農業」が注目されていることを知りました。その後，ひかるさんは**資料4，5**を見つけ，その理由を考えました。

資料3～5をもとに，下の**ひかるさんの発表原稿**の［　ア　］，［　イ　］にあてはまる内容をそれぞれ答えてください。

資料3　自動運転田植え機

※スマート農業…ロボット技術やＡＩ（人工知能），パソコン，スマートフォンなどを活用した新たな農業のこと

資料4　農業で収入を得る人口と農家の平均年齢の推移

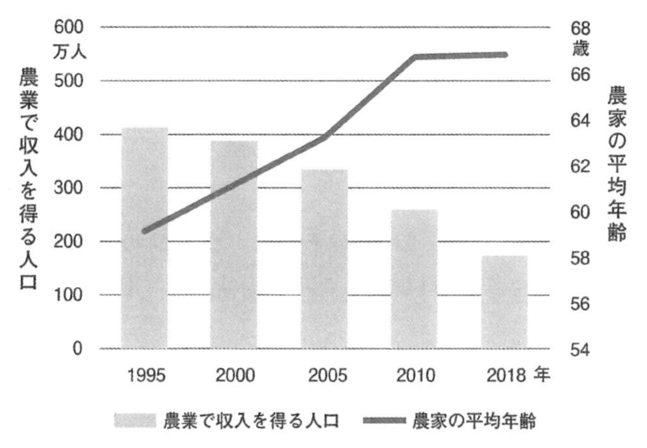

（農林水産省「農林業センサス」「農業構造動態調査」他より作成）

資料5　全国の農家一戸あたりの農地面積

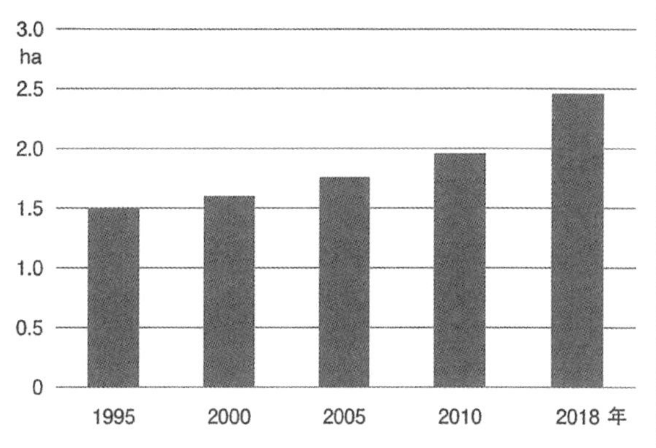

（農林水産省「農地に関する統計」他より作成）

ひかるさんの発表原稿

近年，スマート農業が注目されているのは，以前と比べて，農業で収入を得る人口が［　ア　］ことや，農家の平均年齢が高くなってきたことから，**資料3**のような技術を使えば，年々増えてきた農家一戸当たりの農地を［　イ　］ことができるからではないかと考えました。

課題６

社会科の学習で，宮崎県の道について調べたあきおさんは，先生に相談をしています。

会話１

あきお：　宮崎県の道について調べたら，日向往還という古い道を見つけました。

先　生：　**資料１**の古道のことですね。鎌倉から明治時代の間，今の熊本市から延岡市まで続いていたのですよ。**資料１**の★印は，<u>日向往還の歴史に迫る「学び旅の名所」です。</u>

あきお：　有名な句を作った種田山頭火も旅したというのは本当ですか。

先　生：　本当です。山頭火が日向往還を旅したときに詠んだとされる句の［　①　］からも，当時の道のけわしさが分かりますね。

あきお：　日向往還は，どのあたりを通る道だったのでしょうか。

先　生：　**資料２**の高速道路のうち，［　②　］あたりを通る道だったのですよ。

資料１　日向往還

資料２　九州の主な高速道路（一部）

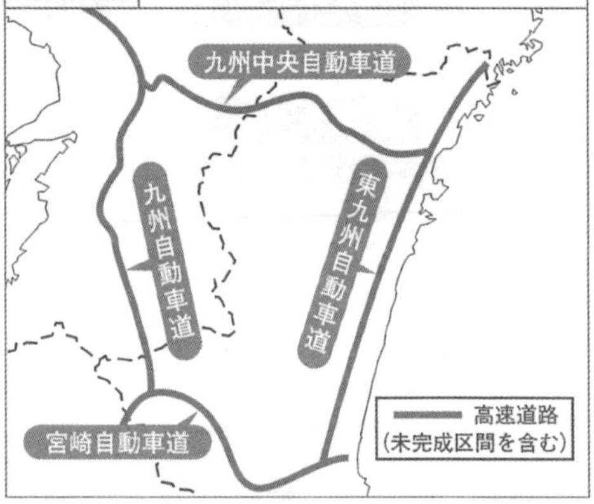

（日向往還顕彰会資料等をもとに作成）

問い１　**資料１，２**をもとに，**会話１**の［　①　］にあてはまる句を，次のア～エから１つ選び，記号で答えてください。また，［　②　］にあてはまる語句を答えてください。

ア「春の海終日のたりのたりかな」　　イ「たんぽぽたんぽぽ砂浜に春が目を開く」
ウ「分け入っても分け入っても青い山」　エ「体冷えて東北白い花盛り」

問い２　**会話１**の下線部について，あきおさんは家族と「学び旅の名所」を訪れる旅行に行き，下のア～エの写真を撮りました。次のあきおさんのレポートをもとに，下のア～エの写真を，訪れた順番にならべかえてください。

ぼくは，まず西南戦争で西郷軍の敗走ルートになった場所を訪れた。苔の生えた歴史を感じさせる景色だった。次に，水不足に悩む台地へ水を運ぶために建設された施設を訪れた。その後訪れた白壁造りの町並みは，若山牧水が「シャレタ町ナリ」と日記に残したそうだ。最後に神々などをまつるパワースポットを楽しんだ。

ア

イ

ウ

エ

（「日向往還のたびパンフレット」をもとに作成）

次に，あきおさんはお父さんの車に乗って，おじさんの家に行くことにしました。

問い3　高速道路を移動する途中，車窓から，遠くに **資料3** の漁港や太陽光パネルが見えました。あきおさんが向かっている方向を， **資料4** のア～エから1つ選び，記号で答えてください。また，そのように判断した理由を，「**漁港**」という語句を使い，**太陽光パネルの向きも参考にしながら**答えてください。

資料3　車窓からの景色

資料4　宮崎県を通る高速道路（一部）

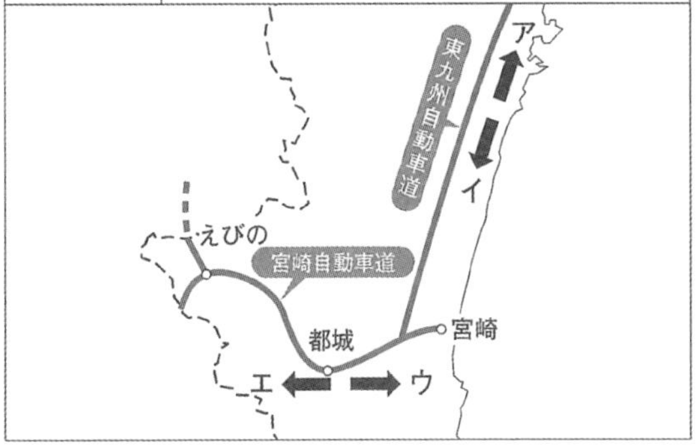

あきおさんは，おじさんが住む町の高速道路のインターチェンジの近くに，下の **資料5** の標識があることに気づきました。そのことについておじさんと話をしました。

会話2

あきお：　なぜ， **資料5** の高速道路付近に，津波避難場所の標識が設置されているの。
お　じ：　**資料5** の高速道路付近は，［　ア　］になっており， **資料6** のように，津波の際に［　イ　］ので，避難場所に適しているからだよ。
あきお：　ぼくも家に帰ったら，浸水の深さを予想したハザードマップを見ながら，避難場所を確認してみるよ。
お　じ：　災害時の避難場所を家族と確認しておくといいね。

資料5　高速道路と付近の標識

(Google Earth ストリートビューをもとに作成)

資料6　高速道路付近のハザードマップ

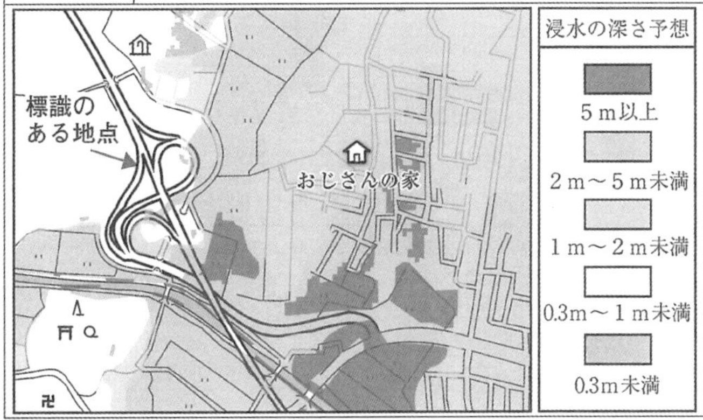

問い4　あきおさんとおじさんの **会話2** の［　ア　］，［　イ　］にあてはまる内容を， **資料5，6** をもとに答えてください。

宮崎県立中学校

（解答用紙は別冊 97 P）（解答例は別冊 50 P）

課題 1

ゆうとさんとななみさんは，右の **図1** のような，たてと横に１cm ずつ等しい間隔（かんかく）で並（なら）んでいる点を見て，話をしています。

図1

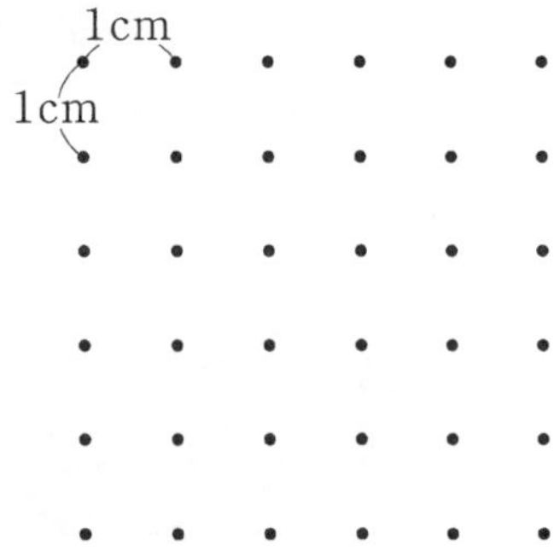

会話１

ななみ：　これらの点を結んで作ることができる図形について考えてみると，**図2** のようにＡ，Ｂ，Ｃの点を結べば三角形を作ることができるね。
ゆうと：　そうだね。結ぶ３つの点の取り方でいろいろな三角形を作ることができそうだね。
ななみ：　①Ｂとの点はそのままで，Ａ以外の点を取って作ることができる三角形について考えてみよう。

図2

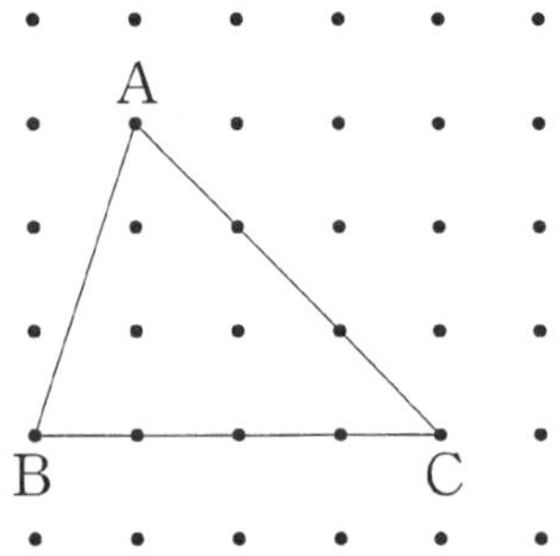

問い１　**会話１** の下線①について，**図2** の三角形ABCと面積が等しい三角形を作るとき，Ａ以外の点の取り方は何通りあるか答えてください。また，そのように考えた理由を書いてください。（点は，**図2** に示したものとする。）

次に，２人は四角形について考えてみることにしました。

会話２

ゆうと：　**図3** のように点Ｄ，Ｅ，Ｆ，Ｇを順に結ぶと四角形を作ることができるね。②ＤとＥの点はそのままで，この四角形と面積が等しい三角形を作りたいけど，どうすればいいかな。
ななみ：　点Ｄ，Ｅと，もう１つの点を結んで作ることができる三角形の面積を考えてみよう。

図3

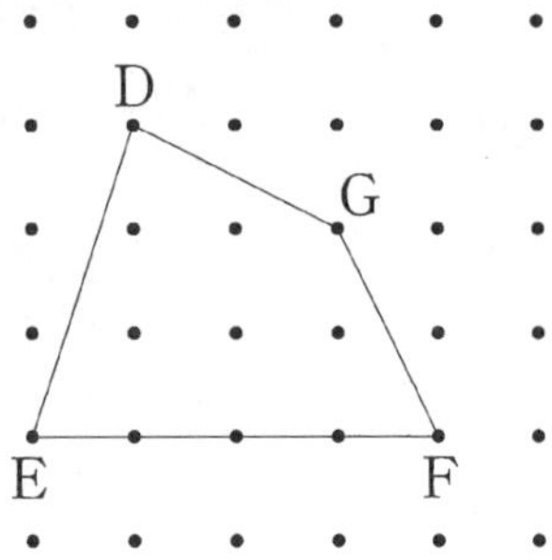

問い２　**会話２** の下線②について，**図3** の四角形と面積が等しくなる三角形を，点Ｄ，Ｅと，もう１つの点を結んで作り，定規（じょうぎ）を使って正確にかいてください。

さらに，２人は正方形について考えてみることにしました。

会話３

ゆうと：　**図４** のように点H，I，J，Kを順に結ぶと，１辺の長さが1 cmの正方形を作ることができるね。

ななみ：　そうだね。この正方形の面積は1 cm^2 だね。

ゆうと：　４つの点を結んで，面積が1 cm^2 や4 cm^2 になる正方形は作ることができそうだけど，面積が2 cm^2 になる正方形は作ることができるかな。

ななみ：　**図５** のように点L，M，N，Oを順に結ぶと，面積が2 cm^2 になる正方形を作ることができるよ。

ゆうと：　では，面積が１０ cm^2 になる正方形は作ることができるかな。

図４

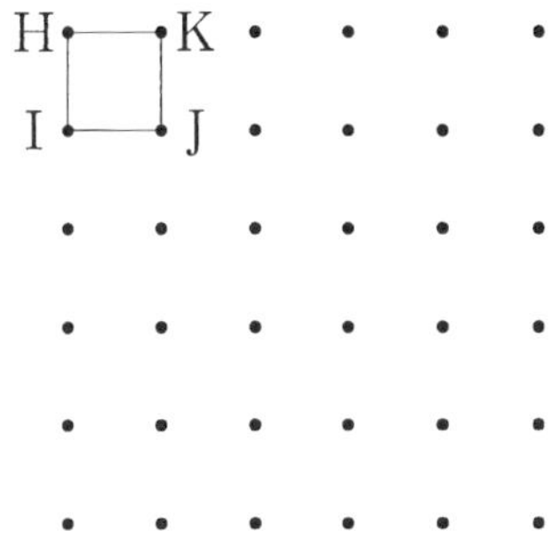

図５

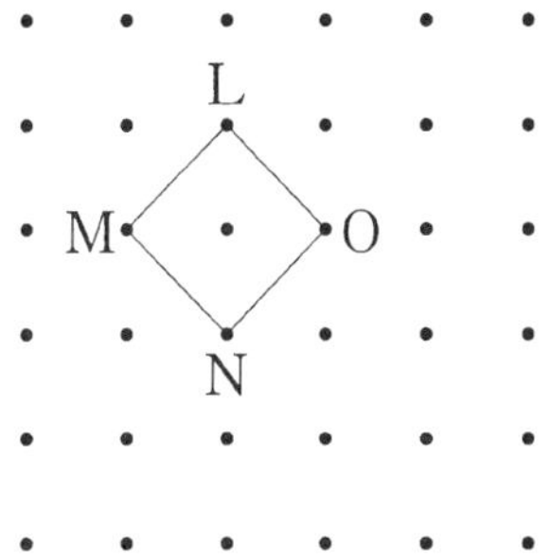

問い３　**会話３** について，面積が１０ cm^2 になる正方形を，定規を使ってかいてください。また，その正方形が面積１０ cm^2 になる理由を説明してください。

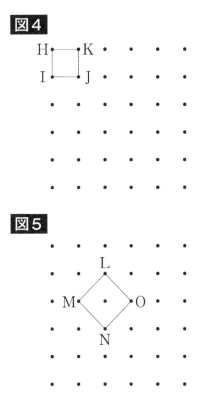

宮崎県立中学校

課題２

　さくらさんと先生は，スマートフォンについて話をしています。

会話１

先　生：　スマートフォンなどの電子機器は，２種類の記号の組み合わせで，データの処理を行っています。
さくら：　どういうことですか。
先　生：　例えば，２種類の記号を○と●とすると，この○と●の組み合わせで，いろいろなことを表すことができます。
さくら：　そんなことができるのですか。
先　生：　数を例に挙げると，右の **表** のようになります。
さくら：　ちょっと待ってください…。分かった気がします。
先　生：　では，１３の数を表す記号の組み合わせはどうなりますか。
さくら：　（　ア　）です。
先　生：　正解です。ちなみに，私の誕生日を２種類の記号の組み合わせで表すと●○●○月●○○○●日です。

表

数	記号の組み合わせ
0	○
1	●
2	●○
3	●●
4	●○○
5	●○●
6	●●○
7	●●●
8	●○○○

問い１　**会話１** の（　ア　）にあてはまる記号の組み合わせを，解答用紙の○をぬりつぶして答えてください。

問い２　**会話１** で，先生の誕生日は，何月何日か答えてください。

宮崎県立中学校

次に，さくらさんと先生は，スマートフォンの電話番号について話をしています。

会話2

先　生：　私のスマートフォンの電話番号は，最後の４けたが偶然（ぐうぜん）にも自分の誕生日の月日を並（なら）べた４けたと同じ番号なんです。

さくら：　そうなんですね。私の誕生日は３月１３日だから，私の場合だとその番号は，０３１３になります。

先　生：　そうですか。それでは，さくらさんの番号の数を使って問題を出すね。３を２個以上ふくむ４けたの番号は何通りあるでしょうか。

4けたの番号			
0	3	1	3

さくら：　数えるのが大変そうですね。

先　生：　１つずつ調べていくと時間がかかります。どうすればいいと思いますか。

さくら：　はい，３の数に注目して考えればいいと思います。

先　生：　そのとおりです。４けたの番号に，３を２個以上ふくむのは，「３が２個のとき」，「３が３個のとき」，「３が４個のとき」の３つの場合に分けられます。まず，「３が４個のとき」は何通りありますか。

さくら：　（　イ　）通りです。

先　生：　正解です。次に，「３が３個のとき」，３以外の残り１個の数が，４けたの番号のどこに入るのかを考えると，何通りありますか。

さくら：　（　ウ　）通りです。分かりました。このとき，３以外の数は全部で（　エ　）通りあるから，「３が３個のとき」は３６通りになると思います。

先　生：　最後は，「３が２個のとき」です。

さくら：　同じように考えればいいので，（　オ　）通りです。

先　生：　正解です。ということは，３を２個以上ふくむ４けたの番号が全部で何通りあるかは，（　イ　）＋３６＋（　オ　）を計算すれば分かりますね。

問い３　**会話2**の（　イ　），（　ウ　），（　エ　）にあてはまる数を答えてください。

※　同じカタカナの（　）には，同じ数が入ります。

問い４　**会話2**の（　オ　）にあてはまる数を答えてください。また，その理由も書いてください。

宮崎県立中学校

課題３

よしこさんとたかしさんは，社会科の授業でオイルショックについて学び，ノートにまとめました。

オイルショックでトイレットペーパーが消えた!?

１９７３年の※オイルショック（石油危機）のときにトイレットペーパーの買い占めが起こったんだよ。

聞き取り１
スーパーの店長

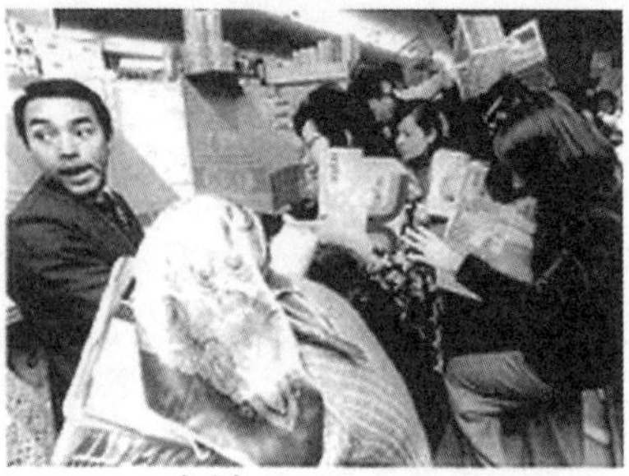

買い占めに殺到する消費者（1973年）

日本が石油を輸入している地域で，１９７３年に戦争が起きたんだよ。

聞き取り２
よしこさんのおじいさん

なぜ，トイレットペーパーの原料は木材なのに，石油が関係するのかな？

たかし

資料１　※１バーレル（１５９Ｌ）あたりの※原油価格

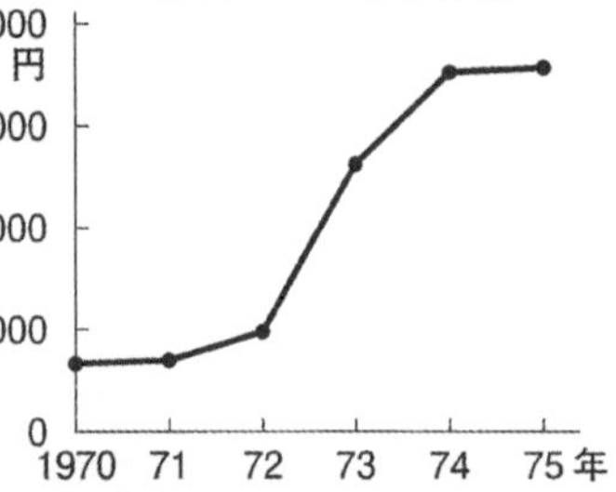

資料２　トイレットペーパーと石油

１９７３年当時，トイレットペーパーを生産する紙パルプ産業では，紙を作る際，とかした原料をかわかすために石油を燃料として用いていました。

（『通商産業政策史』より作成）

※オイルショック…産油国が石油の生産量を減らしたことや価格の引き上げによって生じた世界的な混乱
※バーレル…体積の単位の１つ
※原油…油田からほり出したままの状態のもの。加工して石油等がつくられる。

考えたこと

１９７３年にトイレットペーパーの買い占めが起きたのは，日本が石油を輸入している地域で戦争が起きて，**資料１，２**から，［　　　］という心配が広がったからではないかなと思いました。

よしこ

感　想

どうすればトイレットペーパーの買い占めがなくなるのか，もっと調べてみたいです。

問い１　**考えたこと**の［　　　］にあてはまる内容を，**資料１，２**を関連づけて，答えてください。

ノートにまとめた後，どうすれば買い占めが起こらなくなるのか先生に聞いてみたところ，**「買い物ゲーム」**を紹介してくださいました。よしこさんとたかしさんはルールにしたがい，**「買い物ゲーム」**をすることにしました。

【「買い物ゲーム」のルール】

① 品薄(しなうす)のトイレットペーパーが薬局に入荷された。家には，１か月はこまらない程度の買い置きがある。
② 各自が選べるカードは，「あわてて買わない」か「急いで買う」のどちらか１つ。
③ どちらを選ぶかは，お互(たが)いに相談できない。
④ 二人とも「あわてて買わない」カードを選べば，それぞれ３０点。
⑤ 一人が「あわてて買わない」カード，もう一人が「急いで買う」カードを選べば，「あわてて買わない」カードを選んだ方が０点，「急いで買う」カードを選んだ方は５０点。
⑥ 二人とも「急いで買う」カードを選べば，それぞれ１０点。

資料３　「買い物ゲーム」の得点表

よしこ ＼ たかし	あわてて買わない	急いで買う
あわてて買わない	３０点 ３０点	５０点 ０点
急いで買う	０点 ５０点	１０点 １０点

問い２　「買い物ゲーム」に負けたくなかったたかしさんは，よしこさんに負けないようにカードを選びました。たかしさんが選んだカードを，**資料３**を参考にして，答えてください。

また，そのカードをたかしさんが選んだ理由を，たかしさんとよしこさんの具体的な得点を示して説明してください。

先生とよしこさん，たかしさんは「買い物ゲーム」を終え，ふり返りを行いました。

会話

先　生：　実は，このゲームのポイントは，相手の得点に勝つことではありません。
たかし：　それはどういうことですか。
先　生：　自分だけではなく，お互いが高い得点を取れように考えることがポイントです。そう考えると，得点表の中で最もよい選び方は，［　　　　　　］になりますね。よりよい社会をつくるためには，このような関係を築いていくことが大切です。
よしこ：　どうすればそのような関係を築くことができますか。
先　生：　例えば，私たち消費者は，生産や出荷に直接関わっている会社から発信される正しい情報を収集(しゅうしゅう)し，みんなで共有することが必要ですね。
たかし：　今回学んだことは，台風などの災害時にも役立てられそうです。

問い３　上の**会話**の［　　　］について，お互いが高い得点をとれるようにするには，よしこさんとたかしさんはどのカードを選べばよいか，それぞれ答えてください。また，なぜそのカードを選ぶことが必要なのか答えてください。

課題４

まことさんとさくらさんは，授業で日本の漁業と養しょく業のことを調べることになり，話し合いました。

会話１

まこと：　ぼくは，日本の漁業と養しょく業の生産量について，**資料１**を見つけたよ。
さくら：　**資料１**を見ると，日本の漁業と養しょく業の生産量は，毎年おおむね減ってきているね。
まこと：　沿岸漁業と養しょく業の生産量を合わせると，毎年沖合漁業とほぼ同じくらいの生産量になるよ。また，２００８年と２０１９年の生産量を比べると，遠洋漁業の減っている量が一番少なく，養しょく業が２番目に少ないよ。
さくら：　日本の漁業は，漁業の方法によって，生産量の割合(わりあい)が大きくちがうんだね。

問い１　沿岸漁業・沖合漁業・遠洋漁業・養しょく業は，右の**資料１**のＡ～Ｄのうち，それぞれどれにあたりますか。

上の**会話１**をもとにあてはまる記号を答えてください。

資料１　日本の漁業・養しょく業生産量の推移

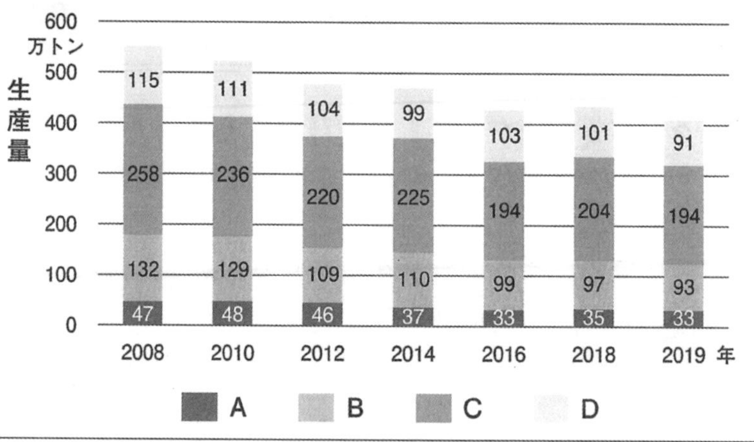

（農林水産省「漁業・養殖(ようしょくぎょう)業生産統計」をもとに作成）

次に，まことさんとさくらさんは，現在の世界の漁業の現状と課題について，**資料２，３**をもとに話し合いました。

資料２　世界の国別漁かく量の推移

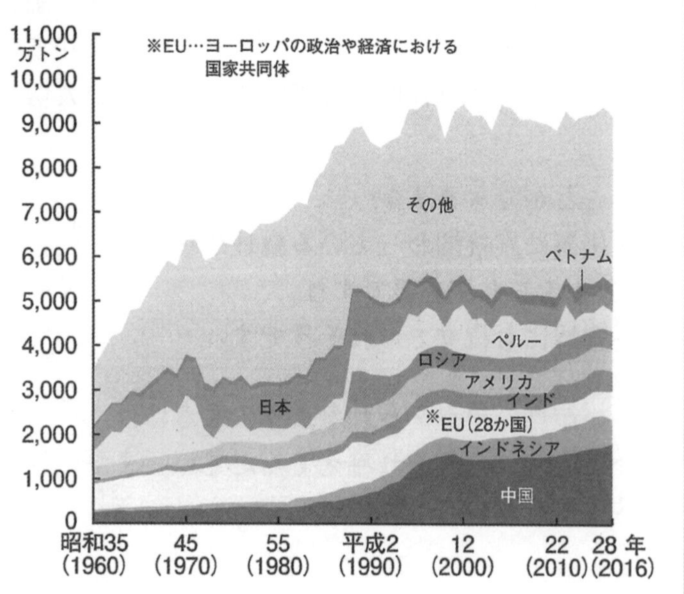

資料３　日本の主な水産物輸入相手国及び地域

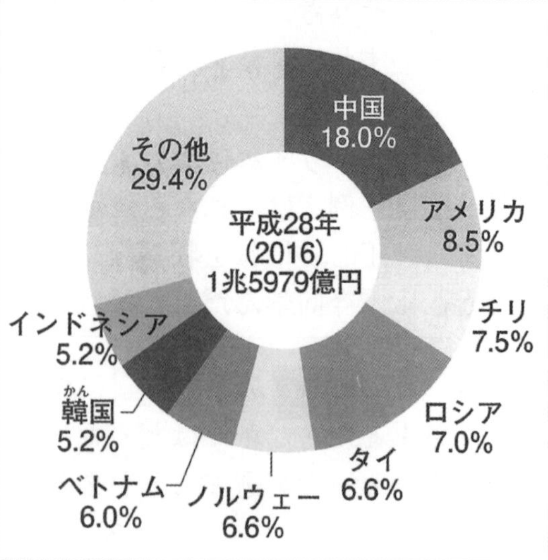

（FAO及び農林水産省「漁業・養殖業生産統計」に基づき水産庁で作成）

会話２

まこと：　**資料２** をみると，平成２８年における世界全体の漁かく量は，約９０００万トンで，これは，昭和３５年の約２．５倍にあたる量だね。

さくら：　ここ２０～３０年くらいで見てみると，日本やアメリカ，ＥＵなどの漁かく量はあまり変わっていないのに，なぜ世界全体の漁かく量は増えているのかな。

まこと：　それは，近年，中国をはじめ，インドネシア，ベトナムなどで漁かく量が増えているからだよ。

さくら：　**資料３** を見ると，日本はこれらの国から［　　　］ことが分かるね。

まこと：　世界で漁かく量が増えている現状と日本も関わりがあったということだね。
　世界で漁かく量がこのまま増えていくと，いつか魚が食べられなくなってしまうのではないかな。

問い２　**資料３** をもとに，**会話２** の［　　　］にあてはまる内容を答えてください。

問い３　さくらさんは，あるお店で **資料４** のラベルの付いた商品を見かけて興味をもち，さらに調べていく中で，**資料５** を見つけました。**資料４，５** をもとに **さくらさんが考えたこと** の［　ア　］，［　イ　］にあてはまる内容を答えてください。

資料４　海のエコラベルの付いた商品

「海のエコラベル」とは
　漁業者の中には，とってよい魚の量や大きさ，時期などを定めたり，他の生物がかかりにくい漁具を使ったりするなどきびしい制限の中で漁業に取り組んでいる方々もいます。
　海のエコラベルは，こういった水産資源や海洋環境を守ってとった水産物に与えられる証です。

資料５　エネルギー資源と水産資源の特性の比較

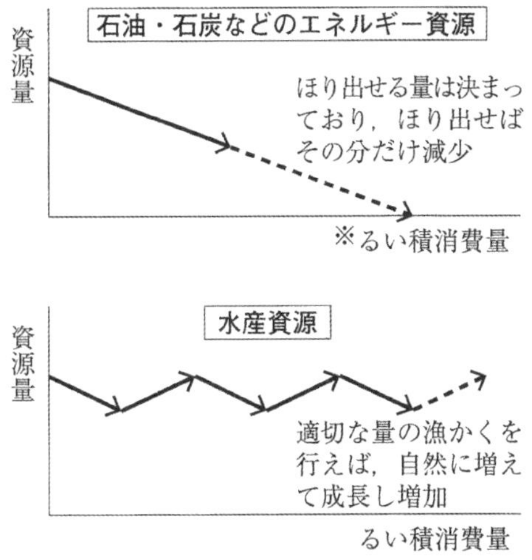

※るい積消費量…消費した分を加えていったもの

（WWF ジャパン「海のエコラベル『MSC 認証』について」より作成）

さくらさんが考えたこと

　私たちが，**資料４** の「海のエコラベル」の付いた商品を選べば，きびしい制限の中で漁業に取り組んでいる方々を支えることにつながったり，**資料５** から，ほり出せる量に［　ア　］石油や石炭などのエネルギー資源とはちがい，水産資源を［　イ　］が可能になったりすると思います。

宮崎県立中学校

課題５

てつおさんは，金属に興味をもち，金属の性質や身のまわりの金属でできているものについて調べました。

問い１　てつおさんは，まず，金属をあたためたときに起こる長さの変化について調べたいと考え，次の **実験** を行い，結果を **表** にまとめました。**表** から，調べた４種類の金属をくらべたときにどのようなことが分かるか，説明してください。

実験

① 長さが１０００mm で同じ太さの４種類の金属線（アルミニウム，タングステン，鉄，銅）を用意した。

② それぞれの金属線について，全体を同じ条件であたため，あたためた後の長さをはかった。

③ それぞれの金属について②を３回行い，平均の長さを求めて **表** にまとめた。

表

金属名	あたためた後の長さ（mm）
アルミニウム	１０００.９
※タングステン	１０００.２
鉄	１０００.５
銅	１０００.７

※タングステン…魚つりのおもりや，電球に使われている金属

てつおさんが金属について調べていると，バイメタルについての記事を見つけました。次の会話は，そのことについて，先生と話をしているときの様子です。

会話１

てつお：　金属の性質を利用したバイメタルというものがあることを知りました。
先　生：　バイメタルは，**図１** のように，温度により長さや体積が変化しにくい金属Ａと，長さや体積が変化しやすい金属Ｂをはり合わせたものですね。バイメタル全体をあたためると，金属Ａと金属Ｂは長さや体積の変化のしかたがちがうため，くっついたままバイメタル全体が曲がります。

図１

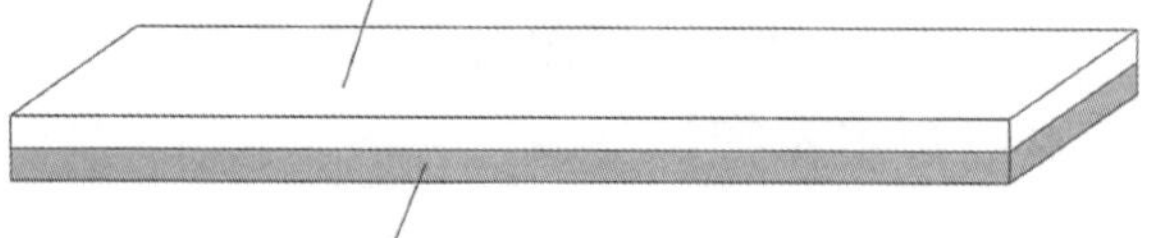

問い２　**図１** のバイメタル全体をあたためたとき，バイメタルはどのように曲がりますか。次のア～エから１つ選び，記号で答えてください。

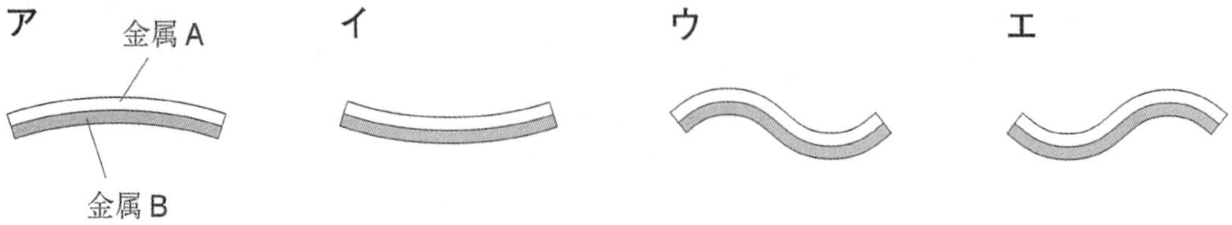

宮崎県立中学校

会話2

てつお：　バイメタルは，電気こたつに利用されているそうですね。

先　生：　そうなんですよ。**図2** は，電気こたつに利用されているバイメタルのはたらきが分かるよう，※サーモスタットを模式図にしたものです。電流を通す部品①と部品②，そしてバイメタルが，電流を通さない物体に固定されています。今，部品①と部品②は接点でふれていてここを電流が通りますが，バイメタルのはたらきで離れることもできます。

※サーモスタット…温度に応じて回路に電流が流れたり，流れなくなったりすることで，温度を自動的に調節するしくみ

問い3　**図2** のサーモスタットでは，バイメタルはどのようなはたらきをしますか。次の文の［　　　］に入る内容を，**図2** の言葉を使って答えてください。ただし，**図2** の言葉のうち，**接点**，**ヒーター**，**バイメタル**の３つの言葉を必ず使って答えてください。

図2

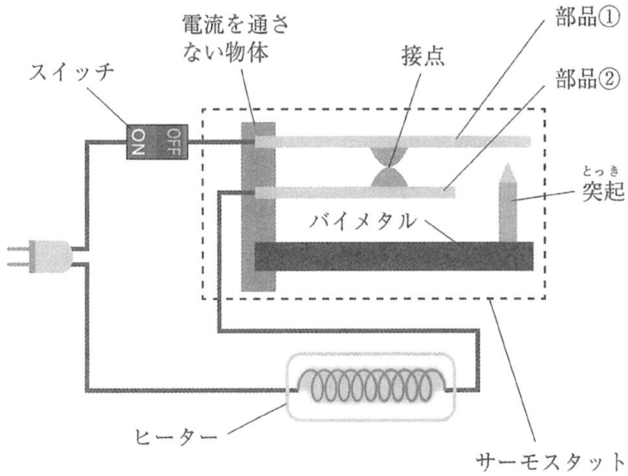

こたつの中の温度が上がると，

［　　　　　　　　　　　　　　　　　　　　　］

その結果，温度は下がるので，こたつの中の温度が上がりすぎるのを防げます。

会話3

先　生：　他にも，**図3** のように，うずまき状に巻いたバイメタルが使われている温度計があります。**図4** は，**図3** を模式図にしたものです。温度が上がり，バイメタルがあたためられると，針は **図4** の矢印の方向に動きます。

てつお：　バイメタルは，いろいろなものに使われているのですね。

問い4　温度が上がったとき，針が **図4** の矢印の方向に動くためには，うずまき状のバイメタルの内側と外側のどちらを **図1** の金属Aにすればよいか，答えてください。

図3

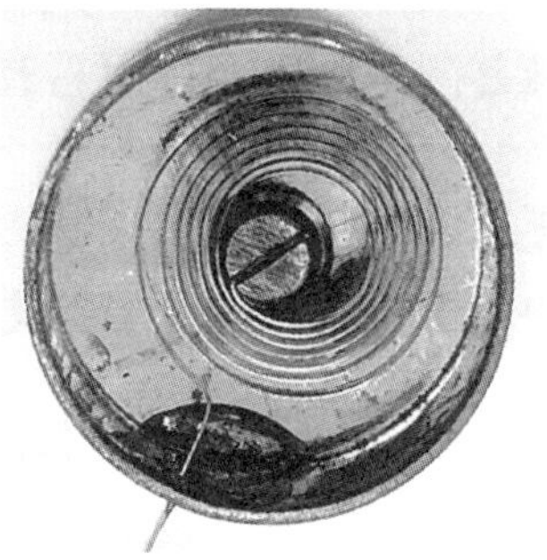

図4

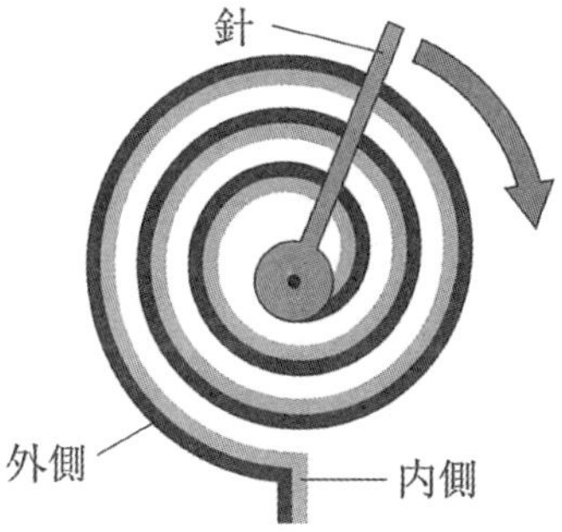

課題６

あゆみさんのクラスでは，学校の近くで野外観察を行うことになり，あゆみさんの班は，ひなた川について調べることにしました。まず，ひなた川の**ア**～**カ**の場所について，魚がつれるかどうかを調べ，**図１**，**表１**のように記録しました。次に，川の流れる速さを調べるために下のような**実験**を行いました。

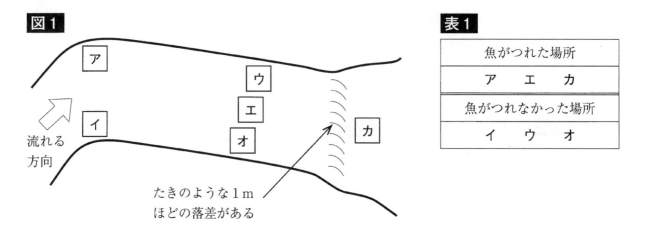

図１

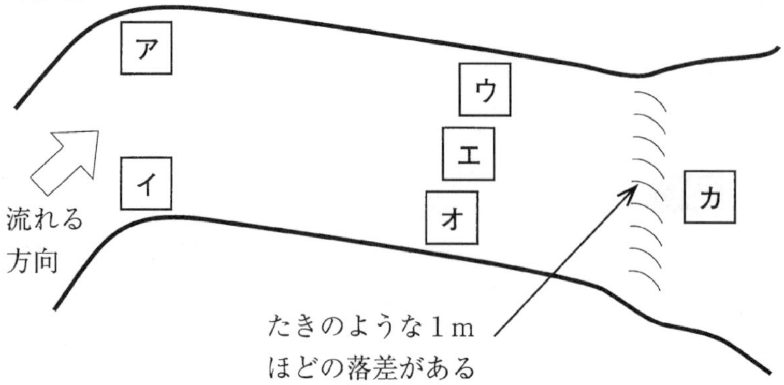

表１

魚がつれた場所
ア　エ　カ
魚がつれなかった場所
イ　ウ　オ

実験

① 水を少し入れて重くしたペットボトルを用意した。

② ①にロープをつなぎ，**ア**の場所に投げ入れて３秒かぞえ，この間にペットボトルが流れた距離(きょり)をはかった。これを３回行い平均の速さを求めた。

③ **イ**～**カ**の場所についても②と同様に行い，結果を**表２**にまとめた。

④ ひなた川の様子について，気づいたことを記録した。

表２

場所	速さ（※cm/秒）	場所	速さ（cm/秒）
ア	７３	エ	６７
イ	２８	オ	３１
ウ	３７	カ	３３

※cm/秒…１秒間に進む距離（cm）を表す速さの単位

【気づいたこと】
アの場所は，川の水が川岸にはげしく当たっていた。**カ**の場所は，流れに落差があるためか，川底がけずられて深かった。

あゆみさんは理科で学習したことをいかして，実験の結果から，**ア**～**オ**の場所について川の流れの速さと川の深さの関係を次のように予想しました。

予想

川の流れが速いところほど，川の底がけずられて，川の深さは深くなっているだろう。

問い１　あゆみさんの予想が正しいならば，**図１**の『**ア**～**オ**』の中で，３番目に深い場所はどこだと考えられますか，１つ選び記号で答えてください。ただし，川底の条件はどこも同じであるとします。

宮崎県立中学校

次の会話は，野外観察について先生とあゆみさんが話をしている様子です。

会話１

あゆみ：　実際には，**ア～オ**の川の深さはどうなっているのでしょうか。
先　生：　この川の深さを調べたデータがあります。**ア～オ**の川の深さについては，あゆみさんの **予想** のとおりでしたよ。
あゆみ：　では，ひなた川では，魚がつれる場所は川の流れが速くて深い場所だと言えますね。
先　生：　本当にそうですか。記録や実験結果について，見落としているデータはないか，もう一度よく見て考えましょう。

問い２　下線部について，あゆみさんの考えは正しいと言えません。正しいと言えない理由を答えてください。

さらに，あゆみさんは，川の付近の石を観察すると，丸みのある石がほとんどでした。

会話２

あゆみ：　川の流れのはたらきによって，石が丸くなるのですよね。
先　生：　そうです。学習したとおりです。
あゆみ：　本当にそうなるのでしょうか。確かめたいです。
先　生：　そう思うことは大切だね。では，どうしたら確かめられるかな。
あゆみ：　「石が水に運ばれている間に，まわりの石や岩とぶつかり合ってけずられた」という予想をたてて，実験を考えてみます。
先　生：　ホームセンターに売っていた，次のものを使って実験すると確かめられるはずだよ。

問い３　水と次の２つのものを使って，予想を確かめるには，どのような方法があるでしょうか。また，どのような結果になれば，その予想が正しかったと言えるでしょうか。その方法と結果を説明してください。ただし，ガラスびんは割れないものとします。

ふた付きのがんじょうなガラスびん	数個の角ばった直径２cm の石

宮崎県立中学校

※問題は331ページから始まります。

問1　――線部について、筆者は、光を当てることで、人はどうなると考えているか。本文の内容をふまえて書け。

問2　本文中で示された「朗読」の例や、「硬式テニス」の例は、具体的にどのようなことを示すために筆者が提示したのか。本文の内容をふまえて四十字以上六十字以内で書け。ただし、一ます目から書き始め、句読点や記号なども字数に数えること。

問3　**【参考資料】**を見て、どのようなことが読み取れるか。また、読み取った結果について、あなた自身はどう考えるか。グラフおよび本文の内容をふまえて、百字以上百二十字以内で書け。ただし、一ます目から書き始め、句読点や記号なども字数に数えること。

問4　これまでの生活において、あなた自身の長所に意識を向けたことによって行動や態度が変わった例を示した上で、中学校生活の中で同じ学年、クラスの友だちと共に長所を生かし、成長していくためにあなたが大切にしたいことは何か、また、そのように考えるのはなぜか。本文の内容をふまえて、次の条件にしたがって、あなたの考えを書け。

条件1　字数は四百字以内とする。
条件2　原稿(げんこう)用紙の使い方にしたがって書け。また、書き出しや段落を変えたときの空欄(くうらん)、句読点や記号なども字数に数える。
条件3　題や名前を書かずに、一行目から書け。

〔注〕

＊1　インパクト…強い印象や影響のこと。

＊2　対語…意味がたがいに正反対の関係にある言葉、対義語のこと。

＊3　言い回し…言い表し方、説明の仕方のこと。

＊4　夏目三久さん…フリーアナウンサー。以前、筆者とテレビ番組で共演した経験がある。

＊5　センス…物事のわずかなちがいや味わいを感じ取る力のこと。

＊6　被験者…実験や試験の対象になって試される人のこと。

＊7　ネガティブ…否定的なようす、消極的なようすのこと。

＊8　フォーカス…人々の関心や注目の集まるところのこと。

【参考資料】

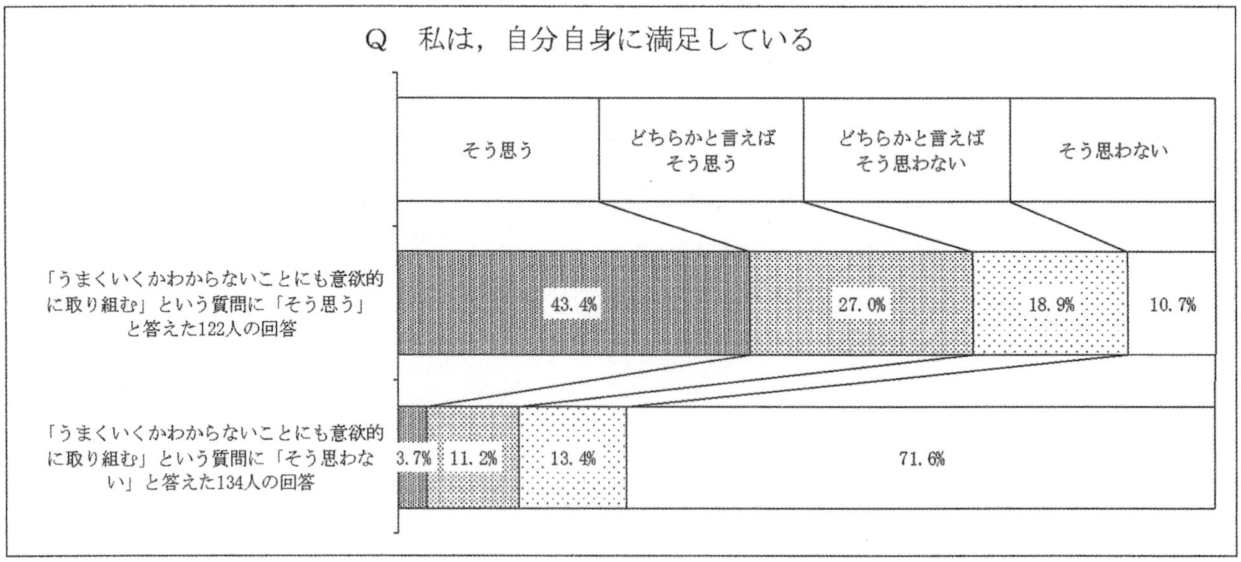

（内閣府「我が国と諸外国の若者の意識に関する調査（平成30年度）」をもとに作成）

鹿児島県立楠隼中学校　適性検査Ⅰ　（検査時間45分）

（解答用紙は別冊100Ｐ）（解答例は別冊52Ｐ）

次の文章は、「自分の長所を人生にどう生かすか」というテーマで書かれた文章です。また、**【参考資料】**は、本文に関係した資料です。それぞれよく読んで、後の**問１～問４**に答えなさい。なお、＊がある言葉には、後に［注］があります。

人の性質を表すときに、よく「長所、短所」という言葉が使われます。しかし、あまりにありふれた表現であるために、意味合いとしても、少々インパクト（＊１）に欠けることは否めません。

経営学者のピーター・ドラッカーは、「自分の〝ストロングポイント〟を生かせ」と著書で述べています。長所と言うと〝まあまあよい〟というくらいの印象ですが、〝ストロングポイント〟と言えば、何となくインパクトがあるように感じませんか？　長所というよりは、「強所、強点」などと訳した方がいいかもしれません。

日本には弱点という言葉はあるものの、その対語（＊２）である強点という言葉がないのです。よく、「自分の弱点とよく向き合って」などと言いますが、「これが、自分の強点です！」という言い回し（＊３）は聞いたことがありません。控えめな日本人ならではの感覚かもしれません。しかし、これからはぜひ、自分の強点、つまり〝ストロングポイント〟を意識してみてください。

これは、非常に重要な考え方なのですが、人の意識というものは、植物にとっての光のようなものです。つまり、植物は光の当たったところが伸びていきますが、同様に、そこに意識を当てるだけで、人は伸びていくものなのです。つまり、自分の〝ストロングポイント〟を意識するだけで、そこに光を当てることになるわけです。

たとえば、小学生の頃「あなたは朗読が上手ですね」と褒められたとしましょう。すると、これまで意識していなかった「自分は朗読が上手い」という部分に意識が向く。そのうちに、自然と進んで朗読を練習し始め、さらに朗読が上手くなっていく、ということがあります。つまり、この人は、朗読が自分の〝ストロングポイント〟であることに気づいたわけです。以前、お仕事でご一緒させていただいたフリーアナウンサーの夏目三久さん（＊４）は、まさに小学生の頃に朗読を褒められたことによって、今のご職業に就かれたとおっしゃっていました。

私は中学生の頃、硬式テニスをやっていたのですが、あるときコーチに「君はテニスのセンス（＊５）があるね」と言われました。かなり昔のことですが、私は今でもこのひと言が忘れられません。実際に、私は「自分にはテニスのセンスがある！」と信じて疑わず、〝ストロングポイント〟として意識したおかげで、それ以降もテニスを長く続けることになりました。

不思議なものですが、人は３人くらいの人に「服のセンスがいいね」と言われ続けると、実際に自分の着る服に気を遣うようになるものです。これが、「何だかシュッとしているね」であれば、実際に、佇まいがシュッとしてきます。実は、これを逆手に取った実験もあり、ある人に同じ日に「今日は顔色が悪いね」と３人に言わせたところ、実際に被験者（＊６）が落ち込み、顔色が悪くなっていったというのです。

つまり、人は自分というものを自分自身でよくわかっておらず、他人に言われることで初めて気づくことが往々にしてあるのです。これは、〝ストロングポイント〟についても、同じことがいえるでしょう。

よく海外の映画などで「いいニュースと悪いニュース、どちらから聞きたい？」というお決まりのセリフがあります。もし、私が聞かれたならば、「いいニュースだけ聞きたい」と返すことでしょう（笑）。なぜなら、ネガティブ（＊７）な言葉を頭の中で反復すると、ほとんどのケースで悪い影響の方が大きくなってしまうからです。

ですから、みなさんも過去に褒められたこと、いいことだけをメモなどに残すようにして記憶し、ネガティブなことについては、なるべくフォーカス（＊８）するのをやめてみてください。

褒められる点がたくさんあるにもかかわらず、「自分なんて……」などという人は、〝自画自賛力〟（造語です）が足りません。仮に他人に褒められなくても、自分で自身を褒めることによって〝自画自賛力〟はついていきます。自画自賛などというと、日本では「調子に乗っていると思われないか？」と懸念する方も多いでしょうが、わざわざ他人に向けて言わなければいいのであって、自分の心の中で思うだけなら、何の問題もありません。

（齋藤孝「大人だからこそ忘れないでほしい45のこと」による）

鹿児島県立楠隼中学校　適性検査Ⅱ（検査時間45分）

（解答用紙は別冊101 P）（解答例は別冊52 P）

1　楠乃さんと隼太さんは，ここ最近のできごとについて，それぞれ次のような会話をしました。会話Ⅰ，Ⅱ，Ⅲを読んで，問1～問6に答えなさい。

会話Ⅰ

隼太：新型コロナウイルス感染症の問題は，本当に大変なできごとだね。

楠乃：そうだね。遊びに出るのをひかえたり，我慢したりすることが多かったね。

隼太：楠乃さんは，うちにいる間に，何かこれまでしたことのないことに挑戦したの？

楠乃：私は，自分でおやつを作ろうと思って⒜ホットケーキの材料を買いに行ったよ。

隼太：うちでも家族でホットケーキを作ったよ。

楠乃：ホットケーキの材料の多くは⒝小麦だよね。日本では小麦の生産量は多くないけど，小麦を生産しやすいのはどういうところなのかを調べてみたいな。

問1　下線部⒜について，以下の問いに答えよ。

(1)　**資料1**はホットケーキ3枚を作るのに必要な材料である。これをもとに6人家族で一人4枚ずつになるように作るとき，小麦粉は何kg必要か答えよ。

資料1　ホットケーキ3枚を作るのに必要な材料

・小麦粉	150g	・砂糖	40g	・牛乳	130mL
・ベーキングパウダー	10g	・たまご	1個	・サラダ油	少々

（食品会社の製品表示をもとに作成）

(2)　楠乃さんはホットケーキにかけるカラメルソースを作るために，砂糖20gを40℃の水30mLにとかすことにしたが，間違えて砂糖を100g入れてしまい，とけ残りが出た。砂糖をすべてとかすために，どうすればよいかを楠乃さんが考えたものが，以下の文である。（　）に当てはまる数字を**資料2**から読み取り，XとYの正しい組み合わせを下の**ア～エ**から選び記号で答えよ。

40℃ならばおよそ（　X　）gとけ残るので，水の温度を少なくともあと（　Y　）℃上げれば，すべてとかすことができる。

資料2　水（30mL）の温度ととける砂糖の量

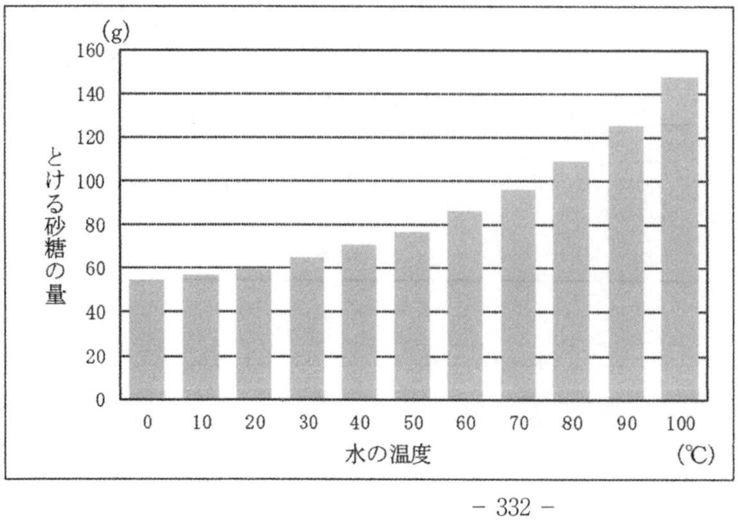

ア　X＝30，Y＝20
イ　X＝40，Y＝20
ウ　X＝40，Y＝40
エ　X＝30，Y＝40

(3)　家族に評判が良かったことから，楠乃さんは隣の山田さんの家にもホットケーキを作って持って行くことにした。山田さんの家では，最初の日にもらった枚数の３分の１を，その次の日には残りの枚数の半分を食べたところ，最後に５枚残ったという。楠乃さんが最初の日に山田さんの家に持って行ったのは何枚か求めよ。

(4)　翌日，楠乃さんはホットケーキ３枚を電子レンジで温めようとした。温めるのに適切な時間を知るために，インターネットで調べ，**資料３**のような目安を見つけた。

資料３　電子レンジの出力とホットケーキ３枚を温める時間

電子レンジの出力	温める時間
1500　W	１分
500　W	３分

※W（ワット）…　電力の単位

資料３をみて調べたところ，温める時間（分）が電子レンジの出力に反比例することが分かった。楠乃さんの家の電子レンジの出力が600Wであるとき，ホットケーキを何分何秒温めればよいかを答え，式を書いて説明せよ。

問２　下線部ⓑについて，小麦の生産は中国でさかんである。**資料４**は中国の米・小麦の主な生産地を，**資料５**は中国の年間降水量を示したものである。**資料４**，**資料５**から分かる，米・小麦の主な生産地における気候上の特色をそれぞれ説明せよ。

資料４　中国の米・小麦の主な生産地

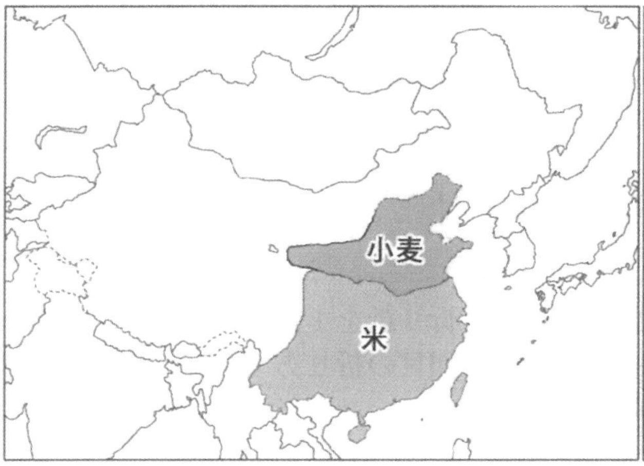

資料５　中国の年間降水量

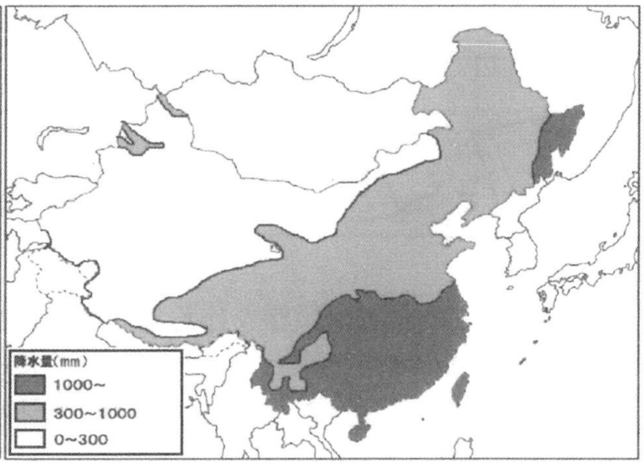

（両地図とも帝国書院地図をもとに作成）

会話Ⅱ

隼太：新型コロナウイルス感染症が広がった時期は，動物園や遊園地もお休みだったね。
楠乃：幼稚園生の妹は，動物園で「白雪姫の時計」を見たがってたけど，残念だった。
隼太：その時計って，決まった時間になると中から動物やこびとが出てくる，からくり時計だよね。なつかしいなあ。
楠乃：動物園に行けないかわりに，妹にⓒ<u>白雪姫</u>の童話を読んであげたんだ。
隼太：うちもあまり出歩けなかったから，家にいることが多かった。兄弟でⓓ<u>折り紙遊びをして，いろいろな模様を作ったよ。</u>

問3　下線部ⓒについて，楠乃さんは家で過ごす妹のために，次のように白雪姫の話をした。

白雪姫と7人のこびとがいました。7人のこびとは，体調が悪くなった白雪姫のお世話を，3人で行うことにしました。

この話をもとにして考えると，白雪姫のお世話をするこびとの選び方は全部で何通りになるか求めよ。

問4　下線部ⓓについて，以下の問いに答えよ。ただし，折り方は**資料6**のとおりに折るものとする。

(1)　隼太さんが折り紙を2回目の折り方で折り，はさみで何か所か切って広げ，**資料7**のような模様を作成したところ，弟がまねして同じものを作ろうとしていた。2回目の折り方の紙をどのように切ればよいかを解答欄に図で示せ。

資料6　折り紙の折り方

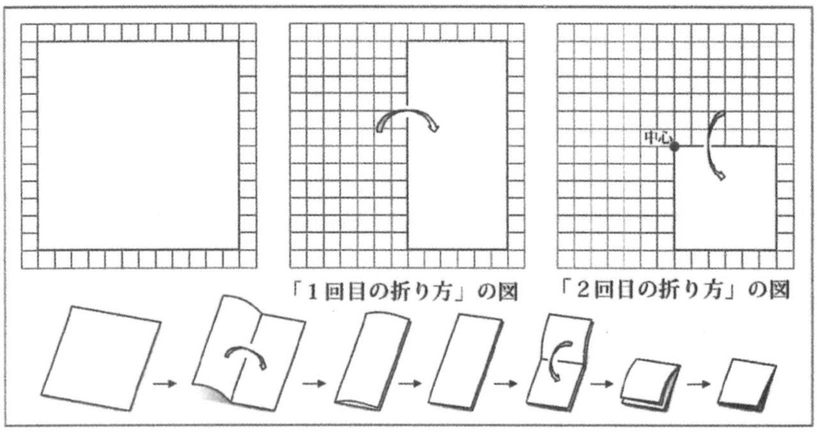

資料7　隼太さんが作成した模様

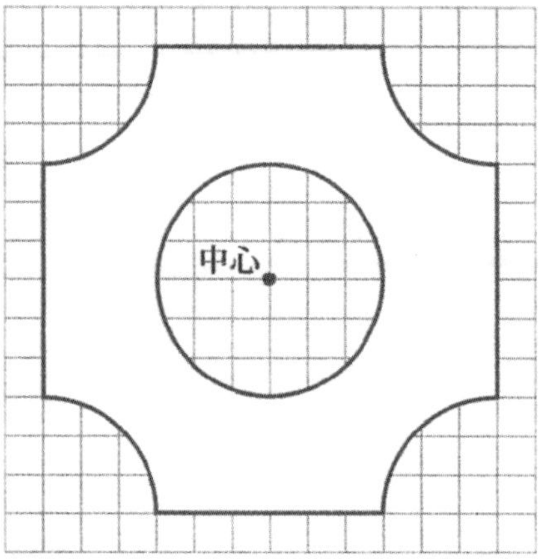

(2)　もっと複雑な模様を作ろうと考えた隼太さんは，折り紙を1回目の折り方で折り，**資料8**のように切った。さらに折り紙を広げずに2回目の折り方で折り，**資料9**のように切って広げた。完成した模様を解答欄に図で示せ。

資料8　1回目に折って切った折り紙

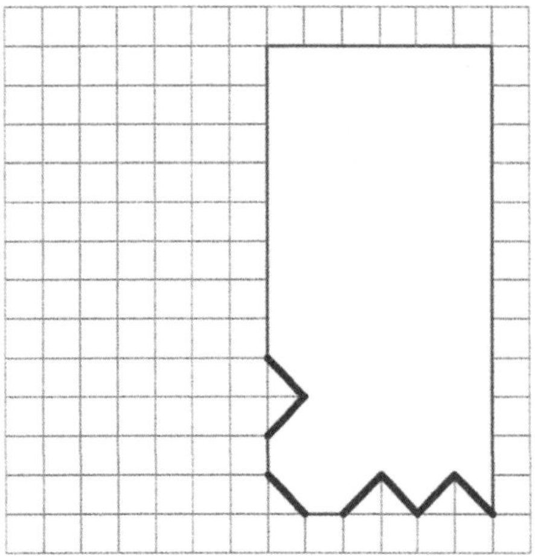

資料9　2回目に折って切った折り紙

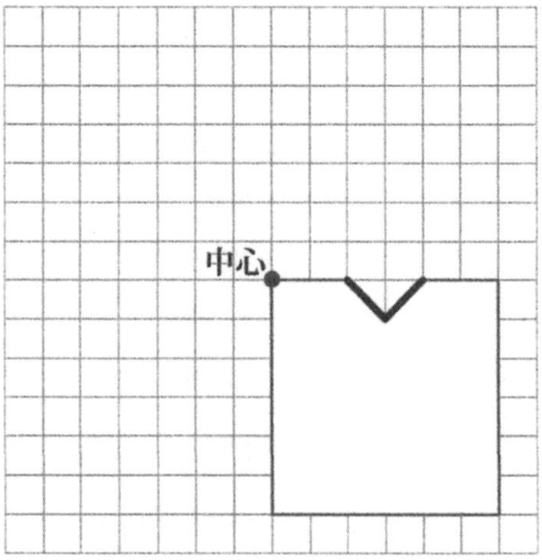

会話Ⅲ

楠乃：近年は梅雨が長かったり，台風が来たりして，雨がよく降っているね。
隼太：災害が多いね。土砂災害の映像や台風被(ひ)害の様子をテレビで見て，心が痛くなったよ。
楠乃：災害があってからではなくて，普(ふ)段から「もし，大雨が降ったら」とか「もし土砂災害が起こったら」と前もって考えておくことが大事だと思う。
隼太：土砂災害を防ぐために，山や森で行われていることって何だろう。

二人は，気になって，インターネットで調べてみました。

隼太：この林野庁のウェブページには，普段から森の木を切るⓔ「間伐(ばつ)」をすることで，それぞれの木が根をはり，幹が太く成長し，土砂災害を防ぐことにつながるという説明がされているよ。
楠乃：本当だ。こっちのウェブページには，ⓕ川の工事によって水害を防ぐ工夫についての内容がのっている。
隼太：山でも川でも，災害を防ぐための工夫をしてくれている人がいるんだね。

問５　下線部ⓔについて，**資料10**は間伐前と後の様子を表したものである。間伐をすると，なぜそれぞれの木が成長しやすくなるのか，説明せよ。

資料10　間伐前（左）と間伐後（右）の森の様子

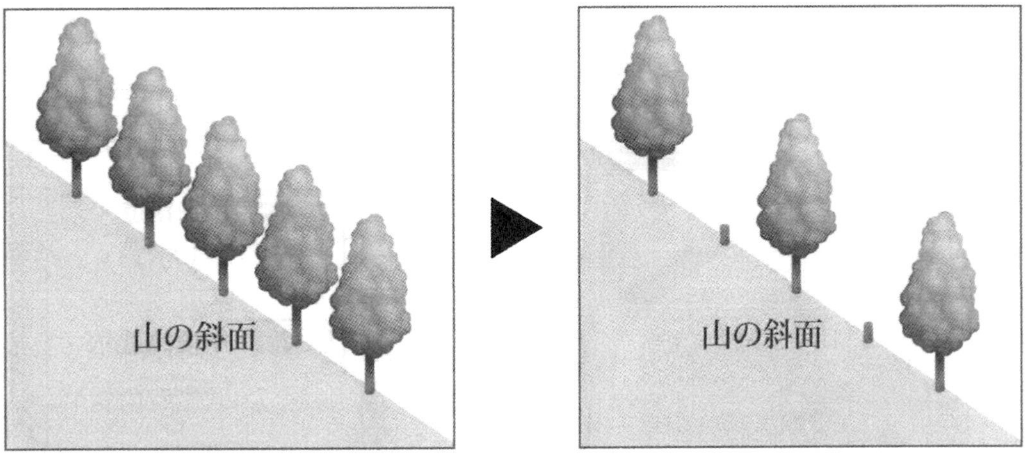

問６　下線部ⓕについて，以下の問いに答えよ。

(1)　楠乃さんは川と人間の生活の仕方について**資料11**の地図を見ながら考えた。この資料で今と昔の石狩（いしかり）川の流れを見るとき，昔の石狩川の流れにはどのような生活上の問題点があったと考えられるか。さらに，その問題点を解決するために，人がどのような工事を行ったと考えられるか。**資料11**をもとに説明せよ。

資料11　石狩川における昔と今の流れの変化

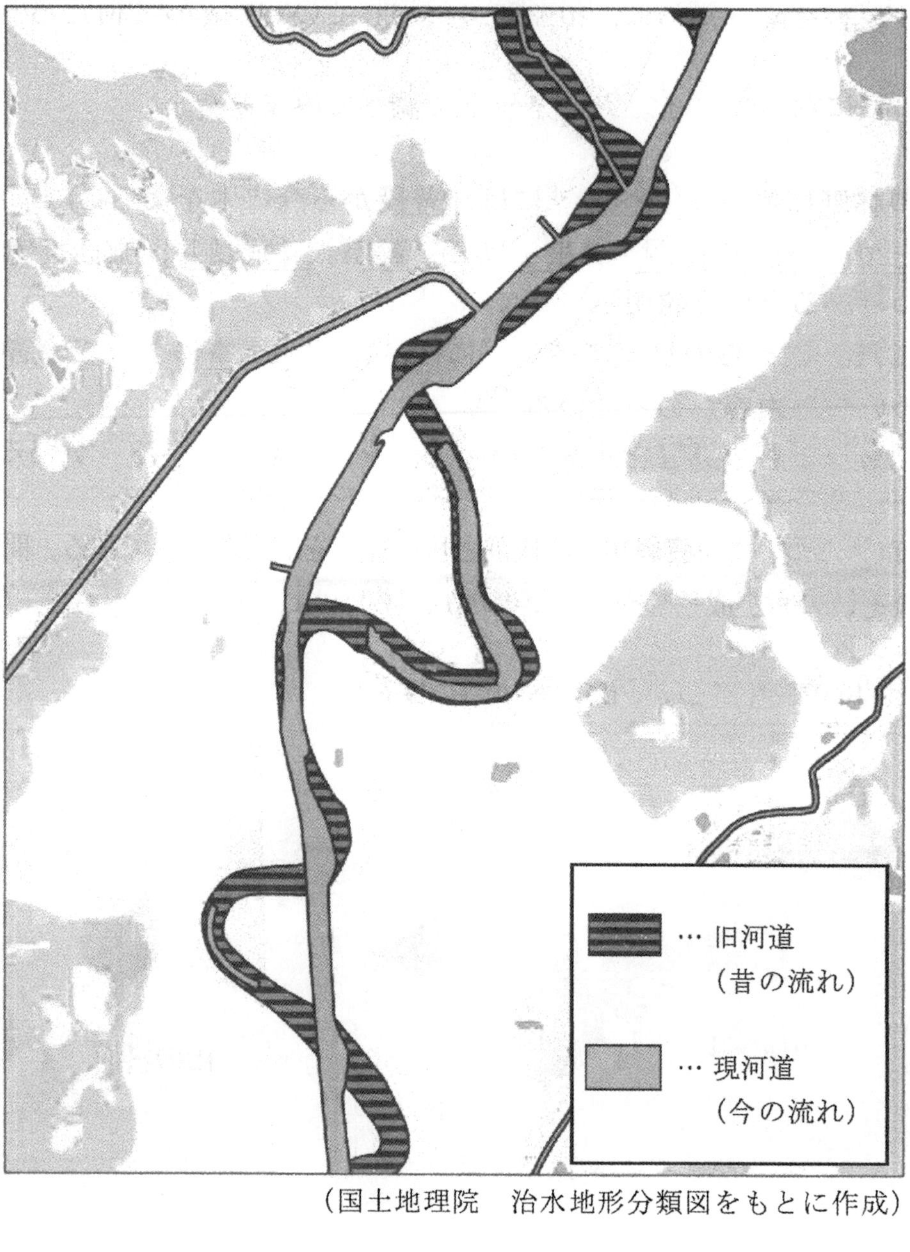

（国土地理院　治水地形分類図をもとに作成）

(2)　**資料11**の地図上の，ある二地点間の直線距離を測ったところ，6.4cmであった。この地図上の１cmが，実際の距離では250mであるとすると，この二地点間の実際の距離は何kmになるか答えよ。

2　隼太さんは，夏休みに父と旅行に行きました。青森まで飛行機で移動し，青森から鉄道で鹿児島まで帰ってくる旅行です。**会話Ⅰ，Ⅱ，Ⅲ**を読んで，**問1〜問5**に答えなさい。

会話Ⅰ

隼太：お父さん，今回は青森から鉄道で鹿児島まで帰ってくるんだよね。
父　：そうだよ。隼太，昔の人は一日ではとてもたどり着けなかったんだよ。
隼太：ⓐ交通の変化もいろいろあったんだろうね。
父　：飛行機が使われるようになって，鉄道よりも移動にかかる時間も短くなったな。
隼太：飛行機と言えば，旅行で利用する空港は，青森空港なの？
父　：青森には三沢（みさわ）空港もあるけど，新幹線の駅が近いから青森空港の予定だよ。
隼太：三沢には何か有名なものがあるのかな？
父　：三沢のⓑ日時計は立派だと聞いたことがあるな。日時計は影（かげ）で時間を計る，昔から利用していた時計のことだよ。

問1　下線部ⓐについて，**資料1**は青森駅と鹿児島中央駅（2004年までは西鹿児島駅）とを結ぶ列車の所要時間を示している。所要時間が1956年と比べて2017年は大幅に短くなっている理由を，**資料2**をもとにして説明せよ。

資料1　青森駅ー鹿児島中央駅間の列車所要時間

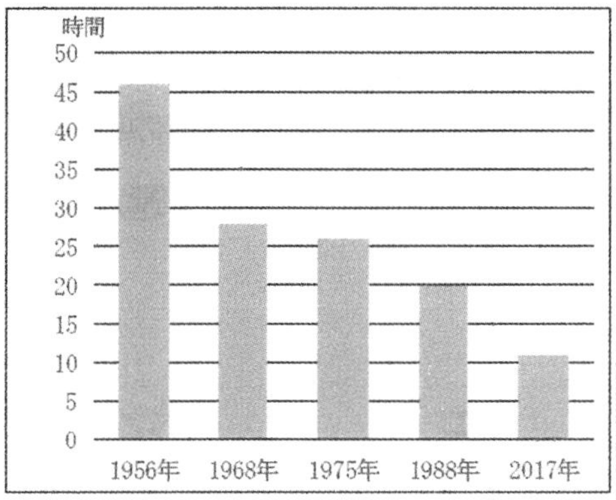

（民間旅行業者の資料をもとに作成）
※ 鹿児島中央駅は2004年までは西鹿児島駅

資料2　年代による新幹線の路線

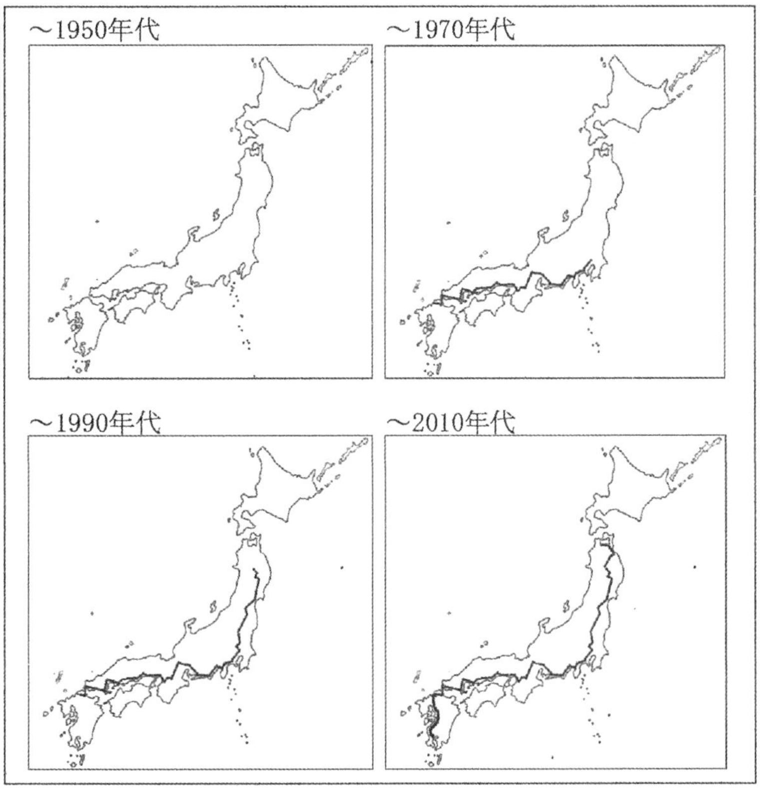

（民間地図作成企業のウェブページをもとに作成）
※　一部ずれていたり，省略したりした路線もある。
※　――― は新幹線の路線を表す。

問２　下線部ⓑについて，**資料３**は，日時計に興味をもった隼太さんが作った日時計の模型である。隼太さんは太陽の動きと太陽光による影のでき方に興味をもち，**資料４**のような装置と**資料５**，**資料６**をもとに，自分の住んでいる鹿児島で，影のでき方について調べた。

資料３　日時計の模型

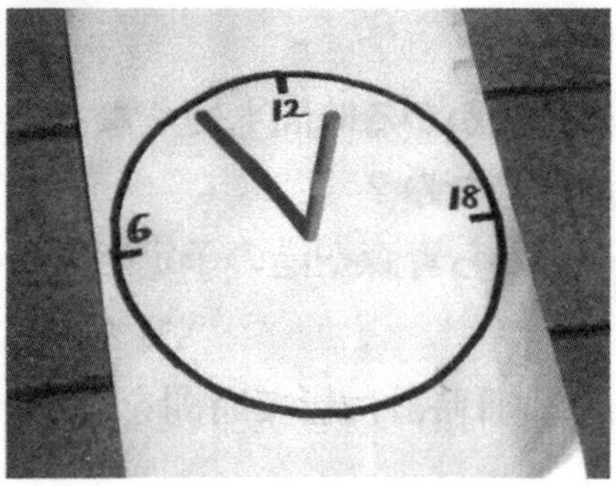

資料４　影を見る装置

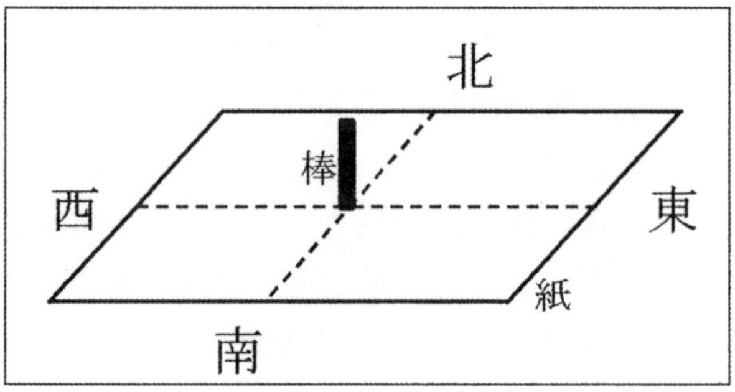

資料５　夏至の「日の出」後の様子

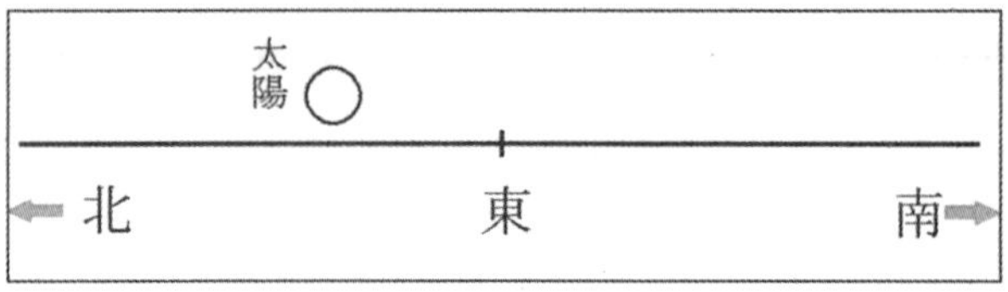

資料６　夏至の「日の入り」前の様子

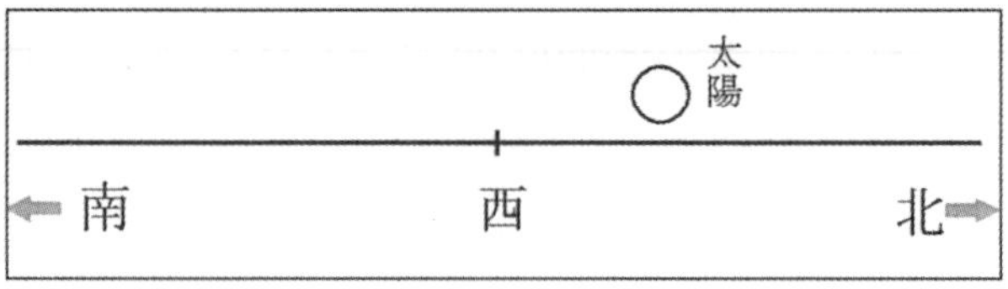

隼太さんはこの装置の影の先端に１時間ごとに印をつけ，夏至に１日の影の動きを記録した。下に示す図の**ア～オ**から，夏至の記録を選び記号で答えよ。また，選んだ理由を説明せよ。

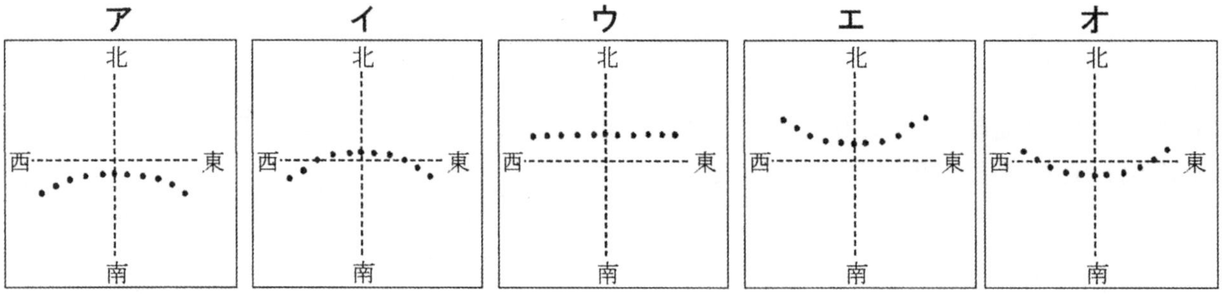

会話Ⅱ

父　：静岡県に入ってずいぶんと時間が過ぎたね。隼太，周り一面に見える畑は何を作っているか分かるかい。

隼太：鹿児島県でもよく見かけるお茶の畑だよね。

父　：よく知っているね。静岡県のお茶は，その生産量が日本一だけど，最近，鹿児島県の生産量がそれに迫る勢いで増えているんだよ。

隼太：それはすごいね。農家の人はどうやって生産量を増やしているんだろうね。ところであの畑の上に設置されている機械は何だろう？

父　：あれは，日本のお茶栽培に欠かせない，*霜を防ぐための©<u>「防霜ファン」と呼ばれる扇風機</u>で，地上５～６ｍあたりに設置するんだ。

隼太：「防霜ファン」で霜が防げるのかな？

父　：明け方に霜がお茶の新芽を弱らせて，成長を妨げるのを防霜ファンで防ぐそうだよ。

隼太：農家の人たちはいろいろな工夫をしているんだね。

※　霜…大気中の水蒸気がこおってできる氷のつぶ

防霜ファンの写真

問３　下線部©について，以下の問いに答えよ。

(1)　防霜ファンの役割に興味をもった隼太さんは霜を防ぐ仕組みを調べていて，**資料７**を見つけた。この資料を見るまで，隼太さんは「地表からの高さが高いほど空気の温度は下がる」と思っていたが，**資料７**をもとに考えると必ずしもその考えは正しくないことが分かった。なぜ正しくないといえるのか，**資料７**をもとに説明せよ。

資料７「防霜ファン」を動かしている時期の地表と空気中の平均温度

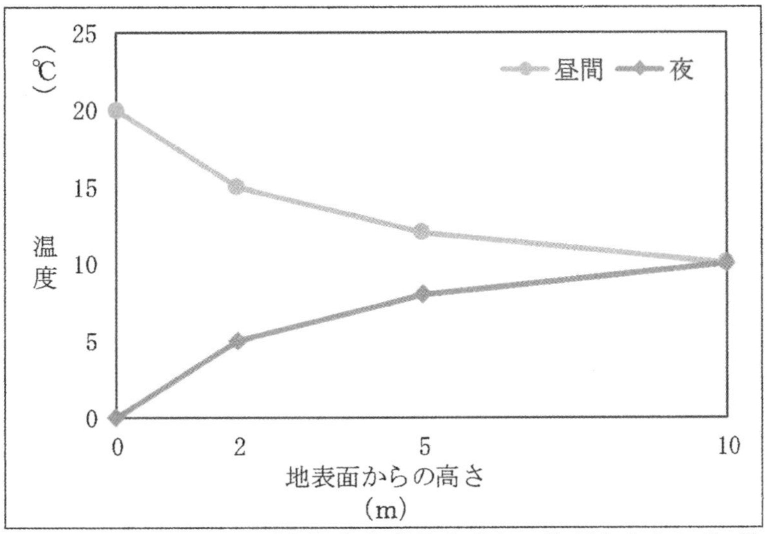

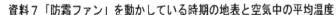

（鹿児島県農林水産部の資料をもとに作成）

(2)　隼太さんは，お茶作りがどのように進められるのかに興味をもち，調べる中で，**資料８**の栽培(さいばい)カレンダーを見つけた。そして，**資料７**，**資料８**をもとにして，自分の住む地域で，防霜ファンを動かす時期や時間帯について考えた。
　お茶の成長を妨げるのを防ぐために，どの時期に防霜ファンを動かすのがよいと考えられるか。次の**ア～カ**から選び記号で答えよ。

ア　３月の朝から夕方
イ　３月の夜から朝
ウ　８月の朝から夕方
エ　８月の夜から朝
オ　10月の朝から夕方
カ　10月の夜から朝

資料８　隼太さんの地域の茶の栽培カレンダー

月	内　容
2	土づくり，枝の長さを整える
3	新植（幼木の植え付け作業） 新芽が出始める
4	新茶をつむ（最初に生育した新芽をつむ）
5	二番茶をつむ
7	三番茶をつむ，草刈り
8	四番茶をつむ
9	土づくり
10	枝の長さを整える
11	ワラをしくなどの防寒対策
12	休眠

（茶の生産者への取材をもとに作成）

(3)　なぜ防霜ファンによって新芽が弱るのを防げるのか，**資料７**，**資料８**を参考にして，理由を説明せよ。

会話Ⅲ
楠乃：隼太さん，夏休みはどうだった？
隼太：青森から鹿児島までの旅で，いろいろと発見があって楽しかったよ。日時計について話を聞いたとき，ⓓ天体の動きと，天体を生活に生かしていた昔の人の知恵を知って，天体に興味を持ったから，自由研究のテーマを「天体の動きについて」にしたんだ。楠乃さんの夏休みはどうだった？
楠乃：わたしは遠くには行かなかった。そのかわり，お母さんとⓔ流鏑馬を見に行く約束をしているんだ。
隼太：それは楽しみだね。流鏑馬って馬で走りながら的を射るんだよね。
楠乃：中学生がその役をするんだって。練習とか大変なんだろうな。
隼太：神社に奉納する行事だから，いろいろなしきたりがあるらしいね。楽しんできてね。
楠乃：ありがとう。

問４　下線部ⓓについて，隼太さんがある夏の日に空を見たところ，正午頃，東の地平線付近から月が上がってきた。３時間後に月の様子を見ると，**資料９**のように東の地平線から約45度，南の空の方（**A**の位置）に上がっていた。そのときの月の様子は**資料10**のようであった。さらに数時間後，**B**の位置に月が見えた。このことについて，以下の問いに答えよ。

資料９　ある夏の日の月の位置

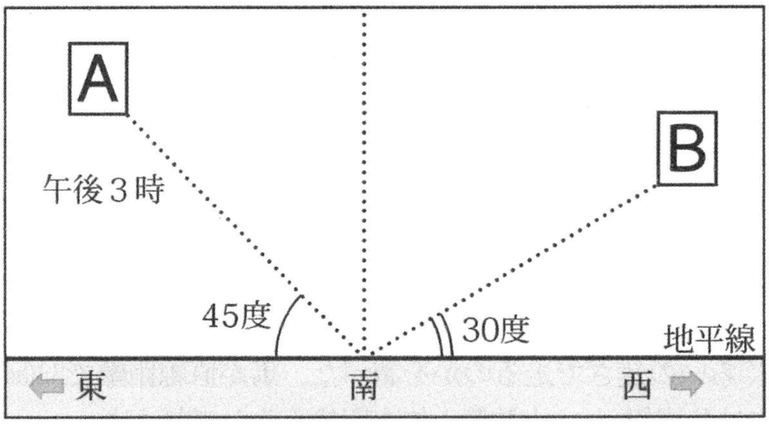

資料10　A の月の形

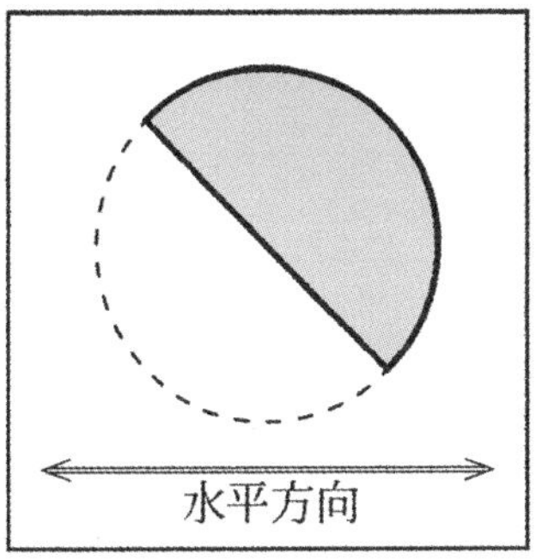

(1)　この月が，**資料９**の**B**の位置に見えるのは何時頃か答えよ。

(2)　この月が，西の地平線に沈むとき，隼太さんにはどのような形に見えるか。**資料10**のように，形が分かるように解答欄に図で示せ。（色はぬらなくてよい。）

鹿児島県立楠隼中学校

問５　下線部ⓔについて，以下の問いに答えよ。

(1)　流鏑馬では，馬で走る前に浜からとってきた真砂（まさご）をまく。真砂は塩を含んだ砂なので，場を清める意味がある。この真砂に塩が含（ふく）まれていることを確かめるために，小学校の理科の授業で学んだ方法を用いて，塩を取り出すことにした。どのような方法で取り出せばよいか説明せよ。ただし，真砂には砂と塩しか入っていないものとする。

(2)　楠乃さんは流鏑馬の的を自分で作ってみようと考えて，半径が５cm，10cm，15cm，20cm，25cmの中心が同じ場所にある円を描き，**資料11**の設計図を作った。作る中で，楠乃さんは**C**を囲む２つの円周の長さの和と，**D**を囲む２つの円周の長さの和では，どれくらい長さが違うのかを疑問に思った。その差はいくらか求めよ。ただし，円周率は3.14として計算すること。

資料11　的の設計図

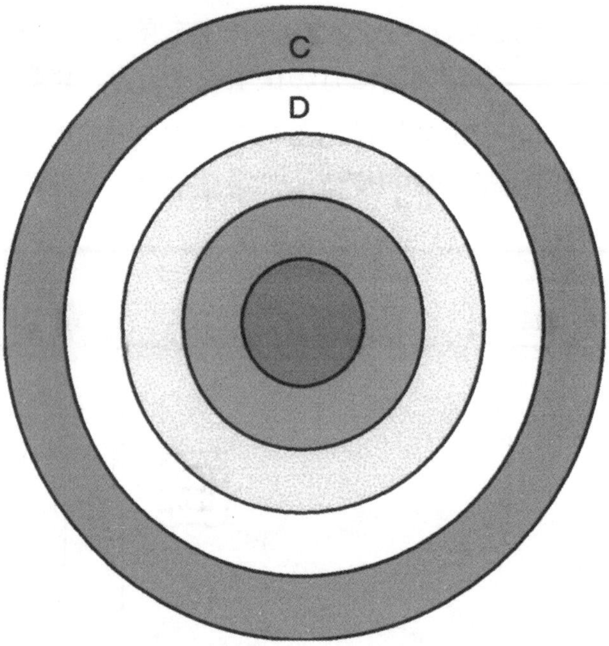

(3)　楠乃さんは，馬がどれくらいの速さで走るのかを調べた。馬が直線距離で330mを，35秒で走るとき，馬の速さは分速何mか。小数第１位を四捨五入して答えよ。

※問題は344ページから始まります。

鹿児島市立鹿児島玉龍中学校　適性検査Ⅰ　（検査時間四十五分）

（解答用紙は別冊103P）（解答例は別冊54P）

鹿児島玉龍中学校一年生の龍太さんと玉美さんが話をしています。

龍太　今度、ぼくの家の掃除機を買いかえることになったんだ。それで、新しい掃除機はどんなものがいいか、家族で話し合っているんだ。

玉美　掃除機にもいろいろな種類があるものね。そういえば、私が最近読んだ岡田美智男さんの本にも、掃除機について書かれていたよ。

【玉美さんが読んだ本の一部】

ひとりで勝手にお掃除してくれるロボット。その能力を飛躍（注1）的に向上させるなら、わたしたちの仕事をいつかは奪ってしまうのではないかと心配する向きもある。しかし、もうしばらくは大丈夫なのではないかと思う。一緒に暮らしはじめてみると、その〈弱さ〉もいくつか気になるのだ。

玄関などの段差から落ちてしまうと、そこからなかなか這い上がれない。部屋の隅にあるコード類を巻き込んでギブアップしたり、時には椅子やテーブルなどに囲まれ、その袋小路（注2）から抜けだせなくなりそうになる。「アホだなあ……」と思いつつも、そんな姿になんとなくほっとしてしまう。

こうした関わりのなかで、わたしたちの心構えもわずかに変化してくる。ロボットのスイッチを入れる前に、部屋の隅のコードを束ねはじめる。ロボットの先回りをしては、床の上に乱雑に置かれたモノを取り除いていたりする。いつの間にか、部屋のなかはきれいに片づいている。このロボットの意図していたことではないにせよ、周りの手助けを上手に引きだしながら、結果として「部屋のなかをお掃除する」という目的を果たしてしまう。（中略）

先に述べたように「コードを巻き込んで、ギブアップしやすい」というのは、一種の欠陥や欠点であり、本来は克服されるべきものだろう（じつは、いつの間にかパワーアップされたお掃除ロボットの仲間は、こうした欠点を克服しつつある……）。しかし、その見方を変えるなら、この〈弱さ〉は、「わたしたちに一緒にお掃除に参加するための余地（注3）や余白を残してくれている」ともいえるのだ。

そこで一緒にお掃除する様子を眺めてみるとおもしろい。わたしたちとロボットとは、お互いに部屋を片づける能力を競いあいながら、この掃除に参加している風ではない。どこまで手伝えばいいのか、どのような工夫をすれば、このロボットは最後まで完遂（注4）してくれるのか。そうした試行錯誤（注5）を重ねるなかで、お互いの得手（注6）、不得手を特定しあう。目の前の課題に対して、その連携のありかたを探ろうとする。「相手と心を一つにする」というところまで、まだ距離はありそうだけど、ようやくその入り口に立てたような感じもするのである。

床の上のホコリを丁寧に吸い集めるのは、ロボットの得意とするところであり、わたしたちに真似はできない。一方で、ロボットの進行を先回りしながら、椅子を並べかえ、障害物を取り除いてあげることは、わたしたちの得意とするところだろう。一緒にお掃除しながらも、お互いの〈強み〉を生かしつつ、同時にお互いの〈弱さ〉を補完（注7）しあってもいる。

（岡田美智男『〈弱いロボット〉の思考　わたし・身体・コミュニケーション』による）

（注）
1　飛躍的に＝急速に。大きく。
2　袋小路＝行きどまりになって動けない場所。
3　余地＝ゆとりや余裕。
4　完遂＝完全にやりとげる。
5　試行錯誤＝いろいろ試しながら成功に近づけていくこと。
6　得手＝得意とすること。
7　補完＝足りないところを補って完全なものにする。

龍太　お掃除ロボットだからといって、全部ロボットにまかせきりというわけではないんだね。

玉美　私たち人間とロボットの連携が必要だと書いてあったよね。

問一　人間とお掃除ロボットの連携について次のようにまとめました。（　ア　）・（　イ　）にあてはまる言葉を、岡田美智男さんの文章の中からそれぞれ十二字以上、十五字以内でぬき出して書きなさい。（句読点や記号も字数に数えなさい。）

> コード類を巻き込んだり、（　ア　）たりすると動けなくなるというお掃除ロボットの〈弱さ〉を補うために、人間が先回りをして（　イ　）で、お掃除ロボットが能力を発揮できるようになる。

龍太　自分の部屋は自分できれいにしなさいってことで、ぼくにも、どの掃除機がいいか意見を求められているんだ。

玉美　龍太さんの部屋は、床に本とか洋服とかたくさんのものが転がっているものね。

問二　次のA・Bは掃除機の広告の一部です。あなたなら龍太さんにA・Bどちらの掃除機をすすめますか。龍太さんの部屋の様子と岡田美智男さんの文章に書かれている内容をふまえて、あなたがすすめる掃除機の記号とその理由を五十字以上、六十字以内で書きなさい。（解答欄の一マス目から書き始め、句読点や記号も字数に数えなさい。）

玉美　人間とお掃除ロボットの関係のように、友達どうしでもお互いの〈弱さ〉を補い合うことができればいいよね。

龍太　確かにそうだけど、それは、かんたんなことではないかもしれないね。

問三　友達どうしでお互いの〈弱さ〉を補い合うことができるようになるためには、どのようなことが必要だと考えられますか。次の(1)・(2)の□にあてはまるように自分で考えて書きなさい。ただし、どちらも「弱さ」という語を必ず使って書きなさい。

(1) □を知ること。

(2) □関係になること。

龍太　玉美さん、ぼくの〈弱さ〉を補ってね。ぼくは、自分の〈強み〉を発揮できるようにこれからもがんばるよ。

問四　あなたの〈強み〉はどのようなことですか。また、その〈強み〉を、さまざまな人との関わりが生まれる中学校生活で、どのように生かそうと考えていますか。次の〈条件〉にしたがってあなたの考えを書きなさい。

〈条件〉
1　二段落構成とし、一段落目には、あなたの〈強み〉を具体的に書きなさい。また、二段落目には、その〈強み〉を中学校生活でどのように生かそうと考えているかを書きなさい。
2　題名と氏名は書かずに、原稿用紙の使い方にしたがって、八行以上、十行以内で書きなさい。

鹿児島市立鹿児島玉龍中学校　適性検査Ⅱ（検査時間45分）

（解答用紙は別冊104Ｐ）（解答例は別冊54Ｐ）

Ⅰ　あなたは，龍太さんと玉美さんと一緒に社会科室でいろいろな資料を見ています。

龍太：昨年の新聞に，鹿児島市長選挙のことがのっているよ。
玉美：これから鹿児島市がどのように変わるのか楽しみ。もし，あなたが市長になったらどのようなことをやってみたい？
あなた：そうだね。わたしだったら，地域で行う子育て支援(えん)事業をやってみたいな。
龍太：それは，どんなことをしようと思っているの？
あなた：具体的には，

ア

と思っているよ。
龍太：それは良い案だね。これからの鹿児島市がもっと住みやすい街になるといいね。

問１　会話文中の［ア］にあてはまる文を，下の**【使用する語句】**を２つとも使って５０字以上７０字以内で答えなさい。
　ただし，１マス目から書き始めて，句読点や記号も字数に数えなさい。

【使用する語句】
児童センター　　ボランティア

玉美：いい政策を考えるために他の国のことも知りたいな。
龍太：ここにこんな資料があったよ。
玉美：「おもな国の産業別人口の割合」が分かるね。どのようなグラフに表すとさらに分かりやすくなるのかな。

【表１】　おもな国の産業別人口の割合（％）

国　名	第１次産業	第２次産業	第３次産業
中　国（2015年）	２８	２９	４３
オーストラリア（2016年）	３	１９	７８
日　本（2016年）	４	２５	７１
日　本（1950年）	４８	２２	３０

出典：国際労働機関（ILO）の資料より作成

【資料２】　【表１】の説明

第１次産業とは農業・林業・水産業など，第２次産業とは鉱業・製造業・建設業など，第３次産業とはこれら以外の産業を表している。

問２　【表１】は帯グラフに表すとより分かりやすい資料になるが，その理由を【表１】をもとにして，３５字以内で書きなさい。
ただし，１マス目から書き始めて，句読点や記号も字数に数えなさい。

龍太：２つの円グラフが書かれている資料もあるよ。比べてみると分かってくることがありそうだな。

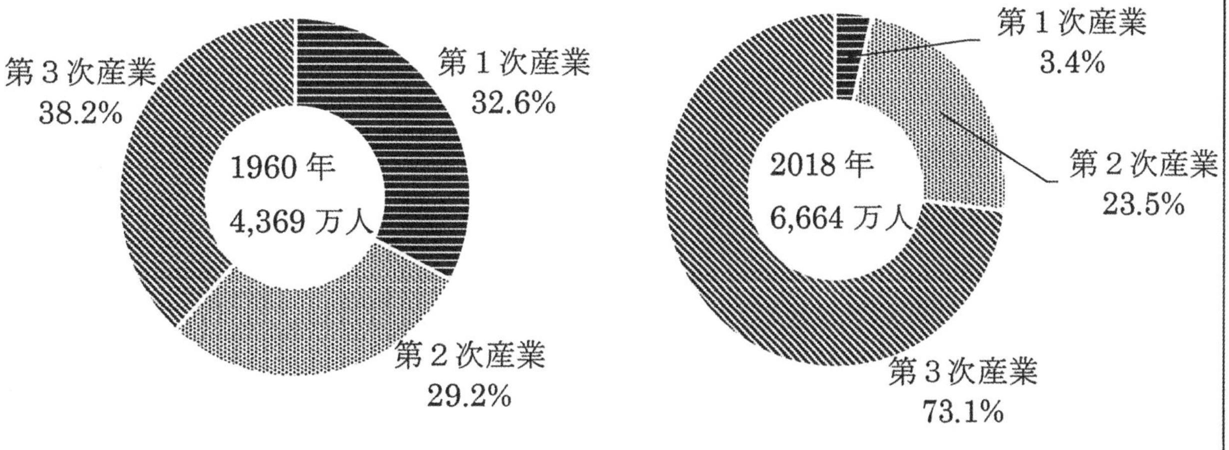

（注）円グラフの中央の人数は，その年の第１次産業，第２次産業，第３次産業の合計人数を表している。
出典：国際労働機関（ILO）の資料より作成

【図３】　日本の産業別人口割合の変化

問３　下の文章は，２０１８年の第２次産業の人口は１９６０年と比べて増えていることを説明したものである。【図３】をみて，下の文章の［　イ　］にあてはまる数を答えなさい。
ただし，四捨五入して，上から３けたのがい数にしなさい。

第２次産業の人口を調べると，１９６０年は約１２８０万人なのに対して，２０１８年は約［　イ　］万人だから増えている。

鹿児島玉龍中学校

Ⅱ　龍太さんと玉美さんは教室でいろいろな問題について考えています。

龍太：この三角形の形をした図にはどんなきまりがあるの？

玉美：□の中の数はその隣(となり)どうしの２つの○の和が書かれているの。例えば，

A＋B＝61 ということね。 **A**にあてはまる数字を答える問題だよ。

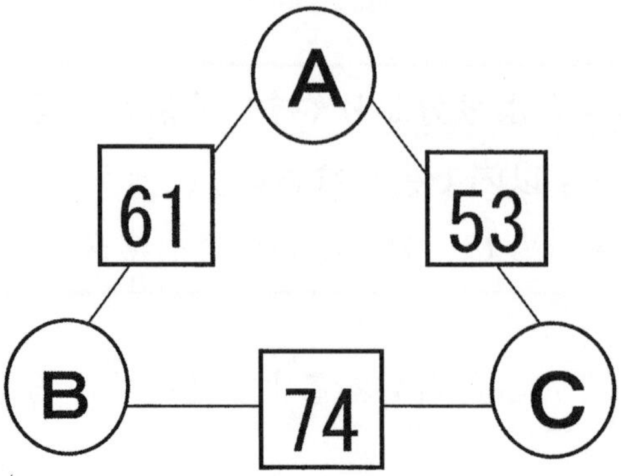

龍太さんの考え

61＋53＋74 は**A**と**B**と**C**を２回ずつたした数になります。
この数を２でわると**A**と**B**と**C**をたした数になって，ここから 74 をひくと，
Aの数がわかります。

問４　龍太さんの考えを参考にして，
右の図の**F**にあてはまる数を答えなさい。

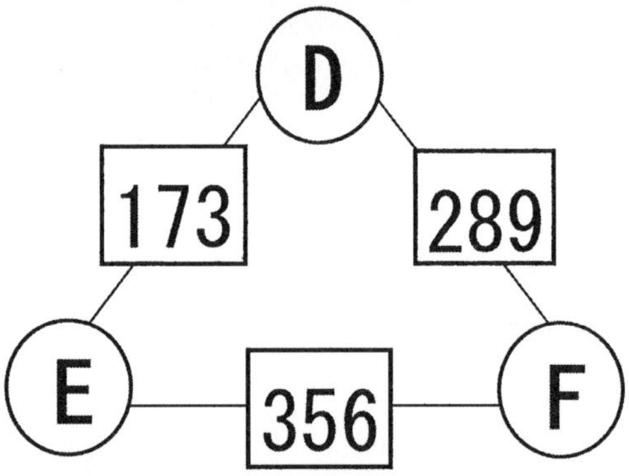

玉美さんの考え

Aを２回たした数は［　ウ　］を計算して求められます。
だから，この数を２でわると，**A**の数がわかります。

問５　玉美さんの考えにある［　ウ　］の式を書きなさい。

龍太：次は，立体の問題だよ。【図４】の説明はある空間に位置する立体を【３Ｄスキャン】して，【数値化】する方法が書かれてあるんだ。

玉美：おもしろそうね。立方体Ａの底面は軸Ｘが５，軸Ｙが２のところにあって，立方体Ａの高さは軸Ｚが１のところにあるから，立方体Ａは（５，２，１）と表されるのね。

【３Ｄスキャン】

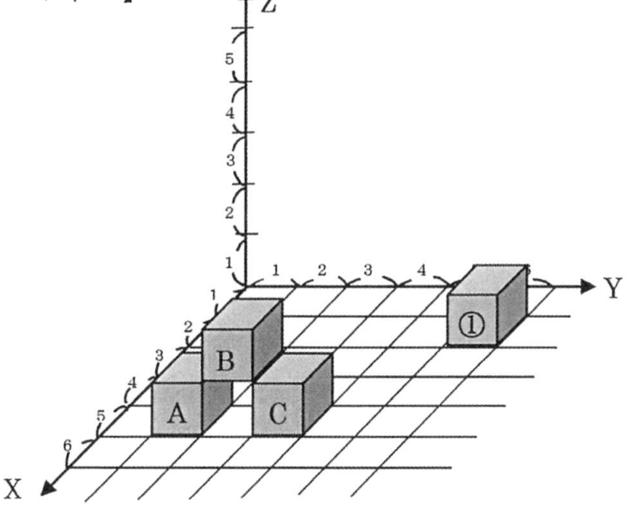

【数値化】

立方体Ａ　　立方体Ｂ　　立方体Ｃ

（**X，Y，Z**）＝（５，２，１），（５，３，２），（５，４，１）

【図４】　立体の問題

問６　【図４】にある立方体①を数値化して答えなさい。

問７　下の数値化した値からできる立体を，**ア～カ**の中から１つ選びなさい。

（**X，Y，Z**）＝（５，５，１），（５，４，２），（４，５，２），（４，６，２），（６，４，２），（６，５，２），（４，５，３）

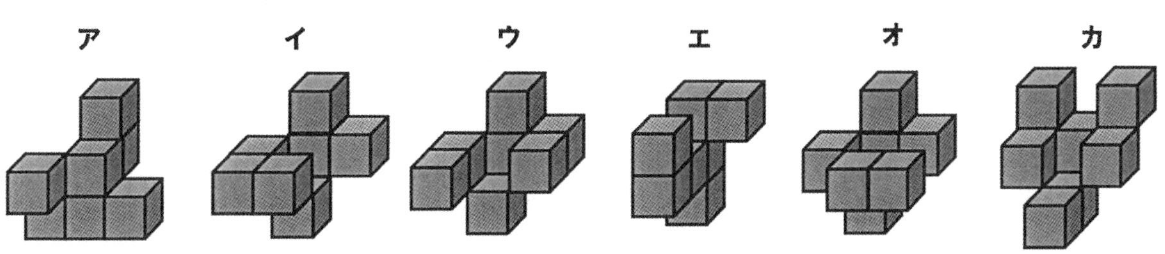

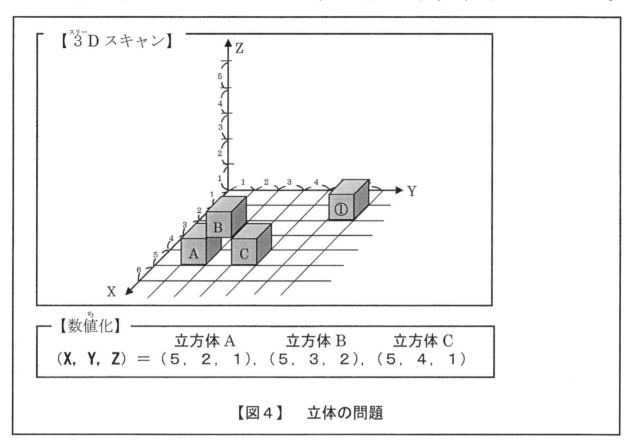

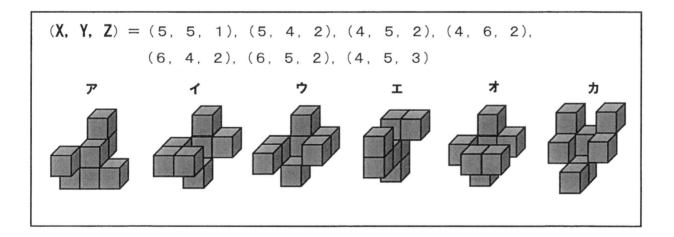

Ⅲ　龍太さんと玉美さんは教室で会話をしています。

龍太：昨日は，家事を１人でしてみたんだ。とても時間がかかって大変だったよ。でも，布団や洗濯物を干したかったから晴れていて助かった。

玉美：がんばったね。家事を何時から始めて，何時に終わったの？

龍太：１０時から夜の９時までかかったよ。

玉美：今後のために，できるだけ短い時間で家事をする方法を考えてみましょう。

【表５】　龍太がした家事やその他の活動の説明

家事やその他の活動	必要な時間の合計	家事やその他の活動の詳細
衣類を洗濯してたたむ	５時間３０分以上	洗濯機で衣類を洗う時間は１時間です。衣類を干す時間は１０分，乾かす時間は４時間以上，取り込んでたたむ時間は２０分です。洗濯機で洗っている間と乾かしている間は，他の家事などをすることができます。
部屋の掃除をする	４０分	掃除機を使って部屋の掃除をする時間は４０分です。
食材の買い物に行く	１時間３０分	夕食の食材を買うため，家を出発して帰ってくるまでにかかる時間は１時間３０分です。
昼食をとる	４０分	昼頃に食事をします。
布団を干して取り込む	３時間２０分以上 ４時間２０分未満	干すために布団を並べる時間は１０分かかります。日光に当てた後，１０分かけて取り込みます。日光に当てる時間は３時間以上にし，４時間を超えないようにします。干している間は，他の家事などをすることができます。
学習をする	１時間２０分	学校の課題や自分で考えた学習をします。学習は途中でやめることなく最後まで行います。

問８　【表５】にあるすべての家事やその他の活動を，午前１０時に始めて午後４時までに終えるとき，そのいくつかは次の【表６】のとおりになった。空いた時間に，「布団を干して取り込む」家事と「学習をする」活動を入れるとき，この２つは，それぞれ何時何分に始めればいいか，１組答えなさい。

ただし，１つを終えてから次に取りかかるまでの移動や準備の時間は考えないものとして答えなさい。

【表６】　スケジュール表

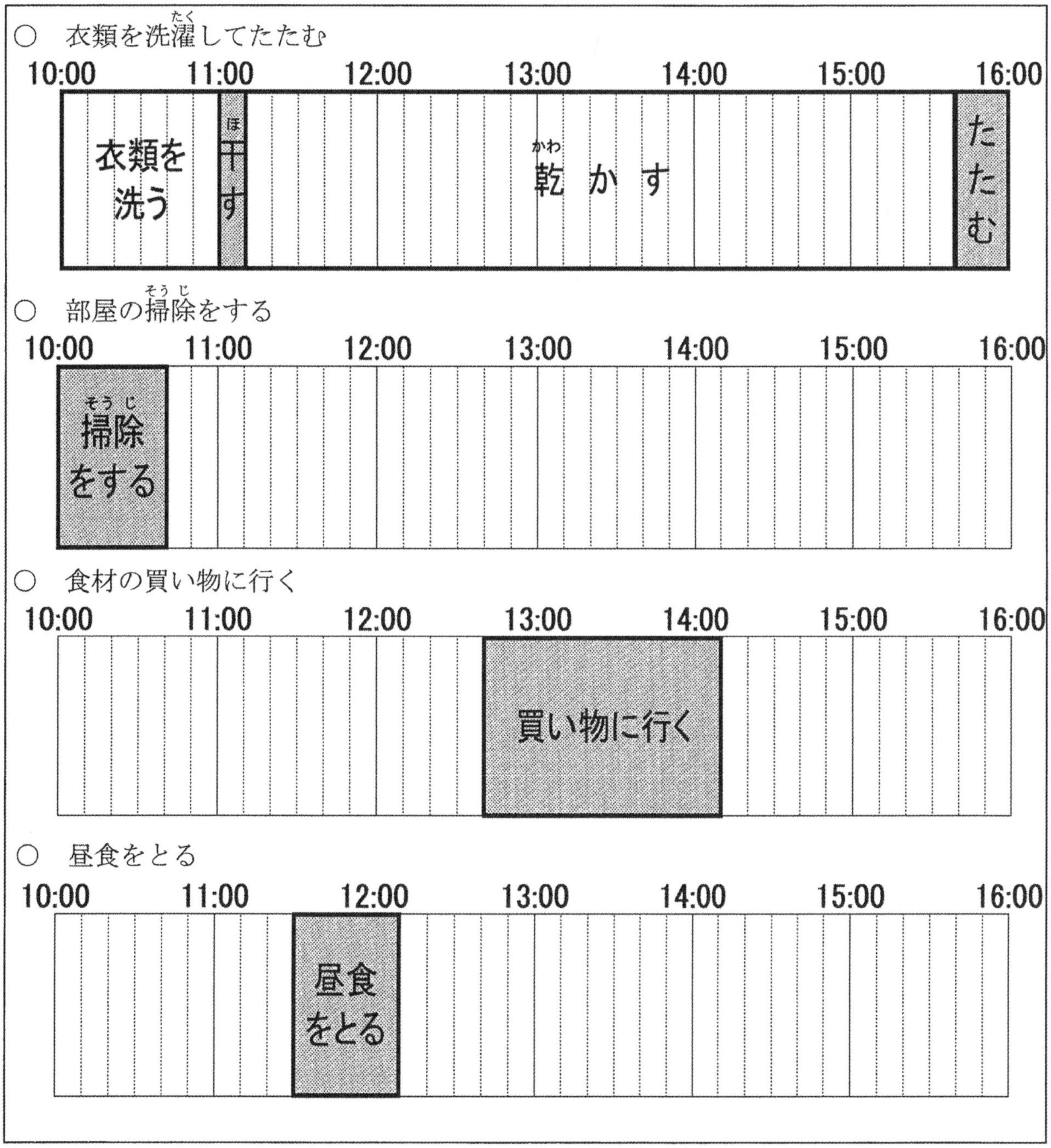
○　衣類を洗濯してたたむ
10:00
11:00
12:00
13:00
14:00
15:00
16:00
衣類を洗う
干す
乾かす
たたむ
○　部屋の掃除をする
10:00
11:00
12:00
13:00
14:00
15:00
16:00
掃除をする
○　食材の買い物に行く
10:00
11:00
12:00
13:00
14:00
15:00
16:00
買い物に行く
○　昼食をとる
10:00
11:00
12:00
13:00
14:00
15:00
16:00
昼食をとる

Ⅳ　龍太さんと玉美さんは，理科室である資料を見ています。

龍太：桜が咲(さ)き始めたね。もうすぐ４月，中学校の入学式だね。

玉美：私たちの周りには，季節を感じさせてくれる生き物がたくさんいるよ。

問９　次の文章は，身近な生き物の季節ごとの様子を説明しています。桜（ソメイヨシノ）の開花のあと，鹿児島市内ではどの順番で起こるか，次のＡ～Ｄの記号を順番に並(なら)べなさい。

ただし，重なる時期がある場合，先に起こることを早い順番にしなさい。

Ａ　夕ぐれどきの水辺に，たくさんのホタルが光を放ちながら舞(ま)っている。

Ｂ　田んぼ一面に，レンゲソウの花が咲(さ)いている。

Ｃ　オオカマキリの卵が草の葉に産み付けられており，成虫や幼虫は見当たらない。

Ｄ　花だんに植えたヘチマの花が黄色く咲(さ)いている。

玉美：ここに面白い形のグラフがあるよ。

龍太：どちらも食物連鎖を表しているようだね。

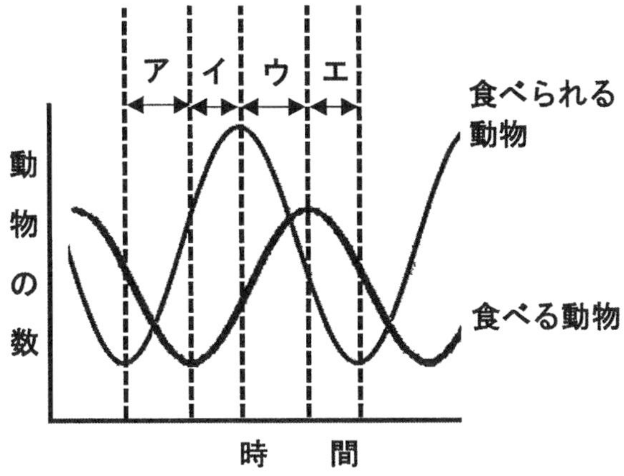

グラフ１

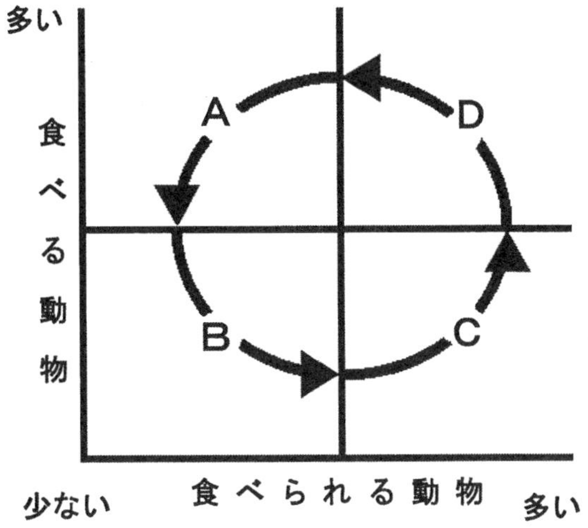

グラフ２

出典：「ロトカ・ヴォルテラの方程式」を参考に作成

(注)「ロトカ・ヴォルテラの方程式」とは，食物連鎖について，食べる動物と食べられる動物の数が時間とともにどのように変わっていくのかその関係を表したものである。

【図７】　「食べる動物」と「食べられる動物」の数の変化の様子を表したグラフ

問10　【図７】のグラフ１とグラフ２は，「食べる動物」と「食べられる動物」の増減の関係が同じである。下の文章の［①］や［②］にあてはまる記号を，グラフ１のア～エから１つずつ選び記号で答えなさい。

グラフ２のＣでは，「食べる動物」の数が最も少なく，その後，数が増えている。また，「食べられる動物」の数は中ぐらいで，その後，数が増えている。だから，グラフ２のＣはグラフ１では［　①　］を表している。同じようにして考えると，グラフ２のＤはグラフ１では［　②　］を表している。

巻末特集
作文の書き方

〜課題作文の種類〜

①課題の内容を比較的自由な立場で書くもの

例「将来の希望」という題で、○○字以内で書きなさい。

●課題に関連したことの中から、何を取り上げるかを決めて、特に自分の印象に残っていることを中心にまとめていく。

②事実や自分の体験に基づいて書くもの

例「親切」という題で、あなたの経験をもとにした考えや意見を○○字以内で書きなさい。

●自分の意見の根拠となる具体的なことがらをあげて、読み手を説得、納得させる文章にする。

③事実や自分の体験を中心に感想を書くもの

例「協力」という題で、あなたの思い出や感想を○○字以内で書きなさい。

●「協力」がなぜ必要かといった一般論ではなく、自分の体験とそのときの心情などを率直に書く。

④指定された題材のテーマにしたがって自分の体験や意見・感想を書くもの

例「後悔先に立たず」ということわざにふさわしいあなたの体験を○○字以内で書きなさい。

●その他、論説文、格言、名言、詩歌、小説などが題材となる。いずれの場合も、自分の体験、意見、感想をはっきりと述べることが重要である。

〜作文を書くときの手順〜

①何を主題に書くか決める（着想）

②どういうふうに書くか決める（構想）

◆書く材料を選ぶ。

◆書く内容の順序を考える。

（指定された字数をもとに、何をどれくらい書くかも決める）

◆文体を決める。（常体—「ダ・デアル」、敬体—「デス・マス」）

③実際に書く（執筆）

④読み直して修正する（推敲）

◆よくわかる文章か。（構成・段落・表現・文脈）

◆表記は正しいか。（文字・仮名づかい・表記記号・文体）

〜不適切な表現の例〜

①呼応の誤り

例まず思ったのは、川で泳ぎたいと思いました。（主語・述語の呼応）

→まず思ったのは、川で泳ぐということでした。

→まず、川で泳ぎたいと思いました。

例あの映画は全然おもしろかった。（「全然〜ない」となる）

→あの映画はとてもおもしろかった。

→あの映画は全然おもしろくなかった。

②語の不必要な重複

例朝の朝食を食べる。　　私の家の家族は五人だ。

③あいまいな表現

例彼は笑いながら逃げる私を追った。（笑っているのがどちらか不明）

→彼は、笑いながら逃げる私を追った。（「私」が笑う）

→彼は笑いながら、逃げる私を追った。（「彼」が笑う）

〜原稿用紙の使い方〜

（■は正しい書き方、●は推敲（すいこう）するときの一般的な方法）

悪い例（推敲例）

　わたしのクラスには、Aさんというとても
足の速い子がいます。Aさんは運動会でもク
ラスリレーの代表に選ばれるし、マラソン大
会ではいつも一番だ。
　一方、わたしは走るのが大の苦手で、運動
会やマラソン大会が近ずくと学校に行くのも
いやになるくらいです。
　ある日わたしは思い切ってAさんに聞いて
みました。
「Aさんは走るのが得意だよね。そんなに速
く走るために毎日どんな努力をすればいいの
、いつもリレー選手に選ばれていやじゃない
」。
するとAさんは、
「わたしは別に努力してないよ。走ってると
きに受ける風が気持ちいいし、景色がどんどん
後ろに過ていくのはそう快だよ。走るのが大
好きなの」。と言いました。
Aさんには初初めから才能があったのかも
しれないし、本当は一生けん命努力しているのかも

■本文の書き出しは一マス下げる。

■段落が変わる場合は一マス下げる。

●一字分入れる記号

■句読点は行の最初には書かない。前の行の最後のマスに文字といっしょに入れる。

■。」は一マス分でよい。

●改行する記号

●語句を入れる記号

●不用の文字は＝で消す。（修正は本来は消して書き直す）

良い例

　わたしのクラスには、Aさんというとても
足の速い子がいます。Aさんは運動会でもク
ラスリレーの代表に選ばれるし、マラソン大
会ではいつも一番です。
　一方、わたしは走るのが大の苦手で、運動
会やマラソン大会が近づくと学校に行くのも
いやになるくらいです。
　ある日、わたしは思い切ってAさんに聞い
てみました。
「Aさんは走るのが得意だよね。そんなに速
く走るために毎日どんな努力をすればいいの、
いつもリレー選手に選ばれていやじゃない」。
　するとAさんは、
「わたしは別に努力してないよ。走ってると
きに受ける風が気持ちいいし、景色がどんどん
後ろに過ぎていくのはそう快だよ。走るのが
大好きなの」。
と言いました。
　もしかしたら、Aさんには初めから才能が
あったのかもしれないし、本当は一生けん命

2022年受検用

全国公立中高一貫校　適性検査問題集

初版発行　2021 年 7 月 1 日
編　　集　教育振興会編集部
発 行 所　(株) 鹿児島県教育振興会
〒890-0056　鹿児島市下荒田 1 丁目 14 番 15 号
TEL (代表) 099 (252) 2621　FAX 099 (252) 2623
URL：https://www.kakyoushin.co.jp
Emai：kyoushin@kakyoushin.co.jp
ISBN978-4-908507-16-8
印 刷 所　株式会社　新生社印刷

2022年受検用

全国公立中高一貫校

適性検査問題集

解答例集

2022年受検用　全国公立中高一貫校　適性検査問題集　正誤表

ページ	解答例　３１ページ
学校・問題	広島市立広島中等教育学校　適性検査２－１問題１ 問３
誤	10回切ったときに紙の厚さが1000倍になると考えると、 20回では、6.4×1000＝6400 ㎝＝6.4m 30回では、6.4×1000＝6400m＝6.4 ㎞ 40回では、6.4×1000＝6400 ㎞ 41回では、6400×2＝12800 ㎞ ここで地球の直径約12700 ㎞を超えるので、 最初の紙から数えて41回切ったときである。　答え　41回
正	10回切ったときに紙の厚さが1000倍になると考えると、 20回では、6.4×1000＝6400 ㎝＝64m 30回では、64×1000＝64000m＝64 ㎞ 40回では、64×1000＝64000 ㎞ ここで地球の直径約12700 ㎞を超えるので、 38回では、64000÷２÷２＝16000 ㎞ 37回では、16000÷２＝8000 ㎞ よって、最初の紙から数えて38回切ったときである。 答え　38回

ページ	解答例　３２ページ
学校・問題	広島市立広島中等教育学校　適性検査２－２問題２ 問１(1)
誤	ご飯粒にふくまれるでんぷんが，だ液などのはたらきで吸収しやすい物質に変えられること。
正	ご飯粒にふくまれるでんぷんが，だ液などのはたらきにより，小腸で吸収しやすい物質に変えられること。

ページ	解答例　３７ページ
学校・問題	徳島県立中学校　検査２【課題３】(問４)
誤	400÷3.14＝63.69…より，半径は64 ㎝以上～
正	400÷3.14÷２＝63.69…より，半径は64 ㎝以上～

ページ	解答例　５０ページ
学校・問題	宮崎県立中学校・中等教育学校　適性検査Ⅰ　課題５　問い１
誤	＋
正	×

ページ	解答例　５５ページ
学校・問題	鹿児島市立鹿児島玉龍中学校　適性検査Ⅱ　問３
誤	1566万人
正	1570万人

ご迷惑をおかけしまして、誠に申し訳ございませんでした。
追加の訂正がある場合は，ホームページにて随時お知らせいたします。

株式会社　鹿児島県教育振興会　編集部

2022年受検用　全国公立中高一貫校

適性検査 問題集

解答例もくじ

解答例の見方

正答までの解き方を示したものには，解き方 や，問題を解くための手がかりや解き方を示した ヒント，知っておくとためになる ポイント ものせてあります。また，解答例は教育振興会編集部が独自に作成したものです。

※解答例の追加や訂正がある場合，弊社ＨＰにて随時お知らせ致します。

札幌市立札幌開成中等教育学校

適性検査Ⅰ

1 （50点 (1)～(4)－各5点，(5)－10点）

(1) ア **20** 分間　イ ゴンドラ **A**

ウ **10** 分間　エ **50** 分間

解き方

ゴンドラに乗っている時間，コースでスキーを滑る時間は右の図の通りです。

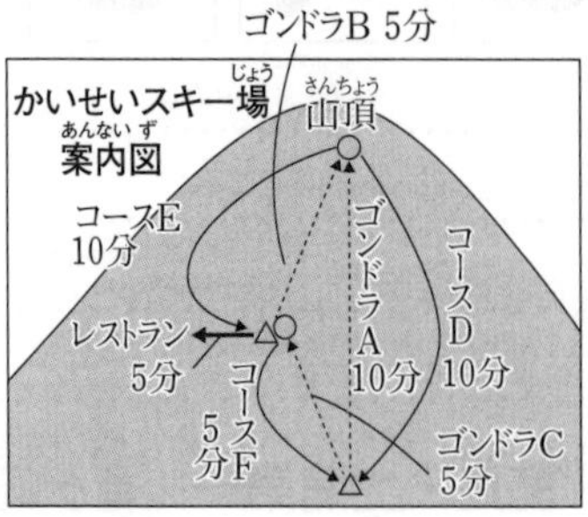

ア…100 ÷ 5 = 20

イ…アより，待ち時間が少ないのはAの方です。

ウ…最初にスタートした人は，5 + 5 = 10分で乗り場まで戻ってきます。そこから並びなおすと，その直前に並んでいる人たちは20分待ちの10分が経過しているから，20 − 10 = 10分間の待ち時間です。

エ…2時間 = 120分。最初の10分は待ち時間で，その後は「10分ゴンドラに乗り，10分かけて滑り，待ち時間なくゴンドラに乗る」ことをくり返すので，120分後は，5回滑った後，6回目のゴンドラに乗り，降り場に着いたところです。

(2) オ **ゴンドラBの乗り場**　カ **ゴンドラCの乗り場**

解き方

オ…山頂に20分後に着いた後はE→Bのくり返しで，滑った時間は70分なのでコースを7回滑っています。その間ゴンドラBを6回使っているので，6 × 5 = 30より，合計時間を求めると，20 + 70 + 30 = 120より，7回滑り終えて，ゴンドラBの乗り場に着いたところです。

カ…最初に20分待ち，その後はゴンドラに5分，コースに5分，待ち時間10分をくり返します。120分後は，コースを5回滑り（5 × 5 = 25），ゴンドラを待つ10分が終わったところです。

(3) キ **じゅん** さん　ク **まこと** さん

ケ **かつみ** さん　（完全解答）

解き方

12時の時点でそれぞれのいる場所からレストランまでの時間を考えると，

かつみさん…ゴンドラAの降り場から，コースEを10分で滑り，レストランまでの5分の計15分

じゅんさん…ゴンドラBの乗り場(コースEの終着点)から5分

まことさん…ゴンドラCの乗り場にいて，すぐにゴンドラに乗ることができるので，ゴンドラの5分と降り場からレストランまでの5分の計10分

(4) **A→E→B→E→B→E**

または、**A→E→B→E→B→D**

ヒント

滑る時間を長くするためには,「待ち時間のない」「ゴンドラに乗る時間が短い」コースを選ぶ必要があり，最も適しているのはコースEです。

(5) **C→F→A→D→A→E**

ヒント

問題文の条件より，ゴンドラCの降り場までの25分必要なことは決まっているので，次を「ゴンドラBに乗るか」「コースFを滑るか」のどちらにするか考えていきましょう。

2 （50点 (1)～(3)－各5点，(4)，(5)－各10点）

(1) ① ↑→↑　② ↑→↑→　③ ↑↑→↑

ヒント

「↑」が3回続くパターンはなく，「→」が2回続くパターンもありません。

(2) ④
↑
↑
→
↑

⑤
↑
→
↑
→
↑

ヒント

(1)のヒントをもとに考えましょう。

④ 上から2段目に着目しましょう。

⑤ 上から2段目，3段目に着目しましょう。

(3) ↑↑←↑←↑↑

ヒント

内側から見ているので，矢印の向き，順番が，「左から右」となります。ただし，(1)のヒントで示した規則は変わりません。

(4) →
→
↑
↑
↑

ヒント

まずは切れ目がどこにあたるのかを考えてみましょう。(1)のヒントで示したように，「↑」が３つ続くところ，「→」が２つ続くところはテープの矢印の並びのルールと合っていません。

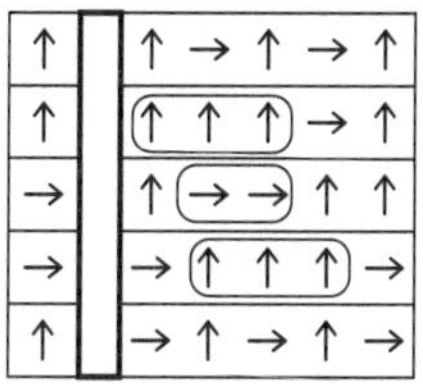

(5)

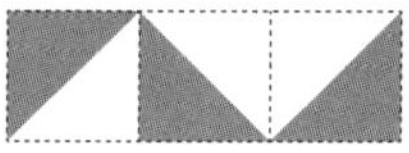

ヒント

テープは右の６つの模様をくり返しています。また，図のように，斜線のついた部分は 15 番目，24 番目，25 番目の□で，それぞれ３番目，６番目，１番目の模様と同じになります。向きにも注意して考えましょう。

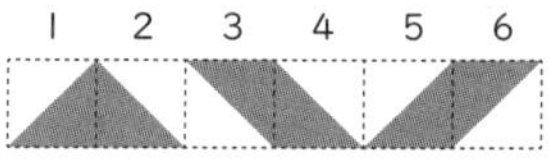

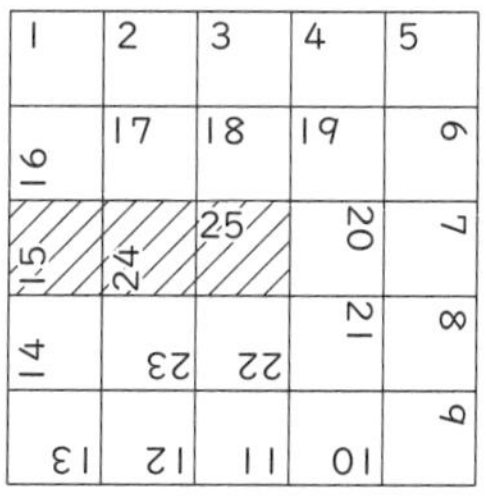

適性検査Ⅱ

1 （50 点　(1)－各４点，(2)－ 30 点）

(1)

道具やもの	工夫	目的
スーパーのレジ	**バーコードで商品を読み取るようにする。**	**買い物をする人の待ち時間を短くする。**
洗濯機	**洗濯するところと絞るところを分けずに一つにする。**	**洗濯する人の労力を減らす。**
電子レンジ	**ボタンの数を必要最低限にする。**	**機能をシンプルにして分かりやすく，使いやすくする。**
非常ベル	**カバーを付ける。**	**誤作動を防止する。**
腕時計	**ソーラーパネルを付ける。**	**電池を替える手間をはぶく。**

ヒント

会話文を読み，それぞれの道具のどの部分に工夫を加えたら使いやすくなるか考えてみましょう。

(2) **・私は，缶詰の缶と牛乳パックを選びました。探究テーマは「開けやすさへの工夫の進化」です。缶詰の缶も牛乳パックも開けやすい工夫がされています。それぞれをより簡単に開けるためには，どのような工夫がされているか確かめたいです。さらに，開けやすさだけではなく，ものの強度を保つ工夫についても調べ，強度を保ちながら簡単に開けられるように進化させるための工夫について探究したいと考えました。**

2 （50 点　(1)－ 20 点，(2)－ 30 点）

(1) 賛成意見

・紙タオルがあれば，みんなが手をふくので床がぬれなくなるから。

・汚れたハンカチを使うことがなくなり，清潔になるから。

反対意見

・紙タオルをあてにして，ハンカチを持ってこない人が増えるから。

・たくさんの紙を捨てることになるので，地球環境に悪い影響があるから。

(2) **・汚れたハンカチを使う人への感染症予防やハンカチを忘れた人のために，紙タオルを置く。最初は一人百円ずつ費用を集めるが，ポスターを作成して清潔なハンカチを持ってくるように呼びかける。そうすることで，紙タオルの使用量や集める費用も減らすことができ，みんなが清潔に過ごせるようになると思うから。**

・みんながハンカチを持ってくれれば，お金をかけずに解決できるので，紙タオルは置かない。ハンカチ持参の呼びかけを行い，クラスどうしで競争する。ハンカチを持参しない人が多かったクラスが手洗い場の床ふきを担当する。そうすると，床がきれいになるし，だんだんと多くの人がハンカチを持ってくるようになると思うから。

岩手県立一関第一高等学校付属中学校

適性検査Ⅰ

1 （60点　問題1(1)－4点，(2)－8点，問題2－8点，
問題3～問題5－各10点，問題6－各5点）

問題1

(1)　**300**　g

解き方

てこをかたむけるはたらきは，「力の大きさ（おもりの重さ）×支点からのきょり」で表すことができます。台紙Bは台紙Aとつりあっているので，

600 × 30 ＝台紙Bの重さ× 60 という式が成り立つので，台紙Bの重さは 300 gです。

(2)　**90**　cm

解き方

台紙Bと台紙Dの重さは同じで，棒Rはつりあっているので，「台紙Cの重さ× 30 ＝ 300 × 40」という式が成り立ちます。よって，台紙Cの重さは 400 g。棒Pの棒Qがつるされている方の長さは 160 －ア（cm）と表すことができるので，

(600 ＋ 300)×(160 －ア)＝(400 ＋ 300)×ア

という式が成り立ちます。よって，アの長さは 90 cm です。

問題2　**270**　g

解き方

台紙Aの面積は 100 × 80 ＝ 8000（cm^2）　台紙Eの面積は 40 × 90 ＝ 3600（cm^2）　台紙Aと台紙Eは同じ材料を使うので，台紙Eの重さは，

$600 \times \frac{3600}{8000} = 270$（g）

問題3　**イ**

解き方

てこをかたむけるはたらきを表す式から，支点からのきょりが長くなるほど力の大きさが小さくなることが分かります。

問題4　**ウ**

ヒント

昨年8月の電気の使用量は一昨年8月の 110%，今年8月の電気の使用量は昨年8月の 80%なので，今年8月の電気の使用量は一昨年8月の $\frac{110}{100} \times \frac{80}{100}$ $= \frac{88}{100}$ より 88%になるので，一昨年8月に比べて 100 － 88 ＝ 12（%）減ることになります。

問題5　**ふくろの中の二酸化炭素の割合を増やすため。**

問題6

(1)　番号　**4**

2時間ほど日光のあたらない暗い場所におく。

(2)　番号　**1**

植物が植えていないはちを準備する。

2 （60点　問題1～問題5－各12点）

問題1　**68**（枚）

解き方

余る生地の面積が最も少なくなるような切り方を考えると，下の図のように切ったときが最も多くの型紙をとることができます。このとき，型紙の枚数は，

9 × 6 ＋ 2 × 7 ＝ 54 ＋ 14 ＝ 68(枚)

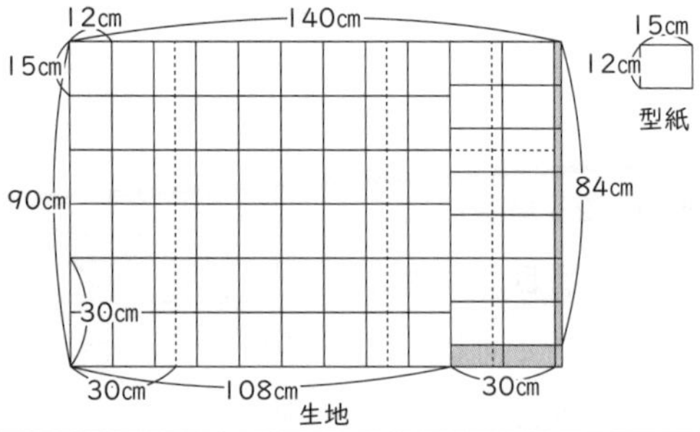

問題2　**はじめに，びんを氷水が入ったボウルに入れ，びんを冷やす。次に，びんの口を下側に向けて，びんの中に入った卵でびんの口をふさぐ。最後に，びんを逆さにしたままで，びんに 60℃のお湯をかけて，びんを外側から温める。**

ヒント

空気には，あたためられると体積が大きくなり，冷やされると体積が小さくなる性質があります。びんの中で冷やされた空気は，あたためられると体積がびんの体積よりも大きくなるので，口をふさいでいた卵はおし出されます。

問題3　**48**(人)

解き方

$\frac{1}{6} + \frac{1}{2} = \frac{1}{6} + \frac{3}{6} = \frac{4}{6} = \frac{2}{3}$ より，園庭で遊んでいた幼児の $\frac{2}{3}$ がボール遊び以外の遊びをしていたことが分かるので，園庭でボール遊びをしていた幼児は，園庭で遊んでいた幼児の $\frac{1}{3}$ にあたることが分かりま

す。園庭で遊んでいた幼児の $\frac{1}{3}$ は 12 人にあたるから，園庭で遊んでいた幼児の数は，$12 \div \frac{1}{3} = 36$（人）で，これが全体の $\frac{3}{4}$ にあたるから，幼児の数は全部で，$36 \div \frac{3}{4} = 48$(人)となります。

問題4　図のように，①の三角形をアとイの２つの三角形に分け，③の四角形を，ウとエの２つの三角形に分ける。

ア，イ，ウ，エの三角形は，底辺と高さが等しいので，面積は等しい。

だから，①の三角形と③の四角形の面積は等しい。

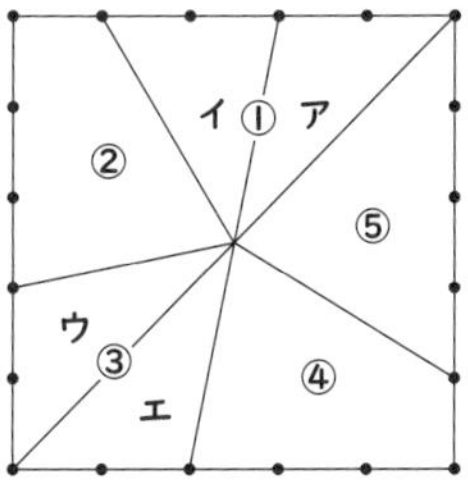

ヒント

正方形の対角線の交点からの各辺までのきょりは等しくなります。

問題5　**270**（cm^3）

解き方

右の図の□の長さは，辺の長さを５等分したうちの３つ分にあたるから，正方形の１辺の長さは，

$9 \div \frac{3}{5} = 15$（cm）

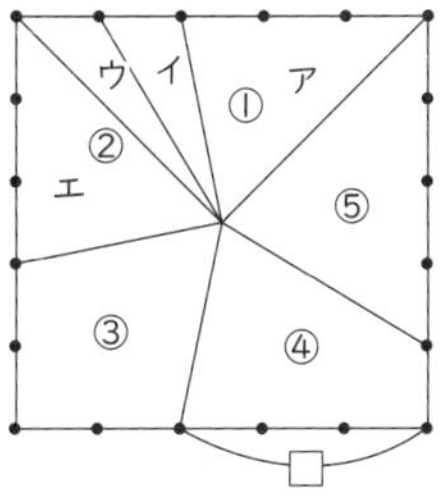

５つのケーキの体積が等しいことから，④のケーキの体積は１辺の長さが 15 cmの正方形を底面とする，高さが６ cmの直方体の $\frac{1}{5}$

$15 \times 15 \times 6 \div 5 = 270$（$cm^3$）

適性検査Ⅱ

1（60 点　問題１，問題２，問題４－各 10 点，問題３(1)－８点，(2)－ 10 点，問題５－各３点）

問題１　**金属は温度の変化によって体積が変わるため，レールのすき間をあけることにより四季の変化にともなう気温の変化によって体積が変化しても調整できるようにするため。**

問題２　**225**　m

解き方

$25 \times (10 - 1) = 225$(m)

問題３

(1)　**138.6**

解き方

資料３から，釜石中央から北上金ケ崎までの距離は 100.9 km，北上金ヶ崎から一関までの距離は，37.7 kmだから，釜石中央から一関までの距離は，

$100.9 + 37.7 = 138.6$（km）

(2)　**北上金ケ崎ＩＣから釜石中央ＩＣまでは，距離が 100.9 kmで料金は 2550 円に対して，仙台港北ＩＣまでは距離が 124.4 kmで料金が 9660 円となり，釜石港を利用した方が，距離が近く料金も安くすむため。**

ヒント

資料３から分かるのは，目的地までの距離と料金です。両方を比べて，釜石港を利用するよさについてまとめましょう。

問題４　**近年海水温が上昇してきており，低水温を好む鮭の漁獲高が減ってきているため。**

問題５　ア　×　　イ　○　　ウ　○　　エ　×

解き方

ア：地層は，古いものの上に新しいものがたい積していくので，地層Ｃ，地層Ｂ，地層Ａの順にたい積したと考えられます。エ：気温などの環境は，時代によって変化するので，地層Ａがたい積した時代は，この地域が暖かい気候だったと推測できます。

2（60 点　問題１，問題４，問題５－各 10 点，問題２－ 12 点，問題３－各２点，問題６－各５点）

問題１　**1157**

解き方

$9.2 \times 130 - 0.3 \times 130 = 8.9 \times 130 = 1157$

問題２　番号　**1，4，5**

レジ袋１年間の使用枚数は１人 300 枚で，レジ袋１枚あたりの焼却時の二酸化炭素排出量は 40 g である。よって，１人が１年間に使うレジ袋をすべて焼却すると二酸化炭素が 12 kg排出されることになるが，これはブナの木が１年間に吸収する二酸化炭素の量と同じである。

問題３　ア　×　　イ　×　　ウ　○　　エ　×

ポイント

アーごみ排出量とごみ資源化量のいずれも減らしながら 0.3%ずつ上げていく目標になっています。

イー平成29年度のリサイクル率目標は16.2%。平成29年度のごみ排出量は36317 tであるから，リサイクル目標16.2%にするためには36317 × 0.162 ≒ 5883 tの資源化量が必要です。平成29年度の資源化量は5436 tで，5883 − 5436 = 447 tとなり，目標まで約447 t足りなかったことが分かります。

エー令和元年度のごみ排出量と資源化量がどうなるか分からないため，リサイクル率が16.8%より高くなるとは言い切れません。

問題4　番号　13

ごみの減量により，ごみの焼却のために発生する二酸化炭素の量が減り，地球温暖化を抑えられる。

ヒント

地球温暖化の原因と言われる二酸化炭素の排出量を削減するための取り組みの一つとして，ごみの減量についてテーマにしていることから考えてみましょう。

問題5　**ア，エ**

解き方

イー木を燃やしても二酸化炭素を排出しますが，光合成を行うため，燃料としてもプラスマイナスゼロとみなされます。

ウーノートの「1」に発電での利用について述べられています。

オー「まとめ」で，岩手町では化石燃料を多く使っているため，今後，木質バイオマスが積極的に使われるようになれば，岩手町が発展していくだろうと述べられています。

問題6　番号　3

うがい，手洗いをしっかりする。

番号　7

教室の照明をこまめに消灯する。

宮城県立仙台二華中学校

適性検査

1 （50点）

1(1)　**ウ**

ヒント

資料1の第1条と第3条，**資料2**の「隋の進んだ政治や文化を取り入れようとした」などの内容から**ウ**が適切です。**ア**ー**資料2**の「中国（隋）と対等な国の交わりを結び，」からあやまり，**イ**ー**資料2**の「中国（隋）の進んだ政治や文化」からあやまりと分かります。

(2)　**寺子屋が広まったことで，読み書きのできる人が増えたため，多くの本が作られるようになり，和紙の出荷量が増加したと考えられるから。**

ヒント

グラフのように和紙の出荷量が大幅に増えた理由として，**資料3**の「読み書きのできる人が増えて，たくさんの人が本を読めるようになった」という部分から，本を作るために紙の需要が大幅に増えたと考えられます。

(3)　（選んだ写真の番号）　**1**

和紙でできた着物は，手触りが良く丈夫なので，着心地が良く長持ちします。消臭効果もあるので，汗をかきやすい夏にもおすすめの商品です。

2(1)　**アとウ**

ヒント

1つの条件による違いを調べるためには，調べたい条件以外を同じにして結果を比べる必要があります。

(2)　**葉がかさならないように間をあけることで，植物の成長に必要な日光が多くの葉に当たるから。**

(3)

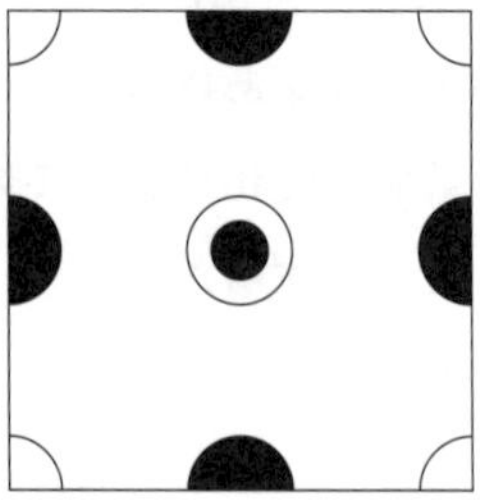

ヒント

写真5から，正方形の4すみが何色なのか考えてみましょう。

3(1) $\frac{8}{37}$

解き方

表1の「計」から，春花さんの学年の人数の合計は，29 ＋ 28 ＋ 12 ＋ 5 ＝ 74より，74人で，そのうち1組で「ご飯」と答えたのは16人だから，その割合は，$\frac{16}{74}=\frac{8}{37}$

(2) 例　**腸の働きを活発にし，排泄のリズムを整えることで，健康な生活を送ることができる。**

例　**体温を上昇させ，脳や体が活発に働くことで，いきいきと1日をスタートさせることができる。**

(3) **4.05** g

解き方

5人分のみそ汁をつくるのに必要なみその量は，
18 ÷ 2 × 5 ＝ 45より，45 g
45 gの赤みそに含まれる食塩相当量は，
$45 \times \frac{12}{100} = 5.4$より，5.4 g
減塩みその食塩相当量は，表2の赤みその75%だから，5.4 × 0.75 ＝ 4.05より，4.05 g

2 （50点）

1(1) **156** cm

解き方

もっとも早いものは6秒で18 cm移動しているから，1分間では，18 ÷ 6 × 60 ＝ 180(cm)移動します。また，もっとも遅いものは45秒で18 cm移動しているから，1分間では，18 ÷ 45 × 60 ＝ 24(cm)移動しています。その差は，180 － 24 ＝ 156(cm)

(2) **イ，ウ**

ヒント

最初の分かれ道の左右でそれぞれの合計を比べると，どちらも25匹で同数となることが分かります。また，最初に曲がった方向から交互に曲がって進んだダンゴムシは21 ＋ 22 ＝ 43(匹)なので，
全体の，$\frac{43}{50} \times 100 = 86$(%) となります。

(3) **同じ道のりを歩いても，より遠くに移動することができるため，外敵などから逃げるときに有利になる。**

2(1) **ウ**

ヒント

ポスターの②から，平安時代には中国の文化の影響を受けつつも，日本独自の文化が見られるようになったという部分に着目しましょう。

(2) **イ，エ**

解き方

図2から，3月31日以降に桜がさく地域は，桜がさく予想日を結んだ線である桜前線が山陰地方と中部地方・関東地方の一部より北日本の地域を示しているので，その地域にある世界遺産を考えてみましょう。

3(1) **あ**

ヒント

3回目からあといの重さが異なること。2回目からうとえの重さは同じであること。1回目から「あ＋い」は「う＋え」より軽いことが分かり，1枚本物より軽い模型が入っていることになります。

(2) **1回目にAとBをのせ，つり合えばAとBは本物で，CかDのどちらかが模型となる。2回目にAとCをのせ，つり合えばDが模型で，つり合わなければCが模型である。一方，1回目にかたむいた場合はAかBのどちらかが模型で，CとDは本物である。2回目にAとCをのせ，つり合えばBが模型で，つり合わなければAが模型である。**

ヒント

てんびんにのせないことで分かることもあります。

(3) **本物より軽い模型　8　枚**
本物より重い模型　12　枚

解き方

すべてのメダルが本物のとき，重さの合計は，4 × 251 ＝ 1004(g)となりますが，実際の重さはそれよりも，1004 － 1002.8 ＝ 1.2(g)軽いことになります。また，模型の枚数の比は，軽い模型：重い模型＝2：3であり，軽い模型2枚，重い模型3枚の5枚を1セットとして本物のメダルと入れ替えると，2 × 0.3 － 3 × 0.1 ＝ 0.3より，0.3 g軽くなります。実際の重さから，1.2 ÷ 0.3 ＝ 4より，4セット入れ替えたことになり，軽い模型が，2 × 4 ＝ 8(枚)，重い模型が，3 × 4 ＝ 12(枚) となります。

4(1)　**ウ，エ**

ヒント

図4において，右の図のように線をひくと，真ん中に集まる角の合計は 360°となります。また，カードの内側にできる三角形はすべて合同だから，真ん中にできる角で 360 をわりきれるか調べてみましょう。

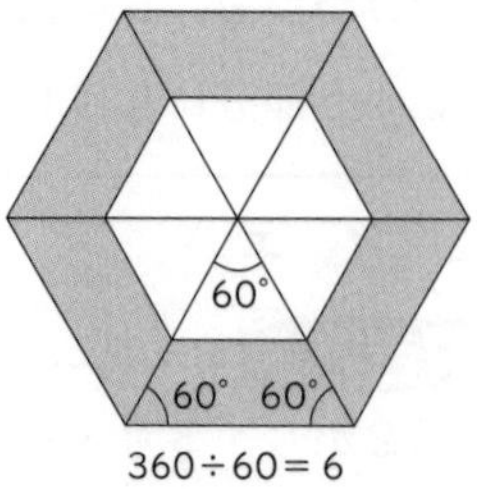

(2)　**五角形の1つの頂点から対角線を2本引くと3つの三角形に分けられる。三角形の角の大きさの和は 180°であるから，五角形の角の大きさの和は 180°×3＝540°になる。**

(3)　**右の図のように線をひき，線が交わったところの角いの大きさを求める。七角形の1つの頂点から対角線を4本引くと5つの三角形に分けられるので，七角形の角の大きさの和は，180×5＝900°となり，正七角形の1つの角の大きさは，900÷7＝$\frac{900°}{7}$である。**

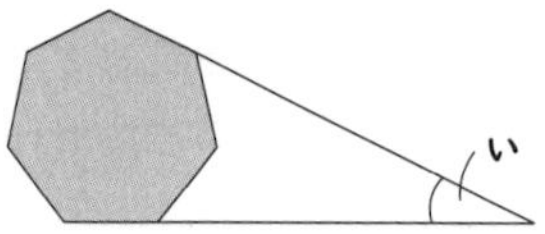

上の図のように線を引いてできる五角形の角いの大きさは，540－($\frac{900}{7}$×4)＝$\frac{180°}{7}$となる。

$\frac{180}{7}$×14＝360°となることから，正七角形を並べて輪を作ることができる。

宮城県立古川黎明中学校

※[1]は，仙台二華中学校と同じ問題です。

[2]　(50点)

1(1)　**ウ**

(2)　**ア　う**

イ　4月，5月に流量が多いと，しろかきをおこなうために多くの水を田んぼに入れることができるから。

(3)　記号　**あ**

役割　**雑草や害虫を食べてくれる。**

記号　**い**

役割　**土がまぜられて肥料の吸収がよくなる。**

記号　**う**

役割　**肥料になる。**

(4)　**ア　あ　③　　い　④**

イ　29℃

解き方

A地点→B地点は，(914－114)×$\frac{1}{100}$＝8

B地点→C地点は，(1914－914)×$\frac{0.5}{100}$＝5

C地点→D地点は，(1914－14)×$\frac{1}{100}$＝19

よって，23－8－5＋19＝29より29℃です。

2(1)　**ア　1830**　cm^2

解き方

模造紙全体の面積は，

800㎜＝80㎝，1100㎜＝110㎝より，

80×110＝8800(cm^2)

題名部分は，8800×0.1＝880(cm^2)

記事を書く紙の合計は，

42×29×5＝6090(cm^2)

よって余白は，8800－880－6090＝1830(cm^2)

イ　110　㎜

解き方

題名部分の横の長さは800㎜，縦の長さは110㎜となります。縦の長さにあわせて，1つの円の直径を110㎜とすると，110×6＝660(㎜)より，横に6個の円が収まります。一方，横の長さから直径を110㎜より大きくすると，縦の長さに収まらないので，最大は110㎜です。

(2)　**19**　人

求め方

グラフ4から，学年で「最上川舟下り」を選んだ人数は24人である。グラフ3から，明さんのクラスで3番目に多い「温泉」を選んだ人数は，40×0.15＝6(人)であることが分かるので，「最上川舟下り」を選んだ人数は最大で5人となる。

よって，明さんのクラス以外で「最上川舟下り」を選んだ人数は最少で24－5＝19(人)である。

ポイント

明さんのクラスでは第3位までに「最上川舟下り」が入っていないので，第3位の人数よりも少ないことになります。

茨城県立中学校・中等教育学校

適性検査Ⅰ

1 （16点　問題1－8点，問題2，問題3－各4点）

問題1　あ：**14**（時ごろ）

い：（理由は，）**太陽の光が地面をあたため，地面によって空気があたためられるので，あたたまるまでに時間がかかる**（からだね。）

う：（理由は，）**太陽がしずむと，地面はあたためられないため，地面の温度がだんだん下がり，地面近くの空気の温度も下がる**（からよね。）

問題2　**カ**

ヒント

パネルの上側のかげが，パネルから離れたところに，パネルの下側のかげが，パネルの近くにできます。ただし，けんたさんはできたかげを図4の方向から見ているので，パネルの左側のかげが手前にあるように見えます。

問題3　説明：**太陽は南から西の方にしずんでいくので，かげは，北から東の方に動き，長くなる。**

ヒント

かげは，日光をさえぎるものがあると，太陽の反対側にできます。

2 （19点　問題1－4点，問題2－9点，問題3－6点）

問題1　方法：**手であおいでにおいをかぐ。**

理由：**つんとしたにおいがあるから。**

問題2　記号：**エ**

うすい塩酸：**B**　炭酸水：**C**　石灰水：**E**

食塩水：**D**　アンモニア水：**A**

水酸化ナトリウムの水よう液：**F**　水：**G**

解き方

7種類の液体の性質は，それぞれ，うすい塩酸：酸性，炭酸水：酸性，石灰水：アルカリ性，食塩水：中性，アンモニア水：アルカリ性，水酸化ナトリウムの水よう液：アルカリ性，水：中性です。このうち，アンモニア水には刺激臭があり，炭酸水は液体の中にあわが発生するので，実験器具を使わなくても区別することができます。アルカリ性の液体が3つあるので，AとEとFはアルカリ性のグループです。よって，Aはアンモニア水，Cは炭酸水だと分かります。BとCは酸性のグループなので，Bはうすい塩酸です。②は白い固体が出てきたことから，水分を蒸発させる操作をしたと考えられます。また，水分を蒸発させたときに白い固体が出るのは，石灰水，食塩水，水酸化ナトリウムの水よう液の3つであり，Dはアルカリ性ではないので食塩水だと分かります。食塩水は中性なので，同じグループのGは水だと分かります。EとFの一方は石灰水なので，③は石灰水に二酸化炭素を通して白くにごらせる実験だと考えられます。よってEは石灰水，Fは水酸化ナトリウムの水よう液だと分かります。

問題3　色が変化する理由：（酸性とアルカリ性の液体が混ざり合うと，）**たがいの性質を打ち消し合うから。**

液体を緑色にして処理する理由：（中性にすることで，）**かん境に悪いえいきょうが出ないようにするため。**

3 （30点　問題1－9点，問題2－5点，問題3－4点，問題4－12点）

問題1　資料1　○：**魚やこん虫がすみやすいかん境になる。**

資料2　×：**川底をほり，その土を両岸にもり，生物がすめるようにする。**

資料3　○：**魚が川を移動できる。**

ヒント

資料2はどのようにしたら生物がすみやすくなるか資料1や資料3の工夫をもとに考えてみましょう。

問題2　**エ**

解き方

ア－日本の木材自給率は1995年から2000年にかけて減っています。イ－日本の木材供給量は2017年から2018年にかけて減っています。ウ－日本の木材自給率は2000年から増え続けています。

問題3　**17875**（本）

解き方

5005000 × 0.05 ÷ 14 = 17875（本）

問題４　ゆうかさんは，地球温だん化の原因の一つに，二酸化炭素の増加が考えられると言っています。そこで，わたしは二酸化炭素の発生量を少なくするために，将来，太陽光パネルを設置した家に住み，太陽光発電を利用します。太陽光発電が社会に広がることで，二酸化炭素を出す量がさく減され，地球温だん化を防止する効果があると思います。

4（20点　問題１－５点，問題２－15点）

問題１　あ　6400（回転）

解き方

タイヤの円周は，670 × 3.14 ＝ 2103.8（mm）

2103.8 mm＝ 2.1038 m，13.4 km＝ 13400 m

13400 ÷ 2.1038 ＝ 6369…より，上から２けたのがい数で表すと，6400 回転

問題２　い　タイヤＡの４本セットを（　1　）回

タイヤＢの４本セットを（　2　）回

説明

新品から交かんまでに減るみぞの深さは

タイヤＡ　7.6 － 1.6 ＝ 6 mm

タイヤＢ　8 － 1.6 ＝ 6.4 mm

したがって，交かん１回分の走行きょりは，

タイヤＡ　6 ÷ 0.3 × 2000 ＝ 40000 km

タイヤＢ　6.4 ÷ 0.4 × 2000 ＝ 32000 km

商品	交かん１回分の走行きょり	費用の合計
タイヤＡ	40000 km	62000 円
タイヤＢ	32000 km	47000 円

100000 km以上走るためには，タイヤ交かんが３回以上必要になる。

まず，タイヤＢに３回交かんする場合は，

32000 × 3 ＝ 96000 km

となり，100000 kmを走れない。

次に，タイヤＡに１回交かんし，タイヤＢに２回交かんする場合は，

走行きょり

40000 ＋ 32000 × 2 ＝ 104000 km

費用の合計

62000 ＋ 47000 × 2 ＝ 156000 円となる。

ここで，タイヤＢに４回交かんする場合も確かめると，

走行きょり　32000 × 4 ＝ 128000 km

費用の合計　47000 × 4 ＝ 188000 円

となり，タイヤＡに１回交かんし，タイヤＢに２回交かんする場合よりも費用の合計が高い。

したがって，タイヤＡに１回交かんし，タイヤＢに２回交かんする場合を選ぶと，費用の合計が一番安くなる。

タイヤの組み合わせ	走行きょりの合計	10万km	費用の合計
Ｂ，Ｂ，Ｂ	96000 km		141000 円
Ａ，Ｂ，Ｂ	104000 km	○	156000 円
Ａ，Ａ，Ｂ	112000 km	○	171000 円
Ａ，Ａ，Ａ	120000 km	○	186000 円
Ｂ，Ｂ，Ｂ，Ｂ	128000 km	○	188000 円

ポイント

まず，それぞれのタイヤで交かんまでに走行できる道のりを求めましょう。そこから，交かん回数とタイヤの価格と交かんにかかる費用を調べて比較します。

5（15点　問題１－５点，問題２－10点）

問題１　あ　5（秒後）

解き方

２秒後…移ろうとした先に⑦があるためとどまる。

３秒後…スタートに⑦があった位置へ移動

４秒後…スタートに⑧があった位置へ移動

５秒後…左はしへ移動

問題２　い　点灯していない

説明

最初から１秒後までを除いた２秒後からは，９秒ごとにくり返す。

このことから，

60 － 1 ＝ 59　59 ÷ 9 ＝ 6あまり5

したがって，くり返す部分（２～10秒後）の５番目（つまり，６秒後）と同じになるから，６秒後の右から５番目を考えて，「点灯していない」ことが分かる。

0秒後	○				○	○	○	○	○	○				○	○	○	○	○
1秒後		○			○	○	○	○	○		○			○	○	○	○	○
2秒後	○		○		○	○	○	○		○		○		○	○	○	○	
3秒後		○		○	○	○	○		○		○		○	○	○	○		○
4秒後	○		○	○	○	○		○		○		○	○	○	○		○	
5秒後		○	○	○	○		○		○		○	○	○	○		○		○
6秒後	○	○	○	○		○		○		○	○	○	○	★	○		○	
7秒後	○	○	○		○		○		○	○	○	○		○		○		○
8秒後	○	○		○		○		○	○	○	○		○		○		○	○
9秒後	○		○		○		○	○	○	○		○		○		○	○	○
10秒後		○		○		○	○	○	○		○		○		○	○	○	○
11秒後	○		○		○	○	○	○		○		○		○	○	○	○	

ヒント

まずはライトがどのように点灯するのか，毎秒ごとの動きを調べていくと，ライトの点灯のしかたに決まりがあることが分かりそうです。

適性検査Ⅱ

[1] (35点　問題1－10点，問題2－5点，問題3－20点)

問題1　**相手の話をきちんと受け止めた上で，「具体的には？」「たとえば？」などのように，質問を重ねてやりとりをする**

(別解) **人と向き合うには，相手に興味を持ち，一生けん命聞きながら，質問や感想を会話のと中にはさんでやりとりをする**

問題2　**どのように子どもたちと関わっているのですか。**

(別解) **子どもたちとの関わりで，どのようなことに気をつけていますか。**

ヒント

[イ]の質問の後，保育士が「笑顔で関わるようにしています」「安全にも気をつけています」と答えていることから考えましょう。

問題3　**わたしは，質問したい内容が相手にうまく伝わるように話をしたいと思います。なぜなら，質問したい内容が伝わらないと，話し手が答えるのにこまるからです。やりとりを通しておたがいの理解を深めるために，質問したい内容をはっきりさせて話をしたいです。**

(別解) **わたしは，相手の話を受け止めて次の質問につなげるために，メモを取りながらインタビューをするようにしたいです。メモを見れば，相手が答えた内容について確認することができるので，より具体的に質問ができるからです。**

解き方

資料2の聞き手の反省点から気をつけたいことを選び，そう考えた理由をふくめて書きましょう。

[2] (30点　問題1－4点，問題2－3点，問題3(1)－2点，(2)－4点，問題4(1)－3点，(2)－4点，問題5－10点)

問題1　**ア：必要な数だけを買うことができる**

問題2　**イ：トレーサビリティ**

問題3(1)　**代かき：エ　　田植え：ウ**

ポイント

アは稲かり，イは田おこしの作業のようすです。

(2)　**それぞれの農家のこう入費用が安くなる。**
保管場所が1つでよい。

問題4(1)　**こう水を防ぐ。**

(別解) **土しゃくずれを防ぐ。**

ポイント

棚田にはダムのような役割があり，水をためる役割とともに，土砂災害を防ぐ役割もあります。

(2)　**農業で働く人が減少している。**
農業で働く人の高れい化が進んでいる。

ポイント

資料6から，農業で働く人が減少していること，農業で働く人数のうち65さい以上の割合が増えていることが読み取れます。

問題5　**たっぷり野菜カレー**

茨城県が生産量全国1位のれんこんやさつまいもが入っています。れんこんには，おもに体の調子を整えるビタミンが多くふくまれています。多くの種類の野菜を食べることができるのでみんなにおすすめします。

(別解) **具だくさんオムレツ**

生産量全国1位のたまごやピーマンを使っています。たまごには，おもに体をつくるもとになるたんぱく質が，ピーマンには，おもに体の調子を整えるもとになるビタミンが多くふくまれているのでおすすめします。

[3] (35点　問題1－2点，問題2，問題4－各3点，問題3，問題5，問題6－各4点，問題7(1)－9点，(2)－6点)

問題1　**ア**

解き方

1960年の輸入品はせんい原料が最も多いことから，せんい品を輸出していると考えられます。

問題2　**国名：サウジアラビア　　位置：イ**

ポイント

ア－南アフリカ共和国，ウ－アラブ首長国連邦，エ－タイ，オ－オーストラリア。

問題３　**原油，鉄鉱石，石炭などの原料品を輸入して自動車，船などの工業製品に加工し，輸出する貿易。**

問題４　**金属工業：イ　化学工業：エ　せんい工業：オ**

問題５　**うすい鉄を使うことで，自動車の車体が軽くなり，走るための<u>燃料</u>が少なくなる。また，<u>二酸化炭素など</u>のはい出を減らすことができるから。**

問題６　**高速道路ができて，トラックなどによる工業製品の輸送が便利になったため。**

問題７(1)　**茨城県は，高速道路，鉄道，港などの交通もうが整備されているので，原材料や製品をトラックや鉄道，船で輸送するのに便利です。また，平たんな土地が広いので，工場を新しく建設するのに適しています。さらに，茨城県は，他の４都県より工業地の平均地価が安いので，工場を建設する土地を安く買うことができます。**

(2)　**茨城県は，農業がさかんなので，特産物のさつまいもなどを使ったおかしを開発することを提案します。**

（別解）**筑波研究学園都市の研究し設と協力して，食品に関する商品開発をすることを提案します。**

栃木県立中学校

適性検査

1　（19点　問１－４点，問２－15点）

［問１］　**ウ**

解き方

会話文から考えましょう。パンやスパゲッティのおもな原料は小麦で，小麦の自給率の下位３か国はウ，エ，オ。また，いちごがふくまれる野菜類の自給率の上位３か国はア，ウ，エ。どちらにも当てはまるウ，エのうち，魚かい類から日本はウとなります。

［問２］　**ア→ク→キ→ウ→イ**

ヒント

発表原稿の前半で農産物の輸出について，後半に栃木県内の米の出荷先について述べられています。

2　（16点　問１－４点，問２－12点）

［問１］　**エ**

解き方

ビンのふたに使われている金属や，温度計に使われている赤い液体は，あたためることで体積が大きくなります。

［問２］　①　**12**　％　　②　**1.2**　g

③　**6**　g　　④　**50**　g

解き方

①　100 gあたりで食塩相当量が12 gより，

12 ÷ 100 × 100 ＝ 12（％）

②　60 × 0.08 ÷ 4 ＝ 1.2（g）

③　1.2 × 5 ＝ 6（g）

④　100 gあたりの食塩相当量が12 gだから，6 gになるのはその半分の50 gのときです。

3　（17点　問１－10点，問２－７点）

［問１］　①　**直射日光をさえぎること**

②　**風通しをよくすること**

［問２］

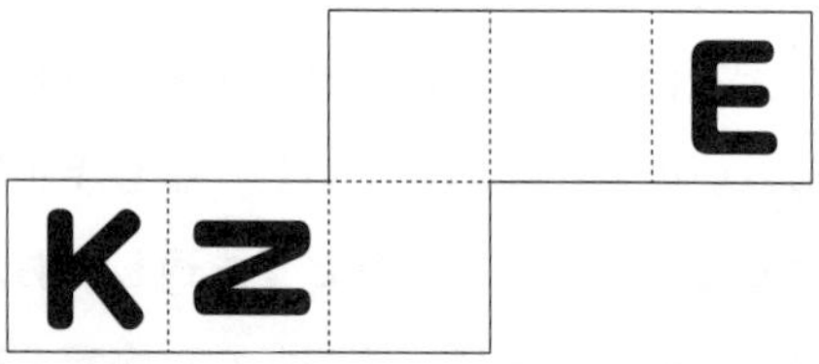

ヒント

展開図を組み立てたときにどの辺とどの辺が重なるのかを考えましょう。

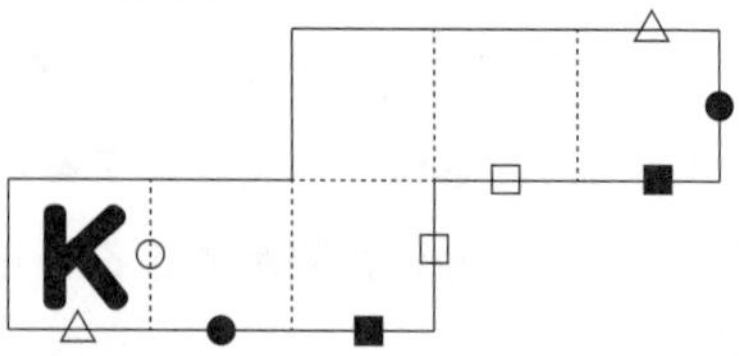

4　（24点　問１－12点，問２－12点）

［問１］　①　**エ**　　②　**オ**　　③　**イ**

ヒント

表２を見て，選たくしの理由のどれが選ぶ理由として適切か考えてみましょう。

［問２］　第一走者　第二走者　第三走者　第四走者

　　　　C　→　A　→　D　→　B

解き方

　第二走者は，記録の平均が一番良いよしこさん（A）第四走者は，一番速い記録を出しているあけみさん（B）です。さゆりさん（C）とみさとさん（D）を第一走者，第三走者にあてはめたときのテイクオーバーゾーンの通過記録の合計を調べると，

・C→A→D→Bのとき，3.7 ＋ 3.7 ＋ 4.1 ＝ 11.5

・D→A→C→Bのとき，3.7 ＋ 4.0 ＋ 4.0 ＝ 11.7

これより，C→A→D→Bとなります。

5　（24点　問１－12点，問２－12点）

［問１］

Aチーム		Bチーム		Cチーム		Dチーム		Eチーム	
学年	地区	学年	地区	学年	地区	学年	地区	学年	地区
6	南	6	南	6	北	6	南	5	北
5	北	4	南	5	南	4	北	5	北
3	北	4	北	3	南	3	南	4	南
2	南	2	北	2	北	2	北	2	南
						1	北		

ヒント

　子ども会の人数から，チーム分けの表の消されていない部分にわりふられている人を引いていくと，右のようになります。また，Aチームの合計ポイントが16ポイントであることが分かるから，「チーム分けの条件」にしたがって，合計ポイントが16ポイントになる組み合わせを考えていきましょう。

－子ども会の人数－

学年	北地区	南地区
6年	1	~~3~~0
5年	~~3~~0	1
4年	~~2~~1	~~2~~1
3年	~~1~~0	2
2年	3	~~2~~1
1年	~~1~~0	0

［問２］　**こども会の人数は，図１の合計人数から21人である。（または会話の中から「70円の500mLペットボトル飲料を人数分買うと1470円」としているので，1470 ÷ 70 ＝ 21だから，21人である。）**

飲み物は，500mLを21人に配ると考えると，500 × 21 ＝ 10500　だから，10500mL（10.5 L）必要である。（または，１人あたり250 m Lを２回配られるので，21人分を求めると，250 × 2 X 21 ＝ 10500　だから，10500mL（10.5 L）必要である。）

ひろこさんの考えた組み合わせは，ケース売りよりも10円安いので，850 － 10 ＝ 840により840円。

10.5 Lになる組み合わせは，２Lペットボトル飲料３本と1.5 Lペットボトル飲料３本。

金がくを計算すると，

150 × 3 ＋ 130 × 3 ＝ 840により840円。

よって，２Lペットボトル飲料３本と1.5 Lペットボトル飲料３本。

りさこさんの考えた組み合わせは，ケース売りよりも30円安いので，

850 － 30 ＝ 820により820円。

10.5 Lになる組み合わせは，２Lペットボトル飲料５本と500mLペットボトル飲料１本。

金がくを計算すると，150 × 5 ＋ 70 × 1 ＝ 820により820円。

よって，２Lペットボトル飲料５本と，500 m Lペットボトル飲料１本。

ヒント

　10.5 Lになる組み合わせを考えて，そのときの金額を求めましょう。

東京都立中学校・中等教育学校共同作成問題

※掲載分の各校の独自問題については，各校の解説ページをご覧ください。

適性検査Ⅰ（小石川・両国・武蔵・大泉・富士）

1（100点）

〔問題１〕（10点）

自分らしい音

〔問題２〕（20点）

もっと鳴らそうと気負いすぎたから。

〔問題３〕（70点）

私は，文章２の筆者は「好む」の段階まで表されていると考える。

文章２の筆者は，「頭の中で必死にメモをとる」「もっと大きく響かせたい」など，「やる気」を持っており，小鼓を上達させたいという積極的な姿勢が感じられる。また，少し上達した筆者は，「もっと鳴らそうと思うと，今度は変な音が出た」とあるように，「気負いすぎ」て失敗してしまう。これらの行動は文章１では「好む」の段階であると述べられている。

お稽古は先生に言われたとおりにやっており，積極性が感じられないので「知る」の段階だという意見があるかもしれない。しかし，大きくよい音を響かせるために，先生の指導を素直に受け止める姿は，やはり積極的に見える。また，筆者は小鼓のお稽古を楽しんでいるので，「楽しむ」段階まで達しているという意見もあるかもしれないが，最後には「もっと鳴らそう」と欲が出ており安らぎは感じられない。これらのことから，やはり「好む」の段階だと考える。

適性検査Ⅱ（白鷗・両国・大泉・南多摩・富士・立川）

1

〔問題１〕

14	21	28
16	24	32

〔説明〕

ＡとＣの和はＢの２倍になっていて，ＤとＦの和はＥの２倍になっている。したがって，ＢとＥの和の３倍が、６個の数の和と同じになる。135÷３＝45なので，ＢとＥの和が45になる場所を見つければよい。

ヒント

表２の枠内の６つの数について，

６×６	６×７	６×８
７×６	７×７	７×８

だから，上の段について，

$(6\times 6)+(6\times 8)=6\times(6+8)$

$=6\times 14$

$=(6\times 7)\times 2$

であることがいえます。

〔問題２〕

〔アの側面に書く４個の数〕　**1　2　3　5**

〔イの側面に書く４個の数〕　**1　3　4　5**

〔ウの側面に書く４個の数〕　**1　2　3　7**

〔エの側面に書く４個の数〕　**1　3　4　7**

〔アの展開図〕

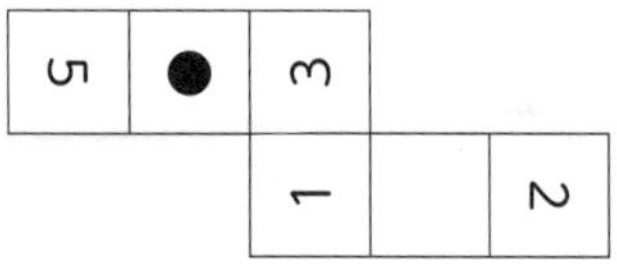

〔イの展開図〕

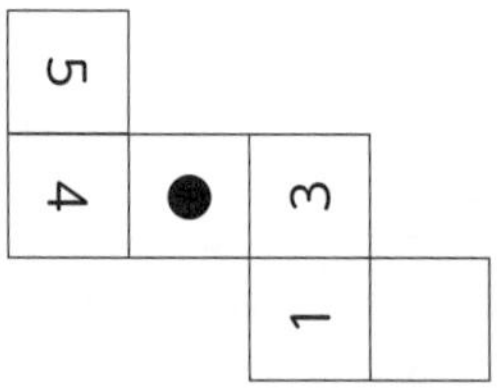

〔ウの展開図〕

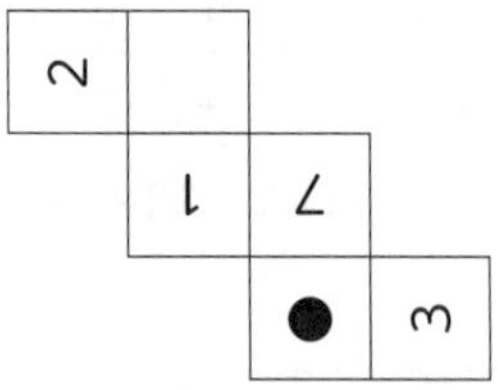

〔エの展開図〕

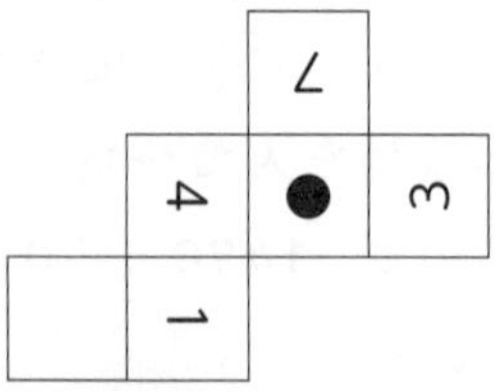

ヒント

例えば，ア×イ，ウ×エでそれぞれ１から９までの数を作ることができれば，かけ算九九の表にある数はすべて作ることができます。

2

〔問題１〕

図１より，主ばつに適した林れいは，50 年以上であることが分かる。図２の 2017 年の林れい構成をみると，主ばつに適した林れい 50 年を経過した人工林の面積は大きいが，林れい 30 年よりもわかい人工林の面積は小さい 。1976 年，1995 年，2017 年の変化から，林れい 50 年以上の人工林が主ばつされると，しょう来，主ばつに適した人工林は少なくなっていくことが予想される。よって，利用することのできる木材の量が減ることが課題である。

〔問題２〕

図３　図４

図３のように商品を生産する立場の人たちが，間ばつ材を使った商品を開発したり，利用方法を考えたりすることで，さまざまな商品が生まれる。また，商品を買う立場の人たちも，図４のような間ばつ材を知ってもらう活動を通じて，間ばつや，間ばつ材を使った商品に関心をもつ。これらの活動から，商品を売ったり買ったりする機会が生まれ，間ばつ材の利用がそく進される。

3

〔問題１〕

（１）

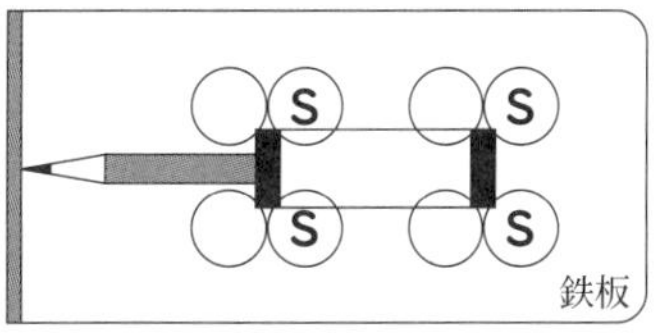

（２）

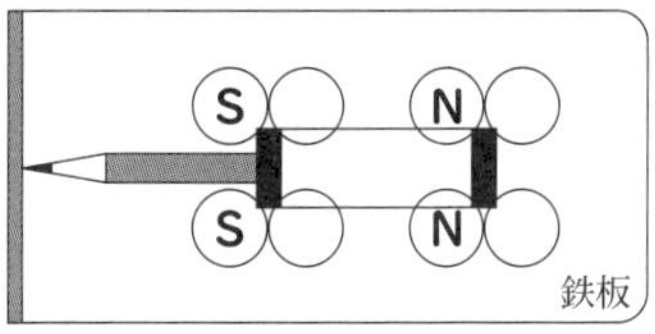

〔理由〕

図６から，㋓は㋐に対して，つつの右側のじ石の極は変わらないが，左側のじ石の極は反対である。図７のイより，鉄板に置く４個のじ石のうち，右側の２個のじ石の上側の極は変えずに，左側の２個のじ石の上側をＮ極からＳ極に変えるとよいから。

解き方

じ石には，同じ極どうしを近づけるとしりぞけ合い，ちがう極どうしを近づけると引き合う性質があるので，つつを浮かせるためには同じ極どうしがしりぞけ合う性質を利用する必要があります。

〔問題２〕

（１）　**２**　個

ヒント

表１より，シートの面積が２×２＝４(cm^2)のとき，20 ｇ以上 30 ｇ未満のおもりをつるすことができると考えられます。１辺が３cm以下の正方形では，つり下げることのできる最大の重さは面積に比例するので，１辺が１cmの正方形のシートには５ｇ以上 7.5 ｇ未満のおもりをつり下げることができると考えられます。よって，２ｇのおもりは２個または３個つり下げられると考えることができます。

（２）〔大きい場合〕 **②**

〔理由〕

①はＡ方向がそろっていないので，Ｎ極とＳ極が引き合う部分と，Ｎ極どうしやＳ極どうしがしりぞけ合う部分がある。それに対して，②はＡ方向がそろっているので，ほとんどの部分でＮ極とＳ極が引き合う。そのため，①より②のほうが引き合う部分が大きいから。

※配点は各校で異なります。適性検査Ⅱの共同作成問題の部分については，下記の配点表をご覧ください。各校の独自問題の配点については，各校の解説ページをご覧ください。

適性検査Ⅱ　配点表

問題番号		白鷗	小石川	両国	桜修館	武蔵	大泉	南多摩	三鷹	富士	立川国際
1	問題１	16	12	12	独自	12	16	12	独自	16	16
	問題２	24	18	18	問題	18	24	18	問題	24	24
2	問題１	15	独自	20	15	独自	15	15	15	15	15
	問題２	15	問題	20	15	問題	15	15	15	15	15
3	問題１	14	14	14	14	14	14	20	14	14	14
	問題２	16	16	16	16	16	16	20	16	16	16
	合計	100	100	100	100	100	100	100	100	100	100

東京都立小石川中等教育学校

適性検査Ⅱ

2 （40 点）

〔問題１〕（６点）

運送業では，必要な時に必要な品物を，小売店に運べるようになるので，人件費やガソリン代を節約できる。

〔問題２〕（24 点）

(1)

2003 年	2007 年	2011 年	2015 年	2019 年
0.6 %	**1.2 %**	**1.7 %**	**3.1 %**	**5.1 %**

解き方

2003 年：1526÷266432×100＝0.57…≒0.6(%)

2007 年：3059÷261526×100＝1.16…≒1.2(%)

2011 年：4103÷247223×100＝1.65…≒1.7(%)

2015 年：7742÷247126×100＝3.13…≒3.1(%)

2019 年：12683÷249704×100＝5.07…≒5.1(%)

(2)

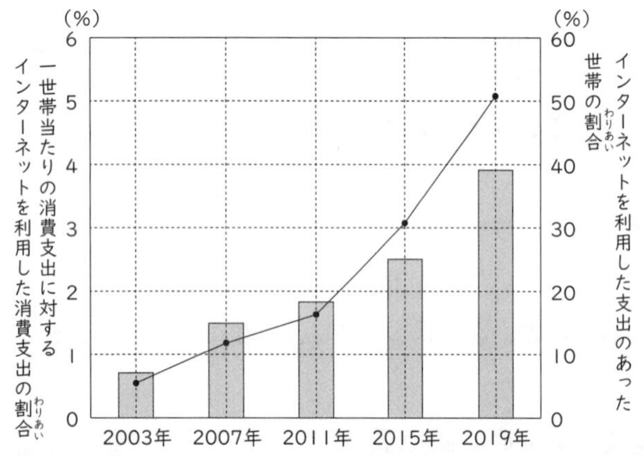

ヒント

グラフ左の目盛りをもとにして，(1)のそれぞれの年の数値を線でつなぎます。右の目盛りと間ちがわないように気をつけましょう。

(3) **「世帯のわり合」の変化よりも，「支出のわり合」の変化の方が大きい。特に「支出のわり合」の変化は 2011 年より後で大きくなっている。**

(4) **インターネットで買い物ができる店の数や，売っている品物の種類が増えたことで，買い物が便利になった。そのため，買い物をする人の数が増えただけでなく，買い物で使う金額も増えたと考えられる。**

ヒント

「世帯のわり合」の変化より，「支出のわり合」の変化が大きいということは，１世帯あたりの支出が年々増加しているということであり，そこから考えられることを書き出していきましょう。

〔問題３〕（10 点）

（課題）**高齢者の通院について**

高齢者の中には，寝たきり状態や，障がいを持っている人もいて定期的に通院するのが難しい人もいる。そういった人には，通院先の病院が遠隔操作によって，パソコンの画面を通じて患者の診察を行い，必要な薬などあれば後日お届けすることもできると思う。そうすれば，患者は毎回通院する必要がなくなる。

適性検査Ⅲ

1 （60 点）

〔問題１〕（10 点）

大きい氷を小さくわることで，水に接する氷の表面の面積の合計が増えるため，短い時間で水を冷やすことができる。また，わっていない大きい氷は，とけてなくなるまで時間がかかるから，長い時間冷やすことができる。

〔問題２〕（20 点）

(1) **図１に比べて，図２の方が，大根１個当たりのにじるにふれる表面の面積が増えるから。**

(2) **大根にようじであなをあけること。にじるにふれる大根の面積をふやすため。**

(3) **同じ大きさの輪切りにした大根を二つ用意し，一つにはようじでいくつもあなをあけておき，もう一つはそのままの形を使う。なべに，しょくべにをとかした水を入れる。そのなべで，用意した二つの大根を同じ時間にる。にた後に切り，大根の中に色がしみこんでいる面積を比かくする。**

〔問題３〕（20 点）

(1) 小さいイヌ　**759.6**　cm^2

大きいイヌ　**421.0**　cm^2

解き方

小さいイヌ：2423 ÷ 3.19 ＝ 759.56…

１kgあたりおよそ 759.6 cm^2

大きいイヌ：7662 ÷ 18.2 ＝ 420.98…

1 kgあたりおよそ 421.0 cm²

(2) **子ウサギの方が，体重1kg当たりの体の表面の面積が大きい。そのため，体重1kg当たりでは，子ウサギの方が体の外に出る熱が多い。子ウサギは，多く食べることで，体の中の熱を多く作り出し，ほぼ一定の体温を保っている。**

〔問題4〕（10点）

① **まきをわる。**

② **空気にふれる面積を増やし，燃えやすくする。**

2 （40点）

〔問題1〕（15点）

(1) 選んだ整数　**3**

できる整数　**1113122113**

他に4を選んだ場合，**1113122114**

5を選んだ場合，**1113122115**

解き方

1個の3→13

1個の1と1個の3→1113

3個の1と1個の3→3113

1個の3と2個の1と1個の3→132113

1個の1と1個の3と1個の2と2個の1と1個の3→1113122113

(2) もとの1けたの整数　**2**

理由　**最初に考えた1けたの整数に〔規則Y〕を何回当てはめても，できる整数の一の位は，必ずもとの1けたの整数といっちするから。**

ヒント

(1)で自分が選んだ数とはことなる数を用いた場合，できる整数にはどのような決まりがあるか調べてみましょう。

〔問題2〕（15点）

(1) **22**

ヒント

2けたのぞろ目のとき，2けたの整数になります。

(2) **できない**

4けたの整数に〔規則Y〕を1回当てはめて4けたの整数ができるのは，○○○□，○□□□，○○□□の3通りであるが，○○○□は3○1□となって，この二つはいっちしていない。○□□□は1○3□となって，この二つはいっちしていない。○○□□は2○2□となるが，その場合，もとの整数は2222で，〔規則Y〕を1回当てはめることによって2けたの整数42となってしまうから。

ヒント

「○個の●と□個の■」のかたちにできるとき，4けたの整数になります。それぞれの場合において〔規則Y〕をあてはめたときの数がどうなるか調べてみましょう。

〔問題3〕（10点）

・**左からぐう数番めの数字が4にならない理由**

会話ではるかさんとゆうきさんが説明している0が現れない理由と同じである。

・**左からき数番めの数字が4にならない理由**

左からき数番めの数字に4が現れるためには,〔規則Y〕を1回当てはめる前の整数に，同じ数字が◎◎◎◎のようにならぶ部分がふくまれなければならない。ところで,〔規則Y〕では，ぐう数番めの数字は，数字の種類を表すから，○□△□のようにならぶことはない。もし，○□△□のようにならんだとすると,〔規則Y〕を1回当てはめる前の整数には，○個の□と△個の□がならんでいることになるが，これは（○＋△）個の□とまとめられるからである。このことから，同じ数字が◎◎◎◎のようにならぶ部分がふくまれることはない。

ヒント

問題文中段の，はるかさんの「〔規則Y〕を当てはめてできた整数の左から奇数番めの数字と偶数番めの数字に分けて考えてみたらどうかな。」にあわせて考えてみましょう。

東京都立両国高等学校附属中学校

適性検査Ⅲ

1 （60 点　問題１－15 点，問題２－30 点，問題３－15 点）

〔問題１〕 **図３**の方が **8** cmだけ長い。

ヒント

しゃ線をひいた正方形をつくるために加えた線の長さは同じです。

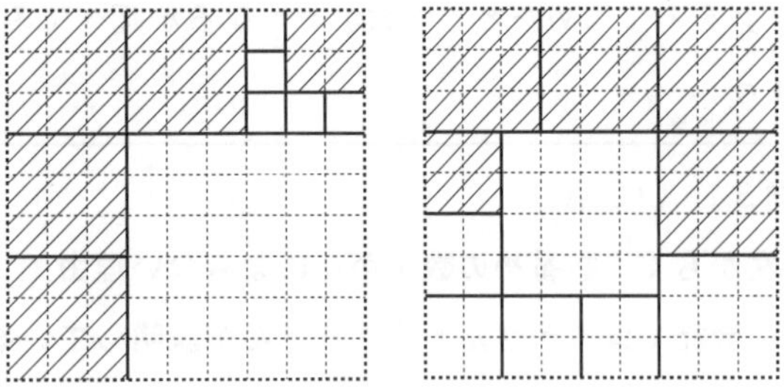

〔問題２〕

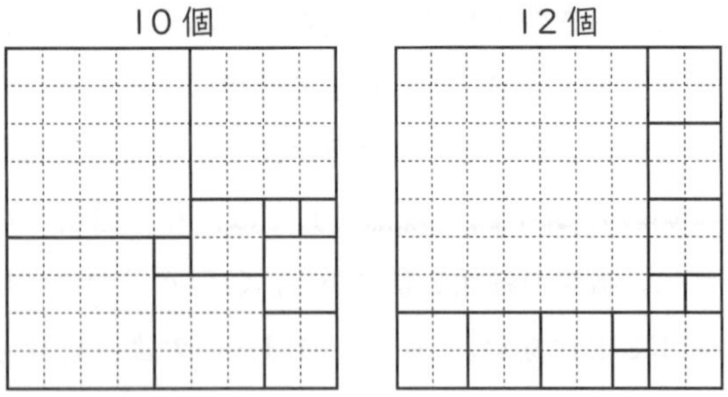

ヒント

マス目の数は全部で９×９＝81 マス。正方形は，１マス，４マス，９マス，16 マス，25 マス，36 マス，49 マス，64 マスのものをつくることができます。

〔問題３〕 **7** cm，**4** cm，**4** cm　または

8 cm，**4** cm，**1** cm

ヒント

〔問題２〕の ヒント にあげた正方形の中から，３つの正方形のマス目の合計が 81 になる組み合わせを考えましょう。

2 （40 点　問題１－20 点，問題２－20 点）

〔問題１〕 式　**0.75 × 0.75 × 3.14 × 16.0**

答　**28.26** mm^3

ヒント

水面の高さは，４℃のとき０mm，９℃のとき 16.0 mmだから，円柱の高さは 16 mmとなります。

〔問題２〕 **灯油ではことなる温度であればことなる目もりを示すが，水ではことなる温度であっても同じ目もりを示す場合があるから。**

ヒント

図３において，１℃のときと 10℃のときの増えた体積はほぼ同じであることが分かります。

東京都立桜修館中等教育学校

適性検査Ⅱ

1 （40 点）

〔問題１〕（６点）

シールの大きさ	大	小
枚数	**5** 枚	**1** 枚

※他に「大３枚，小４枚」「大０枚，小８枚」も可。

ヒント

大のシールからは７×６＝42 面分，小のシールからは６×５＝30 面分のシールを切り取ることができます。必要なシールは，40 × 6 ＝ 240(面)分で，大を６枚使うと，立方体２個分，つまり 12 面分の余りが出るので，余りがそれよりも少なくなる場合を考えましょう。

〔問題２〕（４点）

2　3（※他に「4と5」，「3と4」も可）

ヒント

１と６，２と４，３と５の面が向かい合う面です。

〔問題３〕（８点）

Ｅ（**5**，**8**）

※他に，（**8**，**5**）（**11**，**4**）（**4**，**11**）も可。

ヒント

１目盛りは４cmだから，288 ÷ 4 ÷ 4 ＝ 18 より，目盛りの，（縦×横）の値が 18 となるとき，面積が 288 cm^2 の長方形ができます。

〔問題4〕（6点）

赤　**67**（個）　※青は**73**（個），緑は**81**（個）

解き方

縦の列を１列減らしたときの過不足の差が7個であることから，横の列には7個並んでいます。（縦をx列，横をy列とすると，立方体の個数から$x \times y - 3 = (x - 1) \times y + 4$が成り立ち，この式からも横が7列と分かります。）縦の列は横より３列多いから10列で，このとき３個足りない。よって，$7 \times 10 - 3 = 67$（個）
青は，$8 \times 10 - 7 = 73$（個）
緑は，$6 \times 14 - 3 = 81$（個）

〔問題5〕（6点）

さいころの大きさ	大きいさいころ	小さいさいころ
出た数字	**2**	**3**

※他に（**大3，小5**），（**大6，小1**）など。

ヒント

１の約数は１のみ，２の約数は１と２，３の約数は１と３，４の約数は１と２と４，５の約数は１と５，６の約数は１，２，３，６です。２つのさいころをふって，数字のことなる立方体を３個色を変える方法を考えるのが考えやすい方法です。

〔問題6〕（10点）

さくらさんは〔 **おさむ** 〕さんと対戦して勝ち、
そして、最後のゲームで
〔 **まなぶ** 〕さんと〔 **ひとし** 〕さんが対戦して、
【　まなぶさんが負ける（ひとしさんが勝つ）　】

ヒント

１位と４位の差が３点であることと，同じ順位がいないことから，１位と２位の差は１点，１位と３位の差は２点であることが分かります。自分より順位が上の人が負けまたは引き分けとなるときの結果を考えてみましょう。

東京都立武蔵高等学校附属中学校

適性検査Ⅱ

2（40点）

〔問題１〕（18点　(1)－12点，(2)－2点，(3)－4点）

(1)　A県　**愛知県**　　B県　**千葉県**
　　C県　**茨城県**　　D県　**群馬県**
　　E県　**静岡県**　　F県　**長野県**

ヒント

キャベツの話題の中で，愛知県，千葉県，茨城県，群馬県の４県，レタスの話題の中で長野県，静岡県が出てきます。

(2)

キャベツ　は　**4.02**　倍の差がある。
レタス　は　**3.63**　倍の差がある。

解き方

キャベツが最も安いのは５月の63円，最も高いのは２月の253円。$253 \div 63 = 4.015\cdots$より，4.02倍。レタスが最も安いのは６月の110円，最も高いのは１月の399円。$399 \div 110 = 3.627\cdots$より，3.63倍。

(3)　**キャベツやレタスは，気温が高くなる７月から９月には，標高が高く気温の低い地いきがある群馬県や長野県で多く生産されている。**

ヒント

図１，図２のグラフの山にあたる部分と表１の平均価格にどのような関係があるか考えてみましょう。

〔問題２〕（22点　(1)－各５点，(2)－各６点）

(1)

［理由１］　**安心・安全な農作物を食べたいという人が増えており，日本産の野菜を買う人が増え，農業は大きな利益をあげることができるから。**

［理由２］　**2008年から国が，農業に関係しない会社などの団体も全国で農業ができるようにしたから。**

(2)

［番　号］　①

［努力１］　**別の会社をたい職してまだ働きたいと思っている人たちや短時間なら働くことができる人たちを積極的に採用して，多くの人たちが生産**

に関わるようにしている。

［番　号］ ③

［努力２］ **昔は田んぼや畑だったところで，現在は，空き地になっているところを会社が借りて，農業を大規ぼに行い，生産にかかる費用をおさえるようにしている。**

適性検査Ⅲ

1 （50 点）

〔問題１〕（体積－５点，長さ－５点）

立体②の体積は，立体③の体積の　**3**　倍

立方体①の１辺の長さ　**10**　cm

立体③の底面の正方形の１辺の長さ　**5**　cm

解き方

立体②と立体⑤の体積の和は立方体①と等しいから，どちらも立方体①の体積の半分。また，立体④は，立方体①と底面積が等しく，高さが立方体①の $\frac{1}{3}$ の立体だから，体積は立方体①の $\frac{1}{3}$。

つまり，立体③の体積は，$\frac{1}{2}-\frac{1}{3}=\frac{3}{6}-\frac{2}{6}=\frac{1}{6}$ より，立方体①の $\frac{1}{6}$ 倍。

$\frac{1}{2}\div\frac{1}{6}=3$ より，立体②の体積は，立体③の体積の３倍。また，立体②と立体③は高さが等しいから，底面積の比がそのまま体積の比となります。次の表のように，立方体①の辺の長さを偶数に決めて立体③の底面積と底面の辺の長さを考えてみましょう。

立方体①の１辺（cm）	10	12	14
立方体①の底面積（cm^2）	100	144	196
立体③の底面積（cm^2）	25	36	49
立体③の１辺（cm）	5	6	7

〔問題２〕（ぬり方－５点，説明－ 15 点）

面のぬり方　**720**　通り

説明

まず，二つの底面は同じ色なので，ぬり方は５通りある。ルールの中の例のように，回転させていっちするぬり方は同じなので，側面の一つを固定して考えると，残りの三つの側面のぬり方は，一つは残りの３色から，一つは残りの２色から，一つは残りの１色をぬるので，

３×２×１＝６（通り）である。

さらに，４か所の内部の面の色のぬり方は，４種類のちがう色をぬるので４×３×２×１＝24（通り）である。よって，求める色のぬり方は５×６×24＝720(通り）である。

〔問題３〕（図－ 10 点，位置と面積－ 10 点）

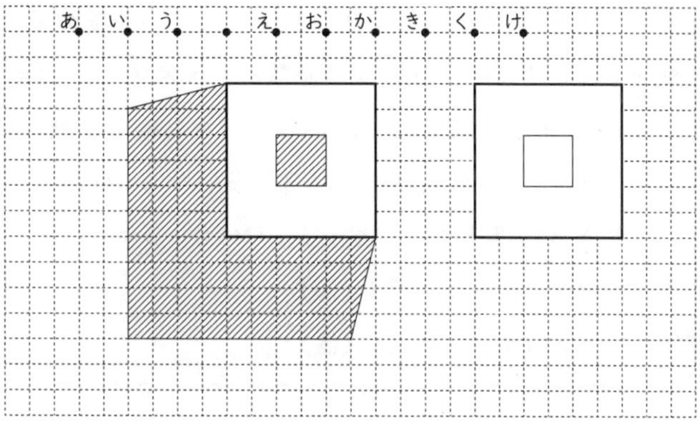

電灯⑧の位置　**き**　かげの部分の面積　**1600**　cm^2

など

解き方

求める面積は，内部の面にできるかげと，立体⑥の周りにできるかげの面積の和で，周りにできるかげの部分は立体⑥の底面となる正方形の対角線によって，２つの合同な台形に分けられます。

$10\times10+\{(45+30)\times20\div2\}\times2=1600(cm^2)$

2 （50 点）

〔問題１〕（10 点）

（あきお） さんの調べ方に追加すること

アンケートで，クマゼミだけでなく他のセミについて調べ，今年だけでなく去年やおととしについても調べる。

（なつよ） さんの調べ方に追加すること

クマゼミ以外のセミのぬけがらを探し，その数を記録する。

〔問題２〕（20 点）

選んだこん虫の名前：（**クマゼミ**）

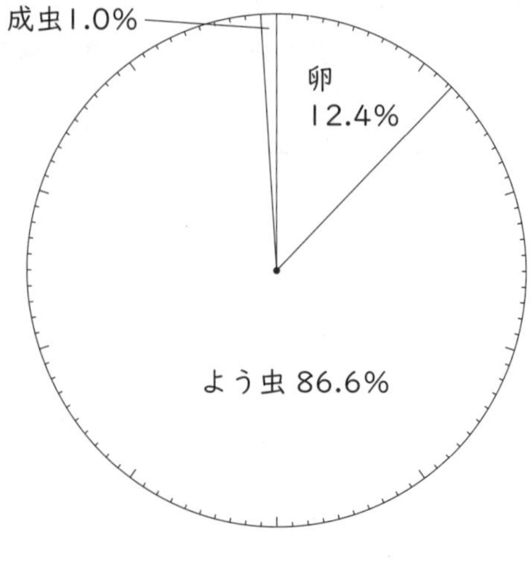

選んだこん虫の名前：(**モンシロチョウ**)

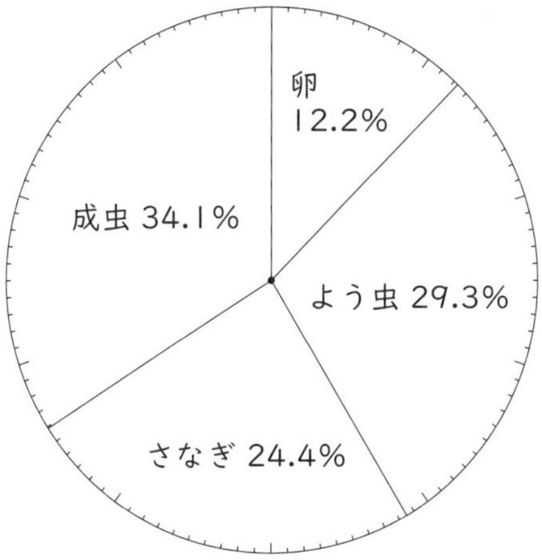

考え方

・クマゼミの一生の日数は，
365 ＋(365 × 7)＋ 30 ＝ 2950〔日〕なので，
卵は 365 ÷ 2950 × 100 ＝ 12.37…
およそ 12.4%
幼虫は 365 × 7 ÷ 2950 × 100 ＝ 86.61…
およそ 86.6%
成虫は 30 ÷ 2950 × 100 ＝ 1.01…およそ 1.0%
・モンシロチョウの一生の日数は，
5 ＋ 12 ＋ 10 ＋ 14 ＝ 41(日)なので，
卵は 5 ÷ 41 × 100 ＝ 12.19…およそ 12.2%
幼虫は 12 ÷ 41 × 100 ＝ 29.26…
およそ 29.3%
さなぎは 10 ÷ 41 × 100 ＝ 24.39…
およそ 24.4%
成虫は 14 ÷ 41 × 100 ＝ 34.14…
およそ 34.1%

〔問題３〕（20 点）
図（**2**）から読み取れること
グラフがだんだんと右に下がっているため，年間の平均しつ度がだんだんと下がってきていることが分かる。
図（**3**）から読み取れること
湿度 43%にした方では，どの日数でもクマゼミのふ化率がアブラゼミより高いため，しつ度の低いかん境でのふ化に適していることが分かる。
考えた仮説
湿度が下がってきたことが，しつ度の低いかん境でのふ化に適したクマゼミが増えた原因ではないか。

考え方

気温に関する記録や，湿度に関する記録を選んで，クマゼミが増えた理由と結びつけられる内容を探してみましょう。

東京都立大泉高校附属中学校

適性検査Ⅲ

1 （40 点）
〔問題１〕（20 点）
0.3 ㎜ **2378** 枚，0.5 ㎜ **3987** 枚，
0.7 ㎜ **3654** 枚

解き方

6.5 ＋ 19.7 ＋ 25.1 ＝ 51.3 より，1，2，3 の数字を 1 つずつ書くのに 51.3 ㎝必要です。
51.3 ㎝＝ 0.513 m より，
24 ÷ 0.059 ÷ 0.513 × 3 ＝ 2378.8…，2378 枚
30 ÷ 0.044 ÷ 0.513 × 3 ＝ 3987.2…，3987 枚
15 ÷ 0.024 ÷ 0.513 × 3 ＝ 3654.9…，3654 枚

〔問題２〕（20 点）
インクがもれてこない

ヒント

その前のかつのぶさんの「一般的なボールペンは，インクが～」の説明に対して，こういちさんは「それだと，大変なことにならないかな。一つ疑問があるのだけれど。」と言っています。

2 （60 点）
〔問題１〕（20 点）
合計した数字を 3 でわって，わり切れれば 3 のカードがなく，あまりが 2 なら 1 のカードがなく，あまりが 1 なら，2 のカードがない。

ヒント

カードの枚数はすべて同じで，1 ＋ 2 ＋ 3 ＝ 6 と，3 枚のカードの和は 6 で，3 の倍数です。また，1 ＋ 2 ＝ 3，1 ＋ 3 ＝ 4，2 ＋ 3 ＝ 5 であることから，3 でわったときのあまりにはルールがあることが分かります。

〔問題２〕（20 点）

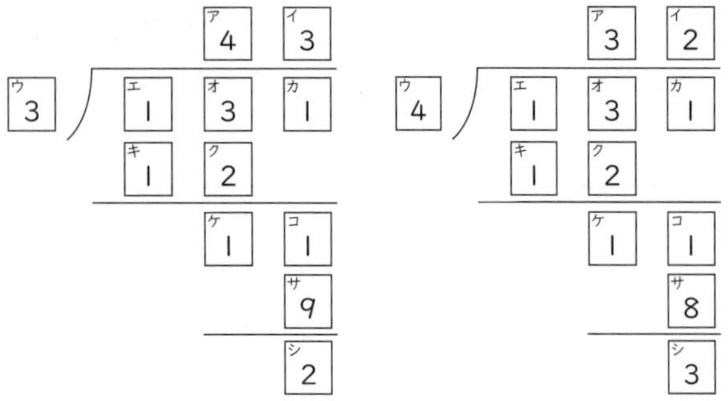

など

ヒント

ケ,コ,サに着目すると,サは１けたです。例えば「11 ÷３＝３あまり２」は３×３＝９で１けただからあてはめることができますが,「11 ÷２＝５あまり１」は,２×５＝ 10 より２けたで，あてはめることができません。

〔問題３〕（20 点）

ゆい（最大）**110**　　さき（最小）**58**

解き方

14 個の立方体を見えている表面の枚数ごとに分け，その面に書かれている数の合計が最大の場合，最小の場合をそれぞれ調べると，表のようになります。

見えている面の数	立方体の個数	最大の数	最小の数
5	1	11	9
4	3	10	6
3	6	8	4
2	3	6	2
1	1	3	1

最大は，11 ×１＋ 10 ×３＋８×６＋６×３＋３×１
＝ 11 ＋ 30 ＋ 48 ＋ 18 ＋３＝ 110

最小は，９×１＋６×３＋４×６＋２×３＋１×１
＝９＋ 18 ＋ 24 ＋６＋１＝ 58

東京都立三鷹中等教育学校

適性検査Ⅱ

1（40 点）

〔問題１〕（12 点）

〔　**5**　〕通りある。

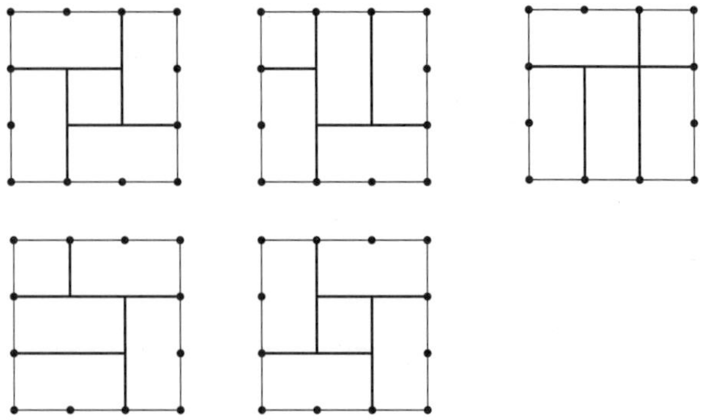

の中から２通り。

ヒント

はじめに１辺の長さが 10 cmの正方形をどこにおくか考えましょう。また，条件から，点対称な図形になっていないか注意しましょう。

〔問題２〕（14 点）

決めた直径　〔　**18**　〕cm

求めた円周率　〔　**3.16**　〕

〔説明〕

円の直径を 18 cmとすると，リンドパピルスに書かれている方法で求めた円の面積は，

$$(18 - 18 \times \frac{1}{9}) \times (18 - 18 \times \frac{1}{9}) = 256(\text{cm}^2)$$

円の半径は 18 ÷２＝９（cm）だから，

このときの円周率は，

256 ÷９÷９＝ 3.160…＝ 3.16

ヒント

波線部を式に表して計算しましょう。また，(半径)×(半径)×(円周率)＝(円の面積)から，(円周率)＝(円の面積)÷(半径)÷(半径)で求められることが分かります。

〔問題３〕（14 点）

〔　**1280**　〕枚になる。

〔説明〕

正面から見たときに見える部分にはる色画用紙のまい数は，

(１＋２＋３＋４＋５＋６＋７＋８＋９＋10)×４＝220

後ろから見たときと左から見たときと右から見たときも同じだから，

220 × 4 = 880

さらに，真上から見たときに見える部分にはる色画用紙のまい数は，上から１０だんめだけを真上から見たときに見える部分にはれる色画用紙のまい数と等しいから，

10 × 10 × 4 = 400

よって，必要な色画用紙のまい数は，

880 + 400 = 1280(まい)

ヒント

それぞれの方向からみたときに，図形がどのように見えるか考えてみましょう。

神奈川県立中等教育学校

適性検査Ⅰ

問１（70 点 (1)－30 点 (2)ア－20 点，イ－20 点）

(1) ①，②，⑥

ポイント

走る道のりではなく，箱根の山の坂道の高低差が 800m 以上とあるので③はあやまりです。箱根関所は，人や武器の出入りを調べる場所なので④はあやまりです。箱根関所は，箱根八里の真ん中あたりにつくられたので⑤はあやまりです。

(2) ア 箱根寄木細工づくり

イ 関所をさけて山の中をぬけてしまうのを防ぐ

問２（70 点 (1)－30 点 (2)－40 点）

(1) かなこさん ③　たろうさん ⑤

ヒント

①は，2.5 × 2.5 × 3.14 × 4 = 78.5(mL)

②は，3 × 3 × 3.14 × 4 = 113.04(mL)

③は，3.5 × 3.5 × 3.14 × 4 = 153.86(mL)

④は，5 × 11 × 4 = 220(mL)

⑤は，5 × 13 × 4 = 260(mL)

たろうさんが持っている弁当箱の容量は，

8 × 20 × 4 = 640(mL)です。

(2) ア 17 cm　イ 24 cm

解き方

ア 正面から見たときに見える部分のたての長さが 12 cm，ぬいしろに 1 cm，出し入れ口を 2 cmずつ 2 回折ってつくるので，12 + 1 + 2 × 2 = 17(cm)

イ ぬいしろの 1 cmを 2 か所，まちはばで 10 cm，正面から見たときのたての長さが 6 cmで，布 B は折り返すので，その 2 倍の 12 cm

12 + 1 × 2 + 10 = 24(cm)

問３（80 点 (1)－20 点 (2)ア－20 点，イ－40 点）

(1) 4

解き方

チェックデジットの決め方に合わせて計算していくと，①…(1 + 0 + 3) × 3 = 12　②…9 + 5 = 14　③…12 + 14 = 26　④…26 + 4 = 30 より，4

(2) ア 8　イ 7，9

解き方

ア〔表〕より，チェックデジットが同じ場合があることが分かります。

イ かけ算をしたときの一の位の数に着目しましょう。3 の場合は，1 から順にかけると，3，6，9，12，15，18，21，24，27 です。

問４（80 点 (1)ア－10 点，イ－20 点，(2)ア－20 点，イ－30 点）

(1) ア ④

イ

1 番め	2 番め	3 番め	4 番め
③	①	②	④

解き方

ア ①…5 + 22 + 4 = 31，②…4 + 21 + 3 = 28

③…3 + 23 + 3 = 29，④…13 + 15 + 2 = 30

2 番目に高いのは④です。

イ 半周回転させたとき，針金は下の図のようになります。

①…17 + 22 + 4 = 43

②…18 + 21 + 3 = 42

③…19 + 23 + 3 = 45

④…9 + 15 + 2 = 26

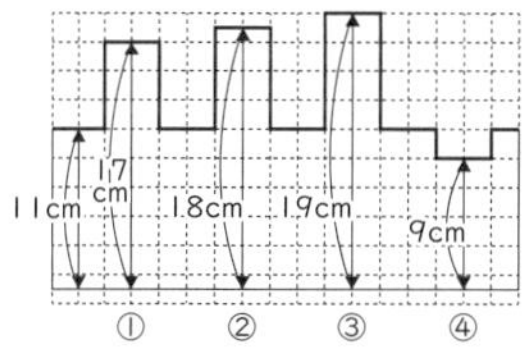

(2) ア **3** 回　イ **12** 周

解き方

ア　図6の表より，回転数が1，2，3，8の公倍数のとき，図5の状態になります。1，2，3，8の最小公倍数は24で，75 ÷ 24 = 3あまり3より，3回あります。

イ　DはAが8周したとき1周し，図7の状態になるのは8 + 4 = 12（周）したときです。また，他のA，B，Cはアより，1，2，3の公倍数のとき，図7の状態になるので，12周したときです。

適性検査Ⅱ

問1　（80点　(1)－20点，(2)－60点）

(1) **②，③，④**

ポイント

〔表〕の「需要量のうち食品用」の項目から，年々増加していることが分かるので①はあやまりです。〔資料3〕の「生きものは同じ種類であっても，地域によって微妙に色や形，性質などが異なる」という内容から⑤はあやまりです。

(2) **伝統的な品種を守ることは、地域のかん境にあった品種をつくることができる可能性を確保し、わたしたちが将来にわたって安定して食りょうを得ていくことにつながっているから必要です。わたしは、将来、農業関係の研究所で働き、地元の農家の方と協力して農作物の研究や開発に取り組むことで、伝統的な品種を守りたいです。**

問2　（70点　(1)－30点　(2)－各20点）

(1) **②，④，⑥**

解き方

①：ハツカネズミの1日の食事の回数は書かれていないのであてはまりません。③：[表]の1は1gではないのであてはまりません。⑤：心臓が動き続ける時間はゾウの心臓の方が長いのであてはまりません。

(2) ア　**1分間にうっている　回数**
　　イ　**一生のあいだにうつ　回数**

問3　（70点　(1)ア－10点，イ－30点，(2)－30点）

(1) ア　**①**　イ　**9.5　cm**

ヒント

ア　2階の天井の各辺と重なる辺はどれか考えましょう。

イ　2階のゆかから1階のゆかまでは5cm，また，階段は0.5cmずつで段をつくり，最後の1階のゆかにあたる部分の長さは必要ないので，
　5 × 2 − 0.5 = 9.5（cm）

(2) **74　枚**

解き方

1から，家の2階のかべにあたる部分から窓，ドアの面積をのぞくと，5 × 28 − 29 = 111(cm^2)
また，かざり1枚の面積は，
1 × 2 − 0.5 × 1 = 1.5(cm^2)
よって，111 ÷ 1.5 = 74(枚)

問4　（80点(1)－20点，(2)ア－20点，イ－40点）

(1) ［　**6**　］，［　**30**　］

解き方

18 − 12 = 6
また，□ − 18 = 12より，□ = 18 + 12 = 30

(2) ア　**6**　通り　　イ　**32**　通り

解き方

ア　スタートからゴールまでは1周12マス。
2枚で数の合計が12，または24のときにゴールできます。数の合計が12となるのは，
2 → 10，10 → 2，4 → 8，8 → 4の4通り
24となるのは，11 → 13，13 → 11の2通りで，
合計6通りとなります。

イ　4枚の数の合計が36となり，また，とちゅうで12，24とならない場合が何通りあるか考えます。4枚の数の合計が36となる場合は，
2，10，11，13と4，8，11，13
の2通りあり，それぞれ数の順番は24通りの合計48通りありますが，そのうち，2数の和が12となる「2と10」「4と8」和が24となる「11と13」が1枚目と2枚目になった場合，その時点でゴールしてしまうので，該当する16通りをのぞいた32通りとなります。

岡山操山中学校

適性検査Ⅰ

課題１

(1) 太郎　12　分　　花子　16　分

解き方

太郎　$0.8 \div 4 = \frac{1}{5}$，$\frac{1}{5}$時間 $= \frac{12}{60}$時間 $=$ 12 分

花子　$3.2 \div 12 = \frac{32}{120} = \frac{16}{60}$，$\frac{16}{60}$時間 $=$ 16 分

(2) **使った袋の枚数が参加者の人数と等しくなるので，参加者が 12 人増えたときに，増えた袋の全体に対する割合は，$\frac{3}{4} - \frac{3}{5} = \frac{3}{20}$**

これが 12 人と等しいので，用意した袋の枚数は，$12 \div \frac{3}{20} = 80$ より，用意した袋は 80 枚となる。

よって，増えた後の参加者は $80 \times \frac{3}{4} = 60$ より，60 人となる。

60 人に 1 人 5 個ずつあめを配ると 1 袋だけあめが足りないので，$60 \times 5 = 300$　$300 - 5 = 295$

あめは 300 個より少なく，295 個より多いことがわかる。

このあめの個数は，参加予定者の 48 人に，1 人に 6 個ずつあめを配るために必要な

$48 \times 6 = 288$(個)より多いので問題の条件にあう。

（答）増えた後の参加者　60　人，あめ　296　個，袋　80　枚

※あめは 296 個，297 個，298 個，299 個のうち 1 つ答えればよい。

(3) 考えられる太郎の得点　6 点，8 点，9 点，10 点

選んだ太郎の得点　6　点，花子の得点　3　点，進の得点　8　点，陽子の得点　9　点

※他に「選んだ太郎の得点 6 点，花子の得点 3 点，進の得点 7 点，陽子の得点 9 点」

「選んだ太郎の得点 6 点，花子の得点 15 点，進の得点 10 点，陽子の得点 9 点」

「選んだ太郎の得点 8 点，花子の得点 3 点，進の得点 10 点，陽子の得点 12 点」

「選んだ太郎の得点 8 点，花子の得点 6 点，進の得点 10 点，陽子の得点 12 点」

「選んだ太郎の得点 8 点，花子の得点 9 点，進の得点 10 点，陽子の得点 12 点」

のいずれかでもよい。

ヒント

太郎さんの得点は，$1 + 2 + 3 = 6$，$1 + 2 + 5 = 8$，$1 + 3 + 5 = 9$，$2 + 3 + 5 = 10$ の 4 通りが考えられます。

この中から太郎さんの得点を決めて他の人の得点を，**資料 1** をもとに決めていきましょう。太郎さんの得点を決めた時点で陽子さんの得点も決まります。

課題２

(1) 壁に　2　回ぶつかり，角　C　で止まる

解き方

右の図のようになります。

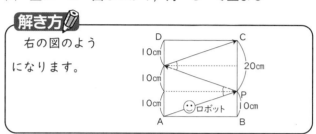

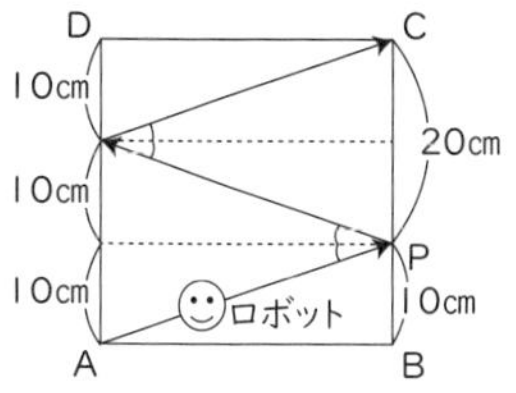

(2)

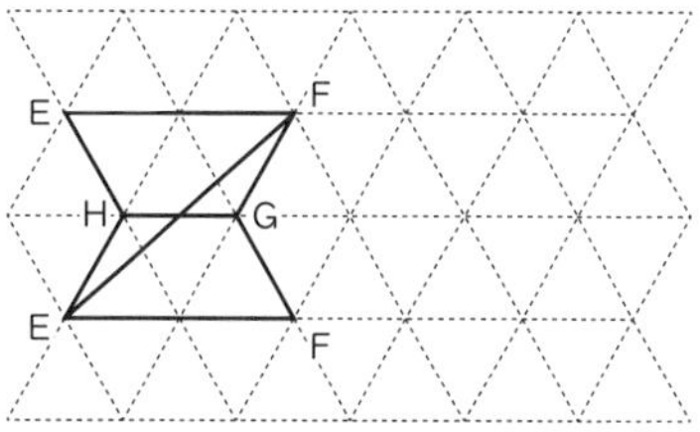

1 回

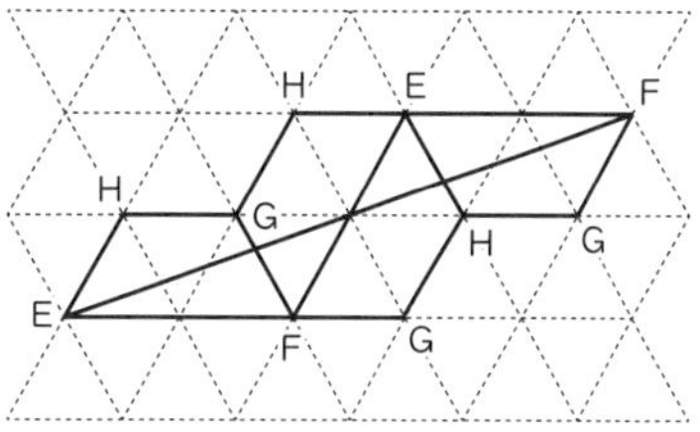

3 回

ヒント

図 3 から，折り返した図形は線対称な図形となり，通り道は点 F までを結ぶ直線になります。

(3) （ア）　157　cm^2　　（イ）　125.6　cm^2

解き方

（ア）正方形の面積は

$10 \times 10 = 100$ (cm^2)

また，右の図のように，

「対角線×対角線÷２」

の式でも正方形の面積を求めることができ，対角線の長さは円の直径と等しい。

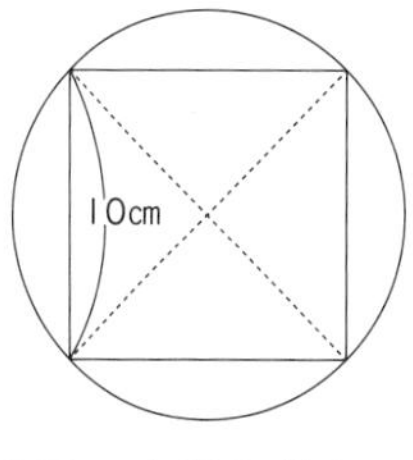

一方，円の面積は，<u>半径×半径</u>× 3.14 であり，

対角線＝半径×２とすると，正方形の面積は，

半径×２×半径×２÷２＝<u>半径×半径</u>×２と表すこ

とができ，これが 100 cm² だから，半径×半径＝ 50 となることが分かります。これを円の面積の式に当てはめると，50 × 3.14 ＝ 157（cm²）

（イ）5つの正方形の面積の和は，

4 × 4 × 5 ＝ 80（cm²）

右図のように，5つの正方形の色を付けた部分を移動させると，

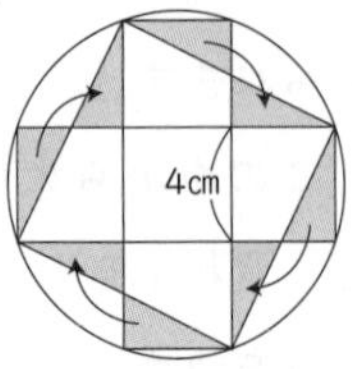

面積が 80 cm² の正方形となります。また,（ア）から，正方形の面積は半径×半径× 2 で表すことができるので,半径×半径＝ 40 となることが分かります。よって，円の面積は，40 × 3.14 ＝ 125.6（cm²）

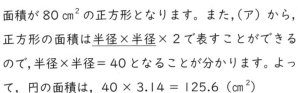

課題３

⑴

⑵ **食塩水Ａ，Ｂからそれぞれ同じ重さを電子てんびんではかりとり，蒸発皿に入れてアルコールランプで加熱する。出てきた食塩の重さを電子てんびんではかり，重いほうが濃い食塩水である。**

ヒント

濃さのちがう食塩水は，同じ体積の水にとけている食塩の質量がちがうので，同じ体積をはかりとって重さを比べることでも見分けることができます。

⑶ **夏は浸水時間が 30 分の時，吸水量が 18%である。冬に吸水量が，夏と同じ 18%となるのは 60 分の時である。したがって 60 分の浸水時間が良いと考えられる。**

（答） **60** 分程度

適性検査Ⅱ

課題１

⑴ ① **空気がすんで，風が心地よい季節になりました。**

② **多くの方のご参加をお待ちしております。**

⑵ **授業で使う教科書**

ヒント

「これ」は指示語（こそあど言葉）なので，前の部分から指している内容を探しましょう。

⑶ **多くの言葉を知っていれば，それだけ物事を深く考えられるということ。**

ヒント

「比例する」とは，「言語のレベル」が上がると「思考のレベル」も同じように上がるということです。

⑷ **「人生」にかかわる「読解力」は，言葉の表現者の意図を正確に読み，それを自分の言葉に置きかえてかいしゃくする力で，自分の想像力や思考力をきたえる必要があるから。**

ヒント

筆者は，昨今話題になっている「生活」の役に立つ「読解力」に対し,今まで教えてきた「読解力」は「人生」に直接かかわるものだと述べています。そして，その「読解力」について第三段落でくわしく述べているので，その部分をまとめましょう。

課題２

選んだグループ　**Ａ**

Ｂグループの方法では，すでに存在している情報の中から自分たちが知りたい情報しか得ることができません。一方，Ａグループの方法は，ある質問から広がって，自分たちが想定していなかった情報まで得ることができる可能性があるからです。また，二つのグループの方法以外では，インターネットで調べるとよいと思います。なぜなら，すぐに自分が知りたい情報にたどりつくことができ，効率よく調べることができるからです。

課題３

⑴ **10 代から 30 代は，テレビの視聴時間が減っているがインターネットの利用時間が増えている。一方，40 代から 60 代は，テレビの視聴時間はほとんど変わらないが,インターネットの利用時間は増えている。**

ヒント

いずれの年代もインターネットを利用する時間が増えていることと，テレビを見る時間の特ちょうからグループを分けてみましょう。

⑵ **1990 年は住まいの購入を考えるような働く世代に，2020 年は健康に関心のある高齢の世代に情報を届けようとしており，情報の受け手である読者層が変化していると考えられるから。**

ヒント

1990年と2020年のそれぞれの多くを占める広告の内容がどのような層の人たちに対して向けられたものか考えてみましょう。

(3)ア　**優れたイラストを描いても発表の機会がなかった**（人が，情報化が進むことによって）

イ　**インターネット上に自分の作品を発表し，多くの人から評価を受けることができるようになった。**

倉敷天城中学校

適性検査Ⅰ

※課題1，3は，岡山操山と同じ問題です。

課題2

(1)　**136.56**　cm^2

解き方

切り取った部分は，一辺の長さが4cmの正方形から半径2cmの円をのぞいた面積と同じです。
最初の長方形の大きさは，たて10cm，横14cmより，
$10 \times 14 - (4 \times 4 - 2 \times 2 \times 3.14) = 136.56(cm^2)$

(2)　**すきまなく並べるためには，1つの点に角をあつめたとき，あつめた角の角度の和が360°になる必要がある。(あ)の三角形は1つの点にあつまる角の角度の和が，25°＋30°＋125°＋25°＋30°＋125°＝360°になり，(い)の四角形は1つの点にあつまる角の角度の和が，85°＋75°＋130°＋70°＝360°となるのですきまなく並べられる図形は(あ)と(い)になる。**

（答）　選んだ図形　(あ)　(い)

(3)　**たてに4枚はったときの上から下までの長さは，51×4－2×3＝198cmで，2.5mより短い。横に30枚はったときの左はしから右はしまでの長さは36×30－2×29＝1022cmで，10.5mより短い。だから，たて4枚，横30枚はたて2.5m，横10.5mのスペースにはることができる。**
たてに4枚のポスターをはるためには画びょうは4＋1＝5個使い，横に30枚のポスターをはるためには画びょうは30＋1＝31個使うので，使う画びょうの個数は5×31＝155個となる。

（答）たて　**4**　枚，横　**30**　枚，
使う画びょうの個数　**155**　個

※「たて5枚，横24枚，使う画びょうの個数150個」でも可。

ヒント

掲示の長さを求めるとき，重なる部分の長さを引くのを忘れないようにしましょう。

適性検査Ⅱ

課題1，3は，岡山操山と同じ問題です。

課題2

「一人はみんなのために、みんなは **調和** のために」

この一文は，集団生活の中でみんながまとまっていることを目指すという意味です。私は，授業でグループ活動をしたとき，みんなの考えをまとめる役割をしており，意見が分かれたときは，それぞれの意見の人からなぜそう思うかを話してもらいます。そうすることで，おたがいを尊重し合う話し合いができ，意見も集約されていきました。このような経験から，集団生活をするにあたって，みんなが調和を目指すことは大切だと思いました。

岡山大安寺中等教育学校

適性検査Ⅰ

※課題1，3は，岡山操山と同じ問題です。

課題2

(1)　**108**　度

解き方

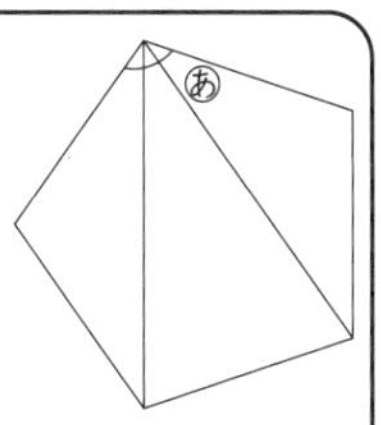

右の図のように，3つの三角形に分けられます。
三角形の3つの角の角度の和は180度だから，正五角形の角度の合計は180°×3＝540°　正五角形の角の大きさは等しいから，540÷5＝108（度）

(2)　**100**　個

解き方

図4は一辺の長さが2mの平行四辺形で，図5にこれを何個しきつめられるかを考えると，
（10÷2）×（20÷2）＝50（個）
図4の平行四辺形は図1を2個しきつめたものだから，50×2＝100（個）

(3)

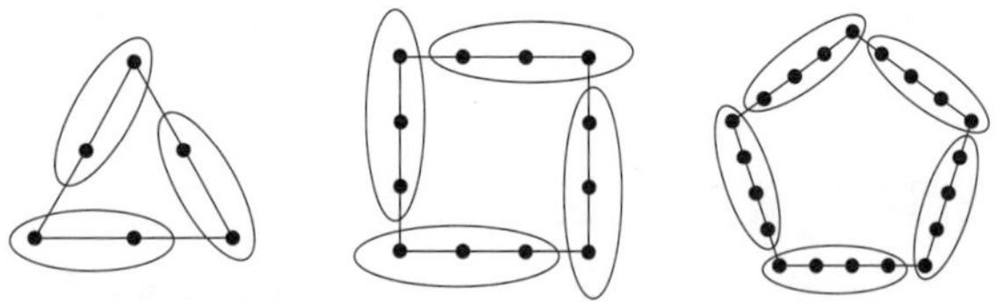

正三角形に必要なブロックの数は　2×3＝6個
正方形に必要なブロックの数は　3×4＝12個
正五角形に必要なブロックの数は　4×5＝20個
とみることができるため，正○角形に必要なブロックの数は
（1辺に並べるブロックの個数－1）×（辺の本数）＝（○－1）×○　とわかる。
表にまとめると

正○角形	3	4	5	6	7	8
正○角形に必要なブロックの数	6	12	20	30	42	56
合計のブロックの数	6	18	38	68	110	166

9	10	11	12	13	14	15	16	17	18	19
72	90	110	132	156	182	210	240	272	306	342
238	328	438	570	726	908	1118	1358	1630	1936	2278

よって2021個のブロックを使うと正十八角形までできることがわかる。

（答）　**正十八角形**

適性検査Ⅱ

課題1，3は，岡山操山と同じ問題です。

課題2

私が考えるよりよい人生とは，心がじゅう実している人生です。友人とのおしゃべりやおいしいものを食べることなど，心のじゅう実が何から得られるかは人それぞれですが，自分に合うものが必ずあると思います。だから，心がじゅう実することを見つけるために，いろいろなことにちょう戦し，体験して，自分が好きなものをたくさん知るべきだと思います。好きなもので心が満たされた生活は，とても有意義なものだと感じます。

津山中学校

適性検査Ⅰ

※課題1，3は岡山操山と同じ問題です。

課題2

(1)　**ちょうこく刀でほる方向に左手があること。**

(2)　**36**　度

解き方

対称の軸と対称な点を結ぶ線分は垂直に交わることと，三角形の３つの角の和は180°になることから，
㋐＋31°＋23°＋90°＝180°，㋐＝180°－144°，
㋐＝36

(3)　**ＢとＦを線で結ぶと，三角形ＢＦＨができる。色のついた四角形ＣＤＥＨの面積を求めるには，三角形ＢＦＨの面積から三角形ＢＤＣと三角形ＤＦＥの面積を引けばよい。**
三角形ＢＦＨの面積は　9×8÷2＝36
三角形ＢＤＣの面積は　3×2÷2＝3
三角形ＤＦＥの面積は　6×4÷2＝12
よって，四角形ＣＤＥＨの面積は
36－（3＋12）＝21　となる。

（答）　**21**　㎠

※他に三角形ＡＤＧから，三角形ＡＣＨ，三角形ＨＥＧの面積を引く方法などでも可。

(4)

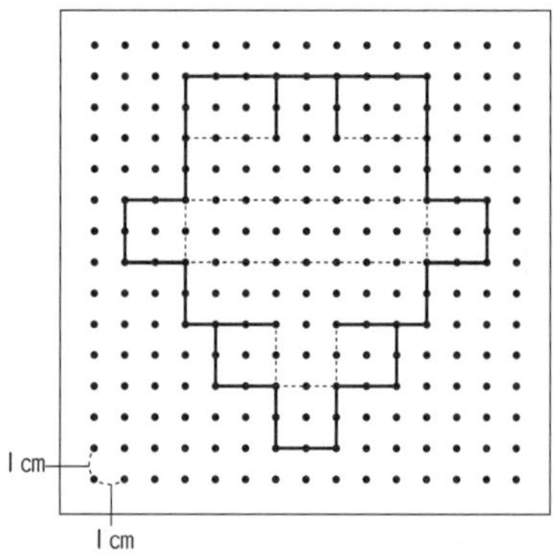

適性検査Ⅱ

課題1，3は，岡山操山と同じ問題です。

課題2

私が考える「目に見えない大切なもの」は，「家族の愛情」です。私の家族は，愛情をはっきりと言葉や見えるかたちで示す方ではなく，本当に愛されているのか，不安になったことがありました。しかし，習い事で帰りがおそくなったときはむかえに来てくれたり，いつもあたたかいご飯を用意して待っていてくれたりする姿から，目には見えなくても愛情を感じることができました。これからは，私も家族に愛情を返していこうと思います。

広島県立広島中学校

適性検査１

1 **雨や雪として地上に降った水は，川になって海に流れ込み，川や海から蒸発した水蒸気が雲をつくっている水や氷の粒になる。**

2 （望美さんの考え方）

分母の数と分子の数をそれぞれたせばよい。

（説明）

１つの円を５等分すると，$\frac{2}{5}$は，５つに分けたものの中の２つを表し，$\frac{1}{5}$は，５つに分けたものの中の１つを表している。２つと１つを足すと３つで，これは５つに分けたものの中の３つだから，分数で表すと$\frac{3}{5}$となる。

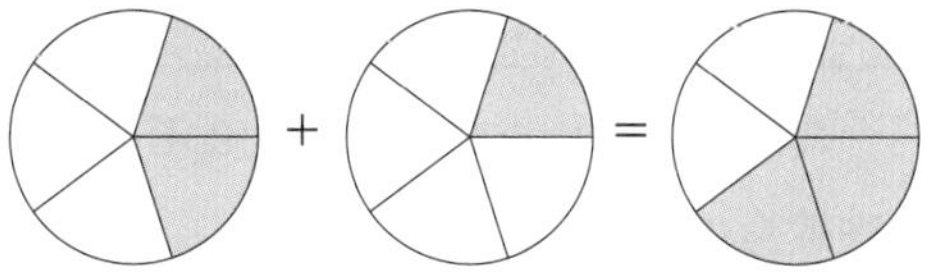

ヒント

分数の意味を考えてみましょう。

3 予想　タンポポの花が開いたり閉じたりするのは（**光**）が関係している。

実験の方法　**花が開いた状態のタンポポを２つ用意して，温度を保ちながら，一方は光が当たるところに，もう一方は光が当たらないところに置いて観察する。**

実験の結果　**光が当たらないところに置いたタンポポの花が閉じる。**

ヒント

２つの実験の結果を比べるときには，調べたいこと以外の条件が同じになるように実験をする必要があります。

4 縦（　**180**　）cm，横（　**400**　）cm

追加するレンガの個数（　**16**　）個

（考え方）

(3.2 － 0.2) × (1.4 － 0.2) × 2 ＝ 7.2 より，花を植える部分が 7.2 m^2となるようにレンガを追加する。

横にはあと 1.8 m，縦には 1.1 m広げることができることから，横の辺には９個，縦の辺には５個までレンガを追加することができる。

縦×横＝ 7.2 より，縦に１個ずつレンガを追加したときの花を植える部分の横の長さは次の表のとおりで，３個追加したときの花を植える部分の横の長さは４ m

(4 － 3.0) ÷ 0.2 ＝５で，横を５個追加すればよいことになる。よって，追加するレンガの個数は，(3＋5)×2＝16 より，16 個

縦に追加するレンガ	1	2	3	4	5
花を植える部分の縦の長さ	1.4	1.6	1.8	2.0	2.2
花を植える部分の横の長さ	5.1…	4.5	4	3.6	3.2…

※縦に４個追加（200cm）した場合，横は３個追加（360cm）となり，(4＋3)×2＝14 個となる。

ヒント

まず，縦，横のいずれかで，レンガを最大何個追加できるのかを考えてみましょう。

5 選んだふりこ

ふりこ　**ア**，ふりこ　**イ**，ふりこ　**ウ**，　ふりこ　**キ**

４個のふりこに決めた考え方

30 秒のときに，ちょうど右側にもどってくる必要があるので，30 秒で 22.5 往復になるふりこオは適さない。また，それぞれのふりこの１往復の時間は，アは$\frac{3}{4}$秒，イは$\frac{5}{6}$秒，ウは１秒，エは$\frac{5}{4}$秒，カは$\frac{3}{2}$秒，キは２秒。アのふりこが整数秒後に右はしに来るのは３秒ごと。イが５秒ごと，ウが１秒ごと，エが５秒ごと，カが３秒ごと，キが２秒ごとなので，最小公倍数が 30 になるような４つのふりこの組み合わせを選べばよいので，整数秒後に右はしに来る周期が２・３・５秒ごとのふりこを１つずつと，１・３・５秒ごとのふりこを１つ選べばよい。

解き方

それぞれのふりこが整数秒後に右はしに来る時間は下の表のようになります。

ふりこ	１往復の時間〔秒〕	右はしに来る時間	整数秒後に右はしに来る周期
ア	$\frac{3}{4}$	$\frac{3}{4}$，$\frac{6}{4}$，$\frac{9}{4}$，$\frac{12}{4}$(3) …	３秒ごと
イ	$\frac{5}{6}$	$\frac{5}{6}$，$\frac{10}{6}$，$\frac{15}{6}$，$\frac{20}{6}$，$\frac{25}{6}$，$\frac{30}{6}$(5)…	５秒ごと
ウ	1	1，2，3，4，5…	１秒ごと
エ	$\frac{5}{4}$	$\frac{5}{4}$，$\frac{10}{4}$，$\frac{15}{4}$，$\frac{20}{4}$(5)…	５秒ごと
オ			
カ	$\frac{3}{2}$	$\frac{3}{2}$，$\frac{6}{2}$(3)，$\frac{9}{2}$，$\frac{12}{2}$(6)…	３秒ごと
キ	2	2，4，6，8，10…	２秒ごと

適性検査２

1 テーマ　**地域の伝統文化を守る**

私は，「地域の伝統文化を守る」というテーマで，盆おどりなどの地域で受けつがれてきた行事を地域の人に教わるという取組を提案します。なぜなら，資料２にもあるように，「伝統文化を守ること」を地域の人があまり意識していないことに危機感を感じたからです。そこで，私たちのような若者に教えることで，地域の人もいっしょに伝統文化について考えるきっかけになると思います。

2 **日本の漁業・養しょく業の生産量は年々減少傾向にあり，生産額も以前に比べて減少し，一家庭あたりの生鮮魚かい類を１年間に買った量も減少しています。しかし，それに支はらった合計金額は大きく変化していないことから，生鮮魚かい類の価格がだんだん上がってきているのではないかと考えられます。**

3

１ **結核の治療をするためには，歩いて何日もかかる山の上の病院に行かなければならないが，患者であるおばあさんは歩くことができないから。**

ヒント
傍線部①の前に，その理由が書かれています。

２ **筆者は，人々が助け，助けられ，命を分かち合いながら生きていくことに，生きがいを見出している生き方を「すばらしい生き方」だと考えている。**

私はこの考えに同意する。以前足を骨折したとき，友人が熱心にサポートしてくれ，とても助かったことがある。私がお礼を言うと「いつも勉強を教えてもらっているからおたがい様だよ」と言ってくれた。おたがいを思いやり，助け，助けられる生き方はすばらしいと思う。

広島市立広島中等教育学校

適性検査１

【問題１】

〔問１〕 **2010年に比べて2015年は，原子力発電による発電量の割合が大幅に減少している**

ヒント
2010年と2015年の発電量の割合が大きく変化しているところに着目しましょう。

〔問２〕 **発電コストが高い**

ヒント
会話文から，［資料３］をもとに，石油を使った発電と新エネルギーを使った発電の共通の問題と考えられる点を探してみましょう。

〔問３〕 **二酸化炭素排出量が多く，化石燃料そのものの埋蔵量に限りがある**

ヒント
［資料５］から，化石燃料の埋蔵量に限りがあることが読み取れます。

〔問４〕 **日本では今後，可採年数が限られており，二酸化炭素を多く排出する化石燃料や，危険性の高い原子力による発電に依存しすぎないように，二酸化炭素排出量の少ない新エネルギーや水力による発電を増やし，環境に影響の少ない発電による電力の供給を行う必要がある。**

【問題２】

〔問１〕 **「読解力」は書き手の意図を読み取る力にすぎないが，「リーディングリテラシー」は読み取った上で自由に自分の意見を述べ，次の行動に結びつける力という違い。**

ヒント
筆者が「読解力」と「リーディングリテラシー」について，それぞれどのように考えているのか読み取りましょう。

〔問２〕 **文章を読むというインプットが少なく，アウトプットのレパートリーが少ないから。**

〔問３〕 **「表現力」を伸ばすために，Ａでは他人の書いた文章をもとに，自分の考えを紡がせるという取組が必要だと述べている。Ｂでは文章を「読む」**

というインプットを続けさせながら，文章の「お手本」をもとに，自分なりの文章を書いてもらい，それを添削させるという取組が必要だと述べている。

私は「表現力」を伸ばすために，授業の最後に今回の授業の感想をノートに書かせるとよいと考える。さらに，「分からなかった」「よく理解できた」などの一文で終わるのではなく，そのように考える理由も書かせるとよいと思う。なぜなら，授業の感想は自分の主観で書ける上，授業を受けたばかりなので日記とちがって思い出しやすく，取り組みやすいと思うからだ。そしてそこに，そう考える理由を加えることで，より論理的な文章を書く練習になると考える。授業のいっかんとして取り組むことで，文章を書くことにも慣れ，「表現力」も伸びると思う。

適性検査２－１

【問題１】

〔問１〕 **1024** 個

解き方

４分後に 16 個で，５分後はその倍の 32 個と，１分ごとに倍になるから，10 分後は，

32 × 2 × 2 × 2 × 2 × 2 ＝ 1024(個)

〔問２〕 【ア】 **20** 分後 【イ】 **30** 分後

70 億個をこえるのは **33** 分後

解き方

1000000 ÷ 1000 ＝ 1000 より，1000 倍になってから 20 分後に 100 万個，1000000000 ÷ 1000 ＝ 1000000 より，30 分後，100 万個が 10 億個になる。そこから 31 分後に 20 億個，32 分後に 40 億個，33 分後に 80 億個と，70 億個をこえます。

〔問３〕 **10 回切ったときに紙の厚さが 1000 倍になると考えると，**

20 回では，6.4 × 1000 ＝ 6400 cm ＝ 6.4 m

30 回では，6.4 × 1000 ＝ 6400 m ＝ 6.4 km

40 回では，6.4 × 1000 ＝ 6400 km

41 回では，6400 × 2 ＝ 12800 km

ここで地球の直径約 12700 km をこえるので，最初の紙から数えて 41 回切ったときである。

答え **41** 回

ヒント

下線部のあと，ひろしくんの会話から，「今までぼくたちが話してきたような方法」とは何なのか考えてみましょう。

【問題２】

〔問１〕 （ア） **1**　（イ） **2**　（ウエオ） **423**

ヒント

数が場所まであっている場合は「イート」，使ってはいるが場所はあっていない場合は「バイト」です。また，2，3，4 を１つずつ使ってできる３けたの数は，234，243，324，342，423，432 の６通りです。

〔問２〕

「２イート，１バイト」にならない理由

２つの数の場所があっている場合，残り１つの数が使われていて，場所が正しくないということはおこらないから。

「０イート，０バイト」にならない理由

５個の数字の中から３つを選ぶので，どのように選んでも必ず１つは使った数が入るから。

〔問３〕 **135，234，435，513** のいずれか。

解き方

「341」に対して，「０イート，２バイト」（３つの数字のうち，２つ，ちがう場所にある）となるのは，123，124，132，135，153，154，213，214，234，412，415，423，432，435，453，513，514，534 のいずれか。この中で，第２問で「532」が「１イート，１バイト」（１つは場所まであたり，１つは数だけあたり）となるのは，下線をひいた４通りです。

【問題３】

〔問１〕 **216** cm^2

解き方

はじめに図２の表面積を求めると，

6 × 6 × 2 ＋ 6 × 5 × 4

＝ 72 ＋ 120 ＝ 192(cm^2)

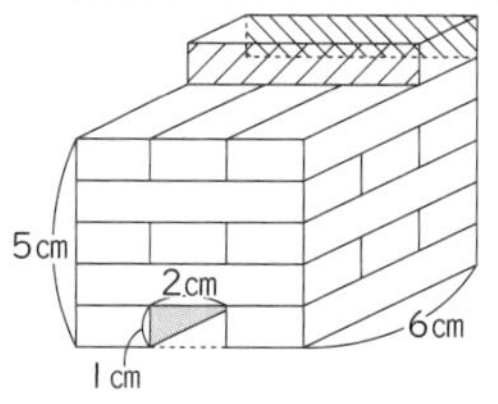

図３は，図２より，それまでくっついていた斜線の部分とそこに接していた横の面の分だけ表面積が増えるから，192＋1×6×4＝216（cm²）

〔問２〕 **上と下から見た面は，6×6×2＝72(cm²)**
抜き取られた部分が１か所の面は，
(6×6－1×2)×2＝68(cm²)
抜き取られた部分が２か所の面は，
(6×6－1×2×2)×2＝64(cm²)
どの面からも見えない内側の部分の面積は，
6×1×6＋2×2×8＝68(cm²)
合計は，72＋68＋64＋68＝272

答え **272** cm²

ヒント

下から見ると２段目，３段目に右の図のように見えない部分があり，真ん中には空間ができています。

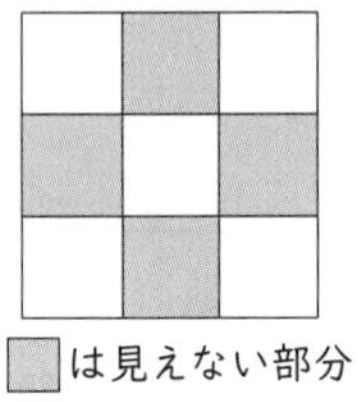

〔問３〕 抜き取った積み木の番号（小さい順）
1，3，5，7，9，11
表面積 **288** cm²

ヒント

全部で６本の積み木が取られることになります。右の図のような抜き取り方をすると，底面が１辺６cmの正方形，高さが７cmの直方体の表面積から，

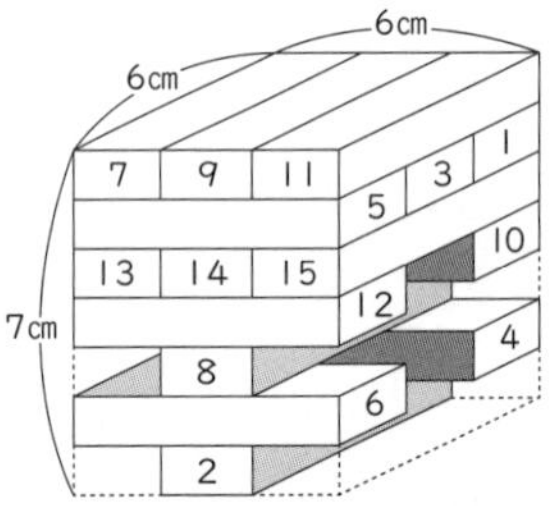

どの方向からも見えない部分の面積を足し，実際にはない部分の面積を引いて，
6×6×2＋7×6×4
＋6×1×4＋2×2×12
－2×1×12＝288（cm²）

適性検査２－２

【問題１】

〔問１〕(1) **空のメスシリンダーに，ガラス玉がすべてしずむように水を入れ，そのときの水の体積を記録する。メスシリンダーにガラス玉をしずめて，増加した水の体積から，もとの体積をひき，ガラス玉の体積を求める。**

(2) **2.5**（g/cm³）

考え方

密度を求めるときは，質量を体積でわればよいので，120÷48＝2.5（g/cm³）

〔問２〕(1) **どちらも同じ。**

(2) **綿１kgの方が軽い。**

考え方

鉄１kgと綿１kgでは，質量は同じですが，綿は密度が小さく，鉄は密度が大きいです。

〔問３〕(1) **水は氷になると，同じ質量でも体積が大きくなるので密度は小さくなる。**

(2) **あたためられた空気は，体積が大きくなり密度が小さくなるので，質量が軽くなる。**

〔問４〕(1)

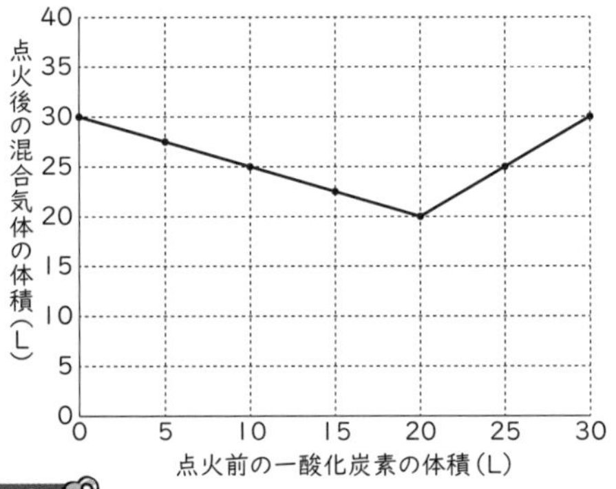

考え方

表１から，一酸化炭素５Lと酸素2.5Lが完全に反応して二酸化炭素が5Lできることが分かります。このことから，一酸化炭素20Lと酸素10Lのときに完全に反応し，これ以降は未反応の一酸化炭素が残るので，点火後の混合気体の体積は増加することが分かります。

(2) 計算式 **40÷20＝2** 答え **2**〔g/L〕

考え方

(1)から，一酸化炭素が20L，酸素が10Lのときにどちらも完全に反応して二酸化炭素が20Lできることが分かります。このときの反応後の質量が40gなので，そこから密度を求めましょう。

【問題２】

〔問１〕(1) **ご飯粒にふくまれるでんぷんが，だ液などのはたらきで吸収しやすい物質に変えられること。**

⑵　**できない**

理由

試験管Bに塩酸を加えてしまうと，色の変化がだ液のはたらきによるものなのかが判断できなくなるから。

〔問２〕　**小腸で吸収した栄養分を臓器アの肝ぞうに運ぶはたらき。**

〔問３〕名前　**肺**

はたらき　**血液中の二酸化炭素を排出して，酸素を血液中にとりこむはたらき。**

〔問４〕　**心臓に養分や酸素を運び，不要なものや二酸化炭素を運び出すはたらき。**

【問題３】

〔問１〕　**ふりこの長さ**

〔問２〕

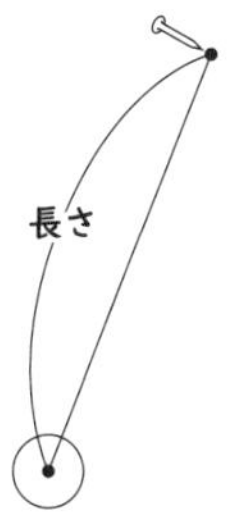

〔問３〕　**時間をはかり始めるときとはかり終わるときの誤差を少なくする**（ためよ。）

〔問４〕実験番号　**⑧**

２本目の釘の位置　１本目の釘から（ **40** ）cm真下の位置に打つ。

実験番号　**⑨**

２本目の釘の位置　１本目の釘から（ **80** ）cm真下の位置に打つ。

考え方

［表１］の10往復の時間からふりこの１往復の時間を求めることができます。また，２本目の釘を１本目の釘の真下に打つことで，ふりこが２本目の釘にふれるまでは，１本目の釘からおもりまでの長さが，２本目の釘にふれた後は，２本目の釘からおもりまでの長さがふりこの長さになります。ふりこがそれぞれの長さで動くのは１往復の半分ずつなので，１往復の半分の時間の和が2.0秒になる組み合わせを考えればよいです。

福山市立福山中学校

検査１

問題１　効率よいと思う方法とその理由

④のバケツを17回，②のバケツを２回使って入れると，水を入れる回数がもっとも少なく，また，水をぬく必要もないから。

計算式と具体的な手順

入れる水の容積は，

$50 \times 50 \times 3.14 \times 20 = 157000$（$cm^3$）

$1L = 1000 cm^3$より，$157000 cm^3 = 157L$

また，③，④のバケツに入る水の量は，

③は，$1.5 \times 4 = 6L$

④は，$1.5 \times 2 + 6 = 9L$

$157 \div 9 = 17$あまり4　　$4 \div 2 = 2$

これより，④を17回，②を２回使うと，水を入れる回数は最も少なくてすみます。

ヒント

プールは円柱の形をしているので，円柱の体積を求める公式を使ってプールに入れる水の量を考えましょう。

問題２　**図１と図３より，学校に雨量計を置いた場所は，アスファルトの上で，アメダス観測所では高さ１mの支えの上に設置されているので，風のないときや風向が西のときに学校の雨量計の雨量の方が多くなるのは，アスファルトではねた雨が入ってしまったためだと考えられます。**

図３より，学校に雨量計を置いた場所は，北側，東側，南側に木や建物があり，アメダス観測所の周りには何もないので，風向が東や北のときに学校の雨量計の雨量の方が少なくなるのは，木や建物によって雨がさえぎられてしまったためだと考えられます。

問題３　選んだグラフの記号　ア

理由　**それぞれの種類の量について，調べた年ごとの推移が分かりやすいから。**

ヒント

アは折れ線グラフで，量の変化を見るのに適したグラフ，イ，ウは棒グラフで，量の大小を比較するのに適したグラフ，エは帯グラフで，全体の構成の割合を表すのに適したグラフです。

問題４　将来増えると予測される発電方法　**水力発電**

理由　**日本のエネルギー政策から，二酸化炭素などの温室効果ガスをはい出せず，発電効率が高く，また，日本の山がちな地形を活用しやすい水力発電が利用しやすいと思ったから。**

ヒント

日本のエネルギー政策と他国の状きょうを比べて考えてみましょう。

問題５

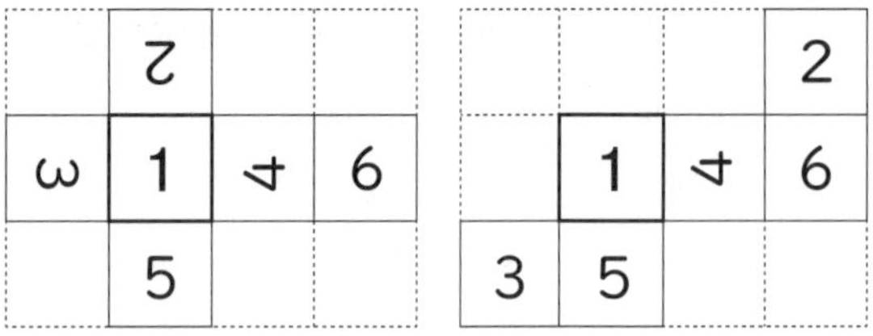

など

ヒント

まずは立方体の正しい展開図をかきましょう。次に，頂点の記号をもとに，上の向きがどちらになるかを考えて数字を書きましょう。また，２個目の展開図にかく数字の向きは，１個目の展開図にかいた数字の向きも参考にしましょう。

検査２

問い１　**筆者は，自分たちがつくったものに関わる人すべてを楽しくすることが「働く」ことだと述べています。私はこの文章を読んで，先日の夕食作りを思い出しました。私の母は夜まで仕事をした後，家族の夕食を作ってくれます。ふだんはそのことを当たり前だと思い，作ってくれるのを待っていました。しかし，先日ふと思い立って母が帰宅する前に家族の夕食を作ってみました。夕食作りは思っていたよりも大変で，とてもつかれましたが，夕食を作ったと知らせたとき，母が非常に喜んでくれました。その母のうれしそうな顔を見て，「やってよかったなあ」と思い，それから定期的に夕食を作ったり，ほかの家事をしたりしています。この経験から，だれかの喜ぶ顔のために，自分のできることを一生けん命することが私にとっての「働く」ことだと感じました。だから，私はみんなが何をすれば喜んでくれるのか考え，それを実行できる人になりたいと思います。**

問い２　**私は，日本食の体験イベントを計画します。家庭科室を使って，みそ汁や肉じゃがなどの日本食の作り方を留学生に教え，みんなで実際に作って食べるというイベントです。このイベントを計画したのは，留学生の40%以上が「言語や文化を学びたい」と答えており，日本で一番興味のあることとして「日本食」と答えた留学生も多かったからです。また,「まわりの人とコミュニケーションをとること」に不安を感じていると答えた人が多かったので，留学生と私たちが協力して日本食を作ることで，自然と会話が生まれ，仲良くなれると思ったからです。自分たちの手で作ったものを食べることで，より日本食に対する理解も深まると思います。**

ヒント

計画した理由は,【条件】や【アンケートとその回答】を根拠に書きましょう。

徳島県立中学校

検査Ⅰ

【課題１】

（問１）　**エ**

ヒント

「漢語」とは，音読みの漢字のことです。

（問２）　**ウ**

ポイント

空らんの前の内容を，空らんの後で否定していることに着目しましょう。

（問３）　**水は温まると冷めにくいので，夜も暖かさを保てます。**

ヒント
直前でこうじさんが，「三つの恩恵」の二つ目，三つ目について話しているので，[あ] には一つ目の内容があてはまります。

（問４） **イ**

ヒント
第四段落に，「水の中」は「恵まれた環境」とあり，第九段落に，「水が不足するという逆境」とあります。

（問５） **土の中に酸素を供給する効果**

ヒント
＝＝部の直前に「このことが」とあることに着目しましょう。

（問６） はじめの５字 **土の表面は**
おわりの５字 **すのです。**

ヒント
「芝生やイネ」以外の植物のハングリー精神について述べている一文を探しましょう。

（問７） **ウ**

ヒント
［資料］と選択しを比べて，消去法で考えてみましょう。

（問８） **私は，サッカーのドリブルが苦手ですが，毎日時間を決めてあきらめずに練習をして，中学校では，レギュラーになりたいです。**

【課題２】

（問１） ① **エ** ② **ア**

（問２） ア **×** イ **×** ウ **○** エ **○**

ポイント
アの霞ヶ浦は関東地方の茨城県にあります。イの奥羽山脈は東北地方にあり，中部地方には，飛騨山脈，木曽山脈，赤石山脈などがあります。

（問３） **自分の借りたい本が県内のどこの図書館にあるかを調べることができ，予約をしたり，自分が住む地域の図書館に取り寄せをしたりすることができる。**

（問４） **日本の食料全体の自給率は下がってきています。一方，世界の人口はだんだんと増えており，これからも増え続けることが予測されます。そのため，今後，食料の輸入が困難になってくるかもしれない**（という課題です。）

ヒント
資料１から，食料全体の自給率が減っていること，**資料２**から，世界の人口が増加していることが読み取れ，人口と食料のバランスが保てなくなることが考えられます。

（問５） **この地域の豪族たちが，強い勢力をもっていたと考えられるから。**

ポイント
近畿地方には，大和朝廷（大和政権）という有力な豪族で構成する強力な勢力が生まれました。

（問６） **ウ → エ → ア → イ**

ポイント
ウ（奈良時代）→エ（平安時代）→ア（室町時代）→イ（江戸時代）

（問７） **基本的人権の尊重**

ヒント
日本国憲法の三つの原則は，国民主権，基本的人権の尊重，平和主義です。

（問８） **自然の美しさや食べ物のおいしさを魅力として挙げている人が多いので，旅行客や移住の希望のある人に向けて，そのよさをアピールするパンフレットをつくったり，インターネットを利用したりして，情報を発信すればよいと思います。**

【課題３】 テーマ **エ**

私たちの班がしょうかいするのは，百時間読書です。一つの目標に向かってがんばることで，学級が団結することができるので，他の人にもおすすめしたいと思ったからです。

百時間読書とは，みんなで考えた名前で，学級のみんなの読書時間をたして百時間にしようというチャレンジです。これを始めたきっかけは，読書をする時間をもっと増やしたいという意見でした。委員会や金管バンドの練習など，毎日いそがしいのですが，給食の後の空いた時間などを使って読書をしています。これを始めてから本を読むことが好きになった人が増えています。今，

九十五時間でもうすぐ目標の百時間をクリアしそうです。みなさんも，チャレンジしてみませんか。

検査Ⅱ

【課題１】

（問１）　**11**（m^2）

解き方

右の図のように，台形と長方形に分けて考えると，

$(2+3)\times 2\div 2+2\times 3$

$=5+6$

$=11(m^2)$

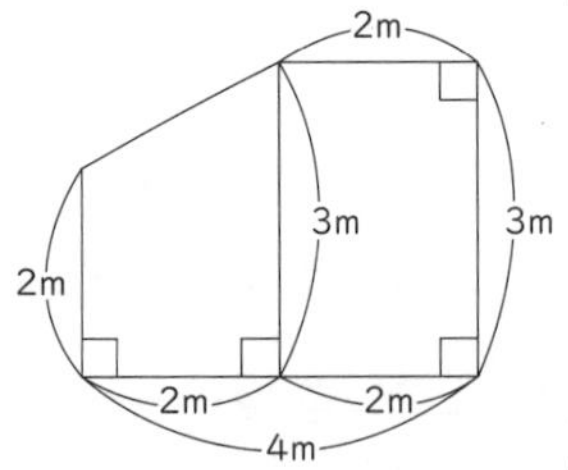

（問２）　①　$\dfrac{3}{4}$（倍）

解き方

$\dfrac{1}{8}\div\dfrac{1}{6}=\dfrac{3}{4}$より，$\dfrac{3}{4}$倍

②　（最大）**2**（切れずつ）

（カステラ１本の）　$\dfrac{1}{6}$　（にあたる。）

解き方

$\dfrac{1}{6}\times 4\times 2=\dfrac{4}{3}$，$3-\dfrac{4}{3}=\dfrac{5}{3}$より，子ども用に残っているカステラは$\dfrac{5}{3}$本。$\dfrac{5}{3}=\dfrac{40}{24}$

また，$\dfrac{1}{8}=\dfrac{3}{24}$より，子ども用の１切れは$\dfrac{3}{24}$だから，$40\div 3=13\dfrac{1}{3}$より，子ども用は13切れでき，そのうち，$13\div 6=2$あまり１より２切れずつ配ることができます。あまりは，$\dfrac{40}{24}-\dfrac{36}{24}=\dfrac{4}{24}=\dfrac{1}{6}$より，カステラ１本の$\dfrac{1}{6}$があまります。

（問３）　①　**260**（円）

②　（あめ）**3**（個）

（チョコレート）**5**（個）

（ゼリー）**1**（個）

解き方

①　チョコレート１ふくろの値段を x 円とすると，あめ１ふくろは x ＋90円，ゼリー１ふくろは x ＋130円と表すことができます。また，買った個数から，あめ２ふくろでは180円分，ゼリー２ふくろでは260円分で，合計 180 ＋ 260 ＝ 440円分，同じチョコレートを買ったときよりも高くなります。これより，チョコレートを９ふくろ買ったときの値段は，1970 − 440 ＝ 1530円，１ふくろの値段は，1530 ÷ 9 ＝ 170円，あめ１ふくろの値段は，170 ＋ 90 ＝ 260円

②　あめ…21 × 2 ＝ 42個

チョコレート…14 × 5 ＝ 70個

ゼリー…7 × 2 ＝ 14個

42，70，14の最大公約数は14だから，１つの紙ぶくろに，あめは 42 ÷ 14 ＝ 3個，チョコレートは 70 ÷ 14 ＝ 5個，ゼリーは 14 ÷ 14 ＝ 1個

（問４）　①　**14**（きゃく）　　②　**3 × x ＋ 2 ＝ y**

解き方

①　間のテーブルには３きゃく，両はしのテーブルはさらに１きゃくずつ必要だから，

3 × 4 ＋ 2 ＝ 14（きゃく）

②　①の４を x におきかえます。

【課題２】

（問１）　**ウ**

ヒント

トノサマガエルは，春から夏ごろをオタマジャクシとして過ごし，秋ごろにカエルのすがたになります。アは冬のヘチマのようす，イは春のイチョウのようす，エは夏の木のようすです。

（問２）　**温度計に日光が直接当たらないようにしてはかる。**

（問３）　方位　**西**

理由　**午前10時の雲が南西から北東へ動いているようすから，午後１時に西の方から広がってきた雲は，東の方へ広がっていくと予想される。このことから，雨雲が野外活動をしていた地域の方へ移動してきたと考えたため。**

（問４）　**方位磁針の針は磁石であるため，近くに磁石や鉄があると，正しい方位が調べられなくなるから。**

（問５）　**エ**

ヒント

物が燃え続けるためには，つねに空気が入れかわる必要があります。

（問６）　**イ**　燃やした後の空気

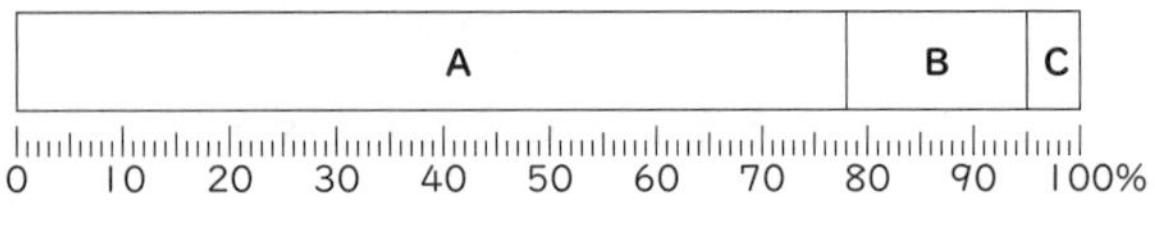

（問７） い　**イ**

う　**ちっ素と二酸化炭素は，どちらもろうそくの火をすぐに消し，どちらも酸素用検知管に反応しないため，どちらがちっ素か判断できないからです。**

（問８） （まず,）**４つの気体を酸素用検知管で調べると，反応しない気体がちっ素か二酸化炭素です。次に，その気体が入ったびんに石灰水を入れてふると，変化しないのが**（ちっ素です。）

【課題３】

（問１） ①　**C，E**

②　**6**（人分）

解き方

①　１人２曲ずつ選んでいるから，
（13 ＋ 3 ＋ 14 ＋ 11 ＋ 15）÷ 2 ＝ 28
28 ÷ 2 ＝ 14 より，14 人以上が選んでいるC，Eがかかります。

②　21 ÷ 1.4 ＝ 15，21 － 15 ＝ 6（人分）

（問２） （メダカ１ぴきあたりの水の量は,）**1.6**（Lになり,）（水そう）**B**（から水そう）**A**（へメダカを）**３びき**（移す。）

（考え方）

メダカ１ぴきあたりの水の量は，
$(30\times50\times40\times\frac{4}{5}+20\times30\times30\times\frac{4}{5})\div(27+12)=1600$ となり，$1600\,cm^3 = 1.6\,L$
水そうＢにおいては，
$20\times30\times30\times\frac{4}{5}\div1600=9$ となり，メダカの数を９ひきにすればよい。
したがって，12 － 9 ＝ 3
よって，水そうＢから水そうＡへメダカを３びき移す。

（問３） ①　**15**（枚）

②　（左から）**(37)(22)**

解き方

①　48, 50, 52, 54, 56, 58 より，１枚目の右のページは 58 となり，ページ番号を入れないページを含めて 60 の面ができます。１枚の紙で４面とれるから，60 ÷ 4 ＝ 15 より，15 枚。

②　12 枚めの表のページは６枚めの表のページ番号から，７枚めの表は「13 と 46」，８枚めは「15，44」，９枚めは「17，42」，10 枚めは「19，40」，11 枚めは「21，38」，12 枚めは「23，36」
よって，23 の前の 22，36 のあとの 37

（問４） **64**（㎝以上）

解き方

花と花の間は全部で 20 でき，**間の長さを 20 ㎝と**すると円周は，20 × 20 ＝ 400(㎝)，400 ÷ 3.14 ＝ 63.69…より，半径は 64 ㎝以上必要です。

（問５） ア　×　　イ　△　　ウ　○　　エ　△

解き方

アー［**本の総冊数**］，［**本の種類の割合**］より，
2019 年度は，5450 × 0.5 ＝ 2725(冊)，
2018 年度は，5150 × 0.52 ＝ 2678(冊)より，×

イー［**歴史の本の２年ごとの冊数**］から，２年ごとに増えていることは分かるが，2016 年度，2018 年度の冊数は分かりません。

ウー2019 年度は，5450 × 0.2 ＝ 1090(冊)
2018 年度は，5150 × 0.18 ＝ 927(冊)
1090 ÷ 927 × 100 ＝ 117%より，○

エー平均＝総冊数÷全児童数で求められますが，各学年の児童数が分かりません。

（問６） ①　**ウがイに重なるように折って開き，その折り目と円周(の一部)が交わった点にウが重なるように折って開きます。**

［別解］
エがイに重なるように折って開き，その折り目と円周(の一部)が交わった点とイを結ぶ直線を折り目として折って開きます。

②

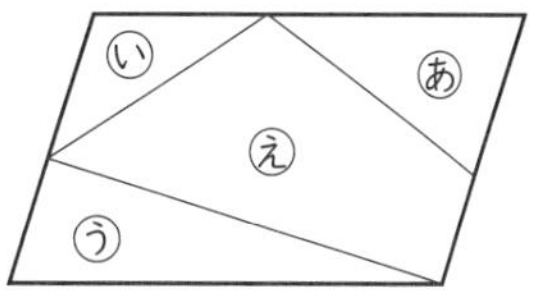

ヒント

①　**図４**からイとウが重なるように折ると，折り目と円周の交点と，イ，ウをむすぶ正三角形ができます。

②　正五角形の辺の長さは等しいことから，長さが等しい辺どうしを重ねることに着目してみましょう。

愛媛県立中等教育学校

1

(1)　**盗むには経験が必要だ**

(2)　**二本目の矢で当てればよい**

ポイント

みつおさんが「気持ちをゆるめず一本の矢を当てることに集中することの大切さ」と言っていることに着目しましょう。

(3)　**心を一つにして仕事をする**

2

(1)

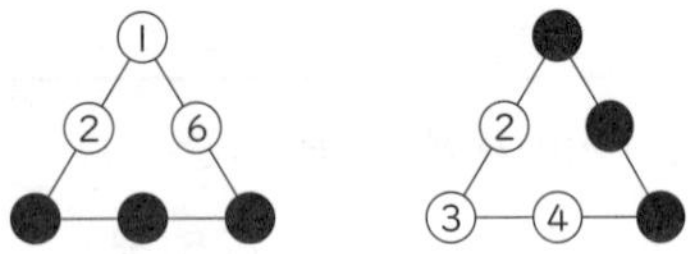

ヒント

三角形の辺は３本です。

(2)

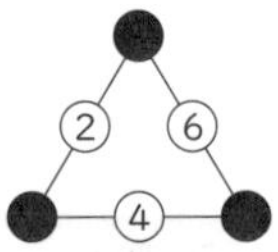

ヒント

図３では，どの辺にも２個の空きがあります。

(3)

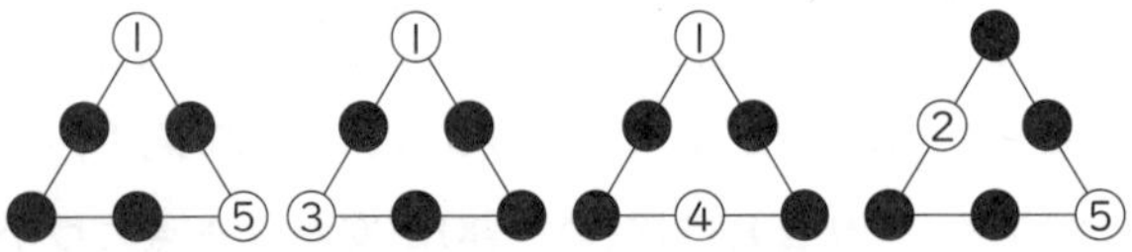

(4)　**18**

ヒント

６つの数字のうち大きい方から４個選び，条件にあわせた碁石の置き方ができるか調べてみましょう。

3

(1)　①　**ア**　　②　**エ**

ポイント

資料１から，家族と旅行に行く人の割合は，2007 年から 2017 年まで 40％以上 60％未満と最も多いことが分かります。また，自分ひとりで旅行する人の割合は，2011 年から２倍以上に増えていることが分かります。

(2)　**宿はく者数が多いお盆の時期に宿はく料金を高く設定している。**

ポイント

資料２から，１ぱくの宿はく料金は A が最も安く，E が最も高いことが分かります。また，８月の宿はく料金カレンダーの 13 ～ 15 日の宿はく料金が E であることから，お盆の時期に宿はく料金が最も高いことが分かります。

(3)　８月（　**28**　）日

ヒント

条件より，月，火，水，木に宿はくはできません。考えられるのは「金→土」「土→日」の２はくですが，この中で２はくの料金が安くなるのは，８月 28 日からとまる，C→B の場合です。

4

(1)　豆電球（　**Z**　）

解き方

電流は，回路がつながっている方に流れるので，豆電球 X と豆電球 Y は光りません。

(2)　**P**（○）　**Q**（○）　**R**（×）　**S**（○）　**T**（○）

ヒント

(1)の回路では，豆電球 Z だけが光るので，スイッチ P とスイッチ T を入れると，豆電球 Y にも電流が流れるようになります。

(3)　場所　**階段**

使い方　**下の階で電気をつけて，上の階で電気を消す。**

5

(1)　ア　**24**　　イ　**28**

ヒント

折り紙を１枚増やすごとに４cmずつ増えていくと考えられます。

(2)　（　**18**　）枚

解き方

１枚のときの折り紙の周の長さは 12 cmで，それ以降４cmずつ増えていくから，80 － 12 ＝ 68（cm）増えるのは，68 ÷ 4 ＝ 17 より，最初の１枚に 17 枚はり合わせたときです。

よって，17 ＋ 1 ＝ 18（枚）になります。

(3) （ **51** ）枚

解き方

下の表のようになります。

1枚のときの折り紙の周の長さは20㎝で，それ以降8㎝ずつ増えていくから，420 − 400 = 400㎝増えるのは，400 ÷ 8 = 50より，最初の1枚に50枚はり合わせたときです。

よって，50 + 1 = 51（枚）

使った折り紙の枚数（枚）	2	3	4	5	…
長方形の周りの長さ（㎝）	28	36	44	52	…

6

(1) **エ**

(2) **関連する商品を近くにならべることで，セットで買ってもらえるチャンスが増える**（から。）

資料の番号　**3**

解き方

【工夫】の内容の「野菜売り場」に「ドレッシング」，「パン売り場」に「ジャム」から，どちらもセットで使うものであることに気づくかどうかがカギであり，その内容に当たるのが【資料3】になります。

(3) **お客さんがレジ前にならんでいるときに，目にとまった商品を，ついつい買ってしまうことが多い**（から。）

資料の番号　**2**

ヒント

問題文の「レジ前に、かん電池やガムなどを配置しています」という内容から，レジ前のかん電池やガムは，レジ前に並んで待っているときに目に入る商品というイメージを思い浮かべることも，この問題を解く上で大事であり，その内容に当たるのが【資料2】になります。

(4) **けた数があがる手前の価格をつけることで，お客さんが，お買い得であるという気持ちになる**（から。）

資料の番号　**5**

解き方

チラシの中の価格が「980円」であり，お客さんに「1000円もかからない」というお得感を感じさせるものであるということに気づくかどうかがカギであり，その内容に当たるのが【資料5】になります。

福岡県立中学校・中等教育学校

適性検査

1

問1　**【みそ汁の実】　ねぎ，しいたけ**

【理由】　ねぎやしいたけには，体の調子を整える働きをもつ，ビタミンなどの栄養素がふくまれているから。

ヒント

3つのグループとは「おもに体をつくるもとになる食品」「おもに体の調子を整えるもとになる食品」「おもにエネルギーのもとになる食品」の3つです。

問2　①　（ふっとうし，およそ100度になったお湯の熱は，）**5分では黄身の中心まで届かないということだね。**

②　**卵を65度くらいのお湯に20分以上入れることで，白身を固める温度まで上げずに，黄身が固まる温度にできるということだね。**

2

問1　**【使う資料】ウ**

【説明】　ウと資料1からA市，B市それぞれの全体の観光客数が分かり，A市はそのうちの0.5%，B市はそのうちの4.0%が，宿泊した人数となるからだよ。

ヒント

資料1で観光客の年齢別割合が分かっているため，資料3でA市とB市の観光客のうち20歳代の観光客の人数が分かれば，A市とB市の観光客のうち20歳代の観光客は，全体の観光客数のそれぞれ14.9%と25.2%となるので，全体の観光客数を求めることができます。全体の観光客数が分かれば，それぞれの0.5%と4.0%が宿泊した人数となります。

問2　**貸し自転車屋さんと写真屋さんと協力して，A市のSNS映えスポット探索ツアーを行いたいです。A市内の史跡や植物の見ごろの場所を自転車で回って写真を撮ってもらい，その中から写真屋さんによい写真を選んでもらいます。A市の自然や史跡にふれて楽しんでもらうだけでなく，写真は，参加していない人たちへの，A市のPRにもなると思います。**

3

問１

(1)　**160**　cm²

解き方

側面のクリームの分だけ差があるので，
$8 \times 20 = 160$（cm²）

(2)　**【クリームがついた面の面積】　163.28**　cm²

【求め方】

上の面の円の面積は，

$10 \times 10 \times 3.14 = 314$（cm²）

側面は，上の面の円の円周を横の長さとする，たての長さが８cmの長方形なので，

$20 \times 3.14 \times 8 = 502.4$（cm²）

クリームの面積の合計は，

$314 + 502.4 = 816.4$（cm²）

１人分のクリームの面積は，

$816.4 \div 5 = 163.28$（cm²）

問２　**【図】**

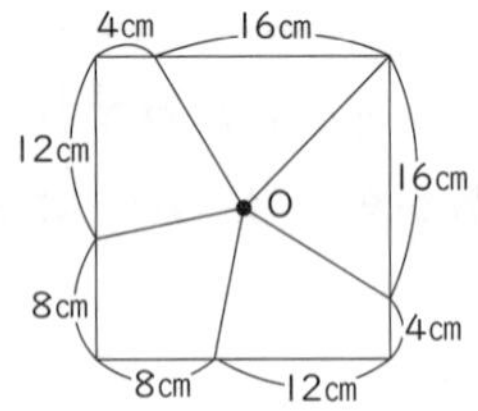

【説明】　右の図のように点線をひくと，中心Oを頂点とする三角形の高さはどれも等しいから，底辺の長さの和が等しくなれば，三角形の面積は等しくなる。また，側面の長方形も，高さは等しいから，横の辺の長さが等しくなれば側面の面積は等しくなるから，クリームの面積は等しくなる。

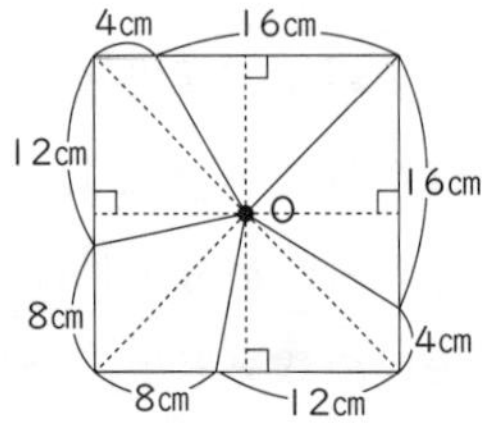

佐賀県立中学校

適性検査Ⅰ

1　（16点　(1)　，(2)－各４点，(3)－８点）

(1)　**図書館に足を運んでみませんか。**

ヒント

「もっと図書館を利用する人を増やしたい」というあやかさんの思いが伝わるような内容にしましょう。

(2)　**１　（読み聞かせ会が）始まる時間**

２　読み聞かせをする本のタイトル

(3)　**番号　①**

改善方法　貸し出し期間を今よりも長くするかわりに，よく貸し出しされる人気のある本は複数冊そろえ，貸し出し可能な本が常に一冊はあるようにする。

2　（18点　(1)～(3)－各６点）

(1)　**記号　B，C**

理由　食品ロスをなくすために取り組んでいる人の割合が過去５年間で増えておらず，市全体での食品ロスの量は過去５年間で減っていない

ヒント

会話文から，食品ロスをなくす努力が足りない根拠を示すグラフを２つ選びましょう。Aは，主に食品ロスの問題を知っている人の割合が年々増えていることを示しています。

(2)　**場面　食品を保存**（するときには）

取り組み　消費期限を示したふせんをはっておく。

場面　冷蔵庫に保管（するときには）

取り組み　冷蔵庫の扉に，保管しているものの一覧の紙をはっておく。

(3)　**パネル　ア**

メッセージ　ふだん私たちが食べている給食は，非常にたくさんの人たちの手によって，とても手間をかけながらつくられていることがわかります。つくってくれた人たちの思いに感謝して，（給食の～）

パネル　イ

メッセージ　ふだん食べているご飯で例えると，私たちがどれほど多くの食品をむだにしているかが分かります。日ごろの食事から食品ロスに対する意識を持つことが大事です。みなさん，（給食の～）

ヒント

アもしくはイのパネルから読み取れる内容を書き，

そこから給食の食べ残しにつながるような文の流れになるように文章を組み立てましょう。

3 （16 点　(1)－６点，(2)－ 10 点）

(1)　1　Ⓑ

2　**色あざやかな商店街の屋根と，パン屋の赤いレンガのかべを入れた景色がかける**（からね。）

ポイント

Ⓐの場所からは，「イチョウ並木と商店街とパン屋」をかくことができます。Ⓒの場所からは，「クスノキとパン屋」をかくことができます。

(2)　**グループ１**

作品　ア，ウ

共通する特ちょう　１つの対象を大きくえがいている（という特ちょう）

グループ２

作品　イ，エ

共通する特ちょう　複数の対象を遠近法を用いてえがいている（という特ちょう）

ポイント

「かき方の工夫」に注目すると，アとエ，イとウに分けられます。

適性検査Ⅱ

1 （13 点　(1)－６点，(2)－７点）

(1)（例）第１試合～第３試合の時間　**4**　分ずつ

第４試合～第６試合の時間　**5**　分ずつ

ヒント

試合以外の時間の合計は 18 分だから，合計が 22 分以上 27 分以下になるように，試合時間を決めましょう。

(2)　順位　１位　**3**　組，２位　**1**　組，３位　**2**　組

理由　**１人あたりの点数を求めると，**

１組は，117 ÷ 40 ＝ 2.925

２組は，2.9

３組は，117 ÷ 36 ＝ 3.25

１人あたりの点数は３組が一番高いので，１位は３組，２位は１組，３位は２組としました。

ヒント

人数と点数の両方を用いて，どのような値を示せば順位を決めることができるか考えましょう。

2 （13 点　(1)－７点，(2)－６点）

(1)　比べる結果　（　**1**　）日目，（　**3**　）日目

分かること　**部屋の温度が同じであれば，部屋のしつ度が高い方が，水てきがつき始めたときの水の温度は高くなる。**

(2)　ア　**真空の部分がない**　　イ　**真空の部分がある**

ウ　**A**　　エ　**C**　　オ　**A**

ヒント

実験を行うときは，調べたい条件以外の条件が同じものどうしの結果を比べましょう。

3 （12 点　(1)，(2)－各６点）

(1)

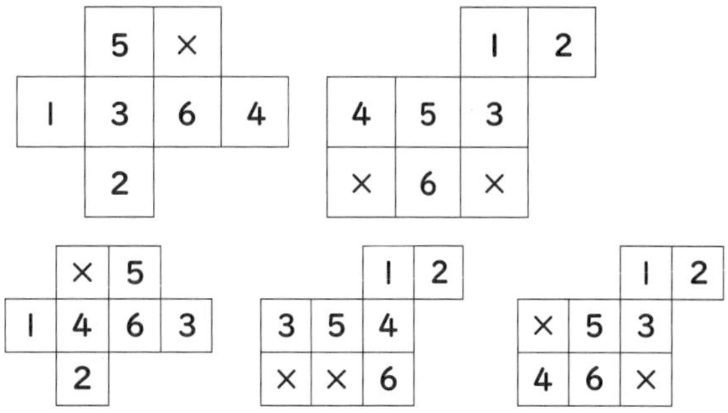

ヒント

立方体の展開図にはいくつかのパターンがあります。

(2)

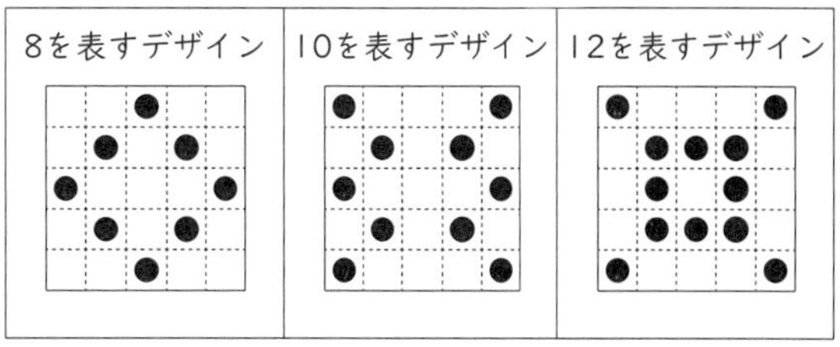

ヒント

条件の中にある，対称の軸を４本かける場合がないか，必ず確認しましょう。

4 （12 点　(1)，(2)－各６点）

(1)　**適当な温度の場所に置いておくことができる**

ヒント

種子が発芽するためには，水，適当な温度，空気が必要です。持ち運ぶことができるで，３つの条件のうちどれが調節しやすくなるのかを考えましょう。

(2) 番号　①

方法　**黒いマルチシートをかぶせた部分と，透明なビニールシートをかぶせた部分をつくって，雑草が育つようすを比べる。**

長崎県立中学校

適性検査

[1]（33点　問題1－5点，問題2ア－6点，イ－5点，問題3－3点，問題4－6点，問題5－各4点）

問題1　その日を過ぎると（　**安全ではない**　）ので，（　**食べないほうがよい**　）

ポイント

「おいしく食べることができる期限」である「賞味期限」との区別をつけましょう。

問題2　ア　**空気中の水蒸気が冷やされると水になる**

イ　**寒い日に教室の窓ガラスの内側に水てきがつく**

問題3　ウ　**急がば回れ**

問題4　エ　**算数の授業で，暗算が得意な先生が計算を間ちがえた**

ポイント

「さるも木から落ちる」とは，その道にすぐれている人でも，時には失敗をすることがあるというたとえです。

問題5　オ　**体を動かしやすい**

カ　**清潔さを保つ**

[2]（33点　問題1－各3点，問題2－各3点，問題3，問題4，問題5－各7点）

問題1　ア　**海流**　　イ　**風**

問題2　ウ　**③**　　エ　**①**　　オ　**②**

解き方

Aは，日本海に面しており，日本海側を流れる暖流の影響を受けるため③，Bは，太平洋側を流れる暖流の影響を受けやすい①，残るCは，外洋に面する部分が少なく海流の影響を受けにくい②であると考えられます。

問題3　**飲料用ボトルのごみを減らすために水とうを使う**

解き方

プラスチックごみを出さないようにするためには，飲料用ボトルやプラスチックの容器類などをできるだけ使わないようにすることが大事であり，その代わりに自分で飲み物を作って水とうに入れたり，プラスチックの容器類の代わりに家にあるお皿を使うなど，どうすればプラスチックごみを減らせるのかを普段の生活をヒントに考えることもできます。

問題4　**橋の下を流れる水の量が減る**

ポイント

写真1，2から，中島川の両端に水路を設けることで，橋の下を流れる流量が減ることが考えられます。

問題5　**早めにひ難の準備をする**

[3]（27点　問題1答え－3点，求め方－5点，問題2，問題3－各6点，問題4イ－3点，ウ－4点）

問題1　**450**

求め方

時速を秒速に変えると $45 \div 3600 = 0.0125$

橋の半分の長さは　$0.0125 \times 18 = 0.225$

橋全体の長さは　$0.225 \times 2 = 0.45$

0.45km = 450 m

ポイント

時速→秒速のように，単位をそろえて計算しましょう。時速45㎞＝秒速12.5 m，橋をわたるのにかかった時間は $18 \times 2 = 36$ 秒より，$12.5 \times 36 = 450$ mとして求めることもできます。

問題2　**金属は温度が上がるとのびる**

ポイント

金属には，熱せられると，体積が大きくなり，冷やされると，体積が小さくなる性質があります。気温によって橋に使われている金属の体積が変化しても，橋の形が変わらないようにすき間がつくられています。

問題3　ア　**料理の技能が一段とすぐれる**

ヒント

【腕】と【立つ】の⑤の意味をもとに書きましょう。

問題４　イ　⑥　　ウ　腹が立つ

ポイント

ほかにも，③番なら「席を立つ」，④番なら「うわさが立つ」などがあります。

4 （37点　問題１，問題３－各７点，問題２－各３点，問題４ア－４点，考え方－５点，問題５－各４点）

問題１　**Ｂセットの値段を２倍したものから，Ａセットの値段を引けば，ミカン13個分の値段が求められる**

ポイント

Ｂセットの値段を２倍すると，Ａセットとナシの個数が同じになります。また，このときのミカンの個数は16個なので，Ｂセットの値段の２倍からＡセットの値段を引くと，ミカン13個の値段になります。

問題２　ア　**かなを漢字よりも小さくする**

　　　　イ　**文字の中心をそろえる**

問題３　**表の日数を７でわったあまりを，2020年11月から2021年７月までたすと，**

２＋３＋３＋０＋３＋２＋３＋２＋３＝21

となり，21は７でわりきれる

ヒント

日数の和を７でわりきることができれば，その日は日曜日であることが分かります。

問題４　ア　**364**

考え方　**364＝７×52より，364は７でわりきれるから，364×24も７でわりきれる。だから，24年間の日数を７でわったあまりは，１×18＋２×６を７でわれば求めることができる。**

ヒント

７の倍数は，７でわりきれる数です。

問題５　イ　２　　ウ　月

解き方

問題４の考え方をもとに実際に計算すると，

（１×18＋２×６）÷７＝４あまり２

田中先生の生まれた曜日から２日後が水曜日なので，生まれたのは月曜日です。

熊本県立中学校

適性検査Ⅰ

1 （30点　問題１－各２点，問題２－各３点，問題３－３点，問題４－５点，問題５－９点）

問題１　Ａ　**束**（ね）　Ｂ　**ゆだ**（ねる）

問題２　**・段差から落ちてしまうと，なかなか這い上がれないこと。**

・部屋の隅にあるコード類を巻き込んでギブアップすること。

・椅子やテーブルなどに囲まれ，抜けだせなくなりそうになること。

ヒント

――線部①の直後に＜弱さ＞が書かれています。

問題３　**ウ**

問題４　**・人と同じような**

・人と同じで頼りになる

・身近で親しみのある

・人間に近い

など

ヒント

いずれの表現も，人間に対してつかう言葉であることをおさえましょう。

問題５　**お互いを信頼しあい，自分の得意なことを生かしながら，欠点を補いあう関係。**

ポイント

「持ちつ持たれつ」は，おたがいに助け合うことという意味です。

2 （30点　問題１(1)－３点，(2)－４点，(3)－６点，問題２(1)－３点，(2)－各４点，(3)－各３点）

問題１(1)　**基本的人権の尊重**

(2)　**・車いすの人にも利用しやすいように広いスペースが確保されている。**

・誰にでも使いやすいように手すりがつけてある。

ポイント

ユニバーサルデザインとは，年齢や障がいの有無，体格，性別，国籍などにかかわらず，できるだけ多くの人が利用することを目的としたものです。

(3) **ハートフルパス制度があると，障がい者等用駐車場を本当に必要な人が使えるようになり，高齢者などの自立と社会的活動への参加につながるから。**

ヒント

資料１から，「やさしいまちづくり条例」の目的は高齢者や障がい者などの自立や社会的活動への参加であり，そのために資料３の「ハートフルパス制度」をどのように活用したらいいのか考えましょう。

問題２(1) **ウ**

解き方

ア－ 65 歳以上の交通事故数は増えている年もある，イ－最も交通事故数が減っているのは 25 ～ 34 歳，エ－ 65 歳以上の 2019 年の交通事故数は，2009 年の半数以下になっていないことが分かります。

(2) 「サポカー」のよさ

サポカーがドライバーの安全運転を支援してくれるので，高齢者の運転への不安がやわらぐ。

「サポカー補助金」のよさ

高齢者がサポカーを買うときには補助金を受け取ることができるので，高齢者がサポカーを買いやすくなる。

(3) 取り組み　**公共の交通機関を充実させる。**

理由　**身近に使いやすい公共の交通機関があると，自動車が自由に使えない高齢者も自由に外出しやすくなるから。**

ヒント

自動車を自由に使えない高齢者のための移動手段として，国や地方公共団体はどのようにして支援することができるのか考えましょう。

3 （20 点）

私が考える「よりよい社会」とは，おたがいが助け合うことのできる社会です。この社会を目指すためには一人一人が意識していかなければなりませんが，最近は深く人とつきあったり，助け合い自体を負たんに感じたりする人も増えていると聞いたので，実現するのは難しいと思います。私は，この社会を実現するために，まずは地域の方や店員さんへのあいさつから始めようと思います。身近なところからつながりをつくっていきたいです。

適性検査Ⅱ

1 （40 点　問題１(1)－３点，(2)答え－３点，求め方－４点，問題２答え－４点，求め方－６点，問題３－ 10 点，問題４記号－４点，理由－６点）

問題１(1)　答え（　**1**　）m（　**55**　）cm

解き方

60 × 12 + 75 × （12 － 1） + 100

= 720 + 825 + 100 = 1645

18 m = 1800 cm，1800 － 1645 = 155 （cm）

155 cm = 1 m 55 cm

(2)　答え（　**1**　）m（　**40**　）cm

求め方

中央の通路をのぞき，参加者席の片側部分は

（15 － 3） ÷ 2 = 6

いす４きゃく分の横はばは

45 × 4 = 180

参加者席どうしの間は片側で３か所あり，できるだけはばを広くとる必要があるので，

（600 － 180） ÷ 3 = 140

したがって，1 m 40 cm

ヒント

いすといすの間の間かくはいくつとればよいか考えましょう。いすをシートの端からならべる点に着目しましょう。

問題２　答え（　**178**　）個

求め方

解答例①

横１列の画びょうの数は，11 個と 10 個の場合がある。

画びょうの数が 11 個の列は，たての段数と等しく８段ある。

画びょうの数が 10 個の列は，たての段に１を加えた９段ある。

よって，必要になる画びょうは

11 × 8 + 10 × 9 = 178

したがって，178 個

解答例②

下の図のように，１枚あたりの画びょうの個数を２個と考えると，最後にたてと横の枚数分の画びょうが必要である。必要な画びょうは

２×80＋10＋8＝178

したがって，178個

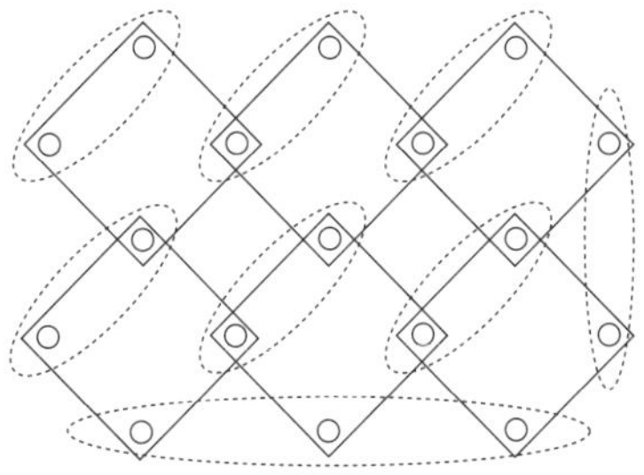

ヒント

画びょうの数にどのようなルールがあるか考えましょう。

問題３　記号（　ウ　）

理由

グラフ（ウ）の2004年，2011年，2018年の１人あたりの１日の生活用水の使用量を求める。

2004年　16万m^3÷67万人＝約0.239 m^3

2011年　17万m^3÷73万人＝約0.233 m^3

2018年　16万m^3÷73万人＝約0.219 m^3

となり，2004年から2011年も，2011年から2018年も減っている。

2018年は約0.219 m^3＝約219 Lとなり，A市の目標値の210 Lまであと９Lになっている。だから，グラフ（ウ）が適している。

ヒント

けんたさんもはるなさんも，１人あたりの１日の生活用水について話をしています。

問題４　記号　アとウ　または　アとイとオ

理由

解答例①　（アとウの場合）

１つの点に角をすき間なく集めるためには，１つの点に集まった角の大きさの和が360°にならなければならない。正方形の１つの内角は90°，正八角形の１つの内角は135°なので，正方形１つと正八角形２つで合計360°になる。

解答例②　（アとイとオの場合）

１つの点に角をすき間なく集めるためには，１つの点に集まった角の大きさの和が360°にならなければならない。正方形の１つの内角は90°，正六角形の１つの内角は120°，正十二角形の１つの内角は150°なので，それぞれ１つずつで合計360°になる。

ヒント

それぞれの正多角形の１つの内角の大きさは，正方形が90°，正六角形が120°，正八角形が135°，正十角形が144°，正十二角形が150°です。

2　（40点　問題１(1)－４点，(2)－３点×３，問題２(1)－５点，(2)－８点，問題３(1)－８点，(2)－３点×２）

問題１(1)　番号（　④　）

ヒント

種子が発芽するためには，水，適当な温度，空気が必要です。

(2)

	予想は正しかったか		どれとどれを比べたか
けんとさん	◎	×	①と②または③と④
なつみさん	○	⊗	②と④
はなこさん	◎	×	④と⑥

問題２(1)　（水よう液A）・　水よう液B

説明

うるち米用の水よう液は，もち米用の水よう液よりも多くの量の食塩がとけているので，うるち米用の水よう液の方が，とかすことのできる食塩の量が少なくなるから。

(2)　説明

メスシリンダーを使って水よう液Aと水よう液Bを同じ体積だけ量り取り，ビーカーに移して，電子てんびんでそれぞれの全体の重さを量って比べる。

※その他の解答

・メスシリンダーを使って水よう液Aと水よう液Bを同じ体積だけ量り取ってじょう発皿に

入れ，金あみをのせた実験用ガスこんろで熱し，水がじょう発した後，出てきた食塩の量を比べる。

・電子てんびんを使って，同じ重さの水よう液Aと水よう液Bをビーカー(メスシリンダー)に量り取り，体積を比べる。など

問題3(1) 記号（ ア ）

説明

グラフ１から，（実験方法から）60℃の水100 gに39 gの食塩がとけることがわかる。また，先生の言葉から，５℃の水100 gには37 gの食塩がとけることがわかる。

だから，２gの食塩が結晶として出てくる。実験では，水50 gなので，冷ぞう庫に入れた容器に出てくる食塩の結晶は１gと考えられる。

(2) ㋐（ 6 ）g　㋑（ 2 ）g

記号（ イ ）

大分県立大分豊府中学校

適性検査Ⅰ

1

(1) イ

ヒント

ウミガメの52%，クジラやイルカの56%がプラスチックを食べているとあります。

(2) 海の生き物がプラスチックを飲みこみ，命を失うことがあること。

(3)① A まち をつける。

B かたにかけられる長さの持ち手 をつける。

② 保冷機能

ポイント

最後にかずまさんが「それは作るのが難しいよ」と言っています。

2 私はレジぶくろの有料化に賛成です。

なぜなら，私たちの身の回りには，たくさんのプラスチックがあり，それらを減らすには，私たちの生活様式を変える必要があると考えたからです。レジぶくろは，プラスチックごみ全体からみるとわずかですが，レジぶくろの有料化は，私たちが問題を意識し，生活を変えるきっかけになると考えます。

3

(1) 拾う

ポイント

「捨てる」と間ちがえやすいので注意しましょう。

(2) 水を流しながら歯みがきをする人や，水やりや手洗いのあとじゃ口をしっかりしめていない人がいます。

ポイント

【アンケート結果】の「水のむだづかい」について書かれている部分から，スライド２のイラストに合う内容を選んでまとめましょう。

(3) A イ　B ウ

(4) 適したもの イ

ふさわしくないもの ア

理由 あいことばとしては長すぎるから。

ふさわしくないもの ウ

理由 低学年にはむずかしく，あいことばに合わせ

て何をしたらいいかわからないから。

解き方

ここでの「あいことば」とは，大勢の間で目標としていつもかかげる言葉のことです。みんなが覚えやすく，分かりやすい言葉を選びましょう。

4

(1) **資料２を見ると，消費者は，味とせん度の次にねだんを重要と考えている。資料１を見ると，地産地消の取り組みにより，出荷運送にかかる費用は減らすことができる。だから，ほかの産地の野菜のねだんより下げることができ，生産者にとっては，消費者に多く買ってもらえるよさがある。**

ヒント

資料２から，ねだんを重要と考える消費者が多く，生産者はそれに応えるために，資料１のどの費用をおさえることができるかを考えてみると，地産地消の取り組みにより出荷運送にかかる費用をおさえられることができると考えられます。

(2) **店で食べる場合の方が 10 円高い。**

解き方

持ち帰る場合，500 円 × 0.08 ＝ 40（円）の税金がかかり，店で食べる場合，500 円 × 0.1 ＝ 50（円）の税金がかかることになります。

(3) **教育を受ける** 権利

(4) **資料４の農事ごよみを見ると，いねが育ち実るのは６月から９月であり，水の管理が必要である。資料３を見ると，エドワード先生の国では，日本と比べ，この時期の降水量がとても少なく，気温については，一番高い７月でも，日本の５月や 10 月と同じくらいである。だから，エドワード先生の国は，米作りに適していないと考えられる。**

(5) ① ２ **ア**　５ **オ**

ヒント

２は東大寺にある大仏であり，聖武天皇が仏教の力で国を守るために，都には東大寺を，地方には国分寺や国分尼寺を建てました。５は金閣であり，金閣を建てた足利義満は，中国（明）と貿易を行っていました。

② **３のころは貴族中心の政治だったが，４のころには武士が力をもつようになった。**

ヒント

３は平等院鳳凰堂であり，これに当たる【説明カード】はイで，当時は貴族が大きな力を持っていたことが分かります。４は厳島神社であり，これに当たる【説明カード】はエで，厳島神社を建てた平清盛が武士として初めて太政大臣となり，政治にたずさわるようになったことが分かります。

(6) ① ア **中国**　イ **イギリス**

② A **ウ**　B **エ**　C **イ**　D **ア**

解き方

【記録カード】から，ウはアメリカ，エはサウジアラビアです。アは【表】の人口が最も多いDで，中国の人口は世界でもっとも多いです。イは，国土面積が日本より小さいので，【表】の面積からCとなります。ウは，「世界の食料庫」とよばれるほど，農産物の生産量・輸出量が多いことから，【表】の穀物自給率が１番多いAとなります。エは，国土の大半が砂漠で，世界有数の原油産出国なので，【表】の穀物自給率が一番少なく，エネルギー自給率が１番多いBとなります。

適性検査Ⅱ

1

(1) ア **27**　イ **40**

解き方

ア　217 ÷ 8 ＝ 27.125 より，27

イ　86.8 ÷ 217 × 100 ＝ 40

(2) 水道料金はおよそ **4640** 円

求め方

４人家族が 30 日間に使う水道水の量は，

217 × 4 × 30 ＝ 26040(L)です。

1 m^3 は 1000 L なので，26040 L は 26.04 m^3 です。

使った水道水の量は，26 m^3 として考えます。

このときの水道料金は，

1160＋50×3＋145×12＋265×6＝4640(円)です。

よって，水道料金はおよそ4640円です。

ヒント

先生の計算例をもとに考えましょう。また，単位のちがいに注意しましょう。

⑶ 式 **700 x 60 ÷ 20 x 7**

答え およそ **14700** L

ヒント

円形分水の説明の【資料】と【図】から，①1秒間におよそ700リットルがわき出し，②その水は内側で20等分され，③Cには7個分の窓の水が流れこむことが分かります。

⑷ およそ **3.5** cm

解き方

14700 L＝14700000 cm^3，420 m^3＝4200000 cm^3

14700000 ÷ 4200000 ＝ 3.5より，3.5 cm

2

⑴ ア **ひし形** イ **対角線**

ウ **垂直** エ **長さが等しい**

ヒント

ヒントは□の後ろにもあります。会話全体を見て，あてはまることばを考えましょう。

⑵ オ **半径の長さ**

ヒント

②は，正六角形のかき方と同じだね。とあります。正六角形の性質から考えてみましょう。

⑶ 名前 **正三角形**

説明

まず，三角形ＡＯＤ，三角形ＤＯＥ，三角形ＥＯＡについて考えます。

三角形ＡＯＤ，三角形ＤＯＥ，三角形ＥＯＡは円Ｏの半径を２辺とする二等辺三角形です。だから，辺ＯＡ＝辺ＯＤ＝辺ＯＥとなります。辺ＯＡと辺ＯＤ，辺ＯＡと辺ＯＥ，辺ＯＤと辺ＯＥの間の角はどれも120度です。２つの辺の長さとその間の角の大きさが等しいので，三角形ＡＯＤ，三角形ＤＯＥ，三角形ＥＯＡは合同な二等辺三角形です。

次に，三角形ＡＤＥについて考えます。

三角形ＡＯＤ，三角形ＤＯＥ，三角形ＥＯＡが合同な二等辺三角形なので，ＡＤ＝ＤＥ＝ＥＡとなり，３つの辺の長さが等しくなります。よって，三角形ＡＤＥは正三角形です。

3

⑴ **根からすい上げた水を主に葉から水じょう気としてはいしゅつする。**

⑵ **ア，オ**

⑶ **ウ**

⑷ **エ**

ヒント

太陽は東からのぼり南の空を通って西にしずみます。日かげは，太陽の反対方向にできるので，イの方向が北，エの方向が南であることが分かり，ウが西側で，Kが午前7時の記録であることが分かります。

⑸ **資料２を見ると，１日で最も気温が高いのは午後１時となっており，資料１を見ると，午後１時の太陽の位置はおよそ南の方位であることが分かる。だから，およそ南側のまどの外にグリーンカーテンをつくれば，一日で最も暑くなるころの日差しをさえぎり，暑さを防ぐことができるから。**

4

⑴ ① **おばなのおしべの先にある花粉が，めばなのめしべの先について受粉すると，めしべのもとの部分が実になる。**

② **実ができるのはめばなであり，めばなの数は９個であるから，最大で９個の実ができると考えられる。**

⑵ 方法 **ペットボトルの水を減らして，空気の量を増やす。**

理由 **水に比べると，空気の方が温度による体積の変化が大きく，その分，ストローの色水の位置のちがいも大きくなるから。**

ヒント

水も空気も，温度が高くなると体積が大きくなり，温度が小さくなると体積が小さくなりますが，空気の方が温度による体積の変化が大きいため，ペットボトル内の空気の割合を増やすとちがいが分かりやすくなります。

宮崎県立中学校・中等教育学校

適性検査Ⅰ

【第１部】

課題１

問い１　ア　**軽い**

ヒント

具体的に長さや重さを決めて考えてみましょう。

問い２　イ　**10**（g）　ウ　**10.5**（cm）

解き方

イ　支点からＢまでの距離は，$14-10=4$ より 4 cm

$4\times10=40$，$40\div4=10$ より，10 cm

ウ　●は■に比べて，おもりの重さが $\frac{1}{3}$ だから，支点からの距離を３倍になるようにすればつりあいます。

よって，$14\times\frac{3}{4}=10.5$ より，10.5 cm

問い３　エ　**4.5**（cm）　オ　**2**（g）　カ　**4**（g）

解き方

（　エ　）$\times4=3\times6$ が成り立つから，

（　エ　）$=\frac{18}{4}=\frac{9}{2}=4.5$（cm）

また，左のうでのおもりの重さの和は 10 g

$10\times3=5\times$（オ＋カ）が成り立つから，

（オ＋カ）$=\frac{30}{5}=6$ より，右のうでのおもりの重さの和は 6 g となります。また，右のうでの下について，支点までの距離の比は，２：１だから，おもりの重さの比は１：２となればよい。

つまり，（　オ　）は，$6\times\frac{1}{3}=2$ より，2 g

（　カ　）は，$6\times\frac{2}{3}=4$ より，4 g

課題２

問い１　ア　**4**　イ　**8**

解き方

ア　残るカードは，2，4　→　4

イ　残るカードは，2，4，6，8　→　4，8　→　8

問い２　ウ　**16**　エ　**28**

解き方

ウ　16 枚のカードを使ったとき，１回目に残るのは２の倍数，２回目に残るのは４の倍数，３回目に残るのは８の倍数，４回目に残るのは 16 の倍数のカードです。

エ　１回目に 15 枚のカードを取り除くと，

2，4，6，8，10，12，14，16，18，20，22，24，26，28，30

15 枚だから，８枚より７枚多い。ここから，2，6，10，14，18，22，26 の７枚を取り除くと，次に取り除かれる 30 を最初と考えて，

30，4，8，12，16，20，24，28

これより，最後に残るのは８番目にある 28 です。

課題３

問い１　**天気は西から東に変わっていくので，西側で発生した酸性雨が，東に移動してくるから。**

問い２　**正しくはかることができていない。**

理由　食塩をのせている皿には，食塩と薬包紙がのっているので，食塩の量は 10 g よりも少ないと考えられるから。

ヒント

薬包紙などをのせて重さをはかるときは，初めに同じ重さの薬包紙を左右の皿にのせて，つりあわせておく必要があります。

問い３　**ア**

ヒント

ポリスチレンは，1 cm^3 あたりの重さが水よりも重いので，水にしずみます。食塩水にとけている食塩の量が多くなり，1 cm^3 あたりの重さが 1.06 g よりも大きくなると，ポリスチレンは浮いてきます。

課題４

問い１　①　**Ｎ（極）**　②　**Ｓ（極）**

③　**Ｓ（極）**　④　**Ｎ（極）**

ヒント

方位磁針のＮ極が指す方角が北なので，現在の地球の北極はＳ極，南極はＮ極です。チバニアンの前の時代は地磁気が現在とは逆になっているので，北極がＮ極，南極がＳ極だったと考えられます。

問い２　**同じ火山灰の層は，同じ時代にたい積したと考えることができるので，その地層ができた時代が同じであることが分かる。**

問い３　**緑色のオーロラは，シベリア上空の低い位置に見られるが，北海道からは，シベリア上空の高い**

位置しか見られないから。

課題５

問い１　**＋**

ヒント

ひかるさんのレポートに，「６次産業化」という名しょうの成り立ちについてふれている部分があります。

問い２　①　**過半数**　　②　**加工の過程**　　③　**ウ**

解き方

①－**資料２**から割合の多い２つの回答は，どちらも50%以上であることが分かります。

②－**資料１**の「６次産業化」を表す図から解答を導くことができます。

③－まとめの文から，生産が拡大すると，仕事の量が増え，働く人も増えることと最も関係のある語句は「活性」であることが分かります。

問い３　ア　**減っている**　　イ　**少ない人手で耕作する**

解き方

ア－**資料４**から，農家の平均年齢が上がり，農業で収入を得る人口が減少していることが分かります。

イ－**資料５**から，農家一戸あたりの農地面積が増えていることが分かります。スマート農業によって，農業をする人口の減少という課題を解決できます。

課題６

問い１　①　**ウ**　　②　**九州中央自動車道**

ヒント

①－アとイは海岸沿いに関する句であり，エは東北地方に関する句であることが読み取れます。

問い２　**ウ→ア→エ→イ**

ヒント

「苔の生えた」からウの八勢(やせ)の石畳(いしだたみ)→「台地へ水を運ぶ」からアの通潤橋→「白壁造りの街並み」からエの馬見原→「神々などをまつるパワースポット」からイの高千穂神社となります。

問い３　方向　**ア**

理由　**漁港が近くにあり，太陽光パネルがかたむけられている南向きの方向と逆の北側の方向に向かっているから。**

解き方

資料３から漁港が近くに見えているので，**資料４**のアかイに絞られます。次に，**資料３**の太陽光パネルが傾けられている南側と逆の方向に向かっていることからアが答えとなります。

問い４　ア　**周辺より高い場所**

イ　**浸水する可能性が低い**

解き方

資料５から周辺よりも高い場所であること，**資料６**から，標識のある地点は浸水しないとされている場所であることが読み取れます。

適性検査Ⅰ

【第２部】

課題１

問い１　**５　通り**

理由　**ＢＣを底辺とするときの，高さが変わらないから。**

問い２

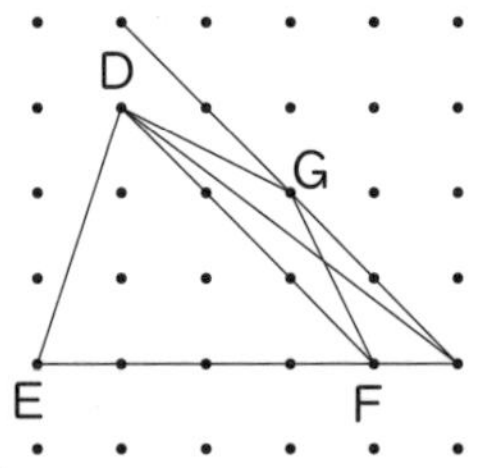

ヒント

問い１と同じように，底辺が共通で，高さが等しい三角形について考えてみましょう。

問い３

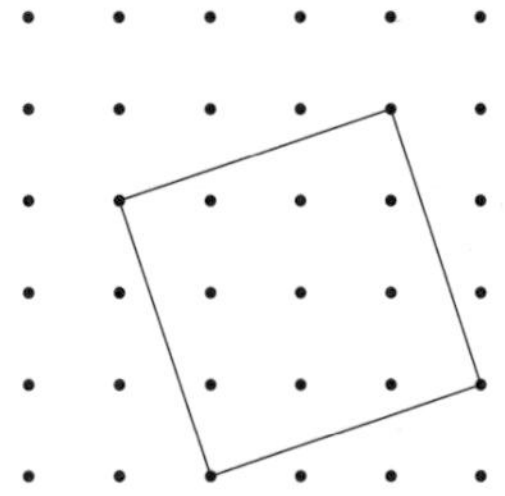

理由　**１辺の長さが４cmの大きな正方形の辺を利用して，４つの合同な直角三角形を４つつくると，その内側に小さな正方形ができます。大きな正方形の面積から４つの直角三角形の面積をひくと，**

4×4－3×1÷2×4＝16－6＝10より，10 cm^2の正方形になるから。

課題2

問い1　●●○●

ヒント

13＝8＋5，8は●○○○，5は●○●

問い2　10　月　17　日

解き方

●○○○＝8，●○＝2より，●○●○＝10

●●●●＝●○○○＋●●●＝8＋7＝15より，

●○○○○＝16，●＝1より，●○○○●＝17

問い3　イ　1（通り）　ウ　4（通り）

エ　9（通り）

解き方

イ　3333

ウ　●333，3●33，33●3，333●の4通り。

エ　●には3以外の9つの数が入るから，4×9＝36通りあります。

問い4　オ　486（通り）

理由　3を2個ふくむ数は，33●●，3●3●，3●●3，●33●，●3●3，●●33の6通りあり，●の中にはそれぞれ3以外の9つの数が入るので，

6×9×9＝486通りあると考えられるから。

課題3

問い1　原油価格が急激に高くなったことで，作るときに原油を使用するトイレットペーパーの値段が上がることやトイレットペーパー不足が起こる

問い2　選んだカード　急いで買う

理由　よしこさんが「あわてて買わない」を選んだ場合，たかしさんは50点，よしこさんは0点，よしこさんが「急いで買う」を選んだ場合，2人とも10点で引き分けとなり，たかしさんが負けることはないから。

問い3　選んだカード　よしこさん　あわてて買わない

たかしさん　あわてて買わない

理由　合計得点を求めると，2人とも「あわてて買わない」を選んだ場合60点，「あわてて買わない」と「急いで買う」を1枚ずつ選んだ場合50点，2人とも「急いで買う」を選んだ場合20点となり，全体としての得点の合計が最も大きくなり，社会全体で考えた場合に一番良いから。

課題4

問い1　沿岸漁業　B　　沖合漁業　C

遠洋漁業　A　　養しょく業　D

ヒント

会話1から，2008年と2019年の生産量を比べ，遠洋漁業が1番目に，養しょく業が2番目に減っている量が少ないので，遠洋漁業がA，養しょく業がDと分かります。次に沿岸漁業と養しょく業の生産量の合計が沖合漁業の生産量と同じくらいになるので，Bが沿岸漁業，Cが沖合漁業となります。

問い2　全体の約3割をしめる水産物を輸入している

問い3　ア　限界のある　　イ　増やすこと

解き方

資料5から，石油・石炭などのエネルギー資源は，埋蔵量に限りがあるが，水産資源は，漁かくを適切に行えば自然に増えることが読み取れます。

課題5

問い1　どの金属もあたためると長さが長くなることが分かり，長さが変化しやすい金属と，長さが変化しにくい金属があることが分かる。

ヒント

金属は，あたためると体積が大きくなり，冷やすと体積が小さくなる性質があります。

問い2　イ

問い3　（こたつの中の温度が上がると，）バイメタルが，曲がって突起が部品①を押し上げます。部品①が押し上げられると，接点で部品②とふれなくなり，ヒーターに電流が流れなくなります。（その結果，温度は下がるので，こたつの中の温度が上がりすぎるのを防げます。）

問い4　内側

課題6

問い１　ウ

問い２　カの場所は，川が深くて魚がつれているが，川の流れは速くないから。

問い３　方法　ふた付きのがんじょうなガラスびんに，水と数個の角ばった直径２cmの石を入れてふたをする。しばらくガラスびんをふり，ガラスびんをふった後の石をとり出して観察する。

結果　石の角が取れて丸くなっていれば予想が正しかったといえる。

鹿児島県立楠隼中学校

適性検査Ⅰ

問１　（人は）伸びていく

ポイント

「そこに光を当てる」と，前の「そこに意識を当てる」が同じ意味であることに着目しましょう。

問２　・周りからの言葉かけによって，自分のストロングポイントに気付き，それらに自信をもてるようになること。

・周りからの言葉かけによって，自分のストロングポイントに気付き，練習等を通してそれらを生かし，さらに伸ばしていくこと。

問３　自分自身に満足している人は，うまくいくかわからないことにも意欲的に取り組もうとする割合が多いことが分かる。これについて私は，たとえ失敗しても落ち込むことなく，ストロングポイントがあると信じて物事に取り組むことができる人が多いからだと思う。

問４　私にはいつも勉強を教えている，二さい下の弟がいる。あるとき，弟と両親に「教えるのが上手だ」と言われた。家族は何気なく言ったことかもしれないが，そのときから私は「自分は人に教えることがうまい」ということを意識するようになった。すると，今までは何となく自分の感覚で教えていた勉強をもっとよくしたいと思い，間ちがったことを教えないように，事前に自分自身で勉強するようになった。また，もっとわかりやすい伝え方はないか考えるようにもなった。

私はこの長所を生かし，同学年やクラスの友だちに何か分からないことや困ったことがあれば，丁ねいに教えてあげたいと思う。しかし，人に教えるということは，自分がしっかり理解していないとできないことだと思うので，まずは勉強や社会のことなどを理解することが大切だと考える。

適性検査Ⅱ

1

問１⑴　1.2（kg）

解き方

6 × 4 ÷ 3 × 150 ＝ 1200（g）

1200 g ＝ 1.2 kg

⑵　エ

解き方

40℃でおよそ 70 g とけるので，とけ残りは，

100 － 70 ＝ 30(g) また，80℃のときとける砂糖の量がはじめて 100 g をこえるので，温度は，

80 － 40 ＝ 40(℃)上げればよいです。

⑶　15（枚）

解き方

最後に残った５枚が前日の半分にあたるから，

$5 \div \frac{1}{2} = 10$ より，次の日(最初から２日目)に残っているのは 10 枚。また，最初の日に食べたのは全体の$\frac{1}{3}$で，残りの$\frac{2}{3}$が次の日の 10 枚にあたります。

よって，最初に持って行った枚数は，

$10 \div \frac{2}{3} = 15$ より，15 枚

(4) （答え） **2分30秒**

（求め方）

1500 × 1 = 1500

1500 ÷ 600 = 2.5(分)

0.5 × 60 = 30(秒)

したがって，2分30秒となる。

問2 （米） **主に年間1000㎜以上の降水量のところで生産されている。**

（小麦） **主に年間300～1000㎜の降水量のところで生産されている。**

問3 **35**（通り）

解き方

7人のこびとをそれぞれA，B，C，D，E，F，Gとすると，3人の組み合わせは
ABC，ABD，ABE，ABF，ABG，ACD，ACE，ACF，ACG，ADE，ADF，ADG，AEF，AEG，AFG，BCD，BCE，BCF，BCG，BDE，BDF，BDG，BEF，BEG，BFG，CDE，CDF，CDG，CEF，CEG，CFG，DEF，DEG，DFG，EFGの35通り。

問4(1)

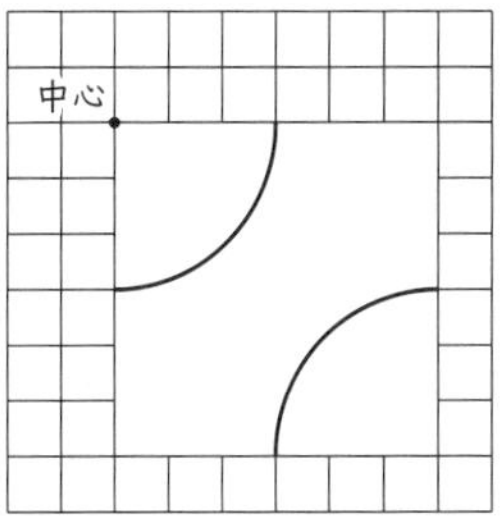

(2)

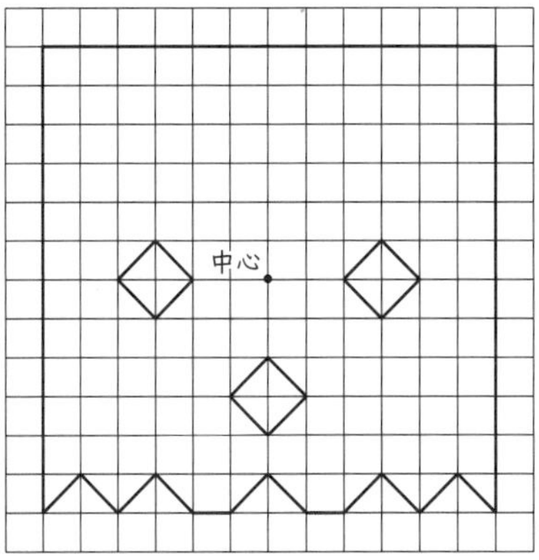

ヒント

折り目の線をかいて考えましょう。開いた図は，折り目に対して線対称な図形となります。

問5 **木と木の間を開けるように間伐することで，残された木の日当たりがよくなるから。**

ヒント

山の斜面で木と木の間隔が狭いと，日光が十分に当たらずに十分に成長できない木が出てくることもあります。

問6(1) **昔の石狩川の流れはまがりくねっていて，洪水等がおきやすかったので，川の流れがまっすぐになるように工事した。**

(2) **1.6**（㎞）

解き方

250m × 6.4cm=1600m = 1.6km

2

問1 **青森県から鹿児島県にかけて新幹線が開通し，高速移動が可能となったから。**

問2 （記号） **イ**

（理由） **かげは，太陽と反対の方向にできる。夏至は太陽が真東より北側から上って南の空に上がり，真西より北側に沈むので，かげの先端は明け方に真西より南寄りにでき，昼間は北側に，そして夕方は真東より南寄りにあるから。**

問3(1) **夜の温度変化を表すグラフをみると，地表面からの高さが低いところの方が，高い方に比べて温度が低くなっているから。**

(2) **イ**

ヒント

防霜ファンは，新芽が霜で弱るのを防ぐための装置であり，**資料7**より，霜は地表付近の温度が下がる夜から朝にかけてできやすいので，新芽が出始める3月の夜から朝にかけて防霜ファンを動かすのが良いと考えられます。

(3) **（新芽ができる3月～4月の防霜ファン付近と地表面の夜から朝の温度を比べると，地表面の方がより温度が下がるので，）地表と比べてあたたかい防霜ファン付近の空気を地表面に送ることで，地表面付近の空気の温度を上げて霜の発生を防ぎ，新芽が弱るのを防ぐことができるから。**

問4(1)　**午後 10 時頃**

解き方

月が地平線から3時間で45度の位置まで上がっているので，1時間では 45 ÷ 3 = 15（度）移動すると考えられます。東の地平線から西の地平線までが180度なので，Aの位置からBの位置までは，
180 −（45 + 30） = 105（度）移動する必要があります。

よって，月がBの位置に見えるのは，月が午後3時にAの位置に見えてから 105 ÷ 15 = 7（時間）後の午後10時頃と考えられます。

(2)

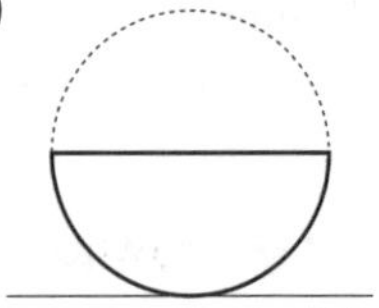

問5(1)　**真砂を水に入れ，十分かきまぜた後，それをろ過し，ろ過した液体を蒸発皿に入れて加熱する。**

(2)　**62.8**（cm）

解き方

円周の長さ＝直径× 3.14
Cを囲む2つの円周の長さの和は，
25 × 2 × 3.14 + 20 × 2 × 3.14 = 282.6（cm）
Dを囲む2つの円周の長さの和は，
20 × 2 × 3.14 + 15 × 2 × 3.14 = 219.8（cm）
その差は，282.6 − 219.8 = 62.8（cm）

(3)（分速）**566**（m）

解き方

速さ＝道のり÷時間
1分は60秒なので，35秒は$\frac{35}{60}$分と表される。よって，馬の速さは，
$330 \div \frac{35}{60} = 565.7\cdots$　およそ分速 566 m

鹿児島市立鹿児島玉龍中学校

適性検査Ⅰ

問一ア　**椅子やテーブルなどに囲まれ**

イ　**障害物を取り除いてあげること**

ヒント

空らん前後の言葉や，指定字数をヒントに探しましょう。

問二　**私はAをすすめる。Aを使うには床に置かれたモノを整理する必要があり，龍太さんが先回りして部屋を片付けるようになるからだ。**

ヒント

龍太さんの部屋は，「床に本とか洋服とかたくさんのものが転がっている」とあります。

問三(1)　**お互いの強みと弱さ**（を知ること）

(2)　**お互いの弱さを認めあう**（関係になること）

ヒント

岡田美智男さんの文章をふまえて考えましょう。

問四　**私の強みは人の話をしっかり聞けることだ。相手に寄りそって話を聞くことで，どんな人でもスムーズに話してもらうことができる。幼いころから参加していた地域の集まりで，コミュニケーションを取るために，どんな人の話にも耳をかたむけることを意識するうちに聞く力を身につけた。**

中学校では，相手の気持ちに寄りそって話を聞く姿勢を見せることで，あまり自分の意見が言えない人の本音を引き出していきたい。

適性検査Ⅱ

問1　**子どもがいる共働きの家庭を対象にして，児童センターで子どもを預かり，高齢者などのボランティアを募って，子どもたちの世話をしてもらおう**

問2　（帯グラフは）**それぞれの割合が一目でどのくらいか分かり，他との比較がしやすいから。**

考え方

表を帯グラフにすることで，全体にしめる割合が分かりやすくなります。

問3　1566万人

解き方

2018年の第2次産業の人口は，
6664 × 0.235 = 1566.04 より，
約1566万人となります。

問4　236

解き方

(173 + 356 + 289) ÷ 2 = 818 ÷ 2 = 409
409 − 173 = 236

問5　61 + 53 − 74

ヒント

（A＋B）＋（A＋C）から，B＋Cをひくと，Aを2回たした数になります。

問6　(2, 6, 1)

問7　イ

ヒント

Z座標から，エ，カはのぞきます（Z座標が3の位置にある立体は1つだけだから）。
同様に考えていくと，Y座標から，ウ，オ，X座標から，アがのぞかれます。

問8

	「布団を干して取り込む」	**12**	**時**	**10**	**分**
	「学習をする」	**14**	**時**	**10**	**分**
ほかに，	「布団を干して取り込む」	**10**	**時**	**50**	**分**
	「学習をする」	**14**	**時**	**20**	**分**

など可。

ヒント

表6のすべてのスケジュールをまとめると，次の図のようになります。この中で学習に80分取れるのは，14：10～15：40の90分の間だけです。
学習に取る80分に加えて，布団を取り込むのに10分かかるので，「取り込んでから学習する」か「学習してから取り込む」かの2通りが考えられます。それぞれの場合から逆算して，布団を並べる時間を決めましょう。

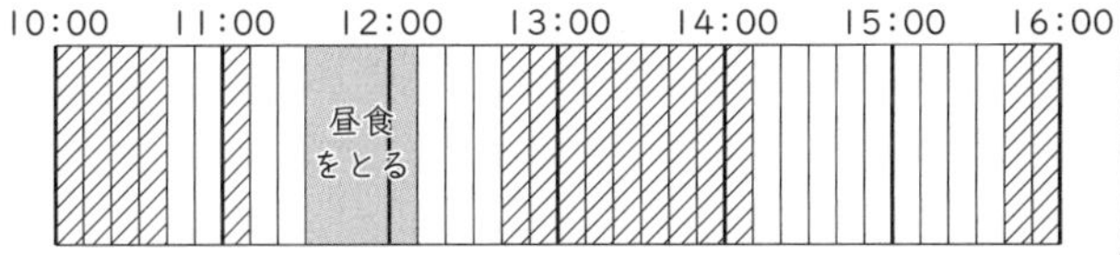

問9　B→A→D→C

問10　①　イ　　②　ウ

ヒント

グラフ1の食べられる動物，食べる動物それぞれの数が，最も少ないとき，中ぐらいのとき，最も多いときをグラフ2に当てはめて見比べてみましょう。

2022年受検用
全国公立中高一貫校

適性検査問題集

6年　　　組

名　前

2022年受検用

全国公立中高一貫校

適性検査問題集

解答用紙集

2022年受検用　全国公立中高一貫校

適性検査 問題集

解答用紙集

もくじ

※　札幌開成中等教育学校

適性検査Ⅰ　解答用紙

1

	ア	イ	ウ	エ
(1)	分間	ゴンドラ	分間	分間

	オ	カ
(2)		

	キ	ク	ケ
(3)	さん	さん	さん

(4)	
(5)	

学校名

受検番号			

適性検査Ⅰ　解答用紙

2

(1)	①	②	③
(2)	④	⑤	
(3)			
(4)			
(5)			

適性検査Ⅱ　解答用紙

1

(1)

道具やもの	工夫	目的

(2)

※◆の印から、横書きで書きましょう。途中で行を変えないで、続けて書きましょう。

※「。」や「、」も1字として数えるので、行の最後で右にますがないときは、ますの外に書いたり、ますの中に文字と一緒に書いたりせず、次の行の初めのますに書きましょう。

◆

15
30
45
60
75
90
105
120
135
150
165
180
195
200

学校名

受検番号			

適性検査Ⅱ　解答用紙

2

(1)

賛成意見	
反対意見	

(2)

※◆の印から、横書きで書きましょう。途中で行を変えないで、続けて書きましょう。

※「。」や「、」も1字として数えるので、行の最後で右にますがないときは、ますの外に書いたり、ますの中に文字と一緒に書いたりせず、次の行の初めのますに書きましょう。

◆

15　30　45　60　75　90　100　105　120　135　150

※　一関第一高等学校附属中学校

解答用紙　適性検査Ⅰ

受検番号	
氏名	

得点	※

1 文化祭の生徒会展示

問題		解答	配点
問題1	（1）	g	※ /4
問題1	（2）	cm	※ /8
問題2		g	※ /8
問題3			※ /10
問題4			※ /10
問題5			※ /10
問題6	（1）	番号	※ /5
問題6	（2）	番号	※ /5

※ /60

2 幼稚園訪問の活動

問題	解答	配点
問題1	枚	※ /12
問題2		※ /12
問題3	人	※ /12
問題4	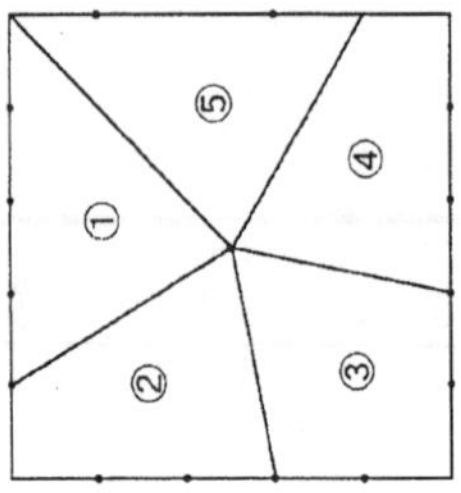	※ /12
問題5	cm^3	※ /12

※ /60

解答用紙　適性検査Ⅱ

受検番号	
氏名	

得点	※

1 三陸への旅

問題		解答	得点
問題1			※ /10
問題2		m	※ /10
問題3	（1）		※ /8
	（2）		※ /10
問題4			※ /10
問題5		ア / イ / ウ / エ	※ 各3点 /12

※ /60

2 持続可能な社会

問題	解答	得点
問題1		※ /10
問題2	番号	※ /12
問題3	ア / イ / ウ / エ	※ 各2点 /8
問題4	番号	※ /10
問題5		※ /10
問題6	番号	※ /5
	番号	※ /5

※ /60

※　宮城県立中学校（仙台二華）

<注意>　□ の欄に記入してはいけません。

＊

問題の番号			解答を記入する欄
1	1	(1)	
		(2)	
		(3)	選んだ写真の番号（　　　　　）
	2	(1)	（　　　　　）と（　　　　　）
		(2)	
		(3)	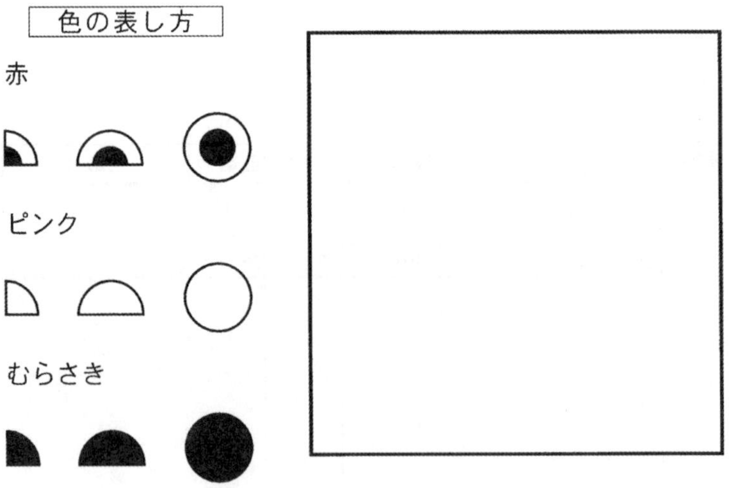
	3	(1)	
		(2)	
		(3)	（　　　　　　　　）g

※　宮城県立中学校（仙台二華）

受　検　番　号	

＊

＊

問題の番号			解　答　を　記　入　す　る　欄			
2	1	(1)	(　　　　　　　　　　) cm			
		(2)				
		(3)				
	2	(1)				
		(2)				
	3	(1)				
		(2)				
		(3)	本物より軽い模型	枚	本物より重い模型	枚
	4	(1)				
		(2)				
		(3)	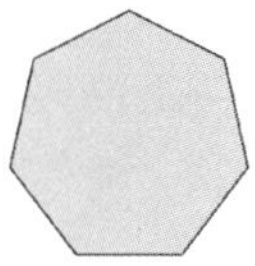			

※　宮城県立中学校（古川黎明）

受検番号	

＊

＊

問題の番号				解答を記入する欄
2	1	（1）		
		（2）	ア	
			イ	
		（3）		記号（　　　　）
				役割
		（4）	ア	あ
				い
			イ	
	2	（1）	ア	（　　　　　　　　）cm^2
			イ	（　　　　　　　　）mm
		（2）		（　　　　　　　）人
				求め方

※　茨城県立中学校・中等教育学校
(日立第一・太田第一・水戸第一・鉾田第一・鹿島・土浦第一・竜ヶ崎第一・下館第一・勝田・並木・古河)

得　点

解 答 用 紙

適性検査 I

受検番号

1

問題1

あ	時ごろ
い	理由は, からだね。
う	理由は, からよね。

問題2

問題3

説明：

2

問題1

方法：
理由：

問題2

記号：

うすい塩酸：	炭酸水：	石灰水：	食塩水：
アンモニア水：	水酸化ナトリウムの水よう液：		水：

問題3

色が変化する理由：酸性とアルカリ性の液体が混ざり合うと,
液体を緑色にして処理する理由：

3

問題１

	○か×	○の場合は効果，×の場合は方法
資料１		
資料２		
資料３		

問題２

問題３

本

問題４

140

180

得　　点

解 答 用 紙

適性検査 I

4

問題１

あ	回転

問題２

い	タイヤＡの４本セットを（　　　　）回， タイヤＢの４本セットを（　　　　）回
説明	

受検番号

5

問題１

あ	秒後

問題２

い	
説明	

問題２のメモ（自由に使ってください。採点の対象ではありません。）

スタート（０秒）	○				○	○	○	○	○	○				○	○	○	○	○
１秒後		○			○	○	○	○	○		○			○	○	○	○	○
２秒後	○		○		○	○	○	○		○		○		○	○	○	○	

※　茨城県立中学校・中等教育学校
（日立第一・太田第一・水戸第一・鉾田第一・鹿島・土浦第一・竜ヶ崎第一・下館第一・勝田・並木・古河）

得　点

1

解答用紙

適性検査Ⅱ

問題１

50

70

問題２

受検番号

問題３

100

120

＜**1**～**2**の**問題**の解答を書き直すときの注意＞

○　解答を書き直すときは，例のように，付け加えたり，けずったりしてかまいません。ただし，字数については書き直した文字で数えます。

（例）

~~きょう，~~ ~~赤い~~（あまい）いちご（たくさん）をもらって

2

問題1

ア	

問題2

イ	

問題3

(1)	代かき	田植え
(2)		

問題4

(1)	
(2)	

問題5

(　　) たっぷり野菜カレー	(　　) 具だくさんオムレツ

80

100

得　　点

解 答 用 紙

適性検査Ⅱ

3

問題１

問題２

国名	位置

問題３

受検番号

問題４

金属工業	化学工業	せんい工業

問題５

問題6

問題7

(1)	
(2)	

※　栃木県立中学校（宇都宮東・佐野・矢板東）

適 性 検 査 解 答 用 紙【1】

受 検 番 号	番

得 点	【1】	【2】	計
	※	※	※

※ らんには何も記入しないこと。

1

[問 1]　※

[問 2]　→　→　→　→　※

2

[問 1]　※

[問 2]　※

① %	② g
③ g	④ g

3

[問 1]　※

①

②

[問 2]　※

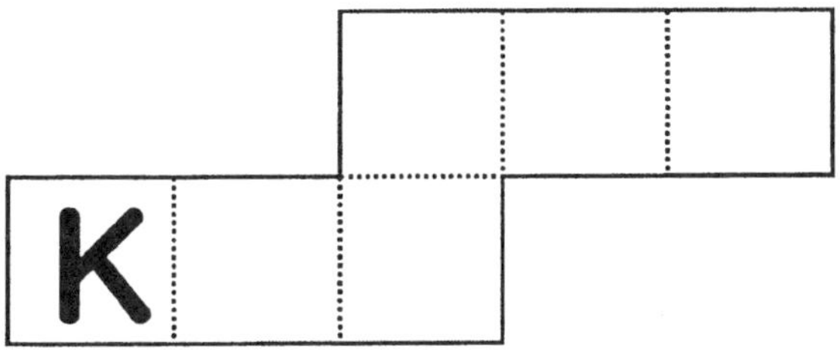

4

[問 1]　※

①	②	③

[問 2]　※

第一走者　第二走者　第三走者　第四走者

→　→　→

適性検査解答用紙【2】

受検番号	番

得点	【2】
	※

※ らんには何も記入しないこと。

5

［問 1］

Aチーム		Bチーム		Cチーム		Dチーム		Eチーム	
学年	地区	学年	地区	学年	地区	学年	地区	学年	地区
6	南	6	南			6	南	5	北
5	北		南			4	北	5	北
3	北							4	南
2	南	2							
						1			

※

［問 2］

※

※　東京都立中学校・中等教育学校共同作成問題

解答用紙　適性検査Ⅰ

受検番号	
得点	※

※のらんには、記入しないこと。

1

〔問題1〕 (10)

〔問題2〕 (20)

〔問題3〕 (440)

(3　小石川)

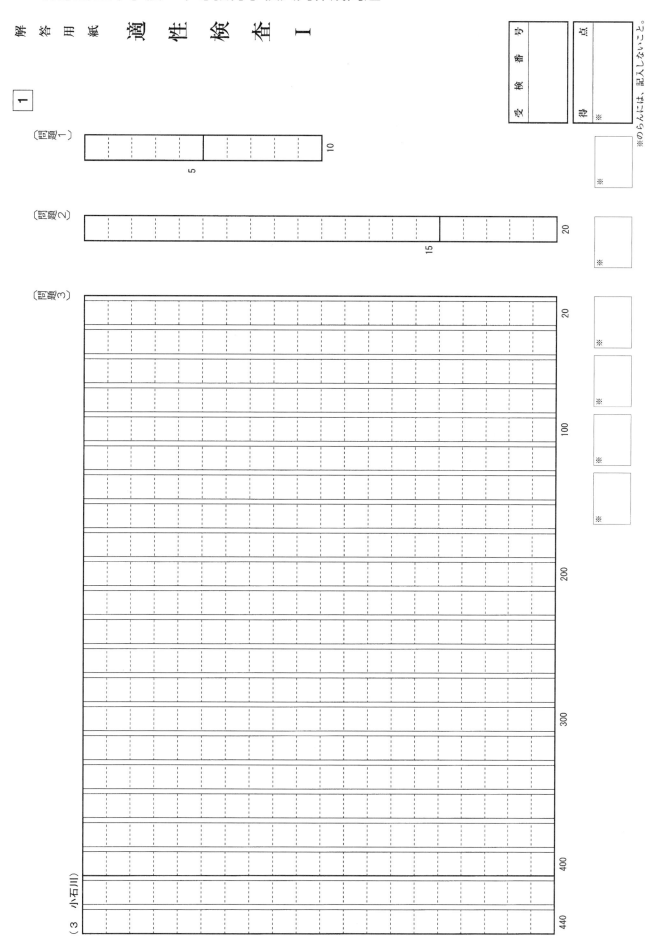

解答用紙　適性検査Ⅱ

1

〔問題１〕

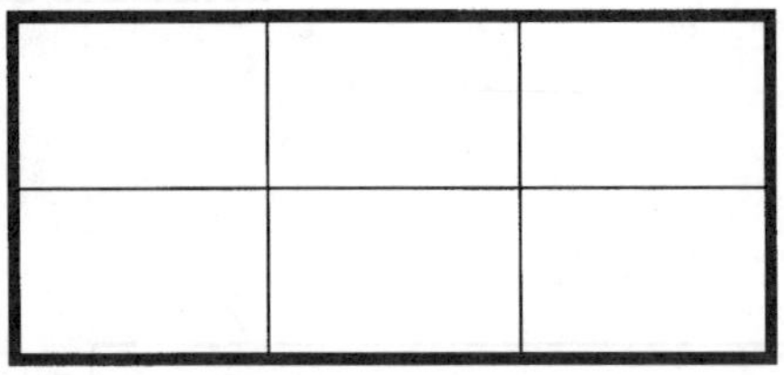

〔説明〕

※

〔問題２〕

〔アの側面に書く４個の数〕

〔イの側面に書く４個の数〕

〔ウの側面に書く４個の数〕

〔エの側面に書く４個の数〕

〔アの展開図〕

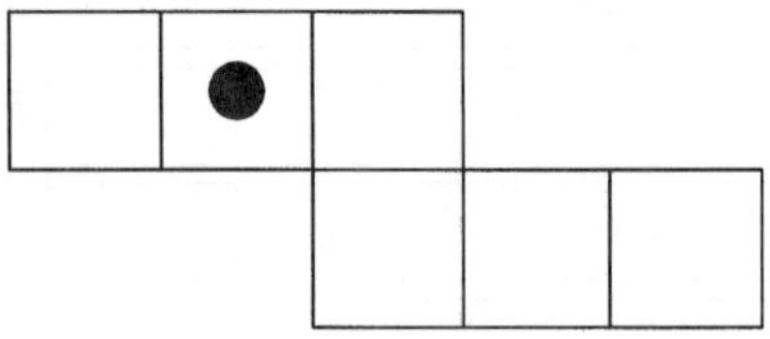

〔イの展開図〕

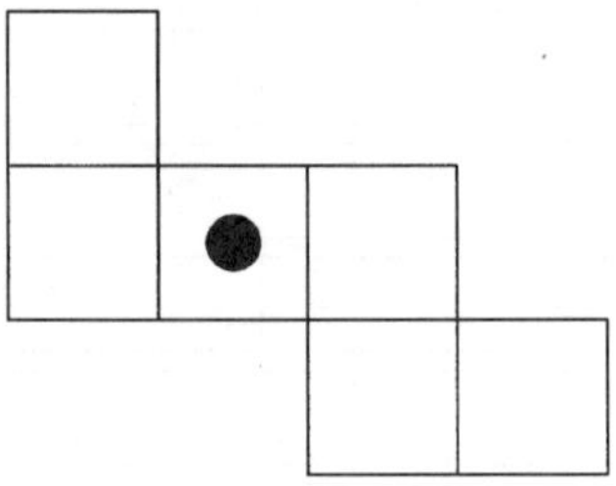

〔ウの展開図〕

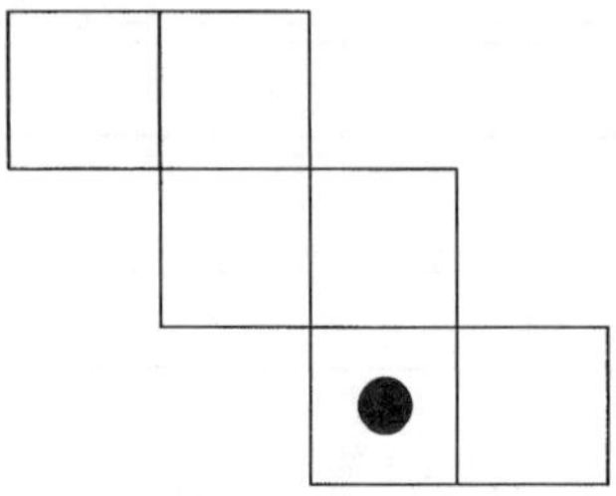

〔エの展開図〕

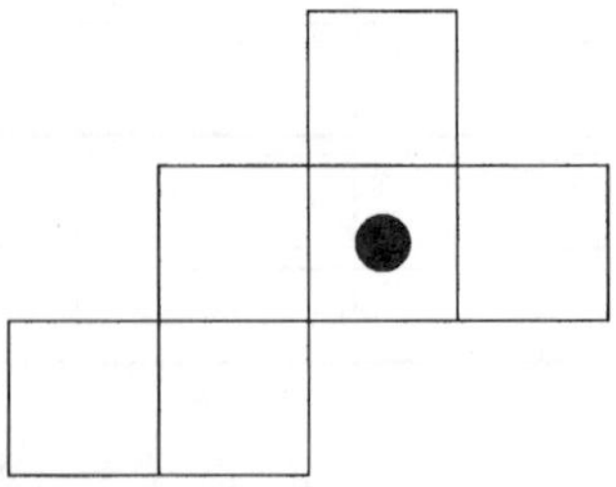

※

2

〔問題1〕

※

〔問題2〕

（選んだ二つを○で囲みなさい。）

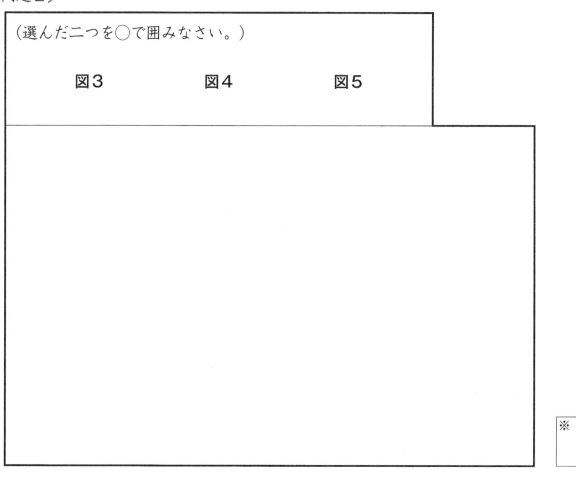

図3　　**図4**　　**図5**

※

3

〔問題1〕

（1）

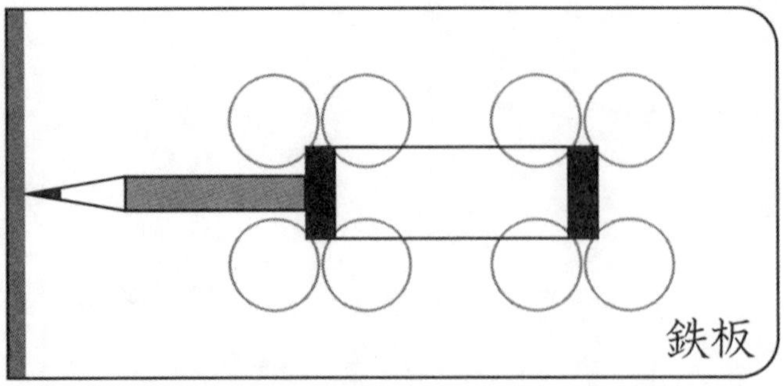

（2）

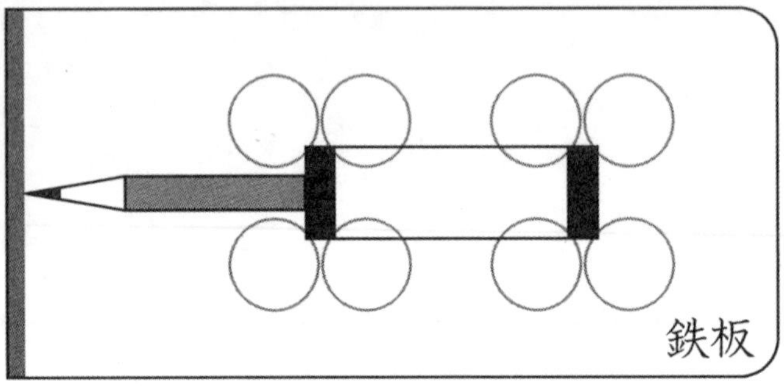

〔理由〕

※

〔問題2〕

（1）　　個

（2）〔大きい場合〕

〔理由〕

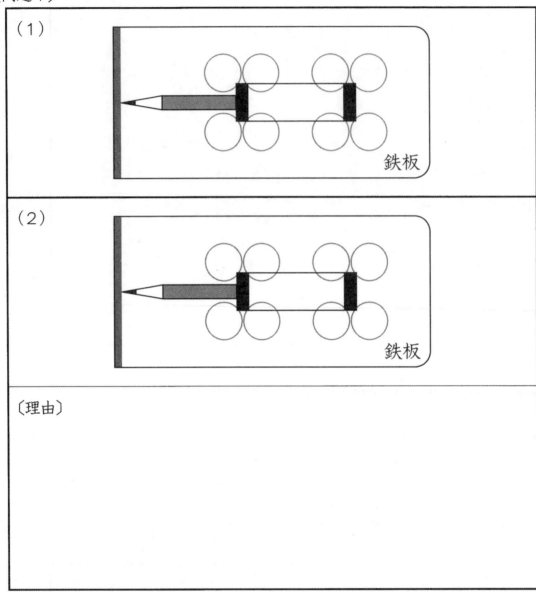

※

※　東京都立小石川中等教育学校

解答用紙　適性検査Ⅱ

2

〔問題１〕

※

〔問題２〕

（１）

２００３年	２００７年	２０１１年	２０１５年	２０１９年
％	％	％	％	％

※

（２）

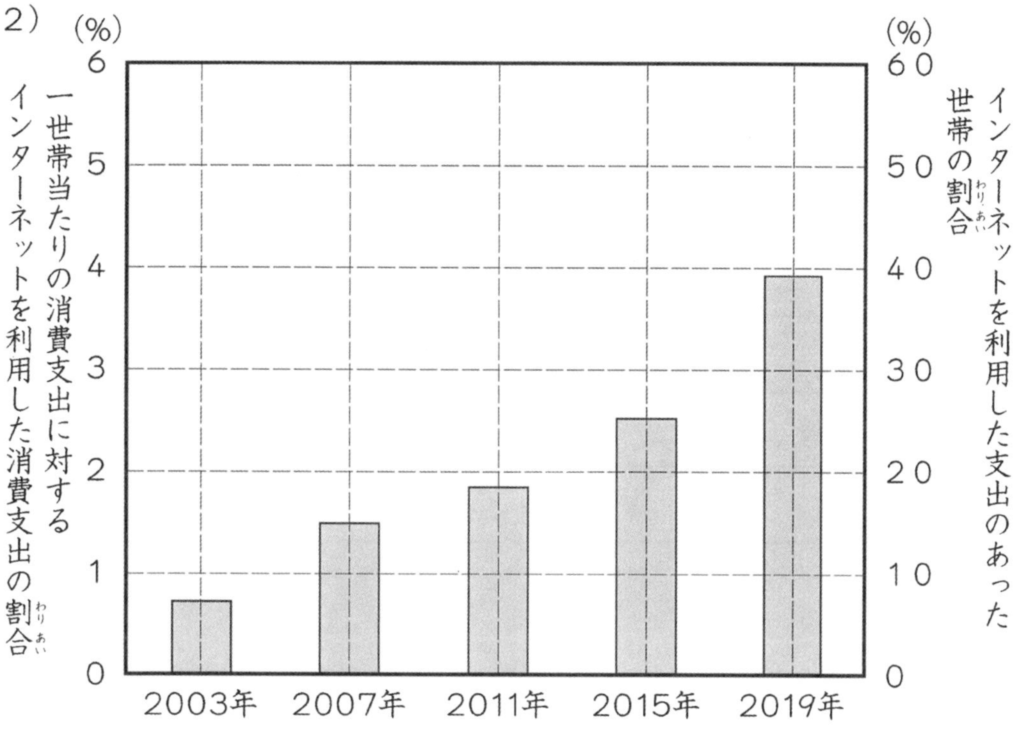

※

（３）

※

（4）

※

〔問題３〕（横書きで書きなさい。）

課題

120

※

150

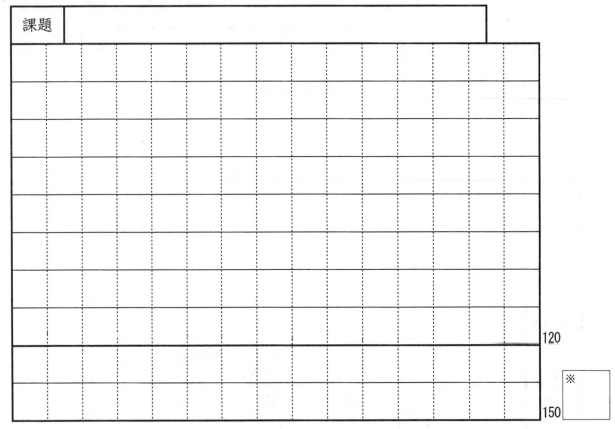

解答用紙　適性検査Ⅲ

1

〔問題１〕

※

〔問題２〕

（１）

（２）

（３）

※

〔問題３〕

（１）

小さいイヌ：		cm^2	大きいイヌ：		cm^2

（２）

※

〔問題４〕

①

②

※

2

〔問題１〕

（１）

選んだ整数	できる整数

（２）

もとの１けたの整数	
理由	

※

〔問題２〕

（１）

（２）

できる　・　できない

※

〔問題３〕

※

※　東京都立両国高等学校附属中学校

解答用紙　適性検査 Ⅲ

1

〔問題１〕

どちらかを◯で囲む　　数字を記入

図２ ・ 図３　の方が　[　　]　ｃｍだけ長い。

※

〔問題２〕

１０個　　１２個

※

〔問題３〕

[　　]ｃｍ、[　　]ｃｍ、[　　]ｃｍ

※

2

〔問題１〕

式	
答	mm^3

※

〔問題２〕

※

受検番号	得点
	※

※のらんには、記入しないこと

※　東京都立桜修館中等教育学校

1

〔問題１〕

シールの大きさ	**大**	**小**
枚(まい) 数(すう)	枚	枚

※

〔問題２〕

※

〔問題３〕

Ｅ（　　　　、　　　　）

※

〔問題４〕

赤　・　青　・　緑

個

※

〔問題５〕

さいころの大きさ	**大きい**さいころ	**小さい**さいころ
出た数字		

※

〔問題６〕

さくらさんは〔　　　　　　〕さんと対戦して勝ち、

そして、最後のゲームで

〔　　　　　　〕さんと〔　　　　　　〕さんが対戦して、

【　　　　　　　　　　　　】。

※

※　東京都立武蔵高等学校附属中学校

解答用紙　適性検査Ⅱ

2

〔問題1〕（1）

A県	B県
C県	D県
E県	F県

※

（2）

キャベツ　・　レタス　は　[　　　　]　倍の差がある。

※

（3）

※

〔問題2〕（1）

[理由1]

[理由2]

※

（2）

[番号]	[努力1]
[番号]	[努力2]

※

解答用紙　適性検査Ⅲ

1

〔問題１〕

立体②の体積は、 立体③の体積の　　　　倍	
立方体①の １辺の長さ　　　　ｃｍ	立体③の底面の 正方形の１辺の長さ　　　　ｃｍ

※

〔問題２〕

面のぬり方　　　　通り
説明

※

〔問題３〕

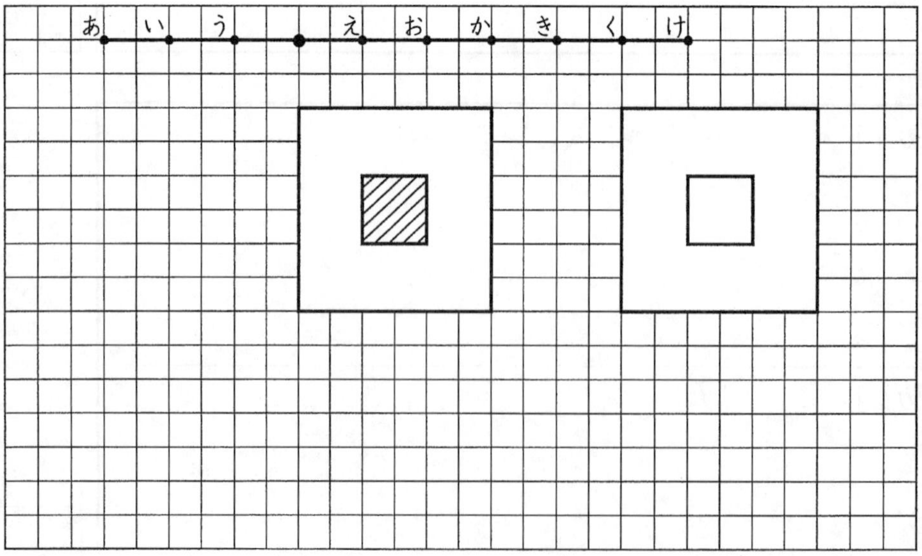

電灯⑧の位置〔　　　　　〕　かげの部分の面積〔　　　　　〕cm^2

※

2

〔問題１〕

（　　　　　）さんの調べ方に追加すること

※

〔問題２〕

選んだこん虫の名前：（　　　　　　　　　）

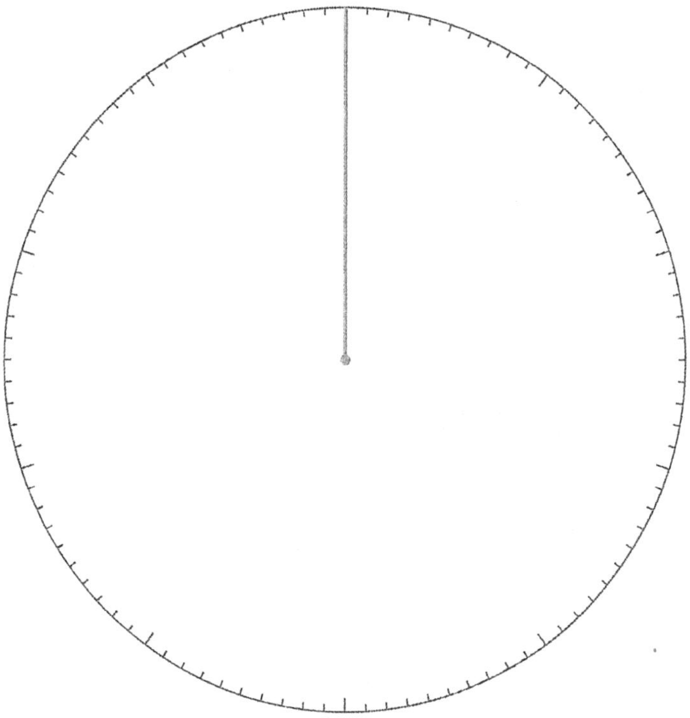

※

〔問題３〕

図（　）から読み取れること：

図（　）から読み取れること：

考えた仮説：

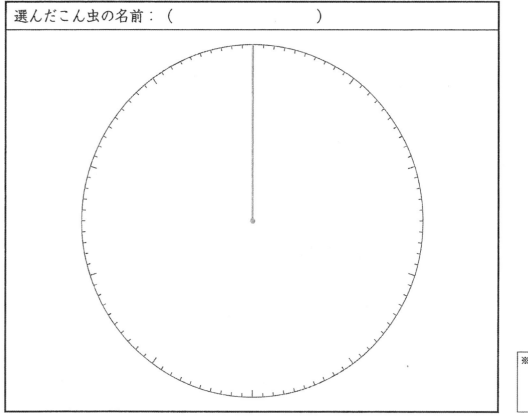

※

※　東京都立大泉高等学校附属中学校

解答用紙　適性検査Ⅲ

1

〔問題1〕

0.3mm・0.5mm・0.7mm	枚(まい)
0.3mm・0.5mm・0.7mm	枚

※

〔問題2〕

下向きなのに、

理由はなんだろう。

※

2

〔問題1〕

理由

※

〔問題２〕

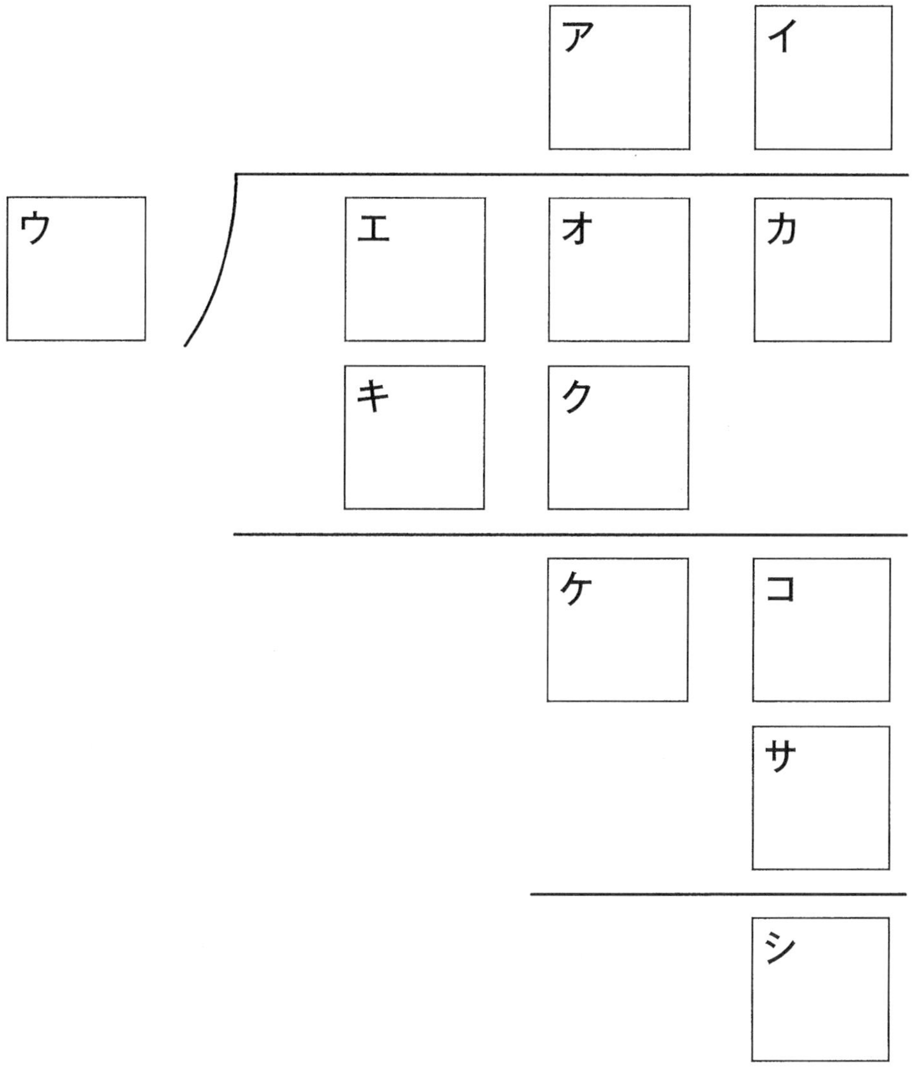

※

〔問題３〕

ゆい（最大）　・　さき（最小）	

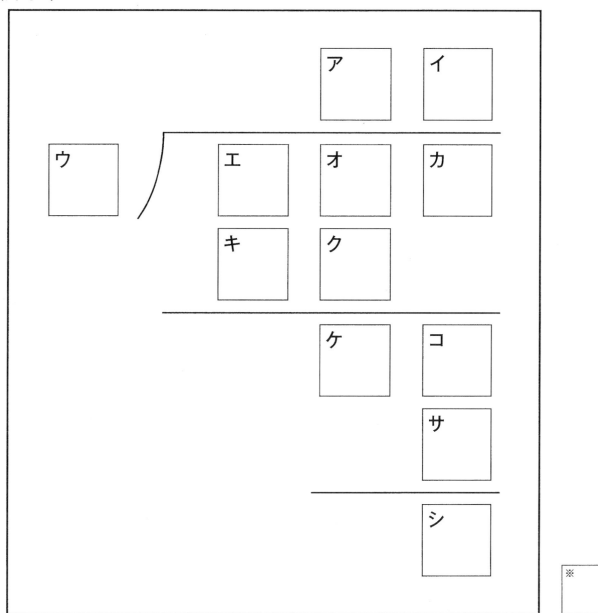

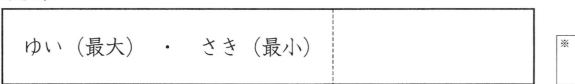

※

※　東京都立三鷹中等教育学校

解答用紙　適性検査Ⅱ

1

〔問題1〕

並べ方は、**図1**、**図2**で示された1通り以外に全部で〔　　　〕通りある。

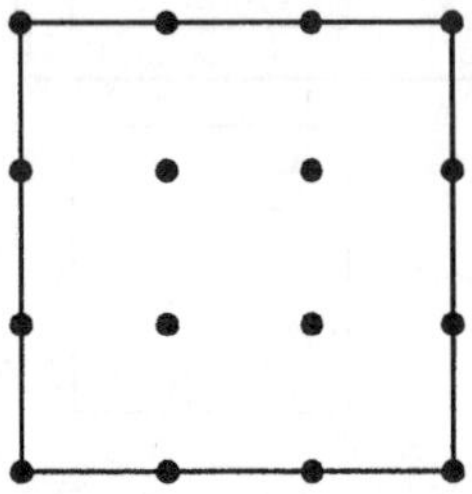
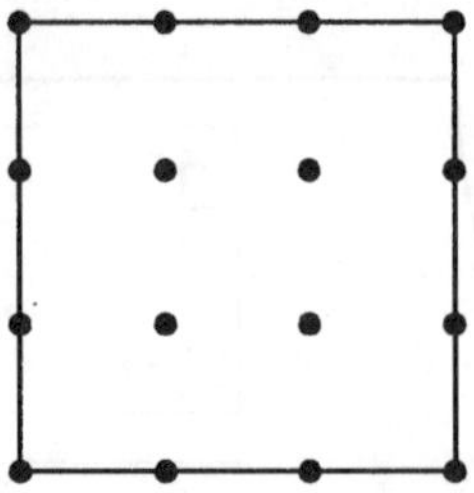

※

〔問題2〕

決めた直径〔　　　〕cm	求めた円周率〔　　　〕

〔説明〕

※

〔問題3〕

必要な色画用紙の枚数は〔　　　　〕枚になる。

〔説明〕

※

※　神奈川県立中等教育学校（平塚・相模原）

適 性 検 査 Ⅰ 解 答 用 紙（令和３年度）

下の欄には記入しない

受検番号	氏　　名

問１

（1）

（2）

ア

7　9

イ

15　20

問１

（1）

（2）

ア

イ

問2

（1）

かなこさん	たろうさん

（2）

ア	イ
cm	cm

下の欄には記入しない

問2
（1）

（2）

受検番号	氏　　　名

問3

（1）

（2）

ア

イ

下の欄（らん）には記入しない

問3
（1）

（2）
ア

イ

問4

（1）

ア

イ

1番め	2番め	3番め	4番め

（2）

ア　　回

イ　　周

下の欄(らん)には記入しない

問4

（1）

ア

イ

（2）

ア

イ

適性検査Ⅱ 解答用紙（令和3年度）

下の欄には記入しない

受検番号	氏　　名

問1

（1）

（2）※表紙の――注　意――の4をよく読んで書きましょう。
なお，この問題は，ひらがなやカタカナのみで書いてはいけません。

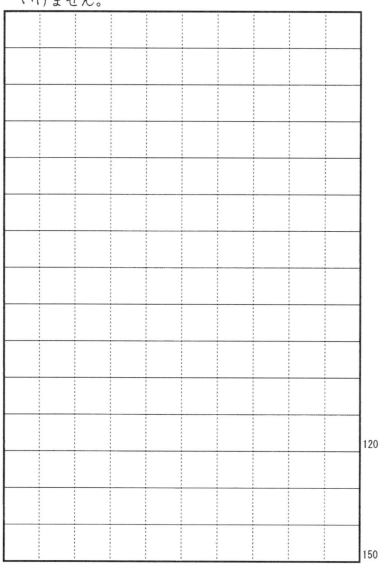

120

150

問1

（1）

（2）

問2

（1）

（2）

ア

回数

8 10

イ

回数

8 10

下の欄(らん)には記入しない

問2
（1）

（2）	
ア	

イ	

受検番号	氏　　名

問３

下の欄には記入しない

（１）

ア

イ

cm

（２）

枚

問３
（１）
ア
イ
（２）

問4

（1）※[　　]に数を書きましょう。

[　　]，[　　]

（2）

ア　　　　通り

イ　　　　通り

下の欄(らん)には記入しない

問4
（1）

（2）
ア

イ

※　岡山県立中学校・中等教育学校（岡山操山・倉敷天城・岡山大安寺・津山）
適性検査Ⅰ（課題１，３は共通です。課題２の解答用紙は 49 ページから 52 ページにあります。）

課題１

（１）

太郎	分	花子	分

（２）

説明					
増えた後の参加者	人	あめ	個	袋	枚

（３）

考えられる太郎の得点	

選んだ太郎の得点	点

花子の得点	点
進の得点	点
陽子の得点	点

課題３

（１）

解答らん

（２）

説明

（３）

説明

分程度

※　岡山県立中学校・中等教育学校（岡山操山）適性検査Ⅰ

（課題１，３は共通です。解答用紙は 47，48 ページにあります。）

課題２

（１）

壁に　　　回ぶつかり，角　　　で止まる

（２）

解答らん

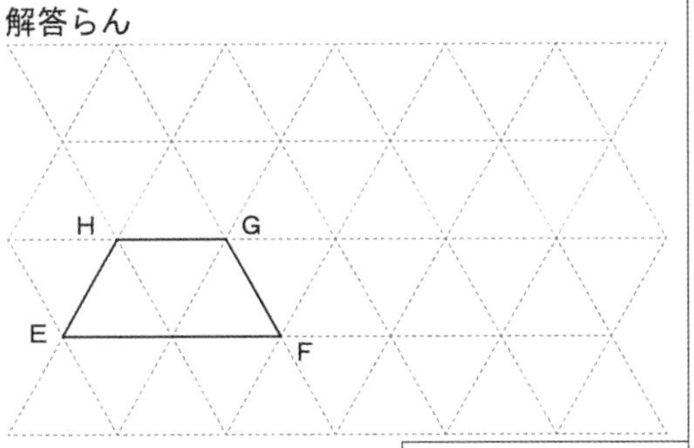

回

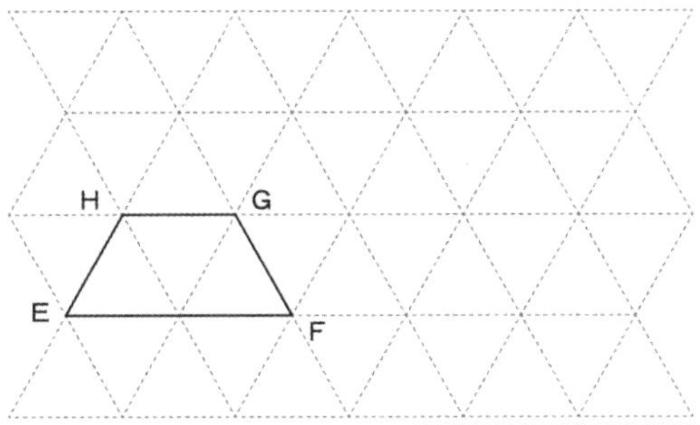

回

（３）

（ア）　　　　cm^2	（イ）　　　　cm^2

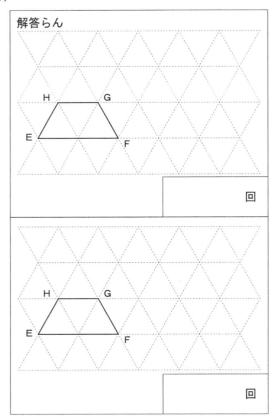

※　岡山県立中学校・中等教育学校（倉敷天城）適性検査Ⅰ
（課題１，３は共通です。解答用紙は 47，48 ページにあります。）

課題２

（１）

cm²

（２）

説明
選んだ図形

（３）

説明
たて　　　　枚，横　　　　枚，使う画びょうの個数　　　　個

※　岡山県立中学校・中等教育学校（岡山大安寺）適性検査Ⅰ

（課題１，３は共通です。解答用紙は 47，48 ページにあります。）

課題２

（１）

度

（２）

個

（３）

説明	
	正　　　　角形

※　岡山県立中学校・中等教育学校（津山）適性検査Ⅰ

（課題１，３は共通です。解答用紙は 47，48 ページにあります。）

課題２

（１）

（２）

度

（３）

説明

cm^2

（４）

解答らん

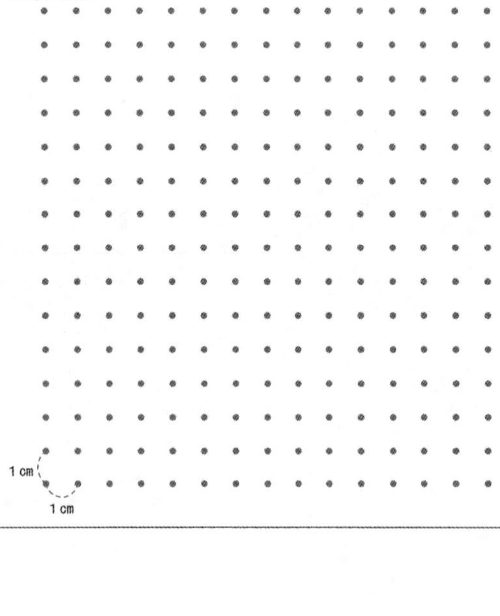

※　岡山県立中学校・中等教育学校（岡山操山・倉敷天城・岡山大安寺・津山）
適性検査Ⅱ（課題１，３は共通です。課題２の解答用紙は55ページから57ページにあります。）

課題１

（１）①

②

（２）

（３）

（４）

課題3

（1）

（2）

（3）

ア		人が，情報化が進むことによって
イ		

※　岡山県立中学校・中等教育学校（岡山操山）適性検査Ⅱ
（課題１，３は共通です。解答用紙は 53，54 ページにあります。）

課題２

選んだグループ	

100字

200字

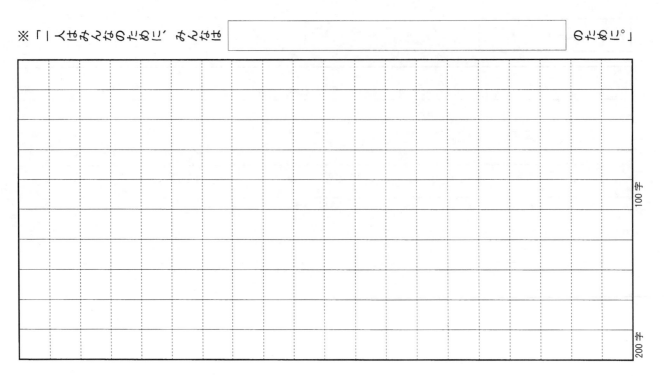

※　岡山県立中学校・中等教育学校（倉敷天城）適性検査Ⅱ

（課題１，３は共通です。解答用紙は 53，54 ページにあります。）

課題２

※「一人はみんなのために、みんなは　　　　　　　　のために。」

100字

200字

※　岡山県立中学校・中等教育学校（岡山大安寺・津山）適性検査Ⅱ

（課題１，３は共通です。解答用紙は 53，54 ページにあります。）

課題２

100 字

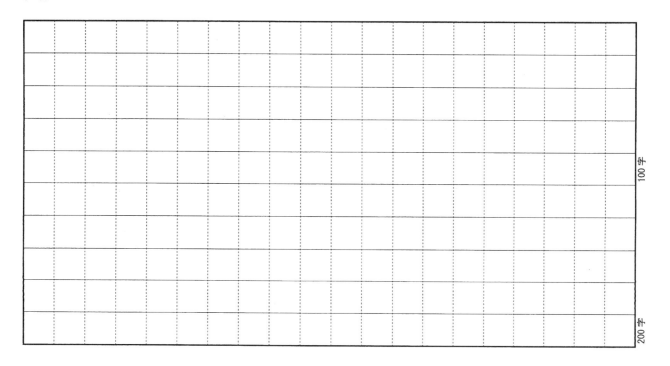

200 字

※　広島県立広島中学校

広
適１
解

受検番号	第　　　番

適性検査１　解答用紙

得点	

1		2	（望美さんの考え方） （説明）

3	（予想） タンポポの花が開いたり閉じたりするのは， （　　　）が関係している （実験の方法） （実験の結果）	4	縦（　　　）cm　横（　　　）cm，追加するレンガの個数〔　　　〕個 （考え方）

5	（選んだふりこ） ふりこ　（　　） ふりこ　（　　） ふりこ　（　　） ふりこ　（　　）	（４個のふりこに決めた考え方）

広 適2 解

受検番号　第　　番

適性検査2　解答用紙

得点

1

テーマ

180字

2

3

1

2

100字

200字

※　広島市立広島中等教育学校

解答用紙　適性検査１

受　検　番　号

【問題1】

〔問1〕 20 40 50

〔問2〕 10

〔問3〕 20 30

〔問4〕 20 40 60 80 100 120 140 150

解答用紙　適性検査１

受検番号

【問題2】

〔問1〕	
〔問2〕	
〔問3〕	100 200 300 350 400

※　広島市立広島中等教育学校

解答用紙　適性検査２－１

受　検　番　号

【問題1】

〔問1〕	個		
〔問2〕	【ア】 分後	【イ】 分後	70億個をこえるのは 分後
〔問3〕	考え方 答え 回		

【問題2】

〔問1〕	(ア)	(イ)	(ウエオ)
〔問2〕	「2イート，1バイト」にならない理由	「0イート，0バイト」にならない理由	
〔問3〕	(カキク)		

【問題3】

〔問1〕	cm²	
〔問2〕	表面積の求め方 答え cm²	
〔問3〕	抜き取った積み木の番号(小さい順)	表面積 cm²

解答用紙　適性検査２－２

受検番号

【問題1】

〔問1〕
(1)
(2)

〔問2〕
(1)
(2)

〔問3〕
(1)
(2)

〔問4〕
(1)

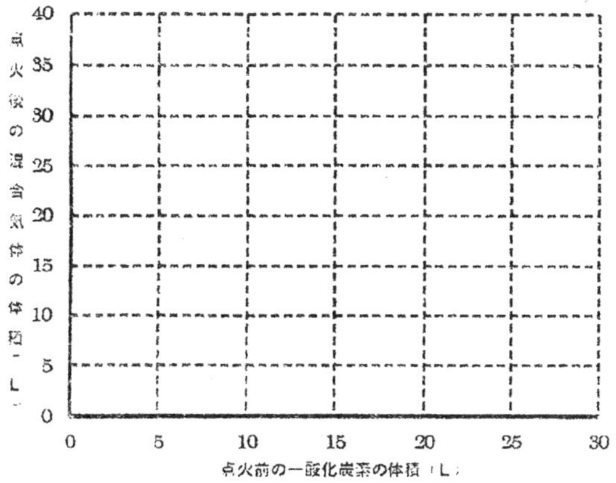

(2)　計算式

答え

【問題2】

〔問1〕
(1)
(2)　〔丸をつける〕
できる　・　できない
〔色または理由〕

〔問2〕

〔問3〕
〔名前〕
〔はたらき〕

〔問4〕

【問題3】

〔問1〕

〔問2〕

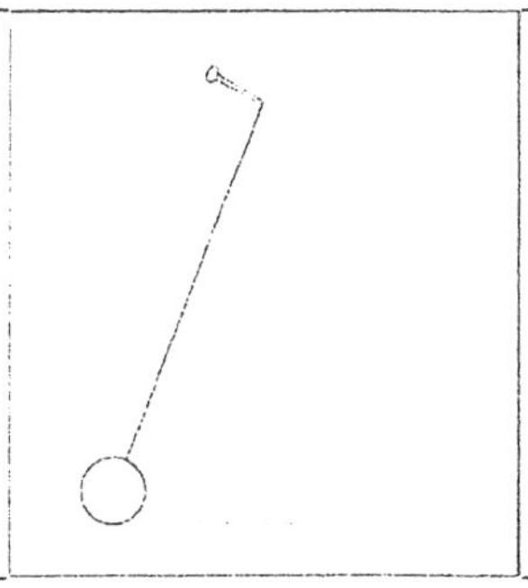

〔問3〕
(　　　　　　　　　　　　　　　　　　　　)
ためよ。

〔問4〕

〔実験番号〕	〔2本目の釘の位置〕
	1本目の釘から(　　　　)cm真下の位置に打つ
	1本目の釘から(　　　　)cm真下の位置に打つ

※　福山市立福山中学校

1-1

受検番号	第　　　　番

※

検査１　解答用紙

問題１

効率よいと思う方法 (バケツの種類, 回数, 入れ方) とその理由	
計算式と具体的な手順	

1※

問題２

2※

1-2

受検番号	第　　　　番

※

検査１　解答用紙

問題３

選んだグラフの記号	

［理由］

3※

問題４

将来，増えると予測する発電方法	

［理由］

4※

問題５

	1				1		

5※

2-1

検査2　解答用紙

問い1

受検番号
第　　番

※

100
200
300
400

検査２　解答用紙

問い２

受検番号

第　　番

※

150

300

2-2

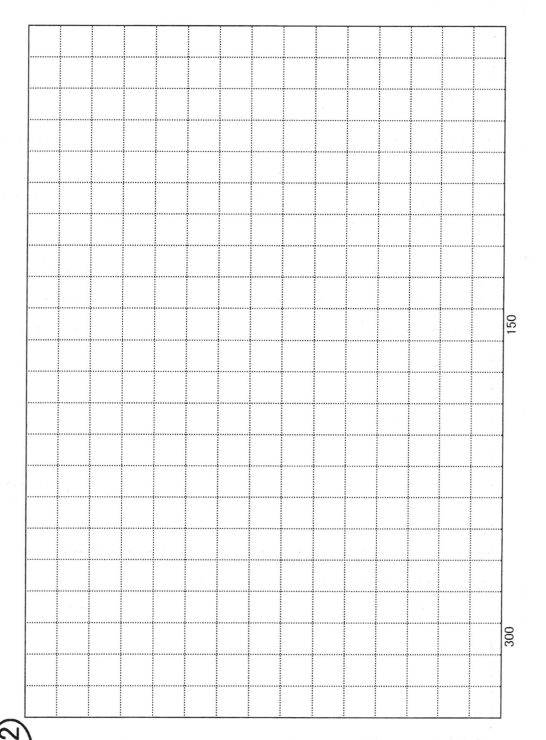

※　徳島県立中学校（城ノ内・川島・富岡東）

受検番号	

県立中学校及び県立中等教育学校適性検査　検査Ⅰ　解答用紙（１）

【課題１】

（問１）

（問２）

（問３）　25

（問４）

（問５）　13

（問６）
はじめの５字
おわりの５字

（問７）

（問８）　50　60

【課題２】

（問１）　①　②

（問２）　ア　イ　ウ　エ

（問３）

（問４）

という課題です。

（問５）

（問６）　→　→　→

（問７）

（問８）

県立中学校及び県立中等教育学校適性検査　検査Ⅰ　解答用紙（２）

受検番号

【課題３】

テーマ

13行

15行

受検番号

県立中学校及び県立中等教育学校適性検査　検査Ⅱ　解答用紙（1）

【課題1】

（問1）　m^2

（問2）
①　倍

②　最大（　　　）切れずつ用意することができ，余ったカステラの大きさは，カステラ1本の（　　　）にあたる。

（問3）
①　円

②　あめ（　　　）個，チョコレート（　　　）個，ゼリー（　　　）個

（問4）
①　きゃく

②

【課題2】

（問1）

（問2）

（問3）
方位

理由

（問4）

（問5）

（問6）
イ　燃やした後の空気

0　10　20　30　40　50　60　70　80　90　100%

（問7）
い

う

（問8）
まず，

ちっ素です。

受検番号

県立中学校及び県立中等教育学校適性検査　検査Ⅱ　解答用紙（2）

【課題３】

（問１）

①

②　　　　　　人分

（問２）

メダカ１ぴきあたりの水の量は，（　　　　）Ｌになり，
水そう（　　　）から水そう（　　　）へメダカを（　　　　　）移す。

（考え方）

（問３）

①　　　　　　枚

②

裏

（　　　　）（　　　　）

（問４）

cm 以上

（問５）

ア	イ	ウ	エ

（問６）

①

②

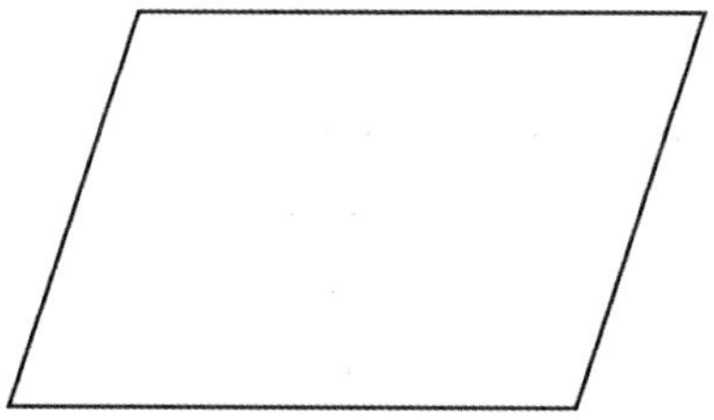

※　愛媛県立中等教育学校（今治東・松山西・宇和島南）

受検番号		氏　名	

令和３年度県立中等教育学校入学者選考適性検査解答用紙（１枚目）

1	(1)	15
	(2)	15
	(3)	10　15

2	(1)	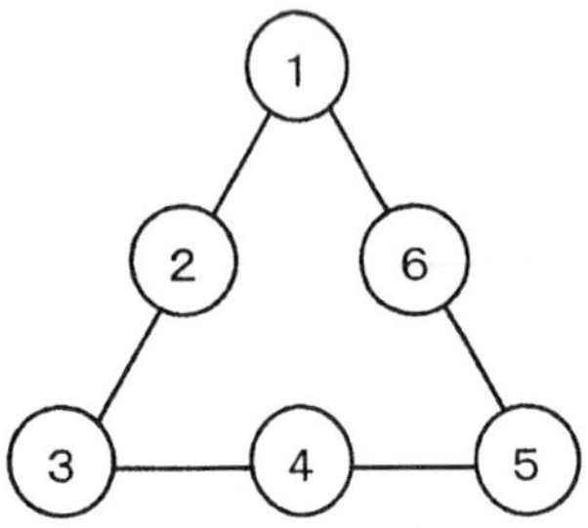		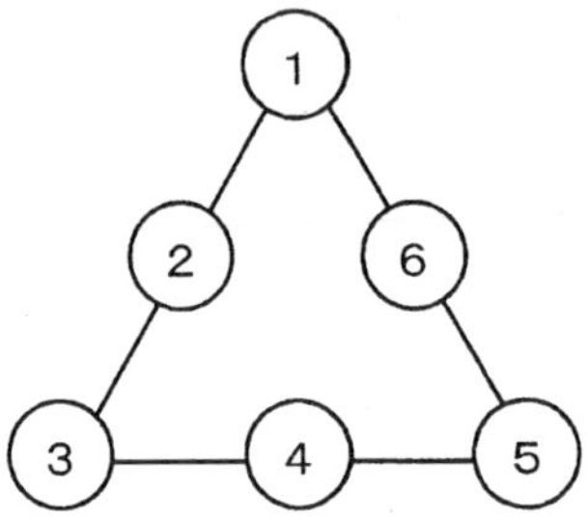
	(2)	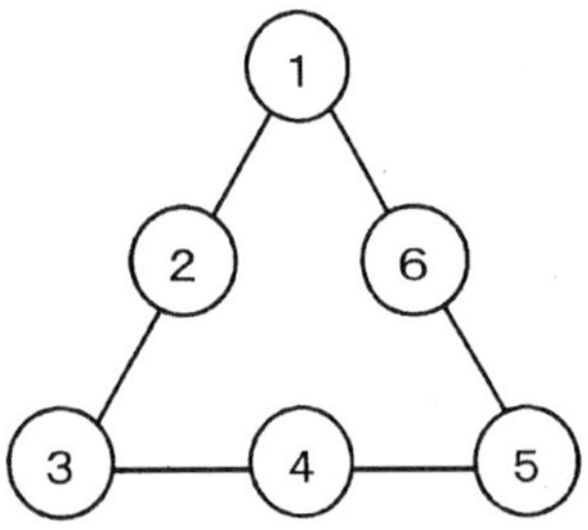	(3)	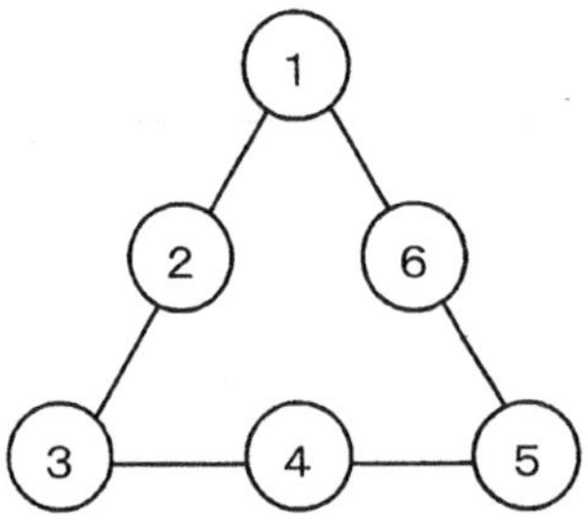
	(4)			

3	(1)	①		②	
	(2)				
	(3)	8月（　　　　　）日			

1	2	3

受検番号		氏　名	

令和３年度県立中等教育学校入学者選考適性検査解答用紙（２枚目）

4	⑴	豆電球（　　　　）	
	⑵	P（　　）　Q（　　）　R（　　）　S（　　）　T（　　）	
	⑶	場　所	
		使い方	
5	⑴	ア	イ
	⑵	（　　　　　　）　枚	
	⑶	（　　　　　　）　枚	
6	⑴		
	⑵	（　　　　　　）から。	資料の番号
	⑶	（　　　　　　）から。	資料の番号
	⑷	（　　　　　　）から。	資料の番号

1	2	3

4	5	6	合　計

※　福岡県立中学校・中等教育学校（育徳館・門司学園・輝翔館・宗像・嘉穂）

1

問１

【みそ汁の実】　（　　　　　　　　　）、（　　　　　　　　　）

【理由】

問２

①	ふっとうし、およそ１００度になったお湯の熱は、
②	

2

問１

【使う資料】　（　　　）

【説明】

問２

3

問１

（１）　　　　　cm²

（２）【クリームがついた面の面積】　　　　cm²

【求め方】

問２

【図】

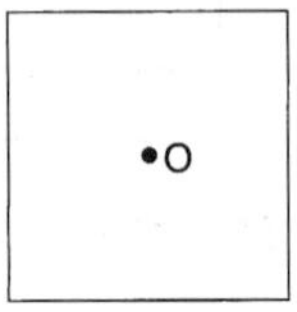

【説明】

受検番号	

No. 1

適性検査Ⅰ　解答用紙

1

(1)

(2)

1	
2	

(3)

番号	
改善方法	

50

70

※左からつめて、横書きにすること。

受検番号	

No. 2

適性検査Ⅰ　解答用紙

2

(1)

記号		

理由	ということが分かるからね。

(2)

場面	するときには
取り組み	

(3)

パネル	

メッセージ													
					70								
		80	給食の食べ残しをしないようにしましょう。										

※左からつめて、横書きにすること。　※数字も１字として数えること。

受検番号	

No. 3

適性検査Ⅰ　解答用紙

3 (1)

1													
2													
				30									
	40	からね											

※左からつめて、横書きにすること。

(2)

グループ1	作品												
	共通する特ちょう										10		
								20	という特ちょう				

※左からつめて、横書きにすること。

グループ2	作品												
	共通する特ちょう										10		
								20	という特ちょう				

※左からつめて、横書きにすること。

受検番号	

No. 1

適性検査Ⅱ　解答用紙

1 (1)

第１試合～第３試合の時間	第４試合～第６試合の時間
(　　　) 分ずつ	(　　　) 分ずつ

(2)

順位	１位	(　　　) 組
	２位	(　　　) 組
	３位	(　　　) 組
理由		

受検番号	

No. 2

適性検査Ⅱ　解答用紙

2

(1)

比べる結果	日目	日目
分かること		

(2)

ア		イ			
ウ		エ		オ	

受検番号	

No. 3

適性検査Ⅱ　解答用紙

3 (1)

【サイコロの展開図】

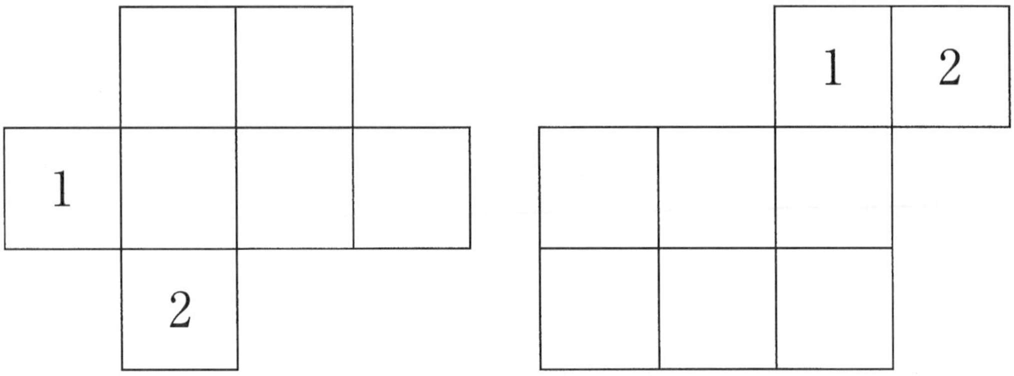

(2)

8を表すデザイン

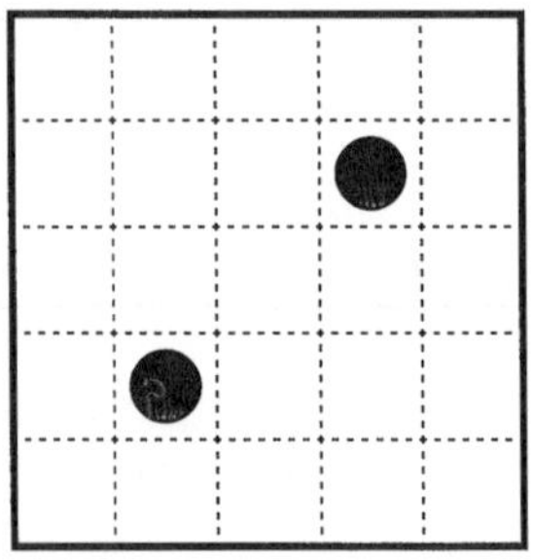

10を表すデザイン

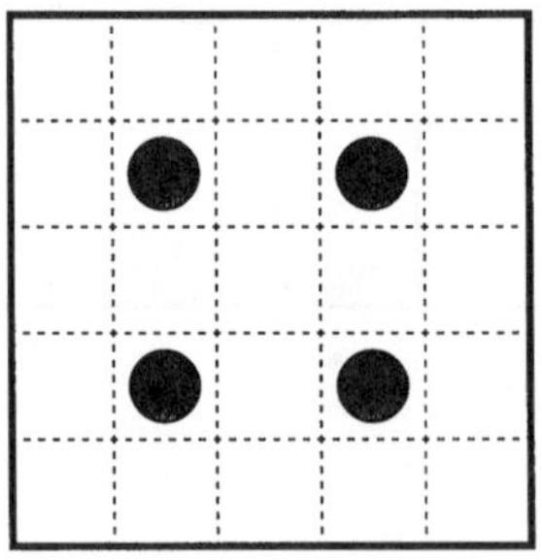

12を表すデザイン

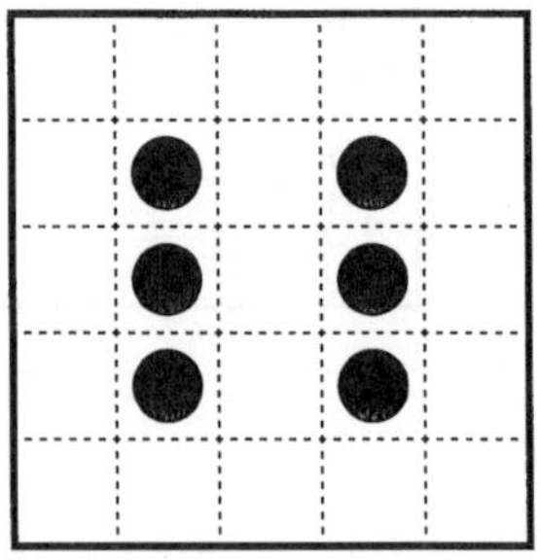

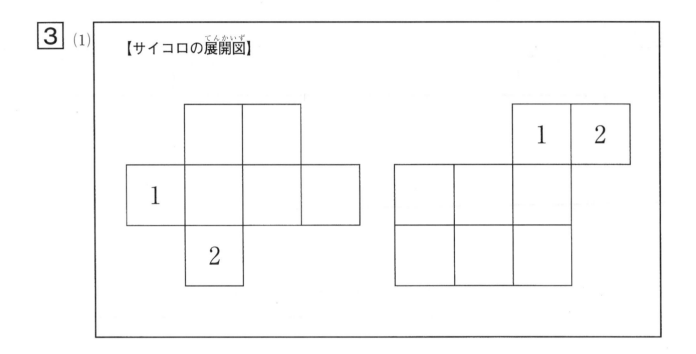

受検番号	

No. 4

適性検査Ⅱ　解答用紙

4 (1)

からね。

(2)

番号	
方法	

※　長崎県立中学校（長崎東・佐世保北・諫早）

解答用紙　令和３年度県立中学校入学者選抜適性検査

1

問題１		その日を過ぎると（　　　　　　　　　　）ので、 （　　　　　　　　　　）
問題２	ア	
	イ	
問題３	ウ	
問題４	エ	
問題５	オ	
	カ	

受検番号

2

問題１	ア		イ			
問題２	ウ		エ		オ	
問題３						
問題４						
問題５						

3	問題1				
		求め方			
	問題2				
	問題3	ア			
	問題4	イ		ウ	

4	問題1				
	問題2	ア			
		イ			
	問題3				
	問題4	ア			
		考え方			
	問題5	イ		ウ	

※　熊本県立中学校（宇土・八代・玉名）

適性検査問題Ⅰ解答用紙（その1）

受検番号	

1

問題1		
	A	ね
	B	ねる

問題2

問題3

問題4（10字）

問題5（40字）

◆の印から書き始め、段落は変えないこと。

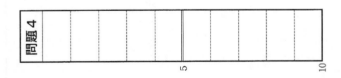

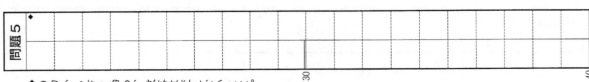

受検番号	

適性検査問題Ⅰ解答用紙（その２）

2

問題１	（１）	
	（２）	
	（３）	
問題２	（１）	記号
	（２）	「サポカー」のよさ
		「サポカー補助金」のよさ
	（３）	取り組み
		理由

適性検査問題Ⅰ解答用紙（その3）

受検番号

3

問題

◆

160

200

◆の印から書き始め、段落は変えないこと。

受検番号	

適性検査問題Ⅱ解答用紙（その1）

1

問題1	（1）	答え（　　　　）m（　　　　）cm
	（2）	答え（　　　　）m（　　　　）cm
		求め方
問題2	答え（　　　　）個	
	求め方	

受検番号	

適性検査問題Ⅱ解答用紙（その２）

1

問題３	記号（　　　　）
	理由
問題４	ア　イ　ウ　エ　オ
	理由

受検番号	

適性検査問題Ⅱ解答用紙（その3）

2

問題1	（1）	番号（　　　　）		
	（2）		予想は正しかったか	どれとどれを比べたか
		けんとさん	○　　×	
		なつみさん	○　　×	
		はなこさん	○　　×	
問題2	（1）	水よう液A　・　水よう液B		
		説明		
	（2）	説明		
問題3	（1）	記号（　　　　）		
		説明		
	（2）	㋐（　　　　）g ㋑（　　　　）g 記号（　　　　）		

※　大分県立大分豊府中学校

受検番号

令和３年度　大分県立大分豊府中学校入学者選抜 適性検査Ⅰ　解答用紙

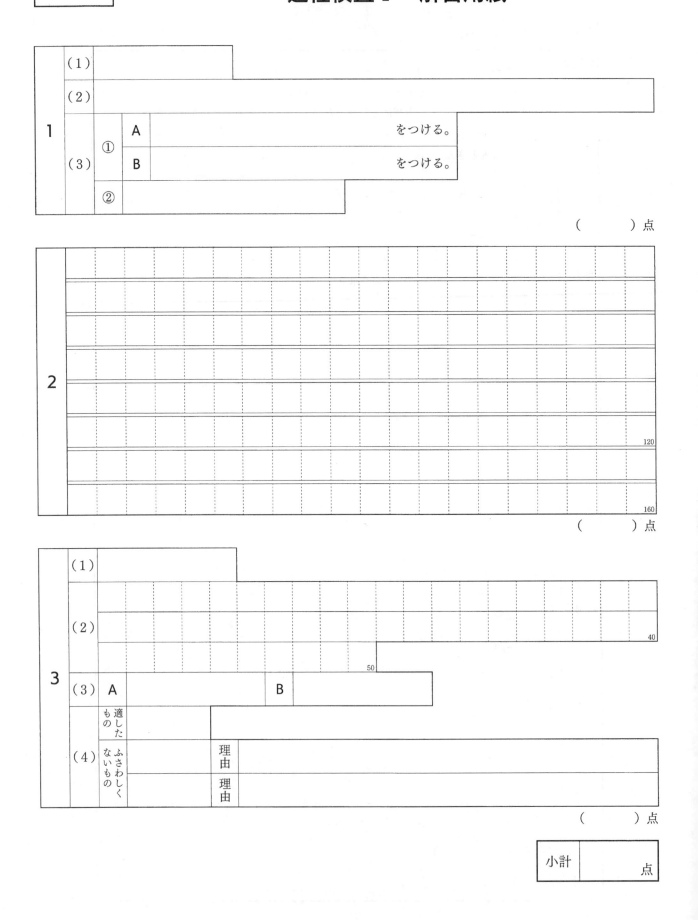

1	（1）			
	（2）			
	（3）	①	A	をつける。
			B	をつける。
		②		

（　　　）点

2	120 / 160

（　　　）点

3	（1）				
	（2）	40 / 50			
	（3）	A		B	
	（4）	適したもの			
		ふさわしくないもの		理由	
				理由	

（　　　）点

小計	点

得　点
点

4	(1)						
	(2)						
	(3)	権利					
	(4)						
	(5)	①	2		5		
		②					
	(6)	①	ア		イ		
		②	A	B	C	D	

(　　　　)点

小計	点

受検番号

令和３年度　大分県立大分豊府中学校入学者選抜
適性検査Ⅱ　解答用紙

1	(1)	ア		イ	
	(2)	水道料金はおよそ　　　　　　　　円			
		求め方			
	(3)	式			
		答え	およそ　　　　　　L		
	(4)	およそ　　　　　　cm			

(　　　)点

2	(1)	ア		イ	
		ウ		エ	
	(2)	オ			
	(3)	名前			
		説明			

(　　　)点

小計	点

得　点
点

3	（1）	
	（2）	
	（3）	
	（4）	
	（5）	

（　　　）点

4	（1）	①	
		②	
	（2）	方法	
		理由	

（　　　）点

小計	点

※　宮崎県立中学校・中等教育学校（五ヶ瀬・宮崎西・都城泉ヶ丘）

受検番号		氏　名	

【1枚目】

令和３年度
宮崎県立五ヶ瀬中等教育学校
宮崎県立宮崎西高等学校附属中学校
宮崎県立都城泉ヶ丘高等学校附属中学校
適性検査Ⅰ　第１部　解答用紙

（注意）※印のところは記入しないこと

※計	

課題１

問い1	ア	重い　・　軽い		
問い2	イ	g	ウ	cm
問い3	エ	cm	オ	g
	カ	g		

※　課題１

課題２

問い1	ア		イ	
問い2	ウ		エ	

※　課題２

受検番号		氏　　名	

【2 枚目】

令和3年度
宮崎県立五ヶ瀬中等教育学校
宮崎県立宮崎西高等学校附属中学校
宮崎県立都城泉ヶ丘高等学校附属中学校
適性検査Ⅰ　第1部　解答用紙

（注意）※印のところは記入しないこと

※計	

課題3

問い1		
問い2	正しくはかることができている　・　正しくはかることができていない	
	理由	
問い3		

※　課題3

課題4

問い1	①		②		③		④	
問い2								
問い3								

※　課題4

受検番号		氏　　名	

【３枚目】

令和３年度
宮崎県立五ヶ瀬中等教育学校
宮崎県立宮崎西高等学校附属中学校
宮崎県立都城泉ヶ丘高等学校附属中学校
適性検査Ⅰ　第１部　解答用紙

（注意）※印のところは記入しないこと

※計	

課題５

問い１				
問い２	①		②	
	③			
問い３	ア		イ	

※　課題５

課題６

問い１	①		②	
問い２	→　→　→			
問い３	方向			
	理由			
問い４	ア			
	イ			

※　課題６

※　宮崎県立中学校・中等教育学校（五ヶ瀬・宮崎西・都城泉ヶ丘）

受検番号		氏　　名	

【１枚目】

令和３年度

宮崎県立五ヶ瀬中等教育学校

宮崎県立宮崎西高等学校附属中学校

宮崎県立都城泉ヶ丘高等学校附属中学校

適性検査Ⅰ　第２部　解答用紙

（注意）※印のところは記入しないこと

※計	

課題１

問い１	通り	
	<理由>	
問い２	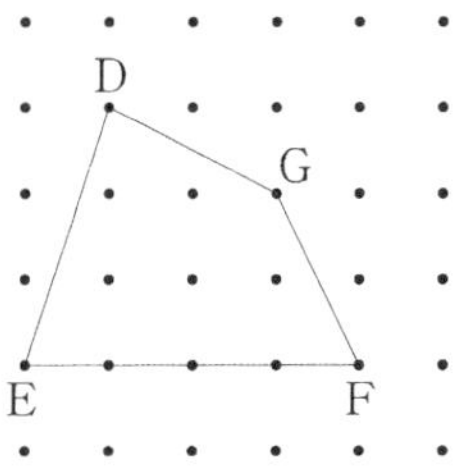	
問い３		<理由>

※　課題１

課題２

問い１	ア	○○○○	問い２	月　日
問い３	イ　通り	ウ　通り	エ　通り	
問い４	オ　通り			
	<理由>			

※　課題２

受検番号		氏　　名	

【2枚目】

令和3年度
宮崎県立五ヶ瀬中等教育学校
宮崎県立宮崎西高等学校附属中学校
宮崎県立都城泉ヶ丘高等学校附属中学校
適性検査Ⅰ　第2部　解答用紙

（注意）※印のところは記入しないこと

※計	

課題3

問い1				
問い2	選んだカード			
	理由			
問い3	選んだカード	よしこさん		たかしさん	
	理由			

※　課題3

課題4

問い1	沿岸漁業		沖合漁業	
	遠洋漁業		養しょく業	
問い2				
問い3	ア			
	イ			

※　課題4

受検番号		氏　　名	

【3枚目】

令和3年度
宮崎県立五ヶ瀬中等教育学校
宮崎県立宮崎西高等学校附属中学校
宮崎県立都城泉ヶ丘高等学校附属中学校
適性検査Ⅰ　第2部　解答用紙

（注意）※印のところは記入しないこと

※計	

課題5

問い1	
問い2	
問い3	
問い4	

※　課題5

課題6

問い1	
問い2	
問い3	方法
	結果

※　課題6

※　鹿児島県立楠隼中学校

令和三年度　鹿児島県立楠隼中学校入学者選抜　適性検査Ⅰ　解答用紙

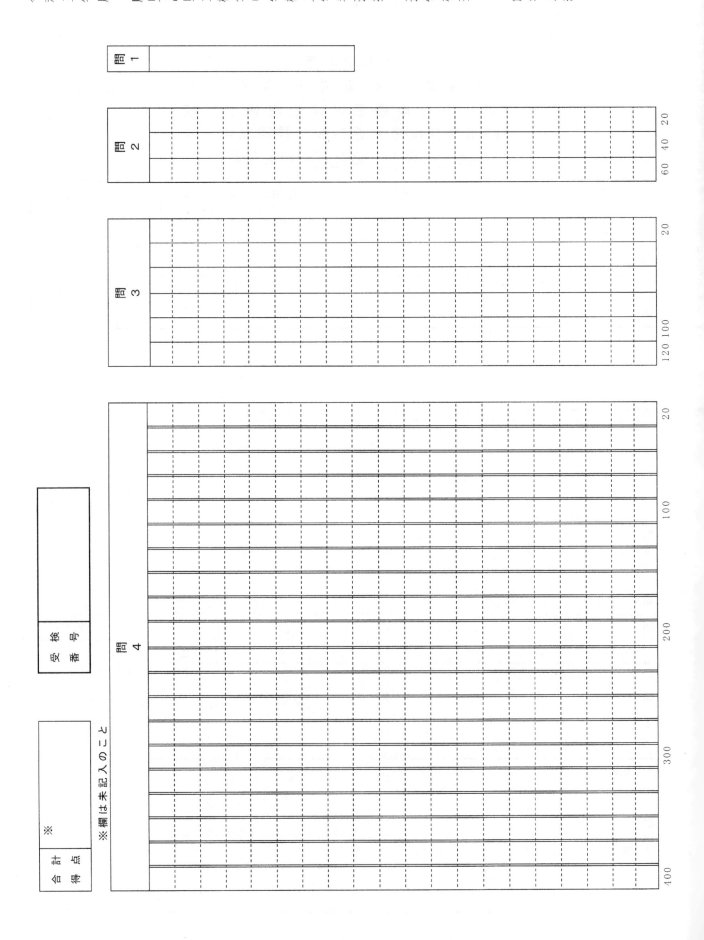

問1

問2　（20／40／60）

問3　（20／100／120）

問4　（20／100／200／300／400）

受検番号

合計得点　※

※欄は未記入のこと

令和３年度　鹿児島県立楠隼中学校入学者選抜　適性検査Ⅱ　解答用紙

1	問１	(1)	kg	
		(2)		
		(3)	枚	(4)の（求め方）
		(4)	分　　秒	
	問２		（米） （小麦）	
	問３		通り	
	問４	(1)	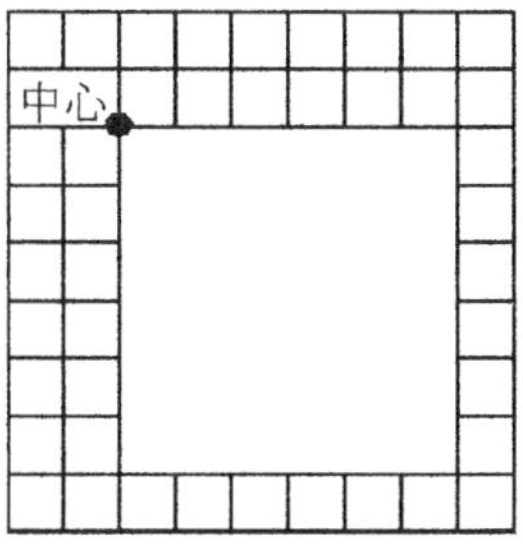	
		(2)	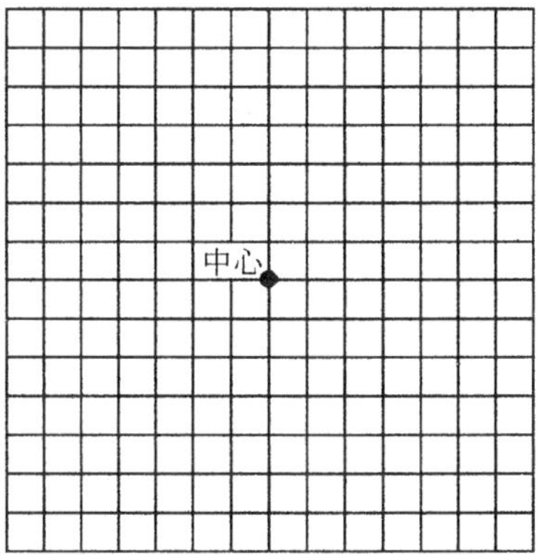	
	問５			
	問６	(1)		
		(2)	km	

2	問1		
	問2		（記号）
			（理由）
	問3	(1)	
		(2)	
		(3)	
	問4	(1)	時頃
		(2)	地平線
	問5	(1)	
		(2)	cm
		(3)	分速　m

受検番号	

合計得点	※

※欄は未記入のこと

※　鹿児島市立鹿児島玉龍（ぎょくりゅう）中学校

令和三年度　鹿児島市立鹿児島玉龍中学校　適性検査Ⅰ　解答用紙

問一

ア　（15字）

イ　（15字）

小計一

問二　（60字）

小計二

問三

(1)　　を知ること。

(2)　　関係になること。

小計三

問四　（20字×10行）

小計四

合計

受検番号

令和3年度　鹿児島市立鹿児島玉龍中学校　適性検査Ⅱ

解答用紙

受検番号

問1

50

70

問2

帯グラフは

35

問3

万人

問4

問5

問6	(　　　,　　　,　　　)
問7	
問8	「布団を干して取り込(こ)む」　時　分 「学習をする」　時　分
問9	→　→　→
問10	①
	②

学校名 [　　　　　　　　]

100字

200字

300字

400字

学校名 [ ]

100字

200字

300字

400字

学校名 [　　　　　　　　　　　　]

100字

200字

300字

400字

学校名［　　　　　　　　　　　　］

100字

200字

300字

400字

学校名 [　　　　　　　　　　]

100字

200字

300字

400字

学校名 [　　　　　　　　　　　　]

100字

200字

300字

400字

学校名 [ ]

100字

200字

300字

400字

2022年受検用
全国公立中高一貫校
適性検査問題集

6年　　　組

名　前